境外资本市场重要法律文献译丛 21

美洲卷

美国投资者保护经典案例选编

（二）

（中英文对照本）

Selection of Important Cases of Investor Protection in the United States

中国证券监督管理委员会　组织编译

法律出版社
LAW PRESS·CHINA
北京

图书在版编目(CIP)数据

美国投资者保护经典案例选编 ：中英文对照本. 二 / 中国证券监督管理委员会组织编译. -- 北京 ：法律出版社，2025
(境外资本市场重要法律文献译丛)
ISBN 978 -7 -5197 -4435 -9

Ⅰ. ①美… Ⅱ. ①中… Ⅲ. ①证券法-案例-美国-汉、英 Ⅳ. ①D971.222.8

中国版本图书馆 CIP 数据核字(2020)第 064843 号

美国投资者保护经典案例选编(二)(中英文对照本)
MEIGUO TOUZIZHE BAOHU JINGDIAN ANLI XUANBIAN (ER)
(ZHONGYINGWEN DUIZHAOBEN)

中国证券监督管理委员会 组织编译

策划编辑 沈小英
责任编辑 陈 妮 毛镜澄
装帧设计 贾丹丹

出版发行 法律出版社
编辑统筹 法治与经济出版分社
责任校对 郭艳萍
责任印制 吕亚莉
经 销 新华书店

开本 787 毫米×1092 毫米 1/16
印张 40.75 字数 906 千
版本 2025 年 3 月第 1 版
印次 2025 年 3 月第 1 次印刷
印刷 三河市兴达印务有限公司

地址：北京市丰台区莲花池西里 7 号(100073)
网址：www.lawpress.com.cn
投稿邮箱：info@lawpress.com.cn
举报盗版邮箱：jbwq@lawpress.com.cn

销售电话：010-83938349
客服电话：010-83938350
咨询电话：010-63939796

书号：ISBN 978-7-5197-4435-9
定价：328.00 元

致　　谢

中国证券投资者保护基金有限责任公司
对本书的出版给予了大力支持！

译者说明

美国证券法的一个重要组成部分是美国法院的相关判例，尤其是美国联邦法院的判例。但凡是美国证券法的重大问题，美国联邦法院都有判例。根据美国宪法，基于美国联邦法的诉讼由美国联邦法院审理。美国证券法主要是联邦法，所以相关诉讼由联邦法院审理。本书选用了 20 篇美国联邦法院的判例，主要是美国联邦最高法院和美国联邦上诉法院的判例。

因为判例原文所引用的其他判例和文献几乎只有英文原文，检索判例引文时只能使用英文原文，所以判例译文中仍然沿用判例引文的英文原文。

美国判例原文的长句很多，但英语有代词从句和副词从句，英语长句实际上是由若干短语组成的，所以意思比较清楚。汉语中没有对应的代词从句和副词从句，古汉语甚至没有标点符号，汉语在习惯上借助意群和词组分句，所以句子较短。判例翻译如果借助“的”或“之”等助词硬译，读者很难找到主语，势必增加阅读难度。译者借助逗号和句号，尽量将英语长句译为中文短句。这也符合英语原意——如前所述，英语长句实际上是由若干短句组成的。

美国判例本身也有晦涩和费解之处。美国法官论述时力求周全，以尽量消除产生歧义的可能，所以经常以词语、短语，甚至段落界定词义或规则，以致越说越复杂。美国法官注重逻辑推理，并且可以推理出各种离奇的结论。如果 A 与 Z 隔得太远，美国法官会先求证 A=B、B=C、C=D……如此循环推导，最后得出 A=Z 的结论。根据遵循先例的法律原则，美国法官在推理过程中会引用上级法院、同级法院或本院作出的判决。引用先例时，法官有时不厌其烦地多次引用同一内容，有时出现颠三倒四甚至有断章取义之处。还有，撰写的判决意见中，法官通常是法言法语，以示平和或故作平和，但激奋之时也有激烈言辞，使用文学语言或直接引用文学作品。遇到此类情况，译文尽量忠实原文，未作特别修饰。

此外，判例原文中的一些名词在汉语中没有确切的对应词。例如，“reasonable investor”有译为“理性投资者”，但“理性”是比较高的要求，此处英文“reasonable”有“理性”的意思，但也有“合理”的意思，尤其是指“根据当时情形是合适的”。本书将“reasonable investor”译为“遵循常理的投资者”。再如，“implied right of private action”有译为“默示个人诉讼权利”或“默示私人诉讼权利”的，也有译为“默示民事诉讼权利”的。投资者在美国通过诉讼索赔，必须有诉讼权利：美国国会在相关法律中明示，包括自然人和法人在内的投资者个人有此权利；如果相关法律中没有明示个人诉讼权，那么美国法院可以认定，国会默示了这种诉讼权。根据美国法律，投资者个人通过诉讼索赔是民事诉讼，但美国证券交易监督委员会为诉讼一方时也是民事诉讼，所以将“implied right of private action”译为“默示民事诉讼权利”并不准确，但译为“默示个人诉讼权利”或“默示私人诉讼权利”也略显牵强。

英语中的一些名词在汉语没有对应的名词，反之亦然。所以翻译难免需要解释，有解释就会有不同的理解和译文，但这未尝不是一件好事，可以显示不同风格。同一支乐曲，不同的乐队演奏或是乐队演奏时的指挥不同，则乐曲的风格也会有所不同，判例翻译也有类似演绎。

尽管译者作了许多努力，疏误之处在所难免，可以改进之处一定很多，期待读者提出宝贵意见。中国人民大学刘俊海教授等专家学者费心审校了译稿并提出了很多宝贵意见，译者谨在此表示衷心感谢。中国证券投资者保护基金公司的王倩同志耐心细致，做了大量烦琐的协调工作，译者在此表示由衷感谢。

中国政法大学　朱伟一

翻译人员及译校简介

编审人员：

总编审：

朱伟一，中国政法大学教授、中国人民大学重阳金融研究员高级研究员、中国社会科学院法学所兼职研究员，美国哥伦比亚大学法学院法律博士、南京大学英国语言文学学士，著有《法学院》《美国经典案例解析》《走过法律》。

翻译人员：

吉利剑，中国政法大学比较法研究院硕士研究生。

李梦琳，中国政法大学比较法研究院硕士研究生。

李偲颖，中国政法大学比较法研究院硕士研究生。

杨雪，中国政法大学比较法研究院硕士研究生。

总审校：

刘俊海，中国人民大学法学院教授、博士研究生导师，商法研究所所长。兼任中国行为法学会企业治理研究会副会长、中国法学会消费者权益保护法研究会副会长兼秘书长、中国证券投资基金业协会自律监察委员会委员、中国国际经济贸易仲裁委员会仲裁员、美国仲裁协会国际争议解决中心及香港国际仲裁中心等机构仲裁员。曾兼任中国证券监督管理委员会规划委副主任研究员。参加《公司法》《证券法》《证券投资基金法》《合伙企业法》《企业国有资产法》《中小企业促进法》《消费者权益保护法》等法律与最高人民法院多部司法解释的起草或修改工作。著有《股份有限公司股东权的保护》《公司的社会责任》《现代公司法》《现代证券法》《新公司法的制度创新》等。2003 年被《财经时报》评为“2003 年度十大意见领袖”，2006 年被中国法学会评为第五届“全国十大杰出青年法学家”，2014 年当选“中国消费者保护运动 30 年消费维权贡献人物”。

审校人员：

李树华，中国银河证券公司执委会成员、首席风险官兼合规总监，会计学博士、金融学博士后。兼任中国金融会计学会副秘书长、中国证券业协会合规委员会委员、财政部企业内部控制标准委员会专家委员、财政部企业信息化委员会专家委员、中国会计准则委员会金融会计委员会咨询专家。历任中国证券监督管理委员会会计部主任科员，大连证券停业整顿组资产负债组副组长，中国证券监督管理委员会会计部审计处副处长（主持工作）、综合处副处长（主持工作）、预算处处长、会计部综合处处长。2011 年获“2010 中国十大 CFO 年度人物”称号，2009 年入选“新世纪百千万人才工程”国家级人选，2008 年获“中央国家机关优秀青年称号”。

郭雳，北京大学法学院院长，教授、博士研究生导师。兼任中国法学会银行法学研究会副会长、中国法学会证券法学研究会常务理事。法学博士、经济学博士后，毕业于北京大学、美国南美以美大学、哈佛大学法学院，曾任教于康奈尔大学、杜克大学等，德国洪堡学者、亚洲国际金融法研究中心（AIIFL）研究员。主编 *Peking University Journal of Legal Studies*（《北京大学法学研究》），担任《证券市场导报》、《证券法苑》、*Asian Journal of Comparative Law*（《亚洲比较法杂志》）等报纸期刊编委。主要研究领域为民商经济法、制度比较以及法律与金融的交叉学科。

江国青，外交学院、北京理工大学法学院教授，外交学院联合国研究中心主任，博士研究生导师。兼任外交部国际法咨询委员会委员、《中国国际法年刊》主编、中国国际法学会常务理事、北京国际法学会副会长。曾在美国、英国、荷兰、泰国等国家做访问学者和客座教授。主要研究领域为国际法理论、国际组织法、外交法、条约法和国际司法与仲裁制度。发表学术论文 50 余篇；出版《国际法》（主编）、《国际公法学》（参编）、《演变中的国际法问题》（独著）、《现代条约法与实践》（译著）等著作 10 余部。1999 年被评为北京市优秀中青年法学家，2001 年被评为国务院有突出贡献政府津贴获得者，2013 年被评为北京市高等学校教学名师。

李梁，北京思必锐翻译有限责任公司首席翻译。1998 年毕业于国际关系学院英语语言文化专业，同年进入外交部西欧司欧盟处工作，多次为国家领导人提供翻译服务。2003 年获人力资源和社会保障部翻译专业资格（水平）考试二级笔译证书。担任首席翻译期间，累计翻译近 2000 万字，涵盖政治、经济、文化、金融、法律、教育、技术、体育等多个领域，并有多部译著。

刘燕，北京大学法学院教授、博士研究生导师，北京大学法学院公司财务与法律研究中心主任、《中外法学》副主编，中国法学会证券法学研究会、中国法学会财税法学研究会常务理事。兼任中国注册会计师协会惩戒委员会委员、北京市仲裁委员会仲裁员等。毕业于北京大学，先后获经济法专业学士学位、社会学专业辅修学士学位、经济法专业硕士学位、国际经济法专业博士学位，拥有中国律师、中国注册会计师资质。曾赴英国伦敦大学高等法律研究所、荷兰莱顿大学、美国密苏里州立大学堪萨斯分校访问研究。主要从事法律与会计交叉研究，研究领域覆盖公司法、金融法、税法等。参与《合伙企业法》《注册会计师法》等多部法律的起草或修改工作。

杨东，中国人民大学法学院院长，教授、博士研究生导师，日本国立一桥大学法学博士。中国人民大学金融科技与互联网安全研究中心主任。教育部首批青年长江学者。全国人大常委会法制工作委员会、全国人大财政经济委员会证券法、期货法、电子商务法专家组成员，原国家工商行政管理总局反不正当竞争法修改小组专家成员。曾获第八届“全国十大杰出青年法学家”提名奖。主持首个监管科技（RegTech）国家社科基金课题“技术驱动型金融监管的法律问题研究”、国家社会科学基金重大项目“互联网安全主要问题立法研究”子课题“互联网金融安全研究”、国家自然科学基金委员会与英国经济和社会研究理事会合作研究项目“中国非正规金融的风险、潜力及变革”等。

周小明，新财道财富管理股份有限公司董事长、中国人民大学信托与基金研究所所长、清华大学法学院金融与法律研究中心联席主任、中国信托业协会专家理事，法学博士。《信托法》《证券投资基金法》起草组成员，曾任浙江大学经济系教师、中国人民银行监管官员、北京市君泽君律师事务所高级合伙人、安信信托股份有限公司总裁。公开发表金融、法律学术论文60多篇，著有《法与市场秩序：市场经济法律机制研究》《财产权的革新：信托法论》《信托制度比较法研究》《信托制度：法理与实务》等多部专著。

李敏，北京大学法学院博士研究生，主要从事金融法、公司法、会计法等领域的学习与研究。

序

大力培育多赢共享的股权文化，全面建设投资者友好型社会，是落实新发展理念、促进经济高质量发展的需要，是充分展示公司营利性的本质要求，是资本市场尽快摆脱亚健康状态的战略抉择，是我国资本市场可持续健康发展的重要保障，是我国资本市场存在与发展的根本宗旨，是提升上市公司治理水平的关键点，是贯穿我国资本市场发展、改革、创新、监管与稳定的主旋律。弘扬股权文化不仅是法治工程、规范工程与监管工程，也是规模宏大的发展工程、民心工程、和谐工程。

习近平总书记高度重视投资者权益保护工作。2017 年 7 月召开的全国金融工作会议上，他指出："要把发展直接融资放在重要位置，形成融资功能完备、基础制度扎实、市场监管有效、投资者合法权益得到有效保护的多层次资本市场体系。"他还强调："要依法保护企业家合法权益，加强产权和知识产权保护，形成长期稳定发展预期，鼓励创新、宽容失败，营造激励企业家干事创业的浓厚氛围。"[1]

党的十九大报告指出，"明确新时代我国社会主要矛盾是人民日益增长的美好生活需要和不平衡不充分的发展之间的矛盾，必须坚持以人民为中心的发展思想，不断促进人的全面发展、全体人民共同富裕"。《中华人民共和国国民经济和社会发展第十四个五年规划和 2035 年远景目标纲要》重申，"坚持以人民为中心。坚持人民主体地位，坚持共同富裕方向，始终做到发展为了人民、发展依靠人民、发展成果由人民共享，维护人民根本利益，激发全体人民积极性、主动性、创造性，促进社会公平，增进民生福祉，不断实现人民对美好生活的向往"。

截至 2021 年 5 月，我国 A 股投资者数量已逾 1.8 亿人，堪称全球规模最大、交易最活跃的投资者群体。因此，弘扬股权文化、保护好广大投资者的合法权益，是践行以人民为中心的发展思想的具体体现，有利于保护公众投资者权益，提振投资信心，规范公司治理，繁荣资本市场，助推实体经济发展，优化股东友好型的资本市场生态环境，早日把我国资本市场办成诚信企业的"加油站"和公众投资者的

1 中共中央宣传部、国家发展和改革委员会编：《习近平经济思想学习纲要》，人民出版社、学习出版社 2022 年版，第 111 ~ 112 页。

“聚宝盆”。

股权文化的核心内容有6点：（1）股东主权；（2）股东平等；（3）向弱势股东适度倾斜；（4）股东民主；（5）股东诚信；（6）多赢共享。要全面建设投资者友好型社会，必须进一步推进投资者权益保护的良法善治，建立健全投资者友好型的法律体系、行政监管体系、公司治理体系、司法救济体系、社会监督体系和投资者维权教育体系。

第一，要构建以证券法为“龙头”的投资者友好型法律体系。弘扬股权文化作为法律的灵魂，应当贯穿公司法与证券法。不仅资本市场的基本法律（如公司法、证券法、信托法、证券投资基金法）要弘扬股权文化，其他配套法律（如民法典、民事诉讼法、行政诉讼法、行政程序法、仲裁法、税法等）也要体现投资者友好型的价值取向。要提升我国资本市场的国际竞争力，必先提升我国资本市场法律的国际竞争力，进一步增强法律的公正性、统一性、包容性、开放性、前瞻性、可操作性、可诉性。为加大投资者保护力度，建议《公司法》与《证券法》同频共振和良性互动，并在条件成熟时制定投资者权益保护法。

第二，要构建投资者友好型的行政监管体系。投资者友好型政府是和谐资本市场的重要特征。弘扬股权文化，资本市场监管者责无旁贷，更要以身作则。监管者要带头尊重、敬畏和保护投资者权益，进一步强化服务型政府和法治政府的意识。在证券市场的“三公”秩序受到践踏、投资者权益和信心受挫时，监管者要旗帜鲜明地与广大投资者站在一起。我国社会主义市场经济体制虽已建立，但尚不完善。当前，我国资本市场还存在不理性，甚至失灵的现象。当契约自由、市场博弈机制失灵或被强者滥用时，监管者就不应迁就不公允的契约自由与市场博弈，而应挺身而出，康复契约正义，完善公平交易与自由竞争机制。当市场主体慎独自律、市场理性自治时，政府就应减少干预；当市场主体丧失理性、市场失灵时，政府干预必须到位，以康复市场功能。

第三，要构建投资者友好型的公司治理体系。公司治理的关键在于，妥善处理股东与经营者、控制股东与非控制股东、公司内部人与公司外部人之间的利益关系。上市公司经营者要牢固树立敬畏股权的股东主权意识，要全面尊重广大股东尤其是中小股东的各项权利，尤其是知情权、决策参与权、分红权、监督权等。经营者要时刻对投资者心存感恩心态，真正做到诚实守信、勤勉尽责。对控制股东与非控制股东、经营层要一视同仁，并主动关心处于相对弱势地位的非控制股东。证券公司与基金管理公司等中介机构在向投资者提供服务时，也要树立投资者本位的经营理念，并加强细节管理、完善内控措施，确保投资者适当性管理制度落地生根。

第四，要打造投资者友好型的司法救济体系。没有救济就没有权利。在民事、行政与刑事三大法律责任之中，民事责任立于基础性地位。股权文化应成为法官和仲裁员裁判投资者权益争讼的重要裁判思维。人民法院应对投资者权益争讼案件采取“开门立案、凡诉必理”的积极态度，在立案、审理、判决和执行诸环节充分体现公正、快捷的原则，重点解决立案难、执行难的问题。法官在裁判活动中应当慎思明辨，求索规则；析案以理，胜败皆明；平等保护，关怀弱者。

“他山之石，可以攻玉。”无论是打造良法，还是推进善治，都需大胆吸收与参考人类法治文明建设有益成果。党的十九大报告强调，“必须坚持和完善中国特色社会主义制度，不断推进国家治理体系和治理能力现代化，坚决破除一切不合时宜的思想观念和体制机制弊端，突破利益固化的藩篱，吸收人类文明有益成果，构建系统完备、科学规范、运行有效的制度体系，充分发挥我国社会主义制度优越性”。因此，我们以古为今用、洋为中用的思想，深入挖掘域外投资者权益保护实践中顺乎资本市场发展一般规律的知识营养，大胆参考与合理吸收国际投资者保护判例中的有益经验。当然，对域外投资者案例的借鉴必须坚持从中国实际出发的原则，实现国际经验与中国国情的无缝对接、传统文化与当代创新的有机融合。

美国投资者保护案例对我国投资者保护具有一定的理论参考价值，中国投资者保护基金有限责任公司诚邀专家学者编译《美国投资者保护典型案例选编（二）》一书，具有远见卓识，值得充分肯定。

本书选编了在投资者保护领域具有重要影响的20个案例。这些案例覆盖了美国《1933年证券法》第2条第1款的适用范围、美国《1934年证券交易法》第3（a）（10）条项下“证券”的法律定义、《夏威夷州统一证券法》中“证券”的法律定义、美国《1933年证券法》第4（1）节豁免“发行人所做不涉及任何公开发行的交易”的适用范围、全美证券交易商协会对违规会员的自律处罚的效力、美国《1940年投资顾问法》第203（c）节项下的“投资顾问”的法律含义、美国《1940年投资公司法》第36（b）条项下义务违反的举证责任、美国证券交易委员会根据美国《1940年投资者顾问法》授权而制定的对冲基金规则的合法性、纳斯达克做市商是否因其故意作出的重大不当陈述而对投资者承担赔偿责任，以及结算公司对遭受损失的被介绍投资者承担赔偿责任的抗辩事由等一系列涉及投资者切身利益的重大法律争议。这些经典案例既是证券市场各方主体防控投资者保护法律风险的案头用书，也是美国法学院学生研习美国证券法的必读案例。

我作为本书中文译稿的总审校，有幸近水楼台、先睹为快。本书译稿体现了“信、达、雅”的翻译要求，体现了译者精益求精的工匠精神。翻译工作不仅需要咬文嚼字、精雕细琢，更需要对裁判者的裁判思维以及证券法基本原理的深刻理解。作为总审校，我对各位译者的辛勤付出表示敬意。中证金融研究院助理研究员杨光、中国人民大学法学院博士后研究人员柴伟伟、中国人民大学法学院博士研究生陈冠华与吴凌畅也协助我进行了审校工作，在此一并致谢。

“绳锯木断，水滴石穿。”资本是财富之母。资本市场的温度取决于广大投资者的幸福指数与获得感。只要资本市场各方和全社会在内心深处牢固树立尊重股权、敬畏股权、服务股权、维护股权的主流价值观，并把股权文化落实到资本市场立法、执法、守法、司法与护法的各环节中，我国定能早日全面建成投资者友好型社会，并为持续服务实体经济、有效防控金融风险、精准深化金融改革奠定坚实的法律基础！

刘俊海*

2025年2月10日

* 中国人民大学法学院教授。

《美国投资者保护经典案例选编（二）》编译说明

证券法源自美国，美国证券法对其他国家的证券法有重大影响。同样，若追根穷源，美国之外的很多法律管辖所发生的证券法问题，其源头在于美国证券法。从这个意义上来说，研究美国证券法有助于了解证券法和保护投资者。

美国证券法纷乱繁杂，而美国法院的案例则紧扣主要问题，以点带面、纲举目张。《美国投资者保护经典案例选编（二）》收入美国法院的判例以及证券交易委员会（以下简称证交会）和大宗产品期货交易委员会（以下简称期交会）发出的一个命令。有关判例内容和背景简要说明如下。

一、证券法案例

（一）美国法院的判例

美国法院的判决也称案例或判例（case），“判决”（decision）是案例或判例的同义词。根据上下文，“decision”也译作“判决书”。判决书中有法官“意见”（opinion），是判决的说理部分。意见又分为多数意见（majority opinion）、共同意见（concurrent opinion）和反对意见（dissent opinion）。多数意见是判决意见，阐述判决的理由，有时也批驳反对意见和共同意见。法官持共同意见，是指同意判决结果或部分同意判决结果，但不同意判决的理由。持反对意见的法官则是完全不同意判决意见。

美国证券法判例大多长篇大论，但并不是篇幅越长就越有说服力。恰好相反，很多时候正是因为法官的观点难以服人，所以反复重复其观点。从表面上看，法官似乎是知无不言、言无不尽，但很多时候是欲言又止，顾左右而言他。例如，在商业圆桌会议诉证交会案[1]判例中，美国法官并没有直接评判双重投票结构是否可取，而是以证交会越权为由否定了同股同权。再如，在戈尔茨坦诉证交会案[2]判例中，法院否定证交会扩大需要注册的对冲基金的范围之规则，并没有讨论这种做法本身是

1 The Business Roundtable v. SEC，905 F. 2d 406（D. C. Cir. 1989）.

2 Goldstein v. SEC，451 F. 3d 873（D. C. Cir. 2006）.

否可取，而是认定投资者并不是基金管理人的客户，并以此作为理由。

在很多时候，共同意见或反对意见反而能够一矢中的、画龙点睛。有些反对意见或共同对判决意见还很好地概述了多数法官的判决意见。[1] 或许，这是因为共同意见或反对意见可以攻其一点、不及其余，所以更容易切中要害。此外，共同意见或反对意见并不决定判决结果，也不决定法律规则，所以法官更能畅所欲言、敢于放胆一击。倘若共同意见或反对意见是判决的主要意见，则撰写意见的法官下笔时也会更加踌躇。

美国证券法判例的脚注很多。除注明正文的出处外，脚注还有 3 个功用：第一，如果讨论的是枝节问题，与主题相去较远，可以置于脚注之中；第二，如果论据不充分或观点偏颇，也可以置于脚注之中；第三，法官认为有失斯文的内容，也会置于脚注中。[2] 判例的重要内容通常置于正文中，但注解中也有诛心之论。比如，洛诉证交会的注解指出："《投资顾问法》实施第一年，165 位投资顾问服务出版人根据该法注册（Post，at 215）。这些公司认为注册对其有利，但这一事实本身并不表示《投资顾问法》要求他们这样做。"这便揭示了一个道理：有些时候，规制或监管本身并不一定能够约束金融机构，反而为其披上了合法外衣，为金融机构和其业务作了背书。

法律是原则和规则，也是一门特殊的语言，律师和法官都用这门语言表述自己的观点和立场。案例则是法律语言中的成语故事，每一个判例都是一个故事，叙述法律中的难点和要点以及前因后果，不仅讨论法律问题，而且还介绍与法律有关的金融背景。比如，戈尔茨坦诉证交会案 [3] 判例介绍了对冲基金的业务；克雷米银行诉亚历克斯、布朗和儿子公司案 [4] 判例介绍了资产证券化的过程；牛顿诉美林公司案 [5] 判例介绍了美国的做市商运作机制。

证券法的有些重要问题并没有美国联邦最高法院的相关判例，或是说，美国联邦最高法院的大法官故意回避了这些问题，没有受理相关问题的上诉。比如，就涉及做市商的案件而言，美国联邦最高法院就没有受理相关案件的上诉，美国联邦最高法院也没有受理关于交易型开放式指数基金（Exchange Traded Fund，ETF）的上诉案件。

---

1 洛诉证交会案便是一例。该案持共同意见的怀特大法官对判决意见的概述为："本案的问题是，证券交易委员会是否可以诉诸《投资顾问法》……的禁止令救济，阻止未注册的投资顾问出版时事通信，其中载有并非针对各个客户需要的投资咨询。本院认定，证券交易委员会无权这样做，因为上诉人洛（'上诉人'）的行为没有使其成为《投资顾问法》所涵盖的投资顾问。"

2 比如，克雷米银行诉亚历克斯、布朗和儿子公司案［Banca Cremi v. Alex. Brown & Sons，132 F. 3d 1017（4th Cir. 1997）］中，原告示意被告利用色相或性关系推销金融产品。法官认为原告是在含沙射影，并没有真凭实据，是不登大雅之堂的话题，所以在注解 11 中讨论了相关问题。

3 Goldstein v. SEC，451 F.3d 873（D. C. Cir. 2006）.

4 Banca Cremi v. Alex. Brown & Sons，132 F. 3d 1017（4th Cir. 1997）.

5 Newton v. Merrill，Lynch，135 F. 3d 266（3d Cir. 1998）.

（二）美国法官的不同立场

美国联邦最高法院大法官由美国总统提名，由美国参议院核准。提名和核准的过程反映了两党的不同立场。比如，奥巴马提名梅里克·加兰（Merrick Brian Garland）为美国联邦最高法院大法官，共和党背景的参议员便坚决反对。这些参议员在参议院中占大多数，控制了参议院的议事规则，他们拒绝讨论提名一事。2017 年共和党背景的特朗普就任美国总统之后，又提名了有保守背景的法官担任大法官。

美国联邦最高法院现任大法官中，共和党背景的大法官有 5 位：首席大法官为约翰·罗伯茨（Johon Roberts）大法官、塞缪尔·A. 阿里托（Samuel A.Alito）大法官、克莱蒙梭·托马斯（Clarence Thomas）大法官、尼尔·M. 戈萨奇（Neil M.Gorsuch）大法官和布雷特·卡瓦诺（Brett Kavanaugh）大法官。民主党背景的大法官有：路斯·B. 金斯伯格（Ruth B. Gingsburg）大法官、索尼娅·索托马尔（Sonia Sotomayor）大法官、埃琳娜·卡根（Elena Kagan）大法官和斯蒂芬·G. 布雷耶（Stephen G. Breyer）大法官。

退休之前，安东尼·肯尼迪大法官（Antony Kennedy）的立场是中间偏保守，有举足轻重的作用。美国联邦最高法院判决是简单多数定案。在重大问题上，自由派大法官和保守派大法官相持不下，肯尼迪大法官就能一票定音。安托南亚·斯卡利亚（Antonin Scalia）大法官生前是保守派的中坚力量，撰写了反映保守派立场的重要判决书或不同意见。在证券法判决中，美国联邦最高法院民主党背景的大法官与共和党背景的大法官经常持截然相反的意见。

1970 年年底以来，美国联邦最高法院一直是保守派背景的大法官占据席位优势，但美国联邦巡回法院中则是民主党背景的法官占据多数。[1] 美国联邦巡回法院是联邦上诉法院，美国共有 13 个联邦巡回法院，2018 年 6 月共有 179 位法官，但 15 个法官位置空缺。到 2018 年 6 月，特朗普任命了 21 位美国联邦巡回法院法官。[2]

（三）案例的分类

美国证券法的规定过细，甚至可以说是杂乱无章，其条理是由学者事后梳理形成的。美国的证券法判例教材对证券法的内容作如下分类：（1）监管框架；（2）"证券"定义；（3）证券发行人的强制披露；（4）"重大"的概念；（5）注册陈述不充分和其他虚假注册后果和民事责任；（6）《1933 年证券法》的豁免；（7）操纵；（8）《1934 年证券交易法》《规则 10b-5》；（9）内幕交易；（10）公司不实陈述；（11）并购；（12）自我交易；（13）兼并和兼并收购要约；（14）证券公司行为的监管；（15）市场和交融监管；（16）投资顾问和共同基金的监管。[3] 这种划分并非科学定律。比如，有些学者将证券法判例教材分为 12 章，分别是：（1）证券

1　Kadhim Shubber，*US Justice is Recast from the Bottom Up*，Financial Times，30 June/July 2018，p.2.

2　Id.

3　Thomas Lee Hazen，*Securities Regulation*，St. Paul：West，2006，p. v–vii.

市场和证券规制简介；（2）重大性；（3）“证券”的定义；（4）披露和准确性；（5）证券法上《规则 10b-5》和反欺诈；（6）内幕交易；（7）公开发行；（8）证券法下的民事法律责任；（9）得到豁免的发行；（10）二级市场的交易；（11）股票投票权的联邦规则；（12）兼并规则。[1]

无论内容如何分类，无论美国证券法的判例教材如何分类，其内容都很多。以托马斯·李·墨曾（Thomas Lee Hazen）教授所编的《证券监管——判例和材料》（*Securities Regulation-cases and materials*）为例，该书正文部分即有 1324 页（其他证券法判例集也大同小异）。判例集厚如城砖，年老体弱者携带都有困难。

当然，多数判例的内容同时涉及证券法的若干问题。例如，彼得·艾克勒诉证交会案[2]判例既讨论了做市商问题，又界定了行政处罚中的证明标准，也讨论了自律组织的处罚决定。再如，罗斯诉博尔顿案[3]判例讨论了结算机构的法律责任，同时也分析了普通法的同等过错原则。此外，法官经常顾左右而言他，又增加了各判例的多面性。

就投资者保护而言，索赔应当是所有法律实践的重要环节，美国证券法判例也大多涉及投资者索赔，其实质是侵权索赔诉讼。金融交易千变万化，但无论是云谲波诡的金融衍生产品，还是虚虚实实的审计业务，法官总是能将焦点落到法律关系上，通常是落到以下侵权关系的要件上来：过错责任中的因果关系、反欺诈条款第 10（b）条中的意图以及被告的受信义务。

在绝大多数情形下，美国证券市场都适用美国证券法，相关诉讼则由美国联邦法院受理。在极少数情形下，证券交易也适用州证券法，可以由州法院审理。本书收入了一个州法院的判例，也收入了证交会的命令。证交会的命令是很好的法律文书范本，平铺直叙、言简意赅。美国法院的判例文字晦涩，内容颠三倒四，很多判例并非出于法官本人之手，由书记员捉刀代笔，法官加以笔削后签字认可。当然，最主要的原因是，法官居高临下，难免随心所欲，信马由缰。本书还收入期交会关于“晃骗”的处罚命令。美国法院关于期货交易争议的判例很少。

二、证券的界定

美国联邦最高法院关于证券定义共有 3 个判例：关于投资合同规则的证交会诉豪伊公司案[4]判例和证交会诉爱德华兹案判例，以及关于债券“家族相似”标准的里夫斯诉安永案判例。证交会为 P2P 定性的命令[5]是证交会诉豪伊公司案判例规则的具

---

1 Stephen J. Choi and A.C. Pritchard, *Securities Regulation: Cases and Analysis*, New York: Foundation Press, 2005, p. ix-xi.

2 Eichler v. SEC, 757 F.2d 1066（9th Cir. 1985）.

3 Ross v. Bolton, 904 F. 2d 819（2d Cir. 1990）.

4 SEC v. W.J. Howey Co., 328 U.S. 293（1946）.

5 In the Matter of Prosper Market Place, Inc. Respondent, Administrative Proceeding File No. 3-13296.

体适用和延伸，夏威夷州诉夏威夷市场中心[1]则将证交会诉豪伊公司案判例规则适用于带有传销性质的投资交易。

（一）证交会诉豪伊公司[2]

该案判例的规则是，"投资者将钱投资于一共同业务，并且仅仅依赖他人努力即可获取利润"，[3]就构成投资合同，应当被视为证券。

美国《1933年证券法》规定，投资合同（investment contract）是证券，但并没有界定投资合同。美国联邦最高法院以及若干州的法院通过其判例，界定了投资合同的定义，其中以1946年的证交会诉豪伊公司案判例最重要。美国联邦最高法院制定了许多关于证券法的规则，大多似是而非，主观因素多于客观因素。证交会诉豪伊公司案判例规则是一个例外，该规则准确概述了众多融资性交易的主要特点，具有广泛的适用性。美国联邦最高法院强调，界定投资合同时，实质重于形式。[4]

（二）里夫斯诉安永[5]

该案判例的规则是：确定票据是否为证券适用"家族相似"（family resemblance）检验标准。该标准的四要素为：（1）借贷双方的动机；（2）票据是否用于"投机还是投资的共同交易"；（3）投资者是否为了获利；（4）是否已经接受政府机构监管。美国联邦最高法院指出："法院确定票面为'票据'的凭证是否是'证券'，应当适用本院在此案中所阐述的'家族相似'检验标准：假定票据是'证券'，而反驳该假定的办法只能是显示，该票据（在本院所明确的四要素方面）与阐明的某一类非证券凭证十分相似，所以不是证券。"[6]

该案判例中，美国联邦最高法院还明确了非证券票据的范围，包括为消费者融资所交付的票据，由住房抵押作为担保的票据，由小企业或其资产留置作为担保的短期债券、应收账款、正常业务中所发生的记账交易债务。

该案涉及的金融凭证是债券，但该案判例的规则也可以适用于以贷款为名的金融交易。比如，在关于被告致富市场公司作出认定并禁止的命令[7]中，证交会便适用里夫斯诉安永案判例规则，认定P2P平台交易为投资合同。

1 Havaii v. Hawaii Market Center，485 P.2d 105（Supreme Court of Hawaii，1971）.

2 SEC v. W.J. Howey Co.，328 U.S. 293（1946）.

3 Id.

4 法官在证交会诉豪伊公司案判例中指出："法院行使职责时，并不受法律形式主义的限制，而是要考虑所调查的交易的经济性质［See e.g.，Tcherepnin v. Knight，389 U.S. 332，389 U.S.336（1967）（解释'证券'一词时，应当重视实质，不同形式）］。国会制定证券法的目的是规制投资，无论其形式如何，无论其名称如何。" SEC v. W.J. Howey Co.，328 U.S. 293（1946）.

5 Reves v. Ernest & Young，494 U.S. 56（1990）.

6 Id.

7 In the Matter of Prosper Market Place，Inc. Respondent，Administrative Proceeding File No. 3-13296.

（三）夏威夷州诉夏威夷市场中心[1]

该案判例的规则是：判断金融交易是否为投资合同，可以适用风险资本检验标准，即交易是否构成证券，取决于其“经济现实”，其要素为：（1）投资或投资贡献的初始价值是否处于风险之下；（2）投资人对企业的管理是否有实际控制。

从理论上来说，风险资本规则是对投资合同定义的补充，在该案中，传销被认定为是投资合同。在该案中，夏威夷市场中心推出以下商机：创始成员以高价购买商家的商品，作为对价或交换条件，创始成员发展的下家向商家购买商品的，创始成员可以按固定比例提成。上述商机实质上是传销活动，但夏威夷州法院将其认定为投资合同，属于违规发行证券。

（四）关于被告致富市场公司作出认定并禁止的命令[2]

该案中证交会的命令所制定的规则是：即便 P2P 平台仅仅是撮合贷款人和借贷人之间的借贷，也构成投资合同。被告并没有上诉，所以美国联邦法院并没有相关判例。

证交会适用证交会诉豪伊公司案判例投资合同规则，认定 P2P 平台属于投资合同。证交会的理由是：借款人完全是依赖他人努力；贷款方自己承担了百分之百的风险，应当被视为投资金钱；致富市场公司是连接借贷双方的网上借款平台，所以存在共同业务；因为致富市场公司贷款方都必须依赖致富市场公司平台的“努力”，才能获得利润，满足了“完全依赖他人努力”这一要素。

证交会还适用里夫斯诉安永案判例的“家族相似”规则，认定致富市场公司的 P2P 平台贷款属于证券，因为（1）贷款人的动机是期待其资金获得回报；（2）向广大公众发售了贷款；（3）遵循常理的投资者可能认为贷款为投资；（4）没有其他规制安排，可以减少平台给投资者带来的风险。证交会的结论是，致富市场公司的 P2P 平台贷款与非证券的凭证的家族并没有相似之处，无法反驳其为证券的假定。

三、资产管理

资产管理的定义十分宽泛，包括证券投资基金中的公募和私募基金、投资咨询和财富管理，在美国适用《投资公司法》和《投资顾问法》。就资产管理而言，要害问题是受信义务，同时也涉及适当性规则。

美国《投资公司法》专门规定了受信义务，在众多法院判例中，美国法官更是大张旗鼓地推行受信义务。美国国会和美国法官似乎是要借助受信义务保护投资者，但遇到具体问题，美国联邦最高法院的大法官却悄悄地将基金管理公司的受信义务改为注意义务。在美国证券市场规制和相关司法实践中，也存在叶公好龙的现象。

1 Havaii v. Hawaii Market Center，485 P.2d 105（Supreme Court of Hawaii，1971）.

2 In the Matter of Prosper Market Place，Inc. Respondent，Administrative Proceeding File No. 3-13296.

（一）洛诉证交会[1]

该案判例的规则是：投资顾问必须是向个人提供一对一咨询。[2]法官在该案判决意见中指出，投资顾问是向个人提供咨询的，“典型的情况是，投资顾问的客户获得个性化咨询，基于客户的财务状况和投资目的”。[3]

在该案中，洛没有作为投资顾问在证交会注册，但出版了关于证券的业务通信。证交会要求法院发出禁令，禁止洛发行其刊物。但美国联邦最高法院认定，洛可以出版投资咨询业务通信，只要没有针对具体客户的具体需要，没有进行一对一的咨询，就并不是美国《投资顾问法》所指的顾问。美国《投资顾问法》中的投资顾问，是指“任何人为获取报酬，直接或间接地通过出版物或材料，从事证券的价值或投资、购买或出售该证券是否可取向他人提供咨询，或作为其正常业务的一部分，为获得报酬而发布或宣布的关于证券的分析或报告……”。[4]

该案持共同意见的怀特大法官则认为，在该案中不得禁止洛出版其刊物，否则便构成事先约束言论自由，如果洛的刊物有虚假陈述，可以在刊物出版之后对其进行追究。他的理由是，“上诉人是投资顾问，应当受到《投资顾问法》的规制并接受处罚。但我同意判决意见，因为对上诉人出版做任何阻止，不符合《宪法第一修正案》”。怀特大法官的理由是，适用《投资顾问法》有助于防止投资行业的欺诈行为，[5]但美国《宪法第一修正案》中的言论自由权利和新闻自由权利高于《投资顾问法》的监管要求。

（二）琼斯诉哈里斯有限合伙企业[6]

该案判例的规则是：就公募证券投资基金而言，无论基金管理公司收费的费率高低如何，只要董事会充分了解信息后作出决定，由没有利益关系的董事在“正常交易”范围内决定，就符合受信义务的要求。换言之，大法官仅问程序，不问实质。按照该案判例的规则，美国法官不应当过问费率的高低，监管部门也不应当过问费率的高低，投资者不可能就此通过诉讼获得赔偿。

在该案中，哈里斯有限合伙企业（以下简称哈里斯）是基金管理人，管理若干家共同基金（公募基金）。其中 3 家共同基金的股东起诉哈里斯，理由是后者所收

1 Lowe v. SEC，472 U.S. 181（1985）.

2 Id.

3 Id.

4 15 U.S.C. 80b–2（a）（11）.

5 怀特大法官指出：“在证交会诉资本收益研究局有限责任公司案［SEC v. Capital Gains Research Bureau，Inc.，375 U.S. 180，375 U.W. 181（1963）］判决中，本院认定，如果投资咨询业务通信出版人从事抢帽子活动，可以适用《投资顾问法》的反欺诈规定，可以要求此类顾问‘充分、诚实地披露其根据推荐作用采取的交易做法’（Id., at 375 U.S. 197）。根据本院对《投资顾问法》的解释，类似上诉人这样的出版人并不是‘投资顾问’，因此并不受制于《投资顾问法》的反欺诈规定，实际上就推翻了资本收益案判例，证交会保护公众不受可能很严重的欺诈和操纵侵害的权力也因此受到了限制。” Lowe v. SEC，472 U.S. 181（1985）.

6 “原告可以挑战收费，称其不合理，相关理论和实际情况可能有所不同，但被告在类似案件中几乎是胜诉的。” Jones v. Harris Associates L.P.，130 S.Ct. 1418，1761 L. Ed. 2d 265（2010）.

的基金管理费过高，违反了美国《投资顾问法》规定的受信义务。

投资者依据传统法律理论挑战费率过高难以胜诉。[1]为保护投资者，美国国会在《投资公司法》中引入受信义务，要求基金管理公司决定费率时，必须尽到受信义务，但该法没有界定其定义。

受信义务（fiduciary duty），通常是指“为他人利益而行事的责任，自己的利益必须服从他人的利益。受信义务是法律所要求的责任中最高的，适用于受托人和监护人等”。[2]我国《信托法》称为“为受益人的最大利益处理信托事务”。[3]在我国，证券投资基金的投资者是将资产托付给他人管理，类似信托关系，[4]适用我国《信托法》。[5]

在卡坦伯格诉美林公司案[6]中，美国第二巡回法院确立的规则是，如果“投资顾问—管理人收费过高，不成比例，与所提供的服务并无合理关系，不可能是正常谈判的结果”。在琼斯诉哈里斯案判例规则中，美国联邦最高法院去除了关于不成比例的判断标准，代之以披露原则和董事没有利害关系的标准。美国联邦最高法院克减了公募基金管理公司的受信义务，实际上将受信义务篡改为注意义务。但美国联邦最高法院不愿公开承认其对卡坦伯格诉美林公司案判例的修正，或许是理亏心虚，所以不愿声张。

持共同意见的托马斯大法官撰写意见，为多数意见画龙点睛，扯去了多数意见大法官的“遮羞布”。托马斯大法官指出，卡坦伯格诉美林公司案判例是变相允许法官设定费率，但琼斯诉哈里斯案改变了这一规则。他的原话是：“我同意本院的判决，以肯定这种做法。但我并不认为，本院这样做是肯定‘卡坦伯格诉美林公司案标准’。对今天的判决无论有何其他说法，今天的判决都没有认可法院对管理费的‘公平’审查有自由尺度，尽管卡坦伯格诉美林公司案判决可以被解读为允许这种审查。”

琼斯诉哈里斯案判例提供了受信义务的独特定义，但该判例对美国公募基金的费率已不再重要。ETF 在美国普及之后，ETF 与传统的共同基金形成了竞争，公募基金的管理费大幅下降，基金管理公司无法再高额收费。[7]ETF 跟踪各种各类指数，

---

1 Legal Briefs，*Securities Regulation*，New York：Aspen Aspen Publishers，2011，p. 142.

2 Henry Campbelll Black，*Black's Law Dictionary*，St. Paul：West Publishing Co.， 1990，p. 625.

3 我国《信托法》第 25 条。

4 证券投资基金作为一种以信托关系为基础的融资资金组织起源于英国。最初的英国证券投资基金实行契约型基金，以后逐渐选择了公司型模式。参见《证券投资基金》编写组：《证券投资基金》，上海财经大学出版社 2002 年版，第 71~72 页。

5 我国《证券投资基金法》第 2 条规定：“……本法未规定的，适用《中华人民共和国信托法》、《中华人民共和国证券法》……”

6 Gartenberg v. Merrill Lynch Asset Management，Inc.，694 F. 2d 923（2d Cir. 1982）.

7 过去数年中，ETF 吸引了大约 2.5 万亿美元的资金。按照有些估算数据，美国 40% 的股权资产是被动管理的。Chris Flood，*$ 4tn Exchange Traded Fund Industry Draws More Scrutiny*，Financial Times，May 29，2017，p. 2.

基金管理公司是被动管理，所以成本很低，收费相应也低。ETF 也已经引入我国，但规模相对较小，公募基金收费仍然是基金管理公司的重要收入。[1]

（三）戈尔茨坦诉证交会[2]

该案判例的规则是，对冲基金普通合伙人的客户是对冲基金本身，而不是对冲基金的有限合伙人或受益人，因为普通合伙人并不向有限合伙人或有限合伙人的投资人提供个人咨询。

美国《投资公司法》和《投资顾问法》适用于对冲基金，两法所规定的主要规制方式是要求基金管理人或其他各类资产管理人注册，但对冲基金或其他私募基金因为客户较少而享受登记豁免。2004 年证交会制定了《对冲基金规则》，要求对冲基金登记。证交会就此提出了“穿透”原则，即有限合伙人和所有受益人都被包括在客户之内，很多对冲基金无法再享受注册豁免。戈尔茨坦就此起诉证交会。

在该案判决意见中，法官引用了洛诉证交会案[3]判例中的经典的语录：“从事顾问专业的人是针对客户的个人情况提供咨询。”法官据此认定，有限合伙人或受益人不是对冲基金的客户，因为普通合伙人并不向有限合伙人或有限合伙人的投资人提供咨询。法院结论是，客户是对冲基金本身，证交会有关对冲基金的有限合伙人或最终受益人为普通合伙人的客户的规则是武断的，因此法院对该规则不予认可。

私募股权基金与对冲基金同属私募基金，而且大多是合伙企业，都适用美国《投资公司法》和《投资顾问法》。证交会要求对冲基金注册时，并没有要求私募股权基金注册，私募基金也没有作为法律之友声援私募基金。原因在于，私募股权基金与对冲基金有不同业务。私募股权基金主要从事并购和其他股权类投资业务，存在争议的信息源不多，私募股权基金并不忌讳注册并作相应的信息披露。而对冲基金主要从事证券交易，需要抢先获得敏感信息，获得信息的手段存在重大争议，同时对冲基金的交易方式确有保密需要，所以强烈抵制注册要求，不愿意作任何披露。

在该案判例中，法官有诛心之论。比如，法律中的专有名词界定经常是一个难题。很多法律中表面上有定义，其实只是无意义的文字堆砌。在该案判例中，法官就一针见血地指出：“任何名词没有制定法的定义，并不因此而词义不清，正如有定义

---

1 2013 年，我国管理费收入超过 1.5 亿元的基金公司均实现了盈利，而管理费收入在 6000 万元以下的公司均为亏损。2013 年，管理费收入依然是我国基金管理公司最主要的营业收入来源，为 319.41 亿元，占营业收入的 86.60%，其次是手续费和利息收入，分别为 15.72 亿元和 15.15 亿元，占营业收入的比例分别为 4.26% 和 4.11%。其他几项营业收入来源为：投资收益、公允价值变动损益、汇率收益和其他业务收入，在营业收入中所占比例分别为 1.19%、0.18%、0 和 2.51%。中国证券监督管理委员会会计部、中国证券监督管理委员会证券投资基金机构部和中国证券投资基金业协会：《2013 年度基金管理公司财务分析报告》，第 58~59 页。

2 Goldstein v. SEC，451 F.3d 873（D. C. Cir. 2006）.

3 Lowe v. SEC，472 U.S. 181（1985）.

并不必然使词义明确。定义只不过是将难题推到了已被界定的名词上。”[1]

该案判例不仅讨论了美国《投资公司法》和《投资顾问法》及其有关规则的适用，也详细讨论了对冲基金的各种特点。

（四）克雷米银行诉亚历克斯、布朗和儿子公司[2]

该案判例的规则是：在证券索赔诉讼中，适当性属于反欺诈范畴，适用反欺诈条款，即《证券交易法》第10（b）条。法官指出，依据适当性索赔，只能“是普通第10（b）条下欺诈主张的从属部分”。[3]

适当性要求由美国自律组织的规定，并不是法律，相关规则无法直接作为法官判决的依据。法官只能将其“挂靠”在《1934年证券交易法》的反欺诈条款即第10（b）条上予以适用。在该案判例中法官重申，第10（b）条违反适当性主张有5个要素：（1）证券不适合卖方的需要；（2）知道或应当知道相关证券不适合卖方的需要；（3）仍然推荐买入；（4）被告具有主观意图，就证券的适当性作出重大不当陈述（或是对买方负有义务，却没有披露重大信息）；（5）买方合理依赖了被告的欺诈行为并因此蒙受损失。[4]法官分析该案事实后认定，5个要素的相关事实都对原告不利，所以不支持原告提出的索赔主张。

四、发行

如何界定公开发行和非公开发行，是美国证券法的重要内容。如何界定证券发行和销售中金融机构所起的作用，对证券监管和投资者索赔具有重要意义。就发行而言，美国的法律并不区分“股票”与“基金份额”，两者都是股份。发行股份是否构成公开发行，对股东或基金投资者在索赔诉讼中能否获胜具有决定性作用。

（一）证交会诉罗尔斯顿·普里纳公司[5]

该案判例的规则是：投资者是否为特定对象，取决于投资者是否有能力自己应对风险。美国联邦最高法院指出，“是否可以获得法定豁免，取决于受到影响的类别股东是否需要《1933年证券法》的保护”。非公开发行的发行人有权得到监管豁免，因为特定投资者可以保护自己。因此，美国联邦最高法院强调，确定发行是否为非公开发行时，必须考虑投资者是否有能力保护自己。

我国《证券法》规定，“向特定对象发行证券累计超过二百人的为公开发行”。[6]我国《证券投资基金法》则规定，非公开募集基金的“合格投资者累计不得超过二百人”。[7]该案判例并没有规定非公开发行的最低人数。该案判决意见表示，从理

---

1 See Alarm Indus. Commc'ns Comm. v. FCC，131 F. 3d 1066，1068–70（D.C.Cir. 1997）；Doris Day Animal League v. Veneman，315 F. 3d 297，2989–99（D.C.Cir. 2003）.

2 Banca Cremi v. Alex. Brown & Sons，132 F. 3d 1017（4th Cir. 1997）.

3 O'Connor v. R.F. Lafferty & Co.，965 F. 2d 894，897（10th Cir. 1992）.

4 Brown v. E.F.Hutton Group，Inc.，991 F.2d 1020，1031（2d Cir. 1993）.

5 SEC v. Ralston Purina Co.，346 U.S. 119（1953）.

6 我国《证券法》第10条第2款。

7 我国《证券投资基金法》第88条。

论上来说，在特定情形下，即便只有一位发行对象，也有可能构成公开发行，"'公开'……当然是一个广义名词。没有规定特别的数字。从二到无限大都可以；甚至可能是一个，如果有意将其作为一连串认购者中的第一个，但其认购了全部股票即可，无须再进行发行"。［（1929）A.C.158，169.］[1]

在该案中，罗尔斯顿·普里纳公司允许其任何"关键雇员"购买公司未注册的股票。公司对"关键雇员"的界定十分宽泛，包括任何"有条件晋升"者或"对他人特别有影响"者，包括搬运工领班、文员助理、生产实习生和速记员。该公司称，因为发行对象是"关键雇员"，所以应当享受非公开发行的豁免。[2]美国联邦最高法院则认定，"核心员工"非特定对象，因为他们并不能够了解发行人的相关情况；如果是公司发行股票，通常只有公司高管可以了解公司的相关情况。

（二）证交会诉中华公所[3]

该案判例的规则是：证券销售方直接或间接参与销售，可以被界定为承销商。[4]

在该案中，第二次世界大战期间，中华民国政府发行政府债券。位于纽约的中华公所是一家华人代销债券：该组织为非营利组织，无偿向华人募捐后交给国民政府，从国民政府得到债券后再分发给购买者。中华公所及其成员并没有就此获得任何报酬。但美国第二巡回上诉法院认定，被告是公开发行中的"关键齿轮"，是证券法所指的承销商。

按照美国《1933 年证券法》的界定，"任何人……就分销任何证券……为发行人销售……就是承销商……"。[5]美国法院的判例又对承销商作了具体界定，以下 3 种情形都构成承销：从事有关业务的机构为承销商（1）直接或间接参与销售；[6]（2）为分销而向发行人或控制人购买证券；[7]（3）或是为发行人或控制人销售证券。[8]证交会诉中华公所案判例即为第一种情况。

五、交易

证券交易是证券公司和其他金融机构创收的主要业务，也是投资者需要保护的领域。内幕交易以及做市商交易和交易结算方面的问题都会给投资者造成损失。

（一）牛顿诉美林公司[9]

该案判例的规则是：做市商对其客户负有最佳执行责任，"为其客户获得当时

---

1 证交会诉罗尔斯顿·普里纳公司案判例脚注 11，see Viscount Summer's frequently quoted dictum in Nash v. Lynde。

2 SEC v. Ralston Purina Co.，346 U.S. 119（1953）.

3 SEC v. Chinese Consolidated Benevolent Assoc.，120 F. 2d 738（2d Cir. 1941）.

4 Id.

5 The Securities Act，§ 2（11）.

6 SEC v. Chinese Consolidated Benevolent Assoc.，120 F. 2d 738（2d Cir. 1941）.

7 United States v. Sherwood，175 F. Supp. 480（S.D.N.Y. 1959）.

8 United States v. Wolfson，405 F.2d 779（2d Cir.1968）.

9 Newton v. Merrill，Lynch，135 F. 3d 266（3d Cir. 1998）.

情况下可以合理获得的最有利条件”。[1]

法院在该案判例中指出：“最佳执行的义务产生早于联邦证券法，其根源是普通法的代理业务：代理对其主体必须完全忠诚，合理注意。”[2]法院还指出，“客户 / 主体试图为其自身获得经济利益，按照这一理解，代理的目的就是为其客户 / 主体实现该目标，如果没有相反指示，经纪人—交易商就应当做出合理努力，在每一个交易中为客户谋取最大经济益处”。

做市商美林公司可以通过报价系统之外的渠道，以低于报价系统的价格买入证券。做市商就相同的证券获得买卖双方的指令，可以匹配成交，该信息并不反映在报价系统中。法院认定，做市商必须为其客户争取到最佳价格，即报价系统之外可得到的最佳价格。

该案判例对欺诈又有了新的界定：即便做市商没有作出任何陈述诱导、误导客户，其行为也可以构成欺诈。法院指出，“根据本案的记录，陪审团可以认定，被告作出不当陈述，称其为被告的最大经济利益而执行原告的指令，而且该不当陈述是故意或不顾后果的，因为作出这一不当陈述时，被告明知自己要以 NBBO 的价格执行原告的指令”。

该案中法官还指出，“即便是行业的普遍做法，仍然可以构成欺诈”[3]。一般商业行为做法只要符合行业的普遍做法，就完成了注意义务，欺诈更无从谈起。但做市商业务特殊，做市商同时作为买家和卖家，不断双向报价，便于操纵市场。当然，这一弊端与做市商业务的性质有关：做市商同时买进卖出，承担了很大风险，势必寻求高额回报，交易中难免有所异动。本来不存在需求或需求不充分，却通过做市硬性创造需求、创造市场，因而势必产生各种难题。

（二）彼得·艾克勒诉证交会[4]

该案判例的规则是，做市商必须执行客户的指令，如果为了客户的利益而需要部分执行或不执行客户的指令，则必须事先得到客户的同意。法院支持证券交会的立场，即“如果存在异同寻常的市场状况，立即执行市场指令会严重扰乱市场，其结果是指令的执行将会明显不同于客户发出指令时的期望，则机构最好是立即与其客户进行联系，告知市场状况的变化，并获取客户有关如何执行其指令的进一步指示。但若要改变客户指令的执行条件或方式，机构不得以自己的判断代替其客户了解情况后的认可。如果客户没有认可，机构有责任立刻充分执行指令”。[5]

在该案中，做市商拒不接受客户买入客户股票的指令，理由是买入股票会压低其价格。作为做市商的证券公司受到自律组织的处罚后，向证交会申诉。证交会维

1 Id.

2 Id.

3 See Chasins v. Smith，Barney & Co.，435 F.2d 1167，1171–72（2d Cir. 1970）.

4 Eichler v. SEC，757 F.2d 1066（9th Cir. 1985）.

5 Id.

持自律组织的决定，证券公司又就证交会的决定在美国法院起诉。

（三）罗斯诉博尔顿[1]

该案判例的规则是：证券公司作为结算机构为做市商提供结算服务，并不因此而对做市商的客户负有受信义务，如果做市商实施欺诈或破产，结算机构并没有义务将相关信息告知做市商的客户，对做市商的欺诈保持沉默并不构成帮助和教唆。

在该案中，证券公司博尔顿是 RUTI 公司证券的做市商，RUTI 公司的证券在纳斯达克有柜台交易。为了虚假抬高 RUTI 公司证券的价格，博尔顿设法让投资人罗斯相信，罗斯购入金融产品之后，可以迅速将其售给下家福布斯以牟取中间的差价利润。但罗斯购入 RUTI 公司证券之后，福布斯拒绝购买这些证券，因为博尔顿已无法按照先前的承诺再从福布斯处购买这些证券。博尔顿很快破产，罗斯亏损巨大。罗斯与博尔顿之间的交易由证券公司贝尔斯登结算。

罗斯起诉博尔顿、福布斯和贝尔斯登，依据的是《1934 年证券交易法》反欺诈条款第 10（b）条和证交会《规则 10b–5》。该案有两项大重大信息：一是博尔顿在从事欺诈；二是博尔顿即将破产。罗斯提出，贝尔斯登应当向其客户披露这两项重大信息，但没有披露。

法院认定，贝尔斯登对博尔顿的骗局并不知情，所以无法披露。但是，即便贝尔斯登有理由知道骗局，因为贝尔斯登对罗斯没有受信义务，所以也不存在帮助和教唆的行为。贝尔斯登没有为罗斯开设账户，仅就已经发生的交易收款。作为结算机构，贝尔斯登只与博尔顿之间有合同关系。如果结算机构对其客户并不负有守信义务，则适用《1934 年证券交易法》第 10（b）条时，对“意图”的要求更严。法院同时认定，尽管贝尔斯登知道博尔顿破产或即将破产，但贝尔斯登对罗斯并不负有受信义务，所以“没有义务向潜在投资者披露有关这些证券的信息”。

（四）美国诉纽曼[2]

该案判例的规则是：交友是获取内幕信息的合法手段，除非友谊具有“并非无足轻重”的价值，亲朋好友之间的礼尚往来并不构成“个人获益”。该案中的礼尚往来包括为校友提供求职咨询和修改求职简历，教堂中结识的教友互通信息。这些都不构成“并非无足轻重”的价值。

在该案中，多德·纽曼（Todd Newman）和安东尼·恰森（Anthony Chiasson）是对冲基金的投资经理，两人根据他人提供的内幕信息买卖证券获益。两人是“内幕信息接收人”（tippee），与泄露信息的内幕信息知情人（tipper）分别隔开三层和四层：内幕信息的知情人并未直接向两人泄露内幕信息，内幕信息经多人传递后，纽曼和恰森才收到了信息。

在该案中，美国第二巡回法院指出，内幕交易案中信息接收人（tippee）是否

1 Ross v. Bolton，904 F. 2d 819（2d Cir. 1990）.

2 U.S. v. Newman，Nos 13–1837–cr（L），13–1917–cr（con）.

有罪，适用第二巡回法院在其判例中所确定的检验标准：政府必须排除合理怀疑地证明以下各要件：（1）内幕信息的知情人有受信义务；（2）公司内幕信息知情人违反了其受信义务，①将保密信息披露给内幕信息接收人，②以便个人获益；（3）内幕信息接收人知道，内幕信息泄露人违反了义务，即明知该信息是保密的，但为了个人获益而披露此信息；（4）内幕信息接收人仍然利用该信息买卖证券或将其传递给另一个人，以便个人获益。法院认为，“内幕交易的违法责任是基于受信义务，而不是基于信息不对称。这是对内幕交易违法责任的重要限制，既要保护公司的保密权益，同时又要促进全国证券市场的效率”。法院据此推断，“除非内幕信息知情人违反了其受信义务，而且信息接收人知道或者应当知道内幕信息知情人违反了受信义务”，不得认定信息接收人有违法责任；[1] 而“信息泄露人违反受信义务的前提是，‘他个人直接或间接地从披露中获益’……所以除非有此获益，不得认定信息接收人有违法责任”。

各类证券交易日益复杂，法律允许的交易与法律禁止的内幕交易之间的界限也难以划分。比如，期货交易和现货交易经常联系在一起，交易所 ETF 更是集做市、期货交易、现货交易以及做空于一身，正常的跨市场信息与内幕交易难以区别，正常跨市场联动与操纵难以区别。耶鲁大学法学院的乔纳森·梅西（Jonathan Macy）教授撰文指出，公司披露的信息让人不得要领，投资者和业内人士只得另辟蹊径，通过各种常规或非常规的手段收集、挖掘和打探信息：或在法院旁听审判，了解公司的重大诉讼；或潜入上市公司的停车场，了解雇员私车的品牌，以推测他们的收入和公司的收益；或与上市公司的雇员交友，以了解公司的内情。按照梅西教授的观点，通过交友了解公司内幕信息，应当属于通过个人研究了解公司内幕信息，完全是合法的。[2] 在该案判决意见中，法官则明确提出，资本市场的信息是不对称的，投资者和业内人士可以通过自己的辛勤劳动得到公司内幕信息。

内幕交易在美国通常涉及刑事责任，是否扩大其适用范围有很大争议，美国联邦巡回法院之间也存在分歧。美国联邦最高法院必须时而出面表态，才能暂时平息相关争议。在美国联邦最高法院已经作出了 4 个关于内幕交易的判例。在该案中，美国检察官在第二巡回法院败诉之后，向美国联邦最高法院提出上诉。美国联邦最高法院拒绝受理其上诉，实际上维持了第二巡回法院的原判。但在萨拉曼诉美国案[3]中，美国联邦最高法院 2016 年受理了被告对第九巡回法院判决提出的上诉。该案中内幕信息的知情人向姻亲传递信息，姻亲利用内幕信息买卖证券获利。美国联邦最高法院认定，内幕信息的知情人向姻亲传递内幕信息，本身就构成了个人获益，并没有对朋友关系中的个人获益发表意见。

---

1 法院在美国诉纽曼案判例中指出：“在德克斯案中，公司内幕信息知情人提供内幕信息，是为了揭露公司内的欺诈行为，而不是为了个人获益，所以最高法院认定，内幕信息知情人并没有违反其对公司股东的责任，不得认定作为信息接收人的德克斯有违法责任。” U.S. v. Newman, Nos 13-1837-cr(L), 13-1917-cr(con).

2 Jonathan Macy, *Deconstructing the Galleon Case*, The Wall Street Journal, p. 11（2011）.

3 Salman v. U.S., 2016, 580 U.S._（2016）.

（五）关于答辩人美洲豹能源交易有限责任公司和米歇尔·J.考斯西作出认定并发出救济性制裁命令[1]

在该案中，期交会认定，答辩人考斯西发价或开价指令时，即准备在执行前取消这些发价或开价，构成晃骗行为。《商品交易所法》第4c（a）（5）（C）条规定，“任何人的任何交易、做法或行为在注册的实体进行或受该注册实体规则的制约，只要其特征是对交易是普遍视为‘晃骗’（发价或开价时，意在执行前撤销开价或发价），属于违法”。

考斯西设计了算法交易项目，发出指令，给人市场中有买入或卖出动向的印象，增加了其反向的小金额指令得到执行的可能性。答辩人使用算法，旨在执行之前取消指令。

六、操纵

美国联邦最高法院的判例——施赖伯诉伯林顿·诺尔森有限责任公司，[2]竞争收购要约中，目标公司的股东与收购人达成协议，出售股票的价格低于前竞争收购要约中的价格，并不构成操纵，因为“如地区法院认定的那样，‘被告的所有行为，只要有可能影响Elpaso（目标）公司的股价，都是公开进行的’”。

七、证券监管

美国证券市场的监管机构，包括财政部、司法部、证交会以及各州检察长办公室和各州金融监管机构，但证交会是主要监管机构，对证券市场行使广泛的监督权力。

（一）商业圆桌会议诉证交会[3]

双重投票结构（dual-voting structure）也称双重股权结构（dual class structure），是指上市公司的少数高管可以一股数票，不同于一股一票的普通股东，以便少数高管控制上市公司的决策权。此类高管通常是公司的创始人。

该案判例的规则是：证交会无权要求证券交易所禁止上市公司的双重投票结构。美国联邦最高法院的结论是，股权结构属于公司治理的范畴，[4]在传统上属于州公司法的范畴，证交会不宜介入。

（二）证交会诉花旗集团全球市场有限责任公司[5]

该案判例的规则是：即便法院认为证交会与其被监管对象之间达成的和解

1 CFTC Order，13-26.

2 Schreiber v. Burlington Northern，472 U.S. 1（1985）.

3 The Business Roundtable v. SEC，905 F. 2d 406（D.C. Cir. 1989）.

4 法官在判决意见中指出：“如同本院在下文中所指出的那样，本院认定，《交易法》不能被理解为包括规制远不属于披露的问题（如《交易法》第14节所规制的问题），不能被理解为包括规制自我监管组织的管理和做法——可以说，这些事项是公司治理的一部分，传统上由各州进行规制。”The Business Roundtable v. SEC，905 F. 2d 406（D.C. Cir. 1989）.

5 SEC v. Citigroup，752 F.3d 285（2014）.

协议不够“充分”，法院也无权拒绝认可该协议，无权拒绝发出同意令（consent decree）。

为支持上述结论，美国第二巡回法院提出了一系列理由。

第一，“充分要求”适用于集团诉讼，但不适用于和解协议，因为就集团诉讼和解的范畴而言，充分要求是完全有道理的——集团诉讼和解的典型做法是排除今后的主张，所以法院关注所达成的和解是否充分是正确的。但出于同样理由，法院无须关注和解是否充分：如果潜在原告有私人诉权，他们可以自行提出起诉。如果没有私人诉权，那么证交会是负责代表受害人的实体，若是证交会没有充分履行其职责，则证交会在政治上有责任。

第二，证交会未对监管对象提出恰当指控，不成为拒绝发出同意令的理由。法院指出，“证交会同意令能否最好地服务于公共利益，完全应当由证交会来决定，由其作出的决定应当受到很大尊重。”[1]

第三，审判主要是为了查明真相，而同意令则是妥协。美国第二巡回法院指出，同意令通常是妥协，当事方放弃他们在诉讼中可能获得的，放弃其诉讼权利。［United States v. ITT Continental Banking Co.，420 U.S. 223，235，95 S.Ct. 926，43 L. Ed.2d 148（1975）］……地区法院并没有认定，同意令中所提议的禁令性救济不利于公共利益，原因之一就是地区法院将公共利益完全界定为“了解真相的压倒一切的利益”。

和解是证交会行政执法的重要手段。证交会与监管对象达成协议本身，并不需要得到法院的同意。2008 年金融危机后，证交会与华尔街银行达成和解协议，又向联邦地区法院提出申请，要求法院认可和解协议并发出命令，使和解协议具有法院判决的效力。证交会与华尔街银行妥协，受到多方批评，包括法官在内的许多人士认为，证交会对于华尔街银行过于宽松。证交会为了减轻其受到的压力，需要借助联邦法官的权威，使和解协议更加容易被接受。

证交会求助于联邦法官，但有些联邦法官对证交会的做法强烈不满，他们拒不批准证交会所达成的和解协议，其典型代表是杰德·雷克夫（Jeb Rakoff）法官，[2] 由其撰写的证交会诉美国银行案[3]判决是这方面的典型判例。美国巡回法院大多推翻地区法院的这些判决，支持证交会所作出的和解，该案判例是典型代表。联邦地区法院是独任法官审案，支持或反对华尔街的法官可以“一意孤行”，而巡回法院则由 3 位法官组成的合议庭审理案件，大多数法官倾向支持证交会与被监管对象之间达成的和解。

---

1 法官在判决意见中指出：“地区法院不批准同意令，只要其理由是认为证交会未能对花旗集团提出恰当指控，就构成滥用自由裁量权。即便同意令没有为私人方提供不得悔改的附带帮助，地区法院也不得以此为理由拒绝发出同意令，因为这根本就不是法院的职责。” SEC v. Citigroup，752 F.3d 285（2014）.

2 Finance and Eonomics，*Rakoff's Revenge*，The Economist，April 13th，p. 68（2013）.

3 SEC v. Bank of America，653 F. Supp. 2d 507.

八、索赔

在证券索赔诉讼中，如何证明因果关系，是投资者遇到的一大障碍。证券索赔诉讼本质上是侵权诉讼，而在侵权诉讼中难以证明的是因果关系，在证券索赔诉讼中也是如此。按照美国判例，在证券索赔诉讼中，因果关系强调近因，具体表现为投资者是否合理依赖了被告所作的虚假陈述。

（一）Basic 有限责任公司诉莱文森[1]

该案判例的一个规则是：如果投资者在证券交易所买卖股票，证券索赔适用市场欺诈（fraud on market）理论，假定投资者依赖股票价格所反映的重大信息，包括虚假陈述，但被告可以设法证明，原告并没有依赖虚假陈述。

该案判例的另一规则是：即便并购谈判没有达成原则协议，有关并购谈判的信息也有可能构成重大信息，否认正在进行的谈判，也构成重大信息误导。Basic 有限责任公司进行并购谈判，但否认有此谈判。事后，消息宣布之前出售股票的股东对公司提起集团诉讼。法院认定，依赖假定成立，但被告仍然有权提出反驳，证明尽管存在虚假陈述，但虚假陈述并不是导致股票下跌的近因。

市场欺诈理论对于集团诉讼至关重要。如果没有假定依赖，就不能举证责任倒置，集团成员就必须分别证明其依赖被告的虚假陈述，原告集团就没有共性问题，而根据美国的法律，如果个性问题多于共性问题，法院不得认可诉讼集团。

（二）哈里伯顿公司诉埃里卡·P. 约翰基金有限责任公司[2]

该案判例的规则是：在法院考虑是否认可集团诉讼的阶段，被告就可以反驳投资者依赖被告陈述的假定。[3] 在此之前，在集团诉讼中，被告必须等到审判阶段，才能反驳原告的依赖假定。被告提前反驳依赖假定，可以避开评审团，由法官作出决定，有利于被告胜诉，因为陪审团通常更有可能支持原告。但该判例仍然肯定了市场欺诈理论，只是对其作出修正，允许被告提前反驳依赖假定。[4]

在美国证券索赔诉讼中，集团诉讼是投资者的利器，而市场欺诈理论则是集团诉讼存在的前提。法院认可集团的前提是，集团中投资者的情形基本相似，“共性”问题多于“个性”问题。市场欺诈理论假定投资者在股票交易所买卖股票，就依赖股票价格所反映的发行人信息。

---

1 Basic Incorporated v. Levinson，485 U.S. 224（1988）.

2 Halliburton Co. v. Erica P. John Funds，Inc.，573 U.S._2014.

3 持多数意见的大法官认为：“在集团认可阶段，被告可以引用有关价格影响的证据，只要其目的是反驳原告有关市场效率的证明，而不是直接反驳假定。这一点也本无争议。正如 EPJ 基金所承认的那样，‘当然……被告可以在集团认定阶段引用有关缺乏价格影响的证据，将其作为市场缺乏效率的某种证据’。”Halliburton Co. v. Erica P. John Funds，Inc.，573 U.S._2014.

4 持多数意见的法官指出：“25 年之前，本院认定，原告引用公开的重大不当陈述会扭曲有效率的市场上交易的股票的价格这一假定，就可以满足《规则 10b–5》的诉因依赖要件，任何人以市场价格买入相关股票，就可以被视为依赖相关不当陈述。我们遵循该决定，拒绝修改引用依赖假定的先决条件。” Halliburton Co. v. Erica P. John Funds，Inc.，573 U.S._2014.

（三）伦特尔诉美林公司[1]

该案判例的规则是：只要证券公司分析师披露了相关股票的风险，则推荐该股票与买入该股的投资者因股价下跌而受损之间不存在因果关系，证券公司的分析师没有赔偿责任，因为已经向投资者披露了真实信息。[2]

美林公司的分析师明知 Real Media 公司和 Interliant 公司存在巨大风险，但仍然积极推荐这两家公司的股票。美林公司并没有披露，推荐这两家公司股票时，美林公司还为 Interliant 公司收购其他公司提供了服务，而且为 Interliant 公司承销了 1.5 亿美元的可转换债券。但是，分析师在其报告中一再说明，两家公司存在严重问题，有可能“内爆”。

法院认定，不存在近因因果关系，因为分析师并没有隐瞒两家公司所存在的问题。该案中的近因（proximate cause）也称损失因果关（loss causation），“是所称不当行为与原告最终受到的经济损失之间的因果关系”。法院还认定，如果原告要想胜诉，就必须将未披露信息造成的损失与已披露的信息但仍然发生的损失区分开来。[3] 这是一个几乎无法完成的举证责任。

九、结束语

从法律关系或法律概念上来说，美国证券法判例涉及的三大主题：证券的定义、公开发行与非公开发行以及受信义务。但美国法院的证券法判例的范围仍有一定的局限，在美国证券实践中的很多的问题并没有得到体现。

2024 年 4 月 20 日

---

1 Lentell v. Merrill Lynch & Co., Inc., 396 F. 3d 161（2d Cir. 2005）.

2 法院在伦特尔诉美林公司案判决意见中指出：“但原告并不挑战与美林公司虚假建议一同公布的详细的金融信息和投资分析。所以，毋庸置疑，起诉书所挑战的每一份报告，从字面上看，价格波动的风险显而易见，内爆的风险也显而易见。” Lentell v. Merrill Lynch & Co., Inc., 396 F. 3d 161（2d Cir. 2005）.

3 “但如果风险成真前有大量迹象，被称隐瞒了同样风险的披露又显示了该风险，而且从表面上就可以看出，这些风险显而易见，明白无误（本案正是这种情况），那么原告必须指称（i）有足够的事实支持以下判断，造成原告损失的近因是被告的欺诈，而不是其他突出因素；或是（ii）有足够的事实，可以区分损失由披露的风险内容所造成的部分和被隐瞒的风险所造成的部分，这些风险最终毁掉了投资。两名原告都没有做到，所以原告并没有提供事实根据，尽管原告指称，美林公司的不当陈述或遗漏造成了损失，这些损失来自 24/7 媒体和 Interliant 公司所发行的债券的波动性，但该波动性得到了充分披露。” Lentell v. Merrill Lynch & Co., Inc., 396 F. 3d 161（2d Cir. 2005）.

CONTENTS

目　录

SEC v. Howey Co.

证交会诉豪伊公司

SEC v. Howey Co.

328 U.S. 293 (1946)

Mr. Justice Murphy delivered the opinion of the Court.

This case involves the application of § 2 (1) of the Securities Act of 1933[1] to an offering of units of a citrus grove development, coupled with a contract for cultivating, marketing and remitting the net proceeds to the investor.

The Securities and Exchange Commission instituted this action to restrain the respondents from using the mails and instrumentalities of interstate commerce in the offer and sale of unregistered and nonexempt securities in violation of § 5 (a) of the Act. The District Court denied the injunction, 60 F.Supp. 440, and the Fifth Circuit Court of Appeals affirmed the judgment, 151 F.2d 714. We granted certiorari, 327 U.S. 773, on a petition alleging that the ruling of the Circuit Court of Appeals conflicted with other federal and state decisions, and that it introduced a novel and unwarranted test under the statute which the Commission regarded as administratively impractical.

Most of the facts are stipulated. The respondents, W. J. Howey Company and Howey–in–the–Hills Service, Inc., are Florida corporations under direct common control and management. The Howey Company owns large tracts of citrus acreage in Lake County, Florida. During the past several years, it has planted about 500 acres annually, keeping half of the groves itself and offering the other half to the public "to help us finance additional development". Howey–in–the–Hills Service, Inc., is a service company engaged in cultivating and developing many of these groves, including the harvesting and marketing of the crops.

Each prospective customer is offered both a land sales contract and a service contract, after having been told that it is not feasible to invest in a grove unless service arrangements are made. While the purchaser is free to make arrangements with other service companies, the superiority of Howey–in–the–Hills Service, Inc., is stressed. Indeed, 85% of the

---

1 48 Stat. 74, 15 U.S.C. § 77b (1).

证交会诉豪伊公司

美国联邦最高法院（1946年）

墨菲大法官发表本院意见。

本案涉及美国《1933年证券法》第2条第1款[1]的适用，事关橘园开发的权益份额的发行以及配套的种植、营销和向投资者派发净收入的合同。

证交会提起诉讼，以限制被上诉人违反美国《1933年证券法》第5（a）条［15 U.S.C.A. 77e（a）］的行为，该行为是利用邮件和州际商务工具，发行和出售没有注册的未经豁免的证券。地区法院拒绝发出禁止令（60 F. Supp. 440），第五巡回上诉法院维持一审判决（151 F. 2d 714）。本院发出调卷令（327 U.S. 773），有关上诉申请指称：第五巡回上诉法院的裁决与其他联邦法院的判决和州法院的判决之间有冲突，在《1933年证券法》下引进了一个新的检验标准，该标准不合道理。委员会也认为，该标准在行政上不切实际。

诉讼双方已就大部分事实达成无异议协议。被上诉人是W.J.豪伊公司和豪伊山丘服务公司，都是佛罗里达州的公司，直接受到共同控制和管理。

豪伊公司在佛罗里达州的湖县拥有大片橘园。过去几年中，豪伊公司每年种植大约500英亩，自己留一半，另一半向公众出售，“以帮助我们为更多的开发融资”。豪伊山丘服务公司是一家服务公司，这些橘林很多是由其种植和开发的，包括农作物的采摘和促销。

向每位潜在客户提供了一份土地销售合同和一份服务合同，而且此前，潜在客户被告知，除非有服务安排，投资橘林是不切实际的。尽管买方可以自行与其他服务公司作出安排，但强调了豪伊山丘服务公司的优越性。截至1934年5月31日，3年内85%的土地适用豪伊山丘服务公司的服务合同。

---

1 48 Stat. 74，15 U.S.C，§ 77b（1）.

acreage sold during the 3-year period ending May 31, 1943, was covered by service contracts with Howey-in-the-Hills Service, Inc.

The land sales contract with the Howey Company provides for a uniform purchase price per acre or fraction thereof, varying in amount only in accordance with the number of years the particular plot has been planted with citrus trees. Upon full payment of the purchase price, the land is conveyed to the purchaser by warranty deed. Purchases are usually made in narrow strips of land arranged so that an acre consists of a row of 48 trees. During the period between February 1, 1941, and May 31, 1943, 31 of the 42 persons making purchases bought less than 5 acres each. The average holding of these 31 persons was 1.33 acres, and sales of as little as 0.65, 0.7 and 0.73 of an acre were made. These tracts are not separately fenced, and the sole indication of several ownership is found in small land marks intelligible only through a plat book record.

The service contract, generally of a 10-year duration without option of cancellation, gives Howey-in-the-Hills Service, Inc., a leasehold interest and "full and complete" possession of the acreage. For a specified fee plus the cost of labor and materials, the company is given full discretion and authority over the cultivation of the groves and the harvest and marketing of the crops. The company is well established in the citrus business, and maintains a large force of skilled personnel and a great deal of equipment, including 75 tractors, sprayer wagons, fertilizer trucks, and the like. Without the consent of the company, the landowner or purchaser has no right of entry to market the crop;[1] thus, there is ordinarily no right to specific fruit. The company is accountable only for an allocation of the net profits based upon a check made at the time of picking. All the produce is pooled by the respondent companies, which do business under their own names.

The purchasers, for the most part, are nonresidents of Florida. They are predominantly business and professional people who lack the knowledge, skill, and equipment necessary for the care and cultivation of citrus trees. They are attracted by the expectation of substantial profits. It was represented, for example, that profits during the 1943-1944 season amounted to 20%, and that even greater profits might be expected during the 1944-1945 season, although only a 10% annual return was to be expected over a 10-year period. Many of these purchasers are patrons of a resort hotel owned and operated by the Howey Company in a scenic section adjacent to the groves. The hotel's advertising mentions the fine groves in the vicinity, and the attention of the patrons is drawn to the groves as they are being escorted about the surrounding countryside. They are told that the groves are for sale, If they indicate an interest in the matter, they are then given a sales talk.

It is admitted that the mails and instrumentalities of interstate commerce are used in

1 Some investors visited their particular plots annually, making suggestions as to care and cultivation, but without any legal rights in the matters.

豪伊公司的土地销售合同规定了一英亩土地或其中一块土地的统一购买价格，金额差别只是根据一块土地上所种橘树的年限而定。全额支付购买价款后，通过担保地契将土地转给购买方。所购土地通常分为细长条，每英亩 48 棵树，排成一行。1941 年 2 月 1 日至 1943 年 5 月 31 日，42 人购买了土地，其中 31 人人均购地不足 5 英亩。31 人中平均持有土地 1.33 英亩，所售土地有的很小，只有 0.65 英亩、0.7 英亩和 0.73 英亩。这些地块没有用栅栏隔开，不同所有权的唯一标识是地区图记录簿上才可以找到的小地标。

服务合同的期限通常是 10 年，无权选择撤销合同，豪伊山丘服务公司享有租赁权益，“充分完整地”占有这些土地。支付劳工和材料成本另加具体规定的费用之后，豪伊山丘服务公司有权充分自主地决定橘林的种植以及农作物的收获和销售。豪伊山丘服务公司已确立了其在橘树业的地位，公司有很多熟练员工和大量设备，包括 75 台拖拉机、洒水车、施肥车和诸如此类的车辆。未经豪伊山丘服务公司同意，土地所有人或购买方无权进入橘园促销农作物；[1] 所以通常对具体水果并不享有权利。豪伊山丘服务公司只对分配净利润负责，而净利润基于采摘时的检查。所有柑橘由被上诉人的各家公司归总，但各家公司都以各自的名义经营。

买方大多不是佛罗里达州的居民。他们多数是商人和专业人士，缺乏照管和种植橘树所需要的知识、技能和设备。买方受高利润的吸引。例如，1943~1944 年一季，利润达到 20%，1944~1945 年一季，利润预期有可能更高，尽管 10 年期的预期年化利润仅为 10%。豪伊公司在紧邻橘林的风景区拥有并经营一家度假酒店，橘林买方中有不少人是这家酒店的客人。这家酒店做广告时提到，酒店附近有上好的橘林，陪同客人经过酒店周围乡间时，提请客人注意这些橘林。客人被告知，这些橘林可以出售；如果客人对此感兴趣，就会对他们进行销售宣讲。

已经承认，出售土地和服务合同，使用了邮件和州际商务工具，但没有依照美

1 有些投资者每年去他们的地块，就如何照管和种植提出建议，但没有相应的法律权利。

the sale of the land and service contracts, and that no registration statement or letter of notification has ever been filed with the Commission in accordance with the Securities Act of 1933 and the rules and regulations thereunder.

Section 2 (1) of the Act defines the term "security" to include the commonly known documents traded for speculation or investment. [1]This definition also includes "securities" of a more variable character, designated by such descriptive terms as "certificate of interest or participation in any profit-sharing agreement," "investment contract", and, "in general, any interest or instrument commonly known as a security." The legal issue in this case turns upon a determination of whether, under the circumstances, the land sales contract, the warranty deed and the service contract together constitute an "investment contract" within the meaning of 2 (1). An affirmative answer brings into operation the registration requirements of 5(a), unless the security is granted an exemption under 3(b). The lower courts, in reaching a negative answer to this problem, treated the contracts and deeds as separate transactions involving no more than an ordinary real estate sale and an agreement by the seller to manage the property for the buyer.

The term "investment contract" is undefined by the Securities Act or by relevant legislative reports. But the term was common in many state "blue sky" laws in existence prior to the adoption of the federal statute, and, although the term was also undefined by the state laws, it had been broadly construed by state courts so as to afford the investing public a full measure of protection. Form was disregarded for substance, and emphasis was placed upon economic reality. An investment contract thus came to mean a contract or scheme for "the placing of capital or laying out of money in a way intended to secure income or profit from its employment." State v. Gopher Tire & Rubber Co., 146 Minn. 52, 56, 177 N.W. 937, 938. This definition was uniformly applied by state courts to a variety of situations where individuals were led to invest money in a common enterprise with the expectation that they would earn a profit solely through the efforts of the promoter or of some one other than themselves. [2]

By including an investment contract within the scope of § 2 (1) of the Securities Act, Congress was using a term the meaning of which had been crystalized by this prior

---

1 "The term 'security' means any note, stock, treasury stock, bond, debenture, evidence of indebtedness, certificate of interest or participation in any profit-sharing agreement, collateral trust certificate, pre-organization certificate or subscription, transferable share, investment contract, voting trust certificate, certificate of deposit for a security, fractional undivided interest in oil, gas, or other mineral rights, or, in general, any interest or instrument commonly known as a 'security' or any certificate of interest or participation in temporary or interim certificate for, receipt for, guarantee of, or warrant or right to subscribe to or purchase, any of the foregoing."

2 State v. Evans, 154 Minn. 95, 191 N.W. 425; Klatt v. Guaranteed Bond Co., 213 Wis. 12, 250 N.W. 825; State v. Health, 199 N.C. 135, 153 S.E. 855; Prohaska v. Hemmer-Miller Development Co., 256 Ill.App. 331; People v. White, 124 Cal.App. 548, 12 P.2d 1078; Stevens v. Liberty Packing Corp., 111 N.J.Eq. 61, 161 A.193. See also Moore v. Stella, 52 Cal.App.2d 766, 127 P.2d 300.

国《1933年证券法》和该法下的规则和规定向证交会提交注册陈述或通知函。

美国《1933年证券法》第2条第（1）款对“证券”一词的定义包括用于投机或投资交易中常见的凭证。[1]该定义还包括变数更大的“证券”，由名词表示：“任何利润分享协议的权益或参与证书”“投资合同”，和通常被普遍视为“证券”的任何权益或凭证。本案的法律问题取决于确定以下问题：根据本案情况，土地销售合同、担保契约和服务合同整体上是否构成该法第2条第（1）款意义上的投资合同。如果回答是肯定的，则适用该法第5条（a）项的注册要求，除非该证券获得该法第3条（b）项下的豁免。下级法院对该问题作出了否定回答，将合同与契约视为分开的交易，只不过一个是普通的地产销售，另一个是由卖方为买方管理财产的协议。

美国《1933年证券法》或相关的立法报告都没有界定“投资合同”一词。但制定《1933年证券法》之前，该词常见于许多州的“蓝天法”中；尽管州法也没有界定该词，但州法院对该词作了广义解释，以便为投资公众提供充分保护。形式让位于实质，侧重经济现实。因此，投资合同是指“配置资本或投钱的合同或安排，为的是获得收入或利润”。（State v. Gopher Tire & Rubber Co., 146 Minn. 52, 56, 177 N.W. 937，938.）对于各种情形，州法院统一适用该定义，只要个人受他人引导，投资于共同业务，期待仅通过发起人或任何他人的努力获得利润。[2]

美国国会将投资合同包括在《1933年证券法》第2条第（1）款中，该词的含义已由先前的司法解释得十分清楚。因此，将司法解释的投资合同的含义作为国

---

1 “证券”，是指任何票据，股票，库存股票，证券期货，以证券为基础的互换协议，债券，公司（信用）债券，债务凭证，利润分享协议下之权益或参与证书，由其他证券提供担保信托证书，代表公司筹建之证书或认购权证书，可转让股份证书，投资合同证书，有表决权之信托证书，证券存托凭证，石油、天然气或其他矿产权之小额未分割权益，或被普遍视为“证券”的任何权益或票据，或与上述任何一项相关的权益或参与证书、暂时或临时证书、凭证、担保证书、认购权证或认购权、购买权。

2 State v. Evans，154 Minn. 95，191 N.W. 425；Klatt v. Guaranteed Bond Co.，213 Wis. 12，250 N.W. 825；State v. Health，199 N.C. 135，153 S.E. 855；Prohaska v. Hemmer-Miller Development Co.，256 Ill.App. 331；People v. White，124 Cal.App. 548，12 P.2d 1078；Stevens v. Liberty Packing Corp.，111 N.J.Eq. 61，161 A.193. See also Moore v. Stella，52 Cal.App.2d 766，127 P.2d 300.

judicial interpretation. It is therefore reasonable to attach that meaning to the term as used by Congress, especially since such a definition is consistent with the statutory aims. In other words, an investment contract, for purposes of the Securities Act, means a contract, transaction or scheme whereby a person invests his money in a common enterprise and is led to expect profits solely from the efforts of the promoter or a third party, it being immaterial whether the shares in the enterprise are evidenced by formal certificates or by nominal interests in the physical assets employed in the enterprise. Such a definition necessarily underlies this Court's decision in SEC v. Joiner Corp., 320 U. S. 344, and has been enunciated and applied many times by lower federal courts.[1] It permits the fulfillment of the statutory purpose of compelling full and fair disclosure relative to the issuance of "the many types of instruments that, in our commercial world, fall within the ordinary concept of a security." H.Rep. No.85, 73rd Cong., 1st Sess., p. 11. It embodies a flexible, rather than a static, principle, one that is capable of adaptation to meet the countless and variable schemes devised by those who seek the use of the money of others on the promise of profits.

The transactions in this case clearly involve investment contracts, as so defined. The respondent companies are offering something more than fee simple interests in land, something different from a farm or orchard coupled with management services. They are offering an opportunity to contribute money and to share in the profits of a large citrus fruit enterprise managed and partly owned by respondents. They are offering this opportunity to persons who reside in distant localities and who lack the equipment and experience requisite to the cultivation, harvesting, and marketing of the citrus products. Such persons have no desire to occupy the land, or to develop it themselves; they are attracted solely by the prospects of a return on their investment. Indeed, individual development of the plots of land that are offered and sold would seldom be economically feasible, due to their small size. Such tracts gain utility as citrus groves only when cultivated and developed as component parts of a larger area. A common enterprise managed by respondents or third parties with adequate personnel and equipment is therefore essential if the investors are to achieve their paramount aim of a return on their investments. Their respective shares in this enterprise are evidenced by land sales contracts and warranty deeds, which serve as a convenient method of determining the investors' allocable shares of the profits. The resulting transfer of rights in land is purely incidental.

Thus, all the elements of a profit-seeking business venture are present here. The

---

1 Atherton v. United States, 128 F.2d 463; Penfield Co. v. SEC, 143 F.2d 746; SEC v. Universal Service Assn., 106 F.2d 232; SEC v. Crude Oil Corp., 93 F.2d 844; SEC v. Bailey, 41 F.Supp. 647; SEC v. Payne, 35 F.Supp. 873; SEC v. Bourbon Sales Corp., 47 F.Supp. 70; SEC v. Wickham, 12 F.Supp. 245; SEC v. Timetrust, Inc., 28 F.Supp. 34; SEC v. Pyne, 33 F.Supp. 988. The Commission has followed the same definition in its own administrative proceedings. In re Natural Resources Corporation, 8 SEC 635.

会使用该词的含义是合理的，尤其是因为这样的定义符合法定目的。换言之，就《1933 年证券法》的目的而言，投资合同是指这样的合同、交易或安排：个人将自有资金投资于一个共同业务，而且受他人引导，期待仅靠第三方的努力获得利润，业务的股份是由正式证书所证实，还是由业务所使用的有形资产中的名义权益所证实，是无关紧要的。该定义是本院所作证交会诉 C.M. 乔伊纳租赁公司案（Securities Exchange Commission v. C. M. Joiner Leasing Corp., 320 U.S. 344）判决的必要依据，而且各联邦下级法院多次阐明并适用该定义。[1] 借助该定义得以实现以下法定目的：针对"我们商界发行属于证券通常概念的各种类型的凭证"，强制实行充分公平的披露。（H. Rep. No. 85, 73rd Cong., 1st Sess., p.11.）该定义的原则是灵活的，并非一成不变，而是可以变通，适用于千变万化的交易安排，而交易安排的设计者是要借承诺利润而使用其他人的钱。

本案的交易明显涉及如此界定的投资合同。作为被上诉人的公司所发行的不只是对土地的非限嗣继承地产权益，不同于有管理服务的农场或果园。这些公司提供出资机会，可以分享由上诉人管理并部分拥有的大型柑橘业务的利润。这些公司是向住在远处的人提供机会，而这些住在远处的人没有种植、收获和营销柑橘产品所需要的设备和经验。这样的人不想自己占有或开发土地。他们完全是受投资回报前景所吸引。确实，发行和出售的土地面积如此之小，独自开发几乎不具有经济可行性。这些地块只有作为大片土地的组成部分，整体种植和开发，橘林才有实用价值。因此，投资者若要实现其投资回报的首要目标，至关重要的是，共同业务必须由被上诉人或第三方管理，他们有足够的人员和设备。投资者在该业务中相应份额的凭证为土地销售合同和担保地契，便于确定投资者可以分得的利润份额。所进行的土地转让完全是附带的。

因此，本案存在追求利润的业务风险的所有要件。投资者提供资本，分享收入

1 Atherton v. United States, 128 F.2d 463; Penfield Co. v. SEC, 143 F.2d 746; SEC v. Universal Service Assn., 106 F.2d 232; SEC v. Crude Oil Corp., 93 F.2d 844; SEC v. Bailey, 41 F.Supp. 647; SEC v. Payne, 35 F.Supp. 873; SEC v. Bourbon Sales Corp., 47 F.Supp. 70; SEC v. Wickham, 12 F.Supp. 245; SEC v. Timetrust, Inc., 28 F.Supp. 34; SEC v. Pyne, 33 F.Supp. 988. The Commission has followed the same definition in its own administrative proceedings. In re Natural Resources Corporation, 8 SEC 635.

investors provide the capital and share in the earnings and profits; the promoters manage, control, and operate the enterprise. It follows that the arrangements whereby the investors' interests are made manifest involve investment contracts, regardless of the legal terminology in which such contracts are clothed. The investment contracts in this instance take the form of land sales contracts, warranty deeds, and service contracts which respondents offer to prospective investors. And respondents' failure to abide by the statutory and administrative rules in making such offerings, even though the failure result from a *bona fide* mistake as to the law, cannot be sanctioned under the Act.

This conclusion is unaffected by the fact that some purchasers choose not to accept the full offer of an investment contract by declining to enter into a service contract with the respondents. The Securities Act prohibits the offer, as well as the sale, of unregistered, nonexempt securities. [1]Hence, it is enough that the respondents merely offer the essential ingredients of an investment contract.

We reject the suggestion of the Circuit Court of Appeals, 151 F.2d at 717, that an investment contract is necessarily missing where the enterprise is not speculative or promotional in character and where the tangible interest which is sold has intrinsic value independent of the success of the enterprise as a whole. The test is whether the scheme involves an investment of money in a common enterprise with profits to come solely from the efforts of others. If that test be satisfied, it is immaterial whether the enterprise is speculative or nonspeculative, or whether there is a sale of property with or without intrinsic value. See SEC v. Joiner Corp., supra, 320 U. S. 352. The statutory policy of affording broad protection to investors is not to be thwarted by unrealistic and irrelevant formulae.

Reversed.

Mr. Justice Jackson took no part in the consideration or decision of this case.

Mr. Justice Frankfurter dissenting.

"Investment contract" is not a term of art; it is conception dependent upon the circumstances of a particular situation. If this case came before us on a finding authorized by Congress that the facts disclosed an "investment contract" within the general scope of § 2 (1) of the Securities Act, 48 Stat. 74, 15 U.S.C. § 77b (1), the Securities and Exchange Commission's finding would govern unless, on the record, it was wholly unsupported. But that is not the case before us. Here, the ascertainment of the existence of an "investment contract" had to be made independently by the District Court, and it found against its existence. 60 F.Supp. 440. The Circuit Court of Appeals for the Fifth Circuit sustained that finding. 151 F.2d 711. If respect is to be paid to the wise rule of judicial administration under which this Court does not upset concurrent findings of two lower courts

1 The registration requirements of § 5 refer to sales of securities. Section 2 (3) defines "sale" to include every "attempt or offer to dispose of, or solicitation of an offer to buy", a security for value.

和利润；发起人管理、控制和经营该业务。因此，无论是什么安排，只要显示了投资者的权益，就涉及投资合同，无论此类合同披上何种法律术语。本案投资合同的形式是土地销售合同、担保地契和服务合同，由被上诉人提供给潜在的投资者。被上诉人进行此类发行时，并没有遵守法定规则和行政规则，这是美国《1933 年证券法》所不能允许的，尽管没有守法但只是无心之过。

该结论并不受以下事实的影响：某些买方选择不完全接受投资合同提供的全部内容，拒绝与被上诉人签订服务合同。美国《1933 年证券法》禁止发行和出售未注册的无豁免证券。[1] 因此，只要被上诉人发行了投资合同的关键要素就足够了。

巡回上诉法院表示（151 F.2d at 717），只要业务不具有投机性或促销性，而且所售有形权益具有独立内在价值，独立于整体业务是否成功，则不存在投资合同。本院否定了巡回上诉法院的上述立场。检验标准是：是否投资了共同业务，利润仅来自他人的能力。如果符合这一标准，则业务是否是投机性则无关紧要，所售财产是否有内在价值也无关紧要。（See SEC v. Joiner Corp.，supra，320 U.S. 352.）法定政策就是要广泛保护投资者。不能借不切实际和无关的程序来挫败这一法定政策。

撤销判决。

杰克逊大法官没有参与本案的审议或判决。

法兰克福特大法官持反对意见：

“投资合同”并不是专门术语，而是一个概念，取决于具体情形。如果本院受理本案，是因为根据国会的授权认定，事实显示存在属于美国《1933 年证券法》［48 Stat. 74，15 U.S.C. § 77b（1）］第 2（1）条一般范畴内的“投资合同”，则以证交会的认定为准，除非本案记录完全不支持该认定。但本院审理的此案并非如此。本案中，必须由地区法院独立确定是否存在“投资合同”，而地区法院认定并不存在“投资合同”（60 F.Supp.440），第五巡回上诉法院维持地区法院的认定（151 F.2d 714）。根据司法管理的明智规则，本院不应当推翻两个下级法院得出的相同认定；两个下级法院已经确定了事实，并从中得出了推论。如果尊重该明智规则，本案明显需要适用司法管理规则（See Allen v. Trust Co. of Georgia，326 U. S. 630）。本案中的关键问题取决于土地合同和管理合同实际上是否为分开的协议，还是两者只不过

1 第 5 条的注册要求提到了证券销售。第 2（3）条对“销售”的定义包括“试图或提出处置或招揽购买有价值证券的要约发出”。

in the ascertainment of facts and the relevant inferences to be drawn from them, this case clearly calls for its application. See Allen v. Trust Co. of Georgia, 326 U. S. 630. For the crucial issue in this case turns on whether the contracts for the land and the contracts for the management of the property were, in reality, separate agreements, or merely parts of a single transaction. It is clear from its opinion that the District Court was warranted in its conclusion that the record does not establish the existence of an investment contract:

"... the record in this case shows that not a single sale of citrus grove property was made by the Howey Company during the period involved in this suit, except to purchasers who actually inspected the property before purchasing the same. The record further discloses that no purchaser is required to engage the Service Company to care for his property, and that, of the fifty-one purchasers acquiring property during this period, only forty-two entered into contract with the Service Company for the care of the property." 60 F.Supp. at 442.

Simply because other arrangements may have the appearances of this transaction, but are employed as an evasion of the Securities Act, does not mean that the present contracts were evasive. I find nothing in the Securities Act to indicate that Congress meant to bring every innocent transaction within the scope of the Act simply because a perversion of them is covered by the Act.

是单一交易中的组成部分。地区法院的意见明确表明，地区法院的结论是理所当然的。地区法院的结论是：本案记录并没有确定存在投资合同 ：“……本案的记录显示，在本诉讼相关的时期内，除非购买方在购买财产前实际勘察了财产，豪伊公司并没有出售任何橘林财产。”本案记录还显示，没有要求任何买方雇用服务公司为其照管财产，这段时间购买该财产的 51 个买方中，只有 42 人与服务公司签订了照管财产的合同（60 F. Supp. at 442）。

会有其他安排，其他安排可能看似本交易，其实是用来规避《1933 年证券法》的，但仅凭这点，并不能说本案中的合同也是为了规避。我认为，《1933 年证券法》中没有任何内容显示，仅仅因为《1933 年证券法》涵盖清白合同被误用的一种情况，国会就是要将所有清白合同纳入该法的适用范围。

Reves v. Ernst & Young

里夫斯诉安永

Reves v. Ernst & Young

494 U.S.56 (1990)

Justice Marshall delivered the op nion of the Court.

This case presents the question whether certain demand notes issued by the Farmer's Cooperative of Arkansas and Oklahoma are "securities" within the meaning of § 3(a)(10) of the Securities Exchange Act of 1934. We conclude that they are.

I

The Co-Op is an agricultural cooperative that, at the time relevant here, had approximately 23, 000 members. In order to raise money to support its general business operations, the Co-Op sold promissory notes payable on demand by the holder. Although the notes were uncollateralized and uninsured, they paid a variable rate of interest that was adjusted monthly to keep it higher than the rate paid by local financial institutions. The Co-Op offered the notes to both members and nonmembers, marketing the scheme as an "Investment Program." Advertisements for the notes, which appeared in each Co-Op newsletter, read in part:

"YOUR CO-OP has more than $11, 000, 000 in assets to stand behind your investments. The Investment is not Federal [sic] insured but it is ... Safe ... Secure ... and available when you need it."

App. 5 (ellipses in original) . Despite these assurances, the Co-Op filed for bankruptcy in 1984. At the time of the filing, over 1600 people held notes worth a total of $10 million.

After the Co-Op filed for bankruptcy, petitioners, a class of holders of the notes, filed suit against Arthur Young & Co., the firm that had audited the Co-Op's financial

里夫斯诉安永

美国联邦最高法院（1990 年）

马歇尔大法官发表本院意见。

本案的问题是，阿肯色州和俄克拉何马州农业合作社发行的即期票据，是否属于美国《1934 年证券交易法》第 3（a）（10）条意义上的票据。本院的结论是肯定的。

I

合作社是一家农业合作社，在本案的相关时期内，有大约 23，000 位成员。合作社为其一般业务营运融资，发行见票即付的本票。该票据既无担保，也无保险，但支付每月调整的不同利率，保证该利率高于当地金融机构所支付的利率。合作社既向其成员发行即期票据，也向非成员发行，促销时将此安排称作“投资项目”。合作社每期的《业务通信》载有关于该票据的广告宣传，其部分内容是：

“你的合作社有 1100 万美元的资产作为你投资的后盾。投资未经联邦（原文如此）保险的，但……安全……有保障，你需要的时候即可得到。”

［App. 5（省略号原文便有）］。尽管有这些保证，合作社 1984 年申请破产，当时有 1600 多人持有该票据，总价值为 1000 万美元。

合作社申请破产之后，本案上诉人作为该票据持有人中的一类，起诉阿瑟·杨公司（被上诉人安永的前身）。阿瑟·杨审计了合作社的财务报表。上诉人的指称

statements (and the predecessor to respondent Ernst & Young). Petitioners alleged, *inter alia*, that Arthur Young had intentionally failed to follow generally accepted accounting principles in its audit, specifically with respect to the valuation of one of the Co-Op's major assets, a gasohol plant. Petitioners claimed that Arthur Young violated these principles in an effort to inflate the assets and net worth of the Co-Op. Petitioners maintained that, had Arthur Young properly treated the plant in its audits, they would not have purchased demand notes because the Co-Op's insolvency would have been apparent. On the basis of these allegations, petitioners claimed that Arthur Young had violated the antifraud provisions of the 1934 Act as well as Arkansas' securities laws.

Petitioners prevailed at trial on both their federal and state claims, receiving a $6.1 million judgment. Arthur Young appealed, claiming that the demand notes were not "securities" under either the 1934 Act or Arkansas law, and that the statutes' antifraud provisions therefore did not apply. A panel of the Eighth Circuit, agreeing with Arthur Young on both the state and federal issues, reversed. Arthur Young & Co. v. Reves, 856 F.2d 52 (1988). We granted certiorari to address the federal issue, 490 U.S. 1105 (1989), and now reverse the judgment of the Court of Appeals.

II

A

This case requires us to decide whether the note issued by the Co-Op is a "security" within the meaning of the 1934 Act. Section 3 (a) (10) of that Act is our starting point:

"The term 'security' means any note, stock, treasury stock, bond, debenture, certificate of interest or participation in any profit-sharing agreement or in any oil, gas, or other mineral royalty or lease, any collateral-trust certificate, preorganization certificate or subscription, transferable share, investment contract, voting-trust certificate, certificate of deposit, for a security, any put, call, straddle, option, or privilege on any security, certificate of deposit, or group or index of securities (including any interest therein or based on the value thereof), or any put, call, straddle, option, or privilege entered into on a national securities exchange relating to foreign currency, or in general, any instrument commonly known as a 'security'; or any certificate of interest or participation in, temporary or interim certificate for, receipt for, or warrant or right to subscribe to or purchase, any of the foregoing; but shall not include currency or any note, draft, bill of exchange, or banker's acceptance which has a maturity at the time of issuance of not exceeding nine months,

包括：阿瑟·杨在审计中故意没有遵守公认会计准则，尤其是在对合作社的主要资产酒精汽油混合燃料工厂进行估值时，没有遵守公认的会计准则。上诉人指称，阿瑟·杨违反这些原则，以求虚增合作社的资产和净值。上诉人认为，倘若阿瑟·杨审计时正确对待这家工厂，合作社的资不抵债当时便会明显，上诉人就不会购买这些即期票据了。基于这些原因，上诉人认为阿瑟·杨违反了美国《1934 年证券交易法》的反欺诈规定和阿肯色州的各项证券法。

在审判中，上诉人有关联邦法的主张和有关州法的主张都得到支持，根据判决上诉人可以得到 610 万美元。阿瑟·杨上诉，其主张是，即期票据并非美国《1934 年证券交易法》或阿肯色州法所指的证券，因此两法的反欺诈条款并不适用。第八巡回上诉法院合议庭同意阿瑟·杨关于州法和联邦法的立场，推翻了原判［Arthur Young & Co. v. Reves，856 F. 2d 52（1988）］。本院发出调卷令，审议联邦法的问题［490 U.S. 1105（1989）］，现在撤销上诉法院的判决。

Ⅱ

A

本案中需要本院决定，合作社发行的票据是否是美国《1934 年证券交易法》所指的“证券”。该法第 3（a）（10）条是本院的出发点：

“‘证券’一词是指任何票据、股票、库存股票、债券、无担保债券、任何利润分享协议或任何石油、天然气或其他矿产权使用费或租赁的权益或参与证书、任何抵押信托证书、组建前证书或认购证书、可转让股份、投资合同、投票信托证书、证券存托证书、任何证券、证券的存托证书、证券组合或证券指数的任何卖出权、买入权、跨式套利、期权或优先权（包括其中或以其价值为基础的任何权益）或在全国性证券交易所中交易的、与外币有关的任何卖出权、买入权、跨式套利、期权或优先权，或被普遍视为‘证券’的任何凭证；或与上述任何一项相关的权益或参与证书、暂时或临时证书、收据、认购或购买的权证或权利，但不应当包括货币或票据、汇票、短期债务汇票或银行承兑，只要出具时期限没有超过九个月，其中不包括宽限日或期限受到类似限制的任何展期。”

exclusive of days of grace, or any renewal thereof the maturity of which is likewise limited."

48 Stat. 884, as amended, 15 U.S.C. § 78c (a) (10).

The fundamental purpose undergirding the Securities Acts is "to eliminate serious abuses in a largely unregulated securities market." United Housing Foundation, Inc. v. Forman, 421 U. S. 837, 421 U. S. 849 (1975). In defining the scope of the market that it wished to regulate, Congress painted with a broad brush. It recognized the virtually limitless scope of human ingenuity, especially in the creation of "countless and variable schemes devised by those who seek the use of the money of others on the promise of profits," SEC v. W.J. Howey Co., 328 U. S. 293, 328 U. S. 299 (1946), and determined that the best way to achieve its goal of protecting investors was

"to define 'the term security' in sufficiently broad and general terms so as to include within that definition the many types of instruments that in our commercial world fall within the ordinary concept of a security."

Forman, supra, 421 U.S. at 421 U. S. 847-848 (quoting H.R.Rep. No. 85, 73d Cong., 1st Sess., 11 (1933)). Congress therefore did not attempt precisely to cabin the scope of the Securities Acts.[1] Rather, it enacted a definition of "security" sufficiently broad to encompass virtually any instrument that might be sold as an investment.

Congress did not, however, "intend to provide a broad federal remedy for all fraud." Marine Bank v. Weaver, 455 U. S. 551, 455 U. S. 556 (1982). Accordingly,

"[t]he task has fallen to the Securities and Exchange Commission (SEC), the body charged with administering the Securities Acts, and ultimately to the federal courts to decide which of the myriad financial transactions in our society come within the coverage of these statutes." Forman, supra, 421 U.S. at 421 U. S. 848.

In discharging our duty, we are not bound by legal formalisms, but instead take account of the economics of the transaction under investigation. See e.g., Tcherepnin v. Knight, 389 U. S. 332, 389 U. S. 336 (1967) (in interpreting the term "security", "form should be disregarded for substance and the emphasis should be on economic reality"). Congress' purpose in enacting the securities laws was to regulate investments, in whatever form they are made and by whatever name they are called. A commitment to an examination of the economic realities of a transaction does not necessarily entail a case-by-case analysis of every instrument, however. Some instruments are obviously within the class Congress intended to regulate because they are by their nature investments. In Landreth Timber Co. v. Landreth, 471 U. S. 681 (1985), we held that an instrument bearing the

1 We have consistently held that "[t]he definition of a security in § 3 (a) (10) of the 1934 act, is virtually identical [to the 1933 Act's definition] and, for present purposes, the coverage of the two Acts may be considered the same." United Housing Foundation, Inc. v. Forman, 421 U. S. 837, 421 U. S. 847, n. 12(1975)(citations omitted). We reaffirm that principle here.

48 Stat. 884，as amended，15 U.S.C. § 78c（a）（10）.

各证券法的根本目的是“消除当时大体没有得到规制的证券市场上的胡作非为”［United Housing Foundation，Inc. v. Forman，421 U.S. 837，421U.S.849（1975）］。界定当时要规制的市场范围时，国会是大而化之。国会承认，人富于心机，想法层出不穷，尤其是“设局时，各种变化层出不穷，设局者承诺利润，试图用他人的钱”［SEC v. W.J. Howey Co.，328U.S. 293，328 U.S.299（1946）］。国会确定，实现保护投资者的最佳途径是：

“证券的定义要足以宽泛，总体上该定义要包括许多类型的凭证，此类凭证在商界属于证券的通常概念。”

［Forman，supra，421 U.S. at 421 U.S. 847-848（quoting H.R.Rep. No. 85，73d Cong.，1st Sess.，11）（1933）］。因此，国会没有试图确切界定各证券法的范畴。[1] 相反，国会立法中的“证券”定义充分广泛，实际上包括有可能作为投资出售的任何凭证。

但国会并不是“要就所有欺诈提供广泛的联邦救济”［Marine Bank v. Weaver，455 U.S.551，455 U.S.556（1982）］。

因此，“任务交由证券交易委员会（证交会），由该机构负责执行《证券法》，最后由联邦法院定夺，我们社会的无数金融交易中，哪些金融交易是这些制定法所涵盖的”（Forman，supra，421 U.S. at 421 U.S. 848）。

本院行使职责时，并不受法律形式主义的限制，而是要考虑所调查的交易的经济实质［See e.g.，Tcherepnin v. Knight，389 U.S. 332，389 U.S.336（1967）（解释“证券”一词时，“应当重视实质，不问形式”）］。国会制定证券法的目的是规制投资，无论其形式如何，无论其名称如何。必须审查交易的经济实质，但并不一定要对每一个凭证逐一分析。有些凭证显然是在国会要想规制的类别范围内，因为此类凭证的本质就是投资。在兰德雷斯木材公司诉兰德雷斯案［Landreth Timber Co. v. Landreth，471 U.S.681（1985）］中，本院认定，带有“股票”名字的凭证的特点之一是可以转让，有可能产生资本增值，享有获得股息的权利，而股息取决于商业企业的利润。该凭证显然属于国会要以证券法涵盖的那类凭证。兰德雷斯案判例并不表示不关注经济实质；相反，该判例表示承认，从实际情况来看，只要股票具有

1 本院始终认为，“1934 年法第 3（a）（10）条有关证券的定义（与 1933 年法的定义）几乎完全相同，而且就本案而言，可以视作两法所涵盖的范围相同”［United Housing Foundation，Inc. v. Forman，421 U.S. 837，421U.S.847，n. 12（1975）（引文省略）］。本院在此重申该原则。

name "stock" that, among other things, is negotiable, offers the possibility of capital appreciation, and carries the right to dividends contingent on the profits of a business enterprise is plainly within the class of instruments Congress intended the securities laws to cover. Landreth Timber does not signify a lack of concern with economic reality; rather, it signals a recognition that stock is, as a practical matter, always an investment if it has the economic characteristics traditionally associated with stock. Even if sparse exceptions to this generalization can be found, the public perception of common stock as the paradigm of a security suggests that stock, in whatever context it is sold, should be treated as within the ambit of the Acts. Id., at 471 U. S. 687, 693.

We made clear in Landreth Timber that stock was a special case, explicitly limiting our holding to that sort of instrument. Id., at 471 U. S. 694. Although we refused finally to rule out a similar *per se* rule for notes, we intimated that such a rule would be unjustified. Unlike "stock," we said, " 'note' may now be viewed as a relatively broad term that encompasses instruments with widely varying characteristics, depending on whether issued in a consumer context, as commercial paper, or in some other investment context." Ibid. (Citing Securities Industry Assn. v. Board of Governors, FRS, 468 U. S. 137, 468 U. S. 149–153 (1984)). While common stock is the quintessence of a security, Landreth Timber, supra, 471 U.S. at 471 U. S. 693, and investors therefore justifiably assume that a sale of stock is covered by the Securities Acts, the same simply cannot be said of notes, which are used in a variety of settings, not all of which involve investments. Thus, the phrase "any note" should not be interpreted to mean literally "any note", but must be understood against the backdrop of what Congress was attempting to accomplish in enacting the Securities Acts.[1]

Because the Landreth Timber formula cannot sensibly be applied to notes, some other principle must be developed to define the term "note". A majority of the Courts of Appeals that have considered the issue have adopted, in varying forms, "investment versus commercial" approaches that distinguish, on the basis of all of the circumstances surrounding the transactions, notes issued in an investment context (which are "securities") from notes issued in a commercial or consumer context (which are not). See e.g., Futura Development Corp. v. Centex Corp., 761 F.2d 33, 40–41 (CA1 1985); McClure v. First Nat. Bank of Lubbock, Texas, 497 F.2d 490, 492–494 (CA5 1974); Hunssinger v.

---

1 An approach founded on economic reality rather than on a set of per se rules is subject to the criticism that whether a particular note is a "security" may not be entirely clear at the time it is issued. Such an approach has the corresponding advantage, though, of permitting the SEC and the courts sufficient flexibility to ensure that those who market investments are not able to escape the coverage of the Securities Acts by creating new instruments that would not be covered by a more determinate definition. One could question whether, at the expense of the goal of clarity, Congress overvalued the goal of avoiding manipulation by the clever and dishonest. If Congress erred, however, it is for that body, and not this Court, to correct its mistake.

传统上与股票相关的经济特点，从来都是投资。这是一种普遍范式，即便难得有例外，公众仍然视普通股为证券范式。这就表示，无论在何种范畴下出售股票，都应当视其为在证券法的范畴中（Id.，at 471 U.S. 687，693）。

在兰德雷斯案判例中，本院明确，股票是一种特殊情况，将本院的认定限于这类凭证（Id.，at 471 U.S. 694）。尽管本院最终拒绝排除类似的票据即证券规则，但本院示意，此类规则是不合理的。本院指出，"票据"与"股票"不同，"现在可以被视为一个相对广义的名词，包括具有各种各样特点的凭证，取决于是在消费者范畴下作为商业票据发行，还是在某种投资范畴下发行"［Ibid.（Citing Securities Industry Assn. v. Board of Governors，FRS，468 U.S. 137. 468 U.S. 149–153）（1984）］。普通股是证券的典型形式（Landreth Timber，supra，471 U.S. at 471 U.S. 693），因此，投资者可以合理推定，证券法涵盖股票的销售，但显然不能说票据也是这样。票据可以在各种情形下使用，并非所有情形都涉及投资。因此，不应当将"任何票据"解释为字面意义上的"任何票据"，而是必须结合国会制定证券法所要实现的目的这一背景来理解。[1]

兰德雷斯案判例的定式无法合乎道理地适用于票据，所以必须研究制定其他原则，以界定"票据"一词。审议该问题的大多数法院采纳了各种形式"投资与商业"的做法，以区别两类票据：鉴于交易的所有情形，票据是在投资范畴中发行的（"证券"），不同于在商业或消费范畴中发行的票据（并不是"证券"）［See e.g.，Futura Development Corp. v. Centex Corp.，761 F.2d 33，40–41（CA1 1985）；McClure v. First Nat. Bank of Lubbock，Texas，497 F.2d 490，492–494（CA5 1974）；Hunssinger v. Rockford Business Credits，Inc.，745 F.2d 484，488（CA7 1984）；Holloway v. Peat，Marwick，Mitchell & Co.，879 F.2d 772，778–779（CA10 1989），cert. pending sub

1 基于经济实质的方法与基于一套规则本身的方法不同：前者所受到的批评是，某一特定票据是否作为"证券"在发行并不完全清楚。但基于经济实质的方法有其优势，允许证交会和法院有充分的灵活性，以确保那些促销投资的人无法借设立不受更确定的定义涵盖的新凭证而逃避证券法的适用。可以质疑，国会要避免狡猾的不诚实者进行操纵，但高估了这一目标，结果是牺牲了清晰性。但是，即便国会有错，应当由国会纠错，而不是由本院纠错。

Rockford Business Credits, Inc., 745 F.2d 484, 488 (CA7 1984) ; Holloway v. Peat, Marwick, Mitchell & Co., 879 F.2d 772, 778–779 (CA10 1989) , cert. pending sub nom. Peat Marwick Main & Co., No. 89–532.

The Second Circuit's "family resemblance" approach begins with a presumption that any note with a term of more than nine months is a "security" . See e.g., Exchange Nat'l Bank of Chicago v. Touche Ross & Co., 544 F.2d 1126, 1137 (CA2 1976) . Recognizing that not all notes are securities, however, the Second Circuit has also devised a list of notes that it has decided are obviously not securities. Accordingly, the "family resemblance" test permits an issuer to rebut the presumption that a note is a security if it can show that the note in question "bear [s] a strong family resemblance" to an item on the judicially crafted list of exceptions, id., at 1137–1138, or convinces the court to add a new instrument to the list. See e.g., Chemical Bank v. Arthur Andersen & Co., 726 F.2d 930, 939 (CA2 1984) .

In contrast, the Eighth and District of Columbia Circuits apply the test we created in SEC v. W.J. Howey Co., 328 U. S. 293 (1946) , to determine whether an instrument is an "investment contract" to the determination whether an instrument is a "note" . Under this test, a note is a security only if it evidences

" (1) an investment; (2) in a common enterprise; (3) with a reasonable expectation of profits; (4) to be derived from the entrepreneurial or managerial efforts of others" .

Arthur Young & Co. v. Reves, 856 F.2d at 54. Accord, Baurer v. Planning Group, Inc., 215 U.S.App.D.C. 384, 391–393, 669 F.2d 770, 777–779 (1981) . See also Underhill v. Royal, 769 F.2d 1426, 1431 (CA9 1985) (setting forth what it terms a "risk capital" approach that is virtually identical to the *Howey* test) .

We reject the approaches of those courts that have applied the Howey test to notes; *Howey* provides a mechanism for determining whether an instrument is an "investment contract" . The demand notes here may well not be "investment contracts" , but that does not mean they are not "notes" . To hold that a "note" is not a "security" unless it meets a test designed for an entirely different variety of instrument "would make the Acts' enumeration of many types of instruments superfluous" , Landreth Timber, 471 U.S. at 471 U. S. 692, and would be inconsistent with Congress' intent to regulate the entire body of instruments sold as investments, see supra at 494 U. S. 60–62.

The other two contenders — the "family resemblance" and "investment versus commercial" tests — are really two ways of formulating the same general approach. Because we think the "family resemblance" test provides a more promising framework for analysis, however, we adopt it. The test begins with the language of the statute; because the Securities Acts define "security" to include "any note" , we begin with a nom. Peat Marwick Main & Co.，No. 89-532］。

第二巡回法院的“家族相似”方法首先是推定，任何票据如果期限超过 9 个月就是“证券”［See e.g.，Exchange Nat'l Bank of Chicago v. Touche Ross & Co.，544 F. 2d 1126，1137（CA2 1976）］。但第二巡回法院承认，并非所有票据都是证券，所以又开出一个清单，列出第二巡回法院已经决定明显不属于证券的票据。因此，“家族相似”检验标准允许发行人反驳票据是证券的推定，只要发行人可以显示，有关票据与法院所规定的例外清单上的某一项“有很强的家族相似”（Id.，at 1137-1138），或者说服法院，在清单上增加新的凭证［See e.g.，Chemical Bank v. Arthur Andersen & Co.，726 F. 2d 930，939（CA2 1984）］。

相反，第八巡回法院和哥伦比亚特区巡回法院适用本院在证交会诉豪伊公司案判例中创立的检验标准［SEC v. W.J. Howey Co.，328 U.S. 293（1946）］，以确定凭证是“投资合同”，还是“票据”。根据这个检验标准，票据是证券的前提条件是有证据显示：（1）投资；（2）共同业务；（3）合理期待利润；（4）依赖他人企业家努力和管理工作［Arthur Young & Co. v. Reves, 856 F.2d at 54. Accord, Baurer v. Planning Group, Inc., 215 U.S. App. D.C. 384, 391-393, 669 F. 2d 770, 777-779（1981）. See also Underhill v. Royal, 769 F. 2d 1426, 1431（CA9 1985）（阐明“风险资本”办法，该做法实际上与豪伊检验标准完全相似）］。

本院否定了那些将豪伊检验标准适用于票据的法院的各种办法：豪伊公司案判例规定了如何确定一个凭证是否为“投资合同”的机制。本案中的即期票据很有可能不是投资合同，但这并不意味着这些即期票据不是票据。如果除非票据符合是为完全不同的各类凭证设计的检验标准，就认定该“票据”不属于“证券”，“那么证券法对许多类型的凭证的明文定性便会是多此一举”（Landreth Timber，471 U.S. at 471 U.S. 692），不符合国会规制作为投资出售的所有凭证的意图（see supra at 494 U.S. 60-62）。

“家族相似”和“投资与商业”是另外两个不同的检验标准，但其实是同一普遍做法的不同表述。但本院认为，“家族相似”检验标准提供了一个更好的分析框架，所以本院采纳了该检验标准。“家族相似”标准开始就使用了制定法的语言；

presumption that every note is a security. [1]We nonetheless recognize that this presumption cannot be irrebuttable. As we have said, supra at 494 U. S. 61, Congress was concerned with regulating the investment market, not with creating a general federal cause of action for fraud. In an attempt to give more content to that dividing line, the Second Circuit has identified a list of instruments commonly denominated "notes" that nonetheless fall without the "security" category. See Exchange Nat. Bank, supra, at 1138 (types of notes that are not "securities" include "the note delivered in consumer financing, the note secured by a mortgage on a home, the short-term note secured by a lien on a small business or some of its assets, the note evidencing a character' loan to a bank customer, short-term notes secured by an assignment of accounts receivable, or a note which simply formalizes an open-account debt incurred in the ordinary course of business (particularly if, as in the case of the customer of a broker, it is collateralized)"); Chemical Bank, supra, at 939 (adding to list "notes evidencing loans by commercial banks for current operations").

We agree that the items identified by the Second Circuit are not properly viewed as "securities". More guidance, though, is needed. It is impossible to make any meaningful inquiry into whether an instrument bears a "resemblance" to one of the instruments identified by the Second Circuit without specifying what it is about *those* instruments that makes *them* non-"securities". Moreover, as the Second Circuit itself has noted, its list is "not graven in stone," ibid., and is therefore capable of expansion. Thus, some standards must be developed for determining when an item should be added to the list.

An examination of the list itself makes clear what those standards should be. In creating its list, the Second Circuit was applying the same factors that this Court has held apply in deciding whether a transaction involves a "security". First, we examine the transaction to assess the motivations that would prompt a reasonable seller and buyer to enter into it. If the seller's purpose is to raise money for the general use of a business enterprise or to finance substantial investments and the buyer is interested primarily in the profit the note is expected to generate, the instrument is likely to be a "security". If the note is exchanged to facilitate the purchase and sale of a minor asset or consumer good, to correct for the seller's cash-flow difficulties, or to advance some other commercial or consumer purpose, on the other hand, the note is less sensibly described as a "security". See e.g., Forman, 421 U.S. at 421 U. S. 851 (share of "stock" carrying a right to subsidized housing not a security because "the inducement to purchase was solely to acquire subsidized low-cost

1 The Second Circuit's version of the family resemblance test provided that only notes with a term of more than nine months are presumed to be "securities". See supra at 494 U. S. 63. No presumption of any kind attached to notes of less than nine months' duration. The Second Circuit's refusal to extend the presumption to all notes was apparently founded on its interpretation of the statutory exception for notes with a maturity of nine months or less. Because we do not reach the question of how to interpret that exception, see infra at 954, we likewise express no view on how that exception might affect the presumption that a note is a "security".

因为证券法对“证券”的定义包括“任何票据”，所以本院假定所有票据都是证券。[1]但本院同意，该推定并非不可反驳。正如本院所述（supra at 494 U.S. 61），国会关注的是规制投资市场，而不是创始欺诈的一般意义上的联邦诉因。第二巡回法院试图赋予该分界线更多的内容，为此列出了一组凭证清单，所列凭证票面通常为票据，但不属于证券类｛See Exchange Nat. Bank，supra，at 1138［不属于“证券”的各类票据包括“为消费者融资而交付的票据、由住房抵押担保的票据、以小企业或其资产留置作为担保的短期票据、证明给银行客户贷款的票据、以应收账款转让作为担保的短期票据、仅体现日常业务中往来账户债务的票据（尤其是如果涉及经纪人的客户时是有担保的）”］；Chemical Bank，supra，at 939（在清单上增加了“证明商业银行为当前业务提供贷款的票据”）｝。

本院同意，第二巡回法院指出的各项凭证被视为“证券”是不恰当的。但需要更多的指引。要查明某一凭证是否与第二巡回法院所指出的任何凭证“相似”，首先必须明确，这些凭证的哪些内容使其不构成“证券”，否则就无法进行有意义的调查。此外，如同第二巡回法院自己所指出的那样，这份清单“并不是刻在石上的”（ibid.），因此可以有所扩展。所以必须研究制定某些标准，以确定何时需要在清单上增加一项新的凭证。

审查该清单本身，就能表明这些标准应当是什么内容。第二巡回法院创立该清单时所适用的因素，与本院决定交易是否涉及“证券”时所适用的原则相同。第一，本院审查交易，以评估遵循常理的卖方和买方进行交易的动机。如果卖方的目的是为商业企业的一般用途融资或是为了大量投资而融资，而买方主要是为了获得票据可以产生的利润，该凭证很可能是“证券”。另外，如果交换票据是为了买卖少量资产或消费品提供便利，或是为了克服卖方的现金流困难，或是为了促进某些商业或消费者目的，则票据被说成是“证券”比较缺乏道理［See e.g.，Forman，421 U.S. at 421 U.S. 851（有获得补贴住房的权利“股票份额”不是证券，因为“购买吸引力仅在于是获得有补贴的低成本居住空间；投资不是为了利润”）］。第二，本院审查凭证的“分销计划”［SEC v. C.M. Joiner Leasing Corp.，320 U.S. 344，320（1943）］，以确定该凭证是否有“为投机或投资而进行的共同交易”（id.， at 320）。第三，本院审查投资公众的合理期待：本院基于公众期待将凭证视为“证券”，即便对于

1 第二巡回法院版本的“家族相似”检验标准规定，只有期限超过9个月的票据才被假定为“证据”。（See supra at 494 U.S.63.）如果票据不到9个月的期限，对票据没有任何性质的推定。第二巡回法院拒绝将该推定扩大到所有票据，该立场显然是基于对期限为9个月或少于9个月的法定例外所作的解释。因为本院并不涉及如何解释例外的问题（see infra at 954），所以本院也不就该例外可能如何影响票据是“证券”的假定发表意见。

living space; it was not to invest for profit") . Second, we examine the "plan of distribution" of the instrument, SEC v. C.M. Joiner Leasing Corp., 320 U. S. 344, 320 U. S. 353 (1943) , to determine whether it is an instrument in which there is "common trading for speculation or investment, " id., at 320 U. S. 351. Third, we examine the reasonable expectations of the investing public: The Court will consider instruments to be "securities" on the basis of such public expectations, even where an economic analysis of the circumstances of the particular transaction might suggest that the instruments are not "securities" as used in that transaction. Compare Landreth Timber, 471 U.S. at 471 U. S. 687, 471 U. S. 693 (relying on public expectations in holding that common stock is always a security) with id., at 471 U. S. 697–700 (STEVENS, J., dissenting) (arguing that sale of business to single informed purchaser through stock is not within the purview of the Acts under the economic reality test) . See also Forman, supra, at 421 U. S. 851. Finally, we examine whether some factor such as the existence of another regulatory scheme significantly reduces the risk of the instrument, thereby rendering application of the Securities Acts unnecessary. See e.g., Marine Bank, 455 U.S. at 455 U. S. 557–559, and n. 7.

We conclude, then, that, in determining whether an instrument denominated a "note" is a "security" , courts are to apply the version of the "family resemblance" test that we have articulated here: a note is presumed to be a "security" , and that presumption may be rebutted only by a showing that the note bears a strong resemblance (in terms of the four factors we have identified) to one of the enumerated categories of instrument. If an instrument is not sufficiently similar to an item on the list, the decision whether another category should be added is to be made by examining the same factors.

B

Applying the family resemblance approach to this case, we have little difficulty in concluding that the notes at issue here are "securities" . Ernst & Young admits that "a demand note does not closely resemble any of the Second Circuit's family resemblance examples" . Brief for Respondent 43. Nor does an examination of the four factors we have identified as being relevant to our inquiry suggest that the demand notes here are not "securities" despite their lack of similarity to any of the enumerated categories. The Co–Op sold the notes in an effort to raise capital for its general business operations, and purchasers bought them in order to earn a profit in the form of interest.[1]

---

1 We emphasize that, by "profit" in the context of notes, we mean "a valuable return on an investment" , which undoubtedly includes interest. We have, of course, defined "profit" more restrictively in applying the *Howey* test to what are claimed to be "investment contracts" . See e.g., Forman, 421 U.S. at 421 U. S. 852 (" [P] rofit" under the *Howey* test means either "capital appreciation" or "a participation in earnings") . To apply this restrictive definition to the determination whether an instrument is a "note" would be to suggest that notes paying a rate of interest not keyed to the earning of the enterprise are not "notes" within the meaning of the Securities Acts. Because the *Howey* test is irrelevant to the issue before us today, see supra at 494 U. S. 64, we decline to extend its definition of "profit" beyond the realm in which that definition applies.

具体交易情形的经济分析可能示意，交易中所使用的凭证并非“证券”［Compare Landreth Timber，471 U.S. at 471 U.S. 687，471 U.S.693（根据公众的期待认定，普通股总是证券）with id.， at 471 U.S. 697–700（斯蒂文斯大法官持反对意见）（辩称，根据经济实质检验标准，通过股票将业务售给一位得到信息的买方并不在两个证券法的范畴内）。See also Forman，supra，at 421 U.S. 851］。第四，本院审查了诸如是否存在可以显著减少投资风险的某些因素，诸如有其他规制性安排，因此不必适用证券法（See e.g.，Marine Bank，455 U.S. at 455 U.S. 557–599，and n. 7）。

本院随后作出的结论是，判断票面为“票据”的凭证是否是“证券”，各法院应当适用本院在此案中所阐述的“家族相似”检验标准版本：推定票据是“证券”，而反驳该推定的办法只能是表明，该票据（在本院所明确的四要素方面）与阐明的某一类凭证十分相像。如果一项凭证与清单上的任何凭证都不足够相似，应当在审查相同因素后，再决定是否增加一类新的例外。

B

本院在此案中适用“家族相似”办法，不难得出相关票据为“证券”的结论。安永承认，“即期票据与第二巡回法院的家族相似的例子中的任何一个都不十分相像”（Brief for Respondent 43）。本院明确了与本院进行调查时的4个相关要素，而审查4个要素并没有显示，尽管这些即期票据与所阐明的任何种类并不相似，本案的即期票据并不是“证券”。合作社出售票据，为其一般业务运营筹集资本，买方则是为了获得利息形式的利润。[1]

---

1 本院强调，就票据的范畴而言，本院所称“利润”是指投资的“有价值回报”，该回报无疑包括利息。当然，本院对被称为“投资合同”的内容适用豪伊经验标准，对“利润”一词定义的限制更严格。［See e.g.，Forman，421 U.S. at 421U.S.852（按照豪伊检验标准，“利润”是指“资本增值”或“参与收入分成”）.］适用这一限制性的定义，判定凭证是否为“票据”，就是示意票据所支付的利息如果不与企业的收入挂钩，那就不是证券法所指的“票据”。因为豪伊公司案判例检验标准与本院今天所审理的问题无关（see supra at 494 U.S. 64），本院拒绝扩大“利润”定义所适用的领域。

Indeed, one of the primary inducements offered purchasers was an interest rate constantly revised to keep it slightly above the rate paid by local banks and savings and loans. From both sides, then, the transaction is most naturally conceived as an investment in a business enterprise rather than as a purely commercial or consumer transaction.

As to the plan of distribution, the Co-Op offered the notes over an extended period to its 23, 000 members, as well as to nonmembers, and more than 1600 people held notes when the Co-Op filed for bankruptcy. To be sure, the notes were not traded on an exchange. They were, however, offered and sold to a broad segment of the public, and that is all we have held to be necessary to establish the requisite "common trading" in an instrument. See e.g., Landreth Timber, supra, (stock of closely held corporation not traded on any exchange held to be a "security"); Tcherepnin, 389 U.S. at 389 U. S. 337 (nonnegotiable but transferable "withdrawable capital shares" in savings and loan association held to be a "security"); Howey, 328 U.S. at 328 U. S. 295 (units of citrus grove and maintenance contract "securities" although not traded on exchange).

The third factor — the public's reasonable perceptions — also supports a finding that the notes in this case are "securities". We have consistently identified the fundamental essence of a "security" to be its character as an "investment." See supra at 494 U. S. 61, 494 U. S. 65. The advertisements for the notes here characterized them as "investments," see supra at 494 U. S. 59, and there were no countervailing factors that would have led a reasonable person to question this characterization. In these circumstances, it would be reasonable for a prospective purchaser to take the Co-Op at its word.

Finally, we find no risk-reducing factor to suggest that these instruments are not in fact securities. The notes are uncollateralized and uninsured. Moreover, unlike the certificates of deposit in Marine Bank, supra at 455 U. S. 557-558, which were insured by the Federal Deposit Insurance Corporation and subject to substantial regulation under the federal banking laws, and unlike the pension plan in Teamsters v. Daniel, 439 U. S. 551, 439 U. S. 569-570 (1979), which was comprehensively regulated under the Employee Retirement Income Security Act of 1974, 88 Stat. 829, 29 U.S.C. § 1001et seq., the notes here would escape federal regulation entirely if the Acts were held not to apply.

The court below found that "[t]he demand nature of the notes is very uncharacteristic of a security," 856 F.2d at 54, on the theory that the virtually instant liquidity associated with demand notes is inconsistent with the risk ordinarily associated with "securities". This argument is unpersuasive. Common stock traded on a national exchange is the paradigm of a security, and it is as readily convertible into cash as is a demand note. The same is true of publicly traded corporate bonds, debentures, and any number of other instruments that are plainly within the purview of the Acts. The demand feature of a note does permit a holder to eliminate risk quickly by making a demand, but just as with publicly traded stock,

确实，给买方的主要诱惑是利润可以不断调整，保持略高于当地银行和储蓄贷款机构所支付的利率。因此，对双方来说，该交易被视为商业企业中的投资是顺理成章的，该交易不是纯粹的商业或消费交易。

就分销计划而言，在很长一段时期内，合作社向 23，000 名成员以及非成员发行了票据，合作社申请破产时，超过 1600 人持有该票据。确实，票据并没有在交易所交易。但向公众中的很多人发行和出售了这些票据，而本院认定，只要存在这点，就可以确立凭证中的“共同交易”这一先决条件［See e.g., Landreth Timber, supra（封闭性公司的股票没有在任何交易所交易，但被认定为“证券”）；Tcherepin，389 U.S. at 389 U.S. 337（储蓄和贷款协会中的可提取资本份额可以转让，但不能通过交付转让，被认定为证券）；Howey，328 U.S. at 328 U.S. 295（橘林的份额和管理合同是“证券”，尽管没有在交易所交易）］。

第三个因素是公众的合理感知，该因素支持认定本案中的票据为“证券”。本院再明确，“证券”最根本的要点是“投资”（See supra at 494 U.S.61，494 U.S. 65）。本案中，对票据的广告宣传将其称为“投资”（see supra at 494 U.S. 59），没有相反的因素可以让遵循常理的人质疑这一形容。在这种情形下，潜在买方相信合作社的话是合理的。

最后，本院认定，没有可以减少风险的因素显示，这些凭证不是证券。这些票据没有担保、没有保险。此外，如果认定有关证券法不适用于本案，则有关票据将完全逃避联邦规制；本案中的票据不同于海洋银行案（Marine Bank，supra at 455 U.S. 557–558）判例中的存单，该存单由联邦储蓄保险公司提供保险，在很大程度上接受联邦银行法的规制；本案中的票据也不同于卡车司机工会诉丹尼尔案［Teamsters v. Daniel，439 U.S. 551，439 U.S. 569–570（1979）］判例中的养老金计划；该计划受 1974 年《雇员退休收入安全法》（88 Stat. 829，29U.S.C. § 1001 et seq）的全面规制。

下级法院认定，“票据的即期性质与证券的特点非常不同”（856 F.2d at 54），其理论根据是，即期票据实际上具有实时流动性，不符合通常与“证券”联系在一起的风险。这一论点缺乏说服力。在全国性交易所交易的普通股是证券的典型代表，与即期票据一样，很容易转换为现金。公开交易的公司债券、无担保债券和其他一些凭证也是这样，明显处于证券法制约的范围之内。票据持有人并不能借助票据的即期性，通过要求兑付而迅速消除风险，这与公开交易的股票一样，流动性并不能够完全消除风险。事实上，公开交易的凭证的流动性高于即期票据，因为当即期票据要求兑付时，只有支付后才能消除风险，而在全国性交易所出售股票之

the liquidity of the instrument does not eliminate risk all together. Indeed, publicly traded stock is even more readily liquid than are demand notes, in that a demand only eliminates risk when and if payment is made, whereas the sale of a share of stock through a national exchange and the receipt of the proceeds usually occur simultaneously.

We therefore hold that the notes at issue here are within the term "note" in § 3 (a) (10).

III

Relying on the exception in the statute for "any note ... which has a maturity at the time of issuance of not exceeding nine months," 15 U.S.C. § 78c (a) (10), respondent contends that the notes here are not "securities", even if they would otherwise qualify. Respondent cites Arkansas cases standing for the proposition that, in the context of the state statute of limitations, "[a] note payable on demand is due immediately". See e.g., McMahon v. O'Keefe, 213 Ark. 105, 106, 209 S.W.2d 449, 450 (1948) (statute of limitations is triggered by the date of issuance rather than by date of first demand). Respondent concludes from this rule that the "maturity" of a demand note within the meaning of § 3 (a) (10) is immediate, which is, of course, less than nine months. Respondent therefore contends that the notes fall within the plain words of the exclusion and are thus not "securities".

Petitioners counter that the "plain words" of the exclusion should not govern. Petitioners cite legislative history of a similar provision of the 1933 Act, 48 Stat. 76, 15 U.S.C. § 77c (a) (3), for the proposition that the purpose of the exclusion is to except from the coverage of the Acts only commercial paper — short-term, high quality instruments issued to fund current operations and sold only to highly sophisticated investors. See S.Rep. No. 47, 73d Cong., 1st Sess., 3-4 (1933); H.R.Rep. No. 85, 73d Cong., 1st Sess., 15 (1933). Petitioner also emphasizes that this Court has repeatedly held (see supra at 494 U. S. 60-63) that the plain words of the definition of a "security" are not dispositive, and that we consider the economic reality of the transaction to determine whether Congress intended the Securities Acts to apply. Petitioner therefore argues, with some force, that reading the exception for short-term notes to exclude from the Acts' coverage investment notes of less than nine months duration would be inconsistent with Congress' evident desire to permit the SEC and the courts flexibility to ensure that the Acts are not manipulated to investors' detriment. If petitioners are correct that the exclusion is intended to cover only commercial paper, these notes, which were sold in a large scale offering to unsophisticated

后，通常可以同步得到收入。

因此，本院认定，本案的有关票据是《1934年证券交易法》第3（a）（10）条所指“票据”。

Ⅲ

美国《1934年证券交易法》规定了关于“发行时不超过九个月期限……的任何票据”的例外［15 U.S.C. §78c（a）（10）］。被上诉人根据该例外提出，本案的票据并非“证券”，即便该票据在其他方面符合条件。被上诉人引用了阿肯色州判例，以支持其立场，即就州的时效而言，“可以随时要求支付的票据是立即到期”｛See e.g.，McMahon v. O［Keefe，213 Ark. 105，106，209 S.W.2d 449，450（1948）（发行之日即触发时效，并不是第一次要求支付之日才触发时效）］｝。被上诉人由此规则得出的结论是，《1934年证券交易法》第3（a）（10）条所指的即期票据的“期限”是立即到期，当然也不超过9个月。被上诉人因此而提出，票据属于关于排除的明确文字的范围之内，所以不是“证券”。

上诉人的不同意见是，关于排除的明确文字并不是准据。上诉人引用了《1933年证券法》中类似规定的立法史［48 Stat. 76，15 U.S.C. §77c（a）（3）］，以支持以下立场：排除的目的只是将商业票据排除在两部证券法所涵盖范围之外。商业票据是为当前经营提供资金而发行的高质量短期凭证，只向高度成熟的投资者出售［See S. Rep. No. 47，73d Cong.，1st Sess.，3–4（1933）；H. R. Rep. No. 85，73d Cong.，1st Sess.，15（1933）；H. R. Rep. No. 85，73d Cong.，1st Sess.，15（1933）］。上诉人也强调，本院一再坚持认为（see supra at 494 U.S. 60–63），“证券”定义的明确文字并不是决定性的，本院审查交易的经济实质，以确定国会是否意在适用证券法。因此，上诉人不无说服力地提出，从短期票据解读排除规定，如果将期限不超过9个月的票据排除在证券法的制约范围之外，就不符合国会的明确愿望；国会是要允许证交会和法院灵活掌握，以确保证券法不被操纵，以免投资者受到损害。如果上诉人正确认为，排除仅是要涵盖商业票据，那么大规模地向广大不成熟成员发行的票据，显然不应当属于排出范围。

members of the public, plainly should not fall within the exclusion.

We need not decide, however, whether petitioners' interpretation of the exception is correct, for we conclude that, even if we give literal effect to the exception, the notes do not fall within its terms.

Respondent's contention that the demand notes fall within the "plain words" of the statute rests entirely upon the premise that Arkansas' statute of limitations for suits to collect demand notes is determinative of the "maturity" of the notes, as that term is used in the federal Securities Acts. The "maturity" of the notes, however, is a question of federal law. To regard States' statutes of limitations law as controlling the scope of the Securities Acts would be to hold that a particular instrument is a "security" under the 1934 Act in some States, but that the same instrument is not a "security" in others. Compare McMahon, supra, at 106, 209 S.W.2d 449 (statute runs from date of note) with 42 Pa.Cons.Stat. § 5525 (7) (1988) (statute runs "from the later of either demand or any payment of principal of or interest on the instrument"). We are unpersuaded that Congress intended the Securities Acts to apply differently to the same transactions depending on the accident of which State's law happens to apply.

The Chief Justice's argument in partial dissent is but a more artful statement of respondent's contention, and it suffers from the same defect. The Chief Justice begins by defining "maturity" to mean the time when a note becomes due. Post at 494 U. S. 77 (quoting Black's Law Dictionary 1170 (3d ed. 1933)). Because a demand note is "immediately due' such that an action could be brought at any time without any other demand than the suit," post at 494 U. S. 77, The Chief Justice concludes that a demand note is due immediately for purposes of the federal securities laws. Even if the Chief Justice is correct that the "maturity" of a note corresponds to the time at which it "becomes due", the authority he cites for the proposition that, as a matter of federal law, a demand note "becomes due" immediately (as opposed to when demand is made or expected to be made) is no more dispositive than is Arkansas case law. The Chief Justice's primary source of authority is a treatise regarding the statelaw of negotiable instruments, particularly the Uniform Negotiable Instruments Law. See M. Bigelow, The Law of Bills, Notes, and Checks v–vii (W. Lile rev. 1928). The quotation upon which The Chief Justice relies is concerned with articulating the general statelaw rule regarding when suit may be filed. The only other authority the Chief Justice cites makes plain that state law rules governing when a demand note becomes due are significant only in that they control the date on which statutes of limitation begins to run and whether demand must precede suit. See 8 C.J. Bills and Notes § 602, p. 106 (1916). Indeed, the treatise suggests that States were no more unanimous on those questions in 1933 than they are now. Ibid. In short, the dissent adds nothing to respondent's argument other than additional authority for what "maturity" means in certain state law contexts. The dissent

但本院无须决定上诉人对例外的解释是否正确，因为本院的结论是，即便本院完全按照字面意思支持例外，票据也不在这些措辞的范围之内。

被上诉人提出，即期票据属于《1934 年证券交易法》“明确语言”的范围内，其观点完全基于以下前提：就即期票据收款的诉讼而言，阿肯色州关于诉讼的时效可以决定票据的“期限”，如同该词在联邦法中使用的意思一样。但票据“期限”是一个联邦法问题。如果认为各州的时效法律可以制约证券法的范围，那就是认定，某一个凭证在某些州是《1934 年证券交易法》所指的“证券”，但相同的凭证在其他州却不是“证券”［Compare McMahon，supra，at 106，209 S.W. 2d 449（时效从票据的日期开始计算）with 42 Pa. Cons. Stat. § 5525（7）（1988）（时效“从要求支付或实际支付凭证的本金或利息”时开始计算）］。本院并没有被说服，本院不相信国会是要证券法对相同的交易有不同的适用，取决于碰巧在哪一个州适用该法。

首席大法官部分反对的论点只是非常巧妙地阐述了被上诉人的观点，而且有同样的缺陷。首席大法官首先将“期限”定义为票据到期的时间｛Post at 494 U.S. 77［quoting Black's Law Dictionary 1170（3d ed.1933）］｝。因为即期票据是“是立即到期”，任何时候都可以开始诉讼，除提起诉讼外，无须任何其他要求（post at 494 U.S. 77）。首席大法官的结论是，就联邦证券法的目的而言，即期票据是立即到期。首席大法官认为，票据的期限与其“到期”的时间对应，他的立场是，按照联邦法，即期票据立即“到期”（并不是要求支付之时或预期的要求支付之时）。但即便这一立场正确，他所提出的依据并不比阿肯色州法更加权威。首席大法官的依据主要来源一本法律专著，其内容涉及流通凭证，尤其是涉及《流通凭证统一法》［See M. Bigelow，The Law of Bills，Notes，and Checks v–vii（W. Lile rev. 1928）］。首席大法官依据的引文所阐述的是何时可以提起诉讼，只是州法的一般性规则。此外，首席大法官只引用了另一依据，其内容显示，有关即期票据何时到期的州法的重要性仅限于：这些规则决定时效何时开始计算，以及提起诉讼之前是否需要提出支付要求［See 8 C.J. Bills and Notes § 602，p. 406（1916）］。确实，这部法律专著表示，各州对这些问题意见不一，1933 年如此，现在仍然如此（Ibid.）。简言之，首席大法官反对意见就被上诉人的观点增加了新内容，但只限于“期限”含义在某些州法中的依据。反对意见提出了一个至关重要的默示前提：各州关于收债的适当方法的规则制约如何解决本院所面对的联邦问题。但反对意见并没有就上述立场作任何论证。

provides no argument for its implicit, but essential, premise that state rules concerning the proper method of collecting a debt control the resolution of the federal question before us.

Neither the law of Arkansas nor that of any other State provides an answer to the federal question, and, as a matter of federal law, the words of the statute are far from "plain" with regard to whether demand notes fall within the exclusion. If it is plausible to regard a demand note as having an immediate maturity because demand could be made immediately, it is also plausible to regard the maturity of a demand note as being in excess of nine months because demand could be made many years or decades into the future. Given this ambiguity, the exclusion must be interpreted in accordance with its purpose. As we have said, we will assume for argument's sake that petitioners are incorrect in their view that the exclusion is intended to exempt only commercial paper. Respondent presents no competing view to explain why Congress would have enacted respondent's version of the exclusion, however, and the only theory that we can imagine that would support respondent's interpretation is that Congress intended to create a bright-line rule exempting from the 1934 Act's coverage all notes of less than nine months' duration, because short-term notes are, as a general rule, sufficiently safe that the Securities Acts need not apply. As we have said, however, demand notes do not necessarily have short terms. In light of Congress' broader purpose in the Acts of ensuring that investments of all descriptions be regulated to prevent fraud and abuse, we interpret the exception not to cover the demand notes at issue here. Although the result might be different if the design of the transaction suggested that both parties contemplated that demand would be made within the statutory period, that is not the case before us.

IV

For the foregoing reasons, we conclude that the demand notes at issue here fall under the "note" category of instruments that are "securities" under the 1933 and 1934 Acts. We also conclude that, even under a respondent's preferred approach to § 3 (a) (10)'s exclusion for short-term notes, these demand notes do not fall within the exclusion. Accordingly, we reverse the judgment of the Court of Appeals and remand the case for further proceedings consistent with this opinion.

So ordered.

Justice Stevens, concurring.

While I join the Court's opinion, an important additional consideration supports my conclusion that these notes are securities notwithstanding the statute's exclusion for currency

阿肯色州法或其他州的法都没有为该联邦法问题提供答案，而且作为联邦法下的问题，就即期票据是否属于排除范围，《1934年证券交易法》的措辞远非“明确”。如果因为可以立即要求支付即期票据，就将其视为立即到期，那么即期票据的期限也可以被视为超过9个月，因为可以是未来几年或几十年后要求支付。鉴于这一模糊性，必须根据排除的目的对其加以解释。如同本院所述，本院为讨论而推定上诉人错误地认为，排除只是为了豁免商业票据。但被上诉人并没有提出令人信服的观点，以解释国会本来会制定被上诉人所说的排除，本院可以设想的支持被上诉人解释的唯一理论是，国会意在设立一个界限明确的规则，作为一般性规则，豁免所有期限不超过9个月的票据，将其排除在《1934年证券交易法》之外，因为短期票据通常十分安全，所以无须适用证券法。但如同本院所述，即期票据并不一定是短期的。国会制定证券法的更加广泛的目的是要确保被说成各类形式的投资得到规制，以防止欺诈和滥用。鉴于国会这一更加广泛的目的，本院的解释是，本案涉及的即期票据不在排除的范围之内。如果交易的设计显示，双方都设想在法定期限内要求支付，则结果有可能不同，但本案的情形并非如此。

Ⅳ

鉴于上述原因，本院的结论是，本案讨论的即期票据所属的“票据”类别是《1933年证券法》和《1934年证券交易法》规定的证券。本院的结论还有，即便按照被上诉人偏向的有关短期票据的《1934年证券交易法》第3（a）（10）条下的排除做法，这些即期票据并不在排除之内。因此，本院撤销上诉法院的判决，此案发回，根据本意见重审。

据此发出命令。

斯蒂文斯大法官发表共同意见。

我同意本院的意见，但还有一个重要考虑，支持我认为这些票据是证券的结论，尽管《1934年证券交易法》将货币和期限不超过9个月的商业票据排除在外｛See and commercial paper that has a maturity of no more than nine months. See 16 U.S.C. § 78c (a) (10) (§ 3 (a) (10) of the Securities Exchange Act of 1934) . The Courts of Appeals have been unanimous in rejecting a literal reading of that exclusion. They have instead concluded that "when Congress spoke of notes with a maturity not exceeding nine months, it meant commercial paper, not investment securities." Sanders v. John Nuveen & Co., 463 F.2d 1075, 1080 (CA7 1972) , cert. denied, 409 U.S. 1009 (1972) . This view was first set out in an opinion by Judge Sprecher, ibid., and soon thereafter endorsed by Chief Judge Friendly. Zeller v. Bogue Electric Manufacturing Corp., 476 F.2d 795, 800 (CA2 1973) , cert. denied, 414 U.S. 908 (1973) . Others have adopted the same position since. See e.g., McClure v. First Nat' l Bank, 497 F.2d 490, 494–495 (CA5 1974) , cert. denied, 420 U. S. 130 (1975) ; Holloway v. Peat, Marwick, Mitchell & Co., 879 F.2d 772, 778 (CA10 1989) ; Baurer v. Planning Group, Inc., 215 U.S.App. D.C. 384, 389–391, 669 F.2d 770, 775–777 (1981) .

In my view, such a settled construction of an important federal statute should not be disturbed unless and until Congress so decides.

" [A] fter a statute has been construed, either by this Court or by a consistent course of decision by other federal judges and agencies, it acquires a meaning that should be as clear as if the judicial gloss had been drafted by the Congress itself."

Shearson/American Express Inc. v. McMahon, 482 U. S. 220, 482 U. S. 268 (1987) (Stevens, J., concurring in part and dissenting in part) ; see also Chesapeake & Ohio R. Co. v. Schwalb, 493 U. S. 40, 493 U. S. 51 (1989) (Stevens, J., concurring in judgment) . What I have said before of taxation applies equally to securities regulation: "there is a strong interest in enabling" those affected

"to predict the legal consequences of their proposed actions, and there is an even stronger general interest in ensuring that the responsibility for making changes in settled law rests squarely on the shoulders of Congress." Commissioner v. Fink, 483 U. S. 89, 483 U. S. 101 (1987) (Stevens, J., dissenting) . Past errors may in rare cases be "sufficiently blatant" to overcome the "strong presumption of continued validity that adheres in the judicial interpretation of a statute," but this is not such a case. Id., at 483 U. S. 103(quoting Square D. Co. v. Niagara Frontier Tariff Bureau, Inc., 476 U. S. 409, 476 U. S. 424(1986)).

Indeed, the agreement among the Courts of Appeals is made all the more impressive in this case because buttressed by the views of the Securities and Exchange Commission. See Securities Act Release No. 33–4412, 26 Fed.Reg. 9158 (1961) (construing § 3 (a) (3) of the Securities Act of 1933, the 1933 Act's counterpart to § 3 (a) (10) of the 1934 Act) . We have ourselves referred to the exclusion for notes with a maturity not exceeding nine months as an exclusion for "commercial paper." Securities Industry Assn. v. Board of Governors of Federal Reserve System, 468 U. S. 137, 468 U. S. 150–152 (1984).

16 U.S.C. §78c（a）（10）［§3（a）（10）of the Securities Act of 1934］｝。各上诉法院一致否定对排除作严格的字面解读。相反，各上诉法院的结论是，“国会提及期限不超过九个月的票据，国会是指商业票据，而不是投资证券”［Sanders v. John Nuveen & Co.，463 F. 2d 1075，1080（CA7 1972），cert. denied，409 U.S. 1009（1972）］。该观点在斯普雷彻法官的意见中第一次得到阐述（ibid.），不久后又得到了首席法官弗兰德利的赞同［Zeller v. Bogue Electric Manufacturing Corp.，476 F.2d 795，800（CA2 1973），cert. denied，414 U.S. 908（1973）. 此后该观点被其他法官所采纳。See e.g.，McClure v. First Nat'l Bank，497 F.2d 490，494–495（CA5 1974），cert. denied，420 U. S. 130（1975）；Holloway v. Peat，Marwick，Mitchell & Co.，879 F.2d 772，778（CA10 1989）；Baurer v. Planning Group，Inc.，215 U.S.App. D.C. 384，389–391，669 F.2d 770，775–777（1981）］。

依照我的观点，一部重要的联邦制定法的解释已有这样的定论，就不应当对其进行干扰，除非国会有此决定。“对一部制定法解释之后，无论是由本院解释，还是由其他联邦法官和联邦机构一系列连贯一致的决定解释，该解释就应当清楚明了，如同国会自己起草的一份司法解释一样。”［Shearson/American Express Inc. v. McMahon，482 U.S. 220，482 U.S. 268（1987）（斯蒂文斯大法官部分同意，部分反对）；see also Chesapeake & Ohio R. Co. v. Schwalb，493 U.S. 40，493 U.S.51（1989）（斯蒂文斯大法官对判决持共同意见）］之前我对税收发表的意见也同样适用于证券规制：

“有很强的意向要让”受影响的人“能够预见其所建议的行为的法律后果，甚至还有更强的普遍意向要确保，如果要改变确定的法律，则完全由国会来承担”。［Commissioner v. Fink，483 U.S. 89；484 U.S. 101（1987）（斯蒂文斯大法官持反对意见）］过去所犯的错误在很少数的案件中“大错特错，可以因此而推翻制定法的司法解释持续有效的假定”，但本案的情形并非如此｛Id.，at 483 U.S. 103［quoting Square D. Co. v. Niagara Frontier Tariff Bureau，Inc.，476 U.S. 409，476 U.S. 424（1986）］｝。

确实，各上诉法院的相同得到了证交会观点的支持，所以在本案中有分量｛See Securities Act Release No. 33–4412，26 Fed. Reg. 9158（1961）［解释《1933 年证券法》第 3（a）（3）条以及《1934 年证券交易法》第 3（a）（10）条在《1933 年证券法》中的对应部分］｝。本院提到期限不超过 9 个月的票据，将其作为“商业票据”予以排除［Securities Industry Assn. v. Board of Governors of Federal Reserve System，468 U.S.137，468 U.S. 150–152（1984）］。或许因为排除商业票据所受到的限制已经牢固确立，被上诉人承认，他们在上诉法院甚至没有提出，该排除适用于他们的票据。

Perhaps because the restriction of the exclusion to commercial paper is so well established, respondents admit that they did not even argue before the Court of Appeals that their notes were covered by the exclusion. A departure from this reliable consensus would upset the justified expectations of both the legal and investment communities.

Moreover, I am satisfied that the interpretation of the statute expounded by Judge Sprecher and Judge Friendly was entirely correct. As Judge Friendly has observed, the exclusion for short-term notes must be read in light of the prefatory language in § 2 of the 1933 Act and § 3 of the 1934 Act. See Exchange Nat. Bank of Chicago v. Touche Ross & Co., 544 F.2d 1126, 1131-1132 and, nn. 7-10 (CA2 1976). Pursuant to that language, definitions specified by the Acts may not apply if the "context otherwise requires." Marine Bank v. Weaver, 455 U. S. 551, 455 U. S. 556 (1982) (the "broad statutory definition is preceded, however, by the statement that the terms mentioned are not to be considered securities if the context otherwise requires ..."); accord, 471 U. S. 76 § Co. v. Landreth, 471 U. S. 681, 471 U. S. 697-698 (1985) (Stevens, J., dissenting). The context clause thus permits a judicial construction of the statute which harmonizes the facially rigid terms of the nine-month exclusion with the evident intent of Congress. Exchange Nat. Bank, 544 F.2d at 1132-1133. The legislative history of 3(a)(3) of the 1933 Act indicates that the exclusion was intended to cover only commercial paper, and the SEC has so construed it.Sanders, 463 F.2d at 1079 and nn. 12-13; Zeller, 476 F.2d at 799-800, and n. 6. As the Courts of Appeals have agreed, there is no apparent reason to construe 3 (a) (10) of the 1934 Act differently. Sanders, 463 F.2d at 1079-1080 and n. 15; Zeller, 476 F.2d at 800. See also@ Comment, The Commercial Paper Market and the Securities Acts, 39 U.Chi.L.Rev. 362, 398 (1972).

For these reasons and those stated in the opinion of the Court, I conclude that the notes issued by respondents are securities within the meaning of the 1934 Act.

Chief Justice Rehnquist, with whom Justice White, Justice O'Connor, and Justice Scalia join, concurring in part and dissenting in part.

I join part Ⅱ of the Court's opinion, but dissent from part Ⅲ and the statements of the Court's judgment in parts Ⅰ and Ⅳ. In Part Ⅲ, the court holds that these notes were not covered by the statutory exemption for "any note... which has a maturity at the time of issuance of not exceeding nine months." Treating demand notes as if they were a recent development in the law of negotiable instruments, the Court says:

"if it is plausible to regard a demand note as having an immediate maturity because demand could be made immediately, it is also plausible to regard the maturity of a demand note as being in excess of nine months because demand *could* be made many years or decades into the future. Given this ambiguity, the exclusion must be interpreted in accordance with its purpose."

如果背离这一可以信赖的共识，就会颠覆法律界和投资界的合理期待。

此外，我感到满意的是，斯普雷彻法官和弗兰德利法官对该制定法的解释完全正确。如同弗兰德利法官所指出的那样，解读关于短期票据的排除，必须符合《1933年证券法》第2条和《1934年证券交易法》第3条中前面的语言［See Exchange Nat. Bank of Chicago v. Touche Ross & Co.，544 F.2d 1126，1131–1132 and，nn. 7–10（CA2 1976）］。根据前面的语言，如果上下文另有要求，《1933年证券法》和《1934年证券交易法》的具体定义有可能并不适用［Marine Bank v. Weaver，455 U.S. 551，455 U.S. 556（1982）（但制定法的宽泛定义出现之前，已有陈述表示，如果"上下文要求，所提到的名词不应当被视为证券……"）；accord，471 U.S.S.76 Co. v. Landreth，471 U.S. 681，471 U.S. 697–698（1985）（斯蒂文斯大法官支持反对意见）］。因此，上下文条款允许对该制定法所作出的司法解释，该解释使表明僵硬的9个月排除条款与国会的明显意图相协调（Exchange Nat. Bank，544 F. 2d at 1132–1133）。《1933年证券法》第3（a）（3）条的立法史显示，排除仅适用于商业票据，证交会也是这样解释的（Sanders，463 F.2d at 1079 and nn. 12–13，Zeller，476 F. 2d at 799–800，and n. 6）。各上诉法院同意，没有明显的理由，要求对《1934年证券交易法》第3（a）（10）条作不同解释［See also @ Comment，The Commercial Paper Market and the Securities Acts，39 U. Chi. L. Rev. 362，398（1972）］。

鉴于这些原因以及本院意见中所阐述的原因，我的结论是，被上诉人所发行票据是《1934年证券交易法》所指的票据。

伦奎斯特首席大法官、奥康诺大法官和斯卡利亚大法官部分同意、部分反对。

我同意本院意见第二部分的内容，但反对第三部分以及本院判决第一部分和第四部分的陈述。在第三部分中，本院认定，对这些票据并不适用法定豁免。该法定豁免适用于"发行时期限不超过9个月的……任何票据"。本院将即期票据作为流通凭证法律方面的新发展。本院表示，"如果因为可以立即要求支付即期票据，就将其视为立即到期，那么即期票据的期限也可以被视为超过9个月，因为可以是未来几年或几十年后要求支付。鉴于这一模糊性，必须根据排除的目的对其加以解释"。

Ante at 494 U. S. 72–73.

But the terms "note" and "maturity" did not spring full blown from the head of Congress in 1934. Neither are demand notes of recent vintage. "Note" and "maturity" have been terms of art in the legal profession for centuries, and a body of law concerning the characteristics of demand notes, including their maturity, was in existence at the time Congress passed the 1934 Act.

In construing any terms whose meanings are less than plain, we depend on the common understanding of those terms at the time of the statute's creation. See Gilbert v. United States, 370 U. S. 650, 370 U. S. 655 (1962) ("[I]n the absence of anything to the contrary, it is fair to assume that Congress use[s a] word in [a] statute in its common law sense."); Roadway Express v. Piper, 447 U. S. 752, 447 U. S. 759 (1980) (in construing word in a statute, "we may look to the contemporaneous understanding of the term"); Standard Oil v. United States, 221 U. S. 1, 221 U. S. 59 (1911) (common law meaning "presumed" to have been Congress' intent); see also Lorillard v. Pons, 434 U. S. 575, 434 U. S. 583 (1978); United States v. Spencer, 839 F.2d 1341, 1344 (CA9 1988). Contemporaneous editions of legal dictionaries defined "maturity" as "[t]he time when a ... note becomes due." Blacks Law Dictionary 1170 (3d ed. 1933); Cyclopedic Law Dictionary 649 (2d ed. 1922). Pursuant to the dominant consensus in the caselaw, instruments payable on demand were considered immediately "due" such that an action could be brought at any time without any other demand than the suit. See e.g., M. Bigelow, The Law of Bills, Notes, And Checks § 349, p. 265 (3d ed. W. Lile rev. 1928); 8 C.J., Bills and Notes § 602, p. 406 & n. 83 (1916). According to Bigelow,

"So far as maker and acceptor are concerned, paper payable ... 'on demand' is due from the moment of its delivery, and payment may be required on any business day, including the day of its issue, within the statute of limitations. In other words, as to these parties, the paper is at maturity all the time, and no demand of payment is necessary before suit thereon."

M. Bigelow, supra, § 349, p. 265 (emphasis in original deleted).

To be sure, demand instruments were considered to have

"the peculiar quality of having two maturity dates — one for the purpose of holding to his obligation the party primarily liable (e.g., maker), and the other for enforcing the contracts of parties secondarily liable (e.g., drawer and indorsers)."

M. Bigelow, supra, § 350, p. 266. But only the rule of immediate maturity respecting makers of demand notes has any bearing on our examination of the exemption, the language in the Act makes clear that it is the "maturity at time of issuance" with which we are concerned. 15 U.S.C. § 78c (a) (1). Accordingly, in the absence of some compelling indication to the contrary, the maturity date exemption must encompass demand notes

Ante at 494 U.S. 72–73.

但“票据”和“期限”两词并不是 1934 年从国会脑袋中冒出来的。即期票据也并不是近期的产物。几百年来，“票据”和“期限”就是法律专业术语，国会通过《1934 年证券交易法》时，已经存在关于即期票据特点的一套法律，这些特点也包括期限。

如果任何名词的意思不够明确，本院解释该名词时，依赖该法制定时对这些名词的通常理解［See Gilbert v. United States，370 U.S. 650，370 U.S. 655（1962）（“如果没有其他相反内容，可以合理假定，国会在制定法中的用词是普通法的意思”）；Roadway Express v. Piper，447 U.S. 752，447 U.S. 759（1980）（解释制定法用词时，“本院可以参考同时期对该名词的理解”）；Standard Oil v. United States，221 U.S.1，221 U.S. 59（1911）（“假定”普通法的意思是国会的意图）；see also Lorillard v. Pons，434 U.S. 575，434 U.S. 583（1978）；United States v. Spencer，839 F. 2d 1341，1344（CA9 1988）］。当代各种版本的法律辞典将“期限”定义为“票据到期……的时间”［Blacks Law Dictionary 1170（3d ed. 1933）；Cyclopedic Law Dictionary 649（2d ed. 1922）］。根据判例法的主导共识，提出要求后需要支付的票据被视为立即“到期”，可以随时起诉，无须任何其他要求［See e.g.，M. Bigelow，The Law of Bills，Notes，And Checks § 349，p. 265（3d ed. W. Lile rev. 1928）；8 C.J.，Bills and Notes § 602，p. 406 & n. 83（1916）］。

比奇洛认为，“就出票人和承兑人而言，票据只要‘要求支付’，则票据交付之时即为到期，时效期间任何营业日都可以要求支付，包括出票日。换言之，就这些当事方而言，该票据所有时候都可以到期，相关诉讼之前，无须要求支付”［M. Bigelow，supra，§ 349，p. 265（原文中着重号省略）］。

确实，即期凭证被视为“具有两个期限日期的特殊性质，一个是要求首要责任方（如签发人）履行其义务的日期，另一个是第二法律责任方（如出票人和背书人）执行合同的日期”。（M. Bigelow，supra，§ 350，p. 266.）但只有关于即期票据的签发人的期限规则对本院审查豁免有影响；《1934 年证券交易法》的措辞已经明确，本院所关注的是“发行时的期限”［15 U.S.C. § 78c（a）（1）］。因此，如果没有令人信服的相反内容，基于期限日的豁免一定是包括即期票据的，因为“即期票据发行时的期限并不超过 9 个月”。

because they possess "maturity at the time of issuance of not exceeding nine months."

Petitioners and the lower court decisions cited by Justice STEVENS rely, virtually exclusively, on the legislative history of § 3 (a) (3) of the 1933 Act for the proposition that the terms "any note" in the exemption in § 3 (a) (10) of the 1934 Act encompass only notes having the character of short-term "commercial paper" exchanged among sophisticated traders. I am not altogether convinced that the legislative history of § 3 (a) (3) supports that interpretation even with respect to the terms "any note" in the exemption in § 3 (a) (3), and to bodily transpose that legislative history to another statute has little to commend it as a method of statutory construction.

The legislative history of the 1934 Act — under which this case arises — contains nothing which would support a restrictive reading of the exemption in question. Nor does the legislative history of § 3 (a) (3) of the 1933 Act support the asserted limited construction of the exemption in § 3 (a) (10) of the 1934 Act. Though the two most pertinent sources of congressional commentary on § 3 (a) (3) — H.R.Rep. No. 85, 73d Cong., 1st Sess. 15 (1933) and S.Rep. No. 47, 73d Cong., 1st Sess. 3-4 (1933) do suggest an intent to limit § 3 (a) (3)'s exemption to short-term commercial paper, the references in those reports to commercial paper simply did not survive in the language of the enactment. Indeed, the Senate report stated

"[n]otes, drafts, bills of exchange, and bankers' acceptances which are commercial paper and arise out of current commercial, agricultural, or industrial transactions, and which are not intended to be marketed to the public, are exempted..."

S.Rep. No. 47, *supra*. Yet the provision enacted in § 3 (a) (3) of the 1933 Act exempts

"[*a*]*ny* note, draft, bill of exchange, or banker's acceptance which arises out of a current transaction or the proceeds of which have been or are to be used for current transaction, and which has a maturity at the time of issuance of not exceeding nine months..."

15 U.S.C. § 77c (a) (3).

Such broadening of the language in the enacted version of § 3 (a) (3), relative to the prototype from which it sprang, cannot easily be dismissed in interpreting § 3(a)(3). A fortiori, the legislative history's restrictive meaning cannot be imputed to the facially broader language in a different provision of another act. Although I do not doubt that both the 1933 and 1934 Act exemptions encompass short-term commercial paper, the expansive language in the statutory provisions is strong evidence that, in the end, Congress meant for commercial paper merely to be a subset of a larger class of exempted short-term instruments.

The plausibility of imputing a restrictive reading to § 3 (a) (10) from the legislative history of § 3 (a) (3) is further weakened by the imperfect analogy between

上诉人和斯蒂文斯大法官所引用的下级法院的判决实际上完全依赖《1934 年证券交易法》第 3（a）（10）条的立法史，用以支持的观点是，《1934 年证券交易法》第 3（a）（10）条豁免中的“任何票据”一词只包括具有成熟交易员之间交换的短期“商业票据”特点的票据。我并不完全信服，该法第 3（a）（3）条的立法史支持有关第 3（a）（3）条豁免中“任何票据”一词的解释，而将该立法史生搬硬套到另一部制定法，远非值得称道的制定法解释方法。

本案因《1934 年证券交易法》而起，但该法的立法史中没有任何内容支持对有关豁免作限制性解读。《1933 年证券法》第 3（a）（3）条的立法史也并不支持所提出的对《1934 年证券交易法》第 3（a）（10）条豁免作有限的解释。关于第 3（a）（3）条的国会评论的最密切相关的两个来源［H.R.Rep. No. 85，73d Cong.，1st Sess. 15（1933）and S. Rep. No. 47，73d Cong.，1st Sess. 3-4（1933）］确实显示，有意图将第 3（a）（3）条的豁免限于短期商业票据，但尽管这些报告提到商业票据，但该法中并没有出现。事实上，参议院的报告指出：“票据、对第三方支付汇票、汇票和银行承兑如果是由当时的商业、农业或工业交易而产生，并不是为了向公众销售，可以获得豁免……”（S. Rep. No. 47，supra.）但是，《1933 年证券法》第 3（a）（3）条规定所豁免的是，“任何票据、对第三方支付汇票、汇票和银行承兑，若其源自当前交易或其收入已经用于或将要用于当前交易，并且其发行时的期限不超过 9 个月……”

15 U.S.C. § 77c（a）（3）.

生效的《1933 年证券法》的第 3（a）（3）条版本与其原型相比，其措辞范围扩大了。解读该条时无法轻易不考虑这点。理由更加充分的是，立法史限制性的意思不能被强加于另一部法的不同规定，而该规定的措施表面上更加宽泛。我本人从不怀疑，《1933 年证券法》的豁免和《1934 年证券交易法》的豁免都包括短期商业票据，但两法规定的宽泛措施有力地表明，国会最终只将商业票据作为一个分类，隶属更大一类受豁免的短期凭证。这两个规定在词义学和性质方面都不是完美的类比，进一步削弱了根据第 3（a）（3）条的立法史将限制性解释强加于该法第 3（a）（10）条。第 3（a）（3）条规定了可以获得豁免的那类凭证的条件，如“源自当前（各项）交易或其收入已经用于或将要用于当前交易……”的凭证，而该法第 3（a）（10）条并

the two provisions in terms of both phraseology and nature. Section 3 (a) (10) lacks the cryptic phrase in § 3 (a) (3) which qualifies the class of instruments eligible for exemption as those arising "out of [ ] current transaction [s] or the proceeds of which have been or are to be used for current transactions, ... " While that passage somehow may strengthen an argument for limiting the exemption in § 3 (a) (3) to commercial paper, its absence in § 3 (a) (10) conversely militates against placing the same limitation thereon.

The exemption in § 3 (a) (3) excepts the short-term instruments it covers solely from the registration requirements of the 1933 Act. The same instruments are not exempted from the 1933 Act's anti-fraud provisions. Compare 15 U.S.C. § 77c (a) (3) with 15 U.S.C. § 771 (2) and 77q (c) ; See also Securities Industry Ass'n. v. Board of Governors of the Federal Reserve System, 468 U. S. 137, 468 U. S. 151 (1984) . By contrast, the exemption in § 3 (a) (10) of the 1934 Act exempts instruments encompassed thereunder from the entirety of the coverage of the 1934 Act including, conspicuously, the Act's anti-fraud provisions.

Justice Stevens argues that the suggested limited reading of the exemption in § 3 (a) (10) of the 1934 Act "harmonizes" the plain terms of that provision with the legislative history of the 1933 act. Ante at 494 U. S. 76. In his view, such harmony is required by the "context clause" at the beginning of the 1934 Act's general definition of "security." It seems to me, instead, that harmony is called for primarily between § 3 (a) (10) 's general definition and its specific exemption. The fairest reading of the exemption in light of the context clause is that the situation described in the exemption — notes with maturities at issue of less than nine months — is one contextual exception Congress especially wanted courts to recognize. Such a reading does not render the context clause superfluous; it merely leaves it to the judiciary to flesh out additional "context clause" exceptions.

Justice Stevens also states that we have previously referred to the exemption in § 3 (a) (10) as an exclusion for commercial paper. Ante at 494 U. S. 76 (citing Securities Industry Ass'n, supra, 468 U.S. at 468 U. S. 150–152) . In the Securities Industry Ass'n dictum, however, we described the exemption in § 3 (a) (10) merely as "encompass [ing] " commercial paper, and in no way concluded that the exemption was limited to commercial paper. See 468 U.S. at 468 U. S. 150–151. Indeed, in Securities Industry Ass'n, our purpose in referring to § 3 (a) (10) was to assist our determination whether commercial paper was even included in the Seventy–Third Congress's use of the words "notes ... or other securities" in the Glass Steagall Banking Act of 1933.

In sum, there is no justification for looking beyond the plain terms of § 3 (a) (10) , save for ascertaining the meaning of "maturity" with respect to demand notes. That inquiry reveals that the co–op's demand notes come within the purview of the section's

没有第3（a）（3）条中的隐晦语言。尽管这段话似乎加强了将该法第3（a）（3）条的豁免仅限于商业票据的论点，但第3（a）（10）条中并没有该限制，就反而成为不对其作相同限制的理由。

《1934年证券交易法》第3（a）（3）条的豁免仅就《1933年证券法》注册要求豁免这些短期凭证。涉用短期凭证，但仅《1933年证券法》反欺诈规定并不豁免相同的凭证［Compare 15 U.S.C. § 77 c（a）（3）with 15 U.S.C. § 771（2）and 77q（c）；See also Securities Industry Ass'n. v. Board of Governors of the Federal Reserve System，468 U.S. 137，468 U.S. 151（1984）］。相反，《1934年证券交易法》第3（a）（10）条豁免该条所涵盖的凭证，不适用整个《1934年证券交易法》，包括明显不适用反欺诈规定。

斯蒂文斯大法官提出，所建议的对《1934年证券交易法》第3（a）（10）条豁免作有限的解读可以使该规定的字面意思与《1933年证券法》立法史相“和谐”（Ante at 494 U.S. 76）。斯蒂文斯大法官的观点是，《1933年证券法》对“证券”的一般定义的开始部分的“上下文措辞”要求这种和谐。但我认为，所要求的似乎主要是《1934年证券交易法》第3（a）（10）条的一般定义与其特殊豁免之间的和谐。根据上下文措辞，对豁免的最合理解读是，豁免中所表述的情形——本案所讨论的不超过9个月的各种期限的各种票据——是国会特别要法院认可的例外情形。上下文措辞并不因为这一解读而形同虚设；只是留待法院细化更多的各种“上下文措辞”例外。

斯蒂文斯大法官还指出，本院先前提到《1934年证券交易法》第3（a）（10）条规定的豁免是将商业票据排除在外［Ante at 494 U.S. 76（Citing Securities Industry Ass'n，supra，468 U.S. at 468 U.S. 150–152）］。然后，在证券行业协会案判例的附带意见中，本院的表示只不过是，《1934年证券交易法》第3（a）（10）条的豁免“包括”商业票据，本院绝没有认定豁免只限于商业票据（See 468 U.S. at 468 U.S. 150–151）。确实，在证券行业协会案判例中，本院提及《1934年证券交易法》第3（a）（10）条，只是为了便于本院确定，美国第73届国会在《1933年格拉斯—斯蒂高尔银行法》中使用“票据……或其他证券”等词时，甚至也包括商业票据。

简言之，没有理由超出《1934年证券交易法》第3（a）（10）条的明确措辞，除非是为了就即期票据确定“期限”一词的含义。审查显示，合作社即期票据在该条所豁免的短期证券的范围之内。所以我维持上诉法院的判决，尽管我所依据的推

exemption for short–term securities. I would therefore affirm the judgment of the Court of Appeals, though on different reasoning.

Reference to the state common law of negotiable instruments does not suggest that

"Congress intended the Securities Acts to apply differently to the same transactions depending on the accident of which State's law happens to apply."

See ante at 494 U. S. 71. Rather, in the absence of a federal law of negotiable instruments, cf. DeSylva v. Ballentine, 351 U. S. 570, 351 U. S. 580 ("[T] here is no federal law of domestic relations, which is primarily a matter of state concern."), or other alternative sources for discerning the applicability of the statutory term "maturity" to demand notes, we are dependent on the state common law at the time of the Act's creation as a basis for a nationally uniform answer to this "federal question." As we said in Mississippi Band of Choctaw Indians v. Holyfield, 490 U. S. 30, 490 U. S. 47 (1989):

"That we are dealing with a uniform federal rather than a state definition does not, of course, prevent us from drawing on general state law principles to determine 'the ordinary meaning of the words used.' Well settled state law can inform our understanding of what Congress had in mind when it employed a term it did not define."

See also Sutherland Statutory Construction § 50.04, pp. 438–439 (4th ed. N. Singer rev. 1984)(noting the "utility" found by various courts, including this Court, in "examining a federal statute with reference to the common law of the various states as it existed at the time the statute was enacted.") In 1934, when this statute was enacted, as is true today, the American law of negotiable instruments was found in the state court reporters. Though the States were not unanimous on the issue of the time of maturity of demand notes, virtually every matter of state common law evokes a majority and minority position. The vast number of courts that adopted the majority view of immediate maturity, see 8 C.J., supra, § 602, p. 406, n. 83, compels the conclusion that the immediate maturity rule constituted "well settled state law" or a "general state law principle" at the time § 3 (a) (10) was enacted.

理不同。

尽管国会提及关于流通凭证的州普通法，但并不表示“国会的意思是，证券法对相同的交易有不同的适用，视恰好适用的州法而定”（See ante at 494 U.S. 71）。相反，因为没有关于流通凭证的联邦法［cf. DeSylva v. Ballentine，351 U.S. 570，351 U.S. 580（没有关于家庭关系的联邦法，家庭关系主要是州考虑的问题）］，也没有关于其他渊源用于确定即期票据“期限”的法定名词如何适用，所以本院依赖创立证券法时的州普通法，将其作为该“联邦问题”的全国统一答案的依据。正如本院在密西西比州卡图印第安人群诉霍利菲尔德案［Mississippi Band of Choctaw Indians v. Holyfield，490 U.S. 30，490 U.S. 47（1989）］判例中所指出的那样：“本院涉及的是一个统一的联邦定义，而不是州定义，当然并不因此而妨碍本院借助一般州法原则来确定‘所用措辞的一般意思’。尘埃落定的州法可以帮助我们理解，国会使用一个国会自己没有定义过的名词时，到底有何意图”［See also Sutherland Statutory Construction §50.04，pp.438–439（4th ed. N. Singer rev. 1984）（指出包括本院在内的各个法院在“审查联邦法时参考该法制定时所存在的各州普通法”可以得到的“帮助”）］。1934 年制定该法时，关于可转让凭证的美国法载于各州的法院判例汇编之中，今天仍然如此。在即期票据到期的时间问题上，各州的立场并非完全一致，但各州普通法的每一个问题几乎都有多数意见立场和少数意见立场。大多数法院采纳了立即到期的立场（see 8 C.J.，supra，§602，p.406，n. 83），所以就不能不得出以下结论：制定《1934 年证券交易法》第 3（a）（10）条时，立即到期规则是“尘埃落定的州法”或“州法一般原则”。

State of Hawaii v. Hawaii Market Center，Inc.

夏威夷州诉夏威夷市场中心

State of Hawaii v. Hawaii Market Center, Inc.

Supreme Court of Hawaii, 485 P.2d 105 (1971)

Levinson, Justice.

The legal issue presented by this case is whether the "Founder–Member Purchasing Contract Agreements" issued by Hawaii Market Center, Inc. (hereinafter referred to as HMC) , one of the appellants, constitute securities within the meaning of the Hawaii Uniform Securities Act (Modified) , HRS § 485–1 (12) .[1] An affirmative answer to this question would bring into operation the registration requirements of HRS § 485–8. Before determining the nature of these agreements it is first necessary to delineate clearly the economic relationship existing between HMC and persons who have contracted with it pursuant to these agreements.

HMC is a Hawaii corporation with a capitalization of $1000.00. The corporation's expressed purpose was to open a retail store which would sell merchandise only to persons possessing purchase authorization cards. In order to raise capital for the financing of this enterprise HMC recruited founder–members. The maximum number of such members was set at five thousand.

Prospective founder members were asked to attend recruitment meetings. At these meetings a speaker explained how members would be eligible to earn (1) immediate income before the store became operational, and (2) future income after the store became operational. In order to earn such income an invitee was required to become either a

1 HRS § 485–1 (12) provides: "Security" means any note, stock, treasury stock, bond, debenture, evidence of indebtedness, certificate of interest or participation in any profit–sharing agreement, collateral–trust certificate, preorganization certificate or subscription, transferable share, investment contract, voting trust certificate, certificate of deposit for a security, certificate of interest in an oil, gas, or mining title or lease, or, in general, any interest or instrument commonly known as a "security" , or any certificate of interest or participation in, temporary or interim certificate for, guarantee of, or warrant or right to subscribe to or purchase, any of the foregoing. "Security" does not include any insurance or endowment policy or annuity contract under which an insurance company promises to pay a fixed number of dollars either in a lump sum or periodically for life or some other specified period.

夏威夷州诉夏威夷市场中心

夏威夷最高法院（1971 年）

莱文森大法官。

本案所提出的法律问题是，由本案上诉人之一夏威夷市场中心有限责任公司（以下简称市场中心）发行的“创始成员购物合同协议”是否构成《夏威夷州统一证券法》（修订）［HRS § 485-1（12）］所定义的证券。[1] 如果回答是肯定的，则《夏威夷州统一证券法》（修订）第 485-8 节下的注册要求适用。要确定这些协议的性质，首先必须明确，根据这些协议，市场中心和根据这些协议与其签订合同的个人之间的经济关系。

市场中心是一家夏威夷公司，资本金 1000 美元。公司的明示目的是开设一家零售商店，只向持有购物授权卡的人出售商品。市场中心招纳创始成员融资，为募集所需要的资金。创始成员最多不超过 5000 人。

潜在的创始成员受邀出席招揽会议。会上有位演讲人解释成员有权如何（1）在商店开业之前立即获得收入，并在（2）商店营业后继续获得收入。为获得此类收入，受邀与会者必须成为创始成员中的分销人或督导人。

1　《夏威夷州统一证券法》（修订）第 485-1（12）条规定，“证券”，是指任何票据，股票，库存股票，债券，无担保债券，债务凭据，任何利润分享权益或参与协议凭证，抵押—信托凭证，设立前证书或认购、可转让股份、投资合同、投资信托证书，证券托管证书，天然气或采矿权租赁证书或通常被视为“证券 ”的任何权益或凭证或上述任何凭证的权益或参与的任何凭证或临时证书，担保或认购或购买的认股权证或权利。“证券”并不包括任何保单或赠款政策或年金合同，保险公司根据年金合同承诺，就存续期间或其他具体规定的时间段一次性支付固定金额的美元或定期支付。

founder–member distributor or a founder–member supervisor.

A person became a founder–member distributor by purchasing from HMC either a sewing machine or a cookware set (each with a wholesale value of $70.00) for $320.00. The purchaser also executed a "Founder–Member Purchasing Contract Agreement" with the corporation. This agreement states that a distributor is able to earn money in five ways. He may: (1) distribute the 50 authorized buyer's cards, which have been issued to him and thereafter earn a 10% commission on each sale resulting from the use of one of these cards in the HMC store; (2) earn a $50.00 fee each time a person he refers becomes a founder–member distributor; (3) receive a $300.00 fee as compensation for establishing a new member as a supervisor or upgrading an old member from distributor to supervisor. The fourth and fifth sources of income relate to the earning of credits which are applied to a $900.00 fee paid by a distributor to his supervisor if the distributor wishes to be upgraded.

A person became a supervisor by executing a founder–member contract and purchasing both a sewing machine and a cookware set for a total price of $820.00. A supervisor earns higher fees and commissions than a distributor. In addition, a supervisor receives an override commission if his distributor enlists a new member. He also receives override commissions on all sales made to holders of purchase authorization cards distributed by any founder–member whose entry into the organization can be traced back to the supervisor.

On September 23, 1969 the appellee, the State of Hawaii, by its Commissioner of Securities, filed an action in the First Circuit Court against HMC and its officers and directors. The State sought to enjoin the further promotion and execution of the above described founder–member contracts. The commissioner argued that the contracts were unregistered securities whose distribution was prohibited by the Uniform Securities Act (Modified). HRS § 485–8. The appellants contended that the contracts in question were not securities within the meaning of the Act.

On October 20, 1969 the trial court entered its findings of fact, conclusions of law and judgment in favor of the Commissioner of Securities. After a thorough analysis of the economic realities underlying the relationship between the defendant corporation and its founder–members the court held that the HMC agreements constituted "investment contracts" and "certificate of interest or participation in a profit–sharing agreement", therefore, fell within the Hawaii statute's definition of "security", as defined by HRS § 485–1 (12). The court enjoined the further promotion and execution of founder–member purchasing contract agreements and the collection and disbursement of funds pursuant to such agreements. The appellants have appealed from this judgment and order. For the reasons set forth below we affirm.

成为创始成员分销人的办法是，以 320 美元的价格（批发价为 70 美元）向市场中心购买一台缝纫机或一套厨具。同时，购买人与公司签订一份“创始成员购物合同协议”。该协议说明，分销人有 5 种方式获得收入：（1）售出由其掌握的 50 张授权购物卡，使用该卡在市场中心的商店购物一次，分销人即可提取 10% 的佣金；（2）分销人所介绍的人，每有一位成为创始成员分销人，可以收费 50 美元；（3）每使一位新成员成为督导人或使现有分销人升级为督导人，可以收费 300 美元作为报酬。第四种和第五种收入来源涉及积分收入：分销人若想升级，必须向其督导人支付 900 美元。

要成为督导人，需要签订一份创始成员合同，以总价 820 美元购买一台缝纫机和一套厨具。督导人的收费和佣金都高于分销人的收费和佣金。此外，如果督导人的分销人发展一位新成员，督导人可以得到一笔额外佣金。如果任何创始成员最初参加组织是源于督导人，则由该创始成员销售的购物授权卡持卡人每次购物，督导人也可以收取额外佣金。

1969 年 9 月 23 日本案被上诉人夏威夷州由夏威夷证券委员会主席作为代表，在第一巡回法院起诉市场中心以及市场中心的高管和董事。夏威夷州要求禁止继续促销和签订上述创始成员合同。证券委员会主席提出，这些合同并未注册，《夏威夷州统一证券法》（修订）（HRS § 485-8）禁止其销售。上诉人持相反意见的理由是，有关合同并非该法意义上的证券。

1969 年 10 月 20 日审判法院对事实作出认定并得出法律结论后，作出支持证券委员会主席的判决。法院充分分析了被告公司与其创始成员的关系背后的经济现实之后认定，市场中心协议构成“投资合同”和“利润分享协议的权益或参与证书”，所以符合夏威夷制定法有关“证券”的定义，符合《夏威夷州统一证券法》（修订）第 485-1（12）条的定义。法院禁止继续促销和签订创始成员购物合同协议，禁止根据此类协议收取和分配资金。上诉人对此判决和命令提出上诉。基于以下原因，我们维持原判。

Ⅰ. The Essential Characteristics of an Investment Contract under the Hawaii Uniform Securities Act (Modified)

A. The Test Embodied in the Howey Case is Too Mechanical to Protect the Investing Public Adequately

In arguing whether the interests represented by HMC's founder-member contracts constitute investment contract securities within the meaning of HRS § 485-1 (12) both the appellant and the appellee rely for guidance principally upon the Supreme Court decision in Securities & Exchange Commission v. W.J. Howey Co., 328 U.S. 293, 66 S.Ct. 1100, 90 L.Ed. 1244(1946). That case sought to formulate a test for the existence of an "investment contract," such a contract being included within the definition of "security" under the Federal Securities Act. The Court concluded that an investment contract exists whenever "a person invests his money in a common enterprise and is led to expect profits solely from the efforts of the promoter or a third party." Securities & Exchange Commission v. W.J. Howey Co., supra at 299, 66 S.Ct. at 1103.

The appellants urge us to adopt the Howey formula as the test to be applied in the present case. It is contended that under the Howey test the contracts in question are not investment contracts because founder-members in the HMC plan are expected to recruit new members and distribute purchase authorization cards in order to earn income; they do not, therefore, "expect profits solely from the efforts" of others. Gallion v. Alabama Market Centers, Inc., 282 Ala. 679, 213 So.2d 841 (Ala. 1968); Emery v. So-Soft of Ohio, Inc., 30 Ohio Op.2d 226, 199 N.E.2d 120 (Ohio Ct. App. 1964).

The State also relies upon the Howey case but contends that the test enunciated therein is not to be taken literally. It argues that the efforts expected of the founder-members are minimal in nature and, as a practical matter, the founders are substantially dependent upon the management of the corporation for a successful return on their investment. Thus the State asserts, under the real meaning of the Howey rule, the disputed agreements are investment contracts. D.M.C of Colorado, Inc. v. Hayes, 3 CCH Blue Sky L. Rptr., 70, 897 at 67, 042 (Colo.Dist.Ct. 2/26/71); see Florida Discount Centers, Inc. v. Antinori, 226 So.2d 693 (Fla. Dist. Ct. App. 1969), aff'd 232 So.2d 17 (Fla. 1970). We agree that the present agreements constitute "securities" within the coverage of the

Ⅰ.《夏威夷州统一证券法》（修订）下的投资合同的基本特点

A. 豪伊公司案中的检验标准过于机械，无法充分保护投资公众

针对市场中心创始成员合同的权益是否构成《夏威夷州统一证券法》第485-1（12）条下所指的投资合同，上诉人和被上诉人提出意见时，主要都是以美国联邦最高法院的证交会诉W.J.豪伊公司案［Securities & Exchange Commission v. W.J. Howey Co.，328 U.S. 293，66 S. Ct. 1100，99 L. Ed. 1244（1946）］判决为指导。该判例力图就存在"投资合同"制定一个检验标准，而联邦证券法的"证券"定义包括了投资合同。美国联邦最高法院的结论是，只要"任何人将其资金投资于共同业务，因此而期待利润，而且完全依赖发起人或第三方的努力"，就存在投资合同（Securities & Exchange Commission v. W.J. Howey Co.，supra at 299，66 S. Ct. at 1103）。

上诉人促请本院采纳豪伊的定式，将其适用于本案。上诉人的理由是，根据豪伊检验标准，本案的有关合同并非投资合同，因为市场中心计划中的创始成员需要招纳新成员和销售购物授权卡，才能获得收入；因此，他们并不是"完全依赖"他人努力而"期待利润"［Gallion v. Alabama Market Centers，Inc.，282 Ala. 679，213 So. 2d 841（Ala. 1968）；Emery v. So-Soft of Ohio，Inc.，30 Ohio Op. 2d 226，199 N.E.2d 120（Ohio Ct. App. 1964）］。

夏威夷州也依赖豪伊公司案判例，但提出不能从字面上理解该案判例中所阐述的检验标准。夏威夷州提出，就其性质而言，创始成员所作的努力是最低限度的，实际上要依赖公司管理层，其投资才能成功获得回报。因此，夏威夷州的论断是，根据豪伊规则的真实意思，本案有争议的协议是投资合同［D.M.C of Colorado，Inc. v. Hays，3 CCH Blue Sky L. Rptr.，70，897 at 67，042（Colo.Dist.Ct. 2/26/71）；see Florida Discount Centers，Inc. v. Antinori，226 So.2d 693（Fla. Dist. Ct. App. 1969），aff'd 232 So.2d 17（Fla. 1970）］。本院同意，本案中的协议构成《夏威夷州统一证券法》（修订）所涵盖的证券。但本院另有依据，本院的判决并不基于美国联邦最高法院

Hawaii Uniform Securities Act (Modified). We do not choose, however, to base this decision on the restrictive formula laid down by the Supreme Court in the Howey case.[1]

The primary weakness of the Howey formula is that it has led courts to analyse investment projects mechanically, based on a narrow concept of investor participation.[2] See Gallion v. Alabama Market Centers, Inc., supra; Emery v. So-Soft of Ohio, Inc., supra. Thus courts become entrapped in polemics over the meaning of the word "solely" and fail to consider the more fundamental question whether the statutory policy of affording broad protection to investors should be applied even to those situations where an investor is not inactive, but participates to a limited degree in the operation of the business.[3] In fulfilling the remedial purposes of our state act, we believe a sounder approach to securities regulation requires that courts focus their attention on the economic realities of security transactions: that is, "[t]he placing of capital or laying out of money in a way intended to secure income or profit from its employment" in an enterprise. State v. Gopher Tire & Rubber Co., 146 Minn. 52, 56, 177 N.W. 937, 938 (1920).

B. The Risk Capital Approach to Defining an Investment Contract

The salient feature of securities sales is the public solicitation of venture capital to be used in a business enterprise. Silver Hills Country Club v. Sobieski, 55 Cal.2d 811, 815, 13 Cal.Rptr. 186, 188, 361 P.2d 906, 908 (1961); Goodwin, Franchising in the Economy: The Franchise Agreement as a Security Under Securities Acts, Including 10b-5 Considerations, 24 Business Lawyer 1311, 1320-21 (1969). This subjection of the investor's money to the risks of an enterprise over which he exercises no managerial control is the basic economic reality of a security transaction. Coffey, The Economic Realities of a "Security": Is There a More Meaningful Formula?, 18 W.Res.L.Rev. 367, 412 (1967); see Silver Hills Country Club v. Sobieski, supra; see Securities & Exchange Commission v. Latta, 250 F.Supp. 170, 173 (N.D.Cal. 1965), aff'd per curiam, 356 F.2d 103 (9th Cir.1965), cert. denied, 384 U.S. 940, 86 S.Ct. 1459, 16 L.Ed.2d 539 (1966). Any formula which purports to guide courts in determining whether a security exists should

---

1 The Supreme Court in the Howey case was interpreting a federal statute. Although the language of that statute is similar to our own securities law, we are not, contrary to the assertions of the appellants, bound to follow blindly the federal interpretation. This court will construe the provisions of state statutes "not in total disregard of federal interpretations of identical language, but with reference to the wisdom of adopting those interpretations for our state." State v. Texeira, 50 Haw. 138, 142 n. 2, 433 P.2d 593, 597 n. 2 (1967).

2 In the Howey case the Supreme Court was faced only with the question whether a scheme involving no actual investor participation was an investment contract. That court has not yet decided whether an investment plan involving non-managerial investors participation also falls within the concept of an investment contract security.

3 For a discussion of the need to protect non-managerial investors who participate in an enterprise, see Goodwin, *Franchising in the Economy: The Franchise Agreement as a Security Under Securities Acts, Including 10b-5 Considerations*, 24 Business Lawyer, p. 1311, 1318-1319 (1969).

在豪伊公司案中制定的受到限制的公式。[1]

豪伊公司案公式的主要弱点在于，会导致法院机械地分析投资目的，因为分析会基于狭义的投资者参与概念[2]（See Gallion v. Alabama Market Centers，Inc.，supra；Emery v. So-Soft of Ohio，Inc.，supra）。所以陷入了对“仅”一字含义之争，没有考虑更加根本的问题，即如果投资者不仅并非被动，而且是有限地参与了业务运营，在这种情形下，是否应当适用更广泛的保护投资者的法定政策。[3]本院认为，为了实现本州法律的救济目的，证券规制方式必须更加健全，法院就必须注重证券交易的经济实质，即“资本配置方式或出钱的方式是为了确保”业务中“使用资金，可以产生收入或利润”［State v. Gopher Tier & Rubber Co.，146 Minn. 52，56，177 N.W. 937，938（1920）］。

B. 界定投资合同的风险资本法

证券销售的突出特点是，公开招揽用于商业业务的风险资本［Silver Hills Country Club v. Sobieski，55 Cal. 2d 811，815，13 Cal. Rptr. 186，188，361 P.2d 906，908（1961）；Goodwin，Franchising in the Economy：The Franchise Agreement as a Security Under Securities Acts，Including 10b-5 Considerations，24 Business Lawyer 1311，1320-21（1969）］。证券交易的基本经济实质是，投资者的资金被置于业务的风险之下，但投资者对其并无管理上的控制［Coffey，The Economic Realities of a “Security”：Is There a More Meaningful Formula?，18 W.Res.L.Rev. 367，412（1967）；see Silver Hills Country Club v. Sobieski，supra；see Securities & Exchange Commission v. Latta，250 F.Supp. 170，173（N.D.Cal. 1965），aff'd per curiam，356 F.2d 103（9th Cir.1965），cert. denied，384 U.S. 940，86 S.Ct. 1459，16 L.Ed.2d 539（1966）］。任何公式如果是用于引导法院判定是否存在证券，就必须承认这一关键实质，公式必须具有充分的广泛性，以实现证券法的救济目的。这些救济目的是：（1）预防欺诈，

---

1 在豪伊公司案中，美国联邦最高法院解释的是联邦制定法。尽管该制定法的用语类似本州自己的证券法，与上诉人的主张不同，本院并不需要盲从联邦的解释。本院解释州制定法，“不会完全无视用语完全相同的联邦解释，而是要看本州采纳这些解释是否明智”。［State v. Texeira，50 Haw. 138，142 n. 2，433 P.2d 593，597 n. 2（1967）.］

2 在豪伊公司案中，美国联邦最高法院所面临的问题只是，投资者没有实际参与的安排是否为投资合同。美国联邦最高法院并没有决定，如果投资安排涉及非管理人员的投资者参与，该投资计划是否包括在投资合同证券的概念之中。

3 关于需要保护非管理人员投资者参与业务的讨论，See Goodwin，*Franchising in the Economy*：*The Franchise Agreement as a Security Under Securities Acts*，*Including 10b-5 Considerations*，24 Business Lawyer，p. 1311，1318-1319（1969）。

recognize this essential reality and be broad enough to fulfill the remedial purposes of the Securities Act. Those purposes are (1) to prevent fraud, and (2) to protect the public against the imposition of unsubstantial schemes by regulating the transactions by which promoters go to the public for risk capital. HRS § 485-10 (e). Therefore, we hold that for the purposes of the Hawaii Uniform Securities Act (Modified) an investment contract is created whenever: [1]

(1) An offeree furnishes initial value to an offeror, and (2) a portion of this initial value is subjected to the risks of the enterprise, and (3) the furnishing of the initial value is induced by the offeror's promises or representations which give rise to a reasonable understanding that a valuable benefit of some kind, over and above the initial value, will accrue to the offeree as a result of the operation of the enterprise, and (4) the offeree does not receive the right to exercise practical and actual control over the managerial decisions of the enterprise.

The above test provides, we believe, the necessary broad coverage to protect the public from the novel as well as the conventional forms of financing enterprises. Its utility is best demonstrated by its application to the facts in the instant case.

Ⅱ. The Contracts in Question Constitute Investment Contracts Within the Meaning of HRS § 485-1 (12)

A. The Initial Value Subjected to the Risks of the Enterprise

Each person who executes a "Founder-Member Purchasing Contract Agreement" is required by HMC to make a "one-time retail purchase" of $320.00 in order to become a distributor and $820.00 in order to become a supervisor. The record indicates that the total wholesale cost to HMC of the purchased merchandise is $70.00 and $140.00 respectively. The appellants have made no attempt to characterize these transactions as the simple purchase of merchandise, nor do we deem them such. The terms of the offer and the inducements held out to the prospects clearly indicate that the substantial premiums paid by founder-members to HMC are given in consideration for the right to receive future income from the corporation. These overcharges constitute the offerees' investments or contributions

1 This test is suggested by Professor Coffey in his excellent article analysing the essential economic characteristics of security transactions. Coffey, *The Economic Realities of a "Security": Is There a More Meaningful Formula?*, 18 W.Res. L.Rev., p. 367, 377 (1967).

（2）规制发起人为向公众募集风险资本而进行的交易，以保护公众免受不实计划之困［HRS § 485-10（e）］。因此，本院认定，就《夏威夷州统一证券法》（修订）而言，只要存在以下情形，就产生了投资合同：[1]

（1）发行对象向发行人提供了初始价值，（2）部分初始价值被置于业务的风险之下，并且（3）提供初始价值是受发行人的承诺和陈述的诱惑，产生了合理理解：业务经营会产生多出或高于初始价值的有价值收益，归发行对象所有，（4）发行对象没有得到切实控制业务的管理决策的权利。

本院认为，以上检验标准涵盖面广，同时针对为业务融资的传统方式和新方式，可以保护投资公众。该检验标准适用于本案事实，更好地显示了该标准的用途。

Ⅱ．本案合同构成《夏威夷州统一证券法》（修订）第 485-1（12）条所界定的合同

A. 被置于业务风险下的初始价值

按照市场中心的要求，任何人签订“创始成员购物合同协议”，都必须“一次性零售购物”，花 320 美元成为分销人，花 820 美元成为督导人。记录显示，市场中心购买这些商品的成本分别是 70 美元和 140 美元。上诉人并未试图将这些交易说成是简单的购买商品交易，本院也不视其为简单的购买商品交易。针对潜在投资者的要约条款和诱惑明确显示，创始成员向市场中心支付高额溢价，是为换取从公司获得未来收入的权利的对价。支付高价购买便构成了发行对象的投资或初始价值出资，而此类价值受业务风险的影响。

1 这一检验标准是由考费教授在其分析证券交易的基本经济特征的优秀文章中提出的［Coffey, The Economic Realities of a “Security”: Is There a More Meaningful Formula?, 18 W. Res. L. Rev., p. 367, 377（1967）］。

of initial value, such value being subjected to the risks of the enterprise.

It is uncontested that the recruitment of founder-members was motivated by the need to raise capital to finance the opening of the proposed HMC store. Inextricably bound to the success of this enterprise is the ability of the founder-members to recoup their initial investment and earn income. The recruitment fee paid to distributors and supervisors, during the pre-operational phase of the plan, rests upon the promoters' ability to sell the success of the plan to prospective members. In addition, those members who choose to rely solely on the second method of earning income, the payment of commissions based on sales, receive no return at all on their investment unless the store functions successfully. This latter point is particularly important because recruitment of members increases geometrically. Therefore, since membership is limited to five thousand, a very large percentage of founder-members will be totally dependent on sales commissions to recover their initial investment plus income. It is thus apparent that the security of the founder-members' investments is inseparable from the risks of the enterprise. The success of the plan is the common "thread on which everybody's beads [are] strung." Securities & Exchange Commission v. C.M. Joiner Leasing Corp., 320 U.S. 344, 348, 64 S.Ct. 120, 122, 88 L.Ed. 88 (1943).

B. The Promise of a Valuable Return on the Offeree's Investment

The appellants contend that because of the nature of the receipts promised to founder-members the trial court erred in finding the existence of a security. They stress that founder-members do not participate in the profits of the enterprise. They are promised fixed fees and commissions, which are payable regardless of the existence of profits. Therefore, it is argued, the essential profits sharing element of a security is lacking. Commonwealth ex rel. Pennsylvania Securities Commission v. Consumers Research Consultants, Inc., 414 Pa. 253, 256, 199 A.2d 428, 429 (1964). Once again, this argument ignores the economic realities underlying securities regulation.

It should be irrelevant to the protective policies of the securities laws that the inducements leading an investor to risk his initial investment are founded on promises of fixed returns rather than a share of profits. The reference point should be the offeree's expectations, not the balance sheet of the offeror corporation. The unwary investor lured by promises of fixed fees deserves the same protection as a participant in a profit sharing plan. For this reason courts have avoided a narrow definition of "profits." They have recognized securities sales even where the promised benefits to the offeree were indirect, arising from an anticipated increase in the value of the property received, rather than direct payments from the offeror. Securities & Exchange Commission v. C.M. Joiner Leasing Corp., supra, 320 U.S. at 348-349, 64 S.Ct. 120, 88 L.Ed. 88; Roe v. United States, 287 F.2d 435, 439 (5th

毋庸置疑，招纳创始成员是因为需要融资，为市场中心内拟建的商店提供资金。创始成员能否收回其初始投资并获得收入，与业务的成功不可分割。在计划运营之前的阶段，向分销人和督导人支付招纳费用，取决于发起人能否向潜在购买者兜售其计划成功实施的想法。此外，如果成员仅依赖选择第二种方式获得收入，即根据销售提取佣金，那么除非商店营业成功，否则投资就没有回报，而后一点尤其重要，因为招纳成员呈几何型增长。因此，既然成员人数限定为 5000 人，占相当百分比的创始成员将完全依靠销售佣金收回初始投资另加收入。因此显而易见，创始成员的投资是否安全，与业务的风险不可分割。计划是否能够成功是一条共有的“线，每人的珠子都（被）拴在上面”［Securities & Exchange Commission v. C.M. Joiner Leasing Corp.，320 U.S. 344，348，64 S. Ct. 120，122，88 L. Ed. 88（1943）］。

B. 关于要约对象投资获得有价值回报的承诺

上诉人辩称，鉴于向创始成员所承诺的回报性质，审判法院认定存在证券有误。上诉人强调，创始成员并不参与业务的利润分成。向原告承诺了固定收费和佣金，无论是否有利润，都要支付固定的收费和佣金。因此，原告辩称，不存在利润分成这一证券的要素［Commonwealth ex rel. Pennsylvanian Securities Commission v. Consumers Research Consultants，Inc.，414 Pa. 253，256，199 A.2d 428，429（1964）］。但这一论点还是忽略了证券规制背后的经济实质。

证券法的政策取向是保护，投资者冒险作出初始投资，诱因是基于固定收入的承诺，还是基于利润分成，与证券法的政策取向无关。参照点应当是要约对象的期待，而不是发起人公司的资产负债表。利润分享计划的参与者受到保护，有欠谨慎的投资者为承诺的固定收费所诱惑，也理应受到同等保护。基于这一原因，法院避免对“利润”一词作狭义界定。即便向要约对象承诺的收益间接来自所得到的财产价值的预期升值，而不是由发行人直接支付，法院也认定存在证券销售［Securities & Exchange Commission v. C.M. Joiner Leasing Corp.，supra，320 U.S. at 348-349，64 S.Ct. 120，88 L.Ed. 88；Roe v. United States，287 F.2d 435，439（5th Cir.），cert. denied，368 U.S. 824，82 S.Ct. 43，7 L. Ed. 2d 29（1961）］。所以，在本案中市场中心保证要约对象获得一定的回报，不受企业利润的影响，但并不因此影响交易的投资性。

Cir.), cert. denied, 368 U.S. 824, 82 S.Ct. 43, 7 L.Ed.2d 29 (1961). Thus, the fact that in the instant case HMC guaranteed the offerees amounts of money independent of enterprise profits does not undermine the investment nature of the transactions.

C. The Lack of Managerial Control Over the Enterprise

Finally, as previously stated, it is irrelevant to the remedial purposes of the Securities Act that an investor participates in a minor way in the operations of the enterprise. Courts should focus on the quality of the participation. In order to negate the finding of a security the offeree should have practical and actual control over the managerial decisions of the enterprise. For it is this control which gives the offeree the opportunity to safeguard his own investment, thus obviating the need for state intervention. Coffey, The Economic Realities of a "Security": Is There a More Meaningful Formula?, supra at 396–398.

In the present case the founder-members possess none of the incidents of managerial control which would preclude the finding of a security. The members have no power to influence the utilization of the accumulated capital. Nor will they have any authority over those decisions which will affect the operation of the store, if it is successfully established. Judged by an ability to protect their original investment, the offerees in this case are powerless. Thus, under the economic realities approach presently advocated, they properly belong to the class of investors falling within the remedial purposes of the Securities Act. Therefore we hold that the present agreements are investment contracts within the meaning of the Hawaii Uniform Securities Act (Modified) and must be registered with the Commission of Securities prior to distribution.

Judgment affirmed.

C. 对业务没有管理控制

最后，如同前述，尽管投资者少量参与了企业经营，但这与证券法的救济目的并不相关。法院应当注重参与的质量。推翻认定存在证券的前提是，发行对象对业务的管理决策确实有实际控制。正是因为有了这种控制，发行对象才有机会保护自己的投资，所以政府才没有必要介入（Coffey, The Economic Realities of a “Security”: Is There a More Meaningful Formula?，supra at 396–398）。

在本案中，创始成员并不具有排除证券认定所必须存在的任何管理控制的做法。这些成员并没有权利影响累积资本的使用。如果成功设立商店，这些成员也没有影响商店营运决策的任何权利。从保护其初始投资的能力来看，本案的要约对象无权利可言。因此，按照本判决意见所倡导的经济实质方法，他们属于投资者类型，在证券法救济目的范围之内。因此本院认定，本案协议是《夏威夷州统一证券法》（修订）所指的投资合同，分销之前须在证券委员会注册。

维持原判。

SEC v. Ralston Purina Co.

证交会诉罗尔斯顿·普里纳公司

SEC v. Ralston Purina Co.

346 U.S. 119 (1953)

Mr. Justice Clark, delivered the opinion of the Court.

Section 4 (1) of the Securities Act of 1933 exempts "transactions by an issuer not involving any public offering" [1] from the registration requirements of § 5. [2] We must decide whether Ralston Purina's offerings of treasury stock to its "key employees" are within this exemption. On a complaint brought by the Commission under § 20 (b) of the Act seeking to enjoin respondent's unregistered offerings, the District Court held the exemption applicable, and dismissed the suit. [3] The Court of Appeals affirmed. [4] The question has arisen many times since the Act was passed; an apparent need to define the scope of the private offering exemption prompted certiorari. 345 U.S. 903.

Ralston Purina manufactures and distributes various feed and cereal products. Its processing and distribution facilities are scattered throughout the United States and Canada, staffed by some 7000 employees. At least since 1911, the company has had a policy of encouraging stock ownership among its employees; more particularly, since 1942, it has made authorized but unissued common shares available to some of them. Between 1947 and 1951, the period covered by the record in this case, Ralston Purina sold nearly $2, 000, 000 of stock to employees without registration, and, in so doing, made use of the mails.

---

1 48 Stat. 77, as amended, 48 Stat. 906, 15 U.S.C. § 77d.

2 SEC. 5. (a). Unless a registration statement is in effect as to a security, it shall be unlawful for any person, directly or indirectly —"

" (1) to make use of any means or instruments of transportation or communication in interstate commerce or of the mails to sell or offer to buy such security through the use or medium of any prospectus or otherwise; or"

" (2) to carry or cause to be carried through the mails or in interstate commerce, by any means or instruments of transportation, any such security for the purpose of sale or for delivery after sale...."

48 Stat. 77, 15 U.S.C. § 77e.

3 102 F.Supp. 964 (1952).

4 200 F.2d 85 (1952).

证交会诉罗尔斯顿·普里纳公司

美国联邦最高法院（1953年）

克拉克大法官发表本院意见。

美国《1933年证券法》第4（1）条豁免“发行人所做的不涉及任何公开发行的交易”，[1]无须按第5条要求注册。[2]本院必须决定，罗尔斯顿·普里纳公司向其“关键雇员”发行库存股票是否在此豁免的范围内。证交会依据《1933年证券法》第20（b）条提出起诉，要求禁止被上诉人未经注册的发行。地区法院认定豁免适用，驳回诉讼。[3]上诉法院维持原判。[4]这一问题自《1933年证券法》通过之后多次出现，显然需要界定非公开发行的豁免范围，因此发出调卷令（345U.S.903）。

罗尔斯顿·普里纳公司生产和销售各类饲料和谷物产品。罗尔斯顿·普里纳公司的加工和销售设施散布美国和加拿大各处，员工大约有7000人。至少是从1911年起，公司一直有一项政策，鼓励其雇员拥有股票；更具体地说，自1942年起，罗尔斯顿·普里纳公司的安排是，其中一些雇员可以获得已获批准但未发行的普通股。1947~1951年是本案记录涵盖的阶段，其间，罗尔斯顿·普里纳公司没有注册便向其雇员出售了近200万美元的股票，并就此使用邮递。

---

1 48 Stat. 77，as amended，48 Stat. 906，15 U.S.C. § 77d.

2 证交会。第5（a）条。除非有关证券的注册陈述有效，任何人直接或间接实施以下行为……均属违反：

“（1）利用州际商业中的任何交通、通信手段或工具抑或是利用邮递，通过使用或借助招股说明书或以其他任何方式出售该证券或发出购买此类证券的要约；或是

“（2）通过邮递或在州际商业中，以任何交通方式或交通工具携带或使他人携带任何证据，以销售该证券或售后交付该证券……”

48 Stat. 77，15 U.S.C. § 77e.

3 102 F. Supp. 964（1952）.

4 200 F.2d 85（1952）.

In each of these years, a corporate resolution authorized the sale of common stock.

"to employees ... who shall, without any solicitation by the Company or its officers or employees, inquire of any of them as to how to purchase common stock of Ralston Purina Company."

A memorandum sent to branch and store managers after the resolution was adopted advised that

"The only employees to whom this stock will be available will be those who take the initiative and are interested in buying stock at present market prices."

Among those responding to these offers were employees with the duties of artist, bakeshop foreman, chow loading foreman, clerical assistant, copywriter, electrician, stock clerk, mill office clerk, order credit trainee, production trainee, stenographer, and veterinarian. The buyers lived in over fifty widely separated communities scattered from Garland, Texas, to Nashua, New Hampshire, and Visalia, California. The lowest salary bracket of those purchasing was $2700 in 1949, $2435 in 1950, and $3107 in 1951. The record shows that, in 1947, 243 employees bought stock, 20 in 1948, 414 in 1949, 411 in 1950, and the 1951 offer, interrupted by this litigation, produced 165 applications to purchase. No records were kept of those to whom the offers were made; the estimated number in 1951 was 500.

The company bottoms its exemption claim on the classification of all offerees as "key employees" in its organization. Its position on trial was that

"A key employee ...

is not confined to an organization chart. It would include an individual who is eligible for promotion, an individual who especially influences others or who advises others, a person whom the employees look to in some special way, an individual, of course, who carries some special responsibility, who is sympathetic to management and who is ambitious and who the management feels is likely to be promoted to a greater responsibility."

That an offering to all of its employees would be public is conceded.

The Securities Act nowhere defines the scope of § 4 (1)'s private offering exemption. Nor is the legislative history of much help in staking out its boundaries. The problem was first dealt with in § 4 (1) of the House Bill, H.R. 5480, 73d Cong., 1st Sess., which exempted "transactions by an issuer not with or through an underwriter..." The bill, as reported by the House Committee, added "and not involving any public offering." H.R.Rep. No. 85, 73d Cong., 1st Sess. 1. This was thought to be one of those transactions "where there is no practical need for ... [the bill's] application, or where

在这段时期内，每年公司有决议，授权向雇员出售普通股。

“……公司或其管理人员或雇员不得招揽，应当由雇员向上述任何人了解如何购买罗尔斯顿·普里纳公司的普通股”。

上述决议通过之后，向分部门和店铺经理发出一份备忘录，建议“只有那些主动决定，有意以现有市场价格购买股票的雇员，才能购买该股票”。

按照其工作职责划分，回应要约的包括以下雇员：工匠师、糕点店领班、食品装卸领班、文员助理、复写员、电工、仓库职员、面粉厂职员、订单信贷学员、生产学员、速写员和兽医。股票购买者分散住在50多个相隔遥远的社区，地理位置从得克萨斯州的加兰到新罕布什尔州的纳舒厄和加利福尼亚州的维塞利亚。购买股票的雇员的年薪最低档为：1949年2700美元、1950年2435美元、1951年3107美元。该记录显示，购买股票的雇员人数分别为：1947年243人、1948年20人、1949年414人、1950年411人，1951年的发行因该诉讼而中止，申请购买股票的人数是165人。没有作发行对象的记录；估计1951年要购买股票的人数为500人。

罗尔斯顿·普里纳公司将其豁免的主张基于对所有要约对象的分类，将要约对象定性为其组织内的“关键雇员”。审判期间，罗尔斯顿·普里纳公司的立场是：

> 关键雇员……不仅限于公司的组织结构表。关键雇员包括可以获得晋升的人，尤其是可以向他人施加特别影响的人或向他人提供意见的人，其他雇员以某种特殊的方式倚重关键雇员；当然，关键雇员负有某种特殊责任，同情管理层，有进取心，管理层认为这些雇员可以得到提拔，担负更多的责任。

承认向所有雇员发行是公开发行。

《1933年证券法》中没有任何内容规定第4（1）条的非公开发行豁免的范围。立法史对于划出边界范围也并无太多的帮助。该问题首先是在众议院法案的第4（1）条中涉及的。（H.R. 5480，73d Cong.，1st Sess.）该条豁免了“发行人没有或没有通过承销商进行的交易……”。众议院委员会所报告的法案增加了：“并且不涉及任何公开发行。”（H.R. Rep. No. 85，73d Cong.，1st Sess. 1.）本交易所属于的一类交易被认为“并不存在……适用（该法案）的实际需要，几乎不涉及公共利益”（Id.， the public benefits are too remote." Id., at 5.[1] The exemption, as thus delimited, became law.[2] It assumed its present shape with the deletion of "not with or through an underwriter" by § 203 (a) of the Securities Exchange Act of 1934, 48 Stat. 906, a change regarded as the elimination of superfluous language. H.R.Rep. No. 1838, 73d Cong., 2d Sess. 41.

Decisions under comparable exemptions in the English Companies Acts and state "blue sky" laws, the statutory antecedents of federal securities legislation, have made one thing clear — to be public, an offer need not be open to the whole world.[3] In Securities and Exchange Comm'n v. Sunbeam Gold Mines Co., 95 F.2d 699, 701 (1938), this point was made in dealing with an offering to the stockholders of two corporations about to be merged. Judge Denman observed that:

"In its broadest meaning, the term 'public' distinguishes the populace at large from groups of individual members of the public segregated because of some common interest or characteristic. Yet such a distinction is inadequate for practical purposes; manifestly, an offering of securities to all redheaded men, to all residents of Chicago or San Francisco, to all existing stockholders of the General Motors Corporation or the American Telephone & Telegraph Company, is no less 'public,' in every realistic sense of the word, than an unrestricted offering to the world at large. Such an offering, though not open to everyone who may choose to apply, is nonetheless 'public' in character, for the means used to select the particular individuals to whom the offering is to be made bear no sensible relation to the purposes for which the selection is made.... To determine the distinction between 'public' and 'private' in any particular context, it is essential to examine the circumstances under which the distinction is sought to be established, and to consider the purposes sought to be achieved by such distinction."

The courts below purported to apply this test. The District Court held, in the language of the Sunbeam decision, that "The purpose of the selection bears a sensible relation' to the class chosen," finding that "The sole purpose of the 'selection' is to keep part stock ownership of the business within the operating personnel of the business, and to

1 "... the bill does not affect transactions beyond the need of public protection in order to prevent recurrences of demonstrated abuses." Id., at 7. In a somewhat different tenor, the report spoke of this as an exemption of

"transactions by an issuer unless made by or through an underwriter so as to permit an issuer to make a specific or an isolated sale of its securities to a particular person, but insisting that, if a sale of the issuer's securities should be made generally to the public, that transaction shall come within the purview of the Act." Id., at 15, 16.

2 The only subsequent reference was an oblique one in the statement of the House Managers on the Conference Report:

"Sales of stock to stockholders become subject to the Act unless the stockholders are so small in number that the sale to them does not constitute a public offering." H. R. Rep. No. 152, 73d Cong., 1st Sess. 25.

3 Nash v. Lynde, [1929] A.C. 158; In re South of England Natural Gas and Petroleum Co., Ltd., [1911] 1 Ch. 573; cf. Sherwell v. Combined Incandescent Mantles Syndicate, Ltd., 23 T.L.R. 482 (1907). See 80 Sol.J. 785, 1936. People v. Montague, 937, 280 Mich. 610, 274 N.W. 347; In re Leach, 215 Cal. 536, 12 P.2d 3 (1932); Mary Pickford Co. v. Bayly Bros., 68 P.2d 239 (1937), modified, 12 Cal.2d 501, 86 P.2d 102 (1939).

at 5）。[1]该豁免经过上述限定后成为法律，[2]成为现在的形式，删除了《1934 年证券交易法》第 203（a）条中的“没有或没有通过承销商”（48 Stat. 906），这一变动被视为是删除了赘词。（H.R. Rep. No. 1838，73d Cong.，2d Sess.41）.

相应的豁免也见于英国公司法、州“蓝天法”，联邦证券立法的制定法先例，而根据这些豁免所作的判决明确了一点：并不是面向全世界发行才算是公开。[3]在证交会诉阳光梁金矿公司案［Securities and Exchange Comm'n v. Sunbeam Gold Mines Co.，95 F.2d 699，701（1938）］中提出了这点，涉及向将要合并的两家公司的股东发行股票的交易。登曼法官指出：

从最宽泛的意义上来说，“公共”一词因某种共同利益或共同特点而将广大公众区别于隔离开来的公众中的个别成员。但就实际操作而言，这种区别是不够的；很明显，向所有红发男子发行证券，向芝加哥的所有居民或旧金山的所有居民发行证券，向通用汽车公司的所有股东或美国电话电报公司的所有现有股东发行证券，与面向全世界不受限制的发行相比，就“公开”一词的实际意义而言，前者的“公开”并不小于后者的“公开”。前者没有面向所有可能选择申购的人，但仍然有“公开”的特点，因为选择作为发行对象的具体个人的方式与选择的目的之间并无任何合理关系……为区分具体范畴中的“公开”与“非公开”，至关重要的是，研究旨在确定区分所处的情形，考虑这类区分所要实现的目的。

下级法院自称适用了该测试。地区法院认定，用阳光梁金矿公司案判例的语言说，“选择的目的与所选的类别有合理关系”；地区法院认定“‘选择’的唯一目的是，将公司的部分股票所有权限于公司的营运人员中，将所有权分布在公司的所有部门

---

1 “……该法案对该交易的影响只限于对公共保护的需要，以预防已显示的滥用再次出现。”（Id.，at 7.）该报告以有所不同的语气谈及豁免：

“发行人的交易，除非是由承销商或通过承销商进行的交易，以便发行人向特定人具体或单独出售证券，如果执意向公众普遍出售发行人的证券，那么该交易便在《1933 年证券法》的范畴之内。”（Id.，at 15，16.）

2 此后唯一提到的一次，是众议院管理人在关于会议报告所作的陈述中间接提到：

“除非股东人数非常之少，向其出售股票并不构成公开发行，否则向股东出售股票适用《1933 年证券法》。”（H.R. Rep. No. 152，73d Cong.，1st Sess. 25.）

3 Nash v. Lynde，［1929］A.C. 158，In re South of England Natural Gas and Petroleum Co.，Ltd.，［1911］1Ch. 573；cf. Sherwell v. Combined Incandescent Mantle Syndicate，Ltd.，23 T.L.R.482（1907）. See 80 Sol.J.785，1936. People v. Montague，937，280 Mich. 610，274 N.W. 347；In re Leach，215 Cal. 536，12 P.2d 3（1932）；Mary Pickford Co. v. Bayly Bros.，68 P.2d 239（1937），modified，12 Cal.2d 501，86 P.2d 102（1939）.

spread ownership throughout all departments and activities of the business." [1]

The Court of Appeals treated the case as involving

"an offering, without solicitation, of common stock to a selected group of key employees of the issuer, most of whom are already stockholders when the offering is made, with the sole purpose of enabling them to secure a proprietary interest in the company or to increase the interest already held by them." [2]

Exemption from the registration requirements of the Securities Act is the question. The design of the statute is to protect investors by promoting full disclosure of information thought necessary to informed investment decisions. [3] The natural way to interpret the private offering exemption is in light of the statutory purpose. Since exempt transactions are those as to which "there is no practical need for ... [the bill's] application," the applicability of § 4 (1) should turn on whether the particular class of persons affected need the protection of the Act. An offering to those who are shown to be able to fend for themselves is a transaction "not involving any public offering".

The Commission would have us go one step further and hold that "an offering to a substantial number of the public" is not exempt under § 4 (1). We are advised that,

"whatever the special circumstances, the Commission has consistently interpreted the exemption as being inapplicable when a large number of offerees is involved."

But the statute would seem to apply to a "public offering", whether to few or many. [4] It may well be that offerings to a substantial number of persons would rarely be exempt. Indeed, nothing prevents the commission, in enforcing the statute, from using some kind of numerical test in deciding when to investigate particular exemption claims. But there is no warrant for superimposing a quantity limit on private offerings as a matter of statutory interpretation.

The exemption, as we construe it, does not deprive corporate employees, as a class, of the safeguards of the Act. We agree that some employee offerings may come within § 4 (1), e.g., one made to executive personnel who, because of their position, have access to the same kind of information that the act would make available in the form

---

1 102 F.Supp. at 968, 969.

2 200 F.2d at 91.

3 A. C. Frost & Co. v. Coeur D'Alene Mines Corp., 312 U. S. 38, 312 U. S. 40 (1941). The words of the preamble are helpful:

"An Act to provide full and fair disclosure of the character of securities sold in interstate and foreign commerce and through the mails, and to prevent frauds in the sale thereof, and for other purposes." 48 Stat. 74.

4 See Viscount Summer's frequently quoted dictum in Nash v. Lynde, " 'The public' ... is, of course, a general word. No particular numbers are prescribed. Anything from two to infinity may serve: perhaps even one, if he is intended to be the first of a series of subscribers, but makes further proceedings needless by himself subscribing the whole." [1929] A.C. 158, 169.

和商业活动中。”[1]

上诉法院认为，该判例涉及“没有招揽地发行普通股，发行对象是发行人经过挑选的一批关键雇员，其中大部分在该发行发生时已经是股东了，发行的唯一目的是让这些雇员获得在公司中的财产权或增加其已经持有的财产性权益”。[2]

《1933年证券法》要求注册，而注册的豁免是问题之所在。《1933年证券法》旨在促进充分披露信息了解情况后作出投资决定所需要的信息，从而保护投资者。[3]解释非公开发行的豁免，自然是要从立法目的考虑。既然得到豁免的交易“并没有适用该（法案）……的实际需要”，能否适用第4（1）条，取决于具体类别的人是否需要《1933年证券法》的保护。如果已经显示，发行对象可以自我防范，交易“就不涉及任何公开发行”。

证交会希望更进一步认定，“向大批公众成员发行”，并不能够享受《1933年证券法》第4（1）条下的豁免。给本院的意见是：

“无论具体情形如何，证交会的解释始终是，如果涉及大批发行对象，该豁免不适用。”

但无论人多人少，《1933年证券法》似乎都适用于“公开发行”。[4]向大批人发行似乎很少有得到豁免的。确实，就证交会有关《1933年证券法》的执法而言，决定何时调查具体的豁免主张时，完全可以适用数字的检验标准。但作为制定法的解释，对非公开发行并非一定要有数量的限制。

本院对该豁免的解释是，公司雇员作为一类股东，并不因此而被剥夺《1933年证券法》的保障。本院同意，面向某些雇员的发行可能属于第4（1）条的范畴，即是面向高管人员发行的。高管由于其职务关系，可以获得《1933年证券法》以注册

---

1 102 F. Supp. at 968，969.

2 200 F. 2d at 91.

3 ［A. C. Frost & Co. v. Coeur D’Alene Mines Corp.，312 U. S. 38，312 U. S. 40（1941）.］序言的用语有所帮助：

“该法的目的包括，要求必须充分、公平地披露通过邮递在州际和对外商务中出售的证券的特性，防止有关证券出售中的欺诈。”（48 Stat. 74.）

4 See Viscount Summer’s frequently quoted dictum in Nash v. Lynde.“当然，‘公开’……是词义宽泛的名词，没有规定具体的数字，可以从两个到无穷个：或许一个发行对象也是公开，如果他是一系列认购者中的第一个，但由于他认购了所有股票，没有必要再继续发行。”［1929］A.C. 158，169.

of a registration statement.[1] Absent such a showing of special circumstances, employees are just as much members of the investing "public" as any of their neighbors in the community. Although we do not rely on it, the rejection in 1934 of an amendment which would have specifically exempted employee stock offerings supports this conclusion. The House Managers, commenting on the Conference Report, said that

"the participants in employees' stock investment plans may be in as great need of the protection afforded by availability of information concerning the issuer for which they work as are most other members of the public."

H.R.Rep. No. 1838, 73d Cong., 2d Sess. 41.[2]

Keeping in mind the broadly remedial purposes of federal securities legislation, imposition of the burden of proof on an issuer who would plead the exemption seems to us fair and reasonable. Schlemmer v. Buffalo, R. & P. R. Co., 205 U. S. 1, 205 U. S. 10 (1907). Agreeing, the court below thought the burden met primarily because of the respondent's purpose in singling out its key employees for stock offerings. But, once it is seen that the exemption question turns on the knowledge of the offerees, the issuer's motives, laudable though they may be, fade into irrelevance.

The focus of inquiry should be on the need of the offerees for the protections afforded by registration. The employees here were not shown to have access to the kind of information which registration would disclose. The obvious opportunities for pressure and imposition make it advisable that they be entitled to compliance with § 5.

Reversed.

The Chief Justice and Mr. Justice Burton dissent.

Mr. Justice Jackson took no part in the consideration or decision of this case.

---

1 This was one of the factors stressed in an advisory opinion rendered by the Commission's General Counsel in 1935. "I also regard as significant the relationship between the issuer and the offerees. Thus, an offering to the members of a class who should have special knowledge of the issuer is less likely to be a public offering than is an offering to the members of a class of the same size who do not have this advantage. This factor would be particularly important in offerings to employees, where a class of high executive officers would have a special relationship to the issuer which subordinate employees would not enjoy." 11 Fed.Reg. 10952.

2 A statement entitled to more weight than different views expressed by one of the conferees in Senate debate. See 78 Cong.Rec. 10181, 10182.

陈述形式提供的相同信息。[1] 除非能够显示这种特殊性，否则雇员也是“公众”投资者，与其社区中的邻人并无区别。尽管本院并没有依赖 1934 年对一个修正案的否定，但被否定的该修正案是具体豁免向雇员发行的股票，所以该否定支持了上述结论。众议院负责人评论会议报告时指出：

投资者获得有关发行人的信息，就可以保护自己，而发行人的雇员投资计划的参与者如同公众的大多数其他成员一样，十分需要通过获得信息保护自己。（H.R. Rep. No. 1838，73d Cong.，2d Sess，41.）[2]

考虑到联邦证券立法的广泛救济目的，要求发行人主张豁免的发行人其负有举证责任，本院也认为是公平合理的［Schlemmer v. Buffalo，R.& P.R. Co.，205 U.S.1，205 U.S.10（1907）］。下级法院认为，举证责任基本完成，因为被上诉人的目的是指出其股票发行对象中的关键雇员。本院对此表示同意，但只要豁免取决于发行对象了解的情况，无论发行人的动机多么值得称道，也不再具有相关性。

调查的重点应当是看发行对象对注册所提供的保护的需要。本案中没有显示，雇员可以获得注册所披露的那类信息。显而易见，存在强加于人的机会，因此应当以遵守第 5 条为宜。

撤销判决。

首席大法官和伯顿大法官持反对意见。杰克逊大法官没有参加本案的审议和决定。

1　这是委员会首席法律顾问 1935 年所提供的咨询意见中所强调的因素之一。“我也认为，发行人与发行对象之间的关系举足轻重。因此，如果对两种发行作比较，发行对象是一个类别的成员，他们对发行人有专门的了解，而后者的发行对象是人数相同的一个类别的成员，他们对发行人并没有专门的了解，没有这种有利条件，那么前者构成公开发行的可能性就更小。该因素在以雇员为对象的发行中尤为重要，在此类发行中，高级管理人员这类成员与发行人有特殊关系，而下属雇员并不具有这种特殊关系。”（11 Fed.Reg. 10952.）

2　陈述的重要性应当大于参议院辩论中一位与会者所表达的不同观点。（See 78 Cong.Rec. 10181，10182.）

Peter Eichler v. SEC

彼得·艾克勒诉证交会

Peter Eichler v. SEC

United States Court of Appeals,

Ninth Circuit. 757 F.2d 1066

Beezer, Circuit Judge:

1

Peter Eichler and Basil Witt brought this action seeking review of an order issued by the Securities and Exchange Commission ("SEC") . The SEC's order affirmed disciplinary sanctions imposed upon Eichler and Witt by the National Association of Securities Dealers, Inc. ("NASD") . We affirm.

2

I . Background

3

Bateman Eichler, Hill Richards, Inc. ("BEHR") is registered as a broker-dealer with the SEC and is a member of NASD. At the time of the events at issue in this case, Eichler was president of BEHR and Witt was the head of BEHR's trading department. William Walker was BEHR's syndicate manager.

4

In March 1977, BEHR served as managing underwriter for a syndicate of thirty-one firms that were underwriting a public offering of securities by Jhirmack Enterprises,

彼得·艾克勒诉证交会

美国第九巡回法院（1985 年）

比泽巡回法官发表意见：

1

彼得·艾克勒和巴兹尔·威特上诉，要求审查证交会发出的命令。证交会的命令维持了全美证券交易商协会（NASD）对艾克勒和威特作出的纪律制裁。本院维持证交会的命令。

2

Ⅰ.背　　景

3

贝特曼·艾克勒、希尔·理查德有限公司（BEHR）是一家在证交会注册的经纪交易公司，也是 NASD 的成员。本案相关事件发生时，艾克勒是 BEHR 总裁，威特是 BEHR 交易部的负责人。威廉·沃克是 BEHR 的承销团经理。

4

1977 年 3 月 BEHR 是由 31 家机构组成的承销团的管理承销商，承销团承销 Jhirmack 企业有限责任公司（Jhirmack）的证券的公开发行。承销团发行 385，000

Inc. ("Jhirmack") . The syndicate offered a total of 385, 000 shares of Jhirmack stock. When BEHR and the other firms completed the distribution of Jhirmack shares on March 24, 1977, the syndicate had sold 398, 200 shares, leaving the syndicate "short" 13, 200 shares. BEHR was responsible for covering its share of the syndicate's short position.

5

After the syndicate completed the distribution, BEHR began taking orders from its customers for the "aftermarket" for Jhirmack shares. When trading in Jhirmack stock commenced on March 25, 1977, BEHR was obligated to purchase a large number of shares for its customers in addition to covering its share of the syndicate's short position. Along with fourteen other brokerage firms, BEHR held itself out as a "market maker" for Jhirmack stock.

6

The officials at BEHR soon realized that BEHR's bid price would not be sufficient to acquire the number of shares that BEHR needed. Because the demand for Jhirmack shares greatly exceeded the supply, the officials at BEHR feared a dramatic price increase. Walker informed Witt that, under the circumstances, it would not be necessary to fill the syndicate's short position immediately. Rather than raising the bid price to a level that would attract a sufficient number of shares, Witt and Eichler decided to maintain the bid price at or near the market price. Witt and Eichler also decided to purchase only a portion of the shares being offered by other dealers, since excessive purchases would drive up the market price. Instead, Witt and Eichler decided to allocate the available shares among their customers at an average price determined at the close of the trading day.

7

On March 25, 1977, BEHR filled approximately fifty percent of each order at an average price of 13 1/8. On March 28, the next trading day, BEHR filled sixty percent of each order at an average price of 14 7/8. The allocation system ended at 9: 43 a.m. on March 29. Orders received before 9: 43 a.m. were partially filled at an average price of 15 3/8. Orders received after 9: 43 a.m. were completely filled at the market price.

8

On March 25, 28, and 29, BEHR took fifty-six "market orders" . Under a "market order" , the broker is expected to fill the order completely at the best available market price, with the customer bearing the risk of price increases. BEHR purchased only 12, 375 of the 23, 875 shares that were ordered on that basis.

股 Jhirmack 的股票。1977 年 3 月 24 日 BEHR 和其他机构完成了 Jhirmack 的分销，承销团售出了 398,200 股，但还“短缺”13,200 股。BEHR 负责补足承销团短缺的仓位。

5

承销团完成分销后，BEHR 开始接受其客户有关“二级市场”的 Jhirmack 股票的指令。1977 年 3 月 25 日 Jhirmack 股票开始交易后，除补足承销团短缺的仓位外，BEHR 还有义务为其客户买入大量股票。BEHR 同其他 14 家经纪公司一样，表荐为 Jhirmack 股票的“做市商”。

6

BEHR 的管理人员很快意识到，BEHR 发出的买入价不够高，无法买到 BEHR 所需要的那么多股票。对 Jhirmack 股票的需求远高于供应，所以，BEHR 的管理人员担心价格会迅速上涨。沃克通知威特，在这种情形下，没有必要立即补足承销团短缺的仓位。相反，将买入价提高到一定程度会吸引足够的股票，因此，威特和艾克勒决定，将买入价维持在市场价格或接近市场价的价位。威特和艾克勒还决定，只买入其他交易商发出的卖出要约的部分股票，因为过度买入会抬高市场价格。威特和艾克勒决定，在其客户之间分配已有股票，售价是交易日闭市时确定的平均价。

7

1977 年 3 月 25 日 BEHR 完成了每个交易指令的大约 50%，每股平均价格 13 1/8 美元。在下一个交易日即 3 月 28 日，BEHR 完成了每个交易指令的大约 60%，每股平均价格 14 7/8 美元。配置制 3 月 29 日 9 时 43 分结束。9 时 43 分之前收到的指令部分得到执行，每股平均价格 15 3/8 美元。9 时 43 分之后收到的指令全部得到执行，价格为市场价格。

8

1977 年 3 月 25 日、28 日和 29 日 BEHR 收到 56 个市场指令。根据“市场指令”，经纪人理应按照可以得到的最佳市场价格执行全部指令，由客户承担价格上涨的风险。客户据此发出买入 23,875 股的指令，而 BEHR 只买入了 12,375 股。

9

Many of BEHR's customers were not notified of the allocation until after it had been completed. Those who were notified were told only that BEHR could not fill their orders completely. On the three days in question, however, BEHR purchased 11, 350 shares to reduce its share of the underwriting syndicate's short position. In addition, BEHR sold 15, 612 shares to other firms, rather than to its own customers.

10

Following a customer complaint, the staff of NASD's District Business Conduct Committee for District No. 2 ("the DBCC") began to investigate BEHR's actions. The staff filed a complaint against BEHR, Eichler, Witt, and Walker ("the BEHR group") . The complaint alleged violations of federal securities law and Article Ⅲ, section 1 of NASD's Rules of Fair Practice, which states: "A member, in the conduct of his business, shall observe high standards of commercial honor and just and equitable principles of trade." After an evidentiary hearing, the DBCC found that the BEHR group had violated the Rules of Fair Practice, but not federal securities law. On September 27, 1979, the DBCC censured the BEHR group and assessed a joint and several fine of $20, 000.

11

The BEHR group appealed to the Board of Governors of NASD. After a further evidentiary hearing, the Board of Governors affirmed the judgment of the DBCC on October 2, 1980. The BEHR group then appealed to the SEC for a de novo review. On January 8, 1982, the SEC overturned the penalty assessed against Walker, but affirmed the remainder of the Board of Governors' findings. The SEC remanded the action to the Board of Governors for reconsideration of the fine in light of the dismissal of the charges against Walker. On remand, the Board of Governors reaffirmed its findings, but reduced the fine to $15, 000. On March 29, 1984, the SEC affirmed.[1]

1 BEHR, Eichler, and Witt petitioned this court for review. On June 26, 1984, BEHR voluntarily dismissed its petition.

9

配置完成之后，BEHR 的许多客户才得到相关通知。收到通知的客户只被告知，BEHR 不能执行其全部指令。但在相关的 3 天内，BEHR 买入 11,350 股，以减少承销团短缺的仓位。此外，BEHR 向其他公司卖出 15,612 股，却不卖给自己的客户。

10

客户投诉之后，NASD 第二区商业行为委员会（以下简称纳商委）的工作人员开始调查 BEHR 的行为。工作人员对 BEHR、艾克勒、威特和沃克尔（BEHR 帮）提出指控，指称他们违反了联邦证券法和 NASD 的《全国公平做法规则》第一节第 3 条的规定，该条规定："成员从事业务，必须遵守商业荣誉以及交易公正和公平原则的高标准。"举行证据听证之后，纳商委认定，BEHR 帮违反了《全国公平做法规则》，但并没有违反联邦证券法。1979 年 9 月 27 日纳商委对 BEHR 帮发出谴责，核定连带罚款金额为 2 万美元。

11

BEHR 帮上诉到 NASD 理事会。再次举行证据听证之后，理事会在 1980 年 10 月 2 日维持了纳商委的判决。BEHR 帮又上诉到证交会，要求重新审查。1982 年 1 月 8 日证交会撤销了对沃克尔的罚款，但维持了理事会的其他认定。证交会将该案发回理事会，由其按照沃克尔的指控被撤销的情况重新考虑罚款。该案发回重审后，理事会维持其认定，但将罚款减少到 1.5 万美元。1984 年 3 月 29 日证交会维持该决定。[1]

1 BEHR、艾克勒和威特提出上诉，请求本院审议。1984 年 6 月 20 日 BEHR 自愿撤销上诉。

Ⅱ. Substantial Evidence

12

"The findings of the Commission as to the facts, if supported by substantial evidence, are conclusive." 15 U.S.C. Sec. 78y (a) (4); see Erdos v. SEC, 742 F.2d 507, 508 (9th Cir.1984). Substantial evidence constitutes "more than a mere scintilla. It means such relevant evidence as a reasonable mind might accept as adequate to support a conclusion." Richardson v. Perales, 402 U.S. 389, 401, 91 S.Ct. 1420, 1427, 28 L.Ed.2d 842 (1971) (quoting Consolidated Edison Co. v. NLRB, 305 U.S. 197, 229, 59 S.Ct. 206, 217, 83 L.Ed. 126 (1938)). If the evidence is susceptible of more than one rational interpretation, we must uphold the SEC's findings.[1] See Lombardo v. Schweiker, 749 F.2d 565, 566 (9th Cir.1984).

13

The SEC found that BEHR had a duty either to execute its customers' market orders to the greatest extent possible or to obtain their informed consent to a different arrangement. The SEC concluded BEHR had violated that duty.

A. Failure to Execute Transactions

14

The petitioners contend that the SEC's conclusion that BEHR failed to execute transactions to the greatest extent possible is not supported by substantial evidence. Actually, the petitioners do not challenge the evidentiary basis of the SEC's findings. Instead, the petitioners attempt to justify their failure to fill their customers' market orders. The asserted justifications are without merit.

15

First, the petitioners argue that raising BEHR's bid price would have inflated the

---

1 We have jurisdiction to review the SEC's order under 15 U.S.C. Sec. 78y (a) (1). The decisions of the DBCC and NASD's Board of Governors, however, are not before us. Shultz v. SEC, 614 F.2d 561, 568 (7th Cir.1980); see Sorrell v. SEC, 679 F.2d 1323, 1326 (9th Cir.1982) (noting that errors by the DBCC are reviewed "only to determine if they infected the [SEC's] action and led to error on its part").

Ⅱ．实质性证据

12

“委员会对事实的认定如有实质性证据支持，应当是结论性的。”［15 U.S.C. Sec. 78y（a）（4）；see Erdos v. SEC，742 F. 2d 507，508（9th Cir. 1984）］。实质性证据“不只是微弱证据。实质性证据是指，合理的人有可能接受为足以支持结论的相关证据”。｛Richardson v. Perales，402 U.S. 389，401，91 S.Ct. 1420，1427，28 L. Ed. 2d 842（1971）［引用联合埃迪逊公司诉全国劳工关系委员会案判决意见，305 U.S. 197，229，59 S.Ct. 206，217，83 L.Ed. 126（1938）］｝如果证据有不止一种的合理解释，本院必须维持证交会的认定。[1]［See Lombardo v. Schweiker，749 F.2d 565，566（9th Cir. 1984）.］

13

证交会认定，BEHR 有责任最大限度地执行客户的市场指令或者获得客户了解情况后对不同安排的认可。证交会认定，BEHR 违反了其责任。

A. 未能执行交易

14

上诉人提出，证交会认定，BEHR 未能尽最大限度地执行交易，但没有实质性证据支持其立场。实际上，上诉人并不质疑证交会认定的证据基础。相反，上诉人是在为其没有执行客户的市场指令寻找理由。上诉人提出的理由没有道理。

15

第一，上诉人辩称，提高 BEHR 的买入价会推高市场价格，招致客户对 BEHR

1 依据《美国法典》第 15 编［15 U.S.C. Sec. 78y（a）（1）］，本院有审查证交会命令的司法管辖权。但是纳商委和 NASD 理事会的决定并不是上诉到本院的问题。［Shultz v. SEC，614 F.2d 561，568（7th Cir. 1980）；see Sorrell v. SEC，679 F. 2d 1323，1326（9th Cir. 1982）（指出，审查纳商委的决定，“只是为了确定，这些决定是否影响了证交会的诉讼，导致证交会出错”）.］

market price, exposing BEHR to customer complaints. While that may be true, it is just as likely that BEHR's failure to fill its customers' orders would have generated complaints if BEHR's customers had known the reasons for BEHR's allocation policy. In any event, the SEC addressed this argument in its second opinion:

16

Where an unusual market situation exists, and the immediate execution of market orders would result in significant disruption in the market and, consequently, in executions that would vary significantly from customer expectations at the time the orders were entered, it may well be preferable for a firm to contact its customers promptly, inform them of the change in market conditions, and obtain further instructions from those customers with respect to the execution of their orders. But a firm cannot substitute its own judgment for its customers' informed consent to changes in their orders' terms or manner of execution. In the absence of such consent, a firm has a duty to execute customer orders fully and promptly.

17

Second, the petitioners argue that there was no active interdealer market and no adequate supply of stock away from BEHR. [1] The petitioners contend that BEHR therefore "dominated" the market, so that they would have been subject to discipline if they had raised BEHR's bid price. See In re Norris & Hirshberg, Inc., 21 SEC 865 (1946), aff'd, 177 F.2d 228 (D.C.Cir.1949). It is not clear that BEHR "dominated" the market, especially in light of the presence of fourteen other market makers. In any event, Norris & Hirshberg only requires the dominant firm to disclose its position to its customers. 21 SEC at 881–82.

B. Failure to Notify Customers

18

The petitioners also contend that the SEC's conclusion that BEHR made inadequate disclosure to its customers is not supported by substantial evidence. The petitioners' arguments are largely based on the misconception that the SEC found that BEHR had an independent duty to notify its customers of the conditions in the market for Jhirmack shares. In fact, the

---

1 The factual premise of the petitioners' argument is incorrect. The petitioners based their assertion that no active interdealer market existed on the findings of NASD's Board of Governors. The Board of Governors, however, merely found that there was no active interdealer market away from BEHR. With regard to the existence of an adequate supply of stock away from BEHR, we note that BEHR purchased over 11, 000 shares for its own account and sold over 15, 000 shares to other dealers.

的投诉。或许如此，但若是 BEHR 的客户知道 BEHR 配置政策的真实理由，BEHR 没有执行客户指令，也会招致投诉。但无论如何，证交会在其第二份意见中论及上诉人的论断：

16

如果存在异常的市场状况，立即执行市场指令会严重扰乱市场，结果也会严重干扰指令的执行，明显不同于客户发出指令时的期望，则机构最好立即与其客户联系，知会市场状况的变化，并获得客户有关如何执行其指令的进一步指示。在客户获得信息后表示同意改变其指令的执行条件或方式之前，机构不得以自己的判断代之。如果客户没有同意，机构有责任立即充分地执行指令。

17

第二，上诉人辩称，不存在活跃的交易商间市场，除 BEHR 外，无处可以充分供应股票。[1] 上诉人提出，BEHR 因此而“支配”了市场，倘若 BEHR 提高 BEHR 的出价，那就会受到纪律制裁［See In re Norris & Hirshberg，Inc.，21 SEC 865（1946），aff’d，177 F. 2d 228（D.C. Cir. 1949）］。但 BEHR 是否“支配”市场并不清楚，尤其是考虑到还有其他 14 家做市商。无论如何，诺里斯和赫什伯格案判决只要求具有市场支配地位的公司向客户披露其持仓情形（21 SEC at 881–82）。

B. 没有通知客户

18

上诉人还辩称，证交会的结论是，BEHR 没有向其客户充分披露，但该结论缺乏实质性证据的支持。上诉人的论点是，证交会认定 BEHR 单独有责任将 Jhirmack 股票的市场状况通知客户。上诉人的这一论点在很大程度上是基于误解。事实上，证交会认定，BEHR 接到关于 Jhirmack 股票的市场指令后有两个选择:（1)完成指令，

---

1 上诉人论点的事实前提不正确。上诉人主张，基于 NASD 理事会的认定，不存在活跃的交易商间市场。但理事会只是认定，除 BEHR 外没有活跃的交易商间市场。就除 BEHR 外是否存在充分的股票供应而言，本院注意到，BEHR 为自己的账户买入多于 11，000 股，向其他交易商卖出多于 15，000 股。

SEC found that BEHR had two choices after it accepted market orders for Jhirmack shares: (1) fill the orders, or (2) obtain its customers' informed consent to an allocation system. Because BEHR chose not to fill the orders, the SEC concluded that BEHR had a duty to obtain its customers' informed consent. The SEC found that BEHR had violated that duty. The petitioners challenge that finding on several grounds, all of which are without merit.

19

First, the petitioners argue that the record contains no evidence in support of the SEC's finding and that the SEC improperly placed the burden of proof on BEHR. In fact, the record reveals that BEHR's customers were only told that BEHR could not fill their orders and had decided to impose an allocation system. The customers were not told that BEHR could have executed their orders fully at a higher price or that other market makers had shares available. The customers were not given the option of full execution at a higher price. As a result, the SEC's finding that BEHR's notification efforts were inadequate is supported by substantial evidence.

20

Second, the petitioners argue that the responsibility for notifying customers rested with BEHR's salesmen, rather than with BEHR's president and the head of its trading department. Eichler and Witt, however, had made the decision not to fill the customers' orders fully. As a result, they had a duty to obtain the informed consent of the customers. While it is true that Eichler and Witt had no duty to call each customer personally, they did have a duty to instruct BEHR's salesmen to make appropriate disclosure to the customers. Eichler and Witt did not do so.

21

Third, the petitioners argue that the SEC's finding is inconsistent with the finding of NASD's Board of Governors that BEHR could not have made adequate disclosures. In fact, the Board of Governors concluded that BEHR was obligated to fill each order fully because it was impossible to obtain the customers' informed consent to an allocation system. This conclusion is consistent with the SEC's position. In any event, the SEC reviews the record de novo and makes it own findings of fact. See Shultz, 614 F.2d at 568. Accordingly, the SEC is not bound by the Board of Governors' findings.

22

Finally, the petitioners argue that BEHR's customers ratified its treatment of their orders by failing to complain. See Brophy v. Redivo, 725 F.2d 1218, 1220–21

或者（2）得到客户了解情况后对配置制表示同意。证交会认定，因为 BEHR 选择不完成指令，因此有责任得到客户了解情况后表示的同意。证交会认定，BEHR 违反了该责任。上诉人提出若干理由，挑战证交会的认定，但上诉人的所有理由都没有道理。

19

首先，上诉人辩称，记录中没有证据支持证交会的认定，而且证交会不恰当地要求 BEHR 负有举证责任。事实上，记录显示，BEHR 的客户仅被告知，BEHR 无法完成其指令，已经决定实行配售制。BEHR 的客户并没有被告知，BEHR 能够以更高价格完全执行其指令，也没有被告知其他做市商有股票供应。没有给客户在更高价位完全执行指令的选择。因此，证交会认定，BEHR 的通知不够充分是有实质性证据支持的。

20

其次，上诉人辩称，通知客户的责任在于 BEHR 的销售人员，不在于 BEHR 的总裁和交易部的负责人。但是，不全部完成客户的指令是由艾克勒和威特决定的。因此，他们有责任得到客户了解情况后表示的同意。尽管艾克勒和威特确实没有责任亲自与每位客户通话，但他们有责任指示销售人员，必须对客户适当披露。艾克勒和威特没有这样做。

21

再次，上诉人辩称，证交会的认定与 NASD 理事会关于 BEHR 无法充分披露的认定不符。事实上，理事会的结论是，BEHR 有义务全部完成每一个指令，因为无法得到客户了解情况后对配售制表示同意。这一结论与证交会的立场一致。无论如何，证交会重新审查了记录，并就事实作出了自己的认定（See Shultz，614 F. 2d at 568）。因此，证交会不受理事会的认定的约束。

22

最后，上诉人辩称，BEHR 的客户没有投诉，也就批准了对其指令的处理办法［See Brophy v. Redivo，725 F. 2d 1218，1220–21（9th Cir. 1984）］。但如果是通

(9th Cir.1984). The principle of ratification, however, does not apply to cases in which a customer's consent is obtained through misrepresentations. See id.; Kehr v. Smith Barney, Harris Upham & Co., 736 F.2d 1283, 1286 n. 2 (9th Cir.1984). In addition, ratification only applies to an action under the Rule 10b-5. In a proceeding under the Article Ⅲ, section 1 of the Rules of Fair Practice, concepts such as fraud, scienter, and injury are irrelevant. Cf. Erdos, 742 F.2d at 508 (noting that scienter is not required under Article Ⅲ, section 2).

23

C. The Nature of the Over-the-Counter Market

24

The petitioners argue that the SEC's opinion is based on a misconception of the over-the-counter ("OTC") market. They contend that BEHR was obligated to maintain an orderly market for Jhirmack shares. The SEC correctly rejected this argument in its second opinion. While a specialist on a stock exchange has a duty to maintain an orderly market, see 17 C.F.R. 240.11b-1, an OTC market maker's sole duty is to its customers. The petitioners also argue that BEHR's allocation system was in the best interests of its customers. While that may be true, BEHR had no authority to implement such a system without the informed consent of its customers. The SEC's conception of the OTC market is correct.

Ⅲ. Vagueness

25

The petitioners contend that Article Ⅲ, section 1 of NASD's Rules of Fair Practice is unconstitutionally vague.[1] The premise of this argument is that Article Ⅲ, section 1 does not specify the types of behavior that are proscribed. Accordingly, the petitioners contend that the sanctions imposed against them were impermissible.

---

1 Alternatively, the petitioners argue that SEC's decision to uphold their punishment violated the SEC's duty to insure fair treatment to NASD members. See Todd & Co. v. SEC, 557 F.2d 1008, 1014 (3d Cir.1977). The SEC's duty to insure fair treatment to NASD members is satisfied by the SEC's independent review of NASD's decisions. See id. Accordingly, this argument has no application to this case.

过不当陈述得到客户同意的，批准原则并不适用［See id.；Kehr v. Smith Barney，Harris Upham & Co.，736 F. 2d 1283，1286 n. 2（9th Cir. 1984）］。此外，批准仅涉及《规则 10b–5》下的诉讼。在《全国公平做法规则》第 3 条第 1 节下的程序中，与欺诈、主观意图和伤害这样的概念无关［Cf. Erdos，742 F. 2d at 508（需要指出，该规则第 3 条第 2 节下并不要求主观意图）］。

23

C. 柜台交易的性质

24

上诉人辩称，证交会的观点是基于对场外市场（over–the–counter，OTC）的错误概念。上诉人提出，BEHR 有义务维持 Jhirmack 股票的有序市场。证交会在其第二份意见中明确地否定了上诉人的论点。股票交易所的特别交易员有责任维持有序市场（see 17 C. F. R. 240.11b–1），但 OTC 的做市商只对其客户负有责任。上诉人还辩称，BEHR 的配售制符合其客户的最大利益。或许的确如此，但未经 BEHR 的客户了解情况后表示同意，BEHR 就没有权利实施这样的制度。证交会关于 OTC 市场的概念是正确的。

Ⅲ. 含　　糊

25

上诉人提出，NASD 的《全国公平做法规则》第 3 条第 1 节含糊，不符合宪法。[1] 该观点的立论点是，第 3 条第 1 节并没有具体规定被禁止的行为的类型。因此，上诉人提出，对他们的制裁是不被允许的。

1　上诉人的另一争辩理由是，证交会维持处罚违反了证交会公平对待 NASD 成员的责任。［See Todd & Co. v. SEC，557 F. 2d 1008，1014（3d Cir. 1977）.］证交会独立审查了 NASD 的决定，就已经履行了其确保公平对待 NASD 成员的责任。（See id.）因此，上诉人的这一论点不适用于本案。

26

We may only address issues that were raised before the SEC. 15 U.S.C. Sec. 78y (c) (1); see Sartain v. SEC, 601 F.2d 1366, 1371 (9th Cir.1979). The petitioners did not raise this issue before the SEC. While the petitioners argued that the standards governing the behavior of broker-dealers in cases such as this are unclear, the petitioners never even mentioned the possibility that Article Ⅲ, section 1 is unconstitutional. Accordingly, we decline to consider the issue.

Ⅳ. Conclusion

27

The order of the SEC is affirmed.

26

本院只能讨论向证交会提出的问题［15 U.S. C. Sec. 78y（c）（1）；see Sartain v. SEC，601 F.2d 1366，1371（9th Cir. 1979）］。上诉人并没有向证交会提出这一问题。尽管上诉人辩称，关于本案类似案件中的经纪人—交易商行为的标准不清楚，但上诉人甚至从来没有提到，该规定第 3 条第 1 节有可能违反宪法。因此，本院拒绝考虑该问题。

Ⅳ. 结　　论

27

维持证交会的命令。

SEC v. Chinese Consolidated Benevolent Association，Inc.

证交会诉中华公所

SEC v. Chinese Consolidated Benevolent Association, Inc.

120 F.2d 738 (2d Cir. 1941)

Augustus N. Hand, Circuit Judge .

The Securities and Exchange Commission seeks to enjoin the defendant from the use of any instruments of interstate commerce or of the mails in disposing, or attempting to dispose, of Chinese Government bonds for which no registration statement has ever been made.

The defendant is a New York corporation organized for benevolent purposes having a membership of 25, 000 Chinese. On September 1, 1937, the Republic of China authorized the issuance of $500, 000, 000 in 4 percent Liberty Bonds, and on May 1, 1938 authorized a further issue of $50, 000, 000 in 5 percent bonds. In October, 1937, the defendant set up a committee which has had no official or contractual relation with the Chinese Government for the purpose of:

(a) Uniting the Chinese in aiding the Chinese people and government in their difficulties.

(b) Soliciting and receiving funds from members of Chinese communities in New York, New Jersey and Connecticut, as well as from the general public in those states, for transmission to China for general relief.

All the members of the committee were Chinese and resided in New York City. Through mass meetings, advertising in newspapers distributed through the mails, and personal appeals, the committee urged the members of Chinese communities in New York, New Jersey and Connecticut to purchase the Chinese government bonds referred to and offered to accept funds from prospective purchasers for delivery to the Bank to China in New York as agent for the purchasers. At the request of individual purchasers and for their convenience the committee received some $600, 000 to be used for acquiring the bonds, and delivered the moneys to the New York agency of the Bank of China, together with written applications by the respective purchasers for the bonds which they desired to buy.The New York agency

证交会诉中华公所

美国第二巡回上诉法院（1941 年）

奥古斯塔斯·汉德巡回法官。

证交会试图禁止被告使用州际商务或邮递的任何途径处置或试图处置没有作过任何注册陈述的中国政府债券。

被告是一家纽约公司，为慈善目的而设立，2.5 万名华人是其会员。1937 年 9 月 1 日中华民国政府批准发行 5 亿美元的自由债券，利息为 4%，1938 年中华民国政府批准发行 5000 万美元的自由债券，利息为 5%。1937 年 10 月被告设立了一个与中国政府并无任何正式关系或合同关系的委员会，该委员会的目的是：

（a）团结华人，援助处于困难之中的中国人民和中华民国政府。

（b）向纽约州、新泽西州和康涅狄格州的华人社区成员以及这几个州的公众募集资金，汇往中国用于一般救济。

委员会的所有成员都是华人，居住在纽约市。委员会通过群众集会、邮递报纸上的广告和个人呼吁，号召纽约州、新泽西州、康涅狄格州的华人社区成员购买所提到的中国政府债券。委员会表示，可以作为购买人的代理，可以接受潜在购买人的资金，并将其交付给纽约的中国银行。为了个人购买人的便利，在其请求之下，委员会收到用于购买债券的 60 万美元，并将这笔钱交给中国银行在纽约的机构，同时交送的还有各购买人关于其要买的债券的书面申请。纽约的机构将资金转给其在香港地区的分行，指示香港分行为各位客户购买这些金额的债权券。香港银行将债券邮寄到纽约分行，再由纽约分行按照邮寄地址寄给购买者，其中，某些债券是被告在纽约总部代寄的。委员会或其任何成员都没有因其活动而收费，也没有收取

transmitted the funds to its branch in Hong Kong with instructions to make the purchases for the account of the various customers. The Hong Kong bank returned the bonds by mail to the New York branch which in turn forwarded them by mail to the purchasers at their mailing addresses, which, in some cases, were in care of the defendant at its headquarters in New York. Neither the committee, nor any of its members, has ever made a charge for their activities or received any compensation from any source. The Bank of China has acted as an agent in the transactions and has not solicited the purchase of bonds or the business involved in transmitting the funds for that purpose.

No registration statement under the Securities Act, 15 U.S.C.A. § 77a et seq., has ever been made covering any of the Chinese bonds advertised for sale. Nevertheless the defendant has been a medium through which over $600, 000 has been collected from would-be purchasers and through which bonds in that amount have been sold to residents of New York, New Jersey, and Connecticut.

Motions for judgment were made by both parties upon pleadings setting forth the foregoing facts. As a result the court below entered a decree denying complainant's motion, granting defendant's motion and dismissing the complaint.The Commission has taken an appeal from the decree, which, in our opinion, ought to be reversed.

It should be observed at the outset that the Commission is not engaged in preventing the solicitation of contributions to the Chinese government, or its citizens. Its effort is only to prevent the sale of Chinese securities through the mails without registry. If that can not be prevented there is nothing to stop Germany, Italy, Japan or any other nation, as well as China, from flooding our markets with securities without affording purchasers the information which the Securities Act intends to render available for investors in foreign bond issues.

Section 5 of the Act provides as follows:

Section 5 [§ 77e]. (a) Unless a registration statement is in effect as to a security, it shall be unlawful for any person, directly or indirectly — :

[740] (1) to make use of any means or instruments of transportation or communication in interstate commerce or of the mails to sell or offer to buy such security through the use or medium of any prospectus or otherwise; or

(2) to carry or cause to be carried through the mails or in interstate commerce, by any means or instruments of transportation, any such security for the purpose of sale or for delivery after sale.

Section 2 (2) of the Act defines a "person" as including both a private corporation and a government.

Section 2 (3) of the Act defines a "sale" or "offer to sell" as including:

"every contract of sale or disposition of, attempt or offer to dispose of, or solicitation of an offer to buy, a security ... for value; except that such terms shall not include

任何来源的报酬。中国银行在交易中只是作为代理，并没有招揽债券的购买，也没有招揽为此转移资金的业务。

对于通过广告宣传要出售的任何中国债券，始终没有作出《1933 年证券法》所要求的注册陈述（15 U.S. C. A. § 77 a et seq.）。但被告仍然作为中介，向潜在购买者收取了 60 万美元，并将同等金额的债券卖给纽约州、新泽西州和康涅狄格州的居民。

有关前述事实的诉答完成之后，双方都提出了要求判决的动议。因此，下级法院作出裁决，驳回原告的动议，支持被告的动议，驳回起诉。委员会就裁决起诉。本院认为，应当推翻裁决。

首先必须注意到，委员会并不是要阻止为中国政府或其公民募捐。政府只是要阻止未经注册便通过邮递销售中国的证券。如果无法做到这点，就没有办法阻止中国以及德国、意大利、日本或其他任何国家以其证券淹没我们的市场，无法向购买者提供《1933 年证券法》旨在使外国债券发行的投资者可以获得的信息。

《1933 年证券法》第 5 条规定以下内容：

第 5 条（§ 77e）。（a）除非与证券相关的注册陈述已经生效，否则任何人直接或间接实施以下行为，均属违法：

（740）（1）利用州际商务中的任何交通、通信手段或工具抑或是利用邮递，通过使用或借助招股说明书或以其他方式出售该证券；或者

（2）为销售或售后交付证券之目的，利用州际商务中的任何交通、通信手段或工具抑或是利用邮递来携带或致使携带该证券。

《1933 年证券法》第 2（2）条定义的“人”包括私有（5）公司和政府。

《1933 年证券法》第 2（3）条定义的“销售”或“出售要约”包括：

“以对价方式……销售、或处置、或试图、或提出处置证券、或招揽购买证券的要约之一切合同；除非发行人与任何承销人之间的初步谈判或协议中没有包括此

preliminary negotiations or agreements between an issuer and any underwriter."

Section 4 provides the following exemptions from the requirements of Section 5 supra:

Sec. 4 [§ 77d] . The provisions of Section 5 [77e] shall not apply to any of the following transactions:

(1) Transactions by any person other than an issuer, underwriter, or dealer.

Under section 2 (11) an "underwriter" is defined as: "any person who has purchased from an issuer with a view to, or sells for an issuer in connection with, the distribution of any security, or participates or has a direct or indirect participation in any such undertaking..."

We think that the defendant has violated section 5 (a) of the Securities Act when read in connection with section 2 (3) because it engaged in selling unregistered securities issued by the Chinese government when it solicited offers to buy the securities "for value" . The solicitation of offers to buy the unregistered bonds, either with or without compensation, brought defendant's activities literally within the prohibition of the statute. Whether the Chinese government as issuer authorized the solicitation, or merely availed itself of gratuitous and even unknown acts on the part of the defendant whereby written offers to buy, and the funds collected for payment, were transmitted to the Chinese banks does not affect the meaning of the statutory provisions which are quite explicit. In either case the solicitation was equally for the benefit of the Chinese government and broadly speaking was for the issuer in connection with the distribution of the bonds.

The decisions in Securities and Exchange Commission v. Starmont , D.C. Washington, 31 F. Supp. 264, and Securities and Exchange Commission v. Torr , D.C.S.D.N.Y., 15 F. Supp. 315 (reversed on another ground in 2 Cir., 87 F. 2d 446) , throw some light on the situation before us. In the first case it was held that to create trading in a stock by advertising in a newspaper was selling within the meaning of the Securities Act. In the second case it was held that to recommend purchases through brokers was likewise "selling". In Link, Petter & Co. v. Pollie , 241 Mich. 356, 217 N.W. 60, 61, the Supreme Court of Michigan decided that a broker who recommended to acustomer purchases of a stock which had not been qualified under the Michigan Securities Law was a seller within the provision of that law defining a sale as "solicitation of a ... subscription" . It accordingly refused to enforce a subscription on the part of the customer as in violation of a provision forbidding sales of securities not qualified with the Michigan Securities Commission. These decisions indicate that a person who solicits offers to buy securities is a seller within the statutory meaning whether he is in an ordinary legal sense acting for the issuer or the purchaser.

Under section 4 (1) the defendant is not exempt from registration requirements if it is "an underwriter" . The court below reasons that it is not to be regarded as an underwriter since it does not sell or solicit offers to buy "for an issuer in connection with, the

类条款”。

第 4 条规定，上文第 5 条的要求有以下豁免：

第 4 条（§ 77d）。第 5 条（§ 77e）的规定不适用以下任何交易：

（1）发行人、承销商或交易商以外的任何人进行的交易。

根据第 2（11）条，“承销商”被定义为“以分销为目的而从发行人处购入任何证券的人，为了发行人而进行发售或者销售的人；或参与或者曾经直接或间接参与此类业务的人……”

本院认为，将《证券法》第 5（a）条与第 2（3）条一同解读，被告违反了《1933 年证券法》第 5（a）条的规定，因为被告招揽购买“有价”证券的要约，就是从事销售由中国政府发行的未注册的证券。无论是否获得报酬，被告招揽购买未注册的债券，就属于《证券法》所明文禁止的活动。中国政府是作为发行人授权招揽，还是利用了被告的免费活动（中国政府甚至可能不知道这些活动），由被告获得书面购买要约，收集支付资金，交给中国的银行，都不影响《证券法》规定得相当明确的意思。无论是哪一种情形，既是为中国政府进行招揽，广义上也是为发行人就分销债券进行招揽。

证交会诉华盛顿特区斯塔蒙特案（Securities and Exchange Commission v. Starmont, D.C. Washington, 31 F. Supp. 264）判决和证交会诉托尔案［Securities and Exchange Commission v. Torr, D.C. S.D.N.Y., 15 F. Supp. 315（在“2 Cir., 87 F. 2d 446 案”中以另一个理由撤销判决）］判决对本院面对的情形有所启示。第一个判决中认定，通过报纸上的广告宣传创造股票交易，是《1933 年证券法》所指的销售。第二个判决中认定，通过经纪人推荐购买也同样是“出售”。在林克、彼得公司案（Link, Petter & Co. v. Pllie, 241 Mich. 356, 217 N.W. 60, 61）判决中，密歇根州最高法院认定，经纪人向客户推荐购买不符合《密歇根证券法》的条件，该经纪人是《密歇根证券法》规定所指的销售人，该规定将出售定义为“招揽……认购”。因此，密歇根最高法院拒绝支持客户的认购，因为认购的证券不符合密歇根证券委员会的条件，违反了禁止销售此类证券的规定。这些判决显示，任何人招揽购买证券的要约，就是《证券法》所指的销售人，从一般法律意义上来说，他既是代表发行人，也是代表购买人。

根据第 4（1）条，如果被告是“承销商”，就不能够获得注册要求的豁免。下级法院的理由是，被告不应当被视为承销商，因为被告没有“为发行人”就证券的“分销”出售或招揽购买要约。换言之，下级法院似乎认定，只有发行人就中国债券的

distribution" of securities. In other words, it seems to have been held that only solicitation authorized by the issuer in connection with the distribution of the Chinese bonds would satisfy the definition of underwriter contained in section 2 (11) and that defendant's activities were never for the Chinese government but only for the purchasers of the bonds. Though the defendant solicited the orders, obtained the cash from the purchasers and caused both to be forwarded so as to procure the bonds, it is nevertheless contended that its acts could not have been for the Chinese government because it had no contractual arrangement or even understanding with the latter. But the aim of the Securities Act is to have information available for investors. This objective will be defeated if buying orders can be solicited which result in uninformed and improvident purchases. It can make no difference as regards the policy of the act whether an issuer has solicited orders through an agent, or has merely taken advantage of the services of a person interested for patriotic reasons in securing offers to buy. The aim of the issuer is to promote the distribution of the securities, and of the Securities Act is to protect the public by requiring that it be furnished with adequate information upon which to make investments. Accordingly the words "[sell] for an issuer in connection with the distribution of any security" ought to be read as covering continual solicitations, such as the defendant was engaged in, which normally would result in a distribution of issues of unregistered securities within the United States. Here a series of events were set in motion by the solicitation of offers to buy which culminated in a distribution that was initiated by the defendant. We hold that the defendant acted as an underwriter.

There is a further reason for holding that section 5 (a) (1) forbids the defendant's activities in soliciting offers to buy the Chinese bonds. Section 4 (1) was intended to exempt only trading transactions between individual investors with relation to securities already issued and not to exempt distributions by issuers. The words of the exemption in section 4 (1) are: "Transactions by any person other than an issuer, underwriter, or dealer ...." The issuer in this case was the Republic of China. The complete transaction included not only solicitation by the defendant of offers to buy, but the offers themselves, the transmission of the offers and the purchase money through the banks to the Chinese government, the acceptance by that government of the offers and the delivery of the bonds to the purchaser or the defendant as his agent. Even if the defendant is not itself "an issuer, underwriter, or dealer" it was participating in a transaction with an issuer, to wit, the Chinese Government. The argument on behalf of the defendant incorrectly assumes that section 4 (1) applies to the component parts of the entire transaction we have mentioned and thus exempts defendant unless it is an underwriter for the Chinese Republic. Section 5 (a) (1), however, broadly prohibits sales of securities irrespective of the character of the person making them. The exemption is limited to "transactions" by persons other than "issuers, underwriters or dealers". It does not in terms or by fair implication protect

分销所授权的招揽，才满足第 2（11）条中所记载的承销商的定义，而被告的活动从来不是为了中国政府，只是为了债券购买人。尽管被告招揽订单，从购买人处获得现金，并转送订单和资金以购买债券。但被告仍然辩称，其所为并不是为了中国政府，因为两者之间并没有合同，甚至没有默契。然而，《1933 年证券法》的目的是让投资者可以得到信息。如果招揽认购订单造成没有信息的不慎购买，《1933 年证券法》的目的就会被挫败。无论是发行人通过代理招揽订单，还是利用任何人因爱国而提供的服务得到购买要约，对于《1933 年证券法》的政策都无关紧要。发行人的目的是促进证券的分销，而《1933 年证券法》旨在保护公众，为此而要求提供用于投资的充分信息。因此，“以分销为目的，为了发行人而（销售）”一语应当被解读为涵盖持续不断的招揽，如被告所从事的招揽，这种招揽通常会导致在美国境内分销未经注册所发行的证券。在本案中，招揽购买要约引起了一连串事件，其高峰是由被告发起的分销。本院认定，被告是作为承销商开展活动的。

还有一个理由支持认定，第 5（a）（1）条禁止被告从事招揽购买中国债券要约的活动。第 4（1）条意在只豁免个人投资者之间买卖已经发行的证券交易，并不豁免发行人的分销。第 4（1）条中有关豁免的措辞是：“由发行人、承销商或交易人以外的任何人进行的交易……”本案中的发行人是中华民国政府。完整的交易不仅包括被告招揽购买要约，也包括要约本身，还包括通过银行将要约和购买资金转给中国政府，中国政府接受要约，并将债券交付给购买人或作为购买代理的被告的行为。即便被告本身不是“发行人、承销商或交易人”，但被告参与了与发行人（中国政府）的交易。被告一方的论点错误地假定，第 4（1）条适用于本院提及的整个交易的各个组成部分，所以豁免被告，除非被告是中华民国政府的承销商。然而，第 5（a）（1）条从广义上禁止证券的出售，无论进行出售的人的属性如何。豁免限于“发行人、承销商或交易商”以外的人所从事的“交易”。无论是第 5（a）（1）条的条款，还是其合理默示，都并不保护那些采取证券发行必要步骤的人。如果对第 4（1）条作出被告所要求的解释，就会为挫败《1933 年证券法》的政策开方便之门，为规避《1933 年证券法》的规定提供便利。

those who are engaged in steps necessary to the distribution of security issues. To give section 4 (1) the construction urged by the defendant would afford a ready method of thwarting the policy of the law and evading its provisions.

It is argued that an injunction ought not to be granted because the interests of a foreign state are involved. But the provisions for registration statements apply to issues of securities by a foreign government. (See section 2 (2) and section 7) Section 6 (a), moreover, permits a registration relating to securities issued by a foreign government to be signed by the underwriter, which we have held the defendant to be.

It is unreasonable to conjure up all the difficulties that might arise if every attempt to suggest investment in a foreign bond issue were to be treated as a sale requiring a registration statement under the Act. This is a case where there was systematic continuous solicitation, followed by collection and remission of funds to purchase the securities, and ultimate distribution of the bonds in the United States through defendant's aid. We do not think results should be determined by the mere passage of title to the securities in China.

During the last 2 years five separate consent injunctions have been granted against Chinese Benevolent Associations at the instance of the Commission in situations like the present and a similar injunction was issued from the District Court of Hawaii on January 20, 1939, against a Japanese Patriotic Bond Subscription Society. These things indicate not only that the need of registration of such foreign bond issues is real, but also that there has been a broad acquiescence in the Commission's interpretation of the statute. Securities and Exchange Commission v. Associated Gas & Electric Co., 2 Cir., 99 F. 2d 795, 798.

The decree is reversed with directions to the District Court to deny the defendant's motion to dismiss and to issue the injunction as prayed for in the bill of complaint. No costs are allowed.[1]

DISSENT BY: SWAN

DISSENT

SWAN, Circuit Judge (dissenting).

I think the majority opinion has construed the statute more broadly than its language will permit. In my opinion section 5, as limited by section 4, forbids only conduct by an issuer, underwriter or dealer. Concededly the appellee is neither an issuer nor a dealer. The definition of an underwriter, section 2 (11), includes three classes: (a) "any person who has purchased from an issuer with a view to ... the distribution of any security"; (b) "any person who ... sells [solicits 'an offer to buy', section 2 (3)] for an issuer in connection with, the distribution of any security", and (c) "any person who ... participates or has a direct or indirect participation in any such undertaking." The

1 Cert. denied, 314 U.S. 618.

有一种观点是，不应当发出禁止令，因为涉及外国的权益。但注册陈述的规定适用于外国政府证券的发行［参见第 2（2）条和第 7 条］。此外，根据第 6（a）条允许承销商在由外国政府发行的证券的相关注册上签字。本院认定被告是承销商。

若是只要试图建议投资于外国债券发行，就被视为根据《1933 年证券法》必须有注册陈述的销售，设想种种可能会出现的问题，那是不合理的。本案的情形是，在被告的帮助之下，系统性地持续招揽，然后是收受和寄送用于购买证券的资金，最后是在美国境内分销债券。本院认为，不能仅仅因为证券所有权是在中国境内转移的，就凭此决定结果。

应委员会的要求，最近两年中，在类似本案的情形中，先后针对中华总会作出了 5 个不同的同意禁止令。1939 年 1 月 20 日夏威夷地区法院对日本爱国债券认购协会发出了类似的禁止令。这些都显示，发行外国债券不仅确实需要注册，而且证交会对《1933 年证券法》所作的解释得到了广泛默认。

撤销法院命令，指示地区法院拒绝支持被告要求驳回原告起诉的动议，发出起诉书中所要求的禁止令。无费用。[1]

斯旺巡回法官（反对意见）。

我认为，多数意见对《1933 年证券法》的解释过宽，超出了该法所允许的范围。我的意见是，第 5 条受第 4 条的限制，只禁止发行人、承销商或交易商的行为。有理由承认，被上诉人既不是发行人，也不是交易商。第 2（11）条关于承销商的定义包括 3 类:（a）“为分销目的……而从发行人处购买任何证券的任何人”；（b）“为了发行人就任何证券的分销而进行……销售［招揽‘购买要约’，第 2（3）条］”；（c）“任何人……直接或间接参与任何此类业务”。被上诉人只可能属于（b）类。被上诉人包括在该类别中，“为了发行人”一词又解释不通。有理由承认，被告与发行人中国政府之间没有任何关系。被告招揽的规模以及成功与否并非实质性的；

1 Cert. denied，314 U.S. 618.

appellee can fall only within class (b). To include it within that class gives no meaning to the words "for an issuer". Concededly it has no relationship whatever with the Chinese Government, "the issuer". The extent or success of its solicitations cannot be material; a single solicitation of an offer to buy would be equally within the language. Hence, a single newspaper editorial, published without instigation by the Chinese Government and merely urging the purchase of the bonds in the name of patriotism, would make the newspaper an "underwriter". I cannot believe the statute should be so interpreted. It is my opinion that the decree should be affirmed.

即便只招揽过一次购买要约，也同样是在该法的措辞范围之内。因此，即便没有中国政府的策动，报纸发表一篇社论，只是以爱国的名义号召购买债券，这张报纸也可以成为“承销商”。我认为，不应当这样解释《1933 年证券法》。我的意见是，应当维持法院裁决。

Lowe v. SEC

洛诉证交会

Lowe v. SEC

472 U.S. 181 (1985)

Justice Stevens delivered the opinion of the Court.

The question is whether petitioners may be permanently enjoined from publishing nonpersonalized investment advice and commentary in securities newsletters because they are not registered as investment advisers under 203 (c) of the Investment Advisers Act of 1940 (Act), 54 Stat. 850, 15 U.S.C. 80b-3 (c).

Christopher Lowe is the president and principal shareholder of Lowe Management Corporation. From 1974 until 1981, the corporation was registered as an investment adviser under the Act.[1] During that period Lowe was convicted of misappropriating funds of an investment client, of engaging in business as an investment adviser without filing a registration application with New York's Department of Law, of tampering with evidence to cover up fraud of an investment client, and of stealing from a bank.[2] Consequently, on May 11, 1981, the Securities and Exchange Commission (Commission), after a full hearing before an Administrative Law Judge, entered an order revoking the registration of the Lowe Management Corporation, and ordering Lowe not to associate thereafter with any investment adviser.

In fashioning its remedy, the Commission took into account the fact that petitioners "are now solely engaged in the business of publishing advisory publications". The Commission noted that unless the registration was revoked, petitioners would be "free to engage in all aspects of the advisory business" and that even their publishing activities afforded them

1 In re Lowe Management Corp., [1981 Transfer Binder] CCH Fed. Sec. L. Rep. 82, 873, p. 84, 321.

2 Id., at 84, 321-84, 323.

洛诉证交会

美国联邦最高法院（1985 年）

斯蒂文斯大法官发表本院意见。

问题是，是否因为上诉人没有注册为《1940 年投资顾问法》（以下简称《投资顾问法》）第 203（c）条［54 Stast. 850，15 U.S.C.80b–3（c）］下的投资顾问，就可以永久禁止上诉人发布证券业务通信中的非个人化投资咨询意见和评论。

克里斯多夫·洛是洛管理公司的总裁和主要股东。1974~1987 年洛管理公司注册为《投资顾问法》下的投资顾问。[1] 在此期间，洛被定有罪：窃取投资客户的资金、未向纽约司法局申请注册便从事投资顾问业务、更改证据以掩盖对投资客户的欺诈、偷窃一家银行的资产。[2] 结果是，1981 年 5 月 1 日在一位行政法官充分听证之后，证交会作出命令，撤销洛管理公司的注册，命令洛今后不得再与任何投资顾问有联系。

在考虑如何规定救济时，证交会考虑到的事实是，上诉人“现在只从事了出版咨询出版物的业务”。证交会指出，除非撤销注册，上诉人可以“自由从事各项咨询业务，就连他们的出版活动也为其提供了不诚实的机会，他们可以

1 In re Lowe Management Corp.，［1981 Transfer Binder］CCH Fed. Sec. L. Rep. 82，873，p. 84，321.

2 Id.，at 84，321–84, 323.

"opportunities for dishonesty and self-dealing." [1]

A little over a year later, the Commission commenced this action by filing a complaint in the United States District Court for the Eastern District of New York, alleging that Lowe, the Lowe Management Corporation, and two other corporations, [2] were violating the Act, and that Lowe was violating the Commission's order. The principal charge in the complaint was that Lowe and the three corporations (petitioners) were publishing two investment newsletters and soliciting subscriptions for a stock-chart service. The complaint alleged that, through those publications, the petitioners were engaged in the business of advising others "as to the advisability of investing in, purchasing, or selling securities ... and as a part of a regular business ... issuing reports concerning securities." [3] Because none of the petitioners was registered or exempt from registration under the Act, the use of the mails in connection with the advisory business allegedly violated 203 (a) of the Act. The Commission prayed for a permanent injunction restraining the further distribution of petitioners' investment advisory publications; for a permanent injunction enforcing compliance with the order of May 11, 1981; and for other relief.[4]

Although three publications are involved in this litigation, only one need be described. A typical issue of the Lowe Investment and Financial Letter contained general commentary about the securities and bullion markets, reviews of market indicators and investment strategies, and specific recommendations for buying, selling, or holding stocks and bullion. The newsletter advertised a "telephone hotline" over which subscribers could call to get current information. The number of subscribers to the newsletter ranged from 3000 to 19, 000. It was advertised as a semimonthly publication, but only eight issues were published in the 15 months after the entry of the 1981 order.[5]

---

1 The Commission wrote: "We do not seek to punish respondents but, in light of their egregious misconduct, we must protect the public from the future harm at their hands. In evaluating the public interest requirements in this case, we have taken into account respondents' statement that they are now solely engaged in the business of publishing advisory publications. However, respondents are still free to engage in all aspects of the advisory business. And, as the Administrative Law Judge noted, even their present activities afford numerous 'opportunities for dishonesty and self-dealing'. Under all the circumstances, we are convinced that the public interest requires the revocation of registrant's investment adviser registration, and a bar of Lowe from association with any investment adviser." Id., at 84, 324.

2 The other two corporations are the Lowe Publishing Corporation and the Lowe Stock Chart Service, Inc.

3 App. 18.

4 Id., at 23-26.

5 Id., at 32, 78-85. The Lowe Stock Advisory had only 278 paid subscribers and had published only four issues between May 1981 and its last issue in March 1982. It also analyzed and commented on the securities and bullion markets, but specialized in lower-priced stocks. Subscribers were advised that they could receive periodic letters with updated recommendations about specific securities and also could make use of the telephone hotline. 556 F. Supp. 1359, 1361 (EDNY 1983). Petitioners advertised the Lowe Chart Service as a weekly publication that would contain charts for all securities listed on the New York and American Stock Exchanges, and for the 1, 200 most actively traded over-the-counter stocks, as well as charts on gold and silver prices and market indicators. Unlike the other two publications, it did not propose to offer any specific investment advice. Although there were approximately 40 subscribers, no issues were published. Ibid.; App. 32. The regular subscription rate was $325 for 3 months or $900 for 1 year.

利己交易”。[1]

1 年后，证交会提起本诉讼，在纽约东区美国联邦地区法院提交起诉书，指称洛、洛所管理的公司和另外两家公司[2]违反《投资顾问法》，还指称洛违反了证交会的命令。起诉书中的主要指控是，洛以及 3 家公司（上诉人）出版两份业务通信，为征集股票行情图表服务的订购。起诉书指称，通过这些出版物，上诉人从事了向他人提供咨询的业务，“内容涉及投资、买入或卖出证券是否可取……以及作为常规业务发布证券报告”。[3] 由于所有上诉人均未按照《投资顾问法》注册，该法对其也没有注册豁免，所以就咨询业务使用邮件，便被指称违反了《投资顾问法》第 203 条第（a）次条的规定。证交会请求发出永久禁止令，禁止再分销投资顾问的出版物；请求发出永久禁止令，强制上诉人遵守 1981 年 5 月 11 日的命令；请求获得其他救济。[4]

本诉讼涉及 3 个刊物，但只需要介绍其中一个。《洛投资和金融通信》典型的一期载有关于证券市场和黄金市场的一般性评论、市场指数评论和投资策略回顾以及关于买入、卖出或是持有股票和金条的具体建议。该刊为“电话热线”做广告，订户可以打这个电话，获得当下信息。该刊的订户在 3000~19，000 人。根据广告宣传，该刊每月两期，但 1987 年该刊问世之后，15 个月内只出了 8 期。[5]

---

1 证交会书面指出：“本会无意处罚答辩人，但是鉴于他们的异端之举，本会必须保护公众未来不再受他们的侵害。本院评介本案中公共利益要求时，考虑到上诉人表示，他们只是从事出版咨询刊物的业务。然后答辩人仍然可以从事咨询业务的各个方面。正如行政法官所指出的那样，即便他们目前的活动也有‘不诚实和利己交易的很多机会’。在所有情形下本院都确信，出于公共利益，需要取消注册人的投资顾问注册，禁止洛与任何投资顾问有联系。”（Id.，at 84，324.）

2 另外两家公司是洛出版公司和洛股票行情图表服务有限责任公司。

3 App. 18.

4 Id.，at 23-26.

5 （Id.，at 32，78-85.）《洛股票咨询》只有 278 位付费订户，1981 年 5 月到 1982 年 3 月最后一期出版，其间只出版了 4 期。该刊分析并评论证券市场和黄金市场，但专长的领域是低价股票。订户被告知，他们可以收到定期通信，其中有关于具体证券的最新建议，订户还可以使用热线电话。[556 F. Supp. 1359，1361（EDNY 1983）.] 上诉人的广告是，《洛行情图表服务》是一份周刊，所载图表涉及的证券有：纽交所和美国证券交易所（以下简称美交所）的所有挂牌股票、1200 只交易最活跃的柜台交易股票，周刊还载有关于金价、银价和各种市场指数的图表。与另外两份出版物不同的是，周刊并没有提供任何具体的投资建议。虽然大约有 40 位订户，但一期也没有出版。（Ibid.；App. 32.）正常的订费是 3 个月 325 美元或 1 年 900 美元。

Subscribers who testified at the trial criticized the lack of regularity of publication, [1] but no adverse evidence concerning the quality of the publications was offered. There was no evidence that Lowe's criminal convictions were related to the publications; [2] no evidence that Lowe had engaged in any trading activity in any securities that were the subject of advice or comment in the publications; and no contention that any of the information published in the advisory services had been false or materially misleading.[3]

For the most part, the District Court denied the Commission the relief it requested. 556 F. Supp. 1359, 1371 (EDNY 1983). The court did enjoin petitioners from giving information to their subscribers by telephone, individual letter, or in person, but it refused to enjoin them from continuing their publication activities or to require them to disgorge any of the earnings from the publications.[4] The District Court acknowledged that the face of the statute did not differentiate between persons whose only advisory activity is the "publication of impersonal investment suggestions, reports and analyses", and those who rendered person-to-person advice, but concluded that constitutional considerations suggested the need for such a distinction.[5] After determining that petitioners' publications were protected by the First Amendment, the District Court held that the Act must be construed to allow a publisher who is willing to comply with the existing reporting and disclosure requirements to register for the limited purpose of publishing such material and to engage in such publishing.[6]

A splintered panel of the Court of Appeals for the Second Circuit reversed. 725 F.2d 892 (1984). The majority first held that petitioners were engaged in business as "investment advisers" within the meaning of the Act. It concluded that the Act does not distinguish between person-to-person advice and impersonal advice given in printed publications.[7] Rather, in its view, the key statutory question was whether the exclusion in 202 (a) (11) (D), 15 U.S.C. 80b-2 (a) (11) (D), for "the publisher of any bona fide newspaper, news magazine, or business or financial publication of general and regular circulation" applied to the petitioners. Relying on its decision in SEC v. Wall Street Transcript Corp., 422 F.2d 1371, cert. denied, 398 U.S. 958 (1970), the Court of

1 Id., at 38, 42, 46, 58.

2 In addition to the 1977 and 1978 convictions that gave rise to the Commission's 1981 order, in 1982, Lowe was convicted on two counts of theft by deception through the issuance of worthless checks. Id., at 74-76.

3 556 F. Supp., at 1361-1362.

4 The District Court also rejected the Commission's claim that the publications were fraudulent because they did not disclose Lowe's criminal convictions or the revocation of the registration of Lowe Management Corporation, noting that the Commission had not promulgated any rules requiring such disclosure. Id., at 1371.

5 Id., at 1365.

6 Id., at 1369. The District Court wrote: "When a publisher who has been denied registration or against whom sanctions have been invoked fully complies with the record, reporting and disclosure requirements under the Act, he must be allowed to register for the purpose of publishing and to publish." Ibid.

7 725 F.2d, at 896-897.

审判时订购者作证，对出版不定期有意见，[1] 但并没有就出版的各期的质量提出不利证据。没有证据表明，洛被定罪与出版的该刊物有关。[2] 也没有证据表明，洛从事了该刊中咨询或评论所涉及的证券的交易；也没有提出，咨询服务所公布的任何信息是虚假的，或有重大误导性。[3]

就大部分内容而言，地区法院拒绝了委员会所提出的救济请求［556 F. Supp. 1359，1371（EDNY）1983］。地区法院确实禁止上诉人通过电话、个人信件或以面对面的形式向订购者提供信息，但是拒绝禁止上诉人继续从事其出版活动，拒绝要求上诉人退回其因出版刊物而获得的任何收入。[4] 地区法院承认，有关制定法表面上并没有区分以下两类人：一类人的投资顾问活动是“非个人化的投资建议、报告和分析”，另一类人则是提供一对一的投资意见；但地区法院的结论是，考虑宪法后得到的启示是，无须区别两者。[5] 地区法院认定，上诉人的出版物受《宪法第一修正案》的保护，然后地区法院又认定，对《投资顾问法》的解释应当是，如果出版人愿意遵守现有的报告和披露要求，允许其就出版此类材料的有限目的注册，允许其从事此类出版活动。[6]

第二巡回上诉法院的合议庭法官的意见不一，但推翻了下级法院的判决［725 F. 2d 892（1984）］。持多数意见的法官首先认定，上诉人从事了《投资顾问法》所指的“投资顾问”的业务。合议庭的结论是，《投资顾问法》并不区分一对一的投资意见与以印刷出版形式提供的非个人化投资意见。[7] 相反，巡回法院认为，该法第 202 条第（a）（11）次条第（D）款［15 U.S.C. 80b-2（a）（11）（D）］排除“任何善意的报纸、新闻杂志或一般正常流通的商业或财经出版物的出版者”；而关键性的法律问题是，该排除性条款是否适用于上诉人。上诉法院的结论是，该排除条款并不适用；上诉法院的决定所依据的是证交会诉华尔街记录公司案［SEC v. Wall Street Transcript Corp.，422 F. 2d 1371，cert. denied，398 U.S. 958

1 Id.，at 38，42，46，58.

2 1977 年和 1978 年洛两次被定罪后，证交会 1983 年发出命令。此外，洛因出具无款支票行骗而被认定犯有两项罪。（Id.，at 74-76.）

3 556 F. Supp.，at 1361-1362.

4 证交会的主张是，出版物具有欺诈性，因为出版物没有披露对洛的刑事定罪，也没有披露洛管理公司注册被撤销一事。地区法院也驳回了委员会的这一主张并指出，证交会并没有发布要求此类披露的任何规则。（Id.，at 1371.）

5 Id.，at 1361.

6 （Id.,at 1369.）地区法院书面指出：“如果出版人注册被拒绝或是对其进行了制裁，但出版人完全遵守《投资顾问法》规定的记录、报告和披露要求，则必须允许其为出版目的而注册并出版。”（Ibid.）

7 725 F.2d，at 896-897.

Appeals concluded that the exclusion was inapplicable.[1]

Next, the Court of Appeals rejected petitioners' constitutional claim, reasoning that this case involves "precisely the kind of regulation of commercial activity permissible under the First Amendment".[2] Moreover, it held that Lowe's history of criminal conduct while acting as an investment adviser justified the characterization of his publications "as potentially deceptive commercial speech".[3] The Court of Appeals reasoned that a ruling that petitioners "may not sell their views as to the purchase, sale, or holding of certain securities is no different from saying that a disbarred lawyer may not sell legal advice".[4] Finally, the court noted that its holding was limited to a prohibition against selling advice to clients about specific securities.[5] Thus, the Court of Appeals apparently assumed that petitioners could continue publishing their newsletters if their content was modified to exclude any advice about specific securities.[6]

One judge concurred separately, although acknowledging his agreement with the court's opinion.[7] The dissenting judge agreed that Lowe may not hold himself out as a registered investment adviser and may not engage in any fraudulent activity in connection with his publications, but concluded that the majority had authorized an invalid prior restraint on the publication of constitutionally protected speech. To avoid the constitutional question, he would have adopted the District Court's construction of the Act.[8]

1 Id., at 898.

2 Id., at 900. The court additionally rejected petitioners' claim that "the Act violates equal protection by subjecting investment newsletters, but not bona fide newsletters, to regulation". Id., at 900, n. 5.

3 Id., at 901.

4 Id., at 902.

5 At the end of its opinion, the Court of Appeals wrote: "Finally, we note what this holding does not entail. Lowe is not prohibited from publishing or stating his views as to any matter of current interest, economic or otherwise, such as the likelihood of war, the trend in interest rates, whether the next election will affect market conditions, [472 U.S. 181, 188] or whether future enforcement of the Anti-Dumping Act to protect basic American smokestack industry from foreign competition is likely. He is not prohibited from publishing a newspaper of general interest and circulation. Nor is he prohibited from publishing recommendations in somebody else's bona fide newspaper as an employee, editor, or writer. What he is prohibited from doing is selling to clients advice and counsel, analysis and reports as to the value of specific securities or as to the advisability of investing in, purchasing or selling or holding specific securities." Ibid.

It appended the following footnote: "We leave to another day the question whether a publication dealing only with market indicators generally or making recommendations only as to groups of securities (e. g., air transport, beverages-brewers, mobile homes) could be barred on facts such as those of this case." Id., at 902, n. 7.

6 The Court of Appeals did not explain whether its apparent unwillingness to grant the Commission all of the relief requested was based on its opinion that a modification in the content of the publication would avoid the statutory definition of "investment adviser" or on the assumption that petitioners have a constitutional right to publish newsletters omitting specific recommendations.

7 Id., at 902-903.

8 Id., at 903.

（1970）］的判决。[1]

接下来，上诉法院否定了上诉人根据宪法提出的主张。上诉法院理由是，本案所涉及的“正是对《宪法第一修正案》所允许的商业活动所进行的那种规制”。[2]此外，上诉法院认定，洛有犯罪史，作为投资顾问期间有犯罪行为，所以有理由将其出版物定性为“具有潜在欺骗性的商业言论”。[3]上诉法院的理由是，裁定上诉人“不得出售其关于买入、卖出或持有某些证券的观点，无异于表示被取消律师资格的律师不得出售法律意见”。[4]最后，上诉法院指出，其判决仅限于禁止就具体证券向客户出售投资意见。[5]因此，上诉法院显然认为，如果上诉人调整业务通信的内容，排除关于具体证券的任何意见，上诉人就可以继续出版其业务通信。[6]

一位法官单独持共同意见，尽管他表示，自己同意上诉法院的意见。[7]持不同意见的法官同意，洛不得自我表荐为注册投资顾问，不得就其出版物从事任何欺诈活动，但他的结论是，多数意见准允了事先对受宪法保护的言论的出版所作的无效约束。为了避开宪法问题，他会采纳地区法院对《投资顾问法》的解释。[8]

1　Id., at 898.

2　（Id., at 900.）此外，法院还驳回了上诉人的如下主张：“《投资顾问法》违反了平等保护，置投资通信于规制之下，但并没有将并非善意的新闻通信置于规制之下。”（Id., at 900, n.5.）

3　Id., at 901.

4　Id., at 902.

5　上诉法院在其意见的结尾处写道：最后，本院指出了该判决并不包含的内容。并不禁止洛发表或陈述其关于任何以下内容的观点，目前利息、经济活动其他方面的任何事项、其他事项，可以是战争的可能性、利率趋势以及下届选举是否会影响市场状况，［472 U.S. 181, 188］或未来是否有可能通过《反倾销法》的执法保护美国的基础制造业免受来自外国竞争。没有禁止他出版一般内容和一般发行的报纸。也没有禁止他作为雇员、编辑或作者在其他人的善意报纸上发表他的推荐。只是禁止他就具体证券的价值或就投资、买入、卖出或持有具体证券是否可取向客户出售意见、咨询、分析和报告。（Ibid.）

上诉法院附有以下脚注：如果刊物只是泛泛涉及市场指数或是就数组证券（如航空运输、饮料制造商、移动住所）提出推荐意见，按照本案的事实，是否能够禁止出版物的问题，留待以后再解决。（Id., at 902, n. 7.）

6　上诉法院的观点是，出版物的内容变动后，可以避免“投资顾问”的法定定义。上诉法院显然拒绝允准证交会所请求的所有救济，但没有解释是基于上述观点，还是基于以下假定：上诉人有宪法权利出版省略具体推荐的业务通信。

7　Id., at 902-903.

8　Id., at 903.

I

We granted certiorari to consider the important constitutional question whether an injunction against the publication and distribution of petitioners' newsletters is prohibited by the First Amendment. 469 U.S. 815 (1984). [1] Petitioners contend that such an injunction strikes at the very foundation of the freedom of the press by subjecting it to license and censorship, see e. g., Lovell v. City of Griffin, 303 U.S. 444, 451 (1938). Brief for Petitioners 15–19. In response the Commission argues that the history of abuses in the securities industry amply justified Congress' decision to require the registration of investment advisers, to regulate their professional activities, and, as an incident to such regulation, to prohibit unregistered and unqualified persons from engaging in that business. Brief for Respondent 10; cf. Konigsberg v. State Bar of California, 366 U.S. 36, 50–51 (1961). In reply, petitioners acknowledge that person–to–person communication in a commercial setting may be subjected to regulation that would be impermissible in a public forum, cf. Ohralik v. Ohio State Bar Assn., 436 U.S. 447, 455 (1978), but contend that the regulated class – investment advisers – may not be so broadly defined as to encompass the distribution of impersonal investment advice and commentary in a public market. Reply Brief for Petitioners 1–4.

In order to evaluate the parties' constitutional arguments, it is obviously necessary first to understand, as precisely as possible, the extent to which the Act was intended to regulate the publication of investment advice and the reasons that motivated Congress to authorize such regulation. Moreover, in view of the fact that we should "not decide a constitutional question if there is some other ground upon which to dispose of the case", [2] and the further fact that the District Court and the dissenting judge in the Court of Appeals both believed that the case should be decided on statutory grounds, a careful study of the statute may either eliminate,

---

1 Petitioners' submission in this Court does not challenge the validity of the Commission's order revoking the registration of Lowe Management Corporation and barring Lowe from future association with an investment adviser. Section 203 (e) of the Act, 15 U.S.C. 80b–3 (e), authorizes the Commission to revoke the registration of any investment adviser if it finds, after notice and an opportunity for hearing, that such revocation is in the public interest and that the investment adviser has committed certain types of crimes. Section 203 (f), 15 U.S.C. 80b–3 (f), authorizes the Commission to bar the association of any person with an investment adviser if he has committed acts that would justify the revocation of an investment adviser's registration. Moreover, petitioners do not challenge the District Court's holding that they may not operate a direct "hot line" for subscribers desiring personalized advice.

2 Escambia County, Florida v. McMillan, 466 U.S. 48, 51 (1984) (per curiam); see also Atkins v. Parker, ante, at 123; Ashwander v. TVA, 297 U.S. 288, 347 (1936) (Brandeis, J., concurring).

I

本院准许发出调卷令，以考虑重要的宪法问题：《宪法第一修正案》是否禁止对出版和销售上诉人的业务通信发出禁令。[1] 上诉人提出，此类禁止令将新闻自由置于许可和新闻检查之下，矛头直指新闻自由的根本基石［See e. g.，Lovell v. City of Griffin，303 U.S. 444，451（1038）. Brief for Petitioners 15–19］。委员会的答复是，证券行业的不端行为有史可鉴，所以美国国会完全有理由决定，要求投资顾问注册、规制投资顾问的专业活动，并且作为此类规制的附带规定，禁止未注册和不合格的任何人从事这类业务［Brief for Respondent 10；cf. Koniegsberg v. State Bar of California，366 U.S. 36，50–51（1961）］。上诉人答复时承认，在商业范畴内一对一的交流可以受制于公共论坛中并不允许的规制［cf. Ohralik v. Ohio State Bar Asn.，436 U.S. 447，455（1978）］，但又提出，投资顾问作为被规制的类别，其定义不应当过宽，不应当包括在公共市场分销非个人化的投资意见和评论。（Reply Brief for Petitoners 1–4.）

为了评判当事方提出的宪法论点，显然有必要尽可能准确地理解《投资顾问法》旨在规制的投资意见的出版范围，尽可能准确地理解促使美国国会授权此类规制的原因。此外，如果有其他理由可以解决本案，本院应当“不就宪法问题作出决定”，[2] 而且地区法院和上诉法院持不同意见的法官都认为，应当以制定法作为依据决定本案；鉴于前两个事实，仔细研究相关制定法后，可以排除或狭义限制本院所必须面对的宪法问题。因此，本院首先审查《投资顾问法》的背景，尤其是侧重介绍美国国会意在规制的、专业的、具有特点的立法史。

---

1 证交会作出命令，撤销洛管理公司的注册，禁止洛今后与投资顾问有任何联系。上诉人向本院提出的意见并不挑战委员会的这一命令的有效性。《投资顾问法》第 203（e）条［15U.S.C.80b–3（e）］授权证交会，如果在提供通知和听证机会之后，证交会认定，撤销注册符合公共利益，而且投资顾问犯有某种罪行，则证交会有权取消任何投资顾问的注册。该法第 203（f）条［15U.S.C.80b–3（f）］授权证交会，如果因该投资顾问的行为而有理由撤销其注册，则证交会禁止任何人与任何投资顾问保持联系。此外，上诉人并不挑战地区法院关于上诉人不得为需要个人咨询的订户运营直接“热线”的认定。

2 Escambia County，Florida v. McMillan，466 U.S. 48，51（1984）（法院全体法官同意）；see also Atkins v. Parker，ante，at 123；Ashwander v. TVA，297 U.S. 288，347（1936）（布兰代斯大法官持共同意见）.

or narrowly limit, the constitutional question that we must confront. We therefore begin with a review of the background of the Act with a particular focus on the legislative history describing the character of the profession that Congress intended to regulate.

Ⅱ

As we observed in SEC v. Capital Gains Research Bureau, Inc., the "Investment Advisers Act of 1940 was the last in a series of acts designed to eliminate certain abuses in the securities industry, abuses which were found to have contributed to the stock market crash of 1929 and the depression of the 1930's". [1] The Act had its genes is in the Public Utility Holding Company Act of 1935, which "authorized and directed" the Commission "to make a study of the functions and activities of investment trusts and investment companies ... and to report the results of its study and its recommendations to the Congress on or before January 4, 1937." [2] Pursuant to this instruction, the Commission transmitted to Congress its study on investment counsel, investment management, investment supervisory, and investment advisory services.[3] The Report focused on "some of the more important problems of these investment counsel organizations"; [4] significantly, the Report stated that it "was intended to exclude any person or organization which was engaged in the business of furnishing investment analysis, opinion, or advice solely through publications distributed to a list of subscribers and did not furnish specific advice to any client with respect to securities". [5]

The Report traced the history and growth of investment counsel, noting that the profession did not emerge until after World War I.[6] In the 1920's "a distinct class of persons ... held themselves out as giving only personalized investment advisory service"; rapid growth began in 1929, and markedly increased in the mid-1930's in response "to the demands of the investing public, which required supervision of its security investments

1 375 U.S. 180, 186 (1963) (footnote omitted).

2 49 Stat. 837.

3 See Investment Trusts and Investment Companies, Report of the Securities and Exchange Commission, Pursuant to Section 30 of the Public [472 U.S. 181, 191] Utility Holding Company Act of 1935, Investment Counsel, Investment Management, Investment Supervisory, and Investment Advisory Services, H. R. Doc. No. 477, 76th Cong., 2d Sess. (1939) (hereinafter cited as Report).

4 Id., at Ⅲ.

5 Id., at Ⅰ.

6 Id., at 3.

Ⅱ

正如本院在证交会诉资本收益研究局有限责任公司案中所指出的那样，“《1940年投资顾问法》是一系列法中的最后一个，旨在消除证券行业的某些胡作非为，而且已经认定，这些胡作非为促成了1929年的股市崩溃和1930年的大萧条”。[1]《投资顾问法》源自《1935年公共设施控股公司法》，后者“授权并指示”证交会“对投资信托和投资公司的功能和活动进行一项研究……并在1937年1月4日或之前向国会报告其研究结果及其建议”。[2]根据该指示，证交会向美国国会送交了其关于投资顾问、投资管理、投资督导服务和投资咨询服务的报告。[3]该报告侧重“投资咨询顾问组织的某些更重要的问题”；[4]重要的是，该报告指出，《投资顾问法》“旨在排除从事提供投资分析、观点或咨询的业务任何人或组织，只要此人或组织仅仅通过向一份名单上的订户发送出版物进行的，并不就证券向任何客户提供具体的意见”。[5]

报告追溯了投资咨询顾问的历史和发展并指出，该行业直到第一次世界大战之后才出现。[6]20世纪20年代“一类独特人士……表荐为只提供个人化的投资顾问服务”；该专业1929年开始迅速发展，20世纪30年代有了显著发展，是回应了“投

1 376 U.S. 180，186（1963）（脚注省略）.

2 49 Stat. 837.

3 See Investment Trusts and Investment Companies，Report of the Securities and Exchange Commission，Pursuant to Section 30 of the Public [472 U.S. 181，191] Utility Holding Company Act of 1935，Investment Counsel，Investment Management，Investment Supervisory，and Investment Advisory Services，H.R. Doc. No. 477，76th Cong.，2d Sess.（1939）（此后作为报告引用）.

4 Id.，at Ⅲ.

5 Id.，at Ⅰ.

6 Id.，at 3.

after its experience during the depression years." [1]

Regarding the functions of investment counselors, the Report stated that "[s]ome of the representatives of investment counsel firms urged that the primary function of investment counselors was 'to render to clients, on a personal basis, competent, unbiased, and continuous advice regarding the sound management of their investments.' " [2] Nevertheless, it noted that one investment counselor conceded:

"[Y]ou have a gradation from individuals who are professed tipsters and do not make any pretense of being anything else, all the way up the scale to the type of individual, who, as you say, desires to give the impartial scientific professional advice to persons who are trying to plan their economic situation in the light of accomplishing various results, making provision for old age, education, and so forth. However, you can readily see ... that a very significant part of that problem, as far as we are concerned, and possibly the most vital one, is, shall we say, the individuals on the fringes..." [3]

Representatives of the industry viewed the functions of investment counselors slightly differently, concluding that they should serve "individuals and institutions with substantial funds who require continuous supervision of their investments and a program of investment

---

1 Id., at 5. After detailing the geographic distribution, the forms, and the sizes of investment-counsel firms, the Report analyzed the affiliations of the firms. It noted that "[a]ll investment counsel firms have not restricted their business interests or activities to the supervision of the accounts of their investment clients." Id., at 11. Of the investment-counsel firms surveyed, approximately 5% published investment manuals and periodicals; of these latter firms, 80% were without investment-company clients. Ibid. The Commission posited that affiliations with publishers of investment manuals and periodicals "may be attributable to the fact that research and statistical organizations are not uncommon with these businesses." Id., at 12. The Report also analyzed the nature of services of investment-counsel firms to their clients:

"The powers of investment counsel firms with respect to the management of the funds of their investment company clients were either discretionary [472 U.S. 181, 192] or advisory. Discretionary powers imply the vesting with an investment counsel firm control over the client's funds, with the power to make the ultimate determination with respect to the sale and purchase of securities for the client's portfolio. In contrast, vesting advisory powers with an investment counsel firm merely means that the firm may make recommendations to its client, with whom rests the ultimate power to accept or reject such recommendations." Id., at 13.

Approximately one-third of the firms surveyed had discretionary powers, ibid.; however, all firms surveyed rarely assumed "custody of the portfolio securities of their investment company clients". Id., at 15.

2 Id., at 23.

3 Id., at 25.

资公众的需求，投资公众经历了大萧条年代之后，需要有人督导其证券投资”。[1]

就投资策划顾问职能而言，该报告指出，“投资咨询顾问公司的某些代表敦促，投资顾问的主要功能是‘就客户的健全投资，为客户提供称职、无偏向和持续的咨询，而且这种咨询是个人化的’”。[2]但报告指出，有位投资策划顾问承认：

你可以发现，这个行业的人分为三六九等，有些人被视为只是传递内部消息，他们自己也并不故作任何其他人士，但也有其他人，包括高风亮节的人，如你所述，他们愿意提供科学和没有偏见的专业咨询，而接受咨询的对象试图规划其经济状况，考虑实现各种目的，为养老、教育等绸缪。但是你容易发现……就我们而言，一个非常重大的问题，或许是最重要的问题，这样说吧……就是那些处于旁门左道的人员……[3]

行业代表对投资顾问的功能的看法略有不同，他们的结论是，投资顾问应当服务于“资金雄厚的个人或机构，这些服务对象需要有人对其投资持续督导，需要顾

1　（Id.，at 5.）报告先详细介绍了投资咨询公司的地域划分、形式和规模，然后分析了此类公司的关联关系。报告指出，“所有投资咨询顾问公司都没有将其商业兴趣或活动限于督导其投资客户的账户”。（Id.，at 11.）接受调查的投资咨询顾问公司中，大约 5% 的公司出版投资手册和期刊；在后一类投资咨询顾问公司中，80% 的公司没有投资公司客户。（Ibid.）委员会的推测是，投资手册和期刊的出版者之所以有这些关联关系，“或许是因为行业内各类研究和统计组织有这些业务的并不少见”。（Id.，at 12.）报告还分析了投资顾问公司向其客户提供的服务的性质：

投资咨询顾问公司管理其投资公司客户的资金可以是一种全权性权限［472 U.S. 181，192］或咨询权。如果是全权性的就意味着，投资咨询顾问公司控制其客户的资金，有权就客户组合证券的买入和卖出作出最终决定。相反，投资咨询顾问公司的咨询权只意味着，投资咨询顾问公司可以向其客户作出推荐，客户有最终有权接受或拒绝此推荐。（Id.，at 13.）

接受调查的投资顾问公司中，大约 1/3 的公司有全权性权限（ibid.）；但接受调查的所有公司很少负责“托管其投资公司客户的组合证券”。（Id.，at 15.）

2　Id.，at 23.

3　Id.，at 25.

to cover their entire economic needs." [1] Turning to the problems of investment counselors, the Report concluded that they fell within two categories: "(a) the problem of distinguishing between bona fide investment counselors and 'tipster' organizations; and (b) those problems involving the organization and operation of investment counsel institutions." [2]

The Commission's work "culminated in the preparation and introduction by Senator Wagner of the bill which, with some changes, became the Investment Advisers Act of 1940." [3] Senator Wagner's bill, S. 3580, contained two Titles; the first, concerning

1 Ibid. Moreover, the representatives pointed out that there was a difference between the functions of investment counselors and investment companies:

"... [T] he ordinary investment trust of the management type gives its holder a diversification, probably beyond the ability of the small investor to obtain on his own capital. It also gives him management. It does not take any cognizance – the distinction is that it takes no cognizance of his total financial position in investing his money for him, and is distinguished from investment counsel, in that it gives him no judgment in the matter whatever....

"Q. Now, you say the true function as you conceive it, of an investment counselor, is to give advice in connection with the specific condition of a particular individual?

"A. Yes.

"Q. While the investment trust does not have that personal element in it, that it manages the funds more on an impersonal basis?

"A. That is right.

"Q. 'Impersonal' being used in the sense that they may try to get a common denominator, or what they envision their stockholders' condition may be, or what would be best for a cross-section of the American public, but does not give the advice with the peculiar, particular, specific financial condition of the individual and what he hopes to accomplish, or what purpose.

"A. Might I also add that in a number of cases at least, as Mr. Dunn said yesterday, the investment trust managers do not consider their funds as a proper repository for all of an individual's capital. It is not that it doesn't consider only his personal peculiarities and needs, but it does not give him a complete financial program." Id., at 26–27 (testimony of James N. White of Scudder, Stevens & Clark).

2 Id., at 27. Moreover, industry representatives "felt that investment counsel organizations could not completely perform their basic function – furnishing to clients on a personal basis competent, unbiased, and continuous advice regarding the sound management of their investments – unless [472 U.S. 181, 194] all conflicts of interest between the investment counsel and the client were removed." Id., at 28. The Report, near its conclusion, summarized:

"It was the unanimous opinion of the representatives at the public examination ... that, although a voluntary organization would serve some salutary purpose, such an organization could not cope with the most elemental and fundamental problem of the investment counsel industry–the investment counsel 'fringe' which includes those incompetent and unethical individuals or organizations who represent themselves as bona fide investment counselors. These individuals and organizations not only could not meet the requirements of membership, but because of the nature of their activities would not even consider voluntarily submitting to supervision or policing." Id., at 34.

3 SEC v. Capital Gains Research Bureau, Inc., 375 U.S., at 189.

及其所有经济需要的投资项目”。[1] 报告有关投资策划顾问的问题的结论是，问题分为两类：“（a）将善意投资顾问与传递内部信息的组织区别开来的问题；以及（b）涉及投资咨询机构的组织和运作的问题。”[2]

证交会的工作“最终由瓦格纳参议员准备和提出了其法案，该法案经过若干变动后，成为《1940 年投资顾问法》”。[3] 瓦格纳参议员的《S.3580 法案》分为两编：

---

1 （Ibid.）此外，代表们指出，投资策划顾问与投资公司在职能方面是有区别的：

……管理型的普通投资信托的持有人可以分散投资，而小投资者很可能没有这种能力，无法凭其自己的资本做到多元化。管理型的普通投资信托为持有人提供管理服务。无须注意——区别在于其无须注意持有人的个人整体经济状况。这不同于投资咨询顾问，区别就在于投资顾问无须向持有人提供任何判断……

问：现在你是说，在你看来，投资策划顾问的真正职能是就个人的具体情形提供咨询吗？

答：是的。

问：而投资信托并不具有个人因素，管理资金更多是基于非个人因素？

答：是的。

问：使用“非个人”一词的意思是，他们试图找到一个共同特性，或是说他们设想的股东的情形可能是什么，或是对不分领域的美国公众的最佳做法是什么，但并不就个人的特殊、特定和具体的财务状况以及他希望实现什么目的提供建议。

答：请允许我补充一点，正如邓恩昨天所说的，至少在一些案件中，投资信托经理并不认为其基金是个人存放其所有资金的恰当之处。这并不是因为信托不考虑客户的个人的独特情况和需要，而是因为没有给其一个完整的财务项目。［Id.，at 26–27（斯卡德、史蒂文斯和克拉克公司的詹姆斯·N. 怀特先生的证言）.］

2 （Id.，at 27.）此外，行业代表“觉得，投资咨询顾问组织不能完全履行其基本职能——就其投资的周全管理向客户个人提供称职、公正和持续的意见——除非（472 U.S. 181，194）消除投资咨询顾问与客户之间的所有利害冲突”。（Id.，at 28.）报告结论部分的概述如下：

代表就公共审查达成的一致意见是……尽管自愿组织有助于某些有益目的，但此类组织无法处理投资咨询行业最根本的要害问题——投资咨询顾问中有“旁门左道”的个人或组织，无能无德，都以善意投资策划顾问的面目出现。这些个人和组织不仅不能达到证交会的要求，而且由于其活动的性质，甚至不愿考虑自愿接受监督或监管。（Id.，at 34.）

3 SEC v. Capital Gains Research Bureau，Inc.，375 U.S.，at 189.

investment companies, contained a definition of "investment adviser", [1] but the second, concerning investment advisers, did not. After the introduction of S. 3580, a Senate Subcommittee held lengthy hearings at which numerous statements concerning investment advisers were received.[2] One witness distinguishing the investment-counsel profession from investment firms and businesses, explained:

"It is a personal-service profession and depends for its success upon a close personal and confidential relationship between the investment-counsel firm and its client. It requires frequent and personal contact of a professional nature between us and our clients...

...

"We must establish with each client a relationship of trust and confidence designed to last over a period of time because economic forces work themselves out slowly. Business and investment cycles last for years and our investment plans have to be similarly longrange. No investment counsel firm could long remain in business or be of real benefit to clients except through such long-term associations...

---

1 S. 3580 contained the following definition of "investment adviser":

" 'Investment adviser' means any person who, for compensation, engages in the business of advising others, either directly or through publications or writings, as to the value of securities or as to the advisability of investing in, purchasing or selling securities, or who, for compensation and as part of a regular business, issues or promulgates analyses or reports concerning securities; but does not include (A) a bank; (B) any lawyer, accountant, engineer, or teacher whose performance of such services is solely incidental to the practice of his profession; (C) the publisher of any bona fide newspaper or newsmagazine of general circulation; or (D) such other persons, not within the intent of this paragraph, as the Commission may designate by rules and regulations or order." Hearings on S. 3580 before the Subcommittee on Securities and Exchange of the Senate Committee on Banking and Currency, 76th Cong., 3d Sess., pt. 1, p. 27 (1940) (Senate Hearings).

It is noteworthy that the exclusion for publishers in clause (C) in S. 3580 is not as broad as the exclusion in the final draft of the Act. See n. 43, infra.

2 Douglas T. Johnston, Vice President of the Investment Counsel Association of America, stated in part:

"The definition of 'investment adviser' as given in the bill, in spite of certain exclusions, is quite broad and covers a number of services which are entirely different in their scope and in their methods of operation. For example, as we read the definition, among others, it would include those companies which publish manuals of securities such as Moody's, Poor's, and so forth; it would include those companies issuing weekly investment letters such as Babson's, United Business Service, Standard Statistics, and so forth; it would include those tipsters who through newspaper advertisements offer to send, for a nominal price, a list of stocks that are sure to go up; it would include certain investment banking and brokerage houses which maintain investment advisory departments and make charges for services rendered; and finally it would include those firms which operate on a professional basis and which have come to be recognized as investment counsel.

"Just why it is thought to be in the public interest at this time to require all the above services to register with, and be regulated by, the Federal Government we do not know.

"I have mentioned certain important exceptions or exclusions in the definition of 'investment advisers'; one of the principal of these is lawyers. Probably in the aggregate more investment advice is given by lawyers than by all other advisers combined. I only want to point out that in so acting they are not functioning strictly as lawyers. So far as I know, no courses on investments are part of a law school curriculum, nor in passing bar examinations does a lawyer have to pass a test on investment." Senate Hearings 711-712.

第一编涉及投资公司，包括“投资顾问”的定义，[1]第二编并没有关于投资顾问的定义。《S.3580 法案》提出之后，参议院小组委员会多次举行长时间的听证，其间收到多份关于投资顾问的陈述。[2]一位证人将投资咨询顾问行业与投资公司和投资业务区分开来，其解释是：

这是个人服务专业，其成功取决于投资咨询顾问公司与其客户之间密切的个人信赖关系。我们与客户之间需要专业性的频繁的个人接触……我们必须与每位客户建立将持续一段时间的信任和信心关系，因为经济力量起作用需要假以时日。业务和投资周期持续多年，我们的投资计划同样需要从长计议。除非可以借助这种长期关系，投资咨询顾问公司就不可能在业内长期立足，也不可能让客户真正获益……

---

1 《S.3580 法案》载有“投资顾问”的以下定义：

“投资顾问”，是指任何人为报酬而从事直接或通过书面就证券的价值或投资、买入或卖出证券是否可取向他人提供咨询的业务，或为报酬并作为常规业务的一部分，发布或宣布关于证券的分析或报告，但不包括（A）银行；（B）律师、会计师、工程师或教师，如果他们提供此类服务完全是其执业的附带部分；（C）一般发行的任何善意报纸或新闻杂志的出版人；或（D）可由证交会通过规则、规定或命令指定的不是本款所指的其他人。［Hearings on S. 3580 before the Subcommittee on Securities and Exchange of the Senate Committee on Banking and Currency，76th Cong.，3d Sess.，pt.1，p. 27（1940）（Senate Hearings）.］

值得指出的是，《S.3580 法案》第（C）款排除出版人，但其排除范围不如《投资顾问法》最后一稿的排除范围广。（See n. 43，infra.）

2 全美投资顾问协会副主席道格拉斯·T. 约翰斯顿所指出的部分内容是：

尽管有某些排除在外的情形，法案中“投资顾问”的定义相当广泛，涵盖一系列服务，其规模和营运方式完全不同。例如，根据我们对该定义的解读，该定义包括穆迪和普尔等出版证券手册的公司；也包括巴布森、联合业务服务、标准数据等出版每周投资通信的公司；包括内幕消息贩卖人，他们通过报纸广告提出象征性的价格，发送肯定会上涨的股票清单；包括某些投资银行和经纪公司，这些公司有投资顾问部，提供服务并收费；最后，还包括专业公司，此类公司已被视为投资咨询顾问。

为什么会认为，此时要求所有上述服务予以注册，并由美国联邦政府规制是符合公共利益的，我们不得而知。

……

我已经提到“投资顾问”之定义的某些重要例外或排除；其中一个主体是律师。累计起来，律师所提供的投资意见很可能多于其他所有投资顾问所提供的投资意见的总和。我只想指出，律师提供投资意见时，从严格意义上来说，已经不再作为律师而发挥作用。据我所知，法学院没有关于投资的课程，律师资格考试也无须通过关于投资的测试。（Senate Hearings 711–712.）

"... Judgment of the client's circumstances and of the soundness of his financial objectives and of the risks he may assume. Judgment is the root and branch of the decisions to recommend changes in a client's security holdings. If the investment counsel profession, as we have described it, could not offer this kind of judgment with its supporting experience and information, it would not have anything to sell that could not be bought in almost any bookstore...

"Furthermore, our clients are not unsophisticated in financial matters. They are resourceful men and women of means who are very critical in their examination of our performance. If they disapprove of our activities, they cancel their contracts with us, which eliminates our only source of income.

...

"We are quite clearly not 'hit and run' tipsters, nor do we deal with our clients at arms' length through the advertising columns of the newspapers or the mails; in fact, we regard it as a major defeat if we are unable to have frequent personal contact with a client and with his associates and dependents. We do not publish for general distribution a statistical service or compendium of general economic observations or financial recommendations. To use a hackneyed phrase, our business is 'tailor-made'. "[1]

David Schenker, Chief Counsel of the Commission's Investment Trust Study, summarized the extent of the proposed legislation: "If you have been convicted of a crime, you cannot be an investment counselor and you cannot use the mails to perpetrate a fraud, " Senate Hearings 996. Schenker provided the Subcommittee with a significant report [2] prepared by the Research Department of the Illinois Legislative Council. Ibid. Referring to possible regulation of investment counselors in the State of Illinois, the report stated in part:

"Regulatory statutes concerning investment counselors appear to exempt from their provisions those who furnish advice without remuneration or valuable consideration, apparently because it is thought impracticable to regulate such gratuitous services. Newspapers

1 Id., at 713-716 (testimony of Charles M. O'Hearn) ; see also id., at 719 ("The relationship of investment counsel to his client is essentially a personal one involving trust and confidence. The investment counselor's sole function is to render to his client professional advice concerning the investment of his funds in a manner appropriate to that client's [472 U.S. 181, 197] needs") (statement of Alexander Standish) ; id., at 724 (the "function of rendering to clients - on a personal, professional basis - competent, unbiased, and continuous advice regarding the sound management of their investments, has had a steady growth") (statement of Dwight C. Rose, President, Investment Counsel Association of America) ; id., at 750 ("Investment counsel have sprung into being in response to the requirements of individuals for individual personal advice with respect to the handling of their affairs ... the whole genesis of investment counseling is a personal professional relationship") (testimony of Rudolf P. Berle, General Counsel, Investment Counsel Association of America) .

2 It should be noted that the Illinois report was submitted by Schenker on April 26, 1940, more than three weeks after the statement quoted by Justice White, post, at 219. Contrary to Justice White's suggestion, there is nothing in the legislative history to indicate that Congress rejected the report's proposed distinction between advice distributed solely "to a list of subscribers" and advice to "clients". It is undisputed that Congress broadened the scope of the "bona fide publications" exclusion after the Commission submitted the Illinois report. See n. 37, supra, and n. 43, infra.

……判断客户的状况，判断客户的财务目标是否周全和客户可能承担的各种风险。判断结果是建议客户改变其证券持仓决策的根本依据。如果我们所表述的投资咨询顾问行业不能基于经验和信息提出这种判断，那么其所售之物几乎在任何一家书店里都可以买到……此外，我们的客户在金融方面并非不成熟。这些客户有想法、有办法，对我们的表现会严格审视。如果他们对我们的做法不满，就会终止我们的合同，我们也就会失掉唯一的收入来源。

……

我们显然不是“打一枪换一个地方”的内幕消息传播者，也不是通过报纸广告栏或邮件保持距离地与客户打交道；事实上，如果我们无法与客户以及客户的伙伴或其家属保持频繁的个人接触，我们自认为这是一大失败。我们并不出版用于到处销售的数据服务或一般性经济观察或金融推荐的简编。用一个俗词来形容，我们的业务是“定制”的。[1]

戴维·申克尔是证交会投资信托研究的首席法律顾问。他对拟定的立法范围作了如下概述：“如果被认定犯有刑事罪，就不能成为投资策划顾问，不可能利用邮件进行欺诈”（Senate Hearings 996）。申克尔向小组委员会提交了一份重要报告，[2] 该报告由伊利诺伊州立法理事会研究部撰写（Ibid.）。报告提及伊利诺伊州可能会对投资策划顾问进行规制。报告所做的陈述包括以下内容：

有关投资顾问的规制制定法似乎豁免了提供咨询但并不获取薪酬或有价对价的投资策划顾问，对其并不适用制定法的相关规定，因为规制此类免费服务显然被视为不现实的。报纸和期刊通常也被排除之外，尽管制定法中并没有明确说明，豁免显然是基于一

1 Id.，at 713–716（查尔斯·M. 奥赫恩的证言）；see also id.，at 719｛投资咨询顾问与其客户的关系实质上是个人关系，需要信任和信心。投资策划顾问唯一的职能是，以适合其客户需要的方式，向其客户提供关于客户资金投资的专业意见［472 U.S. 181，197］｝（亚历山大·斯坦迪什的陈述）；id.，at 724（在专业化和个人化的基础上为客户的健全投资提供称职、中立和持续的意见的职能稳步增加）（全美投资顾问协会主席德怀特·C. 罗斯的陈述）；id.，at 750（投资咨询顾问因个人需求而产生；需要关于处理其事务的个人化咨询……投资咨询顾问完全来自个人化的专业关系）（全美投资顾问协会总法律顾问鲁道夫·P. 伯利的证言）.

2 应当指出的是，伊利诺伊州的报告是 1940 年 4 月 26 日由申克尔提交的，3 周多之前怀特大法官已经引用了该陈述。（post，at 219.）与怀特大法官所示立场相反，立法史中没有任何内容显示，美国国会否定了报告所建议的区分；报告建议将仅“按订户名单”分发的咨询与向“客户”提供的咨询区别开来。证交会提交伊利伊州报告之后，美国国会扩大了“善意出版物”排除的范围，对此没有争议。（See n. 37，supra， and n. 43，infra.）

and journals generally also seem to be excluded although this is not explicitly stated in the statutes, the exemption apparently being based on general constitutional and legal principles.

...

"A particular problem in defining the application of a law regulating investment counselors arises from the existence of individuals and firms who furnish investment advice solely by means of publications. Insofar as such individuals and firms also render specialized advice to individual clients, they might be subject to any regulatory measure that may be adopted. The question arises, however, as to whether or not services which give the same general advice to all their clients, by means of some circular or other publication, are actually engaged in a type of investment counseling as to which regulation is feasible.

...

"These investment services which function through publications sent to their subscribers, rather than through individualized advice, would present several difficulties not found in regulating investment counselors generally. In the first place, the large number of agencies publishing investment facts and interpretations is well known, and a very large administrative staff would be required to enforce detailed registration. Secondly, such information is supplied both by newspapers and by specialized financial journals and services. The accepted rights of freedom of the press and due process of law might prevent any general regulation and perhaps also supervision over particular types of publications, even if the advertisements of these publications occasionally quite exaggerate the value of the factual information which is supplied. That the constitutional guarantee of liberty of the press is applicable to publications of all types, and not only to newspapers, has been clearly indicated by the United States Supreme Court [citing Lovell v. City of Griffin, 303 U.S. 444 (1938)] ...

...

"To the problem of formulating reasonable and practicable regulations for the factual services must, accordingly, be added the legal and constitutional difficulties inherent in the attempted regulation of any individual or organization functioning primarily by means of published circulars and volumes. However, liberty of the press is not an absolute right, and some types of regulation may be both constitutional and feasible, assuming that regulation of some sort is thought desirable. Such regulation could probably not legally take the form of licensing publications or prohibiting certain types of publications. Regulation of the publishing of investment advice in order to conform with constitutional requirements, would probably have to be confined to punishing, by civil or criminal penalties, those who perpetrate or attempt to perpetrate frauds or other specific acts declared to be contrary to law.

...

"It may be thought desirable specifically to exclude from regulation the publishers of

般的宪法和法律原则。

……

界定规制投资策划顾问的法律如何适用时存在的一个问题是，某些个人或公司只是通过出版物提供投资咨询需要。此人或该公司分别向客户提供专门化的咨询，则有可能必须受到所制定的任何规制性措施的约束。但问题是，如果是通过某种通知或其他出版物向其所有客户提供相同的一般性咨询，这类服务是否实际上也从事了一种投资咨询业务，所以对其加以规制是可行的。

……

此类投资服务是通过向订户发送出版物提供的，并不是通过个人化的咨询提供的，因此产生了一般对投资策划进行规制时并不存在的各种问题。首先，众所周知的是，大量机构公布投资事实和解释，所以如果要就此进行详尽地注册，需要大批行政工作人员。其次，报纸和专门的金融杂志和各类服务都提供此类信息。新闻自由和法律正当程序是公认的权利，有可能阻止对某些特定出版物的任何普遍规制，也有可能阻止对某些特定类型出版物的监督，即使此类出版物的广告有时夸大了所提供的关于事实信息的价值。美国联邦最高法院已经明确表示，宪法确保新闻自由，适用所有类型的出版物［citing Lovell v. City of Griffin，303 U.S. 444（1938）］……

……

因此，除制定对实际服务的合理、可行的规定外，还有一个问题是：如果任何个人或组织主要是通过出版的通信和印刷品发挥功能，试图对其加以规则，就存在各种固有的法律和宪法难题。然而，新闻自由并不是绝对的权利，假定某种规制是可取的，某些类型的规制可能既符合宪法，同时也是可行的。此类规制在法律上大体并不要求出版物有许可或禁止某些类型的出版物。如果既要规制出版投资咨询，同时又符合宪法的要求，那么就应当将民事或刑事处罚对象限于那些实施欺诈或试图实施欺诈抑或是其他已被宣布为违法具体行为的人。

……

或许可以认为，将一般性投资咨询的出版者以及一般性提供经济咨询者具体排除在

generalized investment information, along with those who furnish economic advice generally. This may be done by carefully defining the term 'investment counselor' so as to exclude 'any person or organization which engages in the business of furnishing investment analysis, opinion, or advice solely through publications distributed to a list of subscribers and not furnishing specific advice to any client with respect to securities, and also persons or organizations furnishing only economic advice and not advice relating to the purchase or sale of securities.' "[1]

After the Senate Subcommittee hearing on S. 3580, and after meetings attended by representatives of investment-adviser firms, a voluntary association of investment advisers, and the Commission, a revised bill, S. 4108, was reported by the Senate Committee on Banking and Currency. In the Report accompanying the revised bill, the Committee on Banking and Currency wrote:

"Not only must the public be protected from the frauds and misrepresentations of unscrupulous tipsters and touts, but the bona fide investment adviser must be safeguarded against the stigma of the activities of these individuals. Virtually no limitations or restrictions exist with respect to the honesty and integrity of individuals who may solicit funds to be controlled, managed, and supervised. Persons who may have been convicted or enjoined by courts because of perpetration of securities fraud are able to assume the role of investment advisers.

...

"Title II recognizes that with respect to a certain class of investment advisers, a type of personalized relationship may exist with their clients. As a consequence, this relationship is a factor which should be considered in connection with the enforcement by the Commission of the provisions of this bill."[2]

S.4108 was introduced before the House of Representatives as H. R. 10065.[3] After additional

---

1 Id., at 1007–1009 (footnotes omitted).

2 S. Rep. No. 1775, 76th Cong., 3d Sess., 21–22 (1940).

3 Hearings on H. R. 10065 before a Subcommittee of the House Committee on Interstate and Foreign Commerce, 76th Cong., 3d Sess., 1(1940). The bill contained two definitions of "investment adviser," one in Title I (investment companies) and the other in Title II (investment advisers). The latter definition read, in part:

" 'Investment adviser' means any person who, for compensation, engages in the business of advising others, either directly or through publications or writings, as to the value of securities or as to the advisability of investing in, purchasing, or selling securities, or who, for compensation and as part of a regular business, issues or promulgates analyses or reports concerning securities; but does not include ... (D) the publisher of any bona fide newspaper, news magazine or business or financial publication of general and regular circulation..." Id., at 45.

Whereas the exclusion for publishers in clause (C) of the exclusion in S. 3580 only mentioned newspapers of general circulation, the exclusion in clause (D) of H. R. 10065 includes newspapers "of general and regular circulation" and also encompasses "business or financial" publications. See n. 37, supra.

规制之外可能是可取的。为此，可以仔细界定“投资策划顾问”一词，以排除“从事提供投资分析、观点或意见的任何人或组织，只要其从事业务的方式是按照订户名单分发出版物，没有向任何客户提供关于证券的具体咨询，而且个人或组织仅提供经济意见，相关意见并不涉及证券的购买或出售”。[1]

参议院小组委员会就《S.3580 法案》进行了听证，投资顾问公司的代表、一家投资顾问自设协会和委员会开了若干会议，在此之后，参议院银行和货币委员会提出了修订后的《S.4108 法案》。在经修订的法案所附的报告中，银行和货币委员会指出：

针对肆无忌惮的内幕消息传播者和吹嘘者，不仅需要保护公众免受此类人的欺诈和不当陈述，也必须保护善意的投资顾问，使其避免那些不轨者的活动所带来的污点。对于个人招揽用于控制、管理和监督的基金，就其诚实和正直而言，几乎没有限制或约束。任何人实施证券欺诈，有可能被法院定罪或收到禁止令，但他们仍然能够扮演投资顾问的角色。

……

第二编承认，就某些类别的投资顾问而言，他们与其客户之间可能存在个人化的关系。因此，这种关系也是证交会就该法案的规定执法时必须考虑的因素。[2]

《S.4108 法案》作为 H.R.10065 向众议院提出。[3]举行更多的听证之

---

1 Id.，at 1007-1009（脚注省略）.

2 S. Rep. No. 1775，76th Cong.，3d Sess.，21-22（1940）.

3 [Hearings on H.R. 10065 before a Subcommittee of the House Committee on Interstate and Foreign Commerce，76th Cong.，3d Sess.，1（1940）.] 该法案载有“投资顾问”的两个定义：第一编（投资公司）中的定义，第二编（投资顾问）中的定义。后一个定义的部分内容如下：

“投资顾问”，是指任何人为获取报酬而从事直接或通过书面就证券的价值或投资、买入或卖出证券是否可取向他人提供咨询的业务，或为获取报酬并作为常规业务的一部分，发布或宣布关于证券的分析或报告，但不包括……（D）一般发行的任何善意报纸、新闻杂志或商业或金融出版物的出版人……（Id.，at 45.）

《S.3580 法案》的排除条款（C）中排除出版人只提到了一般发行的报纸，但 H.R. 10065（D）款中的排除既包括“一般定期发行”的报纸，也包括“商业或金融出版物”。（See n. 37，supra.）

hearings, [1] the Committee on Interstate and Foreign Commerce wrote in its Report accompanying the bill:

"The essential purpose of Title Ⅱ of this bill is to protect the public from the frauds and misrepresentations of unscrupulous tipsters and touts and to safeguard the honest investment adviser against the stigma of the activities of these individuals by making fraudulent practices by investment advisers unlawful. The title also recognizes the personalized character of the services of investment advisers and especial care has been taken in the drafting of the bill to respect this relationship between investment advisers and their clients."[2]

The definition of "investment adviser" included in Title Ⅱ when the Act was passed, 54 Stat. 848-849, is in all relevant respects identical to the definition before the Court

1 Hearings on H. R. 10065 before a Subcommittee of the House Committee on Interstate and Foreign Commerce, 76th Cong., 3d Sess. [472 U.S. 181, 201] (1940). During the hearings, testimony about the personal nature of the investment-counseling profession was again emphasized:

"When the hearings were held on this bill before the Senate committee the association opposed it. We opposed it for three general reasons: First, in the original bill there was a confusion between investment counsel and investment trusts. We felt that the personal confidential relationship existing between investment counsel and his client was so very different from the commodity of investment trust shares which investment trusts were engaged in selling, that any legislation to regulate these two different activities should be incorporated in separate acts. In the bill we felt that our clients were not properly protected in their confidential relationship...

...

"Following the hearings before the Senate subcommittee, we had conferences with the Securities and Exchange Commission, and all of our objections have been satisfactorily adjusted...

...

"The Investment Counsel Association of America unqualifiedly endorses the present bill." Id., at 92 (statement of Dwight Rose, representing Investment Counsel Association of American, New York, N. Y.).

2 H. R. Rep. No. 2639, 76th Cong., 3d Sess., 28 (1940). The terms "investment counsel", "investment counselor", and "investment adviser" were used interchangeably throughout the legislative history. That the terms were understood to share a common definition is best demonstrated by the testimony of the Commission's David Schenker. While describing the Commission's initial report to Congress, he stated that "we learned of the existence of 394 investment counselors." Senate Hearings 48. On [472 U.S. 181, 202] the very next page of the hearings, he stated that "we learned of the existence of 394 investment advisers." Id., at 49. Justice White, however, post, at 221-223, n. 7, correctly observes that the statutory definition of an "adviser" encompasses persons who would not qualify as investment counsel because they are not primarily engaged in the business of rendering "continuous advice as to the investment of funds..." 15 U.S.C. 80b-2(a)(13). But it does not follow, as Justice White seems to assume, that the term "investment adviser" includes persons who have no personal relationship at all with their customers. The repeated use of the term "client" in the statute, see n. 54, infra, contradicts the suggestion that a person who is merely a publisher of nonfraudulent information in a regularly scheduled periodical of general circulation has the kind of fiduciary relationship the Act was designed to regulate.

后，[1]州际和对外贸易委员会在该法案所附报告中指出：

本法案第二编的核心目的是，将投资顾问的欺诈行为定位为违法，针对肆无忌惮的内幕消息传播者和吹嘘者，保护诚实的投资顾问，使其避免那些违法投资顾问个人活动的欺诈做法所带来的污点。该编也承认，投资顾问的服务具有个人化特点。起草该法案时，特别注意了投资顾问与其客户之间的关系。[2]

通过《投资顾问法》时，第二编中载有“投资顾问”的定义（54 Stat. 848-

1 ｛Hearings on H.R. 10065 before a Subcommittee of the House Committee on Interstate and Foreign Commerce，76th Cong.，3d Sess.［472 U.S. 181，201］（1940）.｝在听证过程中，再次强调了投资咨询顾问专业的个人性质：

参议员小组委员会就此法案举行听证时，协会反对该法案。我们反对该法案是基于 3 个普遍原因：首先，最初的法案混淆了投资咨询顾问与投资信托。我们觉得，投资咨询顾问与其客户之间的信任关系远不同于投资信托销售的投资信托股份商品，通过立法规制这两类不同的活动，应当有两部分开的制定法。我们觉得，我们的客户的信任关系在该法案中并没有得到恰当的保护……

……

参议院小组委员会举行听证之后，我们与证交会数次开会，我们所有的反对意见都得到了令人满意的调整……

……

全美投资顾问协会毫无保留地支持目前这份法案。［Id.，at 92（德怀特・罗斯代表全美投资顾问协会的陈述，纽约州纽约市）.］

2 ［H. R. Rep. No. 2639，76th Cong.，3d Sess.，28（1940）.］立法史中，“投资咨询顾问”“投资策划顾问”“投资顾问”3 词始终通用。3 个名词可以被理解为有共同的定义，戴维・申克尔代表证交会作证时，再好不过地显示了这点。申克尔向美国国会介绍证交会的首份报告时指出，“我们了解到，有 394 位投资策划顾问”。［Senate Hearings 48.On（472 U.S. 181，202）］紧接着，他在下一页指出，“我们了解到，有 394 位投资顾问”。（Id.，at 49.）但怀特大法官（post，at 221-223，n.7）正确地指出，“顾问”的法定定义包括那些并不符合投资咨询顾问条件的人，因为他们主要不是从事就“资金投资”提供“持续意见”业务。［15 U.S.C. 80b-2（a）（13）.］但这并不意味着（尽管怀特大法官似乎是这样认为的），“投资顾问”一词包括那些与其客户并没有任何个人关系的人。有一种意思是，通过一般发行的定期期刊提供非欺诈信息的发行人，也存在《投资顾问法》旨在规制的受信关系。但《投资顾问法》中一再使用“客户”一词（see n. 54，infra），与上述意思相反。

today.[1]

Ⅲ

The basic definition of an "investment adviser" in the Act reads as follows:

" 'Investment adviser' means any person who, for compensation, engages in the business of advising others, either directly or through publications or writings, as to the value of securities or as to the advisability of investing in, purchasing, or selling securities, or who, for compensation and as part of a regular business, issues or promulgates analyses or reports concerning securities..."[2]

---

1 According to Justice White, witness James White "specifically explained to Representative Boren that persons whose advice was furnished solely through publications were not excepted from the class of investment advisers as defined in the Act." Post, at 220. This is incorrect. Representative Boren asked a question based on his reading of the separate definition of "investment adviser" in Title Ⅰ, which concerned investment companies. In response, White indicated to Boren that he was reading the wrong definition; White then quoted the basic definition of "investment adviser" from Title Ⅱ, and only answered the question whether there were separate definitions under the two Titles. The relevant colloquy reads as follows:

"Mr. Boren. If I read the bill correctly, a person whose advice is furnished solely through publications distributed through subscribers in the form of publications, they are specifically exempted.

"Now, should that person be exempted who puts out a monthly or weekly newspaper, we will say, advising people on that?

"Mr. White. Will you be kind enough to give the page from which you are reading?

"Mr. Boren. Well, it is on page 154. I am reading from page 12, in the definitions of investment advisers from this other bill. It is a little different in page numbers in this bill.

"Mr. Healy. May I suggest that there is a second definition.

"Mr. White. That is an investment adviser of an investment company, which is different from an investment adviser in title Ⅱ. [472 U.S. 181, 203]

"Mr. Boren. I see.

"Mr. White [reading the definition from the bill]. An investment adviser in title Ⅱ means any person who, for compensation, engages in the business of advising others, either directly or through publications or writings, as to the value of securities or as to the advisability of investing in, purchasing, or selling securities, or who for compensation and as part of a regular business, issues or promulgates analyses or reports concerning securities.

"Mr. Boren. Then there is a distinct separation of investment advisers under the two different sections of the bill.

"Mr. White. Yes.

"Mr. Boren. Then that clarifies it for me, Mr. Chairman. I thank you.

"Mr. Cole. I believe that is all, Mr. White. Thank you.

"Mr. White. Thank you." Hearings on H. R. 10065, supra, at 90-91 (emphasis added).

It should also be noted that the last item from the 1940 legislative history that Justice White uses to support his interpretation of the Act is language from S. Rep. No. 1775. See post, at 221. The language should be read in the context of all the legislative history, and particularly in the context of H. R. Rep. No. 2639, which followed S. Rep. No. 1775 and which accompanied the final version of the Act before passage. The later Report stated unambiguously: "The title ... recognizes the personalized character of the services of investment advisers." H. R. Rep. No. 2639, at 28.

2 15 U.S.C. 80b-2 (a) (11).

849），该定义在各方面都与本院今天所涉及的内容相同。[1]

Ⅲ

《投资顾问法》中“投资顾问”的基本定义如下：

投资顾问，是指任何人为获取报酬，直接或间接地通过出版物或材料，从事证券的价值或投资、购买或出售该证券是否可向他人提供咨询，或作为其正常业务的一部分，为获得报酬而发布或宣布的关于证券的分析或报告……[2]

---

1 按照怀特大法官的意思，证人詹姆斯·环特“向众议员博伦具体解释说，任何人只是通过出版物提供咨询，并不因此而成为《投资顾问法》所界定的那类投资顾问的例外”。（Post，at 220.）这是不正确的。第一编中“投资顾问”的单独定义涉及投资公司。众议员博伦基于对该定义的解读，提出了一个问题。怀特答复时向博伦指出，博伦解读的对象错了；怀特随即引用了第二编中关于“投资顾问”的基本定义，只回答了第一编与第二编是否分别有定义的问题。相关谈话内容如下：

博伦先生：如果我对法案的解读正确，任何人只通过向订户分发出版物，以此形式提供意见，就被明确排除在外。

那么每月或每周发行报纸的人，这样说吧，他们是就此提供的意见，是否应当被排除在外？

怀特先生：能否请你告诉我们，你看的是哪页？

博伦先生：是第 154 页。我读的是第 12 页，是另一个法案中关于投资顾问的定义。这个法案中的页码有些不同。

希利先生：是否可以说，还有第二个定义。

怀特先生：这是投资公司的投资顾问，不同于第二编中的投资顾问。

博伦先生：我明白。

怀特先生（读法案的定义）：第二编中的投资顾问，是指任何人为获取报酬而从事直接或通过书面就证券的价值或投资、买入或卖出证券是否可向他人提供意见的业务，或为获取报酬并作为常规业务的一部分，发布或宣布关于证券的分析或报告。

博伦先生：那么该法案分开的两个部分关于投资顾问是有明显区分的。

怀特先生：是的。

博伦先生：为我澄清了这点，主席先生。谢谢你！

科尔先生：我看就这些问题了。怀特先生，谢谢你！

怀特先生：谢谢你。（Hearings on H.R. 10065，supra，at 90–91.）

也应当指出，1940 年立法史的最后一项内容是，《第 1775 号参议院报告》的措辞（S. Rep. No. 1775. See post, at 221），被怀特大法官用来支持他对《投资顾问法》的解释。该措辞应当放在整个立法史的范畴中加以解读，尤其是应当放在《第 2639 号众议院报告》的范畴中加以解读。《第 2639 号众议院报告》紧随《第 1775 号参议院报告》之后，并附带于《投资顾问法》通过之前的最终文本。后一份报告明确指出，“此编……认可投资顾问服务的个人化特点”。（H. R. Rep. No. 2639，at 28.）

2 15 U.S.C. 80b–2（a）（11）.

Petitioners' newsletters are distributed "for compensation and as part of a regular business" and they contain "analyses or reports concerning securities". Thus, on its face, the basic definition applies to petitioners. The definition, however, is far from absolute. The Act excludes several categories of persons from its definition of an investment adviser, lists certain investment advisers who need not be registered, and also authorizes the Commission to exclude "such other person" as it may designate by rule or order.[1]

One of the statutory exclusions is for "the publisher of any bona fide newspaper, news magazine or business or financial publication of general and regular circulation".[2] Although neither the text of the Act nor its legislative history defines the precise scope of this exclusion, two points seem tolerably clear. Congress did not intend to exclude publications that are distributed by investment advisers as a normal part of the business of servicing their clients. The legislative history plainly demonstrates that Congress was primarily interested in regulating the business of rendering personalized investment advice, including publishing activities that are a normal incident thereto. On the other hand, Congress, plainly sensitive to First Amendment concerns, wanted to make clear that it did not seek to regulate the press through the licensing of nonpersonalized publishing activities.

Congress was undoubtedly aware of two major First Amendment cases that this Court decided before the enactment of the Act. The first, Near v. Minnesota ex rel. Olson, 283 U.S. 697 (1931), established that "liberty of the press, and of speech, is within the liberty safeguarded by the due process clause of the Fourteenth Amendment from invasion by state action". Id., at 707. In Near, the Court emphatically stated that the "chief purpose" of the press guarantee was "to prevent previous restraints upon publication", id., at 713, and held that the Minnesota nuisance statute at issue in that case was unconstitutional because it authorized a prior restraint on publication.

Almost seven years later, the Court decided Lovell v. City of Griffin, 303 U.S. 444 (1938), a case that was expressly noted by the Commission during the Senate Subcommittee hearings. In striking down an ordinance prohibiting the distribution of literature within the city without a permit, the Court wrote:

"We think that the ordinance is invalid on its face. Whatever the motive which induced its adoption, its character is such that it strikes at the very foundation of the freedom of the press by subjecting it to license and censorship. The struggle for the freedom of the press was primarily directed against the power of the licensor. It was against that power that John Milton directed his assault by his 'Appeal for the Liberty of Unlicensed Printing'. And the liberty of the press became initially a right to publish 'without a license what formerly could be published only with one'. While this freedom from previous restraint upon publication cannot be regarded as exhausting the

1 15 U.S.C. 80b-2 (a) (11) (F), 80b-3 (b), 80b-6a.

2 15 U.S.C. 80b-2 (a) (11) (D).

上诉人的业务通信是“为获取报酬，作为其正常业务的一部分”，内容包括对证券的分析或报告。因此，从表面上来看，投资顾问的基本定义适用上诉人。但这种定义远非绝对的。《投资顾问法》将若干类型的人排除在投资顾问的定义之外，列出了不需要注册的某些投资顾问，也授权证交会可以通过规则或命令排除“其他人”。[1]

法定排除的一类是：“一般和定期发行任何善意的报纸、新闻杂志、商业或兼容出版物。”[2]尽管《投资顾问法》的本文或立法史都没有界定这类排除的确切范围，但有两点似乎还算清楚。美国国会无意排除投资顾问作为其客户服务业务的正常部分而分发的出版物。立法史清楚地显示，美国国会主要是想规制个人化的投资意见，包括其正常的附带出版活动。但是，美国国会显然对《宪法第一修正案》是敏感的，想表明自己无意对非个人化的出版活动实行许可制，无意借此规制新闻界。

美国国会无疑知道制定《投资顾问法》之前关于《宪法第一修正案》的两个重大判例。第一个判例是尼尔诉为奥尔逊起诉的明尼苏达州［Near v. Minnesota ex rel. Olson，283 U.S. 697（1931）］。该判例确立的是，“新闻自由和言论自由是受《第十四修正案》正当程序条款保护的自由，不受州行动的侵犯”。（Id.，at 707.）在尼尔案中，本院强调，新闻保障的“主要目的是防止事先约束出版物”（id.，at 713），本院同时认定，本案所涉及的明尼苏达州的妨害法是违反宪法的，因为该法允许对出版物的事先约束。

第二个判例是近7年之后，本院作出了洛弗尔诉格里芬市案［Lovell v. City of Griffin，303 U.S. 444（1938）］判决。参议院小组委员会在听证期间，委员会明确提到了洛弗尔案判决。格里芬市的一部条例禁止在该市无证分发出版物，本院宣布该法无效并指出：

本院认为，该条例形式上无效。无论通过该条例的动因是什么，究其特点而言，该条例就是要动摇新闻自由的根本基石，通过许可和新闻检查约束新闻自由。为新闻自由开展的斗争，主要是针对许可人的权力。约翰·密尔顿所著的《呼吁无须许可的印刷》，就是大力抨击这种权力。新闻自由最初成为一种权利，“无须许可就可以出版过去需要许可才能出版的内容”。这一自由摆脱了以往对出版的限制，尽管不能将其视为自由的穷尽性担保，预防此类约束是制定宪法规定的主要目的……

1 15 U.S.C. 80b-2（a）（11）（F），80b-3（b），80b-6a.

2 15 U.S.C. 80b-2（a）（11）（D）.

guaranty of liberty, the prevention of that restraint was a leading purpose in the adoption of the constitutional provision...

"The liberty of the press is not confined to newspapers and periodicals. It necessarily embraces pamphlets and leaflets. These indeed have been historic weapons in the defense of liberty, as the pamphlets of Thomas Paine and others in our own history abundantly attest. The press in its historic connotation comprehends every sort of publication which affords a vehicle of information and opinion. What we have had recent occasion to say with respect to the vital importance of protecting this essential liberty from every sort of infringement need not be repeated. Near v. Minnesota..." Id., at 451-452 (footnote omitted).

The reasoning of Lovell, particularly since the case was cited in the legislative history, supports a broad reading of the exclusion for publishers. [1]

The exclusion itself uses extremely broad language that encompasses any newspaper, business publication, or financial publication provided that two conditions are met. The publication must be "bona fide", and it must be "of regular and general circulation." Neither of these conditions is defined, but the two qualifications precisely differentiate "hit and run tipsters" and "touts" from genuine publishers. Presumably a "bona fide" publication would be genuine in the sense that it would contain disinterested commentary and analysis as opposed to promotional material disseminated by a "tout". Moreover, publications with a "general and regular" circulation would not include "people who send out bulletins from time to time on the advisability of buying and selling stocks", see Hearings on H. R. 10065, at 87, or "hit and run tipsters". [2] Ibid. Because the content of petitioners' newsletters was completely disinterested, and because they were offered to the general public on a regular schedule, they are described by the plain language of the exclusion.

The Court of Appeals relied on its opinion in SEC v. Wall Street Transcript Corp., 422 F.2d 1371 (CA2), cert. denied, 398 U.S. 958 (1970), to hold that petitioners were not bona fide newspapers and thus not exempt from the Act's registration requirement. In Wall

1 "It is always appropriate to assume that our elected representatives, like other citizens, know the law." Cannon v. University of Chicago, [472 U.S. 181, 206] 441 U.S. 677, 696-697 (1979). Moreover, "[i]n areas where legislation might intrude on constitutional guarantees, we believe that Congress, which has always sworn to protect the Constitution, would err on the side of fundamental constitutional liberties when its legislation implicates those liberties." Regan v. Time, Inc., 468 U.S. 641, 697 (1984) (Stevens, J., concurring in part and dissenting in part).

2 The term "tipsters" is explained in the testimony of Douglas T. Johnston, n. 38, supra – persons "who through newspaper advertisements offer to send, for a nominal price, a list of stocks that are sure to go up." Justice White is unable "to imagine" any workable definition of the exclusion "that does not sweep in all publications that are not personally tailored to individual clients," post, at 216. The definition Congress actually wrote, however, does not sweep in bulletins that are issued from time to time in response to episodic market activity, advertisements that "tout" particular issues, advertised lists of stocks "that are sure to go up" that are sold to individual purchasers, or publications distributed as an incident to personalized investment service.

新闻自由不仅限于报纸和期刊。新闻自由必然包括小册子和传单。历史上，小册子和传单是捍卫自由的武器。我们自己历史上的托马斯·潘恩和其他人的小册子便充分证明了这点。从历史范畴理解，新闻包括任何一种出版，只要这种形式的出版提供了信息和观点的载体。本院最近有机会就保护关键自由不受任何性质的侵犯的核心重要性发表了意见，本院在此不再重复。［Near v. Minnesota... Id.，at 451–452（脚注省略）.］

洛弗尔案判例的说理部分支持对出版者的排除范围作广义解读，[1]立法史引用此案后更是如此。

排除本身使用了很宽泛的措辞，只要满足两个条件，就包括任何报纸、商业出版物或金融出版物。出版物必须是"善意"的，必须"一般性和定期发行"。两个条件都没有界定，但两个条件准确地将"打一枪换一个地方的内幕消息贩卖者"和"吹嘘者"与真正的出版人区别开来。假定"善意"出版是真实的，即评论和分析没有利益关系，不是"吹嘘者"散发促销材料。此外，"一般性和定期"发行出版物并不包括"那些不时发送有关买卖股票是否可取"新闻简报的人（see Hearings on H.R. 10065，at 87）或"打一枪换一个地方的消息贩卖者"。[2]（Ibid.）因为上诉人的业务通信中的内容是完全没有私利的，而且是定期向公众发布的，在明确语言表述的排除范围之内。

上诉法院依据证交会诉华尔街记录公司案［SEC v. Wall Street Transcript Corp.，422 F. 2d 1371（CA2），cert. denied，398 U.S. 958（1970）］判例认定，上诉人并非善意报纸，因此不能对其豁免《投资顾问法》的注册要求。在华尔街记录公司案

---

1 "总是可以恰当地假定，我们选出的代表与其他公民一样，是知法的。"｛Cannon v. University of Chicago，［472 U.S. 181，206］441 U.S. 677，696–697（1979）.｝此外，"立法有可能侵犯宪法保障的领域，本院认为，美国国会一向誓言捍卫宪法，当国会立法涉及基本宪法自由时，国会宁愿因为维护这些自由而犯错误"。［Regan v. Time，Inc.，468 U.S. 641，697（1984）（斯蒂文斯大法官部分同意、部分反对）.］

2 道格拉斯·T. 约翰斯顿在其证言中解释了"内幕消息贩卖者"一词（n.38，supra）——任何人"通过报纸广告提出，发送名义价格肯定会升值的股票清单"。怀特大法官无法"想象"，任何可行的排除定义"不会将并非按具体客户个人需要定制的所有出版物包括在内"（post，at 216）。但国会实际拟定的定义并没有包括针对具体市场活动发布的新闻简报、"吹嘘"某些发行的广告、售给个人购买者的"肯定会上涨"的广告宣传的股票清单或个人化投资服务附带发送的出版物。

Street Transcript, the majority held that the "phrase 'bona fide' newspapers ... means those publications which do not deviate from customary newspaper activities to such an extent that there is a likelihood that the wrongdoing which the Act was designed to prevent has occurred". It reasoned that whether "a given publication fits within this exclusion must depend upon the nature of its practices rather than upon the purely formal 'indicia of a newspaper' which it exhibits on its face and in the size and nature of its subscription list". 422 F.2d, at 1377. The court expressed its concern that an investment adviser "might choose to present [information to clients] in the guise of traditional newspaper format". Id., at 1378. The Commission, citing Wall Street Transcript, has interpreted the exclusion to apply "only where, based on the content, advertising material, readership and other relevant factors, a publication is not primarily a vehicle for distributing investment advice." [1]

These various formulations recast the statutory language without capturing the central thrust of the legislative history, and without even mentioning the apparent intent of Congress to keep the Act free of constitutional infirmities.[2] The Act was designed to apply to those persons engaged in the investment-advisory profession – those who provide personalized advice attuned to a client's concerns, whether by written or verbal communication.[3] The mere fact that a publication contains advice and comment about specific securities does not give it the personalized character that identifies a professional investment adviser. Thus, petitioners' publications do not fit within the central purpose of the Act because they do not offer individualized advice attuned to any specific portfolio or to any client's particular needs. On the contrary, they circulate for sale to the public at large in a free, open market – a public forum in which typically anyone may express his views.

The language of the exclusion, read literally, seems to describe petitioners'

---

1 Investment Advisers Act Release No. 563, 42 Fed. Reg. 2953, n. 1 (1977) (codified at 17 CFR 276 (1984)). The Commission's reformulation of the definition of the exclusion was not drafted until 1977 – 37 years after the passage of the Act – and therefore is not entitled to the deference due a contemporaneous construction of the Act. SEC v. Sloan, 436 U.S. 103, 117 (1978). Justice White attaches significance to the fact that in the first year of the Act's operation, 165 publishers of investment advisory services registered under the Act. Post, at 215. The fact that those firms deemed it advantageous to register does not demonstrate that the statute required them to do so.

2 The Commission's focus on the content of the publication to determine whether a publisher is within the exclusion represents a dramatic departure [472 U.S. 181, 208] from the objective criteria in the statute itself. As far as content is concerned, the statutory exclusion broadly encompasses every "business or financial publication" but then limits the category by a requirement that it be "bona fide," and a further requirement that it be "of general and regular circulation." Justice White makes no attempt to explain the meaning of either of these requirements, post, at 215-216, but, instead, merely emphasizes the breadth of the basic definition of an investment adviser, post, at 216-219, which admittedly is broad enough to encompass publishers. However, the basic definition must be read together with the exclusion in order to locate the place where Congress drew the line; in other words, we must give effect to every word that Congress used in the statute.

3 It is significant that the Act repeatedly refers to "clients," not "subscribers." See e. g., 15 U.S.C. 80b-1 (1), 80b-3 (b) (1), 80b-3 (b) (2), 80b-3 (b) (3), 80b-3 (c) (1) (E), 80b-6 (1), 80b-6 (2), 80b-6 (3).

的判决中，持多数意见的法官认定，“‘善意’报纸一词……是指，出版物背离惯常报纸活动的程度不足以有可能产生《投资顾问法》旨在预防过错行为”。法院的论证是，“一份出版物是否符合这一排除，取决于其做法的性质，而不是取决于表明可见的纯粹形式的‘报纸标志’，也表现于报纸订单的大小和性质”。（422 F.2d, at 1377.）法院表示关注，投资顾问“可能会选择在形式上伪装成传统报纸，借此将（信息介绍给客户）”。（Id., at 1378.）委员会引用了华尔街记录公司案判例，所作出的解释是，排除适用“仅限于以下情形：根据其内容、广告材料、读者和其他相关因素，一份出版物不是主要用于分发投资咨询的载体”。[1]

这些不同的提法重铸了制定法语言，但并没有抓住立法史的核心思想，甚至没有提到，美国国会的意图明显是要《投资顾问法》免予宪法的限制。[2]《投资顾问法》旨在适用的那些人从事投资咨询职业，他们提供针对具体客户所关心的问题的个人化咨询，可以是书面交流，也可以是口头交流。[3] 即便一份出版物包括关于具体证券的咨询和评论，并不仅仅因此而具有专业投资顾问所特有的个人化特点。因此，上诉人的出版物并不是《投资顾问法》的主要目的之所在，因为上诉人的出版物并不提供针对具体组合或任何客户具体需要的个人化咨询。相反，这些出版物是在自由、公开的市场向广大公众发行出售的——而该市场是公众论坛，其特点是所有人都可以表达其观点。

如果完全按字面解读，排除的语言所表述的似乎是上诉人的业务通信。上诉人

1 ｛Investment Advisers Act Release No. 563, 42 Fed. Reg. 2953, n.1（1977）[codified at 17 CFR 276（1984）].｝直到1977年，《投资顾问法》通过37年之后，证交会才重新拟定了排除的定义，所以不应当得到《投资顾问法》同期的解释所得到的重视。[SEC v. Sloan, 436 U.S. 103, 117（1978）.] 怀特大法官重视的是，《投资顾问法》实施第一年，165位投资顾问服务出版人根据该法注册。（Post, at 215.）这些公司认为注册对其有利，但这一事实本身并不表示《投资顾问法》要求他们这样做。

2 证交会注重出版物的内容以便确定，排除出版人是否在《投资顾问法》的排除之内（472 U.S. 181, 208），这就严重背离了制定法本身的客观标准。就内容而言，《投资顾问法》的排除范围很广，包括“商业或金融出版”，但又限制了这一类别，要求出版物是“善意的”，同时还要求其是“一般性和定期发行的”。怀特大法官并没有试图解释其中任何一项要求（Post, at 215–216），仅仅是强调了投资顾问基本定义很宽（post, at 216–219），尽管应当承认，这一定义包括出版人。但是，基本定义必须与排除一同解读，以便确定美国国会在何处划线。换言之，本院必须落实美国国会在《投资顾问法》中使用的每一个字。

3 《投资顾问法》一再提及“客户”而不是“订户”有其意义。See e.g., 15U.S.C. 80b-1（1），80b-3（b）（1），80b-3（b）（2），80b-3（b）（3），80b-3（c）（1）（E），80b-6（1），80b-6（2），80b-6（3）.

newsletters. Petitioners are "publishers of any bona fide newspaper, news magazine or business or financial publication". The only modifier that might arguably disqualify the newsletters are the words "bona fide". Notably, however, those words describe the publication rather than the character of the publisher; hence Lowe's unsavory history does not prevent his newsletters from being "bona fide". In light of the legislative history, this phrase translates best to "genuine"; petitioners' publications meet this definition: they are published by those engaged solely in the publishing business and are not personal communications masquerading in the clothing of newspapers, news magazines, or financial publications. Moreover, there is no suggestion that they contained any false or misleading information, or that they were designed to tout any security in which petitioners had an interest. Further, petitioners' publications are "of general and regular circulation".[1] Although the publications have not been "regular" in the sense of consistent circulation, the publications have been "regular" in the sense important to the securities market: there is no indication that they have been timed to specific market activity, or to events affecting or having the ability to affect the securities industry.[2]

The dangers of fraud, deception, or overreaching that motivated the enactment of the statute are present in personalized communications but are not replicated in publications that are advertised and sold in an open market.[3] To the extent that the chart service contains factual information about past transactions and market trends, and the newsletters contain commentary on general market conditions, there can be no doubt about the protected

1 Justice White relies on the testimony of witness James White to support his interpretation of the legislative history. Post, at 219–220. However, significantly, White stated that the term "investment adviser" includes "people who send out bulletins from time to time on the advisability of buying or selling stocks." Such people would not fit within the exclusion for bona fide publications of regular and general circulation. Tipsters who send out bulletins from time to time on the advisability of buying or selling stocks presumably would not satisfy the requirement of "general and regular circulation" and would fall within the basic definition of investment adviser. Thus, we do not agree with Justice White's assumption that petitioners should be equated with distributors of "tout sheets," post, at 217, n. 3. Additionally, it is extremely doubtful that any "tipsheet" or "tout sheet" could be a "bona fide," i. e., genuine, publication so as to claim the benefits of the exclusion.

2 Without actually determining how the exception is "supposed to mesh" with the basic definition, post, at 215, and without any consideration of the "general and regular" publication requirement, Justice White would adopt an extremely narrow, content-based, interpretation of the exclusion in order to preserve the Commission's ability to deal with the practice of "scalping," post, at 224. That practice is, of course, most dangerous when engaged in by a publication with a large circulation – perhaps by a columnist in an admittedly exempt publication. Cf. Zweig v. Hearst Corp., 594 F.2d 1261 (CA9 1979). Moreover, it is incorrect to assume that the only remedies against scalping are found in the Act. The mail-fraud statute would certainly be available for many violations, and the SEC has recently had success using Rule 10b-5 against a newsletter publisher. See SEC v. Blavin, 557 F. Supp. 1304 (ED Mich. 1983), aff'd, 760 F.2d 706 (CA6 1985).

3 Cf. Ohralik v. Ohio State Bar Assn., 436 U.S. 447 (1978). It is significant that the Commission has not established that petitioners have had authority over the funds of subscribers; that petitioners have been delegated decisionmaking authority to handle subscribers' portfolios or accounts; or that there have been individualized, investment-related interactions between petitioners and subscribers.

是“任何善意的报纸、新闻杂志或商业或金融出版物的出版人”。可以说，唯一可能改变业务通信性质的变数是“善意”一词。但显然这些措辞描述的是出版物而不是出版人的品德；因此，洛的不甚光彩的历史并不妨碍其业务通信是善意的。按照立法史，这一词最好是被译作“真实”。上诉人的出版物符合以下定义：其出版人只是从事出版业务，并不披着报纸、新闻杂志或金融出版物的伪装进行个人交流。此外，没有任何迹象显示，这些出版物包含任何虚假或误导信息，或是这些出版物旨在吹嘘上诉人有权益的任何证券。申言之，上诉人的出版物并属于“一般性和定期发行”。[1] 这些出版物不是“定期的”，是从连贯发行意义上来说的，但如果从对证券市场的重要性来说，这些出版物是“定期”的：没有任何迹象表明，这些出版物在时间上与具体市场活动相联动，或与影响或能够影响证券业的事件相联动。[2]

个人化交流中有可能出现欺诈、欺骗或过分夸大，是制定《投资顾问法》的动因，但如果出版物是在公开市场宣传或出售，则其中不会出现同样的危险。[3] 如果图表服务包括关于过去的交易和市场趋势的事实方面的信息，业务通信中有关于市场一般

1 怀特大法官以证人詹姆斯·怀特的证言支持其对立法史的解释。（Post，at 219–220.）但能够说明问题的是，怀特表示，“投资顾问”一词包括“那些不时就买入或卖出股票是否可取发送新闻简报的人”。这些人不符合定期发行善意出版物的排除要求。因此，怀特大法官假定应当将上诉人等同于“吹嘘页”的发送人，但本院不同意这一假定（post，at 217，n. 3）。此外，非常值得怀疑，“消息贩卖页”或“吹嘘页”能否是“善意的”（真实的出版物），因此可以要求得益于排除。

2 怀特大法官并没有真正确定相关排除如何“应当”与基本定义“匹配”（post，at 215），并没有考虑“一般性和定期”的出版要求，但却对排除作了基于内容的极其窄义的解释，以便维持证交会处理“抢帽子”的能力（post，at 224）。如果是发行量大的出版物——或许是得到豁免认可的出版物的专栏作家——上述做法最危险。［Cf. Zweig v. Hearst Corp.，594 F. 2d 1261（CA9 1979）.］此外，只能依据《投资顾问法》就“抢帽子”寻求救济的假定是不正确的。关于邮件欺诈的制定法无疑适用许多违法行为；证交会最近针对时事通信的一位发行人，成功适用《规则 10b-5》。｛See SEC v. Blavin，557 F. Supp. 1304（ED Mich. 1983），aff［d，760 F.2d 706（CA6 1985）］.｝

3 ［Cf. Ohralik v. Ohio State Bar Assn.，436 U.S. 447（1978）.］重要的是，证交会并没有确定：上诉人有权控制订户的资金；授权上诉人就订户的投资组合或账户进行决策；上诉人与订户之间存在涉及投资的个人化互动。

character of the communications,[1] a matter that concerned Congress when the exclusion was drafted. The content of the publications and the audience to which they are directed in this case reveal the specific limits of the exclusion. As long as the communications between petitioners and their subscribers remain entirely impersonal and do not develop into the kind of fiduciary, person–to–person relationships that were discussed at length in the legislative history of the Act and that are characteristic of investment adviser–client relationships, we believe the publications are, at least presumptively, within the exclusion and thus not subject to registration under the Act.[2]

We therefore conclude that petitioners' publications fall within the statutory exclusion for bona fide publications and that none of the petitioners is an "investment adviser" as defined in the Act. It follows that neither their unregistered status, nor the Commission order barring Lowe from associating with an investment adviser, provides a justification for restraining the future publication of their newsletters. It also follows that we need not specifically address the constitutional question we granted certiorari to decide.

The judgment of the Court of Appeals is reversed.

It is so ordered.

Justice White, with whom The Chief Justice and Justice Rehnquist join, concurring in the result.

The issue in this case is whether the Securities and Exchange Commission may invoke the injunctive remedies of the Investment Advisers Act, 15 U.S.C. § § 80b–1 to 80b–21, to prevent an unregistered adviser from publishing newsletters containing investment advice that is not specifically tailored to the needs of individual clients. The Court holds that it may not, because the activities of petitioner Lowe (hereafter petitioner) do not make him an investment adviser covered by the Act. For the reasons that follow, I disagree with this improvident construction of the statute. In my view, petitioner is an investment adviser subject to regulation and sanction under the Act. I concur in the judgment, however, because to prevent petitioner from publishing at all is inconsistent with the First Amendment.

---

1 Moreover, because we have squarely held that the expression of opinion about a commercial product such as a loudspeaker is protected by the First Amendment, Bose Corp. v. Consumers Union of U.S., Inc., 466 U.S. 485, 513 (1984), it is difficult to see why the expression of an opinion about a marketable security should not also be protected.

2 The Commission suggests that an investment adviser may regularly provide, in newsletter form, advice to several clients based on recent developments, without tailoring the advice to each client's individual [472 U.S. 181, 211] needs, and that this is the practice of investment advising. Brief for Respondent 34, n. 44. However, the Commission does not suggest that this "practice" is involved here; thus, we have no occasion to address this concern.

状况的信息，这些交流无疑具有受保护的性质，[1]这是起草排除规定时美国国会关注的问题。本案涉及的出版物内容以及本案面对的受众显示了排除性规定的具体局限性。只要上诉人与订户之间的交流完全是非个人性的，没有发展成为一种受信义务性的一对一关系，不是《投资顾问法》立法史中详细讨论的具有投资顾问—客户关系特点的那种关系，则本院认为，至少可以假定出版物在排除范围之内，因此，《投资顾问法》所规定的注册并不适用。[2]

因此，本院的结论是，上诉人的出版物属于善意出版物，在法定排除范围之内，没有一位上诉人是《投资顾问法》所界定的“投资顾问”。因此，无论是上诉人的非注册地位，还是禁止洛与投资顾问有联系的证交会命令，都不成为约束其未来出版业务通信的理由。因此，尽管本院允准调卷令为的是决定一个宪法问题，但已经无须具体讨论该问题了。

撤销上诉法院的判决。

就这样决定了。

怀特大法官就判决结果发表共同意见，首席大法官和伦奎斯特大法官与怀特大法官意见一致。

本案的问题是，证交会是否可以诉诸《投资顾问法》（15 U.S.C. § § 80b-1 to 80b-21）的禁止令救济，阻止未注册的投资顾问出版时事通信，其中载有并非针对各个客户需要的投资咨询。本院认定，证交会无权这样做，因为上诉人洛（上诉人）的行为没有使其成为《投资顾问法》所涵盖的投资顾问。鉴于以下原因，我不同意对《投资顾问法》作此短视的解释。依我看，上诉人是投资顾问，应当受到《投资顾问法》的规制并接受处罚。但我同意判决意见，因为对上诉人出版作任何阻止，不符合《宪法第一修正案》。

1　此外，本院已经明确认为，就扬声器这样的商品表达观点受《宪法第一修正案》的保护［Bose Corp. v. Consumers Union of U.S.，Inc.，466 U.S. 485，513（1984）］，如果就市场买卖的证券表达观点不应当受到保护，就令人难以理解。

2　证交会表示，投资顾问可以通过业务通信的形式，就近况向若干客户定期提供咨询，并不为各个客户的需要而单独提供定制咨询（472 U.S. 181，211）。这是投资咨询做法之所在。（Brief for Respondent 34，n. 44.）但证交会并没有表示，本案存在这种“做法”；因此，本院没有机会讨论该问题。

I

A

I have no quarrel with the principle that constitutional adjudication is to be avoided where it is fairly possible to do so without negating the intent of Congress. Due respect for the Legislative Branch requires that we exercise our power to strike down its enactments sparingly. For this reason,

"[w] hen the validity of an act of the Congress is drawn in question, and even if a serious doubt of constitutionality is raised, it is a cardinal principle that this Court will first ascertain whether a construction of the statute is fairly possible by which the question may be avoided." Crowell v. Benson, 285 U. S. 22, 285 U. S. 62 (1932).

But our duty to avoid constitutional questions through statutory construction is not unlimited: it is subject to the condition that the construction adopted be "fairly possible". As Chief Justice Taft warned, "amendment may not be substituted for construction, and ... a court may not exercise legislative functions to save the law from conflict with constitutional limitation." Yu Cong Eng v. Trinidad, 271 U. S. 500, 271 U. S. 518 (1926). Justice Brandeis, whose concurring opinion in Ashwander v. *TVA*, 297 U. S. 288, 297 U. S. 341-356 (1936), is frequently cited as the definitive statement of the rule of "constitutional avoidance", himself cautioned:

"The court may not, in order to avoid holding a statute unconstitutional, engraft upon it an exception or other provision... Neither may it do so to avoid having to resolve a constitutional doubt." Crowell v. Benson, supra, at 285 U. S. 76-77 (dissenting opinion). Adoption of a particular construction to avoid a constitutional ruling, Justice Brandeis stated, was appropriate only "where a statute is equally susceptible of two constructions, under one of which it is clearly valid and under the other of which it may be unconstitutional." 285 U.S. at 285 U. S. 76.

These limits on our power to avoid constitutional issues through statutory construction flow from the same principle as does the policy of constitutional avoidance itself: that is the principle of deference to the legislature's exercise of its assigned role in our constitutional system. See Rescue Army v. Municipal Court, 331 U. S. 549, 331 U. S. 571 (1947). The task of defining the objectives of public policy and weighing the relative merits of alternative means of reaching those objectives belongs to the legislature. The courts should not lightly take it upon themselves to state that the path chosen by Congress is an impermissible

I

A

只要有一定的可能，就应当避免涉及宪法的审判，只要不否定美国国会的意图即可。对此原则我并没有意见。出于对立法部门应有的尊重，本院应当少用宣布立法无效的权力。

如果国会的立法受到质疑，即便对其合宪性提出了重大质疑，本院的基本原则仍然是，首先确定是否有一定的可能，通过对该法的解释避免该问题。[Crowell v. Benson，285 U.S. 22，285 U.S. 62（1932）.]

本院有责任通过对制定法的解释避免宪法问题，但这种责任并不是无限制的：其条件是，采纳这种解释有“一定的可能”。首席大法官塔夫脱告诫说：“不能以修正代替解释……法院不得为了挽救与宪法限制有冲突的法律而行使立法权。”[Yu Cong Eng v. Trinidad，271 U.S.500，271 U.S. 518（1926）.] 布兰代斯大法官在阿斯万德尔诉TVA案 [Ashwander v. TVA， 297 U.S. 288，297 U.S. 341-356（1963）] 判例中的共同意见经常被引用，是界定“回避宪法”规则的权威陈述，布兰代斯大法官本人是这样提示的：

“法院不能为了避免认定一项制定法违宪，就将例外或其他规定强加于该制定法……法院也不能为了避免解决宪法疑点，就将例外或其他规定强加于该制定法。”[Crowell v. Benson，supra，at 285 U.S. 76-77（反对意见）.] 布兰代斯大法官指出，为了避免就宪法作出裁决而作出某一种特定解释，只有在以下情形下才是恰当的：“按照对于某一制定法的一种解释，该法显然有效，而根据另一种解释可能是违宪的，而且两种解释同样可以成立。”（285 U.S. at 285 U.S.76.）

本院避开宪法问题的权力受到各种限制，而这些限制源自的原则与避开宪法政策本身相同：这项原则就是尊重立法部门，由立法部门在宪法制度中发挥既定作用。[See Rescue Army v. Municipal Court， 331 U.S. 549， 331 U.S. 571（1947）.] 界定公共政策目标，权衡实现目标的各种方式——这些都是立法部门的任务。法院不应当轻率表示，美国国会所选择的道路并未得到许可；但法院也不能只为了避开各种宪法可能，便以国会始料不及的方式重新起草法定格局。对立法部门来说，与前者相比，后者有时更是强加于人。如果法院面临的选择是：要么认定适用某一制定法

one; but neither are the courts free to redraft statutory schemes in ways not anticipated by Congress solely to avoid constitutional difficulties. The latter course may at times be a more drastic imposition on legislative authority than the former. When the choice facing a court is between finding a particular application of a statute unconstitutional and adopting a construction of the statute that avoids the difficulty, but at the same time materially deviates from the legislative plan and frustrates permissible applications, the choice of constitutional adjudication may well be preferable.

With these guidelines in mind, I turn to consideration of the proper construction of the statute at hand.

B

The Investment Advisers Act of 1940, 54 Stat. 847, as amended, 15 U.S.C. § 80b-1 et seq., provides that persons doing business as "investment advisers" must (with certain exceptions) register with the SEC. § 80b-3 (a). The Act sets forth substantive grounds for the denial or revocation of an investment adviser's registration. § 80b-3 (e). It is unlawful for an adviser who has not registered or whose registration has been revoked, suspended, or denied to practice his trade; if he does so, he may be subject to criminal penalties, § 80b-17, or to injunction, § 80b-9 (e). In addition to penalizing those who would offer investment advice without registering, the Act contains provisions applicable to all investment advisers, whether registered or not. Most notable among these are prohibitions on certain contracts between advisers and their clients, see § 80b-5, recordkeeping requirements, see § 80b-4, and provisions that make it unlawful for advisers to engage in "fraudulent, deceptive, or manipulative" conduct, see § 80b-6.

There is no question but that, if petitioner's publishing activities bring him within the statutory definition of an "investment adviser", the Act subjects him to injunction (and, presumably, criminal penalties) if he persists in engaging in those activities. Thus, if petitioner is an "investment adviser", the constitutional questions raised by the application of the Act's enforcement provisions to his conduct must be faced.

The starting point, then, must be the definition itself:

"'Investment adviser' means any person who, for compensation, engages in the business of advising others, either directly or through publications or writings, as to the value of securities or as to the advisability of investing in, purchasing, or selling securities, or who, for compensation and as part of a regular business, issues or promulgates analyses or reports concerning securities, but does not include ... (D) the publisher of any bona fide newspaper, news magazine or business or financial publication of general and regular circulation." 15 U.S.C. § 80b-2 (a) (11).

Although petitioner does not offer his subscribers investment advice specifically

违宪，要么对该法作避开这一难题的解释，但后者同时也严重背离了立法计划，并且阻挠了本来是许可的适用，则选择判决宪法问题似乎更可取。

考虑到这些指引，我现在审查本案制定法的恰当解释。

B

经过修正(15 U.S. C. § 80b-1 et seq.)的 1940 年《投资顾问法》(54 Stat. 847)规定，从事“投资顾问”业务的人（除某些例外），必须在证交会注册。[§ 80b-3（a）.]《投资顾问法》规定了拒绝或撤销投资顾问注册的实质理由。[§ 80b-3（e）.] 任何投资顾问如果没有注册，或其注册被撤销、中止或终止，继续执业属于违法；如果执意执业，则可以对其进行刑事处罚(§ 80b-17)或发出禁止令。[§ 80b-9(e).] 除惩罚那些没有注册便提供投资咨询的人外，《投资顾问法》还载有适用所有投资顾问的规定，无论他们是否注册。其中，最显著的是：禁止投资顾问与其客户之间的某些合同（see § 80b-5）、关于保存记录的要求（see § 80b-4）以及关于投资顾问从事“欺诈、欺骗或操纵”行为属于非法的规定（see § 80b-6）。

只要上诉人因为其出版活动而被纳入“投资顾问”的法定定义，如果他坚持从事欺诈、欺骗或操纵活动，根据《投资顾问法》的规定，无疑可以对其发出禁止令(假定还可以进行刑事处罚）。因此，如果上诉人是“投资顾问”，必须面对就上诉人行为适用《投资顾问法》执法规定而产生的宪法问题。

因此，出发点必须是定义本身：

“投资顾问”，是指任何人为报酬而从事向他人提供咨询业务，直接或通过出版物或书面材料，就证券的价值或投资、买入或卖出证券是否可取向他人提供咨询，或为报酬并作为正常业务的一部分，公布或宣布关于证券的分析或被告，但不包括……（D）一般定期发行的任何善意报纸、新闻杂志或业务出版物或金融出版物的出版人。[15 U.S.C. § 80b-2（2）（11）.]

尽管上诉人没有向其订户提供针对其个人具体需要的投资咨询，也没有与这些

tailored to their individual needs, and engages in no direct communications with them, he undeniably "engages in the business of advising others ... through publications ... as to the value of securities" and "issues or promulgates analyses or reports concerning securities." Thus, he falls outside the definition of an "investment adviser" only if each of his publications qualifies as a "bona fide newspaper, news magazine or business or financial publication of general and regular circulation". The question is whether the "bona fide publications" exception is to be construed so broadly as to exclude from the definition all persons whose advisory activities are carried out solely through publications offering impersonal investment advice to their subscribers.

It is hardly crystal clear from the face of the statute how the primary definition and the "bona fide publications" exception are supposed to mesh, but the SEC has, since the Act's inception, interpreted the statutory definition of "investment adviser" to cover persons whose activities are limited to the publication of investment advisory newsletters or reports such as those published by petitioner. At the conclusion of the Act's first year of operation, the Commission reported that of the approximately 750 persons and firms registering under the Act, "165 firms indicated that their investment advisory service consisted only of the sale of uniform publications." Seventh Annual Report of the Securities and Exchange Commission, Fiscal Year Ended June 30, 1941, p. 35 (1942). [1] Since that time, it appears that the Commission has consistently and routinely applied the Act to the publishers of newsletters offering investment advice. See e.g., SEC v. Capital Gains Research Bureau, Inc., 375 U. S. 180 (1963); In re Todd, 40 S.E. C. 303 (1960); see also Lovitch, The Investment Advisers Act of 1940 — Who Is an "Investment Adviser"?, 24 Kan.L.Rev. 67 (1975). [2] The SEC's longstanding position that publishers of newsletters offering investment advice are investment advisers for purposes of the Act reflects a construction of the "bona fide publications" exception as

"applicable only where, based on the content, advertising material, readership, and other relevant factors, a publication is not primarily a vehicle for distributing investment advice."Applicability of Investment Advisers Act to Certain Publications, SEC Release No. IA-563, 42 Fed.Reg. 2953 (1977), codified at 17 CFR § 276 (1984); cf. SEC v. Suter, 732 F.2d 1294 (CA7

1 The Court argues that this fact is without significance, as it proves only that publishers found it to be to their own advantage to register. But the SEC's matter-of-fact announcement of the number of publishers registering under the Act establishes something else: from the beginning, the SEC assumed the Act applied to such publishers.

2 In 1963, the Commission explained its view of the coverage of the Act as follows:

"The investment advisers who are required to register with the Commission under the Investment Advisers Act are certain firms (or individuals) engaged in the business of advising others for a fee on the value of the securities or the desirability of buying or selling securities. For the most part, they fall into one of two groups: Those publishing advisory services and periodic market reports for subscribers, and those offering supervision of individual clients' portfolios."

Report of Special Study of Securities Markets of the Securities and Exchange Commission, H.R.Doc. No. 95, 88th Cong., 1st Sess., pt. 1, p. 146 (1963).

订户直接联系，但不可否认的是，他从事了“向他人提供咨询的业务……通过出版物……就证券的价值向他人提供咨询”并且“发布或宣布关于证券的分析或报告”。因此，只有上诉人的每份出版物都符合“善意报纸、新闻杂志或一般定期发行的业务出版物或金融出版物”的条件，他才不在“投资顾问”定义的范畴之内。问题是，对“善意出版物”的例外是否能够作如此广义的解释：只要从事咨询活动时，仅仅是通过出版物向订户提供非个人化的投资咨询，从事此类咨询活动的所有人都可以被排除在该定义之外。

投资顾问的主要定义与“善意出版物”的例外理应和谐并存，但从《投资顾问法》表面上来看，绝非明确无疑。但自《投资顾问法》问世以来，证交会对《投资顾问法》关于“投资顾问”定义的解释一直是，定义所涵盖的人所从事的活动只限于出版投资咨询时事通信或报告，如上诉人出版的时事通信或报告。《投资顾问法》实施后第一年，证交会报告说，大约 750 位（家）个人和公司根据该法注册，“165 家公司表示，其投资咨询服务仅限于出售统一的出版物”。[Seventh Annual Report of the Securities and Exchange Commission，Fiscal Year Ended June 30，1941，p. 35（1942）.][1] 此后，证交会似乎一直例行将《投资顾问法》适用于提供投资咨询的时事通信的出版人。[See e.g.，SEC v. Capital Gains Research Bureau，Inc.，375 U.S. 180（1963）；In re Todd，40 SEC 303（1960）；see also Lovitch，The Investment Advisers Act of 1940—Who Is an “Investment Adviser”?，24 Kan. L.Rev. 67（1975）.][2] 长久以来，证交会的立场是，就《投资顾问法》而言，提供投资咨询时事通信的出版人，是投资顾问。这一立场反映了对“善意出版物”的例外的如下解释：

适用的前提只能是，基于内容、广告材料、读者群和其他相关因素，出版物主要不是用于分发投资咨询的载体。[Applicability of Investment Advisers Act to Certain Publications，SEC Release No. IA-563，42 Fed. Reg. 2953（1977），codified at 17 CFR § 276（1984）；cf. SEC v. Suter，732 F. 2d 1294（CA7 1984）；SEC v. Wall Street

---

1 本院提出，该事实并无意义，因为该事实仅证明，出版人发现注册对自己有利。但证交会理所当然地宣布了根据《投资顾问法》注册的出版人的人数，由此确定了另一点：证交会从一开始就认为《投资顾问法》适用这类人。

2 1963 年证交会对其关于《投资顾问法》的适用范围的观点作如下解释：“投资顾问必须根据《投资顾问法》予以注册，这些公司（或个人）从事为收费而提供关于证券价值或买入或卖出证券是否可取的业务。在大多数情形下，他们属于两类中的一类：那些为订户出版投资咨询服务定期报告的是一类，那些为个人客户投资组合提供督导的是另一类。”[Report of Special Study of Securities Markets of the Securities and Exchange Commission，H.R.Doc.No.95，88th Cong.，1st Sess.，pt.1，p.146（1963）.]

1984); SEC v. Wall Street Transcript Corp., 422 F.2d 1371(CA2), cert. denied, 398 U.S. 958(1970).

An agency's construction of legislation that it is charged with enforcing is entitled to substantial weight, particularly when the construction is contemporaneous with the enactment of the statute. See Skidmore v. Swift & Co., 323 U. S. 134, 323 U. S. 140 (1944). In cases where the policy of constitutional avoidance must be considered, however, the administrative construction cannot be decisive. See United States v. Clark, 445 U. S. 23, 445 U. S. 33, n. 10 (1980). We must, therefore, turn to other guides to the meaning of the statute to determine whether a reasonable construction of the statute is available by which petitioner can be excluded from the category of investment advisers and the constitutional issues thereby be avoided.

Any construction that expands the "bona fide publications" exception beyond the bounds set by the SEC, however, poses great difficulties. If the exception is expanded to include more than just publications that are not primarily vehicles for distributing investment advice, it is difficult to imagine any workable definition that does not sweep in all publications that are not personally tailored to individual clients. Indeed, it appears that this is precisely the definition the Court adopts. [1] But such an expansive definition of the exception renders superfluous certain key passages in the primary definition of an "investment adviser": one who engages in the business of rendering investment advice "either directly or through publications or writings" or who "issues or promulgates analyses

1 The Court suggests that "tipsters" and "touts" might not qualify under its reading of the "bona fide publications" exception either because their publications are not sufficiently regular or because their advice is not sufficiently disinterested. Both suggestions seem implausible. As is evident from the Court's conclusion that petitioner's publications meet the regularity requirement, the Court's construction of the requirement adopts the view of our major law reviews on the issue of regular publication: good intentions are enough. Thus, if a "tout" or "tipster" promised to publish his recommendations at more or less regular intervals, he, like petitioner, would meet the regularity requirement. Moreover, a truly "hit and run" practitioner—one who did not even claim an intention of issuing further recommendations—would not fall within the definition of an "investment adviser," because he would not be deemed to "engag[e] in the business" of advising others. See Applicability of Investment Advisers Act to Certain Publications, SEC Release No. IA-563, 42 Fed.Reg. 2953 (1977), codified at 17 CFR § 276 (1984). As for the Court's suggestion that "touts" and "tipsters" might not qualify under the exception if their advice was not disinterested, it appears completely unfounded: nowhere in the language or history of the Act is there any suggestion that whether a person is an investment adviser depends on whether his advice is disinterested. In addition, in suggesting that the character of the adviser's advice determines whether he falls within the "bona fide publications" exception, the Court contradicts itself. At one point, it states that the exception is based on "objective" criteria, and it purports to eschew a content-based interpretation of the term "bona fide." See ante at 472 U. S. 207-208, n. 53. At another, the Court suggests that publications that offer advice that is not disinterested are not "bona fide." See ante at 472 U. S. 207-209, and n. 55. It is hard to understand why the Court prefers its content-based reading to the SEC's, particularly given that the SEC's reading is much simpler to apply in practice: if a publication is primarily a device for offering investment advice, it is not a "bona fide" newspaper, news magazine, or business or financial publication. Under the Court's reading, the SEC would have to force the publisher to disclose his own financial holdings, and then compare his recommendations with his stock holdings, in order to determine whether his publications were "bona fide." This requirement would be self-defeating, since the SEC has no authority under the Act to order such disclosures by anyone whom it does not already know to be an investment adviser.

Transcript Corp.，422 F.2d 1371（CA2），cert. denied，398 U.S. 958（1970）.]

如果一家机构负责一项制定法的执法，该机构对该法作出解释，理应很有分量，尤其是如果该解释与该法的立法是同一时期的。[See Skidmore v. Swift & Co., 323 U.S. 134，323 U.S. 140（1944）.] 但如果需要考虑避开宪法的政策，则行政机构的解释不是决定性的。[See United States v. Clark，445 U.S. 23，445 U.S. 33，n. 10（1980）.] 因此，本院必须借助关于《投资顾问法》意思的其他指引，以确定对《投资顾问法》是否可以作合理解释，将上诉人排除在投资顾问的类别之外，从而避开宪法问题。

但是，任何解释如果扩大了"善意出版物"例外的范围，超出了证交会设定的边界，则会产生很大的难题。如果扩大例外，其范围包括主要不是用于分发投资咨询的载体的出版物，那就很难设想，任何可用的定义不会包括所有不是根据客户个人化定制的出版物。的确，本院所采纳的定义似乎就是这个意思。[1] 但例外的定义若是如此之宽，那么"投资顾问"的主要定义的某些关键内容便会形同虚设；主要定义是：投资顾问从事提供投资咨询的业务，"直接或通过出版物或书面材料"或"公布或宣布关于证券的分析或报告"。若是美国国会真的有意让"善意出版物"的例外包括所有出版物，那就难以设想，"投资顾问"的主要定义会转折性地提及直接提供咨询的人和通过出版物、分析或报告提供咨询的人。同样，并不清楚，如果美

1 本院表示，根据本院的解读，"内幕消息贩卖者"和"吹嘘者"可能并不符合"善意出版物"的例外，或是因为这些出版物不够定期，或是因为这些出版物不够中立。这两个意思似乎都难以成立。本院的结论是，上诉人的出版物满足了定期的要求，这就明确显示，本院对要求的解释采纳了本院对定期出版物进行重大法律审查的观点：好的意图就已足够。因此，如果"吹嘘者"或"内幕消息贩卖者"承诺，按大致定期的间隔出版推荐，则与上诉人一样，满足了定期要求。此外，任何人如果真的是"打一枪换一个地方"——甚至不表示会再发布任何推荐——并不属于"投资顾问"定义的范畴，因为他并不被视为"从事"向他人提供咨询的业务。[See Applicability of Investment Advisers Act to Certain Publications，SEC Release No. IA-563，42 Fed. Reg. 2953（1977），codified at 17 CFR & 276（1984）.] 本院表示，如果"吹嘘者"或"内幕消息贩卖者"并非没有利害关系，则可能并不符合例外的条件。这一立场似乎毫无根据：《投资顾问法》的语言或历史没有任何内容表示，任何人是否是投资顾问，取决于其提供的咨询是否没有利害关系。此外，本院表示，顾问的咨询特点决定其是否属于"善意出版物"的例外，这就自相矛盾了。本院曾表示，例外基于"客观"标准，本院似乎是要避开对"善意"一词作基于内容的解释。（See ante at 472 U.S. 207-208，n. 53.）但本院又曾表示，如果出版物提供的咨询不是中立的，就不是"善意的"。（See ante at 472 U.S. 207-209，and n. 55.）很难理解，为什么本院认为，本院基于内容的解读优于证交会的解读，尤其是考虑到，证交会的解读在实践中更便于适用：如果出版物主要是用于提供咨询的方式，则不属于"善意"的报纸、新闻杂志或商业或金融出版物。根据本院的解读，证交会是要迫使金融出版人披露其所持股份，然后将其推荐与其持股作比较，以确定其出版物是否是"善意的"。这一要求无法自圆其说，因为根据《投资顾问法》的规定，证交会无权要求证交会尚不知道是投资顾问的任何人进行披露。

or reports concerning securities." Had Congress intended the "bona fide publications" exception to encompass all publications, it is difficult to imagine why the primary definition of "investment adviser" should have spoken in the disjunctive of those who rendered advice directly and those who rendered it through publications, analyses, or reports. Nor is it clear why Congress would have chosen the adjective "bona fide" had it not intended that the SEC look beyond the form of a publication in determining whether it fell within the exception.[1] The construction of the Act that would exclude petitioner from the category of investment advisers because he offers his advice through publications thus conflicts with the fundamental axiom of statutory interpretation that a statute is to be construed so as to give effect to all its language. Connecticut Dept. of Income Maintenance v. Heckler, 471 U. S. 524, 471 U. S. 530, and n. 15 (1985); Reiter v. Sonotone Corp., 442 U. S. 330, 442 U. S. 339 (1979).

Nothing in the legislative history of the statute supports a construction of "investment adviser" that would exclude persons who offer investment advice only through such publications as newsletters and reports. Although there is very little discussion of the issue, it is significant that, in the hearings on the proposed legislation, representatives of both the SEC and the investment advisers expressed their view that the Act would cover the publishers of investment newsletters. David Schenker, the Chief Counsel of the SEC Investment Trust Study and one of the primary architects of the proposed legislation, explained that the term "investment advisers", as used in the Act, "encompasses that broad category ranging from people who are engaged in the profession of furnishing disinterested,

---

1 The Second Circuit's explication of the use of the term "bona fide" in the statute is instructive:

"Section 202 (a) (11) of the Act lists a number of examples of persons or entities whose activities might fall within the broad definition of 'investment adviser', but whose customary practices would not place them in the special, otherwise unregulated, fiduciary role for which the law established standards.... The phrase 'bona fide' newspapers, in the context of this list, means those publications which do not deviate from customary newspaper activities to such an extent that there is a likelihood that the wrongdoing which the Act was designed to prevent has occurred. The determination of whether or not a given publication fits within this exclusion must depend upon the nature of its practices, rather than upon the purely formal 'indicia of a newspaper' which it exhibits on its face and in the size and nature of its subscription list."

SEC v. Wall Street Transcript Corp., 422 F.2d 1371, 1377, cert. denied, 398 U.S. 958 (1970). The Second Circuit's reasoning provides firm support for the SEC's position that the point of the "bona fide publications" exception is to differentiate publications devoted solely or primarily to the provision of investment advice from publications that contain more diversified or general discussions of news events and business or financial topics. The aim of the Act is the protection of the investing public against fraud or manipulation on the part of advisers. Viewed in light of this purpose, a publication that is no more than a vehicle for investment advice is an obvious target for regulatory measures: it makes sense to treat the entire publication as an adviser, and to impose liability on the publication itself in the case of fraud or manipulation. On the other hand, the publisher of a publication that presents diverse forms of information and is not narrowly focused on the provision of investment advice is not so likely to engage in abusive practices. Thus, it is logical to treat the publication itself as a "bona fide publication" and to exempt its publisher from classification as an investment adviser. Individual writers who make it their business to offer investment advice to the publication's readers on a regular basis, however, may still be covered. See Lovitch, The Investment Advisers Act of 1940 — Who Is an "Investment Adviser"?, 24 Kan.L.Rev. 67, 94, n. 222 (1975) (noting SEC staff's position that columnists who offer investment advice in exempt publications are investment advisers).

国国会没有要求证交会在确定出版物是否在例外范围之内时，应当不只是考虑出版物的形式，那么国会为什么要选择形容词——“善意的”。[1] 如果《投资顾问法》被解释为，因为上诉人通过出版物提供咨询，所以上诉人就被排除在投资顾问的范畴之外，这种解释就会与解释制定法的根本原则发生冲突。该原则是：解释制定法，必须一字不漏。［Connecticut Dept. of Income Maintenance v. Heckler，471 U.S. 524，471 U.S. 530，and n. 15（185）；Reiter v. Sonotone Corp.，442 U.S. 330，442 U.S. 339（1979）.］

《投资顾问法》的立法史中没有任何内容可以作为依据，将“投资顾问”解释为排除了那些只通过业务通信和报告之类出版物提供咨询的人。尽管对该问题的讨论甚少，但颇有意味的是，在就所提议的立法举行听证中，证交会和投资顾问的代表们都表达了这一观点：《投资顾问法》涵盖投资新闻通信的出版者。证交会投资信托研究首席法律顾问戴维·中克尔也是所提议的立法的主要设计师之一。按照他的解释，《投资顾问法》中所用“投资顾问”一词，包含广泛的类别，其人员有从事提供中立咨询业务的人，他们没有个人利害关系，咨询对象是公众中特定阶层的人，而投资顾问的另一极端是一些个人，他们或掌握内幕消息贩卖组织，或通过邮件送发股票市场通信。［Hearings on S. 3580 before a Subcommittee of the Senate

1　第二巡回法院对《投资顾问法》的“善意”一词的解释有指导意义：

《投资顾问法》第 202（a）（11）条列出一批个人或实体的例子，他们的活动有可能属于“投资顾问”的广义定义的范畴内，但从习惯做法来看，其他方面并不受到规制，并不具有特殊的受信人的作用，该作用的标准由《投资顾问法》设立……在这份名单的范畴中，“善意”报纸是指那些虽然偏离了常规性报纸活动，但背离程度还不足以出现下述可能：《投资顾问法》旨在预防的过错行为已经出现。确定出版物是否属于这一排除的范畴，必须取决于其做法，而不是取决于纯粹形式性的“报纸标志”，这种标志是表面的，反映在订单的大小和性质上。

［SEC v. Wall Street Transcript Corp.，422 F.2d 1371，1377，cert. denied，398 U.S. 958（1970）.］第二巡回法院的论证为证交会的立场提供了坚实的支持。证交会的立场是：规定“善意出版物”的例外，为的是区分完全或主要是提供投资咨询的出版物与载有更多关于新闻事件和商业或金融话题的多样性或一般性讨论的出版物。《投资顾问法》的目的是保护投资公众，不受投资顾问的欺诈或操纵。就此目的来看，如果出版物只是提供投资咨询的载体，则显然是规制措施的对象：将整个出版物作为投资顾问是有道理的，如果出现欺诈或操纵，应当追究出版物的法律责任。但是，如果出版物介绍多种形式的信息，而不是侧重提供投资咨询的狭窄范围，则其出版人不太可能妄为。因此，将该出版物作为“善意出版物”，并将其出版人从投资顾问的类别中予以排除，也是合乎逻辑的。但是，如果作者个人定期向出版物的读者提供投资咨询，将此作为其业务，则仍然可能被涵盖。［See Lovitch，The Investment Advisers Act of 1940—Who Is an “Investment Adviser”?，24 Kan. L. Rev. 67，94，n. 222（1975）（需要指出，证交会工作人员的立场是，在受豁免的出版物上提供投资咨询的专栏作家是投资顾问）.］

impartial advice to a certain economic stratum of our population to the other extreme, individuals engaged in running tipster organizations, or sending through the mails stock market letters."Hearings on S. 3580 before a Subcommittee of the Senate Committee on Banking and Currency, 76th Cong., 3d Sess., 47 (1940) (hereafter Senate Hearings).

In the later House hearings, James White, a representative of a Boston investment counsel firm who was among the industry spokesmen who cooperated with the SEC in the later stages of the drafting of the bill, expressed the same view of the scope of the statutory definition in its final form:

"the term includes people who send out bulletins from time to time on the advisability of buying or selling stocks, or even giving tips on cheap stocks, and goes all of the way from that to individuals and firms who undertake to give constant supervision to the entire investments of their clients on a personal basis, and who even advise them on tax matters and other financial matters which essentially are not a question of choice of investments." [1] 5 Hearings on H.R. 10065 before a Subcommittee of the House Committee on Interstate and Foreign Commerce, 76th Cong., 3d Sess., 87 (1940).

Later in his testimony, White specifically explained to Representative Boren that persons whose advice was furnished solely through publications were not excepted from the class of investment advisers as defined in the Act. See id., at 90–91. [2] And although the House and Senate Reports are in the main silent on the question of the extent to which advisers operating solely through publications are governed by the Act, the Senate Report does at least make clear that a personal relationship between adviser and client is not a sine qua non of an investment adviser under the statute: the Report states that the Act "recognizes that with respect to a certain class of investment advisers, a type of personalized relationship may exist with their clients." S.Rep. No. 1775, 76th Cong.,

---

1 The Court correctly points out that Mr. Schenker's statement was made before the "bona fide publications" exception was in its final form and before the inclusion in the record of the Subcommittee hearings of the Illinois report that suggested that regulation of publishers might raise First Amendment problems. The Court neglects to acknowledge that Mr. White's statement postdated both the submission of the report to the Senate Subcommittee and the amendment of the Act's definition to its final form. White's statement is a plain indication that the drafters of the bill had not changed their position since the inception of the Senate hearings: publishers were still viewed to be within the Act.

The Court also suggests that its interpretation of the scope of the exception is consistent with White's statement that persons who "send out bulletins from time to time" offering investment advice are investment advisers. Such persons, the Court suggests, would not meet the "regularity" requirement of the "bona fide publications" exception. But the Court's own loose construction of the requirement belies this argument: petitioner himself, at best, can be described as a person who sends out bulletins "from time to time." If the timeliness of petitioner's publications is sufficient to meet the Act's regularity requirement, it is hard to imagine a publisher who could not qualify.

2 The Court argues that my interpretation of the exchange between Boren and White is incorrect. I am at a loss to understand this contention. To my mind, the colloquy, as reprinted by the Court, unambiguously supports my reading Representative Boren asked Mr. White why persons who dispensed investment advice through publications should be excluded from the category of investment advisers. White answered the question by pointing out that its premise was incorrect. Boren was reading the wrong definition. The clear implication was that the correct definition did include such publishers, and Boren's last remark — "that clarifies it for me" — indicates that he took the point.

Committee on Banking and Currency，76th Cong.，3d Sess.，47（1940）（hereafter Senate Hearings）.］

在后来举行的众议院听证会上，詹姆斯·怀特就投资顾问的最终形式的法定定义范围表达了相同观点。詹姆斯·怀特是波士顿的一家投资咨询顾问公司的代表，是行业代言人之一，在法案起草的后阶段与证交会合作。詹姆斯·怀特的观点如下：

该词包括不时发送新闻简报的人，新闻简报的内容涉及买入或卖出股票是否可取，甚至还包括就廉价股票提供信息的人，该词范围很广，还包括向其客户提供有关客户的整个投资的个性化持续督导的个人和公司，此类个人和公司还就税务和其他财务事项向客户提供咨询，而此类事项本质上并不是投资选择的问题。[1]［5 Hearings on H.R. 10065 before a Subcommittee of the House Committee on Interstate and Foreign Commerce，76th Cong.，3d Sess.，87（1940）.］

此后在其证言中，怀特向众议员博伦具体解释说，并不因为任何人仅通过出版物提供咨询就将其排除在《投资顾问法》所界定的投资顾问类别之外。（See id.，at 90–91.）[2]对于《投资顾问法》在多大程度上规制仅通过出版物运营的投资顾问的问题，众议院和参议院的报告基本没有发表意见，但参议院报告至少明确了一点，就《投资顾问法》所规定的投资顾问而言，投资顾问与客户之间的个人关系并不是无之则不然：[*]报告指出，《投资顾问法》“认可，某种类别的投资顾问与其客户之

1　本院正确地指出，申克尔作陈述是在“善意出版物”例外最终形式出现之前，也是在小组委员会听证记录中，包括在伊利诺伊州报告之前。伊利诺伊州报告表示，对出版人进行规制，可能会引起《宪法第一修正案》的问题。本院忽略的是，怀特先生陈述的日期是在向参议院小组委员会提交该报告之后，也是在将《投资顾问法》的定义修订为其最终形式之后。怀特的陈述明显表示，参议院开始听证之后，法案的起草人并没有改变其以下立场：仍然认为出版人属于《投资顾问法》的范畴。

本院还表示，对例外范畴的解释符合怀特的陈述，即任何人“不时发送提供投资咨询的新闻简报”，就是投资顾问。本院表示，此类人并不符合“善意出版物”例外的“定期”要求。但本院自己对该要求作了宽松的解释，与其论点相矛盾：上诉人至多可以被描述为是“不时”发送新闻简报的人。如果上诉人的出版物在定期方面能够符合《投资顾问法》对定期的要求，则难以设想任何出版人不符合该条件。

2　本院提出，我对博伦与怀特之间的对话所作的解释是不正确的。我对此不得其解。在我看来，本院重复照搬的谈话明确无误地支持了我的解释。众议员博伦问怀特先生，为什么任何人通过出版物发送投资咨询，就应当被排除在投资顾问的类别之外。怀特回答问题时指出，问题的前提就不对。博伦当时读的定义是错的。显然，其含义明显是，正确的定义包括这些出版人，而博伦的最后一句话是：“这就为我澄清问题了。”——这正好说明，博伦明白这点了。

*　原文拉丁文“*sine qua non*”，意指不可缺少的前提和条件。——译者注

3d Sess., 22 (1940).[1]

---

1 In reaching the opposite conclusion, the Court relies on a hodgepodge of materials that are either completely irrelevant or reflect approaches that were explicitly rejected by the framers of the statute. For example, the Court correctly notes that the SEC Report that was in large measure the impetus for the Investment Advisers Act restricted its attention to "investment counsel" — that is, investment advisers maintaining a personal relationship with individual clients. See Investment Trusts and Investment Companies, Report of the Securities and Exchange Commission, Pursuant to Section 30 of the Public Utility Holding Company Act of 1935, Investment Counsel, Investment Management, Investment Supervisory, and Investment Advisory Services, H.R.Doc. No. 477, 76th Cong., 2d Sess. (1939). But imputing the narrow focus of the Report to the Act itself would be a serious mistake, for the Act explicitly covers investment advisers who cannot be described as "investment counsel." This is evident from § 208 (c) of the Act, which provides that no investment adviser may hold himself out as "investment counsel" unless "a substantial part of his ... business consists of rendering investment supervisory services" — "investment supervisory services" being defined by § 202 (a) (13) of the Act as "the giving of continuous advice as to the investment of funds on the basis of the individual needs of each client." The Act could not be clearer: not all "investment advisers" under the Act are "investment counsel". The Act's careful distinction between "investment counsel" and the other investment advisers subject to its provisions leaves no doubt that the framers of the Act intended it to cover advisers not engaged in personal investment counseling, as well as "investment counsel." For this reason, it can by no means be said that the SEC Report's focus on "investment counsel" limits the scope of the Act.

The Court's reliance on the self-serving statements of industry representatives regarding the importance of their personal relationships with their clients is similarly misplaced. First, it is abundantly clear that the investment counsel who testified before the Senate Subcommittee were not suggesting that only advisers with personal relationships with their clients should be covered by the Act — far from it. Rather, the import of their statements was that reputable "investment counsel" who had a personal fiduciary relationship with their clients did not require federal regulation (unlike the "touts and tipsters" whom these investment counselors unanimously reviled).

Second, it appears that the primary problem these "investment counsel" had with the Act was their fear that it would require them to disclose confidential communications with their clients. This concern was dealt with through the insertion into the Act of § 210 (c), which provides that

"[n]o provision of this subchapter shall be construed to require, or to authorize the Commission to require any investment adviser engaged in rendering investment supervisory services to disclose the identity, investments, or affairs of any client of such investment adviser, except insofar as such disclosure may be necessary or appropriate in a particular proceeding or investigation having as its object the enforcement of a provision or provisions of this subchapter."

15 U.S.C. § 80b-10 (c). The references in the House and Senate Reports to the "care [that] has been taken ... to respect this relationship between investment advisers and their clients", see ante at 472 U. S. 201, obviously refer to this provision for confidentiality and to the provision restricting the class of investment advisers who may claim the title "investment counsel". The Reports' references to adviser-client relationships thus by no means suggest that the Act limited its definition of "investment advisers" to those who offered personalized services. Indeed, § 210 (c) of the Act, in referring to "investment advisers engaged in rendering investment supervisory services" — that is, "the giving of continuous advice as to the investment of funds on the basis of the individual needs of each client" — makes quite clear that some persons defined as "investment advisers" under the Act do not offer such personalized services.

The Court also errs in relying on the Illinois report reprinted in the Senate Hearings as authority for the notion that Congress intended to exclude all publishers from the definition of "investment adviser" in order to avoid constitutional difficulties. See ante at 472 U. S. 197-199. This report cannot bear the weight the Court places on it. The discussion in the report — buried in a document placed into the record after weeks of hearings — contains the only mention in the legislative history of the Act of the potential First Amendment difficulties raised by including publications within the category of investment advisers. Still more significant is the definite rejection of the report's recommended solution to the First Amendment problem by the drafters of the Act. The report's recommendation was that any legislation regulating "investment counselors" should "carefully defin[e] the term 'investment counselor' so as to exclude".

"any person or organization which engages in the business of furnishing investment analysis, opinion, or advice solely through publications distributed to a list of subscribers, and not furnishing specific advice to any client with respect to securities, and also persons or organizations furnishing only economic advice, and not advice relating to the purchase or sale of securities." Senate Hearings at 1009.

This approach, the report noted, was "generally the same as that used by the [SEC] in limiting the scope of its report on investment counsel organizations." Ibid. The Act, of course, did not carefully exclude persons who furnished advice through publications — it expressly included them in its definition. Moreover, the Act's provisions make it quite clear that the definition of "investment adviser" in § 202 (a) (11) is more expansive than the definition of "investment counsel" used in the SEC study and in § 208 (c) of the Act itself.

间可能存在个人化关系。”［S. Rep. No. 1775，76th Cong.，3d Sess.，22（1940）.］[1]

1 本院得出相反结论，所依据的材料杂乱无章，内容或者毫不相关，或者反映出《投资顾问法》的制定者明确否定的做法。例如，本院正确地指出，证交会的报告在很大程度上推动了《投资顾问法》的问世，但证交会的报告只关注“投资咨询顾问”——那些与各客户保持个人关系的投资顾问。［See Investment Trusts and Investment Companies，Report of the Securities and Exchange Commission，Pursuant to Section 30 of the Public Utility Holding Company Act of 1935，Investment Counsel，Investment Management，Investment Supervisory，and Investment Advisory Service，H.R.Doc. No. 477，76th Cong.，2d Sess.（1939）.］但将证交会报告的狭窄关注点强加给《投资顾问法》是严重的错误，因为《投资顾问法》明文涉及不能被说成是“投资咨询顾问”的投资顾问。《投资顾问法》第208（c）条表明了这点。该条规定，任何人都不能表示自己是“投资咨询顾问”，除非“其……业务的很大一部分是提供投资督导服务”——《投资顾问法》第202（a）（13）条将“投资督导服务”界定为“根据每位客户的各自需要而就资金的投资提供持续咨询”。《投资顾问法》再清楚不过了：并不是《投资顾问法》下的所有“投资顾问”都是“投资咨询顾问”。《投资顾问法》注意将“投资咨询顾问”与适用《投资顾问法》规定的其他投资顾问区别开来，无疑表明《投资顾问法》的制定者的意图是，《投资顾问法》既适用于“投资咨询顾问”，也适用于并非从事个人投资咨询的顾问。鉴于这一原因，绝对不能说证交会报告侧重“投资咨询顾问”，因此就限制了《投资顾问法》的适用范围。

行业代表就其与客户的关系的重要性发表看法，是对其有利的一面之词，本院依赖其陈述也同样不妥。首先，非常清楚的是，在参议院小组委员会作证的投资咨询顾问并没有表示，《投资顾问法》应当只涵盖那些与其客户有个人关系的顾问——远非如此。恰好相反，他们陈述的要义是，那些与其客户有受信关系的“投资咨询顾问”，只要声誉好，就不需要联邦规制（不同于“吹嘘者”和“内幕消息贩卖者”，他们为所有投资咨询顾问所不齿）。

其次，“投资咨询顾问”在《投资顾问法》方面的主要问题似乎是，他们担心会被要求披露与其客户的保密交流。为此在《投资顾问法》中加入了第210（c）条。该条规定：

本分章的规定不应当被解释为要求或授权委员会要求任何从事提供投资督导服务的投资顾问披露该投资顾问的客户的身份、投资或事务，除非披露前述信息对于以执行本分章的规定或若干规定为目的的特定程序或调查是必要或恰当的。［15U.S.C. §80b-10（c）.］众议院报告和参议院报告提到，已经注意尊重……投资顾问与其客户之间的关系（see ante at 472 U.S. 201），显然是指该保密规定，显然是指对有可能自称为“投资咨询顾问”的那类投资顾问进行约束的规定。因此，两份报告提到顾问—客户关系，但这绝不是表示，《投资顾问法》将其“投资顾问”的定义限于那些提供个人化服务的人。确实，《投资顾问法》第210（c）条提到“从事提供投资督导服务的投资顾问”——“根据每位客户的各自的需要而就资金的投资提供持续咨询”——就是明确表示，《投资顾问法》下被界定为“投资顾问”的某些人并不提供个人化服务。

本院错误地依赖参议院听证中重印的伊利诺伊州报告，作为以下观点的权威根据：美国国会有意将所有出版人排除在“投资顾问”之外，以避免宪法方面的困难。（See ante at 472 U.S. 197-199.）这份报告难以承受本院给其的重负。报告中的讨论——埋藏于数周听证后记录中的一份文件内——是《投资顾问法》立法史上仅有的一次，提到在投资顾问类别中包括出版物有可能会产生《宪法第一修正案》的各类问题。而且更重要的是，《投资顾问法》的制定者明确否定报告所建议的解决《宪法第一修正案》问题的办法。该报告的建议是，规制“投资策划顾问”的任何立法应当“小心界定‘投资策划顾问’一词，以便排除”。

“从事提供投资分析、观点或咨询业务的任何人或组织，仅通过向名单上的订户分销出版物，并不就证券向任何客户提供具体咨询，以及仅提供经济咨询、不提供有关买入或卖出证券咨询的人或组织。”（Senate Hearings at 1009.）

该报告指出，这种做法“基本上与证交会的做法相同，报告范围仅限于投资咨询顾问组织”。（Ibid.）当然，《投资顾问法》并没有仔细排除通过出版物提供咨询的人——而是明确地将其包括在定义之中。此外，《投资顾问法》的规定非常清楚，第202（a）（11）条中“投资顾问”的定义更加宽泛，超出证交会的报告和《投资顾问法》第208（c）条中所使用的“投资咨询顾问”的定义。

The subsequent legislative history of the Act testifies to Congress' continuing belief that the legislation it has enacted applies to publishers of investment advice as well as to persons who offer personal investment counseling. In 1960, Congress substantially expanded the penalties available to the Commission for use against unregistered advisers and advisers engaged in fraudulent or manipulative activities. Pub.L. 86–750, 74 Stat. 885. In describing the scope of the legislation, the Senate Report explained that:

"[t]hose defined as investment advisers by the act range from investment counsel firms, brokers whose advice is not incidental to their business, financial publishing houses not of general circulation, tout sheets, and others."S.Rep. No. 1760, 86th Cong., 2d Sess., 2 (1960). In 1970, Congress again expanded the enforcement authority of the SEC, see Pub.L. 91-547, 84 Stat. 1430; and again, the Senate Report explained that the Act "regulates the activities of those who receive compensation for advising others with respect to investments in securities or who are in the business of issuing analyses or reports concerning securities."S.Rep. No. 91-184, p. 43 (1969).

A construction of the Act that excludes publishers of investment advisory newsletters from the definition of "investment adviser" not only runs counter to the statute's language, legislative history, and administrative construction, but also frustrates the policy of the Act by preventing apparently legitimate applications of the statute. The SEC has long been concerned with the problem of fraudulent and manipulative practices by some investment advisory publishers — specifically, with the problem of "scalping", whereby a person associated with an advisory service

"purchas[es] shares of a security for his own account shortly before recommending that security for long-term investment, and then immediately sell[s] the shares at a profit upon the rise in the market price following the recommendation." SEC v. Capital Gains Research Bureau, Inc., 375 U. S. 180, 375 U. S. 181 (1963). An SEC study issued in 1963 emphasized that this practice is most dangerous when engaged in by an "advisory service with a sizable circulation" — that is, a newsletter or other publication — whose recommendation "could have at least a short-term effect on a stock's market price." Report of Special Study of Securities Markets of the Securities and Exchange Commission, H.R. Doc. No. 95, 88th Cong., 1st Sess., pt. 1, p. 372 (1963). The SEC study concluded that scalping was a serious problem within the investment advisory industry. See id., at 371-373.

In SEC v. Capital Gains Research Bureau, Inc., supra, we held that the antifraud provisions of the Investment Advisers Act could be invoked against the publisher of an investment advisory newsletter who had engaged in scalping, and that such an adviser could be required "to make full and frank disclosure of his practice of trading on the effect of his recommendations". Id., at 375 U. S. 197. The Court's construction of the Act, under which a publisher like petitioner is not an "investment adviser" and is therefore

《投资顾问法》之后的立法史佐证，美国国会继续认为，其制定的立法既适用于投资咨询的出版人，也适用于提供个人投资咨询的人。1960 年美国国会大大扩展了证交会可以就未注册的投资顾问和从事虚假活动或操纵活动作出的各种处罚。（Pub. L. 86–750，74 Stat. 885.）参议院的报告描述立法范围时解释如下：

《投资顾问法》界定为投资顾问的人范围很广，既有投资咨询公司、经纪人（咨询对其业务并非不重要）、并非一般发行的金融出版物的出版机构、兜售单和其他事项。[S. Rep. No. 1760，86th Cong.，2d Sess.，2（1960）.] 1970 年美国国会再次扩大了证交会的执法权（see Pub. L. 91–547，84 Stat. 1430）；参议院的报告作了解释，"《投资顾问法》规制由下列人开展的活动：就从事就证券向他人提供咨询业务的那些人或发布关于证券分析或报告的那些人"。[S. Rep. No. 91–184，p. 43（1969）.]

对《投资顾问法》进行解释时，如果将投资咨询业务通信排除在"投资顾问"的定义之外，不仅违背了制定法的语言、立法史和行政解释，也挫败了《投资顾问法》的政策，进而阻止该法明显合法的适用。长期以来，证交会所关注的一个问题是，某些投资咨询出版人有欺诈和操纵的做法——具体说是"抢帽子"，是指咨询服务有关的人。

"为自己的账户买入证券的股份，随后就推荐长期持有该证券，在市场价格随推荐上升后，立即卖出股票获利。"[SEC v. Capital Gains Research Bureau，Inc.，375 U.S. 180，375 U.W. 181（1963）.] 证交会 1963 年公布的一份研究强调，此类做法最危险的情形是，"咨询服务有相当规模的发行量——是指业务通信或其他出版物——其推荐至少可以对股票的市场价格产生短期影响"。[Report of Special Study of Securities Markets of the Securities and Exchange Commission，H.R. Doc. No. 95，88th Cong.，1st Sess.，pt.1，p. 372（1963）.] 证交会的研究的结论是，"抢帽子"是投资顾问行业的严重问题。（See id.， at 371–373.）

在证交会诉资本收益研究局有限责任公司案（SEC v. Capital Gains Research Bureau，Inc.，supra）判决中，本院认定，如果投资咨询业务通信出版人从事"抢帽子"活动，可以适用《投资顾问法》的反欺诈规定，可以要求此类顾问"充分、诚实地披露其根据推荐作用进行交易做法"。（Id.， at 375 U.S. 197.）根据本院对《投资顾问法》的解释，类似上诉人这样的出版人并不是"投资顾问"，因此并不受制于《投资顾问法》的反欺诈规定，实际上就推翻了资本收益研究局有限公司案判例，

not subject to the Act's antifraud provisions, effectively overrules Capital Gains and limits the SEC's power to protect the public against a potentially serious form of fraud and manipulation. But there is no suggestion that the application of the antifraud provisions of the Act to require investment advisory publishers to disclose material facts would present serious First Amendment difficulties. See Zauderer v. Office of Disciplinary Counsel, 471 U. S. 626, 471 U. S. 651(1985); Village of Schaumburg v. Citizens for a Better Environment, 444 U. S. 620, 444 U. S. 637–638 (1980) ; Schneider v. State, 308 U. S. 147, 308 U. S. 164 (1939) .[1] Accordingly, the Court's zeal to avoid the narrow constitutional issue presented by the case leads it to adopt a construction of the Act that, wholly unnecessarily, prevents what would seem to be desirable and constitutional applications of the Act — a result at odds with our longstanding policy of construing securities regulation enactments broadly and their exemptions narrowly in order to effectuate their remedial purposes. See e.g., Tcherepnin v. Knight, 389 U. S. 332, 389 U. S. 336 (1967) .[2]

It is ironic that this construction, at odds with the language, history, and policies of the Act, is adopted in the name of constitutional avoidance. One does not have to read the Court's opinion very closely to realize that its interpretation of the Act is, in fact, based on a thinly disguised conviction that the Act is unconstitutional as applied to prohibit publication of newsletters by unregistered advisers. Indeed, the Court tips its hand when it discusses the Court's decisions in Lovell v. City of Griffin, 303 U. S. 444 (1938) , and Near v. Minnesota ex rel. Olson, 283 U. S. 697 (1931) . The Court reasons that,

1 Similarly, the application of the Act's reporting requirements, 15 U.S.C. § 80b–4, to investment advisers whose activities are restricted to publishing would not appear to raise serious First Amendment concerns. The reporting requirements would not inhibit such advisers from speaking, and it is well settled that " [t] he Amendment does not forbid ... regulation which ends in no restraint upon expression or in any other evil outlawed by its terms and purposes." Oklahoma Press Publishing Co. v. Walling, 327 U. S. 186, 327 U. S. 193 (1946) . See also Branzburg v. Hayes, 408 U. S. 665 (1972) , in which we held that the press is not exempt from the generally applicable requirement that a citizen produce evidence in response to a subpoena.

2 The Court brushes aside the significance of this consequence by suggesting that alternative remedies — specifically, remedies under Rule 10b — may be available. This may be so, although the requirement of Rule 10b–5 that any nondisclosure violate an existing fiduciary duty, see Chiarella v. United States, 445 U. S. 222 (1980) , leaves the matter in some doubt. The District Court in SEC v. Blavin, 557 F.Supp. 1304 (ED Mich. SD 1983) , aff'd, 760 F.2d 706 (CA6 1985) , had little difficulty in finding a fiduciary duty, for it held that the defendant's publishing activities brought him squarely within the Act's definition of an "investment adviser, " and that, "as [an investment adviser, he] had a duty to his clients and readers to undertake some reasonable investigation of the figures he was printing before he printed them." 557 F.Supp. at 1314. The Court, of course, holds that publishers like petitioner (and Blavin) are not investment advisers, and thus excludes the possibility that the Investment Advisers Act could supply the requisite fiduciary duty. The Court also hypothesizes that scalping by a publisher might constitute mail fraud, but again, as far as I am aware, that is no more than an open question. The certainty that the Investment Advisers Act provides a remedy against scalping thus remains, for me, a persuasive reason for not adopting a construction of the Act that would exclude petitioner. In addition, the antifraud provisions of the Act are supplemented by reporting requirements that may be used to aid the SEC in uncovering scalping. By taking petitioner outside the category of investment advisers, the Court places him beyond the reach of these additional tools for uncovering deceit.

证交会保护公众免受潜在的严重欺诈和操纵的侵害的权利也因此而受到限制。但并没有示意，适用《投资顾问法》的反欺诈条款，要求投资咨询出版人披露重大事实，就会产生《宪法第一修正案》的严重难题。［See Zauderer v. Office of Disciplinary Counsel，471 U.S. 626，471 U.S. 651（1985）；Village of Schaumburg v. Citizens for a Better Environment，444 U.S. 620，444 U.S. 637–638（1980）；Schneider v. State，308 U.S. 147，308 U.S. 164（1939）.］[1] 因此，本院热衷于回避本案所提出的狭义宪法问题，结果就对《投资顾问法》作了毫无必要的解释，阻止该法符合宪法的有益适用。与之相反的是我们的长期政策：广义解释规制证券的法律，狭义解释例外，以便实现法律救济目的。［See e.g.，Tcherepnin v. Knight 389 U.S. 332，389 U.S. 336（1967）.］[2]

不无讽刺的是，本院的解释不符合《投资顾问法》的语言、历史和政策，但却以避开宪法的名义采纳了该解释。无须仔细阅读本院的判决意见，就可以意识到，《投资顾问法》的解释其实是基于难以掩饰的信念，即为禁止未注册的顾问出版时事通信而适用《投资顾问法》违反宪法。确实，本院讨论在以下两案中本院的决定时露出本意：洛弗尔诉格里芬市案［Lovell v. City of Griffin，303 U.S. 444（1938）］、尼尔诉明尼苏达州案（根据奥尔森的告发起诉）［Near v. Minnesota ex rel. Olson，283 U.S. 697（1931）］。本院的推理是，这些判决都禁止对言论的某些事前约束，所以第

1　同样，将《投资顾问法》关于报告的要求（15 U.S.C. § 80b–4）适用于其活动仅限于出版物的投资顾问，似乎并不会产生《宪法第一修正案》方面的严重问题。此类报告的要求并不会阻止此类顾问发表言论，已有定论的是，"《第一修正案》并不禁止……最后并没有约束言论表达的规制……也不禁止最后没有造成《第一修正案》的内容和目的所取缔的任何其他恶果的规制"。［Oklahoma Press Publishing Co. v. Walling，327 U.S. 186，327 U.S. 193（1946）. See also Branzburg v. Hayes，408 U.S. 665（1972）.］在前述两案的判决意见中，本院认定，公民应当按照传票出示证据，是普遍适用的要求，新闻界并不就此享受豁免。

2　本院不谈该后果的意义，而是表示可以有其他救济——具体说，是《规则 10b–5》下的各种救济。或许如此，但《规则 10b–5》的要求是，任何不披露违反了现有的受信义务［see Chiarella v. United States，445 U.S. 222（1980）］，所以仍有存疑之处。在证交会诉布拉温案［SEC v. Blavin，557 F. Supp. 1304（ED Mich. SD 1983），aff'd，760 F.2d 706（CA6 1985）］判决中，地区法院认定存在受信义务并不困难，因为地区法院认为，被告因其出版活动而完全处于《投资顾问法》关于"投资顾问"的定义范围中，而且"作为（投资顾问，他）对其客户和读者负有义务，在刊印数据之前，必须对其要刊印的数据作某些合理调查"。（557 F. Supp. at 1314.）当然，本院认定，诸如上诉人（和布拉温）这样的出版人并不是投资顾问，所以排除了《投资顾问法》可以规定受信义务这一先决条件的可能性。本院还假设，出版人"抢帽子"的行为构成邮件欺诈，但据我所知，这不过是一个尚无定论的问题。因此，《投资顾问法》就"抢帽子"规定了救济，这一定数对我来说是有说服力的理由：如果对《投资顾问法》的解释排除上诉人，则不应当采纳该解释。此外，关于报告的要求是对《投资顾问法》反欺诈规定的补充，可以帮助证交会发现"抢帽子"的行为。本院将上诉人置于投资顾问的类别之外，发现欺骗的补充工具便对其奈何不得。

given these decisions, which forbade certain forms of prior restraints on speech, the 76th Congress could not have intended to enact a licensing provision for investment advisers that would include persons whose advisory activities were limited to publishing. The implication is that the application of the Act's penalties to unregistered publishers would violate the principles of Lovell and Near; and because Congress is assumed to know the law, see ante at 472 U. S. 205, n. 50, the Court concludes that it must not have intended that result.

This reasoning begs the question. What we have been called on to decide in this case is precisely whether restraints on petitioner's publication are unconstitutional in light of such decisions as Near and Lovell. While purporting not to decide the question, the Court bases its statutory holding in large measure on the assumption that Congress already knew the answer to it when the statute was enacted. The Court thus attributes to the 76th Congress a clairvoyance the Solicitor General and the Second Circuit apparently lack — that is, the ability to predict our constitutional holdings 45 years in advance of our declining to reach them. If the policy of constitutional avoidance amounts to no more than a preference for implicitly deciding constitutional questions without explaining our reasoning, and if the consequence of adopting the policy is a statutory decision more disruptive of the legislative framework than a decision on the narrow constitutional issue presented, the purposes underlying the policy have been ill-served. In light of the language, history, and purposes of the statute, I would read its definition of "investment adviser" to encompass publishers like petitioner, and turn to the constitutional question. In the words of Justice Cardozo:

"[A] voidance of a difficulty will not be pressed to the point of disingenuous evasion. Here the intention of the Congress is revealed too distinctly to permit us to ignore it because of mere misgivings as to power. The problem must be faced and answered."

George Moore Ice Cream Co. v. Rose, 289 U. S. 373, 289 U. S. 379 (1933).

II

Petitioner, an investment adviser whose registration has been revoked, seeks to continue the practice of his profession by publishing newsletters containing investment advice.

The SEC, consistent with the terms of the Act as I read them, has attempted to enjoin petitioner from engaging in these activities. The question is whether the First Amendment permits the Federal Government so to prohibit petitioner's publication of investment advice.

七十六届美国国会不可能有意就投资顾问制定一项许可规定，而投资顾问包括那些其咨询活动仅限于出版的人。这里的寓意是，仅未注册的出版人适用《投资顾问法》，就会违反洛弗尔案判例和尼尔案判例的原则；而且因为美国国会理所当然地懂法（see ante at 472 U.S. 205，n. 50）。本院的结论是，国会不应当试图得出这样的结果。

这一推理令人费解。本案中要求本院决定的问题就是，根据尼尔案判例和洛弗尔这样的判例，确定对上诉人出版的限制是否违反宪法。尽管本院声称没有就此问题作出决定，但本院关于《投资顾问法》的决定在很大程度上是基于如下假设：制定《投资顾问法》时，美国国会已经知道了答案。因此，本院认定第七十六届美国国会有洞见，而司法部副部长和第二巡回法院显然缺乏这种洞见——洞见是有能力在本院拒绝讨论宪法的45年前，就能够预见本院关于宪法的判决。如果回避宪法的政策只不过是更加愿意默示决定宪法问题而不解释本院的理由，如果采取该政策的结果是，《投资顾问法》的有关判决对立法框架的干扰大于关于宪法问题狭义判决所造成的干扰，那么就无助于该政策的目的。根据《投资顾问法》的语言、历史和目的，我对“投资顾问”定义的解读是，该词包括上诉人这样的出版人，而且涉及宪法问题。用卡多佐大法官的话说，就是：

避开难题不能走到对问题视而不见的地步。此处的美国国会意图已经再清楚不过，本院不能只是因为对权力有疑问就视而不见。必须面对和回答该问题。［George Moore Ice Cream Co. v. Rose，289 U.S. 373，289 U.S. 379（1933）.］

II

上诉人是一家投资顾问公司，其注册被撤销之后试图继续从事其专业，发布了载有投资咨询的业务通信。

证交会已经试图禁止上诉人从事这些活动。按照我对《投资顾问法》的解读，证交会的做法符合《投资顾问法》的条款。问题是《宪法第一修正案》是否允许联邦政府这样禁止上诉人发布投资咨询。

A

This issue involves a collision between the power of government to license and regulate those who would pursue a profession or vocation and the rights of freedom of speech and of the press guaranteed by the First Amendment. The Court determined long ago that, although

"[i]t is undoubtedly the right of every citizen of the United States to follow any lawful calling, business, or profession he may choose... there is no arbitrary deprivation of such right where its exercise is not permitted because of a failure to comply with conditions imposed ... for the protection of society."

Dent v. West Virginia, 129 U. S. 114, 129 U. S. 121–122 (1889). Regulations on entry into a profession, as a general matter, are constitutional if they "have a rational connection with the applicant's fitness or capacity to practice" the profession. Schware v. Board of Bar Examiners, 353 U. S. 232, 353 U. S. 239 (1957).

The power of government to regulate the professions is not lost whenever the practice of a profession entails speech. The underlying principle was expressed by the Court in Giboney v. Emire Storage & Ice Co., 336 U. S. 490, 336 U. S. 502 (1949):

"it has never been deemed an abridgment of freedom of speech or press to make a course of conduct illegal merely because the conduct was in part initiated, evidenced, or carried out by means of language, either spoken, written, or printed."

Perhaps the most obvious example of a "speaking profession" that is subject to governmental licensing is the legal profession. Although a lawyer's work is almost entirely devoted to the sort of communicative acts that, viewed in isolation, fall within the First Amendment's protection, we have never doubted that "[a] State can require high standards of qualification, such as good moral character or proficiency in its law, before it admits an applicant to the bar...." Schware v. Board of Bar Examiners, supra, at 353 U. S. 239.

The rationale for such limits was expressed by Justice Frankfurter:

"One does not have to inhale the self-adulatory bombast of after-dinner speeches to affirm that all the interests of man that are comprised under the constitutional guarantees given to 'life, liberty and property' are in the professional keeping of lawyers. It is a fair characterization of the lawyer's responsibility in our society that he stands 'as a shield', to quote Devlin, J., in defense of right and to ward off wrong. From a profession charged with such responsibilities, there must be exacted those qualities of truth-speaking, of a high sense of honor, of granite discretion, of the strictest observance of fiduciary responsibility, that have, throughout the centuries, been compendiously described as 'moral character.'" 353 U.S. at 353 U. S. 247 (concurring opinion).

A

问题涉及以下的冲突：一边是政府许可和规制从事某种专业或职业的人士的权力，另一边是《宪法第一修正案》保障的言论自由和新闻自由的权利。本院早已决定，尽管“美国每一位公民无疑都有权响应任何合法的召唤，有权从事其选择的业务或职业……但如果是因为没有遵守为保护社会而规定的条件，所以不允许行使该权利……则不构成武断剥夺该权利”。[Dent v. West Virginia，129 U.S. 114，129 U.S. 121-122（1889）.] 行业准入的规制通常是符合宪法的，只要此类规制“与申请人执业的合适性或能力有合理关系”。[Schware v. Board of Bar Examiners，353 U.S. 232，353 U.S. 239（1957）.]

政府有权规制行业，并不因为行业包含言论，政府就失去这种权力。本院在吉布奈伊诉储藏冰冻公司案 [Giboney v. Emire Storage & Ice Co.，336 U.S. 490，336 U.S. 502（1949）] 判例表达了相关原则：

> 如果将某种行为方式定为非法，从来没有仅仅因为该行为部分通过语言发起、表现或进行（无论是口述、书写还是印刷）的，就将其视为是消减言论自由或新闻自由。

或许，受政府许可制约的“说话行业”最明显的例子是法律职业。尽管律师的工作几乎完全是交流性的行为，孤立地看属于《宪法第一修正案》保护的范围，本院从未怀疑过，“（一个）州可以对资质提出高要求，如道德良好或是通晓该州法律，作为申请人成为律师的条件……”(Schware v. Board of Bar Examiners, supra, at 353 U.S. 239.)

法兰福特大法官阐述了这种限制的理由：

> 无须聆听过晚餐后的高谈阔论，就可以断言，宪法保障“生命、自由和财产”，在此保障之下产生的人的所有权益都是律师执业中必须维护的。用德夫林大法官的话说，在我们的社会中，律师的职责就是成为“盾牌”，扶正压邪。这样形容律师的职责是有道理的。一个职业有如此重任，就必须有如下品行：说真话、有很高的荣誉感、谨言慎行、严格遵守受信义务。几百年来，上述品行被统称为道德品格。[353 U.S. at 353 U.S. 247（共同意见）.]

The Government's position is that these same principles support the legitimacy of its regulation of the investment advisory profession, whether conducted through publications or through personal client–adviser relationships. Clients trust in investment advisers, if not for the protection of life and liberty, at least for the safekeeping and accumulation of property. Bad investment advice may be a cover for stock market manipulations designed to bilk the client for the benefit of the adviser; worse, it may lead to ruinous losses for the client. To protect investors, the Government insists, it may require that investment advisers, like lawyers, evince the qualities of truth–speaking, honor, discretion, and fiduciary responsibility.

But the principle that the government may restrict entry into professions and vocations through licensing schemes has never been extended to encompass the licensing of speech per se, or of the press. See Thomas v. Collins, 323 U. S. 516 (1945); Lovell v. City of Griffin, 303 U. S. 444 (1938); Schneider v. State, 308 U. S. 147 (1939); Near v. Minnesota ex rel. Olson, 283 U. S. 697 (1931); Cantwell v. Connecticut, 310 U. S. 296 (1940); Village of Schaumburg v. Citizens for a Better Environment, 444 U. S. 620 (1980); Jamison v. Texas, 318 U. S. 413 (1943). At some point, a measure is no longer a regulation of a profession, but a regulation of speech or of the press; beyond that point, the statute must survive the level of scrutiny demanded by the First Amendment.

The Government submits that the location of the point at which professional regulation (with incidental effects on otherwise protected expression) becomes regulation of speech or the press is a matter that should be left to the legislature. In this case, the Government argues, Congress has determined that investment advisers — including publishers such as petitioner — are fiduciaries for their clients. Accordingly, Congress has the power to limit entry into the profession in order to ensure that only those who are suitable to fulfill their fiduciary responsibilities may engage in the profession.

I cannot accept this as a sufficient answer to petitioner's constitutional objection. The question whether any given legislation restrains speech or is merely a permissible regulation of a profession is one that we ourselves must answer if we are to perform our proper function of reviewing legislation to ensure its conformity with the Constitution. "It is emphatically the province and duty of the judicial department to say what the law is." Marbury v. Madison, 1 Cranch 137, 5 U. S. 177 (1803). Although congressional enactments come to this Court with a presumption in favor of their validity, see Rostker v. Goldberg, 453 U. S. 57, 453 U. S. 64 (1981), Congress' characterization of its legislation cannot be decisive of the question of its constitutionality where individual rights are at issue. See Trop v. Dulles, 356 U. S. 86, 356 U. S. 94–104 (1958) (plurality opinion of Warren, C.J.); cf. 424 U. S. Valeo, 424 U. S. 1, 424 U. S. 14–24 (1976) (per curiam). Surely it cannot be said, for example, that, if Congress were to declare editorial writers fiduciaries for their readers and establish a licensing scheme under which "unqualified" writers were

政府的立场是，这些原则也同样支持其规制投资咨询行业的合法性，无论是通过出版物提供咨询，还是通过客户—顾问的个人关系提供咨询。客户信任投资顾问：如果不是靠其保护生命和自由，至少是靠其安全保管和积累财富。无良投资咨询有可能是掩盖股票市场操纵，意在为投资顾问的利益而欺骗客户；更坏的是，客户有可能因此遭受灭顶之灾。为了保护投资者，政府坚持主张，可以要求投资顾问与律师一样，表明其有以下品德：说真话、珍惜声誉、谨慎、有受信义务。但是尽管政府可以通过许可约束职业或行业准入，该原则的范围从来没有扩大到包括对言论本身或新闻颁发许可。[See Thomas v. Collins.， 323 U.S. 516（1945）；Lovell v. City of Griffin，303 U.S. 444（1938）；Schneider v. State，308 U.S. 147（1939）；Near v. Minnesota ex rel. Olson，283 U.S. 697（1931）；Cantwell v. Connecticut，310 U.S. 296（1940）；Village of Schaumburg v. Citizens for a Better Environment，444 U.S. 620（1980）；Jamison v. Texas，318 U.S. 413（1943）.] 一项措施发展到某种程度，就不再是规制一个行业，而是成为对言论或新闻的规则；超出这种程度后，一项制定法就必须经得起《宪法第一修正案》所要求的那种程度的严格审查。

政府提出，（对本来受到保护的言论产生附带影响的）行业规制达到何种程度即成为言论规则或新闻规则，是由立法机构决定的事项。本案中的政府争辩说，美国国会已经确定，投资顾问——包括上诉人这样的出版人——是客户的受信义务人。因此，美国国会有权限制该行业的准入，以确保只有适合于履行其受信义务的人，才能从事该职业。

将此作为对上诉人基于宪法提出反对的充分回答，我是不能接受的。如果本院要履行审查立法的适当职能，以确保其符合宪法，就必须回答以下问题：具体立法是对言论的约束，还是允许的行业规制。“必须强调的是，如何阐释法律，是司法部门的本职。”[Marbury v. Madison，1 Cranch 137，5 U.S. 177（1803）.] 本院审查美国国会立法时，尽管假定本院倾向立法的有效性 [see Rostker v. Goldberg，453 U.S. 57，453 U.S. 64（1981）]，但如果事关个人权利，就是否符合宪法的问题而言，美国国会对立法的定性就不能是决定性的了。[See Trop v. Dulles，356 U.S. 86，356 U.S. 94-104（1958）（华伦首席大法官持多数意见）；cf. 424 U.S. Valeo，424 U.S. 1，424 U.S. 14-24（1976）（法院全体同意）.] 比如，美国国会宣布社论作者是其读者的受信义务人，并建立许可制，禁止“不符合条件”的作者发表文章，确实不能说本院对此无能为力，无法认定该立法违反了《宪法第一修正案》。本院必须发现一种原则，以便根据该原则回答下列问题：《投资顾问法》适用于上诉人，是规制言论，还是规制专业行为。

forbidden to publish, this Court would be powerless to hold that the legislation violated the First Amendment. It is for us, then, to find some principle by which to answer the question whether the Investment Advisers Act, as applied to petitioner, operates as a regulation of speech or of professional conduct.

This is a problem Justice Jackson wrestled with in his concurring opinion in Thomas v. Collins, 323 U.S. at 323 U. S. 544–548. His words are instructive:

"[A] rough distinction always exists, I think, which is more shortly illustrated than explained. A state may forbid one without its license to practice law as a vocation, but I think it could not stop an unlicensed person from making a speech about the rights of man or the rights of labor, or any other kind of right, including recommending that his hearers organize to support his views. Likewise, the state may prohibit the pursuit of medicine as an occupation without its license, but I do not think it could make it a crime publicly or privately to speak urging persons to follow or reject any school of medical thought. So the state, to an extent not necessary now to determine, may regulate one who makes a business or a livelihood of soliciting funds or memberships for unions. But I do not think it can prohibit one, even if he is a salaried labor leader, from making an address to a public meeting of workmen, telling them their rights as he sees them and urging them to unite in general or to join a specific union." Id., at 323 U. S. 544-545.

Justice Jackson concluded that the distinguishing factor was whether the speech in any particular case was "associat[ed] ... with some other factor which the state may regulate so as to bring the whole within official control." Id., at 323 U. S. 547.

If, "in a particular case, the association or characterization is a proven and valid one," he concluded, the regulation may stand. Ibid.

These ideas help to locate the point where regulation of a profession leaves off and prohibitions on speech begin. One who takes the affairs of a client personally in hand and purports to exercise judgment on behalf of the client in the light of the client's individual needs and circumstances is properly viewed as engaging in the practice of a profession. Just as offer and acceptance are communications incidental to the regulable transaction called a contract, the professional's speech is incidental to the conduct of the profession. If the government enacts generally applicable licensing provisions limiting the class of persons who may practice the profession, it cannot be said to have enacted a limitation on freedom of speech or the press subject to First Amendment scrutiny.[1] Where the personal

---

1 Of course, it is possible that conditions the government might impose on entry into a profession would in some cases themselves violate the First Amendment. For example, denial of a license on the basis of the applicant's beliefs or political statements he had made in the past could constitute a First Amendment violation. However, in such a case, the problem would not be that it was impermissible for the government to restrict entry into the profession because of the nature of the profession itself.

在托马斯诉克林案（Thomas v. Collins，323 U.S. at 323 U.S. 544–548）判决的共同意见中，杰克逊大法官也认真地讨论这一问题。杰克逊法官的话颇有启发性：

我认为，总是存在粗略的区别，但简短的展示多于解释。国家可以规定，没有执照不得进行法律执业。但我认为，即使任何人没有执照，国家也不能阻止其就个人的权利、劳工权利或任何其他权利发表言论，包括建议他的听众为支持其观点而组织起来。同样，国家可以规定，没有执照不得行医。但我认为，无论是公开还是私下发表言论，敦促他人服膺或否定某一医学思想学派，都不能被认定为犯罪。因此，任何人如果是以为工会延揽资金或会员为业或为生，国家可以对其进行规制，其规制程度此处无须讨论。但我认为，美国国会不能禁止任何人（即使此人是领薪的劳工领袖）在工人集会上发言，把按他理解的工人权利告诉他们，敦促他们团结起来或是加入一家具体的工会。（Id.，at 323 U.S. 544–545.）

杰克逊大法官的结论是，区分两者的因素是，在任何具体的个案中，言论是否“与其他某种因素……联系在一起，而国家可以规制这一因素，使整个言论处于官方的控制之下”。（Id.，at 323 U.S. 547.）

他的结论是，如果“在任何个案中，联系或特性化已经得到证明，而且是有效的”，可以进行规制。（Ibid.）

这些理念有助于确定行业规制何时转换为对言论的禁止。任何人如果是以个人化的方式处理客户的事务，并且表示是根据客户个人需要和情形代表客户作出判断，则可以恰当地将其视为从事专业活动。要约和承诺是交流，是称作合同的可规制的交易的附带部分。同样，专业人士的言论是专业的附带部分。如果政府制定可以普遍适用的许可规定，限制可以执业的人的类别，就不能说政府制定了限制言论自由或新闻自由的法律，需要根据《宪法第一修正案》接受严格审查。[1] 如果专业人士与客户之间并不存在联系，专业人士发表言论时并不代表任何特定的个人作出判断，而该个人的情形，专业人并不直接熟悉，政府的规制就不再是对行业做法的正当规制，对言论的影响不再是附带性的；政府的规制成为对言论或新闻的规制，应当受

1 当然，政府可能就职业准入设定条件，而在某些情形下这些条件本身就违反了《宪法第一修正案》。例如，因为申请人的信仰或申请人过去所作的政治陈述而拒绝颁发许可，就可能构成违反《宪法第一修正案》的行为。但是，在这种情形下，问题并不是不允许政府因为行业的性质而约束行业准入。

nexus between professional and client does not exist, and a speaker does not purport to be exercising judgment on behalf of any particular individual with whose circumstances he is directly acquainted, government regulation ceases to function as legitimate regulation of professional practice with only incidental impact on speech; it becomes regulation of speaking or publishing as such, subject to the First Amendment's command that "Congress shall make no law ... abridging the freedom of speech, or of the press." [1]

As applied to limit entry into the profession of providing investment advice tailored to the individual needs of each client, then, the Investment Advisers Act is not subject to scrutiny as a regulation of speech — it can be justified as a legitimate exercise of the power to license those who would practice a profession, and it is no more subject to constitutional attack than state-imposed limits on those who may practice the professions of law and medicine. The application of the Act's enforcement provisions to prevent unregistered persons from engaging in the business of publishing investment advice for the benefit of any who would purchase their publications, however, is a direct restraint on freedom of speech and of the press subject to the searching scrutiny called for by the First Amendment.

B

The recognition that the prohibition on the publishing of investment advice by persons not registered under the Act is a restraint on speech does not end the inquiry. Not all restrictions on speech are impermissible. The Government contends that even if the statutory restraints on petitioner's publishing activities are deemed to be restraints on speech, rather than mere regulations of entry into a profession, petitioner's speech is "expression related solely to the economic interests of the speaker and its audience," Central Hudson Gas & Electric Corp. v. Public Service Comm'n of New York, 447 U. S. 557, 447 U. S. 561 (1980), and is therefore subject to the reduced protection afforded what we have come to describe as "commercial speech." See Zauderer v. Office of Disciplinary Counsel, 471 U. S. 626 (1985). Under the commercial speech doctrine, restrictions on commercial speech that directly advance a substantial governmental interest may be upheld. See id., at 471 U. S. 638. The prohibition on petitioner's publishing activities, the Government suggests, is such a permissible restriction, as it directly advances the goal of protecting the investing public against unscrupulous advisers.

Petitioner, echoing the dissent below, argues that the expression contained in his newsletters is not commercial speech, as it does not propose a commercial transaction between the speaker and his audience. See Virginia Pharmacy Board v. Virginia Citizens

1 See Near v. Minnesota ex rel. Olson, 283 U. S. 697, 283 U. S. 720 (1931) ("Characterizing the publication as a business, and the business as a nuisance, does not permit an invasion of the constitutional immunity against restraint").

制于《宪法第一修正案》的要求："国会不应当制定任何法律……削弱言论自由或新闻自由。"[1]

《投资顾问法》适用于针对各个客户具体需要而提供咨询的行业准入限制，所以该法不是规制言论自由，无须接受严格审查——《投资顾问法》存在的合理理由可以是：该法是合理行使权力，以许可的方式规制从业者，不应当受到基于宪法的质疑，如同各州可以限制律师执业和医生行医。但如果适用《投资顾问法》的执法规定，是为了阻止未注册的人（为购买其出版物的任何人而出版）从事投资咨询出版业务，是直接约束言论自由和新闻自由，必须接受《宪法第一修正案》所要求的严格审查。

B

禁止未按《投资顾问法》注册的任何人出版投资咨询，是对言论自由的约束，但承认这点并不意味着调查的结束。并非对言论的所有约束都是不允许的。政府提出，即使对出版人的法定约束被视为对言论的约束，而不只是对行业准入的规制，上诉人的言论是"仅与言论者和其听众的经济利益有关的表达"［Central Hudson Gas & Electric Corp. v. Public Service Comm'n of New York，447 U.S. 557，447 U.S. 561（1980）］，本院已经将其描述为"商业言论"，所接受的保护更弱。［See Zauderer v. Office of Disciplinary Counsel，471 U.S. 626（1985）.］根据商业言论信条，可以维持为直接促进重大政府利益而对商业言论进行的约束。（See id，at 471 U.S. 638.）政府表示，禁止上诉人的出版活动是允许的约束，因为这种约束的目标是直接保护投资公众，制约大胆妄为的顾问。

上诉人提出的观点与上诉法院的反对意见相同，即上诉人的业务通信中所表示的内容并不是商业言论，因为这些内容并没有建议发表言论的人与其听众之间进行商业交易。［See Virginia Pharmacy Board v. Virginia Citizens Consumer Council，Inc.，

1 See Near v. Minnesota ex rel. Olson，283 U.S. 697，283 U.S. 720（1931）（"将出版定性为业务行为，而该业务行为构成滋扰，所以不允许宪法豁免染指约束"）.

Consumer Council, Inc., 425 U. S. 748, 425 U. S. 762 (1976). Although petitioner concedes that his speech relates to economic subjects, he argues that it is not for that reason stripped of its status as fully protected speech. See Thomas v. Collins, 323 U.S. at 323 U. S. 531. Accordingly, he argues, the prohibition on his speech can be upheld "only if the government can show that the regulation is a precisely drawn means of serving a compelling state interest." Consolidated Edison Co. v. Public Service Comm'n of New York, 447 U. S. 530, 447 U. S. 541 (1980).

I do not believe it is necessary to the resolution of this case to determine whether petitioner's newsletters contain fully protected speech or commercial speech. The Act purports to make it unlawful for petitioner to publish newsletters containing investment advice and to authorize an injunction against such publication. The ban extends as well to legitimate, disinterested advice as to advice that is fraudulent, deceptive, or manipulative. Such a flat prohibition or prior restraint on speech is, as applied to fully protected speech, presumptively invalid, and may be sustained only under the most extraordinary circumstances. See New York Times Co. v. United States, 403 U. S. 713 (1971); Schneider v. State, 308 U. S. 147 (1939); Near v. Minnesota ex rel. Olson, 283 U. S. 697 (1931). I do not understand the Government to argue that the circumstances that would justify a restraint on fully protected speech are remotely present in this case.

But even where mere "commercial speech" is concerned, the First Amendment permits restraints on speech only when they are narrowly tailored to advance a legitimate governmental interest. The interest here is certainly legitimate: the Government wants to prevent investors from falling into the hands of scoundrels and swindlers. The means chosen, however, is extreme. Based on petitioner's past misconduct, the Government fears that he may in the future publish advice that is fraudulent or misleading; and it therefore seeks to prevent him from publishing any advice, regardless of whether it is actually objectionable. Our commercial speech cases have consistently rejected the proposition that such drastic prohibitions on speech may be justified by a mere possibility that the prohibited speech will be fraudulent. See Zauderer, supra; In re R. M.J., 455 U. S. 191, 455 U. S. 203 (1982); Bates v. State Bar of Arizona, 433 U. S. 350 (1977). So also here. It cannot be plausibly maintained that investment advice from a person whose background indicates that he is unreliable is inherently misleading or deceptive, [1] nor am I convinced that less drastic remedies than outright suppression (for example, application

1 Cf. Near v. Minnesota ex rel. Olson, supra, in which the Court held that previous publication of defamatory material — unprotected speech — could not justify a prior restraint limited to further publication of defamatory matter. Here, the ban on petitioner's future publishing activities extends to nondeceptive (that is, protected) as well as fraudulent speech.

425 US. 748，425 U.S. 762（1976）.] 尽管上诉人承认，其言论事关经济内容，但他又提出，并不能因这一原因而剥夺受全面保护的言论的地位。（See Thomas v. Collins,323 U.S. at 323 U.S. 531.)上诉人提出，鉴于上述原因，要维持其对言论的禁止，“先决条件只能是，政府可以显示，规制内容精准，是服务于国家的重要利益的方式”。[Consolidated Edison Co. v. Public Service Comm'n of New York，447 U.S. 530，447 U.S. 541（1980）.]

我认为，解决此案无须确定，上诉人的业务通信是载有受到充分保护的言论，还是载有商业言论。按照《投资顾问法》的意思，上诉人出版载有投资咨询的业务通信，就属于违法，《投资顾问法》授权对此类出版物发出禁止令。禁止令不仅针对欺诈、欺骗或操纵性的咨询，也针对合法、中立的咨询。这种“一刀切”的禁止或称对言论的事先约束，适用于受充分保护的言论时，应当假定无效，只有极特殊的情形除外。[See New York Times Co. v. United States，403 U.S. 713（1971）；Schneider v. State，308 U.S. 147（1939）；Near v. Minnesota ex rel. Olson，283 U. S. 697（1931）.] 我不明白，政府为什么会提出，本案隐约存在的情形可以为约束受充分保护的言论提供合理性。

但即便是仅仅涉及“商业言论”，《宪法第一修正案》允许言论约束，但前提必须是：约束作狭义解释，严格限于促进政府的合法利益。本案中的政府利益无疑是合法的，政府是要防止投资者落入无赖和骗子之手，但选择了极端方式。基于上诉人以往的不当行为，政府担心上诉人未来会出版具有欺诈性或误导性的咨询，所以设法阻止其发布任何咨询，无论发布该咨询是否应当受到反对。本院关于商业言论的判例一再否定的立场是：只要被禁止的言论有可能是欺诈性的，严格禁止该言论就是合理的。[See Zauderer, supra; In re R. M.J., 455 U.S. 191, 455 U.S. 203(1982); Bates v. State Bar of Arizona，433 U.S. 350（1977）.] 本案也是如此。以下观点无法成立：如果任何人的背景显示其不可以信赖，则其投资意见势必误导或具有欺骗性。[1] 同样，我不相信，除全面压制（如适用《投资顾问法》的反欺诈规定）外，就不存在没有如此激烈的救济，可以实现政府所称的保护投资者的目的。所以我认为，适用《投资顾问法》完全阻止上诉人出版投资咨询有如钝器，甚至还经不起因约束商业言论而需要进行的审查，即便对商业言论的审查程度较低。本院在施耐德尔诉州案（Schneider v. State，supra，at 308 U.S. 164）判决中所表达的看法在本案中也适用。

1 （Cf. Near v. Minnesota ex rel. Olson，supra）在该案判决意见中，本院认定，先前出版的诽谤材料是不受保护的言论，但不能成为事先约束再出版诽谤性材料的理由。在本案中，禁止上诉人今后的出版活动，禁止范围扩大到非欺骗性言论（受保护的言论），不限于欺诈性言论。

of the Act's antifraud provisions) are not available to achieve the Government's asserted purpose of protecting investors. Accordingly, I would hold that the Act, as applied to prevent petitioner from publishing investment advice altogether, is too blunt an instrument to survive even the reduced level of scrutiny called for by restrictions on commercial speech. The Court's observation in Schneider v. State, supra, at 308 U. S. 164, is applicable here as well:

"Frauds may be denounced as offenses and punished by law... If it is said that these means are less efficient and convenient than bestowal of power on police authorities to decide what information may be disseminated ... and who may impart the information, the answer is that considerations of this sort do not empower [government] to abridge freedom of speech and press."

III

I emphasize the narrowness of the constitutional basis on which I would decide this case. I see no infirmity in defining the term "investment adviser" to include a publisher like petitioner, and I would by no means foreclose the application of, for example, the Act's antifraud or reporting provisions to investment advisers (registered or unregistered) who offer their advice through publications. Nor do I intend to suggest that it is unconstitutional to invoke the Act's provisions for injunctive relief and criminal penalties against unregistered persons who, for compensation, offer personal investment advice to individual clients. I would hold only that the Act may not constitutionally be applied to prevent persons who are unregistered (including persons whose registration has been denied or revoked) from offering impersonal investment advice through publications such as the newsletters published by petitioner.

Although this constitutional holding, unlike the Court's statutory holding, would not foreclose the SEC from treating petitioner as an "investment adviser" for some purposes, it would require reversal of the judgment of the Court of Appeals. I therefore concur in the result.

“可以依法宣布欺诈是犯罪，并加以惩罚……如果说，前述措施不如警察当局决定哪些信息可以传播，可以由谁传播的权力那么有效率、那么便利，回答是：这种考虑并不赋予（政府）削弱言论自由和新闻自由的权力。”

III

我强调，本案所基于的宪法依据很窄。我认为，“投资顾问”的定义包含上诉人这样的出版人并无不妥之处；比如，我绝对不会排除对投资顾问（无论是否注册）适用《投资顾问法》反欺诈规定和报告规定，只要投资顾问通过出版物提供咨询。我也无意表示，针对没有注册但为报酬而向各个客户提供个人化意见的那些人，适用《投资顾问法》关于禁止令救济和刑事处罚的规定会违反宪法。我只是认定，适用《投资顾问法》阻止未注册的任何人（包括其注册被拒绝或被撤销的人）通过诸如上诉人出版的业务通信这样的出版物提供非个人化的投资意见，则不符合宪法。

就合宪性所作出的认定与本院就《投资顾问法》所作的认定不同，不会完全禁止证交会出于某些目的而将上诉人作为“投资顾问”，但为此必须撤销上诉法院的判决。因此，我就判决结果持共同意见。

Jones v. Harris Associates L. P.

琼斯诉哈里斯

Jones v. Harris Associates L. P.

Supreme Court of the United States (2010),

130 S.Ct 1418, 176 L. Ed. 2d 265

Justice Alito delivered the opinion of the Court.

We consider in this case what a mutual fund shareholder must prove in order to show that a mutual fund investment adviser breached the "fiduciary duty with respect to the receipt of compensation for services" that is imposed by § 36 (b) of the Investment Company Act of 1940, 15 U. S. C. § 80a–35 (b) (hereinafter § 36 (b)).

I

A

The Investment Company Act of 1940 (Act), 54 Stat. 789, 15 U. S. C. § 80a–1 et seq., regulates investment companies, including mutual funds. "A mutual fund is a pool of assets, consisting primarily of [a] portfolio [of] securities, and belonging to the individual investors holding shares in the fund." Burks v. Lasker, 441 U. S. 471, 480(1979). The following arrangements are typical. A separate entity called an investment adviser creates the mutual fund, which may have no employees of its own. See Kamen v. Kemper Financial Services, Inc., 500 U. S. 90, 93 (1991); Daily Income Fund, Inc. v. Fox, 464 U. S. 523, 536 (1984); Burks, 441 U. S., at 480–481. The adviser selects the fund's directors, manages the fund's investments, and provides other services. See id., at 481. Because of the relationship between a mutual fund and its investment adviser, the fund often "cannot, as a practical matter sever its relationship with the adviser. Therefore, the forces of arm's-length bargaining do not work in the mutual fund industry in the same manner as they do in other sectors

琼斯诉哈里斯

美国联邦最高法院（2010 年）

阿里托大法官发表本院意见。

本院在此案中审议的问题是，共同基金股东必须证明什么，才能显示共同基金投资顾问违反了美国《1940 年投资公司法》第 36（b）条［15 U.S.C. § 80a–35（b）］［以下简称第 36（b）条］所规定的“有关获得服务酬劳的受信义务”。

I

A

美国《1940 年投资公司法》（54 Stat. 789，15 U.S.C. § 80a–1 et seq.）规制包括共同基金在内的投资公司。“共同基金是一池资产，主要是一组证券组合，归持有共同基金股份的各个投资者所有。”［Burks v. Lasker，441 U.S. 471，480（1979）.］以下为典型安排。由称作投资顾问的一个单独实体设立共同基金，该共同基金可能没有自己的雇员。［See Kamen v. Kemper Financial Services，Inc.，500 U.S. 90，93（1991）；Daily Income Fund，Inc. v. Fox，464 U.S. 523，536（1984）；Burks，441 U.S.，at 480–481.］投资顾问挑选共同基金的董事，管理共同基金的投资，并提供其他服务。（See id.，at 481.）由于共同基金与其投资顾问之间的这种关系，共同基金通常“实际上无法割断其与投资顾问的关系”。因此，正常关系谈判的作用在共同基金行业不同于其在美国经济的其他部门的作用。［Ibid.（quoting S. Rep. No. 91–184，p. 5）（1969）（hereinafter S. Rep.）.］

of the American economy." Ibid. (quoting S. Rep. No. 91-184, p. 5 (1969) (hereinafter S. Rep.)).

"Congress adopted the [Investment Company Act of 1940] because of its concern with the potential for abuse inherent in the structure of investment companies." Daily Income Fund, 464 U. S., at 536 (internal quotation marks omitted). Recognizing that the relationship between a fund and its investment adviser was "fraught with potential conflicts of interest," the Act created protections for mutual fund shareholders. Id., at 536-538 (internal quotation marks omitted); Burks, supra, at 482-483. Among other things, the Act required that no more than 60 percent of a fund's directors could be affiliated with the adviser and that fees for investment advisers be approved by the directors and the shareholders of the fund. See § 10, 15 (c), 54 Stat. 806, 813.

The growth of mutual funds in the 1950's and 1960's prompted studies of the 1940 Act's effectiveness in protecting investors. See Daily Income Fund, 464 U. S., at 537-538. Studies commissioned or authored by the Securities and Exchange Commission (SEC or Commission) identified problems relating to the independence of investment company boards and the compensation received by investment advisers. See ibid. In response to such concerns, Congress amended the Act in 1970 and bolstered shareholder protection in two primary ways.

First, the amendments strengthened the "cornerstone" of the Act's efforts to check conflicts of interest, the independence of mutual fund boards of directors, which negotiate and scrutinize adviser compensation. Burks, supra, at 482. The amendments required that no more than 60 percent of a fund's directors be "persons who are interested persons," e.g., that they have no interest in or affiliation with the investment adviser. [1] 15 U. S. C. § 80a-10 (a); § 80a-2 (a) (19); see also Daily Income Fund, supra, at 538. These board members are given "a host of special responsibilities." Burks, 441 U. S., at 482-483. In particular, they must "review and approve the contracts of the investment adviser" annually, id., at 483, and a majority of these directors must approve an adviser's compensation, 15 U. S. C. § 80a-15 (c). Second, § 36 (b), 84 Stat. 1429, of the Act imposed upon investment advisers a "fiduciary duty" with respect to compensation received from a mutual fund, 15 U. S. C. § 80a-35 (b), and granted

---

1 An "affiliated person" includes (1) a person who owns, controls, or holds the power to vote 5 percent or more of the securities of the investment adviser; (2) an entity which the investment adviser owns, controls, or in which it holds the power to vote more than 5 percent of the securities; (3) any person directly or indirectly controlling, controlled by, or under common control with the investment adviser; (4) an officer, director, partner, copartner, or employee of the investment adviser; (5) an investment adviser or a member of the investment adviser's board of directors; or (6) the depositor of an unincorporated investment adviser. See § 80a-2 (a) (3). The Act defines "interested person" to include not only all affiliated persons but also a wider swath of people such as the immediate family of affiliated persons, interested persons of an underwriter or investment adviser, legal counsel for the company, and interested broker-dealers. § 80a-2 (a) (19).

“国会通过了《1940年投资顾问法》，因为国会担心投资公司结构中所存在的固有的滥用可能。”［Daily Income Fund，464 U.S.，at 536（文内引号省略）.］《1940年投资公司法》承认，共同基金与其投资顾问之间“充满潜在的利害冲突”，所以为共同基金的股东设置了保护。［Id.，at 536–538（文内引号省略）；Burks，supra，at 482–483.］《1940年投资公司法》的要求之一是，共同基金董事中的投资顾问有关联关系的董事不得超过60%，投资顾问收费必须得到共同基金董事和股东的批准。［See §10，15（c），54 Stat. 806，813.］

20世纪五六十年代共同基金成长壮大，引发了关于《1940年投资公司法》在保护投资者方面是否有效的研究。（See Daily Income Fund，464 U.S.，at 537–538.）证交会所指派或开展的研究，指出了投资股公司董事会的独立性和投资顾问所得报酬方面的各种问题。（See ibid.）针对所担心的这些问题，美国国会在1970年修正了《1940年投资公司法》，以两种主要方式加强了对股东的保护。

第一，修正内容加强了《1940年投资公司法》抑制利益冲突的“基石”作用，增强了董事会的独立性，而投资顾问报酬是由董事会谈判商定和审查的。（Burks，supra，at 482.）修正内容的要求是，共同基金董事中，“有利益关系的人”不得超过60%（e.g.），例如，他们在投资顾问中没有利益也没有关联关系。[1]［15 U.S.C. §80a–10（a）；§80a–2（a）（19）；see also Daily Income Fund，supra，at 538.］这些董事会成员被赋予“很多特殊责任”（Burks，441 U.S.，at 482–483），尤其是他们必须每年“审查和批准投资顾问的合同（id.，at 483），投资顾问的报酬必须由多数董事批准”［15 U.S.C. §80a–35（c）］。第二，就投资顾问从共同基金获得报酬而言，《1940年投资公司法》第36（b）条（84 Stat. 1429）就投资顾问规定了“受信义务”的要求［15 U.S.C. §80a–35（b）］，赋予投资者个人就违反受信义务提起诉讼的私人权利（ibid.）。

---

1 “关联人”包括：（1）拥有、控制掌握投资顾问的5%或5%以上证券投票权的任何人；（2）投资顾问拥有、控制或就其5%以上证券有投票权的实体；（3）直接或间接控制投资顾问、受其控制或与投资顾问受到共同控制的任何人；（4）投资顾问的高管、董事、合伙人、共同合伙人或雇员；（5）投资顾问或投资顾问董事会的成员；（6）非公司型投资顾问的存托人。［See §80a–2（a）（3）.］《1940年投资公司法》所界定的“利益关系人”不仅包括所有关联人，而且包括更广泛的人群，诸如关联人的直系亲属、承销商或投资顾问的利益关系人、公司的律师和有利益关系的经纪人—营销商。［§80a–2（a）（19）.］

individual investors a private right of action for breach of that duty, ibid.

The "fiduciary duty" standard contained in § 36 (b) represented a delicate compromise. Prior to the adoption of the 1970 amendments, shareholders challenging investment adviser fees under state law were required to meet "common-law standards of corporate waste, under which an unreasonable or unfair fee might be approved unless the court deemed it 'unconscionable' or 'shocking,' " and "security holders challenging adviser fees under the [Investment Company Act] itself had been required to prove gross abuse of trust." Daily Income Fund, 464 U. S., at 540, n. 12. Aiming to give shareholders a stronger remedy, the SEC proposed a provision that would have empowered the Commission to bring actions to challenge a fee that was not "reasonable" and to intervene in any similar action brought by or on behalf of an investment company. Id., at 538. This approach was included in a bill that passed the House. H. R. 9510, 90th Cong., 1st Sess., § 8 (d) (1967); see also S. 1659, 90th Cong., 1st Sess., § 8 (d) (1967). Industry representatives, however, objected to this proposal, fearing that it "might in essence provide the Commission with ratemaking authority." *Daily Income Fund*, 464 U. S., at 538.

The provision that was ultimately enacted adopted "a different method of testing management compensation", id., at 539 (quoting S. Rep., at 5 (internal quotation marks omitted)), that was more favorable to shareholders than the previously available remedies but that did not permit a compensation agreement to be reviewed in court for "reasonableness." This is the fiduciary duty standard in § 36 (b).

B

Petitioners are shareholders in three different mutual funds managed by respondent Harris Associates L. P., an investment adviser. Petitioners filed this action in the Northern District of Illinois pursuant to § 36 (b) seeking damages, an injunction, and rescission of advisory agreements between Harris Associates and the mutual funds. The complaint alleged that Harris Associates had violated § 36 (b) by charging fees that were "disproportionate to the services rendered" and "not within the range of what would have been negotiated at arm's length in light of all the surrounding circumstances." App. 52.

The District Court granted summary judgment for Harris Associates. Applying the standard adopted in Gartenberg v. Merrill Lynch Asset Management, Inc., 694 F. 2d 923 (CA2 1982), the court concluded that petitioners had failed to raise a triable issue of fact as to "whether the fees charged ... were so disproportionately large that they could not have been the result of arm's-length bargaining." App. to Pet. for Cert. 29a. The District Court assumed that it was relevant to compare the challenged fees with those that Harris Associates charged its other clients. Id., at 30a. But in light of those comparisons as well as comparisons with fees charged by other investment advisers to similar mutual funds, the

第 36（b）条所载的“受信义务”标准是一种微妙的妥协。采纳 1970 年的修正内容之前，股东依据州法对投资顾问收费提出挑战，必须满足“普通法的公司浪费标准，而根据该标准，不合理收费或不公平收费有可能获得支持，除非法院视其‘显失公平’或‘令人震惊’”；而“证券持有人依据《1940 年投资公司法》挑战投资顾问的收费，则必须证明存在严重滥用信任”。（Daily Income Fund，464 U.S.，at 540，n. 12.）为了给股东提供更好的救济，证交会提出一项规定，授权证交会提起诉讼，挑战不“合理”的收费，作为第三方参与由投资公司或代表投资公司提出的任何类似诉讼。（Id.，at 538.）众议院通过的一项法案，包含了做法。[H.R. 9510，90th Cong.，1st Sess.，§ 80（d）（1967）；see also S. 1659，90th Cong.，1st Sess.，§ 8（d）（1967）.] 然而，行业代表反对该提议，担心该提议“实际上授权证交会订立费率”。（Daily Income Fund，464 U.S.，at 538.）

最后成为法律的该条款采用了“另一种方式来检验管理报酬”[id.，at 539(quoting S. Rep.，at 5（文内引号省略）]，与此前可得到的救济相比，对股东更有利，但不允许在法院审查报酬协议的“合理性”。这就是该法第 36(b)条所载的受信义务标准。

B

上诉人是 3 只不同的共同基金的股东，3 只共同基金都由被上诉人哈里斯合伙人有限合伙企业作为投资顾问管理。上诉人依据第 36（b）条在伊利诺伊州北区提起诉讼，要求赔偿，并要求发布禁止令和撤销哈里斯合伙人与共同基金之间的咨询协议。原告起诉书指称，哈里斯合伙人的收费“与所提供的服务不成比例”，而且“根据所有相关情形，不属于正常交易谈判范畴”，违反了第 36（b）条。（App. 52.）

地区法院作出即决判决，支持哈里斯合伙人。地区法院适用卡坦伯格诉美林资产管理有限责任公司案 [Gartenberg v. Merrill Lynch Asset Management，Inc.，694 F. 2d 923（CA2 1982）] 判例，所得出的结论是，本案事实涉及“收费是否……如此不成比例，不可能是正常交易谈判的结果”，原告没有就此提出可以审判的问题。（App. to Pet. for Cert. 29a.）地区法院假定，因为存在相关性，所以要将本案中受到挑战的收费与哈里斯合伙人向其他客户的收费作比较。（Id.，at 30a.）但是，鉴于这些比较以及就其他投资顾问对类似共同基金收费所作的比较，地区法院的结论是，无法合理认定受到挑战的收费有可能不在正常交易谈判得出的范围之内。（Id.，at

Court held that it could not reasonably be found that the challenged fees were outside the range that could have been the product of arm's-length bargaining. Id., at 29a–32a.

A panel of the Seventh Circuit affirmed based on different reasoning, explicitly "disapprov [ing] the Gartenber gapproach." 527 F. 3d 627, 632 (2008). Looking to trust law, the panel noted that, while a trustee "owes an obligation of candor in negotiation," a trustee, at the time of the creation of a trust, "may negotiate in his own interest and accept what the settlor or governance institution agrees to pay." Ibid. (citing Restatement (Second) of Trusts § 242, and Comment *f*)). The panel thus reasoned that "[a] fiduciary duty differs from rate regulation. A fiduciary must make full disclosure and play no tricks but is not subject to a cap on compensation." 527 F. 3d, at 632. In the panel's view, the amount of an adviser's compensation would be relevant only if the compensation were "so unusual" as to give rise to an inference "that deceit must have occurred, or that the persons responsible for decision have abdicated." Ibid.

The panel argued that this understanding of § 36 (b) is consistent with the forces operating in the contemporary mutual fund market. Noting that "[t] oday thousands of mutual funds compete", the panel concluded that "sophisticated investors" shop for the funds that produce the best overall results, "mov [e] their money elsewhere" when fees are "excessive in relation to the results", and thus "create a competitive pressure" that generally keeps fees low. Id., at 633–634. The panel faulted Gartenberg on the ground that it "relies too little on markets". 527 F. 3d, at 632. And the panel firmly rejected a comparison between the fees that Harris Associates charged to the funds and the fees that Harris Associates charged other types of clients, observing that "[d] ifferent clients call for different commitments of time" and that costs, such as research, that may benefit several categories of clients "make it hard to draw inferences from fee levels". Id., at 634.

The Seventh Circuit denied rehearing en banc by an equally divided vote. 537 F. 3d 728 (2008). The dissent from the denial of rehearing argued that the panel's rejection of Gartenberg was based "mainly on an economic analysis that is ripe for reexamination". 537 F. 3d, at 730 (opinion of Posner, J.). Among other things, the dissent expressed concern that Harris Associates charged "its captive funds more than twice what it charges independent funds", and the dissent questioned whether high adviser fees actually drive investors away. Id., at 731.

We granted certiorari to resolve a split among the Courts of Appeals over the proper standard under § 36 (b).[1] 556 U. S.____ (2009).

1 See 527 F. 3d 627 (CA7 2008) (case below); Migdal v. Rowe Price-Fleming Int'l, Inc., 248 F. 3d 321 (CA4 2001); Krantz v. Prudential Invs. Fund Management LLC, 305 F. 3d 140 (CA3 2002) (per curiam). After we granted certiorari in this case, another Court of Appeals adopted the standard of Gartenberg v. Merrill Lynch Asset Management, Inc., 694 F. 2d 923 (CA2 1982). See Gallus v. Ameriprise Financial, Inc., 561 F. 3d 816 (CA8 2009).

29a–32a.）

第七巡回法院合议庭依据不同的推理维持了地区法院的原判，明确“不同意卡坦伯格案判例的方法”。［527 F. 3d 627，632（2008）.］合议庭求助于信托法并且指出，尽管受托人“在谈判中有坦诚义务”，但在创立信托时，受托人“可以为其自身利益进行谈判并接受委托人或治理机构同意支付的报酬”。［Ibid.（引用《信托法第二次重述》第 242 条和评论 f）］因此，合议庭的理由是，“（一种）受信义务不同于费率规制。受信人必须充分披露，不得使用诡计，但是并不受报酬封顶的限制”。（527 F. 3d，at 632.）根据合议庭的观点，只有报酬如此“非同寻常”，以至于可以推断，“肯定发生了欺骗，或者决策负责人已经放弃职责”，投资顾问报酬的金额才有相关性。（Ibid.）

合议庭提出，对该法第 36（b）条的这一理解与当今共同基金市场所运行的各种力量相一致。合议庭指出，“今天成千上万的共同基金在竞争”，所以合议庭得出的结论是，“成熟投资者货比三家，挑选整体结果最好的基金”，若与结果相比费用过高，投资者便将“其资金移往他处”，从而“产生竞争性压力”，一般压低了收费。（Id.，at 633–634.）合议庭批评卡坦伯格案判例有误，因为“该判例依赖市场不足”。（527 F. 3d，at 632.）合议庭断然否定将哈里斯合伙人向本案共同基金的收费与哈里斯合伙人向其他客户的收费所作的比较；合议庭就此指出，“不同客户所需要的时间不同，如研究这样的成本可以惠及几类客户，所以难以从不同收费水准中进行推断”。（Id.，at 634.）

第七巡回法院拒绝全院法官就此案复审，有关该决定的表决票数，同意与反对各占一半。［537 F. 3d 728（2008）.］对拒绝再听证持反对意见的一方提出，合议庭否定卡坦伯格案判例的根据“主要是一个经济分析，而现在重新考量该经济分析的时间已经成熟”。［537 F. 3d，at 730（波茨纳法官的意见）.］持反对意见的法官所表示的担心主要是，哈里斯合伙人对“专属基金的收费是独立基金的收费的两倍”，持反对意见的法官的问题是，投资顾问收费过高是否实际上会赶走客户。（Id.，at 731.）

本院同意发出调卷令，以解决不同上诉法院之间就该法第 36（b）条所产生的分歧。[1]［556 U. S.____（2009）.］

---

1 ［See 527 F. 3d 627（CA7 2008）（case below）；Migdal v. Rowe Price–Fleming Int'l，Inc.，248 F. 3d 321（CA4 2001）；Krantz v. Prudential Invs. Fund Management LLC. 305 F. 3d 140（CA3 2002）（per curiam）.］本院就本案发出调卷令之后，另一家上诉法院采纳了卡坦伯格诉美林资产管理有限公司案判例标准［Gartenberg v. Merrill Lynch Asset Management，Inc.，694 F. 2d 923（CA2 1982）］。［See Gallus v. Ameriprise Financial，Inc.，561 F. 3d 816（CA8 2009）.］

II

A

Since Congress amended the Investment Company Act in 1970, the mutual fund industry has experienced exponential growth. Assets under management increased from $38.2 billion in 1966 to over $9.6 trillion in 2008. The number of mutual fund investors grew from 3.5 million in 1965 to 92 million in 2008, and there are now more than 9000 open- and closed-end funds. [1]

During this time, the standard for an investment adviser's fiduciary duty has remained an open question in our Court, but, until the Seventh Circuit's decision below, something of a consensus had developed regarding the standard set forth over 25 years ago in Gartenberg, *supra.* The Gartenberg standard has been adopted by other federal courts, [2]and "[t]he SEC's regulations have recognized, and formalized, Gartenberg-like factors." Brief for United States as Amicus Curiae 23. See 17 CFR § 240, 14a-101, Sched. 14A, Item 22, para. (c) (11) (i) (2009); 69 Fed. Reg. 39801, n. 31, 39807-39809 (2004). In the present case, both petitioners and respondent generally endorse the Gartenberg approach, although they disagree in some respects about its meaning.

In Gartenberg, the Second Circuit noted that Congress had not defined what it meant by a "fiduciary duty" with respect to compensation but concluded that "the test is essentially whether the fee schedule represents a charge within the range of what would have been negotiated at arm's-length in the light of all of the surrounding circumstances". 694 F. 2d, at 928. The Second Circuit elaborated that, "[t]o be guilty of a violation of § 36 (b) ... the adviser-manager must charge a fee that is so disproportionately large that it bears no reasonable relationship to the services rendered and could not have been the product of arm's-length bargaining." Ibid. "To make this determination," the Court stated, "all pertinent facts must be weighed," id., at 929, and the Court specifically mentioned "the

1 Compare H. R. Rep. No. 2337, 89th Cong., 2d Sess., p. vii (1966), with Investment Company Institute, 2009 Fact Book 15, 20, 72 (49th ed.), online at http://www.icifactbook.org/pdf/2009_factbook.pdf (as visited Mar. 9, 2010, and available in Clerk of Court's case file).

2 See e.g., Gallus, supra, at 822-823; Krantz, supra; In re Franklin Mut. Funds Fee Litigation, 478 F. Supp. 2d 677, 683, 686 (NJ 2007); Yameen v. Eaton Vance Distributors, Inc., 394 F. Supp. 2d 350, 355 (Mass. 2005); Hunt v. Invesco Funds Group, Inc., No. H-04-2555, 2006 WL 1581846, *2 (SD Tex., June 5, 2006); Siemers v. Wells Fargo & Co., No. C 05-4518 WHA, 2006 WL 2355411, *15-*16 (ND Cal., Aug. 14, 2006); see also Amron v. Morgan Stanley Inv. Advisors Inc., 464 F. 3d 338, 340-341 (CA2 2006).

Ⅱ

A

自美国国会1970年修正《1940年投资公司法》以来，共同基金行业增长非常快。所管理的资产已由1966年的382亿美元增加到2008年的9.6万多亿美元。共同基金的投资者人数从1965年的350万人增加到2008年的9200万人，现在有9000多个开放式基金和封闭式基金。[1]

在此期间，投资顾问受信义务的标准在本院仍然是一个未定问题，但在第七巡回法院作出判决之前，对于在卡坦伯格案判例中所阐释的规则，似已产生了某种共识（supra）。卡坦伯格案判例的标准已被其他联邦法院所采纳，[2]而且"证交会的规定认可了类似卡坦伯格案判例的因素，并将其正式化"。[Brief for United States as Amicus Curiae 23. See 17 CFR § 240，14a-101，Sched. 14 A，Item 22，para.（c）（11）（1）（2009）；69 Fed. Reg. 39801，n. 31，39807-39809（2004）.] 总体来说，本案中上诉人和被上诉人都认可卡坦伯格案判例的办法，尽管双方对其含义的某些方面有异议。

在卡坦伯格案判例中，第二巡回法院指出，美国国会并没有就报酬界定"受信义务"的含义，但其结论是，"该检验标准的关键是，根据所有相关情况，如果进行正常交易谈判，收费表所体现的收费是否会在所商定的范围之内"。（694 F. 2d，at 928.）第二巡回法院的阐述是："违反第36（b）条的前提是……作为顾问/管理人收费如此之高，不成比例，与所提供的服务并无合理关系，不可能是正常关系商谈的结果。"（Ibid.）第二巡回法院指出，"为判明这点，必须考虑所有相关事实"。（Id.，at 929.）法院特别提到了"顾问/管理人提供服务的成本……基金变大后资产管理人所实现的规模效益的程度、管理人必须处理的指令"。（Id.，

1　Compare H. R. Rep. No. 2337，89th Cong.，2d Sess.，p. vii（1966），with Investment Company Institute，2009 Fact Book 15，20，72（49th ed.），online at http: //www.icifactbook.org/pdf/2009_factbook.pdf（as visited Mar. 9，2010，and available in Clerk of Court's case file）.

2　See e.g.，Gallus，supra，at 822-823；Krantz，supra；In re Franklin Mut. Funds Fee Litigation，478 F. Supp. 2d 677，683，686（NJ 2007）；Yameen v. Eaton Vance Distributors，Inc.，394 F. Supp. 2d 350，355（Mass. 2005）；Hunt v. Invesco Funds Group，Inc.，No. H-04-2555，2006 WL 1581846，*2（SD Tex.，June 5，2006）；Siemers v. Wells Fargo & Co.，No. C 05-4518 WHA，2006 WL 2355411，*15-*16（ND Cal.，Aug. 14，2006）；see also Amron v. Morgan Stanley Inv. Advisors Inc.，464 F. 3d 338，340-341（CA2 2006）.

adviser–manager's cost in providing the service... the extent to which the adviser–manager realizes economies of scale as the fund grows larger, and the volume of orders which must be processed by the manager." Id., at 930. [1]Observing that competition among advisers for the business of managing a fund may be "virtually non–existent," the Court rejected the suggestion that "the principal factor to be considered in evaluating a fee's fairness is the price charged by other similar advisers to funds managed by them," although the Court did not suggest that this factor could not be "taken into account." Id., at 929. The Court likewise rejected the "argument that the lower fees charged by investment advisers to large pension funds should be used as a criterion for determining fair advisory fees for money market funds," since a "pension fund does not face the myriad of daily purchases and redemptions throughout the nation which must be handled by [a money market fund]." Id., at 930, n. 3. [2]

B

The meaning of § 36 (b)'s reference to "a fiduciary duty with respect to the receipt of compensation for services" [3]is hardly pellucid, but based on the terms of that provision and the role that a shareholder action for breach of that duty plays in the overall structure of the Act, we conclude that Gartenberg was correct in its basic formulation of what § 36 (b) requires: to face liability under § 36 (b), an investment adviser must charge a fee that is so disproportionately large that it bears no reasonable relationship to the services rendered and could not have been the product of arm's length bargaining.

1

We begin with the language of § 36 (b). As noted, the Seventh Circuit panel thought that the phrase "fiduciary duty" incorporates a standard taken from the law of

---

1 Other factors cited by the Gartenberg court include (1) the nature and quality of the services provided to the fund and shareholders; (2) the profitability of the fund to the adviser; (3) any "fall–out financial benefits," those collateral benefits that accrue to the adviser because of its relationship with the mutual fund; (4) comparative fee structure (meaning a comparison of the fees with those paid by similar funds); and (5) the independence, expertise, care, and conscientiousness of the board in evaluating adviser compensation. 694 F. 2d, at 929–932 (internal quotation marks omitted).

2 A money market fund differs from a mutual fund in both the types of investments and the frequency of redemptions. A money market fund often invests in short–term money market securities, such as short–term securities of the United States Government or its agencies, bank certificates of deposit, and commercial paper. Investors can invest in such a fund for as little as a day, so, from the investor's perspective, the fund resembles an investment "more like a bank account than [a] traditional investment in securities." Id., at 925.

3 Section 36 (b) provides as follows: "[T]he investment adviser of a registered investment company shall be deemed to have a fiduciary duty with respect to the receipt of compensation for services, or of payments of a material nature, paid by such registered investment company, or by the security holders thereof, to such investment adviser." 84 Stat. 1429 (codified at 15 U. S. C. § 80a–35 (b)).

at 930.）[1]第二巡回法院指出，顾问之间在管理业务方面可能“实际上不存在”竞争，所以否定了评估收费是否公平，主要考虑其他类似投资顾问向其管理的基金的收费建议，尽管第二巡回法院并没有表示，不得“考虑”这一因素。（Id.，at 929.）同样，法院否定的一个“论点是，投资顾问就大型养老基金收取的较低费用应当用作确定货币市场基金顾问费是否公平的标准”，因为“（货币市场基金）每天在全国进行无数次购买和赎回，而养老基金无须面对这种情况”。（Id.，at 930，n. 3.）[2]

B

该法第36（b）条提到“接受服务报酬方面的受信义务”，[3]很难说含义清楚，但基于该规定的内容以及违反该义务所采取的股东诉讼在《1940年投资公司法》整个结构中所发挥的作用，本院得出的结论是，卡坦伯格案判例根据该法第36（b）条的基本定格是正确；该定格的内容为：承担第36（b）条法律责任的前提是，投资顾问的收费高得不成比例，与所提供的服务之间没有合理关系，不可能是正常交易谈判的产物。

1

本院先看该法第36（b）条的语义。正如所指出的那样，第七巡回法院认为，“受信义务”一词包含引自关于信托的法律的标准。上诉人表示同意，但坚持认为合议

---

1 法院在卡坦伯格案判例所引用的其他因素包括：（1）向基金和股东提供的服务的性质和质量；（2）基金可为投资顾问产生的利润；（3）任何附带“金融获益”，即由于投资顾问与共同基金的关系而为投资顾问产生的附带获益；（4）相对收益结构（是指与其他类似基金付费的比较）；（5）董事会在评估投资顾问报酬时所表现的独立、专业技能、注意和自觉性（694 F. 2d. at 929–932）（文内引号省略）。

2 货币市场基金不同于共同基金，投资类型不同，赎回频率也不同。货币市场基金经常投资于短期货币市场证券，如美国政府或其机构的短期证券、银行存款证书和商业票据。投资者投资此类基金的时间可以短到一天，所以从投资者角度来看，货币市场基金类似的投资“更像是银行账户，而不是（一种）传统证券投资”。（Id.，at 925.）

3 第36（b）节规定如下：“注册的投资公司的投资顾问应当被视为负有受信义务，涉及就提供服务获得补偿，或涉及此类注册投资公司或此类公司的证券持有人向此类投资顾问所作的重大性支付。”｛84 Stat. 1429［codified at 15 U.S.C. § 80a–35（b）］.｝

trusts. Petitioners agree but maintain that the panel identified the wrong trust-law standard. Instead of the standard that applies when a trustee and a settlor negotiate the trustee's fee at the time of the creation of a trust, petitioners invoke the standard that applies when a trustee seeks compensation after the trust is created. Brief for Petitioners 20–23, 35–37. A compensation agreement reached at that time, they point out, " 'will not bind the beneficiary' if either 'the trustee failed to make a full disclosure of all circumstances affecting the agreement' " which he knew or should have known or if the agreement is unfair to the beneficiary. Id., at 23 (quoting Restatement (Second) of Trusts § 242, Comment *i*). Respondent, on the other hand, contends that the term "fiduciary" is not exclusive to the law of trusts, that the phrase means different things in different contexts, and that there is no reason to believe that § 36 (b) incorporates the specific meaning of the term in the law of trusts. Brief for Respondent 34–36.

We find it unnecessary to take sides in this dispute. In Pepper v. Litton, 308 U. S. 295 (1939), we discussed the meaning of the concept of fiduciary duty in a context that is analogous to that presented here, and we also looked to trust law. At issue in Pepper was whether a bankruptcy court could disallow a dominant or controlling shareholder's claim for compensation against a bankrupt corporation. Dominant or controlling shareholders, we held, are "fiduciar [ies]" whose "powers are powers [held] in trust." Id., at 306. We then explained:

"Their dealings with the corporation are subjected to rigorous scrutiny and where any of their contracts or engagements with the corporation is challenged the burden is on the director or stockholder not only to prove the good faith of the transaction but also to show its inherent fairness from the viewpoint of the corporation and those interested therein... The essence of the test is whether or not under all the circumstances the transaction carries the earmarks of an arm's length bargain. If it does not, equity will set it aside." Id., at 306-307 (footnote omitted); see also Geddes v. Anaconda Copper Mining Co., 254 U. S. 590, 599 (1921) (standard of fiduciary duty for interested directors).

We believe that this formulation expresses the meaning of the phrase "fiduciary duty" in § 36 (b), 84 Stat. 1429. The Investment Company Act modifies this duty in a significant way: it shifts the burden of proof from the fiduciary to the party claiming breach, 15 U. S. C. § 80a–35 (b) (1), to show that the fee is outside the range that arm's–length bargaining would produce.

The Gartenberg approach fully incorporates this understanding of the fiduciary duty as set out in Pepper and reflects § 36 (b) (1)'s imposition of the burden on the plaintiff. As noted, Gartenberg insists that all relevant circumstances be taken into account, see 694 F. 2d, at 929, as does § 36 (b) (2), 84 Stat. 1429 ("[A]pproval by the board of directors... shall be given such consideration by the court as is deemed appropriate under all the circumstances"). And Gartenberg uses the range of fees that might result from arm's–

庭指出的信托标准不对。上诉人没有引用就设立信托时受托人与委托人协商受托人费用所适用的标准，而是引用了就信托设立之后受托人寻求报酬时所适用的标准。（Brief for Petitioners 20–23，35–37.）上诉人指出，“如果当时受托人没有充分披露”受托人知道或应当知道的“影响协议的所有情形，或者协议对受益人不公平”，则当时所达成的报酬协议“‘对受益人’没有约束力”。［Id.，at 23.（引用《信托法重述（二）》第 242 节，评论 i）］另外，被上诉人提出，“受信人”一词并非只与信托法有关，该词在不同情况下的词义不同，没有理由认为第 36（b）条采纳了该词在信托法中的特定含义。（Brief for Respondent 34–36.）

本院认为，在这场争论中，本院没有必要采取立场。在佩珀诉利顿案［Pepper v. Litton，308 U.S. 295（1939）］判例中，本院讨论了受信义务的概念，其范畴类似本案的情形，而本院也参考了信托法。佩珀案中的问题是，破产法院是否可以不允许一个占支配地位的股东或控股股东向破产的公司主张报酬。本院认定，占支配地位的股东或控股股东是“受信人”，其“权力是信托中（持有）的权力”。（Id.，at 306.）本院随后的解释是：

> 他们与公司之间的交易要接受严格审查，如果与公司的任何合同或交易关系受到挑战，举证责任在董事或股东，他们不仅要证明交易是诚实的，而且必须显示对公司及其利益方来说，这些交易本质上是公平的……该检验标准的核心是，在所有情形下，交易是否都有正常交易的特征。如果不是，出于公平原因，交易被视为无效。［Id.，at 306–307（脚注省略）；see also Geddes v. Anaconda Copper Mining Co.，254 U.S. 590（1921）（适用于有利益关系的董事的受信义务的标准）.］

本院认为，这一定格表达了第 36（b）条（84 Stat. 1429）中“受信义务”一词的意思。《1940 年投资公司法》对该义务作了重大调整：受信人的举证责任被转移给主张违法责任的一方［15 U.S.C. § 80a–35（b）（1）］，由后者显示，收费不在正常交易谈判结果的范围之内。

卡坦伯格案判例完全采纳了佩珀案判例中所阐述的对于受信义务的理解，也反映了第 36（b）条第（1）款要求原告完成的举证责任。正如所指出的那样，卡坦伯格案判例所坚持的是，需要考虑所有相关因素（see 694 F. 2d，at 929），该法第 36（b）条第（2）款也有同样的要求［84 Stat. 1429（对于董事会所作的批准……法院应当给予所有情形下视为恰当的考虑）］。卡坦伯格案判例审查受到挑战的收费，用作基准的收费范围有可能是正常交易协商所产生的结果。

length bargaining as the benchmark for reviewing challenged fees.

2

Gartenberg's approach also reflects § 36 (b) 's place in the statutory scheme and, in particular, its relationship to the other protections that the Act affords investors.

Under the Act, scrutiny of investment adviser compensation by a fully informed mutual fund board is the "cornerstone of the ... effort to control conflicts of interest within mutual funds." Burks, 441 U. S., at 482. The Act interposes disinterested directors as "independent watchdogs" of the relationship between a mutual fund and its adviser. Id., at 484 (internal quotation marks omitted). To provide these directors with the information needed to judge whether an adviser's compensation is excessive, the Act requires advisers to furnish all information "reasonably ... necessary to evaluate the terms" of the adviser's contract, 15 U. S. C. § 80a–15 (c), and gives the SEC the authority to enforce that requirement. See § 80a–41. Board scrutiny of adviser compensation and shareholder suits under § 36 (b), 84 Stat., 1429, are mutually reinforcing but independent mechanisms for controlling conflicts. See Daily Income Fund, 464 U. S., at 541 (Congress intended for § 36 (b) suits and directorial approval of adviser contracts to act as "independent checks on excessive fees"); Kamen, 500 U. S., at 108 ("Congress added § 36 (b) to the [Act] in 1970 because it concluded that the shareholders should not have to rely solely on the fund's directors to assure reasonable adviser fees, notwithstanding the increased disinterestedness of the board" (internal quotation marks omitted)).

In recognition of the role of the disinterested directors, the Act instructs courts to give board approval of an adviser's compensation "such consideration ... as is deemed appropriate under all the circumstances." § 80a–35 (b) (2). Cf. Burks, 441 U. S., at 485 ("[I] t would have been paradoxical for Congress to have been willing to rely largely upon [boards of directors as] 'watchdogs' to protect shareholder interests and yet, where the 'watchdogs' have done precisely that, require that they be totally muzzled").

From this formulation, two inferences may be drawn. First, a measure of deference to a board's judgment may be appropriate in some instances. Second, the appropriate measure of deference varies depending on the circumstances.

Gartenberg needs these precepts. Gartenberg advises that "the expertise of the independent trustees of a fund, whether they are fully informed about all facts bearing on the [investment adviser's] service and fee, and the extent of care and conscientiousness with which they perform their duties are important factors to be considered in deciding whether they and the [investment adviser] are guilty of a breach of fiduciary duty in violation of § 36 (b)." 694 F. 2d, at 930.

2

卡坦伯格案判例的立场也反映了该法第 36（b）条在法定格局中的地位，尤其是反映了该条与《1940 年投资公司法》向投资者提供的其他各种保护之间的关系。

根据《1940 年投资公司法》的规定，由共同基金董事会充分了解情况后审查投资顾问的报酬，是“努力控制共同基金内部利益冲突的……基石”。(Burks，441 U.S.，at 482.)《1940 年投资公司法》将无利益关系的董事作为针对共同基金与其投资顾问之间关系中的“独立看家狗”。[Id.，at 484（文内引号省略）.] 这些董事需要信息才能判断投资顾问的报酬是否过高，《1940 年投资公司法》为此要求投资顾问提供评估投资顾问合同的“条款所合理……需要的”所有信息［15 U.S.C. § 80a-15（c）］，并且授权证交会就有关要求执法。（See 15 U.S.C. § 80a-41.）董事会根据《1940 年投资公司法》对投资顾问进行审查，股东可以依据《1940 年投资公司法》提起诉讼［§ 36（b），84 Stat.，1429］，两者都是控制利益冲突的机制，相辅相成但又相互独立。{See Daily Income Fund，464 U.S.，at 541［美国国会的意图是通过第 36(b)条下的诉讼和董事会对投资顾问合同的批准，对“过度收费施加独立制衡”］；Kamen，500 U.S.，at 108［1970 年美国国会增加了《1940 年投资公司法》第 36（b）条，因为国会的结论是，股东不应当只能依靠基金的董事来确保投资顾问的合理收费，尽管董事会的无利益性已经增加］（文内引号省略）.}

《1940 年投资公司法》承认了无利益关系的董事的作用，指示法院对董事会就投资顾问报酬的广泛批准，给予所有情况下……视为恰当的考虑。［§ 80a-35（b）（2）. Cf. Burks，441 U.S.，at 485（“如果美国国会主要依靠董事会作为‘看家狗’来保护股东的权益，但当‘看家狗’完全这样做了，又要求给这些‘看家狗’完全封口”，那就似是而非了）.］

由该定格可以得出两个推论。首先，在某些情况下，对董事会有适当程度的尊重或许是恰当的。其次，适当程度视具体情况而定。

卡坦伯格案判例需要这些规矩。卡坦伯格案判例的意见是，“无论受托人是否完全了解（投资顾问的）服务和收费的所有事实，独立受托人的专业技能、董事履行其义务时所表现出的注意和自觉性，都是决定他们和（投资顾问）是否因违反受信义务而违反该法第 36（b）条时所需要考虑的重要因素”。（694 F. 2d，at 930.）

III

While both parties in this case endorse the basic Gartenberg approach, they disagree on several important questions that warrant discussion.

The first concerns comparisons between the fees that an adviser charges a captive mutual fund and the fees that it charges its independent clients. As noted, the Gartenberg court rejected a comparison between the fees that the adviser in that case charged a money market fund and the fees that it charged a pension fund. 694 F. 2d, at 930, n. 3 (noting the "[t]he nature and extent of the services required by each type of fund differ sharply"). Petitioners contend that such a comparison is appropriate, Brief for Petitioners 30–31, but respondent disagrees. Brief for Respondent 38–44. Since the Act requires consideration of all relevant factors, 15 U. S. C. § 80a–35 (b) (2); see also § 80a–15 (c), we do not think that there can be any categorical rule regarding the comparisons of the fees charged different types of clients. See Daily Income Fund, supra, at 537 (discussing concern with investment advisers' practice of charging higher fees to mutual funds than to their other clients). Instead, courts may give such comparisons the weight that they merit in light of the similarities and differences between the services that the clients in question require, but courts must be wary of inapt comparisons. As the panel below noted, there may be significant differences between the services provided by an investment adviser to a mutual fund and those it provides to a pension fund which are attributable to the greater frequency of shareholder redemptions in a mutual fund, the higher turnover of mutual fund assets, the more burdensome regulatory and legal obligations, and higher marketing costs. 527 F. 3d, at 634 ("Different clients call for different commitments of time"). If the services rendered are sufficiently different that a comparison is not probative, then courts must reject such a comparison. Even if the services provided and fees charged to an independent fund are relevant, courts should be mindful that the Act does not necessarily ensure fee parity between mutual funds and institutional clients contrary to petitioners' contentions. See id., at 631. ("Plaintiffs maintain that a fiduciary may charge its controlled clients no more than its independent clients").[1]

1 Comparisons with fees charged to institutional clients, therefore, will not "doo[m] [a]ny [f]und to [t]rial." Brief for Respondent 49; see also Strougo v. BEA Assocs., 188 F. Supp. 2d 373, 384 (SDNY 2002) (suggesting that fee comparisons, where permitted, might produce a triable issue). First, plaintiffs bear the burden in showing that fees are beyond the range of arm's–length bargaining. § 80a–35 (b) (1). Second, a showing of relevance requires courts to assess any disparity in fees in light of the different markets for advisory services. Only where plaintiffs have shown a large disparity in fees that cannot be explained by the different services in addition to other evidence that the fee is outside the arm's–length range will trial be appropriate. Cf. App. to Pet. for Cert. 30a; see also In re Alliance Bernstein Mut. Fund Excessive Fee Litigation, No. 04 Civ. 4885 (SWK), 2006 WL 1520222, 2 (SDNY, May 31, 2006) (citing report finding that fee differential resulted from different services and different liabilities assumed).

III

尽管本案当事双方都同意卡坦伯格案判例的基本立场，但他们对需要讨论的若干重要问题有不同意见。

首先，涉及投资顾问对专属共同基金收费与向独立客户收费之间的比较。正如所指出的那样，审理卡坦伯格案的法院拒绝对投资顾问在该个案中向货币市场基金与其向养老基金收费作比较。［694 F. 2d，at 930，n. 3（指出，“各类基金所要求的服务的性质和规模明显不同”）.］上诉人主张，这种比较是恰当的（Brief for Petitioners 30–31），但被上诉人不同意。（Brief for Respondent 38–44.）既然《1940年投资公司法》要求考虑所有相关因素［15 U.S.C. §80a–35（b）（2）；see also §80a–15（c）］，本院认为，对于向不同类型的客户收费，任何相关规则不能是绝对的。［See Daily Income Fund，supra，at 537（所讨论的担心是，投资顾问向共同基金的收费高于其向其他客户的收费）.］相反，对于这种比较，各法院可以给予应有的重视，但重视程度视相关客户所要求的各种服务之间的相似之处和不同之处而异，但法院应当警惕不恰当的比较。如同下级法院的合议庭所指出的那样，投资顾问向共同基金提供的服务可能明显不同于其向养老基金提供的服务，其原因是共同基金赎回频率更高、共同基金资产的转手率更高、规制义务和法律义务的负担更重，而且营销成本更高。［527 F. 3d，at 634（不同客户所需要得到的时间不同）.］如果所提供的服务之间的差别很大，则不具有证明力，法院就应当否定这种比较。即便向独立的基金提供的服务与收费具有相关性，法院也必须注意到，与上诉人提出的观点相反，《1940年投资公司法》并不一定确保各个共同基金和各个机构投资者客户在费用方面相等。［See id.，at 613（原告的立场是，受信人向受其控制的客户收费不得超过受信人向独立客户的收费）.］[1]

---

1 因此，与向其他机构客户收费作比较，“并不注定要使任何基金接受审判”。［Brief for Respondent 49；see also Strougo v. BEA Assocs.，188 F. Supp. 2d 373，384（SDNY 2002）（示意，如果允许，收费比较有可能产生可以由审判决定的问题）.］首先，原告负有举证责任，由其表明收费已经超出正常交易谈判的范畴。［§80a–35（b）（1）.］其次，因为需要表明相关性，所以就要求法院根据投资顾问服务的不同市场来评估各种收费之间的差异。原告只有表明，除有收费超出正常交易谈判的范畴的证据外，服务之间的不同无法解释收费的很大差别，举行审判才是恰当的。［Cf. App. to Pet. for Cert. 30a；see also in re Alliance Bernstein Mut. Fund Excessive Fee Litigation，No. 04 Civ. 4665（SWK），2006 WL 1520222，2（SDNY，May 31，2006）（引用的报告认定，收费差异是由假定的不同服务和不同法律责任所造成的）.］

By the same token, courts should not rely too heavily on comparisons with fees charged to mutual funds by other advisers. These comparisons are problematic because these fees, like those challenged, may not be the product of negotiations conducted at arm's length. See 537 F. 3d, at 731–732 (opinion dissenting from denial of rehearing en banc); Gartenberg, supra, at 929 ("Competition between money market funds for shareholder business does not support an inference that competition must therefore also exist between [investment advisers] for fund business. The former may be vigorous even though the latter is virtually non-existent").

Finally, a court's evaluation of an investment adviser's fiduciary duty must take into account both procedure and substance. See 15 U. S. C. § 80a–35 (b) (2) (requiring deference to board's consideration "as is deemed appropriate under all the circumstances"); cf. Daily Income Fund, 464 U. S., at 541 ("Congress intended security holder and SEC actions under § 36 (b), on the one hand, and directorial approval of adviser contracts, on the other, to act as independent checks on excessive fees"). Where a board's process for negotiating and reviewing investment–adviser compensation is robust, a reviewing court should afford commensurate deference to the outcome of the bargaining process. See Burks, 441 U. S., at 484 (unaffiliated directors serve as "independent watchdogs"). Thus, if the disinterested directors considered the relevant factors, their decision to approve a particular fee agreement is entitled to considerable weight, even if a court might weigh the factors differently. Cf. id., at 485. This is not to deny that a fee may be excessive even if it was negotiated by a board in possession of all relevant information, but such a determination must be based on evidence that the fee "is so disproportionately large that it bears no reasonable relationship to the services rendered and could not have been the product of arm's–length bargaining". Gartenberg, supra, at 928.

In contrast, where the board's process was deficient or the adviser withheld important information, the court must take a more rigorous look at the outcome. When an investment adviser fails to disclose material information to the board, greater scrutiny is justified because the withheld information might have hampered the board's ability to function as "an independent check upon the management." Burks, supra, at 484 (internal quotation marks omitted). "Section 36 (b) is sharply focused on the question of whether the fees themselves were excessive." Migdal v. Rowe Price–Fleming Int'l, Inc., 248 F. 3d 321, 328 (CA4 2001); see also 15 U. S. C. § 80a–35 (b) (imposing a "fiduciary duty with respect to the *receipt of compensation* for services, or of payments of a material nature"). But an adviser's compliance or noncompliance with its disclosure obligations is a factor that must be considered in calibrating the degree of deference that is due a board's decision to approve an adviser's fees.

It is also important to note that the standard for fiduciary breach under § 36 (b) does

其次，法院不应当过于依靠与其他投资顾问向共同基金收费的比较。这种比较存在问题，因为如同受到挑战的收费，此类收费有可能并不是正常交易谈判所达成的结果。｛See 537 F. 3d，at 731–732（拒绝再次举行法院全体法官复审决定的反对意见）；Gartenberg，supra，at 929［货币市场基金之间存在争夺股东的业务竞争，但并不能据此推断，（投资顾问）之间也存在基金业务的竞争。即便后者不存在，前者也会很激烈］.｝。

最后，法院评估投资顾问受信义务时，程序和实体都必须考虑。｛［See 15 U.S. C. § 80a–35（b）（2）］（要求“在所有情形下视为恰当时尊重董事会”）；cf. Daily Income Fund，464 U.S.，at 541［证券持有人和证交会可以依据第36（b）条提起诉讼，顾问合同则需要董事会批准，美国国会希望两者对过度收费起到独立制衡作用］.｝如果董事会谈判和审议投资顾问的过程充分，则对此进行审议的法院应当对此谈判过程的结果表示相应的尊重。［See Burks，441 U.S.，at 484（无关联关系的董事作为“独立看家狗”）.］因此，如果无利益关系的董事考虑了相关因素，他们批准某一收费协议，其决定就应当是有相当分量的，即便法院对相关因素有不同考虑。（Cf. id.，at 485.）但这并不是否认，即便董事会掌握所有相关信息后进行谈判，收费仍然有可能过高，但确定这点的前提必须是有证据表明，“收费高的不成比例，与所提供的服务之间没有关系，不可能是正常交易谈判的结果”。（Gartenberg，supra，at 928.）

相反，如果董事会的过程不充分或是投资顾问没有披露重要信息，法院必须更加严格地审查结果。如果投资顾问没有向董事会披露重大信息，有理由进行更加严格的审查，因为没有披露的信息有可能有损董事会发挥“其对管理层的独立制衡”作用的职能。［Burks，supra，at 484（文内引号省略）.］“第36（b）条明显侧重的问题是收费本身是否过度。”［Migdal v. Rowe Price–Fleming Int’l，Inc.，248 F. 3d 321，328（CA4 2001）；see also 15 U.S.C. § 80a–35（b）（就服务获得的报酬和重大性支付规定了受信义务）.］但衡量董事会批准投资顾问收费决定应当受到尊重的程度时，必须考虑的一个因素是：投资顾问是否遵守了披露义务。

还应当指出的是，按照该法第36（b）条下违反受信义务的标准，法院无须

not call for judicial second-guessing of informed board decisions. See Daily Income Fund, supra, at 538; see also Burks, 441 U. S., at 483 ("Congress consciously chose to address the conflict-of-interest problem through the Act's independent-directors section, rather than through more drastic remedies"). " [P] otential conflicts [of interests] may justify some restraints upon the unfettered discretion of even disinterested mutual fund directors, particularly in their transactions with the investment adviser" , but they do not suggest that a court may supplant the judgment of disinterested directors apprised of all relevant information, without additional evidence that the fee exceeds the arm's-length range. Id., at 481. In reviewing compensation under § 36 (b) , the Act does not require courts to engage in a precise calculation of fees representative of arm's-length bargaining. See 527 F. 3d, at 633 ("Judicial price-setting does not accompany fiduciary duties"). As recounted above, Congress rejected a "reasonableness" requirement that was criticized as charging the courts with rate-setting responsibilities. See Daily Income Fund, supra, at 538-540. Congress' approach recognizes that courts are not well suited to make such precise calculations. Cf. General Motors Corp.v. Tracy, 519 U. S. 278, 308 (1997) (" [T] he Court is institutionally unsuited to gather the facts upon which economic predictions can be made, and professionally untrained to make them") ; Verizon Communications Inc.v. FCC, 535 U. S. 467, 539 (2002) ; see also Concord v. Boston Edison Co., 915 F. 2d 17, 25 (CA1 1990) (opinion for the court by Breyer, C. J.) (" [H] ow is a judge or jury to determine a 'fair price' ?") . Gartenberg's "so disproportionately large" standard, 694 F. 2d, at 928, reflects this congressional choice to "rely largely upon [independent director] 'watchdogs' to protect shareholders interests." Burks, *supra*, at 485.

By focusing almost entirely on the element of disclosure, the Seventh Circuit panel erred. See 527 F. 3d, at 632 (An investment adviser "must make full disclosure and play no tricks but is not subject to a cap on compensation") . The Gartenberg standard, which the panel rejected, may lack sharp analytical clarity, but we believe that it accurately reflects the compromise that is embodied in § 36 (b) , and it has provided a workable standard for nearly three decades. The debate between the Seventh Circuit panel and the dissent from the denial of rehearing regarding today's mutual fund market is a matter for Congress, not the courts.

IV

For the foregoing reasons, the judgment of the Court of Appeals is vacated, and the

对董事会了解情况后所作的决定后再作猜测。［See Daily Income Fund，supra，at 538；see also Burks，441 U.S.，at 483（美国国会有意识地决定，通过《1940 年投资公司法》的独立董事部分，而不是以更激烈的救济行为来解决利益冲突的问题）.］“因为存在（潜在）（利益）冲突，所以即便共同基金的董事没有个人利益，也有必要对董事不受限制的自由裁量作某些约束，尤其是如果交易涉及投资顾问”，但这并不示意，法院可以取代无利害关系的董事，如果这些董事了解所有相关信息，除非另有证据证明，收费超过了正常交易关系所允许的范围。（Id.，at 481.）根据《投资顾问法》，法院审查第 36（b）条下的报酬时，法院无须精准计算体现正常交易关系讨价还价的收费。［See 527 F. 3d，at 633（法院定价与受信义务并非结伴而行）.］如同上文所述，美国国会否定了受到批评的“合理”要求；按照“合理”要求，法院有定价的责任。（See Daily Income Fund，supra，at 538-540.）美国国会的做法表明，法院并不擅长此类精准计算。［Cf. General Motors Corp. v. Tracy，510 U.S. 278，308（1997）（法院这种机构不适合收集经济预测所需要的事实，也没有受过进行经济预测的专业培训）；Verizon Communications Inc. v. FCC，535 U.S. 467，539（2002）；see also Concord v. Boston Edison Co.，915 F. 2d 17，25（CA1 1990）（布雷耶尔首席大法官撰写的法院判决意见）（法官和陪审团如何确定一个“公允价格”？）.］卡坦伯格案判例的“大到不成比例”的标准（694 F. 2d，at 928）反映了美国国会的选择，“就是主要依靠（独立董事），由其作为‘看家狗’来保护股东利益”。（Burks，supra，at 485.）

第七巡回法院合议庭几乎完全只考虑披露因素，这是一个错误。［See 537 F. 3d，at 632（投资顾问“必须充分披露，不能玩弄诡计，但不受报酬封顶的限制”）.］卡坦伯格案判例标准被合议庭所否定，该标准或许缺乏鲜明清晰的分析，但本院认为其准确地反映了第 36（b）条所载的妥协，在近 30 年内，提供了可行的适用标准。第七巡回法院合议庭拒绝就今天的共同基金市场进行复审，该决定与其反对意见之争，是应当由美国国会决定的事项，而不是由法院决定的事项。

IV

鉴于上述原因，撤销上诉法院的判决，本案发回，根据本院意见再作审理。

case remanded for further proceedings consistent with this opinion.

It is so ordered.

Justice Thomas, concurring.

The Court rightly affirms the careful approach to § 36 (b) cases, see 15 U. S. C. § 80a-35 (b), that courts have applied since (and in certain respects in spite of) Gartenberg v. Merrill Lynch Asset Management, Inc., 694 F. 2d 923, 928-930 (CA2 1982). I write separately because I would not shortchange the Court's effort by describing it as affirmation of the "Gartenberg standard." Ante, at 7, 17.

The District Court and Court of Appeals in Gartenberg created that standard, which emphasizes fee "fairness" and proportionality, 694 F. 2d, at 929, in a manner that could be read to permit the equivalent of the judicial rate regulation the Gartenberg opinions disclaim, based on the Investment Company Act of 1940's "tortuous" legislative history and a handful of extrastatutory policy and market considerations. Id., at 928; see also id., at 926-927, 929-931; Gartenberg v. Merrill Lynch Asset Management, Inc., 528 F. Supp. 1038, 1046-1050, 1055-1057 (SDNY 1981). Although virtually all subsequent § 36 (b) cases cite Gartenberg, most courts have correctly declined its invitation to stray beyond statutory bounds. Instead, they have followed an approach (principally in deciding which cases may proceed past summary judgment) that defers to the informed conclusions of disinterested boards and holds plaintiffs to their heavy burden of proof in the manner the Act, and now the Court's opinion, requires. See e.g., ante, at 11 (underscoring that the Act "modifies" the governing fiduciary duty standard "in a significant way: It shifts the burden of proof from the fiduciary to the party claiming breach, 15 U. S. C. § 80a-35(b)(1), to show that the fee is outside the range that arm's-length bargaining would produce"); ante, at 16 (citing the "degree of deference that is due a board's decision to approve an adviser's fees" and admonishing that "the standard for fiduciary breach under § 36 (b) does not call for judicial second-guessing of informed board decisions").

I concur in the Court's decision to affirm this approach based upon the Investment Company Act's text and our longstanding fiduciary duty precedents. But I would not say that in doing so we endorse the "Gartenberg standard". Whatever else might be said about today's decision, it does not countenance the free-ranging judicial "fairness" review of fees that Gartenberg could be read to authorize, see 694 F. 2d, at 929-930, and that virtually all courts deciding § 36 (b) cases since Gartenberg (including the Court of Appeals in this case) have wisely eschewed in the post Gartenberg precedents we approve.

命令如上。

托马斯大法官，持相同意见。

本院正确肯定了对该法第 36（b）条［See 15 U.S.C. § 80a–35（b）］案件的审慎态度，而自卡坦伯格诉美林资产管理有限责任公司案［Gartenberg v. Merrill Lynch Asset Management，Inc.，694 F. 2d 923，928–930（CA2 1982）］判决以来（而且从某些方面来说，是尽管有此判决），各法院一直持有这种审慎态度。我单独撰写意见，因为我不愿轻看了本院所做的努力：将本院的努力称为是肯定了“卡坦伯格标准”，便是不够重视。（Ante，at 7，17.）

在卡坦伯格案中，地区法院和上诉法院创立了一个标准，强调收费的“公平”和适度性（694 F. 2d，at 929），其方式可以被解读为允许法院相当于规制费率的做法，尽管卡坦伯格案的判决意见否认这点。该标准基于《1940 年投资公司法》“复杂不清”的立法史以及若干法外政策和市场考虑。［Id.，at 928；see also id.，at 926–927，929–931；Gartenberg v. Merrill Lynch Asset Management，Inc.，528 F. Supp. 1038，1046–1050，1055–1057（SDNY 1981）.］尽管卡坦伯格案判决之后，关于第 36（b）条的判决几乎都引用了该判例，但大多数法院都正确地拒绝跟风，没有越过法定边界。相反，这些法院采取的是另一种做法（主要是决定哪些案件无须既决判决），尊重无利害关系的董事会了解情况后作出的决定，要求原告按《1940 年投资公司法》的规定承担很高的举证责任，这也是美国国会和本院现在所要求的。{（See e.g.，ante，at 11），强调《1940 年投资公司法》“减轻”了受信义务的规制标准，“减轻的程度显著，将举证责任由受信方转移给主张违约方［15 U.S.C. § 80a–35（b）（1）］，必须表明收费超过了正常交易关系所允许的范围”；ante，at 16［提到“必须尊重董事会批准顾问收费的决定的程度”，所提出的告诫是，“违反第 36（b）条下受信义务的标准并不是要求法院事后再次评判了解情况后做出的董事会决定”］.}

上述做法基于《1940 年投资公司法》的文本和长期以来本院有关受信义务的先例。我同意本院的判决，以肯定这种做法。但我并不认为，本院这样做是肯定“卡坦伯格案标准”。对今天的判决无论有何其他说法，今天的判决都没有认可法院对管理费的“公平”审查有自由尺度，尽管卡坦伯案判决可以被解读为允许这种审查（see 694 F. 2d，at 929–930），而且自卡坦伯格案以来，就该法第 36（b）条作出判决的所有法院（包括本案的上诉法院）几乎都明智地避开了“卡坦伯格案标准”，本院也肯定了后卡坦伯格案判决时期的这些判例。

Goldstein v. SEC

戈尔茨坦诉证交会

Goldstein v. SEC

451 F. 3d 873 (D.C. Cir. 2006)

Edwards, Senior Circuit Judge.

This is a petition for review of the Securities and Exchange Commission's regulation of "hedge funds" under the Investment Advisers Act of 1940, 15 U.S.C. § 80b-1 et seq. See Registration under the Advisers Act of Certain Hedge Fund Advisers, 69 Fed. Reg. 72, 054 (Dec. 10, 2004) (codified at 17 C.F.R. pts. 275, 279) ("Hedge Fund Rule"). Previously exempt because they had "fewer than fifteen clients", 15 U.S.C. § 80b-3 (b) (3), most advisers to hedge funds must now register with the Commission if the funds they advise have fifteen or more "shareholders, limited partners, members, or beneficiaries." 17 C.F.R. § 275.203 (b) (3) -2 (a). Petitioners Philip Goldstein, an investment advisory firm Goldstein co-owns (Kimball & Winthrop), and Opportunity Partners L.P., a hedge fund in which Kimball & Winthrop is the general partner and investment adviser (collectively "Goldstein") challenge the regulation's equation of "client" with "investor."

I

"Hedge funds" are notoriously difficult to define. The term appears nowhere in the federal securities laws, and even industry participants do not agree upon a single definition. See e.g., SEC Roundtable on Hedge Funds (May 13, 2003) (comments of David A. Vaughan), available at http: // www.sec.gov/spotlight/hedgefunds/hedge-vaughn.htm (citing fourteen different definitions found in government and industry publications). The term is commonly used as a catch-all for "any pooled investment vehicle that is privately organized, administered by professional investment managers, and not widely available to

戈尔茨坦诉证交会

美国华盛顿哥伦比亚特区巡回上诉法院（2006 年）

高级巡回法官埃德伍兹。

本上诉要求审查证交会根据《1940 年投资者顾问法》（15 U.S.C. § 80b-1 et seq.）对“对冲基金”的规制。［See Registration under the Advisers Act of Certain Hedge Fund Advisers，69 Fed.Reg.72，054（Dec. 10，2004）（codified at 17 C.F.R. pts. 275， 279）（“Hedge Fund Rule”）.］对冲基金以往被豁免，只要其“客户少于 15 人”［15 U.S.C. § 80-3（b）（3）］，而现在对冲基金的大多数顾问必须在证交会注册，如果他们作为顾问的基金有 15 个或者更多的“股东、有限合伙人、成员或受益人”。［17 C.F.R. § 275.203（b）（3）-2（a）.］上诉人菲利浦 · 戈尔茨坦、戈尔茨坦与他人共同拥有的一家投资顾问公司（金博尔和温斯罗普公司）和由金博尔和温斯罗普公司作为普通合伙人和投资顾问的机遇合伙人有限合伙企业（以下统称戈尔茨坦）挑战将“客户”等同于“投资者”的规定。

I

“对冲基金”难以界定，这点已经名声在外。美国联邦证券法中没有该词，即便行业内对其定义也是各执一词。［See e.g.，SEC Roundtable one Hedge Funds（May 13，2003）（戴维 · A. 沃恩的评论），available at http：//www.sec.gov/spotlight/hedgefunds/hedge-vaughn.htm（引用了政府和行业公开文献中所用过的 14 个不同定义）.］“对冲基金”一词通常用来泛指，“任何汇集投资的载体，其组织形式是非公开的，由专业投资经理管理，并不是公众可以普遍参与的”。［President's Working Group on Financial Markets，Hedge Funds，Leverage，and the Lessons of Long-the public." President's Working Group on Financial Markets, Hedge Funds, Leverage, and the Lessons of Long-Term Capital Management 1 (1999) ("Working Group Report"); see also Implications of the Growth of Hedge Funds: Staff Report to the United States Securities and Exchange Commission 3(2003)("Staff Report")(defining "hedge fund" as "an entity that holds a pool of securities and perhaps other assets, whose interests are not sold in a registered public offering and which is not registered as an investment company under the Investment Company Act").

Hedge funds may be defined more precisely by reference to what they are not. The Investment Company Act of 1940, 15 U.S.C. § 80a-1 et seq., directs the Commission to regulate any issuer of securities that "is or holds itself out as being engaged primarily in the business of investing, reinvesting, or trading in securities." Id., § 80a-3 (a) (1) (A). Although this definition nominally describes hedge funds, most are exempt from the Investment Company Act's coverage because they have one hundred or fewer beneficial owners and do not offer their securities to the public, id., § 80a-3 (c) (1), or because their investors are all "qualified" high net-worth individuals or institutions, id., § 80a-3 (c) (7).[1] Investment vehicles that remain private and available only to highly sophisticated investors have historically been understood not to present the same dangers to public markets as more widely available investment companies, like mutual funds.[2] See Staff Report, supra, at 11-12, 13.

Exemption from regulation under the Investment Company Act allows hedge funds to engage in very different investing behavior than their mutual fund counterparts. While mutual funds, for example, must register with the Commission and disclose their investment positions and financial condition, id., § 80a-8, 80a-29, hedge funds typically remain secretive about their positions and strategies, even to their own investors. See Staff Report, supra, at 46-47. The Investment Company Act places significant restrictions on the types of transactions registered investment companies may undertake. Such companies are, for example, foreclosed from trading on margin or engaging in short sales, 15 U.S.C. § 80a-12 (a) (1), (3), and must secure shareholder approval to take on significant debt or invest in certain types of assets, such as real estate or commodities, id., § 80a-13(a) (2). These transactions are all core elements of most hedge funds' trading strategies. See Staff Report, supra, at 33-43. "Hedging" transactions, from which the term "hedge fund" developed, see Willa E. Gibson, Is Hedge Fund Regulation Necessary?, 73 Temp. L.

1 Hedge funds are usually differentiated from other exempted investment vehicles like private equity or venture capital funds by their investing and governance behavior. See Hedge Fund Rule, 69 Fed.Reg. at 72, 073 nn. 224-25.

2 Mutual funds make up the vast majority of registered investment companies, with about $6.4 trillion under management in December 2002. See Staff Report, supra, at 1 n. 4. Although precise data are unavailable, some estimates of the size of the hedge fund industry range from about $600 billion, id., to close to $900 billion, Hedge Fund Rule, 69 Fed.Reg. at 72, 055 & n. 20.

Term Capital Management 1（1999）（《工作组报告》）；see also Implications of the Growth of Hedge Funds：Staff Report to the United States Securities and Exchange Commission 3（2003）（《工作人员报告》）（“对冲基金”被界定为“一个实体，载有一池证券以及可能还有的其他资产，不通过经注册的公开发行出售其权益，而且该实体没有根据《1940 年投资公司法》注册为投资公司”）.]

也可以通过指出对冲基金不是什么，来更加准确地界定对冲基金。《1940 年投资公司法》（The Investment Company Act of 1940，15 U.S.C. § 80a-1 et seq.）要求证交会规制任何证券的发行人，只要该发行人“是或表现出主要是从事证券的投资、再投资或交易业务”。[Id.，§ 80a-3（a）（1）（A）.] 这个定义名义上描述了对冲基金，但大多数对冲基金得到豁免，并不在《投资公司法》的涵盖范围之内，因为对冲基金的受益所有人只有 100 人或者更少，而且并不向公众发行证券 [Id.，§ 80a-3（c）（1）]，或者因为对冲基金的投资者都是“合格”的高净值个人投资者或机构投资者 [Id.，§ 80a-3（c）（7）]。[1] 只要投资载体保持其非公开性，而且只向高度成熟的投资者开放，传统上认为，此类投资载体给公众市场造成的风险不同于可以更加普遍参与的诸如共同基金这样的投资公司。[2]（See Staff Report，supra，at 11-12，13.）

对冲基金得到豁免，不受《1940 年投资公司法》的规制，其投资行为就可以不同于与之相对的共同基金；比如，共同基金必须在证交会注册，披露其投资持仓和财务状况（id.， § 80a-8，80a-29），而对冲基金的特点是对其持仓和策略保密，甚至对自己的投资者也保密。（See Staff Report，supra，at 46-47.）《1940 年投资公司法》对于注册的投资公司可以进行的交易有很大的限制。比如，此类公司不得从事保证金交易或卖空 [15 U.S.C. § 80a-12（a）（1），（3）]，必须得到股东批准，才能大量举债或投资某种类型的资产，如房地产或大宗产品等 [Id.， § 80a-13（a）（2）]。此类交易是大多数对冲基金交易策略的全部核心要素。（See Staff Report，supra，at 33-43.）“对冲基金”一词得名于“对冲”交易 [see Willa E. Gibson，Is Hedge Fund Regulation Necessary?，73 Temp. L. Rev. 681，684-85 & n.18（2000）]，此类交易同时持有债权和股权证券的多头头寸和空头头寸，以降低风险。尽管还有其他许多策略，这仍然是最常用的对冲基金策略（see Staff Report，supra，at 35）。对冲基金交易各种资产，从传统股票、债券和货币，到更加奇异的金融衍

1 对冲基金通常不同于获得豁免的私募股权基金或风险资本基金等投资载体，对冲基金在投资或治理行为方面不同。（See Hedge Fund Rule，69 Fed. Reg. at 72，073nn. 224-25.）

2 共同基金占到注册的投资公司的很大一部分，2002 年 12 月共同基金管理的资产大约有 6.4 万亿美元。（See Staff Report，supra，at 1 n. 4.）尽管没有准确数据，按照某些估测，对冲基金行业的规模在 6000 亿美元（id.）到近 9000 亿美元（Hedge Fund Rule；69 Fed. Reg. at 72，055 & n.20）。

Rev. 681, 684–85 & n. 18 (2000), involve taking both long and short positions on debt and equity securities to reduce risk. This is still the most frequently used hedge fund strategy, see Staff Report, supra, at 35, though there are many others. Hedge funds trade in all sorts of assets, from traditional stocks, bonds, and currencies to more exotic financial derivatives and even non-financial assets. See e.g., Kate Kelly, Creative Financing: Defying the Odds, Hedge Funds Bet Billions on Movies, Wall St. J., Apr. 29, 2006, at A1. Hedge funds often use leverage to increase their returns.

Another distinctive feature of hedge funds is their management structure. Unlike mutual funds, which must comply with detailed requirements for independent boards of directors, 15 U.S.C. § 80a–10, and whose shareholders must explicitly approve of certain actions, id., § 80a–13, domestic hedge funds are usually structured as limited partnerships to achieve maximum separation of ownership and management. In the typical arrangement, the general partner manages the fund (or several funds) for a fixed fee and a percentage of the gross profits from the fund. The limited partners are passive investors and generally take no part in management activities. See Staff Report, supra, at 9–10, 61.

Hedge fund advisers also had been exempt from regulation under the Investment Advisers Act of 1940, 15 U.S.C. § 80b–1 et seq. ("Advisers Act"), a companion statute to the Investment Company Act, and the statute which primarily concerns us in this case. Enacted by Congress to "substitute a philosophy of full disclosure for the philosophy of caveat emptor" in the investment advisory profession, SEC v. Capital Gains Research Bureau, Inc., 375 U.S. 180, 186, 84 S.Ct. 275, 11 L.Ed.2d 237 (1963), the Advisers Act is mainly a registration and anti-fraud statute. Non-exempt "investment advisers" must register with the Commission, 15 U.S.C. § 80b–3, and all advisers are prohibited from engaging in fraudulent or deceptive practices, id., § 80b–6. By keeping a census of advisers, the Commission can better respond to, initiate, and take remedial action on complaints against fraudulent advisers. See id., § 80b–4 (authorizing the Commission to examine registered advisers' records).

Hedge fund general partners meet the definition of "investment adviser" in the Advisers Act. See 15 U.S.C. § 80b–2 (11) (defining "investment adviser" as one who "for compensation, engages in the business of advising others, either directly or through publications or writings, as to the value of securities or as to the advisability of investing in, purchasing, or selling securities"); Abrahamson v. Fleschner, 568 F.2d 862, 869–71 (2d Cir.1977) (holding that hedge fund general partners are "investment advisers"), overruled in part on other grounds by Transamerica Mortgage Advisors, Inc. v. Lewis, 444 U.S. 11, 100 S.Ct. 242, 62 L.Ed.2d 146 (1979). But they usually satisfy the "private adviser exemption" from registration in § 203 (b) (3) of the Act, 15 U.S.C. § 80b–3 (b) (3). That section exempts "any investment adviser who during

生产品，甚至包括非金融资产。（See e.g.，Kate Kelly，Creative Financing：Defying the Odds，Hedge Funds Bet Billions on Movies，Wall St. J. Apr. 29，2006，at A1.）对冲基金经常使用杠杆以增加回报。

对冲基金的另一显著特点是其管理结构。对冲基金与共同基金不同：共同基金必须符合对董事会独立的详细要求（15 U.S.C. § 80a-10），而且共同基金的股东必须明确批准某些活动（id.， § 80a-13），但美国国内对冲基金的组织结构通常是有限合伙，其目的是实现所有权和管理权的最大分离。通常的安排是，普通合伙人管理该基金（或数只基金），收取固定的管理费，并获得基金的毛收入的一定百分比。有限合伙人是被动投资者，通常并不参加管理活动。（See Staff Report，supra，at 9-10，61.）

根据《1940 年投资顾问法》（15 U.S.C. § 80b-1 et seq.）（以下简称《投资顾问法》），对冲基金顾问也得到豁免，不受规制。《投资顾问法》是《1940 年投资公司法》的配套法律，也是本院在本案中所关注的主要法律。美国国会制定《投资顾问法》，“在投资顾问行业以全面披露的理念取代买者自慎的理念”［SEC v. Capital Gains Research Bureau，Inc.，375 U.S.180，186，84 S. Ct. 275，11 L. Ed. 2d 237（1963）］，《投资顾问法》主要是一部注册和反欺诈的制定法。没有获得豁免的“投资顾问”必须在证交会注册（15 U.S.C. § 80b-3），禁止所有投资顾问从事欺诈或欺骗行为（id.， § 80b-6）。通过对投资顾问的普查，证交会可以更好地应对有关投资顾问的欺诈投诉，启动和采取救济措施。［See id.， § 80b-4（授权证交会审查注册投资顾问的记录）.］

对冲基金的普通合伙人符合《投资顾问法》中“投资顾问”的定义。［See 15 U.S.C. § 80b-2（11）（“投资顾问”被界定为“为获得报酬，直接或通过出版物或书面材料，就证券的价值或证券的投资、买入或卖出是否适宜，从事向他人提倡咨询的业务任何人”）.］；［Abrahamson v. Fleschner，568 F. 2d 862，869-71（2d Cir. 1977）（认定对冲基金普通合伙人为“投资顾问”）］，但结论由于其他原因被泛美住房抵押顾问有限责任公司诉刘易斯案［Transamerica Mortgage Advisors，Inc. v. Lewis，444 U.S. 11，100 S. Ct. 242，62 L. Ed. 2d 146（1979）］判决部分推翻。但对冲基金通常符合《投资顾问法》第 203（b）（3）条有关“非公开投资顾问的注册豁免”［15 U.S.C. § 80b-3（b）（3）］。该条下豁免“任何投资顾问，其在过去 12 个月中的客户不到 15 人，而且没有公开表现为投资顾问，也没有担任（根据《1940 年投资公司法》）注册的

the course of the preceding twelve months has had fewer than fifteen clients and who neither holds himself out generally to the public as an investment adviser nor acts as an investment adviser to any investment company registered under [the Investment Company Act] ." Id. As applied to limited partnerships and other entities, the Commission had interpreted this provision to refer to the partnership or entity itself as the adviser's "client." See 17 C.F.R. § 275.203 (b) (3) -1. Even the largest hedge fund managers usually ran fewer than fifteen hedge funds and were therefore exempt.

Although the Commission has a history of interest in hedge funds, see Staff Report, supra, at app.A, the current push for regulation had its origins in the failure of Long-Term Capital Management, a Greenwich, Connecticut-based fund that had more than $125 billion in assets under management at its peak. In late 1998, the fund nearly collapsed. Almost all of the country's major financial institutions were put at risk due to their credit exposure to Long-Term, and the president of the Federal Reserve Bank of New York personally intervened to engineer a bailout of the fund in order to avoid a national financial crisis. See generally Roger Lowenstein, When Genius Failed: The Rise and Fall of Long-Term Capital Management (2000) .

A joint working group of the major federal financial regulators produced a report recommending regulatory changes to the regime governing hedge funds, and the Commission's staff followed with its own report about the state of hedge fund regulation. Drawing on the conclusions in the Staff Report, the Commission-over the dissent of two of its members-issued the rule under review in December 2004 after notice and comment. The Commission cited three recent shifts in the hedge fund industry to justify the need for increased regulation. First, despite the failure of Long-Term Capital Management, hedge fund assets grew by 260 percent from 1999 to 2004. Hedge Fund Rule, 69 Fed.Reg. at 72, 055. Second, the Commission noticed a trend toward "retailization" of hedge funds that increased the exposure of ordinary investors to such funds. This retailization was driven by hedge funds loosening their investment requirements, the birth of "funds of hedge funds" that offered shares to the public, and increased investment in hedge funds by pension funds, universities, endowments, foundations, and other charitable organizations. See id., at 72, 057-58. Third, the Commission was concerned about an increase in the number of fraud actions brought against hedge funds. See id., at 72, 056-57. Concluding that its "current regulatory program for hedge fund advisers [was] inadequate, " id., at 72, 059, the Commission moved to require hedge fund advisers to register under the Advisers Act so that it could gather "basic information about hedge fund advisers and the hedge fund industry", "oversee hedge fund advisers" , and "deter or detect fraud by unregistered hedge fund advisers" , id.

The Hedge Fund Rule first defines a "private fund" as an investment company that(a) is exempt from registration under the Investment Company Act by virtue of having fewer

任何投资公司的投资顾问”。（Id.）证交会的解释曾经是，如果适用于有限合伙企业或其他实体，该规定是指合伙企业或实体本身为投资顾问的“客户”。［See 17 C.F.R. §275.203（b）（3）-1.］即便是最大的对冲基金管理人，所管理的对冲基金通常不超过15只，所以可以得到豁免。

尽管证交会关注对冲基金由来已久（see Staff Report，supra，at app.A），但目前对规制的推动源于长期资本管理基金的失败。长期资本管理是位于康涅狄克州格林威治的基金，在鼎盛期间管理的资产达到1250亿美元。1998年年末该基金濒临倒闭。美国的各大金融机构几乎都面临险境，因为这些机构对长期资本管理基金都有信用敞口，纽约联储银行总裁亲自干预，推出长期资本管理基金的救助方案，以避免全国性金融危机。［See generally Roger Lowenstein，When Genius Failed：The Rise and Fall of Long-Term Capital Management（2000）.］

美国联邦各主要金融监管机构联合工作组出具了一份报告，建议对规制对冲基金的制度作出规制调整，证交会的工作人员随后又出具了一份证交会自己关于对冲基金规制状况的报告。证交会以此报告的结论为理由，在通知和评论之后，于2004年12月发布了本案所审查的规则，尽管证交会的两位委员表示反对。证交会提到对冲基金行业最近的3次变化，并以此作为加强规制的理由：第一，尽管长期资本管理基金失败，1999~2004年，对冲基金的资产增加了260%。（Hedge Fund Rule，69 Fed. Reg. at 72，055）。第二，证交会注意到对冲基金的“零售化”趋势，普通投资者对此类基金的敞口因此增加。对冲基金放松了其对投资的要求，从而推动了对冲基金的零售化，“对冲基金的基金”应运而生，向公众发行股票，养老基金、大学、赠款基金、基金会和其他慈善组织增加了对对冲基金的投资。（See id.， at 72，057-58.）第三，对冲基金的欺诈诉讼的数量增加，证交会对此表示担忧。（Scc id.， at 72，056-57.）证交会的结论是，“投资顾问目前的规则方案不充分”（id.，at 72，059），因此，证交会着手要求对冲基金投资顾问根据《投资顾问法》注册，以便证交会收集“有关对冲基金投资顾问和对冲基金行业的基本信息”，“监管对冲基金顾问”，“威慑或发现未注册的对冲基金顾问的欺诈行为”（id.）。

《对冲基金规则》首先将“私募基金”界定为投资公司，但（a）得到豁免，无须根据《1940年投资公司法》注册，因为投资者不超过100人或只有合格投资者［see than one hundred investors or only qualified investors, see 15 U.S.C. § 80a–3(c)(1), (7); (b) permits its investors to redeem their interests within two years of investing; and (c) markets itself on the basis of the "skills, ability or expertise of the investment adviser." 17 C.F.R. § 275.203 (b) (3) –1 (d) (1). For these private funds, the rule then specifies that "[f]or purposes of section 203 (b) (3) of the [Advisers] Act (15 U.S.C. § 80b–3 (b) (3)), you must count as clients the shareholders, limited partners, members, or beneficiaries of [the] fund." Id., § 275.203 (b) (3) –2 (a). The rule had the effect of requiring most hedge fund advisers to register by February 1, 2006.[1]

II

The dissenting Commissioners disputed the factual predicates for the new rule and its wisdom. Goldstein makes some of the same points but the major thrust of his complaint is that the Commission's action misinterpreted § 203 (b) (3) of the Advisers Act, a charge the Commission dissenters also leveled. This provision exempts from registration "any investment adviser who during the course of the preceding twelve months has had fewer than fifteen clients." 15 U.S.C. § 80b–3 (b) (3). The Act does not define "client." Relying on Chevron U.S.A. Inc. v. Natural Resources Defense Council, 467 U.S. 837, 842–43, 104 S.Ct. 2778, 81 L.Ed.2d 694 (1984), the Commission believes this renders the statute "ambiguous as to a method for counting clients." Br. for Resp. 21. There is no such rule of law. The lack of a statutory definition of a word does not necessarily render the meaning of a word ambiguous, just as the presence of a definition does not necessarily make the meaning clear. A definition only pushes the problem back to the meaning of the defining terms. See Alarm Indus. Commc'ns Comm. v. FCC, 131 F.3d 1066, 1068–70 (D.C.Cir.1997); Doris Day Animal League v. Veneman, 315 F.3d 297, 298–99 (D.C.Cir.2003).

If Congress employs a term susceptible of several meanings, as many terms are, it scarcely follows that Congress has authorized an agency to choose any one of those meanings. As always, the "words of the statute should be read in context, the statute's place in the overall statutory scheme should be considered, and the problem Congress sought to solve should be taken into account" to determine whether Congress has foreclosed the agency's

---

1 Application of the rule also triggers certain regulations that apply only to registered advisers. Most importantly, registered advisers must open their records to the Commission upon request, 15 U.S.C. § 80b–4, and cannot charge their clients a performance fee unless such clients have a net worth of at least $1.5 million or at least $750, 000 under management with the adviser. Id., § 80b–5; 17 C.F.R. § 275.205–3; see also Hedge Fund Rule, 69 Fed.Reg. at 72, 064 (citing "salutary effect" of this rule to limit "retailization").

15 U.S.C. § 80a–3（c）（1），（7）]；（b）私募基金允许投资者投资后两年内赎回其份额；并且（c）私募基金是凭借“其投资顾问的技能、能力或专业知识”自我促销。[17 C.F.R. § 275.203（b）（3）–1（d）（1）.] 针对这些私募基金，《对冲基金规则》又专门规定，“就《（投资）顾问法》第 203（b）（3）条 [15 U.S.C. § 80b–3（b）（3）] 的目的而言，（此类）基金的股东、有限合伙人成员或受益人必须被视为客户”。[Id.， § 275.203（b）（3）–2（a）.] 该规则的效果是，要求大多数对冲基金顾问必须在 2006 年 2 月 1 日之前注册。[1]

Ⅱ

持不同意见的副主席质疑新规则的事实依据，同时也质疑新规则是否明智。戈尔茨坦也提出了一些相同观点，但其起诉的主要理由是，证交会的做法是对《投资顾问法》第 203（b）（3）条的错误解释，持不同意见的副主席也提出了这一质疑。该条规定是豁免“此前 12 个月内客户不超过 15 位个人的投资顾问的注册”。[15 U.S.C. § 80b–3（b）（3）.] 该法并没有界定“客户”。证交会以雪铁龙美国公司诉自然资源保护理事会案 [Chevron U.S.A. Inc. v. Natural Resources Defense Council，467 U.S. 837，842–43，104 S.Ct. 2778，81 L.Ed. 2d 694（1984）] 判例作为依据，认为《投资顾问法》“对计算客户人数的方法模糊不清”。（Br. for Resp. 21.）没有这样的法治。即便任何名词没有制定法的定义，但并不一定因此而词义不清，正如有定义并不必然使词义明确。定义只不过是将难题推到了已被界定的名词上。[See Alarm Indus. Commc'ns Comm. v. FCC，131 F. 3d 1066，1068–70（D.C.Cir. 1997）；Doris Day Animal League v. Veneman，315 F. 3d 297，298–99（D.C.Cir. 2003）.]

如果美国国会使用的名词可以有若干意思——国会使用的很多名词的确如此，也很难就此推断，国会允许一个机构选择其中的一个意思。历来的做法是，“必须根据上下文了解制定法的词义，必须考虑相关制定法在整个制定法体系中的地位，必须考虑国会力求解决的问题”，以确定国会是否排除了有关机构的解释。[PDK Labs，Inc. v. DEA，362 F.3d 786，796（D.C.Cir.2004）（“PDKI”）（文内引号省略）.]

1 适用该规则也触发某些本来只适用于注册投资顾问的规定。最重要的是，在证交会的要求之下，注册的投资顾问必须向证交会开放其记录（15 U.S.C. § 80b–4），而且除非此类客户的净值至少有 150 万美元或由投资顾问管理的金额至少有 75 万美元，则投资顾问不得向其客户收取业绩费。[Id.， § 80b–5；17 C.F.R. § 275.205–3；see also Hedge Fund Rule，69 Fed. Reg. at 72，064（提及此规则具有限制“零售化”的“正面作用”）.]

interpretation. PDK Labs. Inc. v. DEA, 362 F.3d 786, 796(D.C.Cir.2004)("PDKI") (internal quotation marks omitted) .

"Client" may mean different things depending on context. The client of a laundry occupies a very different position than the client of a lawyer. Even for professional representation, the specific indicia of a client relationship–contracts, fees, duties, and the like–vary with the profession and with the particulars of the situation. An attorney–client relationship, for example, can be formed without any signs of formal "employment." See Restatement (Third) of the Law Governing Lawyers § 14 & cmt. c (2000) ("The client need not necessarily pay or agree to pay the lawyer; and paying a lawyer does not by itself create a client–lawyer relationship") . Matters may be very different for the client of, say, an architectural firm.

The Commission believes that an amendment to § 203 (b) (3) suggests the possibility that an investor in a hedge fund could be counted as a client of the fund's adviser. In 1980, Congress added to § 203 (b) (3) the following language: "For purposes of determining the number of clients of an investment adviser under this paragraph, no shareholder, partner, or beneficial owner of a business development company shall be deemed to be a client of such investment adviser unless such person is a client of such investment adviser separate and apart from his status as a shareholder, partner, or beneficial owner." [1] Act of Oct. 21, 1980, Pub.L. No. 96–477, § 202, 94 Stat. 2275, 2290 (1980) . This language was inserted against a backdrop of uncertainty created by the Second Circuit's decision in Abrahamson v. Fleschner. The Abrahamson court held that hedge fund general partners were "investment advisers" under the Advisers Act, 568 F.2d at 869–71. In its original opinion, the court specified that the general partners were advisers "to the limited partners." See Robert C. Hacker & Ronald D. Rotunda, SEC Registration of Private Investment Partnerships After Abrahamson v. Fleschner, 78 Colum. L. Rev. 1471, 1484 n. 72 (1978) . The final published opinion omits those four words, see Abrahamson, 568 F.2d at 871 n. 16, suggesting that the court expressly declined to resolve any ambiguity in the term "client" . If–as we generally assume–Congress was aware of this judicial confusion, see e.g., Beethoven.com LLC v. Librarian of Congress, 394 F.3d 939, 945–46 (D.C.Cir.2005) , the 1980 amendment could be seen as Congress's acknowledgment that "client" is ambiguous in the context of § 203 (b) (3) . There are statements in the legislative history that suggest as much. See e.g., H.R. Rep. No. 96–1341, at 62 (1980) (" [W] ith respect to persons or firms which do not advise business development companies, the amendment is not intended to suggest that

1 A "business development company" –commonly known as a venture capital company–is defined in 15 U.S.C. § 80a–2 (a) (48) as a "closed–end company which" operates for the purpose of making investments in certain securities and making "available significant managerial assistance with respect to the issuers of such securities."

“客户”一词的含义不同，视上下文而定。洗衣店的客户与律师的客户有截然不同的地位。即便是专业代理，客户关系的具体特点——合同、费用、责任和类似的内容——也视专业和具体情形的特点而异。比如，无须任何正式“雇用”的表示，就可以形成律师—客户关系。[See Restatement（Third）of the Law Governing Lawyers § 14 & cmt. c（2000）（客户不一定非要向律师付费或同意付费；而向律师付费本身不一定产生客户—律师关系）.] 但对诸如建筑设计公司的客户来说，事情就大不一样了。

证交会认为，修正第 203（b）（3）条就表示，对冲基金的投资者有可能被视为基金顾问的客户。1980 年美国国会在该法第 203（b）（3）条中加入以下字句：“就确定本款下投资顾问的客户的人数而言，股东、合伙人或业务开发公司的收益所有人都不应当被视为此类投资顾问的客户，除非即便与其作为股东、合伙人或受益所有人的身份无关或分开，他们也是此类投资顾问的客户。”[1]［Act of Oct. 21, 1980, Pub. L. No. 96–477, § 202, 94 Stat. 2275, 2290（1980）.］加入这句话的背景是，第二巡回法院在亚伯拉罕森诉弗莱舒耐尔案（Abrahamson v. Fleschner）判决中造成了不确定性。法院在亚伯拉罕案中认定，对冲基金的普通合伙人是《投资顾问法》所指的“投资顾问”（568 F.2d at 869–71）。在其原先的判决意见中，法院明确指出，普通合伙人是“有限合伙人的”顾问。[See Robert C. Hacker & Ronald D. Rotunda, SEC Registration of Private Investment Partnerships After Abrahamson v. Fleschner, 78 Colum. L. Rev. 1471, 1484 n. 72（1978）.] 最后公布的意见中删去了“有限合伙人的”这个字（see Abrahamson, 568 F. 2d at 871 n. 16），这就表示法院明确拒绝解决“客户”一词的任何模糊性。我们一般假定，美国国会知道司法界的困惑[see e.g., Beethoven.com LLC v. Librarian of Congress, 394 F.3d 939, 945–46（D.C. Cir. 2005）]；如果是这样，那么 1980 年的修正就可以被理解为美国国会已意识到，“客户”一词在该法第 203（b）（3）条的范畴中词义不清。立法史中的一些陈述也显示了同样的意思。[See e.g., H.R. Rep. No. 96–1341, at 62（1980）（就并不向业务开发公司提供咨询的个人或公司而言，该修正并非意在表示，一家公司由此类个人或公司作为其投资顾问，这家公司的每位股东、合伙人或受益所有人就应当或是不应当被视为客户）.] 尽管“此后的国会的若干观点成为推断先前国会意图的有害依据”｛PDK I, 362 F.3d at 794–95 [quoting United States v. Price, 361 U.S. 304, 313, 80 S. Ct. 326, 4 L. Ed. 2d 334（1960）]｝，1980 年的修正可以被视为就该制

1 “业务发展公司”是通常所指的风险资本公司，此类公司在《美国联邦法典》第 15 编第 80a–2（a）（48）节中被界定为“封闭公司”，其营运目的是投资于某些证券，并“向此类证券发行人提供相当重要的管理协助”。

each shareholder, partner, or beneficial owner of a company advised by such person or firm should or should not be regarded as a client"). Although "the views of a subsequent Congress form a hazardous basis for inferring the intent of an earlier one", PDK I, 362 F.3d at 794–95 (quoting United States v. Price, 361 U.S. 304, 313, 80 S.Ct. 326, 4 L.Ed.2d 334 (1960)), the 1980 amendment might be seen as introducing another definitional possibility into the statute. See PDK Labs. Inc. v. DEA, 438 F.3d 1184, 1192–93 (D.C.Cir.2006).[1]

On the other hand, the 1970 amendment to § 203 appears to reflect Congress's understanding at the time that investment company entities, not their shareholders, were the advisers' clients. In the amendment, Congress eliminated a separate exemption from registration for advisers who advised only investment companies and explicitly made the fewer–than–fifteen–clients exemption unavailable to such advisers. Investment Company Amendments Act of 1970, Pub.L. No. 91–547, § 24, 84 Stat. 1413, 1430 (1970). This latter prohibition would have been unnecessary if the shareholders of investment companies could be counted as "clients".

Another section of the Advisers Act strongly suggests that Congress did not intend "shareholders, limited partners, members, or beneficiaries" of a hedge fund to be counted as "clients". Although the statute does not define "client", it does define "investment adviser" as "any person who, for compensation, engages in the business of advising others, either directly or through publications or writings, as to the value of securities or as to the advisability of investing in, purchasing, or selling securities." 15 U.S.C. § 80b–2 (11). An investor in a private fund may benefit from the adviser's advice (or he may suffer from it) but he does not receive the advice directly. He invests a portion of his assets in the fund. The fund manager–the adviser–controls the disposition of the pool of capital in the fund. The adviser does not tell the investor how to spend his money; the investor made that decision when he invested in the fund. Having bought into the fund, the investor fades into the background; his role is completely passive. If the person or entity controlling the fund is not an "investment adviser" to each individual investor, then a fortiori each investor cannot be a "client" of that person or entity. These are just two sides of the same coin.

This had been the Commission's view until it issued the new rule. As recently as

---

1 There is irony in the Commission's reliance on this amendment to demonstrate the ambiguity of "client". As we discuss below, the Commission in 1985 established a "safe harbor", allowing advisers to count certain limited partnerships as single clients specifically in order to provide "greater certainty" about the meaning of the term. Definition of "Client" of Investment Adviser for Certain Purposes Relating to Limited Partnerships, 50 Fed. Reg. 8740, 8740 (Mar. 5, 1985) ("Safe Harbor Proposed Rule"). In so doing, the Commission declared that it "should [not] distinguish such a limited partnership from a business development partnership," and that it was therefore "incorporat[ing] the approach of the 1980 Amendments into a limited partnership rule." Id., at 8741.

定法提供了另一种定义的可能。［See PDK Labs. Inc. v. DEA，438 F.3d 1184，1192–93（D.C. Cir. 2006）.］[1]

另外，1970年对该法第203条的修正似乎反映出美国国会当时的理解：投资公司实体是投资顾问的客户，投资公司的股东并不是投资顾问的客户。美国国会在修正案中删除了投资顾问可以获得的一类单独的注册豁免，此类投资顾问只向投资公司提供咨询；国会明确规定，少于15位客户的豁免对只为投资公司提供咨询的投资顾问不再适用。［Investment Company Amendments Act of 1970，Pub. L. No. 91–547，§24，84 Stat. 1413，1430（1970）.］倘若投资公司的股东可以被视为“客户”，则后一个禁止性规定就没有必要了。

《投资顾问法》的另一条强烈表示，美国国会无意将对冲基金的“股东、有限合伙人、成员或受益人”算作“客户”。尽管制定法并没有界定“客户”，但界定了“投资顾问”，其定义为“为获得报酬，直接或通过出版物或文字材料，就证券的价值或投资、买入或卖出证券是否适宜，从事向他人提供咨询的业务的任何人”。［15 U.S.C. § 80b–2（11）.］私募基金的投资者有可能得益于投资顾问的意见（也可能因其意见而受损），但投资者并不直接得到咨询。投资者将其部分资产投资于基金。作为基金管理人的投资顾问控制了基金资本池的处置。投资顾问并不告诉投资者如何用他的钱；投资者在投资基金的时候，便已经作出了决策。投资者将钱投入基金后，便隐身而退，其作用完全是被动的。如果控制基金的个人或实体不是每个个体投资者的“投资顾问”，那么就更有理由认为，每个投资者不可能是此类个人或实体的“客户”。这是一枚硬币的两面。

证交会发布新规则之前，一直持有上述观点。直到1997年，证交会的解释仍

1 不无讽刺的是，证交会依赖该修正显示“客户”的模糊性。正如本院在下文所讨论的，证交会1985年设立了“安全港”，允许投资顾问将某些有限合伙企业算作单一客户，其目的就是就“客户”一词提供“更大的确定性”。［Definition of “Client” of Investment Adviser for Certain Purposes Relating to Limited Partnerships，50 Fed. Reg. 8740，8740（Mar. 5，1985）（安全港拟定规制）.］证交会这样做时宣布，“不应当将此类有限合伙企业区别于业务发展合伙企业”，因此这样做“是将1980年修正内容的做法纳入有限合伙企业规则”。（Id.， at 8741.）

1997, it explained that a "client of an investment adviser typically is provided with individualized advice that is based on the client's financial situation and investment objectives. In contrast, the investment adviser of an investment company need not consider the individual needs of the company's shareholders when making investment decisions, and thus has no obligation to ensure that each security purchased for the company's portfolio is an appropriate investment for each shareholder." Status of Investment Advisory Programs Under the Investment Company Act of 1940, 62 Fed.Reg. 15, 098, 15, 102 (Mar. 31, 1997). The Commission said much the same in 1985 when it promulgated a rule with respect to investment companies set up as limited partnerships rather than as corporations. The "client" for purposes of the fifteen-client rule of § 203 (b) (3) is the limited partnership not the individual partners. See 17 C.F.R. § 275.203 (b) (3)-1 (a) (2). As the Commission wrote in proposing the rule, when "an adviser to an investment pool manages the assets of the pool on the basis of the investment objectives of the participants as a group, it appears appropriate to view the pool-rather than each participant-as a client of the adviser." Safe Harbor Proposed Rule, 50 Fed.Reg. at 8741.

The Supreme Court embraced a similar conception of the adviser-client relationship when it held in Lowe v. SEC, 472 U.S. 181, 105 S.Ct. 2557, 86 L.Ed.2d 130 (1985), that publishers of certain financial newsletters were not "investment advisers". Id., at 211, 105 S.Ct. 2557; see 15 U.S.C. § 80b-2 (11) (D). After an extensive discussion of the legislative history of the Advisers Act, the Court held that existence of an advisory relationship depended largely on the character of the advice rendered. Persons engaged in the investment advisory profession "provide personalized advice attuned to a client's concerns." Lowe, 472 U.S. at 208, 105 S.Ct. 2557. "[F] iduciary, person-to-person relationships" were "characteristic" of the "investment adviser-client relationship[§]." Id., at 210, 105 S.Ct. 2557. The Court thought it is "significant" that the Advisers Act "repeatedly" referred to "clients", which signified to the Court "the kind of fiduciary relationship the Act was designed to regulate." Id., at 208 n. 54, 201 n. 45, 105 S.Ct. 2557. This type of direct relationship exists between the adviser and the fund, but not between the adviser and the investors in the fund. The adviser is concerned with the fund's performance, not with each investor's financial condition.

The Commission nevertheless is right to point out that the Lowe Court was not rendering an interpretation of the word "client". See Hedge Fund Rule, 69 Fed.Reg. at 72, 069 n. 174. Because it was construing an exception to the definition of "investment adviser", we do not read too much into the Court's understanding of the meaning of "client". See Nat'l Cable & Telecomms. Ass'n v. Brand X Internet Servs., 545 U.S. 967——125 S.Ct. 2688, 2700, 162 L.Ed.2d 820 (2005).

As we have noted before, "[i] t may be that the strict dichotomy between

然是，“典型做法是，投资顾问的客户得到基于其财务状况和投资目标的个性化咨询”。相反，投资公司的投资顾问投资决策时，无须考虑投资公司股东的个体需要，所以并无义务确保做到，为投资公司投资组合买入的每一个证券对每位股东都是适当的投资。［Status of Investment Advisory Programs Under the Investment Company Act of 1940，62 Fed. Reg. 15，098，15，102（Mar. 31，1997）.］1985 年证交会表示了大致相同的意思；当时证交会发布了一项规则，内容涉及以有限合伙企业的形式设立投资顾问，而不是以公司形式设立投资公司。就该法第 203（b）（3）条的 15 位客户规则而言，“客户”是有限合伙企业，而不是各位合伙人。［See 17 C.F.R. § 275. 203（b）（3）-1（a）（2）.］证交会建议制定该规则时，以书面形式表示，“投资池的投资顾问管理池内资产，如果是基于参与者作为一组人的投资目标，那么适宜将该资产池视为投资顾问的客户，而不是将各个投资者视为投资顾问的客户”。（Safe Harbor Proposed Rule，50 Fed. Reg. at 8741.）

在洛诉证交会案［Lowe v. SEC，472 U.S.，181，105 S.Ct. 2557，86 L.Ed.2d 130（1985）］判决中，美国联邦最高法院就投资顾问—客户关系采纳了类似概念。美国联邦最高法院认定，某些金融通信的出版者并不是“投资顾问”。［Id.，at 211，105 S. Ct. 2557; see 15 U.S.C. § 80b-2(11)(D).］美国联邦最高法院广泛讨论了《投资顾问法》的立法史后认定，是否存在投资顾问关系，在很大程度上取决于所提供咨询的性质。从事投资顾问专业的人，“是针对客户所关心的问题提供个性化咨询”。（Lowe，472 U.S. at 208，105 S. Ct. 2557.）“人与人之间的受信关系”是“投资顾问—客户关系”的“特点”。（Id.，at 210，105 S. Ct. 2557.）美国联邦最高法院认为，至关重要的是，《投资顾问法》一再提到“客户”，对美国联邦最高法院来说，这就显示了“《投资顾问法》旨在规制的那种受信关系”。（Id.，at 208 n. 54，201 n. 45，105 S. Ct. 2557.）投资顾问与基金之间存在这种直接关系，但是投资顾问与基金的投资者之间并不存在这种直接关系。投资顾问所关心的是基金的业绩，并不关心每个投资者的财务状况。

但证交会正确地指出，在洛案判决中，美国联邦最高法院并没有就“客户”一词作出解释。（See Hedge Fund Rule，69 Fed. Reg. at 72，069 n. 174.）美国联邦最高法院当时是对“投资顾问”一词定义的一种例外作出解释，所以本院不对美国联邦最高法院对“客户”一词意思的理解作过多的解读。［See Nat'l Cable & Telecomms. Ass'n v. Brand X Internet Servs.，545 U.S.967——125 S. Ct. 2688，2700，162 L. Ed. 2d 820（2005）.］

正如本院先前所指出的那样，“清楚与含糊之间的严格区分是人为的，本院所

clarity and ambiguity is artificial, that what we have is a continuum, a probability of meaning." PDK I, 362 F.3d at 797. Here, even if the Advisers Act does not foreclose the Commission's interpretation, the interpretation falls outside the bounds of reasonableness. "An agency construction of a statute cannot survive judicial review if a contested regulation reflects an action that exceeds the agency's authority. It does not matter whether the unlawful action arises because the disputed regulation defies the plain language of a statute or because the agency's construction is utterly unreasonable and thus impermissible." Aid Ass'n for Lutherans v. United States Postal Serv., 321 F.3d 1166, 1174 (D.C.Cir.2003); see also id., at 1177–78; Am. Library Ass'n v. FCC, 406 F.3d 689, 699 (D.C.Cir.2005).

"The 'reasonableness' of an agency's construction depends", in part, "on the construction's 'fit' with the statutory language, as well as its conformity to statutory purposes." Abbott Labs. v. Young, 920 F.2d 984, 988 (D.C.Cir.1990). As described above, the Commission's interpretation of the word "client" comes close to violating the plain language of the statute. At best it is counterintuitive to characterize the investors in a hedge fund as the "clients" of the adviser. See Am. Bar Ass'n v. FTC, 430 F.3d 457, 471 (D.C.Cir.2005). The adviser owes fiduciary duties only to the fund, not to the fund's investors. Section 206 of the Advisers Act, 15 U.S.C. § 80b–6, makes it unlawful for any investment adviser–registered or not– "to engage in any transaction, practice, or course of business which operates as a fraud or deceit upon any client or prospective client." Id., § 80b–6 (2). In SEC v. Capital Gains Research Bureau, Inc., 375 U.S. 180, 84 S.Ct. 275, 11 L.Ed.2d 237 (1963), the Supreme Court held that this provision created a fiduciary duty of loyalty between an adviser and his client. See id., at 191–92, 84 S.Ct. 275; id., at 201, 84 S.Ct. 275 ("The statute, in recognition of the adviser's fiduciary relationship to his clients, requires that his advice be disinterested"); see also Hedge Fund Rule, 69 Fed.Reg. at 72, 059 & n. 57. In that case, the duty of loyalty required an adviser to disclose self–interested transactions to his clients. The Commission recognizes more generally that the duty of loyalty "requires advisers to manage their clients' portfolios in the best interest of clients", and imposes obligations to "fully disclose any material conflicts the adviser has with its clients, to seek best execution for client transactions, and to have a reasonable basis for client recommendations." Id., at 72, 054.

If the investors are owed a fiduciary duty and the entity is also owed a fiduciary duty, then the adviser will inevitably face conflicts of interest. Consider an investment adviser to a hedge fund that is about to go bankrupt. His advice to the fund will likely include any and all measures to remain solvent. His advice to an investor in the fund, however, would likely be to sell. For the same reason, we do not ordinarily deem the shareholders in a corporation the "clients" of the corporation's lawyers or accountants. See Restatement, supra, § 96 cmt.b ("By representing the organization, a lawyer does not thereby also form a client–

面对的是，各种可能的意思层出不穷”。（PDK I， 362 F.3d at 797.）此处即便《投资顾问法》没有排除证交会的解释，该解释也超出了合理性的范围。“如果受到质疑的规定反映了超出有关机构授权的行为，则该机构对制定法的解释经不起司法审查。之所以产生违法行为，无论是因为有争议的规定无视制定法的直白语言，还是因为机构的诠释完全不合理而不被许可，并不重要。”［Aid Ass'n for Lutherans v. United States Postal Serv.，321 F. 3d 1166，1174（D.C. Cir. 2003）；see also id.， at 1177–78；Am. Library Ass'n v. FCC，406 F.3d 689，699（D.C. Cir. 2005）.］

在某种程度上，“机构诠释的‘合理性’取决于该诠释是否‘适合’制定法的语言，是否符合制定法的目的”。［Abbott Labs v. Young， 920 F.2d 984，988（D.C. Cir. 1990）.］如上文所述，证交会对“客户”一词的解释近乎违反制定法的直白语言。往最好的方面说，将对冲基金的投资者定性为投资顾问的“客户”是违反直觉的。［See Am. Bar Ass'n v. FTC，430 F. 3d 457，471（D.C. Cir. 2005）.］投资顾问只是对基金负有受信义务，对基金的投资者并不负有受信义务。根据《投资顾问法》第 206 条（15 U.S.C. § 80b–6）的规定，无论投资顾问是否注册，“只要所从事任何交易或业务活动，是针对客户或潜在客户的欺诈或欺骗性的，都属于违法”。［Id.，§ 80b–6（2）.］在证交会诉资本收益研究局有限公司案［In SEC v. Capital Gains Research Bureau，Inc.，375 U.S. 180，84 S. Ct. 275，11 L. Ed. 2d 237（1963）］判决中，美国联邦最高法院认定，该规定设立了投资顾问与客户之间忠诚的受信义务。［See id.， at 191–92，84 S. Ct. 275；id.， at 201，84 S. Ct. 275（制定法认可投资顾问对其客户的受信关系，要求投资顾问的投资意见没有私利）；see also Hedge Find Rule，69 Fed. Reg. at 72，059 & n. 57.］在该案中，忠诚义务要求投资顾问向其客户披露有私利的交易。证交会扩大了认可范围，认为忠诚义务“要求投资顾问为客户的最佳利益管理投资者的投资组合”，而且所要求的义务是，“充分披露投资顾问与其客户之间的任何重大利益冲突，为客户的交易寻求最佳执行，而且为客户提供的推荐有合理根据”。（Id.， at 72，054.）

如果对投资者负有受信义务，对实体也负有受信义务，那么投资顾问势必面对利害冲突。设想投资顾问向一家对冲基金提供咨询，而这家对冲基金濒临破产。投资顾问为基金提供的建议很可能是，基金采取一切措施避免破产。然而，投资顾问给基金投资者的建议很可能是卖出。出于同样的原因，本院通常不将公司的股东作为公司的律师或会计师的客户。［See Restatement，supra， § 96 cmt. b（律师代理该组织，但并不因此而与诸如股东这样的拥有公司所有权或其他受益权益的所有个人或任何个人形成客户—律师关系）.］股东可以间接从专业顾问的咨询中获益，但

lawyer relationship with all or any individuals who have an ownership or other beneficial interest in it, such as its shareholders"). While the shareholders may benefit from the professionals' counsel indirectly, their individual interests easily can be drawn into conflict with the interests of the entity. It simply cannot be the case that investment advisers are the servants of two masters in this way.[1]

The Commission's response to this argument is telling. It argues that the Hedge Fund Rule amends only the method for counting clients under § 203 (b) (3), and that it does not "alter the duties or obligations owed by an investment adviser to its clients." 69 Fed.Reg. at 72, 070. We ordinarily presume that the same words used in different parts of a statute have the same meaning. See Sullivan v. Stroop, 496 U.S. 478, 484, 110 S.Ct. 2499, 110 L.Ed.2d 438 (1990). The Commission cannot explain why "client" should mean one thing when determining to whom fiduciary duties are owed, 15 U.S.C. § 80b-6 (1) - (3), and something else entirely when determining whether an investment adviser must register under the Act, id., § 80b-3 (b) (3). Cf. Mobil Oil Corp. v. EPA, 871 F.2d 149, 153 (D.C.Cir.1989).

The Commission also argues that the organizational form of most hedge funds is merely "legal artifice", Br. for Resp. 41, to shield advisers who want to advise more than fifteen clients and remain exempt from registration. See Hedge Fund Rule, 69 Fed.Reg. at 72, 068. But as the discussion above shows, form matters in this area of the law because it dictates to whom fiduciary duties are owed.

The Hedge Fund Rule might be more understandable if, over the years, the advisory relationship between hedge fund advisers and investors had changed. The Commission cited, as justification for its rule, a rise in the amount of hedge fund assets, indications that more pension funds and other institutions were investing in hedge funds, and an increase in fraud actions involving hedge funds. All of this may be true, although the dissenting Commissioners doubted it. But without any evidence that the role of fund advisers with respect to investors had undergone a transformation, there is a disconnect between the factors the Commission cited and the rule it promulgated. That the Commission wanted a hook on which to hang more comprehensive regulation of hedge funds may be understandable. But the Commission may not accomplish its objective by a manipulation of meaning.

---

1 In the Hedge Fund Rule, 69 Fed.Reg. at 72, 070 n. 187, and again at oral argument, Tr. of Oral Argument 16-17, the Commission argued that the fiduciary duties created by the anti-fraud provisions of the Advisers Act did in fact extend to the relationship between an adviser and the limited partners of a hedge fund. The Commission relies on Abrahamson v. Fleschner, in which the Second Circuit found that limited partners of a hedge fund stated a cause of action against the general partner for fraud under § 206. 568 F.2d at 877-78. The anti-fraud provision also applies, however, to persons other than clients. See 15 U.S.C. § 80b-6 (4). In the absence of further specification, Abrahamson can only be read for the proposition that investors in a hedge fund may sustain an action for fraud against the fund's adviser. Cf. United States v. Elliott, 62 F.3d 1304, 1311-13 (11th Cir.1995) (holding that adviser-client relationship was not required for criminal fraud conviction under § 206).

他们各自的利益很容易与实体的利益发生冲突。投资顾问绝无可能以这种方式同时效力于两位主人。[1]

证交会对该论点的回应很能说明问题。证交会提出，《对冲基金规则》只改变根据第203(b)(3)条计算客户的方式，并不“改变投资顾问对其客户的责任或义务”。（69 Fed. Reg. at 72，070.）本院通常假定，制定法不同部分中使用的同一名词有同样的意思。［See Sullivan v. Stroop，496 U.S. 478，484，110 S. Ct. 2499，110 L. Ed. 2d 438（1990）.］证交会无法解释，为什么确定对谁负有受信义务时，“客户”有一种意思［15 U.S.C. § 80b-6（1）-（3）］，但确定投资顾问是否应当根据《投资顾问法》注册时，却是完全不同的意思［id.，§ 80b-3（b）（3）.Cf. Mobil Oil Corp. v. EPA，871 F.2d 149，153（D.C. Cir. 1989）］。

证交会还提出，大多数对冲基金的组织形式不过是“法律计策”而已（Br. for Resp. 41），其目的是为某些投资顾问提供遮盖，这些投资顾问要为15位以上的客户提供咨询，但同时又能得到注册豁免。（See Hedge Fund Rule，69 Fed. Reg. at 72，068.）但是，如同上文讨论所示，在法律的这一领域，形式是有用的，因为形式决定了对谁负有受信义务。

倘若这些年来对冲基金与投资者之间的咨询关系发生了变化，《对冲基金规则》或许更能够被理解。证交会提到对冲基金资产金额增加，作为《对冲基金规则》合理的理由，表明更多的养老基金和其他机构正在投资对冲基金，涉及对冲基金的欺诈活动也在增加。所有这些可能都是真的，尽管持不同意见的副主席对此表示怀疑。但没有任何证据表明，基金顾问对投资者的作用确实发生了变化，所以证交会提及的若干因素与其所发布的规则之间就并无关系。证交会意在找到一个依托作为支撑，以便就对冲基金实行更加全面的规制。证交会这样做或许可以理解，但是证交会不能为实现其目的而操纵词义。

1　在《对冲基金规则》（69 Fed. Reg. at 72，070 n. 187）中，后来又在口头辩论中（Tr. of Oral Argument 16-17），证交会提出，《投资顾问法》各项反欺诈规定所设立的受信义务实际上也延伸到对冲基金的投资顾问与有限合伙人之间的关系中。证交会以亚伯拉罕森诉弗莱彻耐尔案判例为依据。在该案中，第二巡回法院认定，对冲基金的有限合伙人指出了针对普通合伙人的第206条下的欺诈的诉因（568 F. 2d at 877-78）。但反欺诈规定也适用于客户之外的人。［See 15 U.S.C. § 80b-6（4）.］如果没有进一步的具体规定，亚伯拉罕森案判例只能被解读为支持以下立场：对冲基金中的投资者可以基于欺诈对冲基金的投资顾问提起诉讼。［Cf. United States v. Elliott，62 F. 3d 1304，1311-13（11th Cir. 1995）（认定，不存在投资顾问—客户关系，也可以就第206节下的刑事欺诈定罪）.］

The Commission has, in short, not adequately explained how the relationship between hedge fund investors and advisers justifies treating the former as clients of the latter. See Shays v. FEC, 414 F.3d 76, 96–97 (D.C.Cir.2005) (explaining that agency interpretation is not "reasonable" if it is "arbitrary and capricious"). The Commission points to its finding that a hedge fund adviser sometimes "may not treat all of its hedge fund investors the same." Hedge Fund Rule, 69 Fed.Reg. at 72, 069–70 (citing different lock-up periods, greater access to information, lower fees, and "side pocket" arrangements). From this the Commission concludes that each account of a hedge fund investor "may bear many of the characteristics of separate investment accounts, which, of course, must be counted as separate clients." Id., at 72, 070. But the Commission's conclusion does not follow from its premise. It may be that different classes of investors have different rights or privileges with respect to their investments.[1] This reveals little, however, about the relationship between the investor and the adviser. Even if it did, the Commission has not justified treating all investors in hedge funds as clients for the purpose of the rule. If there are certain characteristics present in some investor-adviser relationships that mark a "client" relationship, then the Commission should have identified those characteristics and tailored its rule accordingly.

By painting with such a broad brush, the Commission has failed adequately to justify departing from its own prior interpretation of § 203 (b) (3). See Mich. Pub. Power Agency v. FERC, 405 F.3d 8, 12 (D.C.Cir.2005) (citing Greater Boston Television Corp. v. FCC, 444 F.2d 841, 852 (D.C.Cir.1970)). As we have discussed, in 1985 the Commission adopted a "safe harbor" for general partners of limited partnerships, enabling them to count the partnership as a single "client" for the purposes of § 203 so long as they provided advice to a "collective investment vehicle" based on the investment objectives of the limited partners as a group. Safe Harbor Proposed Rule, 50 Fed.Reg. at 8741. This "safe harbor" remains part of the Commission's rules and has since been expanded to include corporations, limited liability companies, and business trusts (hedge funds sometimes take these less common forms, see Staff Report, supra, at 9–10 & n. 27). The Hedge Fund Rule therefore appears to carve out an exception from this safe harbor solely for investment entities that have fewer than one hundred-one but more than fourteen investors. Compare 17 C.F.R. § 275.203 (b) (3) -1, with id., § 275.203 (b) (3) -2. As discussed above, the Commission does not justify this exception by reference to any change in the nature of investment adviser-client relationships since the safe harbor was adopted. Absent such a justification, its choice appears completely

1 This is in fact a common arrangement throughout the law of business organizations. Many corporations, for example, have different classes of common or preferred stock. Although different classes of stockholders have different rights or privileges, the basic fiduciary duties of managers to shareholders remain uniform.

简言之，证交会没有充分说明，对冲基金投资者与投资顾问之间的关系，如何就能合理地将前者作为后者的客户。[See Shays v. FEC， 414 F.3d 76，96–97（D.C. Cir. 2005）（解释是，如果监管机构的解释是“武断的”和“随意的”，则解释不是合理的）.] 证交会指出，该会已经认定：对冲基金顾问有时“可能并不同等对待其对冲基金的所有投资者”。[Hedge Fund Rule，69 Fed. Reg. at 72，069–70（提及不同的锁定期、可以更多地获得信息、低费率和“边袋”安排）.] 证交会据此得出的结论是，对冲基金投资者的一位投资者的每个账户“可能具有单独投资账户的许多特点，当然应当被作为不同的客户对待”。（Id.， at 72，070.）但是证交会的结论不符合其观点的前提。有可能是不同类别的投资就其投资有不同的权利和特权。[1] 但这种情况对投资者与投资顾问之间的关系并没有揭示什么。即便揭示了什么，证交会并没有说明，就该规则而言，有什么合理理由将对冲基金的所有投资者作为客户对待。如果在某些投资者—投资顾问关系中，存在某些具有“客户”关系的特点，那么证交会应当指出这些特点，对该规则作相应的具体调整。

证交会大笔一挥，大而化之，没有提供充分理由，说明为何背离其此前对第203（b）（3）条所作的解释。{See Mich. Pub. Power Agency v. FERC，405 F. 3d 8，12（D.C. Cir. 2005）[citing Greater Boston Television Corp. v. FCC，444 F.2d 841，852（D.C. Cir. 1970）].} 如同本院所讨论的那样，1985年证交会将有限合伙企业的普通合伙人引入“安全港”，以便就该法第203条而言，普通合伙人可以将合伙企业作为单一的“客户”，只要普通合伙人是根据有限合伙人这一群体的投资目标，向“集合投资载体”提供咨询。（Safe Harbor Proposed Rule，50 Fed. Reg. at 8741.）该“安全港”仍然载于证交会的部分规则中，而且有所扩展，包括公司、有限责任公司、商业信托［对冲基金有时也采用这种不太常见的形式（see Staff Report，supra，at 9–10 & n.27）］。因此，《对冲基金规则》似乎是从“安全港”中切出了一个例外，但仅适用于投资者人数少于101个、多于14个的投资实体。[Compare 17 C.F.R. § 275.203（b）（3）–1，with id.， § 275.203（b）（3）–2.] 如同上文所讨论的那样，证交会并没有提出，自引入“安全港”以来，投资顾问与客户之间关系的性质发生了什么变化，可以作为这一例外的合理理由。因为没有这样的理由，所以证交会的选择似乎完全是武断的。{See Northpoint Technology，Ltd. v. FCC，412 F.3d 145，156（D.C. Cir. 2005）[制定法的解释背离了（机构）先前的政策和实践，但没有说明原因，所以不是合理解释].}

---

1 事实上，这是商业组织法中到处可见的常用安排。比如，许多公司有不同类别的普通股或优先股。股东的类别不同，其权利或特权也不同，但管理人对股东的基本受信义务仍然保持统一。

arbitrary. See Northpoint Technology, Ltd. v.FCC, 412 F.3d 145, 156 (D.C.Cir.2005) ("A statutory interpretation that results from an unexplained departure from prior [agency] policy and practice is not a reasonable one").

Nor is this choice any more rational when viewed in light of the policy goals underlying the Advisers Act. See Abbott Labs., 920 F.2d at 988. The Commission recites Congress's findings in § 201 that investment advisory activities "substantially affect national securities exchanges and the national economy", 15 U.S.C. § 80b-1 (3), and concludes that "[i]n enacting [section 203 (b) (3)], Congress exempted from the registration requirements a category of advisers whose activities were not sufficiently large or national in scope." Hedge Fund Rule, 69 Fed.Reg. at 72, 067. The Commission reasons that because hedge funds are now national in scope, treating the entity as a single client for the purpose of the exemption would frustrate Congress's policy. If Congress did intend the exemption to prevent regulation only of small-scale operations-a policy goal that is clear from neither the statute's text nor its legislative history-the Commission's rule bears no rational relationship to achieving that goal. The number of investors in a hedge fund-the "clients" according to the Commission's rule-reveals nothing about the scale or scope of the fund's activities. It is the volume of assets under management or the extent of indebtedness of a hedge fund or other such financial metrics that determines a fund's importance to national markets. One might say that if Congress meant to exclude regulation of small operations, it chose a very odd way of accomplishing its objective-by excluding investment companies with one hundred or fewer investors and investment advisers having fewer than fifteen clients. But the Hedge Fund Rule only exacerbates whatever problems one might perceive in Congress's method for determining who to regulate. The Commission's rule creates a situation in which funds with one hundred or fewer investors are exempt from the more demanding Investment Company Act, but those with fifteen or more investors trigger registration under the Advisers Act. This is an arbitrary rule.

The petition for review is granted, and the Hedge Fund Rule is vacated and remanded.

So ordered.

从《投资顾问法》的政策目标来看，证交会的选择也并没有更多的合理性。(See Abbott Labs., 920 F.2d at 988.）证交会提到，美国国会在该法第 201 条中认定，投资顾问活动“实质上影响了全国性证券交易所和国民经济”[15 U.S.C. § 80b-1(3)]，并就此得出结论，“国会制定［第 203（b）（3）条］，将一类投资顾问排除在注册要求之外，因为此类投资顾问的活动不算大或是没有达到全国规模”。（Hdege Fund Rule，69 Fed. Reg.，at 72，067.）证交会的理由是，因为现在对冲基金达到了全国规模，就豁免的目的而言，再将此类实体作为单一的客户，会挫败美国国会的政策。美国国会若确实是要通过该豁免防止对小规模业务的规制——但从制定法的文本和立法史中，都无法明显看出这一政策目标——那么证交会的规则与实现美国国会的这一目标之间并无合理关系。对冲基金的投资者——按照证交会的规则，称作“客户”——的人数并未显示有关基金活动的规模或范围的任何内容。它是一支对冲基金所管理的资产规模或对冲基金的负债率以及其他类似的财务指标，决定了该对冲基金在全国市场中的重要性。或许有人会说，如果美国国会意在排除对小规模业务的规制，那就选择了一种令人非常诧异的方法来实现目标，因为排除在外的投资公司的投资者的人数是 100 人或是不到 100 人，而投资顾问的客户不到 15 人。但无论可以看出国会确定监管对象的方式有什么问题，《对冲基金规则》只会加剧该问题。证交会规则造成的情形是：如果基金的投资者只有 100 人或不到 100 人，就可以得到豁免，不适用更加严格的《1940 年投资公司法》，但基金有 15 人或更多的投资者，就会触发《投资顾问法》下的注册。这是一条武断的规则。

同意要求审查的请求。《对冲基金规则》无效，本案发回重审。

对本案作出如上判决。

Banca Cremi v. Alex Brown & Sons

克雷米银行诉亚历克斯·布朗和儿子公司

Banca Cremi v. Alex Brown & Sons

132 F.3d 1017 (4th Cir. 1997)

Magill, Senior Circuit Judge:

Banca Cremi, S.A., Institution de Banca Multiple, Grupo Financiero Cremi and Banca Cremi Grand Cayman (together, the Bank) purchased a number of collateralized mortgage obligations (CMOs) through John Isaac Epley, a broker with the brokerage firm of Alex. Brown & Sons, Incorporated (Alex. Brown). Although most of its CMO purchases were profitable, the Bank lost money on six CMO purchases after the market in CMOs collapsed in 1994. The Bank brought suit in the district court against Epley and Alex. Brown, alleging that Epley and Alex. Brown had committed securities fraud in violation of § 10 (b) of the Securities and Exchange Act of 1934, 15 U.S.C. § 78j (b), and Rule 10b-5, 17 C.F.R. § 240.10b-5, by making material misrepresentations and omissions regarding the CMOs, by selling securities that were unsuitable, and by charging excessive markups. The Bank also alleged Texas state common-law tort claims for fraud, negligence, negligent misrepresentation, and breach of fiduciary duty, and a claim based on the Maryland Securities Act. The district court granted Epley and Alex. Brown's motion for summary judgment on all of the Bank's claims,[1] and the Bank now appeals. We affirm.

I

A

CMOs, first introduced in 1983, are securities derived from pools of private home

1 The district court's opinion is recorded at Banca Cremi v. Alex. Brown, 955 F.Supp. 499 (D.Md.1997).

克雷米银行诉亚历克斯·布朗和儿子公司

美国第四巡回上诉法院（1997 年）

巡回法院马吉尔高级法官：

克雷米 S.A. 银行、银行机构、克雷米金融集团和克雷米大开曼银行（以下统称银行）通过约翰·艾萨卡·埃普利买入一批以住房抵押贷款作为担保的债券（CMO）。埃普利是位经纪人，受雇于经纪公司亚历克斯·布朗和儿子有责任公司（以下简称亚历克斯·布朗）。银行买入 CMO 的大多数交易是获利的，但 1994 年 CMO 市场崩溃之后，银行买入 CMO 的 6 笔交易是赔钱的。银行在地区法院起诉埃普利和亚历克斯·布朗，指称埃普利和亚历克斯·布朗就 CMO 作出重大不当陈述，并有重大遗漏，出售不适当证券，收取过高的加价，其行为构成欺诈，违反了《1934 年证券交易法》第 10（b）条［15 U.S.C. § 78j（b）］和《规则 10b-5》［17 C.F.R. § 240.10b-5］。银行还提出得克萨斯州普通法的侵权主张，指称欺诈、过错、过错不当陈述、违反受信义务，还依据马里兰州证券法提出了另一个主张。地区法院支持埃普利和亚历克斯·布朗就银行的所有主张[1]提出的要求既决判决的动议。银行现在上诉。本院维持原判。

I

A

CMO 最早是在 1983 年问世的。CMO 是由个人住房抵押贷款池衍生而来的；此

1 地区法院的意见载于克雷米银行诉亚历克斯·布朗案［Banca Cremi v. Alex. Brown，955 F. Supp. 499（D.Md.1997）］判决中。

mortgages backed by U.S. government-sponsored enterprises.[1] From 1987 to 1993, U.S. government-sponsored CMO issuances grew dramatically, from $900 million to $311 billion per year. The market in CMOs largely collapsed in 1994, and in 1995 new issuances fell to $25.4 billion.

Historically, investments in fixed-rate home mortgages have not been attractive to institutional investors. Investors in most fixed-rate securities benefit when interest rates fall. The fixed-rate security then earns interest at a rate higher than decreased prevailing rates. However, unlike other fixed-rate investments such as U.S. treasuries, fixed-rate home mortgages do not benefit from declines in interest rates. Because home mortgages may be freely prepaid, home owners frequently refinance their homes to take advantage of a drop in interest rates. When the mortgage is prepaid, the investor's funds are returned. If the investor seeks to reinvest those funds, as would be the case with most institutional investors, they must be reinvested at the low prevailing rate, rather than earning interest at the higher rate of the original mortgage. This is called the "prepayment risk". If interest rates rise, home mortgages are generally not refinanced, and they lose value just like any other fixed-rate security. Thus, investments in home mortgages perform poorly both when interest rates rise and when they fall.

CMOs concentrate the prepayment risk in some securities in order to reduce that risk in other securities. In so doing, CMOs were designed to make home mortgage investments more attractive to institutional investors, increase the liquidity in the secondary home mortgage market, and reduce the interest costs to consumers buying homes.

A CMO issuer begins with a large pool of home mortgages, often worth billions of dollars. Each pool of home mortgages generates two streams of income. The first income stream is the aggregate of all interest payments made on the underlying mortgages. The second income stream is the aggregate of all principal payments made on the underlying mortgages. These income streams are divided into numerous CMO "tranches", which are the securities sold to investors. To determine what portion of the two income streams are received by an investor in a CMO tranche, each tranche has two unique formulae: one that determines the tranche's interest rate, and the other that determines the tranche's principal repayment priority.

The interest rate on a CMO tranche can be a fixed rate, a floating rate, or a rate that floats inversely to an index rate. Floating interest rates can also be leveraged, meaning that the interest rate shifts more dramatically than the index rate. For example, where a floating rate CMO is leveraged by a multiplier of two, the CMO's interest rate will increase by two percent when the index rate increases by one percent.

The tranche's principal repayment priority determines when the tranche will receive

---

1 These entities include the Federal National Mortgage Association, the Federal Home Loan Mortgage Corporation, and the Government National Mortgage Association.

类住房抵押贷款由美国政府支持的企业[1]担保。1987~1993年美国政府支持的CMO发行增长迅速，由每年9亿美元增加到3110亿美元。1994年CMO市场基本崩溃，1995年新发行的CMO跌落到254亿美元。

历史上利率固定的住房抵押贷款对机构投资者并无吸引力，大多数收益固定的证券的投资者是在利率下降时获益。这时收益率固定的证券所得到的收益率高于下跌的普遍利率。然而，与诸如美国财政部债券这类收益率固定的其他投资有所不同，收益率固定的住房抵押贷款不能因为利率下跌而获益。因为如果是住房抵押贷款，可以自行提前还款。住房所有人经常对其住房再融资，利用利率下降。住房抵押贷款提前还款后，便返还给投资者资金。如果投资者要将返回的资金再用于投资——大多数机构投资者选择这样做，就必须以普遍存在的更低利率投资，无法得到最初的更高利率。这被称作“提前还款风险”。如果利率上升，一般不会对住房抵押再融资，与所有其他固定收益率的证券一样，住房抵押贷款会减少价值。因此，无论利率上升还是下降，投资住房抵押贷款都不会有好的业绩。

CMO将提前还款的风险集中于某些证券，以减少其他证券中的风险。如此一来，CMO的设计目的就是使其对机构投资者更加具吸引力，增加住房抵押贷款二级市场的流动性，同时减少购买住房的消费者的利息成本。

CMO发行人首先要有大的住房抵押贷款池，通常价值数十亿美元。每一个资金池产生两类收入流。第一类收入流是基础住房抵押的全部利息支付的总和。第二类收入流是基础住房抵押贷款的全部本金支付的总和。两支收入又被分为许多CMO分级，作为证券售给投资者。要确定CMO一个部分的投资者应当得到两支收入中的哪一支，CMO的各分级专门有两个独特的程式：一个程式确定有关分级的利率，另一个程式确定有关分级本金还款的优先顺序。

CMO的利率可以是固定利率、浮动利率或与指数率相反的利率。浮动利率还可以加杠杆，即浮动利率的变动比指数利率的变动更强。例如，CMO浮动利率的杠杆性是乘以2，那么当指数率增加1个百分点时，CMO利率增加2个百分点。

任何部分的本金还款优先顺序决定该部分何时得到基础抵押贷款的本金还款。

1 这类实体包括联邦全国抵押协会、联邦住房贷款抵押公司和政府全国抵押协会。

principal payments made on the underlying mortgages. Each principal payment is divided among all of the tranches in a CMO issuance. High priority tranches receive principal payments first. Support tranches receive principal payments last. Because of this, support tranches are the most sensitive to "extension risk". Extension risk is the opposite of prepayment risk: when interest rates rise, the expected maturity of the support tranche CMO increases, often dramatically.

CMO tranches are categorized into classes which have similar properties and risks. The least risky is the planned amortization class (PAC). PACs have little prepayment risk, and appeal to institutional investors for this reason. Two of the riskiest classes of CMOs, inverse floaters and inverse interest-only strips, are at issue in this litigation.

Inverse floaters have a set principal amount and earn interest at a rate that moves inversely to a specified floating index rate. Inverse floaters will often be leveraged, so a small increase in interest rates causes a dramatic decrease in the inverse floating rate. Usually, inverse floaters are also support tranches, so an increase in interest rates causes their maturity date to extend. Inverse floaters earn high returns if interest rates decline or remain constant, but lose substantial value if interest rates increase.

Inverse interest-only strips (inverse IOs) do not receive principal payments. The interest rate for an inverse IO floats inversely to a specified index rate, like an inverse floater. Interest is calculated by reference to the outstanding principal amount of another reference tranche. As the reference tranche is paid off, the principal on which the inverse IO earns interest decreases accordingly. Like an inverse floater, a rate increase reduces the inverse IO's floating rate. According to some investors, a rate increase also reduces prepayment of the reference tranche, extending the maturity of the inverse IO and, ultimately, increasing the total interest payments made on the inverse IO.

Inverse floaters were first introduced in 1986. Inverse IOs were introduced in 1987. Markets for both of these securities remained strong in the environment of decreasing or stable interest rates that predominated between 1986 and the beginning of 1994. On February 4, 1994, the Federal Reserve Board increased short-term interest rates for the first time in five years. Over the next nine months, short-term rates increased by a total of 2.5 percent, from 3 percent to 5.5 percent. In response to the rate increases, a wave of selling hit bond markets and investors in all types of bonds suffered significant losses. [1]

CMOs were particularly hard hit, for a variety of reasons. The jump in rates halted mortgage prepayments. This in turn extended the average maturity of all CMOs, including, most dramatically, support tranche CMOs such as inverse floaters. Because of their degree of leverage, certain CMOs were extremely sensitive to the interest rate jumps, and their

1 Most fixed-rate investments dropped significantly in value. Five-year bonds had their worst year since 1926. The price on zero-coupon treasuries dropped 18.7 percent, while long-term treasury bonds lost 7.5 percent in value.

本金的每一笔还款在发行的 CMO 的所有部分之间分配。高优先部分首先得到本金还款。支持性部分最后得到本金还款。由于这一原因，支持性部分对“展期风险”最敏感。展期风险与提前还款风险相反：利息上升时，CMO 支持性部分的预期到期时间提前，而且经常是迅速提前。

CMO 部分按相似的特点和风险分为不同级别。风险最小的是已定摊销类（the planned amortization class，PAC）。PAC 的提前还款风险甚小，因而对机构投资者很有吸引力。CMO 中风险最大的两类是反向浮息证和全利息反向剥息证，本案中产生争议的也是这两类 CMO。

反向浮息证有规定的本金金额，所得到的利息率与具体确定的浮动指数率相反。反向浮息证经常可以加杠杆，利率略有上涨，反向浮息率便会大幅下降。反向浮息证通常也是支持各分阶，利率上升，反向浮息证的到期日便会展期。如果利率下降或保持不变，反向浮息证便有高回报，但如果利率上升，反向浮息证的价值便会大大减少。

全利息的反向剥息证（以下简称剥息证）并没有本金付款。如同反向浮息证一样，剥息证的利率的走向与具体的指数率相反。利率是根据另一个参照部分尚未支付的本金金额计算。随着参照部分的支付，剥息证赖以获得利息的本金部分相应减少。如同反向浮息证的情形一样，利率上升便减少了剥息证的浮动利率。按照某些投资者的说法，利率上升也减少了参照部分的提前还款，反向浮息证的到期日因此而展期，最终会增加就反向浮息证支付的利息总额。

反向浮息证最早是 1986 年引入的。剥息证是 1987 年引入的。1986 年至 1994 年年初这段时期内，利率主要是降低或稳定，在此环境下反向浮息证和剥息证这两种证券都是强劲的。1994 年 2 月 4 日美国联邦储备局 5 年内第一次提高了短期利率。随后的 9 个月内，短期利率共提高了 2.5%，由 3% 上升到 5.5%。利率增加的反应是，债券市场出现了出售潮，各类债券的投资者都蒙受了重大损失。[1]

出于各种原因，CMO 所受到的冲击尤其严重。抵押贷款提前还款因利率上升而停止。这又延长了所有 CMO 的平均到期日，CMO 中包括反向浮息证这样的 CMO 支持部分的展期时间最长。因为杠杆程度的原因，某些 CMO 对利率迅速上升极敏感，利率第一次上升之后，CMO 的持有者售出的债券淹没了市场。自引入 CMO 后，利

1　大多数固定回报率的投资的价值显著下降。5 年期债券的状况是 1926 年以来最坏的。零息票债券下跌了 18.7%，长期财政部债券的价值下跌了 7.5%。

holders flooded the market after the first interest rate increase. CMO liquidity, which had never been a problem in the stable or declining interest rate environment that had existed since their introduction, dried up as all CMO holders tried to sell. The fear of liquidity problems built on itself, reducing the number of willing purchasers during the critical period after the Federal Reserve Board increased interest rates. In April 1994 an investment fund which primarily invested in CMOs filed for bankruptcy, reporting near total losses of its $600 million CMO investment. As a result of these incidents, the market in CMOs virtually collapsed in 1994.

B

Alex. Brown is a securities brokerage firm, incorporated under the laws of Maryland, with its principal place of business in Baltimore, Maryland. Alex. Brown is registered as a broker–dealer under § 15 of the Securities and Exchange Act of 1934, 15 U.S.C. § 78O. Beginning in April 1993, John Isaac Epley was employed by Alex. Brown in its Houston, Texas office as a vice president. Prior to his employment by Alex. Brown, Epley had worked in Houston as a securities broker for MMAR Group.

Banca Cremi, S.A., is a credit institution incorporated under the laws of Mexico. Banca Cremi Grand Cayman is its wholly owned subsidiary, incorporated under the laws of the Cayman Islands. Both institutions have their principal place of business in Mexico City, Mexico. On June 30, 1993, the Bank had assets of nearly $5 billion and an annual operating income in excess of $36 million.

The Bank's Nuevos Negocios Internacionales (NNI) unit specialized in international investment transactions. The unit engaged in Eurobond issuances, interest rate swaps, investments in Brady Bonds, and various other esoteric investments. According to the NNI monthly reports, the NNI unit held investments with a face value of up to $115 million during 1993 and accumulated income of over $6 million that year. J.A. at 482.

Three individuals had primary oversight responsibilities for the NNI unit's operations and investments. The NNI unit director, Jose Luis Mendez, held a degree in economics, and primarily advised the Bank on U.S. dollar–denominated investments. The NNI unit subdirector, Armando Aguirre, also held a degree in economics. Prior to joining the Bank in 1981, Aguirre served as an economics teacher, a currency investment adviser, and a developer of accounting systems. Aguirre approved all of the NNI unit's CMO trades. The NNI unit assistant director, Monica Buentello, held a degree in international relations, had completed postgraduate course work in international commerce and analysis, and had participated in seminars on derivatives and CMOs while working at the Bank.

C

The relationship between Epley and the Bank began in June 1992 when Epley, then

率一直处于下降或稳定的状态，CMO 的流动性从来不是问题，但 CMO 的持有人竞相卖出其所持的 CMO 时，CMO 的流动性便枯竭了。对流动性越担心，问题就越严重，美国联邦储备局加息之后的关键时期内愿意买入 CMO 的人数因此而减少。1994 年 4 月一家主要投资于 CMO 的投资基金申请破产，该基金所报告的在 CMO 中的净损失总共是 6 亿美元。由于这些事件，到 1994 年 CMO 市场实际上已经崩溃。

B

亚历克斯·布朗是一家证券经纪公司，依照马里兰州的法律设立，主要营业地在马里兰州巴尔的摩市。亚历克斯·布朗是一家经纪人—交易商，根据《1934 年证券交易法》第 15 条（15 U.S.C. § 780.）注册。从 1993 年 4 月开始，约翰·埃普利受雇于亚历克斯·布朗，是该公司在得克萨斯州休斯敦办公室的一位副总裁。受雇于亚历克斯·布朗之前，埃普利在休斯敦工作，是 MMAR 集团的证券经纪人。

克雷米 S.A. 银行是一家信贷机构，依照墨西哥法设立。克雷米大开曼银行是一家全资子公司，依照开幕群岛法律设立。两家机构的主要营业地都在墨西哥的墨西哥市。1993 年 6 月 3 日银行的资产将近 50 亿美元，年营运收入超过 3600 万美元。

银行的新国际票据（Nuevos Negocios Internacionales，NNI）部门专门从事国际投资交易。这家单位从事欧洲债券的发行、利率互换、布雷迪债券投资和各种其他奇特的投资。根据 NNI 每个月的报告，NNI 部门所持投资的面值在 1993 年期间达到 1.15 亿美元，当年的累计收入超过 600 万美元。（J.A. at 482.）

NNI 部门的营运和投资的监督主要由 3 个人负责。NNI 部门的主任是乔塞·路易斯·门戴斯，他有一个经济学学位，主要就美元面值的投资向银行提供咨询。NNI 部门的副主任阿曼多·阿奎雷也有经济学学位。阿奎雷 1981 年加入银行，之前他教过经济、当过货币投资顾问和会计系统开发师。NNI 部门的所有 CMO 交易都由阿奎雷批准。NNI 部门的主任助理莫妮卡·布恩泰罗有国际关系学位，完成了国际商务和分析的研究生课程，在银行工作期间还参加了衍生产品和 CMO 的研讨班。

C

埃普利与银行的关系是 1992 年 6 月开始的。埃普利当时是 MMAR 集团的雇员，

an MMAR Group employee, made an unsolicited phone call to sell CMOs to the Bank. Over the next few months, Epley discussed CMOs with Buentello and others in the NNI unit. The Bank allegedly told Epley that it wished to "invest in securities that: (1) had low risk to capital; (2) were highly liquid; (3) would be held for short periods (generally 90–180 days); and (4) could reasonably be expected to provide a good yield." J.A. at 1537 (Buentello Aff.). The Bank also allegedly told Epley that it would be "beneficial if" the investments met the liquidity coefficient requirement of a Mexican banking regulation, Circular 292.[1] Id., at 1538.

Epley provided the Bank with general background materials describing the functioning and risks of CMOs. First, Epley provided the Bank with the MMAR Group Guide to CMO Structures (Group Guide). The Group Guide dedicated two pages to a description of inverse floaters and inverse IOs, calling them each volatile. Second, Epley provided the Bank with the MMAR Group Guide to Inverse IOs, which described the risks and benefits of inverse IOs.[2] Third, Epley wrote a letter to Buentello dated July 22, 1992 (risk letter), outlining four types of risks of inverse floaters: credit risk, coupon risk, price volatility, and liquidity risk. Describing the coupon risk, the risk letter stated that in "most cases" the index would need to increase by six percent before the yield of the inverse floater became zero. See J.A. at 1437. As for price volatility, the risk letter stated that the price had an inverse relationship to interest rates, "as with all fixed income securities". Id. As for liquidity risk, the letter claimed that many firms would bid on inverse floaters and that demand "currently" far exceeded supply. Id., at 1438.

During the summer of 1992, the Bank's NNI unit independently investigated the benefits and risks of CMOs. The Bank discussed the potential investment in CMOs with its counsel and established a fourteen-step review procedure to be followed prior to each CMO purchase. The review procedure was later formalized into a written manual. See J.A. at 1254–79. Buentello, with assistance from Epley, authored a lengthy analysis entitled "Banca Cremi Investment System in Inverse Floater." See id., at 643–71. The analysis concluded that inverse floaters are leveraged "to obtain extraordinary returns" of around twenty percent. Id., at 645–46.

The Bank's analysis explained that since the market for inverse floaters began, high returns and decreasing interest rates had given rise to "a more and more liquid market". J.A. at 657–58. The analysis described the interest rate structure of inverse floaters in detail, using charts and graphs to illustrate the sensitivity of inverse floaters to shifts in the index

---

1 Circular 292 requires that fifteen percent of a Mexican bank's U.S. dollar-denominated investments be in short-term, highly liquid securities.

2 It is not clear exactly when these brochures were provided to the Bank, but it is undisputed that both were provided prior to the purchase of the CMOs that are the subject of this suit.

他主动给银行打电话，兜售 CMO。在接下来的几个月里，埃普利与布恩泰罗及 NNI 部门的其他人讨论了 CMO。据称，银行告诉埃普利，银行希望“投资以下证券：（1）对资本风险较小；（2）流动性高；（3）持有期短（一般为 90~180 日）；而且（4）可以合理期待其较好的收益”。[J.A. at 1537（Buentello Aff.）.] 银行还告诉埃普利，如果投资符合墨西哥关于流动性双重效率要求的银行规定《第 292 号通知》[1]，那是“不无益处的”。（Id.， at 1538.）

埃普利向银行提供了一般背景材料，介绍了 CMO 的功能和风险。第一，埃普利向银行提供了《MMAG 集团的 CMO 结构指引》（以下简称《集团指引》）。《集团指引》有两页是专门介绍逆向浮息证和逆向 IOs 的，两者都被称有波动性。第二，埃普利向银行提供了关于逆向 IOs 的《集团指引》，介绍了逆向 IOs 的风险和益处。[2] 第三，埃普利给布恩泰罗写了一封日期为 1992 年 7 月 22 日的信函（风险函），概述了逆向浮息证的 4 类风险：信贷风险、息票风险、价格波动性和流动性风险。风险函介绍息票风险时指出，“在大多数情形下”，指数上升 6 个百分点之后，逆向浮息证的收益才会为零。（See J.A.at 1437.）风险函就价格波动性指出，“与所有固定收入的证券”一样，价格与利率是相反的关系。（Id.）就流动性风险而言，风险函称，很多公司会竞购逆向浮息证，“目前”的需求远大于供应。（Id.， at 1438.）

1992 年夏季银行的 NNI 部门独立调查了 CMO 的益处和风险。银行与其律师讨论了投资 CMO 的可能性，制定了每次购买 CMO 之前必须遵循的 14 步审查程序。后来将该审查程序编写为一本手册。（See J.A. at 1254–79.）在埃普利的帮助之下，布恩泰罗撰写了一份长篇分析，题为《克雷米银行逆向浮息证投资系统》。（See id., at 643–71.）该分析的结论是，逆向浮息证具有杠杆性，其目的是“获得超常回报”，约为 20%。（Id.， at 645–46.）

银行的这份分析解释说，自从逆向浮息证市场出现以来，由于高回报和利率不断下跌，产生了“流动性越来越高的市场”。（J.A. at 657–58.）这份分析还详细介绍了逆向浮息证的利率结构，借助图表显示了逆向浮息证对指数利率变化的敏感性。与埃普利的风险函相似，银行的这份风险分析也承认，如果指数利率增加 6 个百分点，

1　按照《第 292 号通知》的要求，墨西哥的银行的美元面额的投资的 15% 必须是高流动性的短期债券。

2　并不完全清楚何时向银行提供了这些宣传手册，但没有争议的是，两份宣传手册都是在购买本案涉及的 CMO 之前提供的。

rate. Similar to Epley's risk letter, the Bank's analysis recognized that if the index rate increased by six percent, the yield of an inverse floater CMO would dwindle to nothing. The analysis noted that, " [l] ike all fixed rate securities, there is an inverse relationship between interest rates and bond price" , and that interest rates ultimately "influenc [e] returns on the bonds." Id., at 649. Finally, while the analysis indicated that investments in CMOs complied with Circular 292, the Bank also reasoned that if these investments did not comply with Circular 292, they would be like any other international investment. Id., at 645, 659.

Between August 1992 and August 1993, the Bank made additional efforts to refine its knowledge of CMO investing. In October 1992 NNI unit director Mendez purchased several lengthy treatises that described mortgage investments and CMOs in extensive detail. These books were made available to the NNI unit staff. In May 1993 Buentello attended a seminar on derivatives investing. Buentello also attended a seminar at which CMO investing and pricing methods were discussed.

Throughout this period, the Bank was courted by other brokerage houses who sought to obtain the Bank's CMO business, and the Bank authorized the NNI unit to engage in CMO transactions with these brokerage houses. Each brokerage house provided the Bank with their own internal documents describing the benefits and risks of CMO investing. In January 1993 one of these brokerage houses forwarded to the Bank an article warning of what could occur to CMO investments if interest rates were to rise: " [i] f interest rates rise what investors thought was a safe, secure medium-term maturity can suddenly be transformed into a highly risky long-term security." Randall W. Forsyth, The Pinocchio Security: Here's the Awful Truth About CMOs, Barron's, Jan. 18, 1993, at 15. The article suggested that, in these circumstances, a CMO's price would drop ten to twenty percent "if you can get a bid for it at all." Id. Epley indicated to the Bank that he disagreed with the Barron's article, and wrote in a letter that the risks of a CMO were "less of a concern" for an institutional investor. J.A. at 1441. Epley included a different Barron's article by Andrew Bary, who "specialize [d] in covering the institutional investor's capital markets." J.A. at 1442. [1]

The Bank purchased its first CMO in August 1992. For the next year and a half, the Bank purchased a total of twenty-nine CMOs. Epley was in continual contact with the Bank during its period of CMO trading. Epley sent numerous faxes and letters to the Bank

1 The parties have not included this article in the record, which is referred to in Epley's letter as having been published "one month prior" to The Pinocchio Security. During that period, Bary authored only two articles on CMO investing for Barron's, and both were critical of CMOs. The first article reasoned that " [i] nstitutional demand" had helped the CMO market grow, despite the fact that "liquidity remains notoriously poor" , even for large institutional investors. Andrew Bary, Capital Markets: Trading Points, Barron's, Nov. 23, 1992, at 48. In the other, Bary explained that " [w] hen rates fall, the yield on the inverse floater jumps, and when rates rise, the yield on the inverse floater plunges resulting in a sharp drop in the security's price." Andrew Bary, Capital Markets: Trading Points, Barron's, Dec. 14, 1992, at 54. Bary asked: How did an opportunity exist to buy federal-agency mortgage securities yielding 20%? Because most portfolio managers were afraid of the price volatility of inverse floaters.Id. Bary concluded that " [i] f a broker offers one, it pays, of course, to be very careful" , in part, because " [e] ven mortgage experts have a hard time valuing them." Id.

逆向浮息证 CMO 就会贬得分文不值。这份分析指出，“与所有固定利率证券一样，利率与债券价格是逆向关系”，利率“最终影响债券的回报”。（Id.， at 649.）最后，尽管这份分析显示，投资 CMOs 符合《第 292 号通知》，银行还推理，如果这些投资不符合《第 292 号通知》，那就与其他任何国际投资相同。（Id.， at 645，659.）

1992 年 8 月至 1993 年 8 月，为了完善其对 CMO 投资的了解，银行又做了更多的工作。1992 年 10 月 NNI 部门主任门戴兹购买了几本介绍抵押贷款投资和 CMO 的专著，NNI 部门的工作人员也可以得到这些专著。1993 年 5 月布恩泰罗参加了一场关于投资衍生产品的研讨会。布恩泰罗还参加了一次关于 CMO 投资和定价方式的研讨会。

在此期间，其他经纪公司始终在讨好银行，想拿到银行的 CMO 业务，而银行授权 NNI 部门与这些经纪公司进行 CMO 交易，每家经纪公司向银行提供了各自的内部文件，介绍 CMO 投资的益处和风险。1993 年 1 月其中一家经纪公司转给银行一篇文章，其内容告诫了利率上升时 CMO 投资会出现的情况：“如果利率上升，投资者以为是安全、稳妥的中期到期证券忽然会变为高风险的长期证券。”（Randall W. Forsyth，The Pinocchio Security：Here's the Awful Truth About CMOs，Barron's，Jan. 18，1993，at 15.）这篇文章表示，在这种情形下，“即便能够找到出价”，价格会下跌 10%~20%。（Id.）埃普利则向银行表示，他不同意巴伦的文章，并在一封信函中写道，对于 CMO 的风险，机构投资者“无须如此担心”。（J.A. at 1441.）埃普利附上了巴伦的一篇不同的文章，作者是安德鲁·巴利，他的“专长是研究机构投资者的资本市场”。（J.A. at 1442.）[1]

银行 1992 年 8 月买入第一批 CMO。之后的 1 年半，银行总共购买了 29 支 CMO。在 CMO 交易期间，埃普利与银行不断保持联系。埃普利向银行发送多份传真和信函，鼓励银行买入更多的 CMO。埃普利所建议的这些买入交易，银行大多没

1　当事方在记录中并没有包括本文，而在埃普利的信中则称是在匹诺曹证券的“1 个月前”公布的。其间，巴里只为巴伦写过两篇文章，两篇文章都对 CMOs 持批评态度。第一篇文章的理由是，“机构需求”助长了 CMO 的增长，尽管“流动性低已经名声在外”，对大的机构投资者也是如此。（Andrew Bary，Capital Markets：Trading Points，Barron's，Nov. 23，1992，at 48.）在另一篇文章中，巴里的解释是，“利率下降时，逆向浮息证的收益飞涨，但利率上升时，逆向浮息证的收益便大幅‘跳水’，导致证券的价格剧烈下跌”。（Andrew Bary，Capital Markets：Trading Points，Barron's，Dec. 14，1992，at 54.）巴里问：怎么会有机会购买收益率为 20% 的联邦抵押贷款证券？因为基金管理人担心，逆向浮息证的价格波动。（Id.）巴里的结论是，“如果经纪人是发价售出，当然是谨慎为好，部分原因是，即便是抵押贷款专家，也难以对这些逆向浮息证估值”。（Id.）

encouraging the Bank to make additional CMO purchases. Most of these suggested purchases were not pursued by the Bank. Epley introduced the NNI unit to a leading CMO expert and finance professor, Frank J. Fabozzi. Fabozzi was made available to the Bank for technical consultation and sent the Bank textbooks he had written which described CMOs and other financial instruments. Additionally, on request, Alex. Brown would perform a "portfolio analysis" of the Bank's holdings. [1] Prior to each CMO purchase, Epley provided the Bank with the yield matrix for that CMO. The yield matrix set forth the formula of the CMO's floating interest rate. It also provided a table that indicated how the CMO's yield and average maturity changed when interest rate and prepayment conditions changed. Although the yield matrix indicated the average maturity of the CMO, it did not specify the formula that was used to calculate the precise maturity of the CMO.

The CMOs initially earned interest at rates as high as twenty-four percent. The Bank played the CMO market aggressively, trading CMOs frequently to take advantage of short-term market swings. The Bank sold eight CMOs within three weeks of purchasing them, including one trade made within twenty-four hours of the Bank's purchase. The Bank sold a total of twenty-three CMOs, each at a profit, prior to the CMO market downturn in March 1994. The aggregate price of these twenty-three CMOs exceeded $96 million. The Bank's profits exceeded $2 million.

Alex. Brown never charged the Bank a commission for the Bank's CMO purchases. Rather, Alex. Brown purchased the securities and then sold them to the Bank with a markup. The Bank never asked Epley or Alex. Brown what markup it placed on the CMOs, and Alex. Brown never disclosed the amount of markup. Although Alex. Brown found purchasers for each of the twenty-three CMOs sold by the Bank, Alex. Brown never charged the Bank a markdown on the sales.

The Bank held six CMOs at the time of the market downturn in March 1994. [2] These six CMOs are the subject of the instant suit. After the market downturn in February 1994, the price of the six CMOs dropped precipitously. The Bank claims losses on the six CMOs of around $21 million of the original purchase price of around $40 million. [3]

The Bank filed a complaint for securities fraud against Epley and Alex. Brown in

---

1 The Bank only requested one such analysis, which was performed by Alex. Brown in July 1993. Alex. Brown's analysis provided a table that showed the sensitivity of the price of each CMO the Bank owned to interest rate changes. The July 1993 analysis indicated that, of the three types of CMOs the Bank held at that time, the prices of both its inverse floaters and its inverse IOs were more sensitive to interest rate changes than its PACs.

2 These include: (1) FN 93-169 SC, an inverse floater purchased on August 31, 1993, for approximately $8 million; (2) FN 93-203 SA, an inverse floater purchased on September 23 and 28, 1993, for approximately $10.1 million; (3) FN 93-210 SD, an inverse floater purchased on December 6, 1993, for approximately $9.1 million; (4) FHLMC 1676 S, an inverse floater purchased on January 24, 1994, for approximately $4.6 million; (5) FNR 94-29 SD, an inverse floater purchased on February 2, 1994, for approximately $4.9 million; and (6) FHR 1711 S, an inverse IO purchased on March 4, 1994, for approximately $6.1 million.

3 The Bank's CMO losses were only the beginning of its troubles. Later in 1994, the Bank's chairman disappeared with $700 million of the Bank's assets, leading the Bank to be put into receivership by Mexican banking authorities.

有往下走。埃普利将 NNI 部门介绍给一位名叫法兰克·J. 法布兹的金融教授，他是 CMO 方面的领军专家。法布兹可以向银行提供技术咨询，还将他自己撰写的介绍 CMO 和其他金融根据的教材送给银行。此外，亚历克斯·布朗还应邀就银行持有的金融产品进行“投资组合分析”。[1] 每次买入 CMO 之前，埃普利都向银行提供了收益模型，阐明 CMO 浮动利率的定式，还有一个表格，说明利率和提前付款的情形发生变化时，CMO 的收益和平均到期日会有何变化。尽管收益模型显示了 CMO 的平均到期日，但并没有具体提供用于计算 CMO 准确到期日的公式。

这些 CMO 最初获得的利率高达 24%。银行在 CMO 市场弄潮，利用市场的短期波动，频繁交易 CMO。在银行买入的 CMO 中，有 8 支 CMO 3 周内即被卖出，其中有 1 支是银行买入后 24 小时内卖出的。CMO 市场 1994 年 3 月下挫之前，银行共卖出 23 支 CMO，每笔卖出交易都获利。23 支 CMO 的总值超过 9600 万美元。银行利润超过 200 万美元。

亚历克斯·布朗从来没有就银行买入 CMO 收取佣金。亚历克斯·布朗买入 CMO 后加价卖给银行。银行从来没有问过埃普利、亚历克斯·布朗就这些 CMO 收取的加价是多少。亚历克斯·布朗也从来没有披露过加价的金额。银行卖出的 23 支 CMO，每笔交易都是由亚历克斯·布朗找到买方，但亚历克斯·布朗从来没有就这些卖出交易要求任何减记。

1994 年 3 月市场下挫时，银行持有 6 支 CMO，[2] 是本诉讼的标的。1994 年 2 月市场下挫，6 支 CMO 的价格快速下跌。银行声称，6 支 CMO 损失近 2100 万美元，买入时原价大约是 4000 万美元。[3]

银行向美国马里兰州地区法院提交了关于证券欺诈的起诉书，指称埃普利和亚

---

1 银行只要求作了一次这样的分析，由亚历克斯·布朗 1993 年 7 月进行的。亚历克斯·布朗的分析提供了一张表，显示银行所拥有的每一支 CMO 对价格的敏感性。1993 年 7 月的分析显示，银行持有的 3 类 CMO 中，与 PACs 相比，逆向浮息证和逆向 IOs 的价格对利率变化更加敏感。

2 其中，包括：（1）1993 年 8 月 31 日以大约 800 万美元买入的逆向浮息证 FN 93-169 SC；（2）1993 年 9 月 23 日和 28 日以大约 1010 万美元买入的逆向浮息证 FN 93-203 SA；（3）1993 年 12 月 6 日以大约 910 万美元买入的逆向浮息证 FN 93-210 SD；（4）1994 年 1 月 24 日以大约 460 万美元买入的逆向浮息证 FHLMC 1676 S；（5）1994 年 2 月 2 日以大约 490 万美元买入的逆向浮息证 FNR 94-29 SD；以及（6）1994 年 3 月 4 日以大约 610 万美元买入的逆向 IO FHR 1711 S。

3 银行的 CMO 损失只是其麻烦的开始。1994 年晚些时候，银行董事会主席失踪，他携有银行大约 7 亿美元的资产，银行被置于墨西哥银行监管机构的破产财产接管之下。

the United States District Court for the District of Maryland. The Bank claimed that Epley and Alex. Brown violated § 10 (b) and Rule 10b–5 by: (1) making material misstatements and omissions regarding the CMOs sold to the Bank; (2) selling the Bank the CMOs which it knew to be unsuitable investments for the Bank; and (3) failing to disclose fraudulently excessive markups totaling $2 million on the CMO sales. The Bank also claimed violations of the Maryland Securities Act, common law breach of fiduciary duty, negligence, negligent misrepresentation, and fraud.

In support of their claim that Epley and Alex. Brown made numerous material omissions and misstatements, the Bank alleged that Epley and Alex. Brown failed to provide the Bank with material information about the functioning of each of the CMOs, including: (1) the impact of interest rates on CMO price; (2) the precise principal repayment priority; and (3) the impact of interest rates on CMO liquidity. The Bank also alleged that the defendants failed in their duty to provide: (1) information normally included in a CMO prospectus[1]; (2) sophisticated computer software to reverse engineer new issue CMOs to reveal their performance in various market conditions; (3) information regarding the CMOs' qualification under Mexico's Circular 292; and (4) information regarding the CMOs' qualification under U.S. banking regulations. The Bank also alleged that Epley and Alex. Brown made material misstatements when they: (1) downplayed the impact of a change in interest rates on CMO prices by comparing it to that of other fixed income securities; (2) stated that demand for CMOs currently far exceeds supply; (3) claimed that CMOs had relatively low risk levels; (4) claimed that the inverse IOs sold to the Bank had a self–hedging feature; and (5) told the Bank that the criticisms in the Barron's Pinocchio Security article should be less of a concern for institutional investors than for individual investors.

After discovery, the district court granted summary judgment to Epley and Alex. Brown on all claims. The district court concluded that the Bank had failed to raise a genuine issue of material fact as to three of the four elements that must be proved to establish a violation of § 10 (b). First, the district court reasoned that Epley and Alex. Brown had made no material omissions or misstatements regarding the risks of the CMOs because they made general disclosures of yield, price, and liquidity risks. Further, the district court found that the Bank's allegation that scienter existed because Epley and Alex. Brown encouraged purchases in order to earn excessive markups to be based only on speculation. Finally, the district court concluded that several factors, including the Bank's size and its sophistication and the expertise of the NNI unit employees, did not allow the Bank to justifiably rely on any misstatements that Epley and Alex. Brown might have made.[2]

1 The Bank does not claim that a prospectus, itself, should have been provided. In fact, it is unclear whether prospectuses for the CMO tranches existed at the time of their purchase.

2 The district court did not address proximate causation, the final element of a § 10 (b) claim.

历克斯·布朗违反了第10（b）条和《规则10b–5》，因为他们（1）就卖给银行的CMO有重大不当陈述和遗漏；（2）明知对银行来说，CMO不是适当投资，但仍然向银行出售CMO；（3）没有披露出售CMO的欺诈性过高加价，总额为200万美元。银行还指称，被告违反了《马里兰州证券法》、违反了普通法的受信义务，存在过错、过错不当陈述和欺诈。

原告主张，埃普利和亚历克斯·布朗有很多重大遗漏和不当陈述；为支持其主张，银行指称：埃普利和亚历克斯·布朗未能就每一支CMO的功能提供重大信息，其涉及的内容包括：（1）利率对CMO价格的影响；（2）本金提前还款的确切优先顺序；（3）利率对CMO流动性的影响。银行还指称，被告未能履行其责任，没有提供：（1）CMO招股说明书中通常所包括的信息；[1]（2）先进的计算机软件，这些软件可以反向操纵新发行的CMO，以显示其在各种市场条件下的表现；（3）关于依照墨西哥的《第292号通知》，CMO必须符合条件的相关信息；以及（4）按照美国银行法规，CMO所应当符合的条件的相关信息。银行还指称，埃普利和亚历克斯·布朗在以下情形下作了重大不当陈述：（1）将利率变化比作其他固定收入证券利率的变化，说轻了利率变化对CMO价格的影响；（2）表示目前对CMO的需求远大于供应；（3）声称CMO的风险水准比较低；（4）卖给银行的逆向IOs有自我对冲的特点；（5）告诉银行，对于巴伦的皮诺彻奥所写的那篇证券文章中的批评，机构投资者应当不必像个人投资者那般关注。

发现程序结束后，地区法院就埃普利和亚历克斯·布朗的所有主张作出既决判决。地区法院的结论是，要确定违反第10（b）条，必须证明4个要件，而就其中的3个要件而言，银行未能提出重大事实方面的真正问题。首先，地区法院的论证是，就CMO的风险而言，埃普利和亚历克斯·布朗没有任何重大遗漏或不当陈述，因为埃普利和亚历克斯·布朗就收益、价格和流动性风险作了一般性披露。其次，银行指称，其存在主观故意，为了赚取过高的加价，埃普利和亚历克斯·布朗鼓励买入CMO，但法院认定该指称只是基于猜测。最后，地区法院的结论是，鉴于若干因素，其中包括银行的规模和成熟程度以及NNI部门工作人员的专门技能，银行不能合理依赖埃普利和亚历克斯·布朗所作出的任何不当陈述。[2]

---

1 银行并不主张应当提供一份发行说明书。事实上，不清楚买入CMO部分是否有发明说明书。

2 地区法院并没有讨论近因；近因是第10（b）条下主张的最后一个要件。

The district court rejected the Bank's suitability claim as a subset of the rejected § 10 (b) claim. The district court also rejected the Bank's claim that the markups were excessive, concluding that most of the markups were within standards provided by the National Association of Securities Dealers (NASD), and that no evidence had been submitted to establish that the higher markups were not justified by special circumstances.

The district court also rejected the Bank's state law claims, holding that the Maryland Securities Act did not apply to Alex. Brown because it was a broker–dealer, and that, based on either Texas or Maryland state law, the Bank's tort claims failed as a matter of law. The Bank appeals the district court's grant of summary judgment.

II

We review the district court's grant of summary judgment de novo. See Myers v. Finkle, 950 F.2d 165, 167 (4th Cir.1991). To defeat the motion for summary judgment, the Bank must raise a genuine issue of material fact as to each element essential to its case. See Celotex Corp. v. Catrett, 477 U.S. 317, 322, 106 S.Ct. 2548, 2552, 91 L.Ed.2d 265 (1986). A factual issue raised by the Bank is only genuine if a reasonable jury could return a verdict for the Bank on each element necessary to its case. See Anderson v. Liberty Lobby, Inc., 477 U.S. 242, 248, 106 S.Ct. 2505, 2510, 91 L.Ed.2d 202 (1986).

To establish liability under § 10 (b), the Bank must prove that "(1) the defendant [s] made a false statement or omission of material fact (2) with scienter (3) upon which the plaintiff justifiably relied (4) that proximately caused the plaintiff's damages." Cooke v. Manufactured Homes, Inc., 998 F.2d 1256, 1260–61 (4th Cir.1993) (quotations and citation omitted). In this case, the Bank has failed to present evidence that would permit a reasonable jury to find that the Bank justifiably relied on any omissions or misstatements made by Epley and Alex. Brown.[1]

A

A dissatisfied investor cannot recover for a poor investment on the basis of a broker's alleged omission or misstatement where, "through minimal diligence, the investor should have discovered the truth." Brown v. E.F. Hutton Group, Inc., 991 F.2d 1020, 1032 (2d Cir.1993). Because the justifiable reliance requirement "requir [es] plaintiffs to

---

1 Because the Bank cannot show justifiable reliance, its § 10 (b) action fails as a matter of law and we need not address the district court's other grounds for granting summary judgment against the plaintiff on this claim.

地区法院否定了银行的适当性主张，该主张从属于被否定的第10（b）条的主张。银行还主张价格过高，但地区法院也否定了该主张；地区法院的结论是，大多数加价在全美证券交易商协会（NASD）所定的标准范围之内，银行没有提交任何证据证明，鉴于当时的具体情形，更高的加价是不合理的。地区法院也否定银行依据州法提出的主张；法院认定，马里兰州的证券法并不适用于亚历克斯·布朗，因为亚历克斯·布朗是经纪人—交易商，而且无论是根据得克萨斯州的法律，还是根据马里兰州的法律，银行的这一侵权主张在法律上不成立。银行就地区法院作出的既决判决提出上诉。

Ⅱ

本院重新审议了地区法院所作出的既决判决。［See Myers v. Finkle，950 F.2d 165，167（4th Cir.1991）.］要挫败申请既决判决的动议，银行必须就本案的每一项关键要件提出重大事实方面的真正问题。［See Celotex Corp. v. Catrett，477 U.S. 317，322，106 S. Ct. 2548，2552，91 L. Ed. 2d 265（1986）.］只有遵循常理的陪审团有可能就本案的每一个必要要件作出支持银行的裁决，银行才真正提出了事实问题。［See Anderson v. Liberty Lobby，Inc.，477 U.S. 242，248，106 S. Ct. 2505，2510，91 L. Ed. 2d 202（1986）.］

要确定第10（b）条下的法律责任，银行必须证明"（1）被告就重大陈述作了虚假陈述或存在遗漏；（2）有主观故意；（3）原告合理依赖该虚假陈述或遗漏；（4）这是造成原告受到损害的近因"。［Cooke v. Manufactured Homes，Inc.，998 F.2d 1256，1260-61（4th Cir. 1993）（引号和引文省略）.］本案中，银行未能提出必要的证据，遵循常理的陪审团无法认定，银行合理依赖了埃普利和亚历克斯·布朗的任何遗漏或不当陈述。[1]

A

如果"通过最低限度的尽职调查，投资者应当可以发现真相，那么投资者对不良投资不满，就不能因为经纪人被指称的遗漏或不当陈述而获得赔偿"。［Brown v. E.F. Hutton Group，Inc.，991 F.2d 1020，1032（2d Cir.1993）.］按照合理依赖要求，"原告必须谨慎投资"，受欺诈后才能够更容易获得赔偿，从而促进了证券法的"反欺

1 因为银行不能显示合理依赖，所以其基于第10（b）条的诉求在法律上不能得到支持，本院无须讨论地区法院就此主张作出银行败诉的既决判决的其他理由。

invest carefully" , it "promotes the anti-fraud policies" of the securities acts by making fraud more readily discoverable. Dupuy v. Dupuy, 551 F.2d 1005, 1014 (5th Cir.1977). A plaintiff's failure to prove that it justifiably relied on a broker's alleged omission or misstatement is necessarily fatal to a securities fraud claim. See Myers, 950 F.2d at 167. [1]

An investor's reliance on a broker's omission or misstatement is never justified when the "investor's conduct rises to the level of recklessness." Brown, 991 F.2d at 1032. [2] A plaintiff is reckless if he "intentionally refuse [s] to investigate in disregard of a risk known to him or so obvious that he must be taken to have been aware of it, and so great as to make it highly probable that harm would follow." Dupuy, 551 F.2d at 1020 (quotations and citation omitted). Stated differently, a plaintiff is reckless if he "possesses information sufficient to call [a mis-] representation into question" , but nevertheless "close [s] his eyes to a known risk." Teamsters Local 282 Pension Trust Fund v. Angelos, 762 F.2d 522, 530 (7th Cir.1985) (citation omitted). Thus, " [i] f the investor knows enough so that the lie or omission still leaves him cognizant of the risk, then there is no liability." Id.

This Court weighs eight factors to determine whether an investor is justified in relying on a material omission or misstatement:

(1) the sophistication and expertise of the plaintiff in financial and securities matters;

(2) the existence of long standing business or personal relationships;

(3) access to relevant information;

(4) the existence of a fiduciary relationship;

(5) concealment of the fraud;

(6) the opportunity to detect the fraud;

(7) whether the plaintiff initiated the stock transaction or sought to expedite the transaction; and

(8) the generality or specificity of the misrepresentations.

Myers, 950 F.2d at 167 (quotations and alteration omitted). No single factor is dispositive of whether reliance is justified. Id. The first Myers factor, the sophistication of the investor, has long been a critical element in determining whether an investor

---

1 Courts often infer reliance when a plaintiff alleges that the defendant made a material omission, see Carras v. Burns, 516 F.2d 251, 257 (4th Cir.1975), requiring the defendant to rebut the inference by proving the lack of reliance. See id. No presumption of reliance exists, however, "when the plaintiff alleges both nondisclosure and positive misrepresentation instead of only nondisclosure." Cox v. Collins, 7 F.3d 394, 395–96 (4th Cir.1993).

2 Indeed, courts traditionally have held that reliance is not justified when the investor was merely negligent. See Royal Am. Managers, Inc. v. IRC Holding Corp., 885 F.2d 1011, 1015 (2d Cir.1989). Many federal courts reconsidered the negligence standard after the Supreme Court, in Ernst & Ernst v. Hochfelder, 425 U.S. 185, 193, 96 S.Ct. 1375, 1381, 47 L.Ed.2d 668 (1976), held that a person could only be liable under § 10 (b) for intentional conduct. See Dupuy v. Dupuy, 551 F.2d 1005, 1017–20 (5th Cir.1977). At least one court has apparently retained the negligence standard. See Straub v. Vaisman & Co., 540 F.2d 591, 598 (3d Cir.1976) ("The obligation of due care must be a flexible one, dependent upon the circumstances of each case. We require only that the plaintiff act reasonably").

诈政策”。[Dupuy v. Dupuy，551 F.2d 1005，1014 (5th Cir. 1977) .] 原告未能证明，原告合理依赖了经纪人被指称的遗漏或不当陈述，这对证券欺诈的主张必定是致命的。（See Myers，950 F.2d at 167.）[1]

如果“投资者的行为达到了不顾后果的程度”，那么投资者依赖经纪人的遗漏或不当陈述从来都不是合理的。(Brown, 991 F.2d at 1032.)[2] 如果原告“故意拒绝调查，无视他所明知的风险或是风险显而易见，必须视其明知该风险，而且风险如此之大，很有可能造成危害”，那么原告就是不顾后果。[Dupuy，551 F. 2d at 1020 (引文和出处省略) .] 换言之，如果原告“掌握充分的信息，质疑（不当）陈述”，但仍然对“已知风险视而不见”，则原告是不顾后果。[Teamsters Local 282 Pension Trust Fund v. Angelos，762 F.2d 522，530 (7th Cir.1985)（出处省略）.] 因此，“如果投资者充分知情，尽管存在说谎或遗漏，但投资者仍然知道风险，法律责任便无从谈起”。(Id.)

本院考虑以下 8 个因素，以确定投资者是否可以合理依赖重大遗漏或不当陈述:

（1）原告在金融和证券方面的成熟度和专有知识；
（2）长期存在的业务关系或个人关系；
（3）是否能够获得相关信息；
（4）存在受信关系；
（5）掩盖欺诈；
（6）发现欺诈的机会；
（7）股票交易是否由原告发起或原告是否试图加快交易；以及

（8）不当陈述的一般性或具体性。

See Myers，950 F.2d at 167（引文和变动省略）。不能仅凭一个因素决定依赖是否合理。(Id.) 迈尔斯案判例的第一个因素是投资者的成熟程度；长久以来，该要素就是决定投资者是否有权获得该法第 10(b)条下的救济的关键要素。[See Kohler v.

---

1 如果是原告指称被告有重大遗漏，法院经常推断依赖 [see Carras v. Burns，616 F.2d 251 (4th Cir. 1975)]，要求被告反驳该推断，证明没有依赖。（See id.）但是，“如果原告并不仅仅指称没有披露，而是指称既没有披露，也存在肯定性的不当陈述”，则没有依赖假定。[Cox v. Collins，7F.3d 394，395–96 (4th Cir.1993) .]

2 确实，法院基于传统认定，只要投资者有过错，依赖就不合理。[See Royal Am. Managers，Inc. v. IRC Holding Corp.，885 F.2d 1011，1015 (2d Cir. 1989) .] 美国联邦最高法院在欧内斯特和欧内斯特诉霍克费尔德案 [Ernst & Ernst v. Hochfelder，425 U.S. 185，193，96 S.Ct. 1375，1381，47 L.Ed.2d 668 (1976)] 判决中认定，只有任何人的行为是故意的，才会承担第 10(b)条下的法律责任，在此之后很多联邦法院重新考虑了过错标准。[See Dupuy v. Dupuy，551 F.2d 1005，1017–20 (5th Cir. 1997) .] 但至少有一家法院显然保留了过错标准。[See Straub v. Vaisman & Co.，540 F.2d 591，598 (3d Cir. 1976)（适当注意义务的标准应当是灵活的，取决于个案的具体情况。本院只要求原告合理行事）.]

was entitled to § 10 (b) relief. See Kohler v. Kohler Co., 319 F.2d 634, 642 (7th Cir.1963) (considering an investor's "business acumen" and access to "extrinsic sources of sound business advice" to conclude there was no reliance, although the transaction might not have been fair if the investor "had been a novice"); List v. Fashion Park, Inc., 340 F.2d 457, 463–64 (2d Cir.1965) (no reliance where investor was "an experienced and successful investor in securities" who did not ask his broker for information regarding the claimed omission). A sophisticated investor requires less information to call a "[mis-]representation into question" than would an unsophisticated investor. Angelos, 762 F.2d at 530. Likewise, when material information is omitted, a sophisticated investor is more likely to "know enough so that the omission still leaves him cognizant of the risk." Id.

When an investor is an individual, this Court looks to several factors to determine if the investor is sophisticated, including "wealth [,] age, education, professional status, investment experience, and business background." Myers, 950 F.2d at 168. Some of these factors may not be perfectly suited for application to an institutional investor. Cf. C. Edward Fletcher, Sophisticated Investors Under the Federal Securities Laws, 1988 Duke L.J. 1081, 1149–53 (reviewing factors gauging sophistication of individual investors, and concluding that there should be a "conclusive presumption" that all institutional investors are sophisticated). However, the factors which are relevant to an institution strongly support the sophistication of the Bank. The Bank, with assets of $5 billion, is unquestionably wealthy. In addition, while the Bank's investment choices may have been unwise, its investment experience is extraordinary, and far surpasses most sophisticated individual investors. As a business entity, the Bank obviously has a business background, and its employees–hired for their business expertise–had extensive education and experience in economics and finance.[1]

Despite its extensive investment experience and extraordinary resources, the Bank nevertheless contends that, while it may be sophisticated in certain types of investments, it was not sophisticated in CMO investments. See e.g., McAnally v. Gildersleeve, 16 F.3d 1493, 1500 (8th Cir.1994) (recognizing that an individual's sophistication in "stocks and bonds" did not necessarily suggest sophistication in commodities futures options); Order Approving NASD Suitability Interpretation, 61 Fed.Reg. 44, 100, 44, 112 (1996) (NASD Fair Practice Rules) (in approving NASD fair practice rules, SEC recognized that even a sophisticated institutional investor may not be capable of understanding a "particular investment risk"). The Bank argues that deposition testimony of its employees and an expert witness that the Bank was unsophisticated in CMO investments created a genuine issue of fact.

---

1 The NASD has also promulgated factors specifically designed to measure the sophistication of institutional investors. Order Approving NASD Suitability Interpretation, 61 Fed.Reg. 44, 100, 44, 112 (1996). The two most important factors are an institutional investor's "capability to evaluate investment risk independently, and the extent to which the [investor] is exercising independent judgment." Id., at 44, 105. In light of the undisputed record, it is clear that the Bank would also qualify as a highly sophisticated institutional investor under the NASD standards.

Kohler Co.，319 F.2d 634，642（7th Cir.1963）（鉴于投资者“精通业务”，并且能够得到来自外部的“有理的业务咨询”，结论是不存在合理依赖，尽管如果投资者“是新手”，交易可能会是不公平的）；List v. Fashion Park，Inc.，340 F.2d 457，463-64（2d Cir. 1965）（投资者是“证券方面有经验的成功投资者”，没有要求其经纪人提供被指称的遗漏的信息，不存在依赖）]，与不成熟的投资者相比，成熟投资者有更少的信息就可以“质疑（不当）陈述”。（Angelos，762 F.2d at 530.）同样，如果遗漏重大信息，成熟投资者更可能“充分知情”，尽管有遗漏，但他仍然知道风险。（Id.）

如果投资者是个人，法院考虑若干因素，以确定投资者是否成熟，相关因素包括“财富、年龄、所受教育、专业地位、投资经验和业务背景”。（Myers，950 F.2d at 168.）其中，某些因素适用机构投资者并不完全恰当。[Cf. C. Edward Fletcher, Sophisticated Investors Under the Federal Securities Laws，1988 Duke L.J. 1081，1149-53（审查衡量个人投资者是否成熟的各种因素后得出的结论为，“结论性地假定”所有机构投资者是成熟的）.]但与机构投资者相关的因素是说明银行成熟性的有力支持。银行的资产是50亿美元，无疑非常富有。此外，尽管银行的投资选择或许并不明智，但其投资经历非同寻常，远超过成熟的个人投资者。银行作为一个业务实体，显然有业务背景，其工作人员因其业务专业知识而受雇于银行，经济和金融方面所受教育和工作经历广泛。[1]

尽管其投资经验丰富、各种资源雄厚，但银行仍然辩称，银行可能在某类投资方面成熟，但在CMO投资方面并不成熟。[See e.g.，McAnally v. Gildersleeve，16 F.3d 1493，1500（8th Cir. 1994）（可以承认，个人在“股票和债券”方面成熟，并不一定就证明其在大宗产品期货期权方面成熟）；Order Approving NASD Suitability Interpretation，61 Fed. Reg. 44，100，44，112（1996）（证交会批准《NASD公平做法规则》时承认，机构投资者有时也可能并不了解“特定的投资风险”）.]银行辩称，其雇员和一位专家证人宣誓取证时表示，银行在CMO投资方面并不成熟，这一证言便产生了真实的事实问题。

1　NASD也公布了若干要件，专门用以衡量机构投资者的成熟性。《批准NASD适当性解释的命令》[61 Fed.Reg.44，100，44，112（1996）]。最重要的两个要件是：“机构独立评估投资风险的能力，以及（投资者）作出独立判断的程度”。（Id.， at 44，105.）根据没有争议的记录，按照NASD的标准，银行显然符合高度成熟投资机构的要求。

We reject this argument. The Bank's NNI unit, whose function was to invest Bank funds in dollar-denominated investments, employed three well-educated investment professionals to select a sound, but profitable, investment strategy. Mendez, Aguirre, and Buentello conducted a thorough, independent investigation of the benefits and risks of CMO investments by attending seminars, purchasing treatises on the subject, and developing a multi-step review process for each CMO investment. Rather than blindly relying on Epley and Alex. Brown, the record shows that the Bank rejected Epley's suggested investments far more often than it accepted them. Indeed, the Bank consulted with five other brokerage houses regarding CMO investments, and each of these brokerage houses gave the Bank detailed information describing the benefits and the risks of CMO investments. After a year of trading in CMOs, the Bank displayed a knowledge and an aggressiveness that belie its current claim that it did not understand CMO investments. See J.A. at 447-48 (indicating dramatic price changes over short time periods for many of the Bank's profitable CMO trades: FNMA 92 112 SC was sold after one day at a profit reflecting an annual increase of over 350%; FN 93-115 SB was sold after two weeks at a profit reflecting an annual increase of around 58%; FNMA 1992 162 SB was sold after two weeks at a profit reflecting an annual increase of around 38%); NASD Fair Practice Rules, 61 Fed.Reg. at 44, 105 n. 20 ("[An institution] who initially needed help understanding a potential investment may ultimately develop an understanding and make an independent investment decision"). Accordingly, we agree with the district court that the Bank was a "sophisticated investor" for the purposes of this case. See Banca Cremi v. Alex. Brown, 955 F.Supp. 499, 515 (D.Md.1997).

The second Myers factor also lends no support to the Bank's claim of justifiable reliance. There is no evidence in the record that the Bank enjoyed a long-standing business or personal relationship with Epley or Alex. Brown, and the undisputed evidence strongly supports the lack of any such relationship. The Bank began purchasing CMOs a mere two months after first being "cold called" by Epley, and the conduct of the Bank-consulting with competing brokerage houses and rejecting most of Epley's recommendations-suggests that the Bank dealt with Epley and Alex. Brown at arm's length. Accordingly, this is not a situation where the defendants could have "exploited the business relationship [with the plaintiff] knowing that [the plaintiff] was not likely to investigate the merits of [the defendants'] recommendation." Straub v. Vaisman & Co., 540 F.2d 591, 598 (3d Cir.1976) (quotations omitted).[1]

The third, fifth, and sixth Myers factors look to whether the Bank had access to the

---

1 Relying on innuendo and veiled suggestions, the Bank apparently contends that Buentello and Epley had a sexual relationship, and that Epley and Alex. Brown exploited that relationship. We first note that an appellate brief is not a paperback romance novel, where tawdry goings-on can be hinted at with a smirk and a wink; if the Bank had a point to make with its innuendo, we would have preferred that it were clear about it. As there is not a shred of evidence in the record to support the Bank's salacious suggestions, and even less evidence to suggest that this hinted-at relationship had any effect on Buentello's business decisions, we find it unfortunate that the Bank found it necessary to tarnish the reputations of the opposing party and its own employee.

本院否定这一说法。银行 NNI 部门的职能是将银行资金投资于美元面值的投资，该部门雇有 3 位受过良好教育的专业人士，由其选择健全而又可获利的投资策略。门德斯、阿吉雷和比恩泰罗参加各种研讨会，购买相关专著并研究制定了用于每笔 CMO 投资的多步审查程序，对 CMO 投资的益处和风险独立进行了充分调查。记录显示，比恩泰罗没有盲目依赖埃普利和亚历克斯·布朗，银行拒绝埃普利所建议的投资远多于接受其建议的投资。事实上，比恩泰罗就 CMO 投资咨询了其他 5 家经纪公司，5 家经纪公司都向银行提供了详细信息，介绍 CMO 投资的益处和风险。比恩泰罗买卖 CMO 一年之后，显得懂行、咄咄逼人，现在银行却自称不懂投资，前后矛盾。｛See J.A. at 447–48（显示银行的许多 CMO 交易获得了利润，短期内价格有剧烈波动：FNAA 92 112 SC 一天后卖出，利润的年增长率在 350% 以上；FN 93-115 SB 是两周后卖出；利润的年增长率大约是 58%；FNMA 1992 162 SB 是两周后卖出，利率的年增长率大约 38%）；NASD Fair Practice Rules，61 Fed. Reg. at 44，105 n. 20［（尽管机构投资者）最初需要帮助才能懂得潜在投资，但最终可能弄懂，可以作成独立的投资决定］.｝因此，本院同意地区法院的意见，即就本案而言，银行是“成熟投资者”。［See Banca Cremi v. Alex. Brown，955 F. Supp. 499，515（D.Md. 1997）.］

迈尔斯案判例的第二个因素也并不支持银行提出的合理依赖的主张。记录中没有证据显示，银行与埃普利和亚历克斯·布朗有长期业务关系或个人关系。明确无误的证据显示，根本不存在这种关系。银行第一次接到埃普利的“陌生电话”后只过了两个月，便开始买入 CMO，银行向有竞争关系的经纪公司咨询，拒绝了埃普利的若干建议。凡此种种，显示银行与普利和亚历克斯·布朗之间是正常交易关系。因此，本案的情形并非被告有可能“利用（其与原告）的业务关系，并非被告知道（原告）不太可能调查（被告的）建议是否有道理”。［Straub v. Vaisman & Co.，540 F. 2d 591，598（3d Cir. 1976）（引号省略）.］[1]

迈尔斯案判例的第三个、第五个、第六个因素是要看：银行是否能够获得有关

1 银行拐弯抹角、含沙射影，但显然是要说布恩泰罗与埃普利有两性关系，而且埃普利和亚历克斯·布朗利用了这一关系。本院首先指出，对于庸俗关系，言情小说可以似说非说，但上诉律师辩论意见书不是平装本言情小说；如果银行拐弯抹角有所指，本院希望银行能够直说。本案记录中没有丝毫证据支持银行的暗示，更没有证据显示所暗示的关系对布恩泰罗的业务决策产生了任何作用，因此，本院认为，银行觉得有必要损害对方和其员工的声誉，令人遗憾。

relevant information on CMOs, whether Epley and Alex. Brown concealed the alleged fraud, and whether the Bank had an opportunity to detect the fraud. In this case, there is no allegation that Epley or Alex. Brown concealed specific risks of individual investments, but rather that they misrepresented the risks associated with an entire field of investment. Clearly, the Bank–through its independent research, contacts with other brokerage houses, and discussions with Epley and Alex. Brown–not only had access to, but actually possessed more than sufficient information to make it aware of the substantial risks of investing in CMOs. The Bank knew that, although it could enjoy substantial earnings from CMO investments if interest rates decreased or remained the same, any increase in interest rates could wreak havoc on its CMO investment strategy. The Bank also knew that more sophisticated analyses of its CMO portfolio was available, such as the price analysis performed by Alex. Brown on the Bank's portfolio in July 1993. The July 1993 price analysis indicated that both inverse floaters and inverse IOs were more sensitive to interest rate increases than other types of CMOs, not to mention other more conservative fixed–rate investments such as U.S. Treasury Bonds. Despite possessing this information, the Bank purchased the six CMOs and never requested any analysis either before or after purchase.

The fourth Myers factor, whether the defendants owed a fiduciary duty to the plaintiff, is also not implicated in this case. As will be discussed below, see infra, § V, Epley and Alex. Brown were not the agents of the Bank, but rather interacted with the Bank at arm's length in principal–to–principal dealings, and no common law fiduciary duty was ever created.

The seventh Myers factor looks to whether the Bank initiated or sought to expedite the transaction. While the Bank had sufficient time to review each of its CMO purchases, and evidenced independent decision–making by rejecting numerous suggested purchases by Epley and employing elaborate procedures to review each suggested purchase, it was Epley who initially suggested these investments to the Bank. Accordingly, we agree with the Bank that this factor lends some support to its argument for justifiable reliance. But see Chance v. F.N. Wolf & Co., No. 93–2390, 1994 WL 529901, at 6 (4th Cir. Sept. 30, 1994) (unpublished, table decision reported at 36 F.3d 1091) (defendant entitled to judgment as a matter of law on justifiable reliance despite fact that defendant "initiated all of the stock transactions").

The final Myers factor looks to whether the misrepresentations were general or specific. The Bank argues, and we agree, that the defendants' alleged misstatements were general. Contrary to the Bank, however, we conclude that a general statement creates less justifiable reliance than would a specific statement. See Hillson Partners Ltd. Partnership v. Adage, Inc., 42 F.3d 204, 215 (4th Cir.1994) (explaining that investor is more justified in relying on specific predictions); Zobrist v. Coal–X, Inc., 708 F.2d 1511, 1518 (10th Cir.1983) (noting that there is no "valid reason" to rely on general

CMO 的相关信息；埃普利和亚历克斯·布朗是否隐瞒了所指称的欺诈；银行是否有机会发现欺诈。本案中并没有指称埃普利或亚历克斯·布朗隐瞒了各项投资的具体风险，只是指称埃普利或亚历克斯·布朗对整个投资领域的相关信息作了不当陈述。显然，银行有独立研究，联系其他经纪公司，与埃普利和亚历克斯·布朗讨论；凭借这些办法，银行不仅可以获得信息，而且确实掌握了绰绰有余的信息，知道投资 CMO 是有很大风险的。银行知道，监管利率下降或不变时可以从 CMO 的投资中获得收益，但如果利率上升，将会严重打乱 CMO 的投资策略。银行也知道，可以得到有关 CMO 投资组合的更加成熟的分析：比如，1993 年 7 月亚历克斯·布朗对银行的投资组合作了价格分析。1993 年 7 月的价格分析显示，与其他类型的 CMO 相比，逆向浮息证和逆向 IO 对利率上升更加敏感；更不用说，诸如美国财政部债券这样更保守的固定利率投资，其敏感性更小。尽管银行有这样的信息，但仍然买入 6 只 CMO，而且在买入 CMO 前后从未要求任何分析。

迈尔斯案判例的第四个因素是要看，被告对原告是否负有受信义务，但本案并没有涉及。如同下文第五部分所讨论的（see infra， § V），埃普利和亚历克斯·布朗并不是银行的代理，他们只是在主体与主体的交易中与银行进行正常互动，从来没有产生过普通法下的受信义务。

迈尔斯案判例的第七个因素是要看，银行是否发起或试图加快相关交易。银行有充分的时间审查其买入的 CMO 每笔交易，银行拒绝埃普利所建议的数笔交易并使用复杂的程序审查所建议的每笔交易，这就证明了独立决策。但尽管如此，最初是由埃普利向银行建议这些投资的。因此，本院同意银行的论点，即这一因素在某种程度上支持银行有关合理依赖的观点。但请参看钱斯诉沃尔夫案［（Chance v. F.N. Wolf & Co., No. 93-2390, 1994）WL 529901, at 6（4th Cir. Sept. 30, 1994）（unpublished, table decision reported at 36 F.3d 1091）］判例（尽管被告“发起了所有股票交易，作为法律问题，被告有权就合理依赖问题得到支持被告的判决”）。

迈尔斯案判例的最后一个因素是要看，不当陈述是一般性的还是具体的。银行提出，被告被指称的不当陈述是一般性的。本院同意这点。但与银行不同的是，本院的结论是，一般性陈述所产生的合理依赖弱于具体陈述所产生的合理依赖。［See Hillson Partners Ltd. Partnership v. Adage，Inc.，42 F.3d 204，215（4th Cir.1994）（解释说，投资者可以更加合理地依赖具体预测）；Zobrist v. Coal-X，Inc.，708 F.2d 1511，1518（10th Cir.1983）（指出，已经提供了更加具体的警告，所以依赖有关风险的一般性不当陈述“没有成立”的理由）；Hughes v. Dempsey-Tegeler & Co., 534 F.2d misrepresentations as to risk when more specific warnings have been provided); Hughes v. Dempsey-Tegeler & Co., 534 F.2d 156, 177 (9th Cir.1976) (sophisticated investor was not justified in relying on general positive comments regarding investment risks). Epley's general positive statements concerning CMOs did not justify reliance when the Bank possessed a variety of resources, including investment-specific yield and average life tables, scholarly works, and an article published in a popular business journal explaining in great detail the workings and risks of CMOs.

In sum, in this case the Bank had access to an extraordinary wealth of information regarding CMOs. With few exceptions, the depth and breadth of this information illustrated one overriding point: investments in CMOs, while potentially very profitable, were undoubtedly highly risky. As a sophisticated business entity handling five billion dollars of other people's money, the Bank had the advice of its own employees and a horde of the defendants' competitors. Nevertheless, the Bank invested in CMOs through arm's length dealings with the defendants. While the vast majority of these investments were profitable for the Bank, a half-dozen proved disastrously timed, [1] and the Bank now alleges that its misfortune resulted from its justifiable naivete in listening to the defendants' purported lies.

As in any "action for fraud, reliance on false statements must be accompanied by a right to rely." Foremost Guar. Corp. v. Meritor Sav. Bank, 910 F.2d 118, 125 (4th Cir.1990). Here, the Bank lost its right to rely by its own recklessness. The Bank continued to purchase CMOs after it had sufficient information, given its sophistication, to be well apprised of the risks it would face were interest rates to rise. Given that the Bank was aware of the risks involved in investing in CMOs, the Bank was not justified in relying on Epley and Alex. Brown's alleged omissions and misstatements. Accordingly, we affirm the district court's grant of summary judgment against the Bank on this claim.

B

The Bank next contends that Epley and Alex. Brown learned that CMO investments did not comply with the requirements of Mexican Circular 292 and U.S. banking regulations, but failed to inform the Bank of this. Because the defendants allegedly had a duty to the Bank to inform them of this understanding of Mexican and United States law, the Bank

---

1 The Bank has never alleged that the defendants had any reason to believe that the CMO market would collapse when it did. Indeed, in a meeting at which Buentello discussed its CMO losses, the Bank concluded that the CMO price drop was caused by the "totally unpredictable situation [of an increased estimate of U.S. GNP] and the unprecedented move by the Fed to increase short-term rates in a preventative fashion." J.A. at 458. In light of this recognition by the plaintiffs that their losses were caused by general market forces rather than the defendants' alleged misdeeds, it is puzzling at best on what basis the plaintiffs hoped to prove liability under § 10 (b). Cf. Bastian v. Petren Resources Corp., 892 F.2d 680, 685 (7th Cir.1990) (noting that "[d] efrauders are a bad lot and should be punished, but Rule 10b-5 does not make them insurers against national economic calamities").

156，177（9th Cir.1976）（成熟投资者没有理由依赖有关投资风险的一般性正面评论）.]银行有各类资源，包括具体投资的相关收益和平均周期的各种表、学者的专著、一篇在流行商业期刊发表的文章——这篇文章十分详细地解释了 CMO 的功能和风险；既然如此，埃普利关于 CMO 的一般性正面陈述，并不成为银行依赖合理的理由。

总而言之，本案中银行可以接受的 CMO 的相关信息十分丰富。除极少数情况外，此类信息的深度和广度显示了特别重要的一点：尽管投资 CMO 有获得高利润的可能，但风险无疑是很大的。作为一家代管他人 50 亿美元的商业机构，银行有自己的员工可以提供咨询，被告还有众多的竞争对手。尽管如此，银行还是通过与被告的正常交易投资于 CMO。这些投资中很大一部分为银行产生利润，但其中五六项因时机不佳而出现灾难性的后果，[1] 银行现在指称，银行遇此不测，是被告的所谓谎言所致，银行天真地轻信了这些谎言，但情有可原。

如同“任何有关欺诈的诉讼中的情形一样，有依赖虚假陈述，势必有依赖权”。[Foremost Guar. Corp. v. Meritor Sav. Bank，910 F.2d 118，125（4th Cir.1990）.] 但本案中银行不顾后果，便失去了可以依赖的权利。银行有充分的信息，鉴于其成熟性，非常了解利率上升后所面临的风险，但此后银行仍然继续买入 CMO。鉴于银行知道投资 CMO 所涉及的风险，银行依赖埃普利和亚历克斯・布朗被指称的遗漏和不当陈述是不合理的。因此，本院维持地区法院就该主张所作的不利于银行的既决判决。

B

银行又提出，埃普利和亚历克斯・布朗了解到 CMO 不符合墨西哥的《第 292 号通知》和美国银行业的规定，但没有将相关情况告诉银行。银行辩称其合理依赖了这一遗漏，因为被告被指称有责任将其对墨西哥和美国法律的理解告诉银行。银行提出，倘若银行当时掌握了该信息，银行是不会投资 CMO 的，所以银行称遗漏

1　银行从未指称，被告有任何理由认为，CMO 会在崩溃的时候崩溃。确实，有一次银行与布恩泰罗开会讨论 CMO 的亏损，银行的结论是，造成 CMO 价格下跌的原因是“完全始料不及的情形（对美国国内生产总值预期的增加）以及美联储提高短期利率这一前所未有的预防性举措”。（J.A. at 458.）鉴于原告承认，其损失是由市场的一般作用力所造成的，被告被指称的不当行为并不是成因，往最好的方面说，令人不解的是，原告到底是要以什么作为依据，以证明第 10(b)条下的法律责任。[Cf. Bastian v. Petren Resources Corp., 892 F.2d 680，685（7th Cir.1990）]（指出，欺诈方是坏人，应当受到惩罚，但《规则 10b-5》并不是要使其成为国家经济宏观灾难的保险公司）。

contends that the Bank justifiably relied on this omission. Because the Bank contends that it would not have invested in the CMOs had it possessed this information, the Bank contends that the omission was material and caused its investment losses.

While the plaintiff has presented a very creative claim, it is not a meritorious one. Any non–reckless Mexican bank attempting to interpret Mexican banking regulations would turn to Mexican lawyers or Mexican government officials for assistance, rather than relying on an American salesman's opinion. Furthermore, while the requirements of Circular 292 are not discussed in detail by the parties, it appears undisputed that to comply, a security must have a stated maturity of less than one year. As many home mortgages have maturities of several decades, we believe that only a reckless investor would fail to recognize that investments in CMOs might not comply with Mexican law. Accordingly, even if the Bank had some legitimate, or even coherent, reason for eschewing appropriate legal assistance in interpreting Circular 292, any reliance on the defendants' silence was not justifiable. See Dupuy, 551 F.2d at 1020 (no justifiable reliance where a plaintiff "intentionally refuse [s] to investigate in disregard of a risk known to him or so obvious that he must be taken to have been aware of it, and so great as to make it highly probable that harm would follow" (quotations and citation omitted)).

Ⅲ

The Bank next claims that Epley and Alex. Brown committed § 10 (b) fraud by selling securities to the Bank that the defendants knew were not suited for the Bank's investment goals. We disagree.

While this Court has never considered an unsuitability claim under § 10 (b), several courts have recognized an unsuitability claim in certain circumstances. See e.g., O'Connor v. R.F. Lafferty & Co., 965 F.2d 893, 898 (10th Cir.1992) (recognizing two types of unsuitability claims, one based on § 10 (b) fraud and one similar to churning claim); Craighead v. E.F. Hutton & Co., 899 F.2d 485, 493 (6th Cir.1990) (recognizing unsuitability claim as a type of fraud claim); Lefkowitz v. Smith Barney, Harris Upham & Co., 804 F.2d 154, 155 (1st Cir.1986) (per curiam) (same); Clark v. John Lamula Investors, Inc., 583 F.2d 594, 600–01 (2d Cir.1978) (recognizing unsuitability claim).

A

§ 10 (b) unsuitability claim has five elements:

(1) that the securities purchased were unsuited to the buyer's needs;

(2) that the defendant knew or reasonably believed the securities were unsuited to

是重大性的，导致了银行投资的损失。

原告提出一个很有创意的主张，但却并不是有道理的主张。任何一家墨西哥银行，只要不是不顾后果的，试图解释墨西哥的银行法律规定的时候，会求助于墨西哥的律师或官员，而不是依赖美国推销员的观点。此外，尽管当事方没有详细讨论墨西哥《第 292 号通知》的要求，但似乎无须争辩的是，为遵守上述规定，证券的到期时间必须明示在 1 年之内。很多住宅抵押贷款的到期时间长达数十年，所以本院认为，只有不顾后果的投资者才会没有意识到，投资 CMO 有可能违反墨西哥的法律。因此，即便银行有正当理由——甚至是前后一致的理由——解释《第 292 号通知》没有得到适当的法律帮助，对被告沉默的任何依赖都是不合理的。[See Dupuy，551 F.2d at 1020（原告“故意拒不调查，所无视的风险是原告知道的或者该风险是显而易见的，原告肯定知道，而且风险如此之大，伤害很可能随之发生，合理依赖不成立”）（引号和出处省略）.]

III

银行又主张，埃普利和亚历克斯·布朗明知相关证券不适合银行的投资目标，但仍然向银行出售这些证券，其行为构成第 10（b）条欺诈。本院不同意。

尽管本院从来没有审议过第 10（b）条下关于不适当性的主张，若干法院认可了在某些情形下的不适当性主张。{See e.g.，O'Connor v. R.F. Lafferty & Co.，965 F.2d 893，898（10th Cir.1992）[认可两类不适当性：一类是基于该法第 10（b）条下的欺诈，另一类则类似于过度交易的主张]；Craighead v. E.F. Hutton & Co.，899 F.2d 485，493（6th Cir.1990）（将不适当性视为欺诈主张的一种类型）；Lefkowitz v. Smith Barney，Harris Upham & Co.，804 F.2d 154，155（1st Cir.1986）（per curiam）（相同）；Clark v. John Lamula Investors，Inc.，583 F.2d 594，600–01（2d Cir.1978）（认可不适当性主张）.}

A

该法第 10（b）条不适当性主张有 5 个要素：

（1）买入的证券不适合卖方的需要；

（2）被告明知或合理认为相关证券不适合卖方的需要；

the buyer's needs;

(3) that the defendant recommended or purchased the unsuitable securities for the buyer anyway;

(4) that, with scienter, the defendant made material misrepresentations (or, owing a duty to the buyer, failed to disclose material information) relating to the suitability of the securities; and

(5) that the buyer justifiably relied to its detriment on the defendant's fraudulent conduct. Brown v. E.F. Hutton Group, Inc., 991 F.2d 1020, 1031 (2d Cir.1993).

A claim for § 10 (b) suitability fraud "is a subset of the ordinary § 10 (b) fraud claim." Id.; see also O'Connor, 965 F.2d at 897 (Court recognizing that this type of suitability claim could be analyzed "simply as a misrepresentation or failure to disclose a material fact. In such a case, the broker has omitted telling the investor the recommendation is unstable for the investor's interests. The court may then use traditional laws concerning omission to examine the claim." (citation omitted)).

Because the Bank's suitability claim is a "subset" of the Bank's § 10 (b) claim, we conclude that it must fail for the same reason: lack of justifiable reliance. The Bank had sufficient information concerning the risks of CMOs to render unjustified any reliance on a recommendation that the securities were suitable investments. Yield tables apprised the Bank that inverse floaters' yield decreased and average maturity increased dramatically if interest rates increased. In light of its sophistication, the Bank must be presumed to have been aware that, were interest rates to increase, there would be substantial "risk to capital", contrary to one of its stated goals. [1]

Similarly, the Bank knew that CMOs were a new product whose demand had grown because the market remained strong, and knew that a Barron's article had warned that an interest rate increase might lead to liquidity problems. Thus, given the Bank's sophistication, it must have been aware that if interest rates increased, its CMOs might not remain "highly liquid", contrary to another of the Bank's stated goals.

Finally, the Bank was apprised in the yield tables that the average maturity for each of the CMOs was well in excess of the "90–180 days" it claims as its investment goal. Given the Bank's sophistication, it must have understood that it might have to hold the security for over 180 days if it did not want to accept the going market price for the CMO. See J.A. at 447–48 (Bank earned a substantial profit in selling three CMOs after holding them for over 180 days). In sum, the Bank appeared to have been most interested in its final stated

---

1 For example, the yield table for one of the six CMOs, FN 93–210 SD, indicates that a one point increase in interest (accompanied, by a reduction in prepayments) would convert a security maturing in 3.8 years and yielding 14.8 percent interest into a security maturing in 16.11 years and yielding only 7.42 percent interest. Naturally, an investor as sophisticated as the Bank would understand that the result of this change would be a dramatic fluctuation in the market price of the security.

（3）被告人仍然向卖方建议买入或为卖方买入不适当的证券；

（4）被告具有主观故意，就证券的适当性作出重大不当陈述（或是对买方负有义务，但却没有披露重大信息）；

（5）买方合理依赖了被告的欺诈行为并因此蒙受损失。［Brown v. E.F. Hutton Group，Inc.，991 F.2d 1020，1031（2d Cir.1993）.］

关于第 10（b）条不适当性欺诈的主张“是普通第 10（b）条下欺诈主张的从属部分”。［Id.；see also O'Connor，965 F.2d at 897（法院承认，分析这类不适当性主张，可以“将其视为关于重大事实的不当陈述或未能披露的重大事实。在这类案件中，经纪人所遗漏的是，没有告诉投资者，相关建议不适合投资者的利益。法院然后就可以适用关于遗漏的传统法律审查该主张”）（引文省略）.］

因为银行的适当性主张是银行第 10（b）条主张的从属部分，本院的结论是，该主张因同样的原因而不能成立：缺乏合理依赖。银行充分掌握关于 CMO 风险的信息，所以不能合理依赖相关证券是适当投资的建议。银行通过收益图表知道，如果利率上升，逆向浮息证的收益就会大大下降，平均到期日则会大大延长。鉴于银行有此成熟性，可以假定银行当时就知道，如果利率上升，将会有很大的“资本风险”，违背了其言明的目标。[1]

同样，银行当时知道 CMO 是新产品，其需求因市场强劲而增加；银行当时知道，巴伦的一篇文章警告，利率增加后有可能会引发流动性问题。因此，鉴于银行的成熟性，银行肯定知道，如果利率上升，银行的 CMO 可能不再具有“很高的流动性”，违背了银行所言明的另一个目标。

最后，银行通过收益图表的内容知道，每支 CMO 的平均到期日远超过“90~180 日”，而银行称其投资目标为“90~180 日”。鉴于银行的成熟性，银行当时肯定知道，如果银行不愿接受 CMO 当时的市价，银行持有证券的时间就可能超过 180 日。［See J.A. at 447–48（银行持有 3 支 CMO 超过 180 日后卖出并获得很高利润）.］简言之，在其言明的目标中，银行似乎最在意最后一项：“好的收益。”只能得出一个合理结论，银行的 4 个目标相互矛盾，银行自己选择了 CMO 的投资策略，平衡了 CMO 的风险

---

1 例如，6 支 CMO 中的一支是 FN 93-210SD，其收益表显示，利率增加 1 个百分点（提前付款也会随之减少），3.8 年到期、利率为 14.8 % 的证券被转换为 16.11 年到期、利率只有 7.42% 的证券。像银行这样的成熟投资者自然明白，如此变化的结果是证券市场价格的剧烈波动。

goal: "good yield." The only reasonable conclusion is that the Bank itself chose its CMO investment strategy by balancing CMO risks and benefits against its four competing goals. [1] The Bank cannot now claim that its investment strategy was the result of it justifiably relying on the recommendations of Epley and Alex. Brown.

IV

Next, the Bank contends that Epley and Alex. Brown fraudulently charged excessive markups for the CMOs purchased by the Bank, and that the district court erred in granting summary judgment on this claim. We disagree.

"A securities broker's mark-up equals the price charged to the customer minus the prevailing market price." Bank of Lexington & Trust Co. v. Vining-Sparks Securities Inc., 959 F.2d 606, 613 (6th Cir.1992). For example, where the securities purchased have a market value of $100,000 and the broker charges its customers $105,000, the markup is $5000, or five percent. Where, as in the instant case, the broker charges no commission, the markup represents the sole compensation received by the broker for the transaction.

"A mark-up is excessive when it bears no reasonable relation to the prevailing market price." Id. Factors relevant in determining reasonableness include:

(1) the type of security involved; (2) the availability of the security in the market; (3) the price of the security; (4) the amount of money involved in a transaction; (5) disclosure; (6) the pattern of markups or markdowns; and (7) the nature of the member's business. 3C Harold S. Bloomenthal, Securities and Federal Corporate Law, App. 12.13 (Apr. 1, 1992). Although each case requires an independent analysis for determining whether a given markup is reasonable, the Board of Governors of the NASD has determined that, as a general guideline, a five percent markup is reasonable. See id. [2]

Although securities brokers are required to disclose markups in equity securities, see 17 C.F.R. § 240.10b-10 (a) (2) (ii) (A) & (B), there is no requirement for a broker to disclose the amount of markup charged for a debt security in a riskless

---

1 The Tenth Circuit also recognized a distinct type of suitability claim which arises when a broker's act of purchasing a stock is fraudulent. O'Connor v. R.F. Lafferty & Co., 965 F.2d 893, 898 (10th Cir.1992). One element of this claim is that "the broker exercised control over the investor's account." Id. Because the Bank does not claim that Alex. Brown controlled the Bank's CMO account, this type of suitability claim is unavailable to the Bank.

2 Because the reasonableness of markups is situation-specific, the NASD guideline recognizes that markups of under five percent may be excessive. See 3C Harold S. Bloomenthal, Securities and Federal Corporate Law, App. 12.13 (Apr. 1, 1992).

与益处。[1]银行现在不能主张，其投资策略是合理依赖埃普利和亚历克斯·布朗建议的结果。

Ⅳ

接下来银行又提出，埃普利和亚历克斯·布朗对银行所购买的 CMO 欺诈性地过度加价，地区法院就此错误地作出既决判决。本院不同意。

“证券经纪人的加价等于向客户的要价减去市场的主导价格。”［Bank of Lexington & Trust Co. v. Vining-Sparks Securities Inc.，959 F. 2d 606，613（6th Cir. 1992）.］例如，若是买入的证券的市场价值为 10 万美元，经纪人向其客户收取 10.5 万美元，则加价为 5000 美元或 5%。本案中经纪人没有收取任何佣金，在这种情形下加价是经纪人就交易获得的唯一补偿。

“如果加价与市场主导价格之间没有合理关系，则加价是过度的。”（Id.）确定合理性的相关因素包括：

（1）所涉及的证券类型；（2）市场上是否可以获得此证券；（3）证券的价格；（4）交易所涉及的金额；（5）披露；（6）加价或减记的定式；以及（7）成员业务的性质。［3C Harold S. Bloomenthal，Securities and Federal Corporate Law，App. 12.13（Apr. 1，1992）.］具体加价是否合理，根据个案作具体分析，但 NASD 理事会确定，作为一般性指导方针，5% 的加价是合理的。（See id.）[2]

尽管证券经纪人按要求必须披露其对股权证券的加价［see 17 C.F.R. § 240.10b-10（a）（2）（ii）（A）&（B）］，但是在不顾后果的债券证券交易中，并不要求经纪人披露其加价的金额。（See id.）证交会曾经考虑公布要求此类披露的规定。

1 第十巡回上诉法院也认可了一类独特的适当性主张，此类主张因经纪人虚假购买股票而出现。［O'Connor v. R.F. Lafferty & Co.，965 F.2d 893，898（10th Cir.1992）.］此类主张的一个要件是，“经纪人控制了投资者的账户”。（Id.）银行并没有主张亚历克斯·布朗控制了 CMO 账户，所以银行不能提出这类适当性主张。

2 加价是否合理视具体情形而定，所以 NASD 的指引承认，加价不到 5% 有可能过高。［See 3C Harold S. Bloomenthal，Securities and Federal Corporate Law，App. 12. 13（Apr. 1，1992）.］

transaction. See id. The SEC once considered promulgating regulations requiring such a disclosure. See Release No. 34–15220, 15 SEC. Docket 1260, 1978 WL 19902 (SEC.) (Oct. 6, 1978), at 1. However, the SEC withdrew its proposed regulations "because [the SEC] has concluded that [the regulations] would not achieve the purposes of the proposal at an acceptable cost and that there are alternative ways of achieving the same goal with fewer adverse side effects." Release No. 34–18987, 25 SEC. Docket 1223, 1982 WL 35762 (SEC.) (Aug. 20, 1982), at 2.

The SEC has brought administrative actions for fraud under 17 C.F.R. § 240.10b–5 against securities brokers who have allegedly charged excessive markups to their debt securities customers without disclosing the markups. See e.g., Ettinger v. Merrill Lynch, Pierce, Fenner & Smith, Inc., 835 F.2d 1031, 1033 (3d Cir.1987) (citing cases). The SEC has explained that [i] nherent in the relationship between a dealer and his customer is the vital representation that the customer will be dealt with fairly, and in accordance with the standards of the profession. It is neither fair dealing nor in accordance with such standards to exploit trust and ignorance for profits far higher than might be realized from an informed customer. It is fraud to exact such profits through the purchase or sale of securities while the representation on which the relationship is based is knowingly false. This fraud is avoided only by charging a price which bears a reasonable relation to the prevailing price or disclosing such information as will permit the customer to make an informed judgment upon whether or not he will complete the transaction. Trost & Co., 12 SEC. 531, 535, 1942 WL 3340 (1942). Because the securities dealer creates this implied duty to disclose excessive markups by "hang [ing] out its professional shingle", this theory of liability is referred to as the "shingle theory" by the SEC. See Reply Br. of the Amicus Curiae SEC at 2.

In Ettinger, the Third Circuit recognized a private cause of action for a violation of this implied duty to disclose certain markups. See 835 F.2d at 1033, 1036 (failure to disclose excessive markup actionable under Rule 10b–5 despite dealer's compliance with Rule 10b–10). To date, it appears that only the Sixth Circuit has also recognized such a private cause of action. See Bank of Lexington, 959 F.2d at 614 (affirming denial of liability for alleged fraud, and concluding that "[a] lthough an undisclosed mark–up of 5 percent on municipal bonds might sometimes violate Rule 10b–5, the Bank fails to convince us that the district court clearly erred when it found that a 5 percent mark–up on the bonds sold to the Bank, without more, was not so excessive as to require disclosure"). As with all allegations of fraud under § 10 (b), a plaintiff alleging a "shingle theory" failure to disclose an excessive markup must present evidence to satisfy four elements: (1) a misrepresentation or omission of a material fact; (2) made with scienter; (3) upon which the plaintiff justifiably relied; and (4) which proximately caused the plaintiff's

[See Release No. 34–15220，15 SEC. Docket 1260，1978 WL 19902（SEC.）（Oct.6，1978），at 1.] 但是证交会撤回了其建议的规定，“因为证交会得出的结论是，（相关规定）并不能以可接受的成本实现建议的目的，可以通过其他方法，以更少的负面效果实现同一目的”。[Release No. 34–18987，25 SEC. Docket 1223，1982 WL 35762（SEC.）（Aug.20，1982），at 2.]

证交会已依据《美国联邦法规汇编》第 240.10b–5 条，就被称向债权证券客户收取过高加价但并未披露，对证券经纪人提起关于欺诈的行政诉讼。[See e.g., Ettinger v. Merrill Lynch，Pierce，Fenner & Smith，Inc.，835 F.2d 1031，1033（3d Cir.1987）（citing cases）.] 证交会的解释是，自营商与其客户的关系中固有的重要陈述是，公平对待客户，遵循专业标准。利用信任和无知，牟取比可以从了解信息的客户处获得的更高的利润，就不是公平交易，也不符合专业标准。通过购买或出售证券获取此类高额利润，但相关关系所基于的陈述是虚假的，而且是明知故意的，则构成欺诈。要避免欺诈，必须只收取与主导价格有合理关系的价格或披露此类信息，以便客户获得信息后，就是否完成交易做出判断。[Trost & Co.，12 SEC. 531，535，1942 WL 3340（1942）.] 证券交易商“挂出自己的专业招牌”，就产生了披露过高加价的默示责任，这一法律责任理论被证交会称作是“招牌理论”。（See Reply Br. of the Amicus Curiae SEC at 2.）

在埃廷格案判例中，针对违反该默示责任而没有披露某些加价的做法，第三巡回法院认可了私人诉讼权利。[See 835 F.2d at 1033，1036（尽管交易商遵守了《规则 10b–10》，但如果未披露过高加价，根据《规则 10b–5》，仍然可以就此提起诉讼）.] 迄今为止，似乎只有第六巡回法院认可了这类私人诉讼权利。[See Bank of Lexington，959 F.2d at 614（地区法院认定，银行出售的市政债券加价，没有其他因素，并不需要披露过高的价格。维持否定所称欺诈的法律责任的判决，结论是，“尽管未披露市政债券的加价有时可能违反《规则 10b–5》。地区法院认定，向银行出售债券加价 5%，如果没有其他问题，并不需要披露过度加价。银行并没有说服本院，地区法院的认定有明显错误”）.] 如同依据第 10（b）条指称任何欺诈一样，依照“招牌理论”指称未能披露过高的加价，原告必须提供证据满足 4 个要件：（1）就重大事实作出不当陈述或遗漏；（2）有主观故意；（3）原告的依赖合理；（4）是造成原告损失的近因。[See Cooke，998 F.2d at 1260–61（描述欺诈要件）.]

damages. See Cooke, 998 F.2d at 1260–61 (describing elements of fraud) .

In the instant case, the Bank alleged that Epley and Alex. Brown charged undisclosed and excessive markups on nineteen CMO transactions. [1] These included two markups of 5.25 percent, one markup of 4.99 percent, seven markups of between 3.1 percent and 3.77 percent, seven markups of between 2.4 percent and 2.84 percent, and two markups of 2.06 percent and 1.78 percent, respectively. In brokering over $100, 000, 000 in CMOs to the Bank, Epley and Alex. Brown received some $2, 000, 000 in markups.

Although all but two of the markups in the instant case were below the NASD's five percent guideline, the SEC contends that "there is no safe harbor of five percent for markups on any securities" , Reply Br. of Amicus Curiae SEC at 11, and the Bank alleges that all nineteen of the markups were excessive. To support its allegation of excess, the Bank proffered a well-compensated expert witness who testified that any markup of more than one percent was excessive. See J.A. at 1758 (James I. Midanek Dep. (Sept. 12, 1996) at 205) . [2]

By presenting expert testimony that Epley and Alex. Brown's markups between 1.77 percent and 5.25 percent were excessive, the Bank contends that it has met its burden of resisting a summary judgment motion. Because the Bank has presented a "prima facie" case of excessive markups, the Bank asserts that "the burden of proof shifts to the broker to show that the markups were reasonable." Appellants' Br. at 45. [3]

Because the markups in the instant case were undisclosed and allegedly excessive, the SEC, as amicus, contends that these omissions were necessarily material. See Br. of Amicus Curiae SEC at 17 ("Because a reasonable investor in making his investment decision would consider it important that he was being charged an excessive markup, the Commission has long held that such a markup is material as a matter of law") . Further, because this case involves an omission rather than a misstatement, the Bank contends that reliance can be presumed. See Appellants' Reply Br. at 21; see also Edens v. Goodyear Tire & Rubber Co., 858 F.2d 198, 207 (4th Cir.1988) ("where fraudulent conduct involves primarily a failure to disclose, positive proof of reliance is not a prerequisite to

---

1 It appears that some of these transactions may have taken place while Epley was with his previous employer, MMAR Group. Because we conclude that no fraudulent markups have been proven by the Bank, we need not distinguish between those transactions involving both defendants and those transactions involving only Epley.

2 Mr. Midanek, who holds a bachelor's degree in accounting, acknowledged that he received $450 per hour for his testimony on behalf of the Bank. See J.A. at 1593 (James I. Midanek Report at 4) .

3 The Bank cites First Honolulu Sec., Inc., 51 SEC. 695, 1993 WL 380030 (1993) , in which the SEC declared: The NASD, as proponent of the issue, had the burden of introducing prima facie evidence of the excessiveness of the markups. The NASD met this burden by presenting evidence that the transactions at issue existed, the size of the transactions, the nature of the securities, the prices paid by Applicants contemporaneously, and the prices charged to the customers. Once the NASD presented evidence of the markups, the burden shifted to Applicants to refute this evidence.Id., at 701 n. 23.

在本案中，银行指称，埃普利和亚历克斯·布朗就 19 项 CMO 交易收取了未披露的过高加价，[1] 其中，包括 2 项 5.25% 加价、1 项 4.99% 加价、7 项 3.1% 加价和 3.77% 加价、7 项 2.4% 加价和 2.84% 加价以及 2 项 2.06% 加价和 1.78% 加价。埃普利和亚历克斯·布朗作为经纪人向银行出售了 1 亿美元的 CMO，收取了大约 200 万美元的加价。

除两项加价外，这些加价都低于 NASD5% 的指引。尽管如此，证交会仍然提出，“任何证券都不存在 5% 的加价安全港”。（Reply Br. Of Amicus Curiae SEC at 11.）银行则指称，19 项加价都过高。为支持其加价过高的指称，银行请得到酬金甚丰的专家证人，由其作证表示，任何加价超过 1%，就属于加价过高。{ See J.A. at 1758[James I. Midanek Dep.（Sept. 12，1996） at 205] . } [2]

银行的专家证言之意为，埃普利和亚历克斯·布朗的加价在 1.77%~5.25% 便是过高；银行据此提出，银行就此完成了反对既决判决的举证责任。银行提供了加价过高的初步证据，所以“举证责任转移给经纪人，由其显示加价是合理的”。（Appellants'Br. At 45.）[3]

证交会作为法院之友提出，本案的加价没有披露，而且据称是过高加价，所以有关遗漏势必具有重大性。[See Br. of Amicus Curiae SEC at 17（遵循常理的投资者在其投资决策中会认为，向其收取过高的加价事关重大，所以长期以来，证交会一向认为，从法律上来说，加价是重大的）.] 此外，银行提出，因为本案涉及遗漏而非不当陈述，可以假定存在依赖。[See Appellants' Reply Br. at 21；see also Edens v. Goodyear Tire & Rubber Co.，858 F.2d 198，207（4th Cir.1988）（如果欺诈行为涉及未进行披露，则肯定性地证明依赖并不是获得赔偿的先决条件）（引号和引文省略）.] 最后，银行提出，“如果交易商明知市场的主导价格以及其向客户收取的价格，而且明知或是不顾后果地无视加价过高一事”，则满足了主观故意的要求。[Appellants'

1 这些交易发生时，埃普利可能仍然受雇于其先前的雇主 MMAR 集团。本院的结论是，银行没有证明欺诈性的加价，本院无须区分涉及两个被告的交易与仅涉及埃普利的交易。

2 米达耐克先生有会计学本科学位。他承认自己为银行作证每小时收费 450 美元。[See J.A. at 1593（James I. Midanek Report at 4）.]

3 银行引用了第一檀香山证券有限公司案判例 [First Honolulu Sec.，Inc.，51 SEC. 695，1993 WL 380039（1993）]。在该案中，证交会宣布：NASD 作为该问题的支持者，负有举证责任，必须提供价格过高的表面证据。NASD 提供了若干证据，从而完成了其举证责任；NASD 所提供的证据是：存在产生争议的相关交易、交易的规模、证券的性质、申请人同时支付的价格，以及向客户要求的价格。NASD 提供加价证据之后，举证责任就转移给申请人，由其反驳该证据。（Id.，at 701 n. 23.）

recovery" (quotations and citation omitted)). Finally, the Bank contends that the scienter requirement is satisfied "[w]hen a dealer knows the prevailing market price and the price it is charging the customer and knows or recklessly disregards the fact that this markup is excessive." Appellants' Reply Br. at 21 n. 33 (quoting Meyer Blinder, 50 SEC. 1215, 1230, 1992 WL 216702 (1992)).[1]

In summary, the Bank argues that securities dealers have an inferred duty to disclose certain markups, despite the SEC's specific decision not to require such disclosures through regulations. Dissatisfied customers who feel that an undisclosed markup is excessive, including a markup of well under the NASD five percent guideline, may bring a private cause of action for fraud based on a dealer's failure to meet this inferred duty to disclose. Once a plaintiff presents an expert witness's testimony that the markup charged is excessive, the burden shifts to the defendant to prove that he did not commit fraud. To the extent of defeating a summary judgment motion, every element of fraud-materiality, reliance, scienter, and proximate cause of damages-is inferred or can be presumed. In other words, once a markup exceeds the amount that a paid expert witness, after the fact, declares excessive, a defendant must proceed to trial to prove that he did not commit fraud.

We are acutely uncomfortable with this scheme. If the state of the law were actually as the Bank and the SEC contend, it is unthinkable that any dealer would ever fail to disclose any markup, no matter how minimal, and thereby risk a lawsuit that would inevitably lead to the expense and notoriety of a jury trial. Indeed, the SEC acknowledges that this is the only practical alternative that dealers would have. See Reply Br. of Amicus Curiae SEC at 11 ("a broker-dealer in doubt over whether a markup is proper may protect itself by making such a disclosure"). It is puzzling why, if Rule 10b-5 always imposed this requirement to disclose on dealers, the SEC considered amending Rule 10b-10 to impose a preexisting requirement. See Release No. 34-15220, 15 SEC. Docket 1260, 1978 WL 19902 (SEC.), at 1. It is even more puzzling why the SEC, having once abandoned an effort to administratively require such disclosures, should now seek to judicially impose the identical requirements on dealers. See Release No. 34-18987, 25 SEC. Docket 1223, 1982 WL 35762 (SEC.), at 2.

Assuming that a private cause of action is available to the Bank, we must reject the Bank's suggestion that the burden of proof in this case should shift to the defendant. As the facts of the instant case demonstrate, it is very easy to accuse someone of fraud, and it is clear that the mere accusation of fraud can be damaging to a defendant's reputation. A

1 The element of proximate cause and damages is also automatically satisfied in a "shingles theory" claim because the funds that went to the dealer for the allegedly excessive markup would have been retained by the customer had the customer known that the markup was excessive.

Reply Br. At 21 n.33（quoting Meyer Blinder，50 SEC. 1215，1230，1992 WL 216702）（1992）.］[1]

总而言之，银行争辩说，可以推断证券交易商负有披露某些加价的责任，尽管证交会具体决定，不通过规定来要求此类披露。如果客户觉得未披露的加价过高，即便加价远低于 NASD5% 的指引，客户不满可以就基于交易商未能履行其披露的推断责任的欺诈，以私人诉因起诉。原告提供了专家证人的证言，称加价过高，举证责任便转移给被告，由其证明自己没有进行欺诈。就挫败既决判决动议而言，欺诈的每一个组成要件——重大性、依赖、主观故意、损失的近因——是推断成立，也可以假定成立。换言之，只要加价高于有偿专家证人事后宣布的过高金额，则必须进行审判，由被告证明自己没有进行欺诈。

本院对此做法甚为不安。如果法律的状况确如银行和证交会所辩称的那样，简直不可思议，因为任何交易商只要未能披露任何加价，无论加价金额多么微不足道，都有可能面临诉讼，必然导致费用增加，并且因为招致陪审团审判而恶名在外。事实上，证交会也承认，对于交易商来说，实际上只能是这种结果。［See Reply Br. of Amicus Curiae SEC at 11（如果经纪人—交易商不肯定加价是否恰当，可以通过披露保护自己）.］令人困惑的是，如果《规则 10b-5》对交易商从来都有这种要求，证交会为什么要修正《规则 10b-10》，规定已经存在的义务。［See Release No. 34-15220，15 SEC. Docket 1260，1978 WL 19902（SEC.），at 1.］更加令人困惑的是，证交会既然已经不再试图通过行政方式要求此类披露，为什么现在又试图要求通过司法途径对交易商作出同样的规定。［See Release No. 34-18987，25 SEC. Docket 1223，1982 WL 35762（SEC.），at 2.］

银行示意，举证责任应当转移给被告。如果假定银行有私人诉讼的诉因，本院就将否定银行的这一立场。本案的事实显示，指控他人有欺诈非常容易，而指控欺诈本身便有损被告的声誉。原告指称欺诈，便有很高的举证责任，说明欺诈的具体

1 就“招牌理论”的主张而言，近因和赔偿要件也自然得以满足，因为交易商得到了被指称过高的加价部分的资金，而倘若客户当时知道加价过高，他们本来是会留住这部分资金的。

plaintiff alleging fraud has both a heavy burden of pleading fraud with particularity, see Fed.R.Civ.P. 9 (b) , [1] and in proving each element of the cause of action. See e.g., White v. National Steel Corp., 938 F.2d 474, 490 (4th Cir.1991) (In case of fraud, "plaintiffs carry an unquestionably heavy burden of proof. The existence of actual fraud is not deducible from facts and circumstances which would be equally consistent with honest intentions. In sum, a presumption always exists in favor of innocence and honesty in a given transaction and the burden is upon one who alleges fraud to prove it by clear and distinct evidence." (quotations, citations, and alteration omitted) (applying West Virginia law)) . In the instant case, the plaintiff has failed to meet this burden.

While reliance can often be inferred in a failure-to-disclose case, see Edens, 858 F.2d at 207, that inference has been rebutted in the instant case. See Carras v. Burns, 516 F.2d 251, 257 (4th Cir.1975) (inference of reliance is rebuttable) . An economist for the Bank, NNI unit director Mendez, explained why the defendants' markup was unimportant to the Bank:

Q [uestion by counsel] : Was Alex Brown the counter party in these transactions?

A [nswer by Mendez] : Yes, of course.

Q: Did you know what the difference was between their purchase price and their sales price?

A: No.

Q: And you never asked?

A: No.

Q: Because as is true of all these other investments made during this period of time, that's not consistent with business practice?

A: That's correct.

Q: Because you satisfy yourself with respect to the cost to you?

A: To the price that we were buying it for from Alex Brown. J.A. at 272–73 (Mendez Dep. (Feb. 29, 1996) at 56–57) . NNI unit subdirector Aguirre, also an economist, agreed with director Mendez's appraisal:

Q [uestion by counsel] : [J] ust to be clear, Banca Cremi was accustomed to dealing with some transactions in which the intermediary made a profit on the purchase and sale instead of charging a commission?

A [nswer by Aguirre] : I believe that this is something that would not be valid for only an institution like Cremi, but for any type of institution.

---

1 As was explained by our sister circuit in Parnes v. Gateway 2000, Inc., there are three reasons for Federal Rule of Civil Procedure 9 (b) 's heightened burden of pleading in fraud cases. First, it deters the use of complaints as a pretext for fishing expeditions of unknown wrongs designed to compel in terrorem settlements. Second, it protects against damage to professional reputations resulting from allegations of moral turpitude. Third, it ensures that a defendant is given sufficient notice of the allegations against him to permit the preparation of an effective defense.122 F.3d 539, 549 (8th Cir.1997) (quotations and citations omitted) . These same principles support our decision that a plaintiff alleging fraud should retain the burden of proof.

内容［see Fed. R.Civ. P. 9（b）］，[1] 同时证明诉因的每一个要件。［See e.g., White v. National Steel Corp., 938 F.2d 474, 490（4th Cir.1991）（欺诈案中，原告无疑有很高的举证责任。如果相关事实和情形同样符合诚实的意图，就不能根据这些事实和情形推断存在欺诈。简言之，凡有交易，总是假定无辜，假定诚实，举证责任在指称欺诈的一方，由其以明确、清楚的证据证明欺诈）（引号、引文和变动省略）（适用西弗吉尼亚州法律）.］在本案中，原告未能完成这一举证责任。

尽管在事关没有披露的案件中，经常可以推断依赖（see Edens, 858 F. 2d at 207），但在本案中，反驳了这一推断。［See Carras v. Burns, 516 F.2d 251, 257（4th Cir.1975）（可以反驳依赖推断）.］NNI 部门主任门德斯是银行的经济学家。他解释了为什么被告的加价对银行并不重要：

问（律师）：这些交易中，亚历克斯·布朗是否是交易对方？

答（门德斯）：是的，当然是。

问：你当时是否知道买入价与卖出价之差？

答：不知道。

问：你从来没有问过？

答：没有。

问：因为这期间其他所有投资也是如此，如果问，是不符合业务惯例的？

答：正确。

问：因为你对成本是满意的？

答：对我们从亚历克斯·布朗买入的价格是满意的。｛J.A. at 272–73［Mendez Dep.（Feb. 29, 1996）at 56–57］.｝

NNI 部门的副主任阿吉雷也是一位经济学家，他同意门德斯主任的评价。

问（律师）：让我们明确一点，克雷米银行惯常进行的某些交易中，中介不收取佣金，而是从买入或卖出中获得利润吗？

1 如同本院的姐妹巡回法院在帕内斯诉盖特威 2000 有限责任公司案（Parnes v. Gateway 2000, Inc.）判例中所解释的那样，《美国联邦民事诉讼规则》9（b）规则提高了欺诈案中诉答的要求，其原因为以下 3 点：第一，为了起到威慑作用，预防以起诉为借口，寻找未知的过错，以迫使对方和解。第二，保护专业声誉，避免指称道德败坏给专业声誉造成的损害。第三，确保被告对于指称有充分的知晓时间，以便其准备有效的辩护。［122 F.3d 539, 549（8th Cir.1997）（引文和出处省略）.］这些原则也同样是本院决定的依据；本院的决定是，原告指称欺诈，应当承担举证责任。

Q: That in some markets people act as principals for profits, rather than agents for commissions?

A: You see it daily. That's a daily activity in any exchange market.

Q: In that circumstance, is Banca Cremi's interest in seeing that the price it pays, if it's buying, or the price it sells for, if it's selling, is a price it believes is reasonable?

A: Well, I find that to be actually a very complex question. You rest, and you have to take into consideration the expertise within each area and each field where your operators are operating. I couldn't ask whether the price is good, whether it was bad, and I couldn't do any exchange operation. There are hundreds of them that are transacted daily.

Q: And the experience and expertise of the person you're dealing with is also germane to what they charge. Correct?

A: Again, let me tell you, this is something–it's a daily activity in the markets, whether the profit was large or whether it was small.

J.A. at 241–42 (Aguirre Dep. (Feb. 28, 1996) at 85–86).

The district court accurately summarized this testimony in noting that as a matter of general policy, the Bank did not inquire about, or express any concern about the amount of any markups. According to the deposition testimony of Aguirre and Mendez, so long as the Bank believed the total price of an investment transaction was acceptable, the amount of the broker's markup was not a consideration in its decision to invest. Banca Cremi, 955 F.Supp. at 518 (citing Aguirre Dep. at 84–86; Mendez Dep. at 56–57).

In this case, it is clear that the Bank did not rely on any shingle–created presumption that the defendants were charging an undefined "fair" rate of markup. Rather, the Bank was uninterested in the defendants' income, and instead based its trading decisions solely on the purchase prices of the CMOs. Given the state of the record and the utter lack of proof that a disclosed markup would have mattered, we conclude that the Bank's excessive markup claim must fail. [1]

---

1 We also note that the alleged presumption of scienter in the instant case is rather difficult to square with the uncontested fact that Epley and Alex. Brown stayed within the NASD five percent guideline on all of the markups with only two exceptions, and in each of these charged only 0.25 percent above the guideline range. Scienter exists "if the defendant knew the statement was misleading or knew of the existence of facts which, if disclosed, would have shown it to be misleading." Carras v. Burns, 516 F.2d 251, 256 (4th Cir.1975) (quotations and citations omitted). In light of the defendants' adherence to an industry–wide guideline, the plaintiff has rather a heavy burden to persuade that the defendants nevertheless knew that their markups were fraudulently excessive. Cf. Decision by National Business Conduct Committee of NASD, District Bus. Conduct Comm. v. MMAR Group, Inc., (Oct. 22, 1996) at 14, reprinted in Appellees' Add. at 33 ("Generally, in litigated cases, the [SEC] has not found mark–ups or mark–downs of less than 4% to be excessive, and has not found mark–ups or mark–downs of less than 7% to be fraudulent, regardless of the size of the transaction § We do not suggest that we therefore may never find mark–ups below 4% to be excessive or mark–ups below 7% to be fraudulent. Rather, we believe that these factors should be considered in light of respondents' arguments regarding lack of notice in the particular circumstances of this case.").

答（阿吉雷）：我想，不仅克雷米银行这样的机构这样做是合理的，任何其他机构这样做都是合理的。

问：在某些市场中，有人是作为主体获得利润的，不是作为代理收取佣金？

答：每天都是这样。任何交易市场每天都是这样。

问：这种情形下，如果克雷米银行是买方，确保买入价是其认为合理的价格，符合克雷米银的利益，如果克雷米银行是卖方，确保卖出价是其认为合理的价格，符合克雷米银的利益，是吗？

答：我认为，实际上这是一个很复杂的问题。得想一想，你得考虑帮你交易的人在其领域中的专业技能。我不能问价格是好是坏，我也办不了任何交易操作。每天有成千上万的交易。

问：你与之打交道的人的经验和技能与其收费有关。对吗？

答：还是让我告诉你，这是市场每天都在发生的活动，无论利润是大是小。{J.A. at 241–42［Aguirre Dep.（Feb. 28，1996）at 85–86］.}

地区法院准确地概述了这一证言并指出，作为银行的普遍政策，银行没有调查任何加价的金额，也没有对此表示任何关心。根据阿吉雷和门德斯的证言，只要银行认为投资交易的总价是可以接受的，经纪人的加价并不是其投资决策中所要考虑的。［Banca Cremi，955 F.Supp. at 518（citing Aguirre Dep. at 84–86；Mendez Dep. at 56–57）.］

本案中银行显然并没有依赖招牌产生的假定；该假定是，被告是按没有界定的“公平”比例收取加价的。相反，银行对被告的收入并不感兴趣，银行的交易决策完全是基于 CMO 的买入价。考虑到本案记录的内容，也考虑到完全没有证据表明，如果真的披露加价，会有任何区别，本院的结论是，银行有关加价过高的主张不能成立。[1]

---

1 本院也指出，本案中不争的事实是，除两个加价外，埃普利和亚历克斯·布朗对其他所有加价都遵循 NASD 的 5% 的指引，而且在两个例外中，加价只比 NASD 的指引高出 0.25%，所以本案中假定意图很难自圆其说。主观故意存在的前提是，“被告明知有关陈述是误导性的，只要披露所存在的相关事实，就可以显示该陈述的误导性”。［Carras v. Burns，516 F.2d 251，256（4th Cir.1975）（引号和出处省略）.］鉴于被告遵循了行业范围的指引，原告的说服责任相当高，必须让人相信，几位被告明知其加价过高，有欺诈性质。{Cf. Decision by National Business Conduct Committee of NASD, District Bus. Conduct Comm. v. MMAR Group, Inc.,（Oct. 22，1996）at 14，reprinted in Appellees' Add. at 33［在诉讼案件中，（证交会）一般认定，加价或减记不到 4% 就不算过高，而且只要加价或减记不超过 7%，无论交易规模大小如何，证交会从未认定存在欺诈。本院并不是说，只要加价不高于 4%，本院就肯定不会认定加价，高或是只要加价不到 7%，无论交易规模的大小，本院从来没有认定存在欺诈。相反，本院认为，应当结合被上诉人的理由考虑上述因素；被上诉人根据本案的具体情形，就缺乏知晓提出其理由］.}

V

Finally, the Bank argues that the Bank's state law statutory and tort claims for breach of fiduciary duty, fraud, negligence, and negligent misrepresentation necessarily raise factual questions for a jury to decide, and that the district court erred in granting summary judgment. We conclude that the Bank's state law claims fail as a matter of law, and accordingly affirm the district court's grant of summary judgment.

We review the district court's interpretation of state law de novo. See Salve Regina College v. Russell, 499 U.S. 225, 231, 111 S.Ct. 1217, 1221, 113 L.Ed.2d 190 (1991). This Court must follow the forum state's choice of law rules to determine which state's substantive law to apply. See Klaxon Co. v. Stentor Elec. Mfg. Co., 313 U.S. 487, 496, 61 S.Ct. 1020, 1021, 85 L.Ed. 1477 (1941). In this case, Maryland, the forum state, adheres to the lex loci delictus rule–the place of the wrong–for determining which state's tort law should be applied. See Chambco v. Urban Masonry Corp., 338 Md. 417, 659 A.2d 297, 299 (Md.App.1995). Because the alleged wrongdoing of the defendants occurred in Houston, Texas, we conclude that a Maryland court would apply the law of Texas to the Bank's tort claims. See Farwell v. Un, 902 F.2d 282, 286–87 (4th Cir.1990) (applying Maryland choice of law, and concluding that Delaware substantive law applied where allegedly negligent psychiatric care occurred in Delaware and suicide allegedly caused by negligent care occurred in Pennsylvania); Sacra v. Sacra, 48 Md.App. 163, 426 A.2d 7, 9 (Md.App.1981) (applying substantive law of Delaware in wrongful death case where automobile collision in Delaware propelled vehicle over state–line into Maryland where impact with utility pole caused death).

Under Texas law, for Epley and Alex. Brown to be liable in tort for a breach of fiduciary duty, they must first have owed a fiduciary duty to the Bank. See Duncan v. Lichtenberger, 671 S.W.2d 948, 953 (Tex.App.1984). "Fiduciary relationships arise when a party occupies a position of confidence toward another." Miller–Rogaska, Inc. v. Bank One, 931 S.W.2d 655, 663 (Tex.App.1996). "A fiduciary duty is an extraordinary one and will not lightly be created Although a fiduciary duty may be imposed on relations outside the traditional ones, the exact same requirements necessary to establish a traditional fiduciary relation must be met to establish an informal fiduciary relation." Gillum v. Republic Health Corp., 778 S.W.2d 558, 567 (Tex.App.1989). Because "the relationship between agent and principal is a fiduciary relationship", Magnum Corp. v. Lehman Bros. Kuhn Loeb, Inc., 794 F.2d 198, 200 (5th Cir.1986) (quotations, citation, and alteration omitted), a securities

V

最后，银行辩称，银行提出了关于违反受信义务、欺诈、过错和过错不当陈述的州法下的法定主张和侵权主张，也就当然提出了应由陪审团决定事实问题，地区法院作出既决判决是错误的。本院的结论是，银行提出的州法下的主张在法律上不能成立，所以本院维持地区法院的既决判决。

本院重新审议了地区法院对州法的解释。[See Salve Regina College v. Russell，499 U.S. 225，231，111 S.Ct. 1217，1221，113 L.Ed.2d 190（1991）.] 本院决定适用哪一个州的实体法，必须遵循所选的州的关于法律选择的规则。[See Klaxon Co. v. Stentor Elec. Mfg. Co.，313 U.S. 487，496，61 S.Ct. 1020，1021，85 L.Ed. 1477（1941）.] 就本案而言，所选的州是马里兰州，该州决定适用哪一个州的侵权法时，遵循“the lex loci delictus 规则”——过错行为实施地法规则。[See Chambco v. Urban Masonry Corp.，338 Md. 417，659 A.2d 297，299（Md.App.1995）.] 所指称被告的过错行为发生在得克萨斯州休斯敦市，所以本院认定，马里兰州法院会就银行的侵权主张适用得克萨斯州法。[See Farwell v. Un，902 F.2d 282，286–87（4th Cir.1990）（所称过错心理看护发生在特拉华州，据称由过错照看造成的自杀发生在宾夕法尼亚州，适用特拉华州实体法）；Sacra v. Sacra，48 Md.App. 163，426 A.2d 7，9（Md. App.1981）（在特拉华州发生汽车撞车，导致汽车越过州分界线进入马里兰州，对公用设施杆所产生的作用导致死亡，过错死亡案适用特拉华州实体法）.]

根据得克萨斯州的法律，埃普利和亚历克斯·布朗承担违反受信义务的前提是，他们必须首先对银行负有受信义务。[See Duncan v. Lichtenberger，671 S.W.2d 948，953（Tex.App.1984）.]“一方处于另一方信赖的位置，便产生了受信关系。”[Miller–Rogaska，Inc. v. Bank One，931 S.W.2d 655，663（Tex.App.1996）.]“受信义务非同寻常，不会轻易产生。尽管也可以就传统关系之外的其他关系规定受信义务，但必须满足确立传统受信关系所需要的完全相同的要求，才能确立非正式的受信关系。”[Gillum v. Republic Health Corp.，778 S.W.2d 558，567（Tex. App.1989）.] 因为“代理与主体之间的关系是受信关系”[Magnum Corp. v. Lehman Bros. Kuhn Loeb，Inc.，794 F.2d 198，200（5th Cir. 1986）（引文、出处和变动省略）]，如果“证券经纪人与其客户的关系是主体与代理的关系，证券经纪人可以是其客户的受信义务人”。[Id.（适用得克萨斯州法）.]

broker can be a fiduciary to a customer where "[t]he relationship between a securities broker and its customer is that of principal and agent." Id. (applying Texas law).

In the instant case, the Bank's employees have made it abundantly clear that the defendants did not act as agents for the Bank, but rather conducted their business at arm's length in a principal-to-principal relationship. See J.A. at 272-73 (Mendez Dep. at 56-57); id., at 241-42 (Aguirre Dep. at 85-86). There was accordingly no formal relationship giving rise to a fiduciary duty, and the record reveals no informal relationship which could allow the imposition of such a duty. See e.g., Farah v. Mafrige & Kormanik, P.C., 927 S.W.2d 663, 675 (Tex.App.1996) ("[T]he fact a business relationship has been cordial and of long duration is not by itself evidence of a confidential relationship. The fact one businessman trusts another and relies upon another to perform a contract does not rise to a confidential relationship. Subjective trust is not enough to transform arms-length dealing into a fiduciary relationship." (citations omitted)). Because Epley and Alex. Brown were not fiduciaries, they cannot be liable for the alleged breach of a fiduciary duty.

Nor has the Bank presented sufficient evidence to allow its allegation of negligence to go to the jury. The essential elements of the tort of negligence include the existence of a duty owed by the defendant to the plaintiff, a breach of that duty, and damages to the plaintiff that are proximately caused by the breach. See Greater Houston Transp. Co. v. Phillips, 801 S.W.2d 523, 525 (Tex.1990). In this case, the Bank alleges that the defendants "owed a duty to use reasonable care in selling securities to Plaintiffs and in advising Plaintiffs to purchase securities[,]" Compl. (Apr. 11, 1995) at 24, ¶87, reprinted in J.A. at 34, and breached that duty "[b]y recommending and selling to Plaintiffs securities which they knew or should have known were highly speculative and risky, and were unsuitable investments for Plaintiffs in light of their financial condition, risk profile and investment objectives." Id., at ¶88.

While a securities broker acting as an agent has a "duty to disclose to the customer information that is material and relevant to the order[,]" Magnum Corp., 794 F.2d at 200, Epley and Alex. Brown were not, as we have discussed above, acting as the Bank's agents. The Bank has directed us to no authority that would support a broad general duty of a principal selling a security to warn another principal that an investment may be imprudent or may not meet all of a buyer's investment goals, and we rather doubt that Texas would impose such a duty. In any event, it is apparent that, in light of the undisputed facts of this case, Epley and Alex. Brown met any duty they may have had by adequately informing the Bank of the risks and advantages of CMO investment.

Similar to the federal action for fraud under § 10(b), the Texas common law tort actions of fraud and negligent misrepresentation contain the element of reliance. See Trenholm v. Ratcliff, 646 S.W.2d 927, 930 (Tex.1983) (elements of fraud); Federal Land Bank Ass'n v. Sloane, 825 S.W.2d 439, 442 (Tex.1991) (elements of negligent

本案中银行雇员已经非常清楚地表明，被告并不是银行的代理，而是主体与主体关系中的正常交易行为。［See J.A. at 272–73（Mendez Dep. at 56–57）；id.，at 241–42（Aguirre Dep. at 85–86）.］因此，不存在产生受信义务的正式关系，本案记录并没有显示任何可以强加受信义务的非正式关系。［See e.g.，Farah v. Mafrige & Kormanik，P.C.，927 S.W.2d 663，675（Tex.App.1996）（长期友好的业务关系本身并不是信赖关系的证据。商人信任商人，商人靠商人履行合同，这种情况并不能产生信赖关系。主观信任不足以改变正常交易，不足以将其变为受信关系）（出处省略）.］因为埃普利和亚历克斯·布朗并不是受信义务人，他们也就不能就所称的违反受信义务承担法律责任。

银行提供的证据不够充分，所以其有关过错的指称也不能交由陪审团裁定。过错侵权的要件包括：被告对原告负有责任，违反了该责任，违反责任是造成损失的近因。［See Greater Houston Transp. Co. v. Phillips，801 S.W.2d 523，525（Tex.1990）.］本案中银行指称，被告向原告出售证券以及被告建议原告买入证券时，被告负有合理注意的责任［Compl.（Apr. 11，1995）at 24，¶87，reprinted in J.A. at 34］，“推荐并向原告出售证券，但明知或是应当知道这些证券的投机性很强，有很高的风险，而且鉴于原告的财务状况、风险组合和投资目标，这些投资对原告是不适当的”，就违反了被告所负的义务。（Id.，at ¶88.）

证券经纪人作为代理，有“义务向客户披露有关指令的重大信息”（Magnum Corp.，794 F.2d at 200），但如同本院在上文中所讨论的，埃普利和亚历克斯·布朗并不是银行的代理。银行并没有为本院指出任何权威依据，以支持有关主体之间出售证券时的宽泛的普遍义务；这种义务是警示另一位主体，投资有可能不够谨慎或是有可能无法达到买方的所有投资目标，本院相当怀疑，得克萨斯州的法律会强加这一义务。无论如何，鉴于本案并无争议的事实，埃普利和亚历克斯·布朗向银行提供了 CMO 投资的风险和有利方面的相关信息，显然尽到了他们可能负有的任何义务。

得克萨斯州法律关于欺诈和过错不当陈述的侵权诉讼类似于第 10（b）条下的联邦诉讼，也有依赖要件。［See Trenholm v. Ratcliff，646 S.W.2d 927，930（Tex.1983）（依赖各要件）；Federal Land Bank Ass’n v. Sloane，825 S.W.2d 439，442（Tex.1991）（不当陈述过错的各要件）.］如同本院在本意见第Ⅱ.A. 部分中所解释的那样，鉴

misrepresentation). As we have explained in part Ⅱ.A. of this opinion, the Bank cannot show justifiable reliance in light of the undisputed facts of this case. Accordingly, the district court correctly granted summary judgment against the Bank on these claims.

Finally, the Bank contends that Alex. Brown, which was incorporated under the laws of Maryland, should be liable for a violation of the Maryland Securities Act, Md.Code Ann., Corps. & Ass'ns § § 11-101 to 908. Specifically, the Bank alleges that the defendants violated § 11-302 (c) of the Act by failing to advise the Bank of the risks involved with investing in CMOs.

Section § 11-302 (c) provides:

(c) Misrepresentations.-In the solicitation of or in dealings with advisory clients, it is unlawful for any person knowingly to make any untrue statement of a material fact, or omit to state a material fact necessary in order to make the statements made, in light of the circumstances under which they are made, not misleading. Md.Code Ann., Corps. & Ass'ns § 11-302 (c).

The Act specifies that an "'[i]nvestment adviser' does not include [a] broker-dealer or its agent whose performance of [investment advisory services] is solely incidental to the conduct of business as a broker-dealer and who receives no special compensation for them." Md.Code Ann., Corps. & Ass'ns § 11-101 (h) (2) (iv). In this case, it is clear that, to the extent that Epley and Alex. Brown provided "investment advisory services", such services were "solely incidental to the conduct of business as a broker-dealer." Id. Because the Bank was not an "advisory client" of the defendants, § 11-302 (c) does not apply, and the Bank cannot pursue an action under this statute.

For the foregoing reasons, the district court's grant of summary judgment is affirmed.

AFFIRMED.

于本案不存在有争议的事实，银行没有显示合理依赖。因此，地区法院就这些主张作出银行败诉的既决判决是正确的。

最后，银行提出，亚历克斯·布朗是依据马里兰州法律所设立的公司，应当就其违反《马里兰州证券法》而承担法律责任（Md.Code Ann.，Corps. & Ass'ns § § 11-101 to 908）。银行具体指称，被告没有就投资CMO的风险向银行提供意见，违反了《马里兰州证券法》第11-302（c）条的规定。

该法第11-302（c）条规定：

（c）不当陈述。招揽投资顾问客户或与投资顾问客户业务往来的过程中，任何人就重大事实作出任何不实陈述或是遗漏重大事实，而鉴于作出各种陈述的情况，这些陈述若要避免误导，就不能缺乏所遗漏的重大事实，如果该人是明知的，就是违法行为。［Md.Code Ann.，Corps. & Ass'ns § 11-302（c）.］

该法规定，"'投资顾问'不包括（一个）经纪人—交易商或其代理，如果其（提供投资顾问服务）完全是作为经纪人—交易商的业务行为的附带，而且没有就此获得特殊报酬"。［Md.Code Ann.，Corps. & Ass'ns §11-101（h）（2）（iv）.］本案中很明显，就埃普利和亚历克斯·布朗提供的投资顾问服务而言，"此类服务完全是其经纪人—交易商行为的附带"。（Id.）因为银行不是被告的"投资顾问客户"，所以该法第11-302（c）条并不适用，银行不能根据该法提起诉讼。

鉴于以上原因，维持地区法院作出的既决判决。

维持原判。

Newton v. Merrill Lynch

牛顿诉美林公司

Newton v. Merrill Lynch

135 F. 3d 266 (3d Cir. 1998)

STAPLETON, Circuit Judge.

I

Plaintiff-Appellants are investors who purchased and sold securities on the NASDAQ market, the major electronic market for "over-the-counter" securities, during the two year period from November 4, 1992 to November 4, 1994 ("the class period"). The defendants are NASDAQ market makers. NASDAQ is a self-regulating market owned by the National Association of Securities Dealers ("NASD"), subject to oversight by the Securities and Exchange Commission ("SEC").

An "over-the-counter" market like NASDAQ differs in important respects from the more familiar auction markets, like the New York and American Stock Exchanges. The NYSE and AMEX markets are distinguished by a physical exchange floor where buy and sell orders actually "meet", with prices set by the interaction of those orders under the supervision of a market "specialist". In a dealer market like NASDAQ, the market exists electronically, in the form of a communications system which constantly receives and reports the prices at which geographically dispersed market makers are willing to buy and sell different securities. These market makers compete with one another to buy and sell the same securities using the electronic system; NASDAQ is, then, an electronic inter-dealer quotation system.

In a dealer market, market makers create liquidity by being continuously willing to buy and sell the security in which they are making a market. In this way, an individual who wishes to buy or sell a security does not have to wait until someone is found who wishes

牛顿诉美林公司

美国第三巡回上诉法院

斯特普尔顿巡回法官。

I

原告—上诉人是在纳斯达克市场买入卖出证券的投资者。1992 年 4 月到 1994 年 4 月的两年内（集团诉讼期），纳斯达克是“柜台交易”证券的主要电子市场。被告是纳斯达克的做市商。纳斯达克是一个自我监管市场，由全国证券交易商协会（NASD）拥有的一个自我监管组织，受证交会的监管。

类似纽交所和美交所这样的竞价市场人们更熟悉，而类似纳斯达克的“柜台交易”市场与竞价市场有重大不同之处。纽交所和美交所的特点是有形的交易大厅，买入和卖出指令在这里的确“相遇”，价格在这些指令相互作用下生成，受市场“专家”的监督。在类似纳斯达克这样的交易商市场，市场是以电子形式存在的，交易系统不断收到和报告做市商所愿意买入和卖出的不同证券的价格，而做市商分布在四面八方。做市商之间相互竞争，通过电子交易系统买入和卖出同样的证券；因此，纳斯达克是交易商之间的电子报价系统。

在交易商市场，做市商愿意不断买入和卖出其做市的证券，由此创造流通性。如此一来，个人如要买入或卖出证券，无须等到有人愿意作为想要进行的交易的对方。流通性完全由做市商努力维持，相关风险也完全由做市商承担，所以允许做市

to take the opposite side in the desired transaction. To account for the effort and risk required to maintain liquidity, market makers are allowed to set the prices at which they are prepared to buy and sell a particular security; the difference between the listed "ask" and "bid" prices is the "spread" that market makers capture as compensation.

The electronic quotation system ties together the numerous market makers for all over-the-counter securities available on NASDAQ. All NASDAQ market makers are required to input their bid and offer prices to the NASD computer, which collects the information and transmits, for each security, the highest bid price and lowest ask price currently available. These prices are called the "National Best Bid and Offer", or NBBO. The NASD computer, publicly available to all NASDAQ market makers, brokers and dealers, displays and continuously updates the NBBO for each offered security.

Plaintiffs allege that technological advances made it feasible during the class period for the defendant market makers to execute orders at prices quoted on private on-line services like SelectNet and Instinet and that those prices were frequently more favorable to their investor clients than the NBBO price. According to plaintiffs, the defendants regularly used these services and knew that prices better than NBBO were often available through them. Even though they knew that their investor clients expected them to secure the best reasonably available price, plaintiffs say, the defendants executed plaintiffs' orders at the NBBO price when they knew that price was inferior and when they, at the same time, were trading at the more favorable price for their own accounts. In this way, they were able to inflate their profit margins at the expense of their investor clients. This practice is alleged to violate section 10b of the Securities Act of 1934, 15 U.S.C. § 78j, and Rule 10b-5 promulgated thereunder, 17 C.F.R. § 240.10b-5.

The plaintiffs also charge defendants with two other violations of section 10b and Rule 10b-5. Market makers who simultaneously hold a market order for both sides of a transaction may obtain more favorable prices than the NBBO by "crossing" these in-house orders. Transactions handled in this way are executed within the spread, giving both the purchaser and seller a better price. Similarly, a customer order can be matched by a market maker with an in-house limit order on the other side of the transaction. Since a limit order specifies a particular price at which to execute a transaction, matching another customer order at that price may beat the currently displayed NBBO quote for that security. Plaintiffs allege that the failure of the defendants to execute orders of their clients in these ways when feasible constitutes a fraudulent practice because, by executing at the NBBO rather than matching customer

商决定他们愿意买入和卖出的证券的价格；所列“卖出价”和“买入价”之间的差距称为“价差”，是做市商捕捉到的报酬。

电子报价系统将纳斯达克所有柜台交易的证券的众多做市商连接在一起。纳斯达克做市商必须将其买入价和卖方出价输入 NASD 的计算机；计算机收集信息，并传送每一只股票同时存在的最高买入价和最低卖出价。这些价格被称为“全国最佳买入和卖出价”或“NBBO”。纳斯达计算机显示并不断更新要出售的每一只证券的 NBBO，纳斯达克的所有做市商、经纪人和交易商都可以公开得到 NBBO。

原告指称，由于技术的发展，本案集团期前，作为被告的做市商得按在诸如 SelectNet 和 Instinet 的私下在线服务上的报价执行指令；而与 NBBO 相比，这些价格往往对其投资者顾客更有利。按照原告的说法，被告定期使用这些服务，而且当时知道，借助这些服务，经常可以获得比 NBBO 更好的价格。按照原告的说法，尽管做市商知道，他们的投资者期待他们获得可以合理得到的最好价格，但被告仍然以 NBBO 的价格执行原告的指令，而当时他们明知 NBBO 的价格不好，同时他们又以更加优惠的价格为自己的账户交易。如此一来，做市商可以增加他们的利润率，但牺牲了其投资者的利益。这种做法被指称违反了《1934 年证券交易法》第 10b 条（15 U.S.C. § 78j）以及根据该条所公布的《规则 10–5》（17 C.F.R. § 240.10b–5）。

原告还指责被告另外两项违反《1934 年证券交易法》第 10b 条和《规则 10b–5》的做法。做市商同时有交易双方的指令，可以将做市商内获得的指令“交叉交易”，获得比 NBBO 更好的价格。这样处理的交易是在价差内执行的，买方和卖方都可以获得更好的价格。同样，做市商可以将客户的指令与交易另一方的市商内部限制性指令相匹配。既然限制性指令具体规定以某一价格执行交易，并以此价格匹配另一客户的指令，该价格就有可能优于同时展示的有关证券的 NBBO 报价。原告指称，被告能够以这种方式执行其客户的指令，却没有这样做，便构成欺诈性的做法，因为执行 NBBO，没有匹配客户的价格，被告全额获取了市场“价差”，将其作为自己服务的费用，无须承担交易中的任何实际风险。

orders, the defendants capture the full market "spread" as a fee for their services without incurring any actual risk in the transaction.

II

The defendants filed a motion to dismiss for failure to state a claim upon which relief could be granted. At the direction of the district court, this motion was converted into a motion for summary judgment, which was ultimately granted. See In re Merrill Lynch Securities Litigation, 911 F.Supp. 754 (D.N.J.1995). The district court rested its decision on two principal grounds. First, the court determined that the defendants made no misrepresentation. Though recognizing that the defendants, by accepting plaintiffs' orders, impliedly represented that they intended to execute those orders in conformity with the "duty of best execution", the court considered the scope of this duty sufficiently ill-defined that execution at the NBBO could not, as a matter of law, be found inconsistent with the duty. The court concluded that in the face of uncertainty about the scope of defendants' duty of best execution, holding them liable would be "highly imprudent". 911 F.Supp. at 771. Second, the court held that, even if defendants made a material misrepresentation, they could not, as a matter of law, have acted with the requisite scienter.

To state a claim for securities fraud under § 10 of the Securities Act of 1934 and Rule 10b-5, plaintiffs must demonstrate: (1) a misrepresentation or omission of a material fact in connection with the purchase or sale of a security; (2) scienter on the part of the defendant; (3) reliance on the misrepresentation; and (4) damage resulting from the misrepresentation. See Sowell v. Butcher & Singer, Inc., 926 F.2d 289, 296 (3d Cir.1991). Because plaintiffs have demonstrated that a genuine issue of material fact exists as to the elements of their securities fraud claim, we will reverse the district court.

III

The parties agree that a broker-dealer owes to the client a duty of best execution. They further agree that a broker-dealer, by accepting an order without price instructions, impliedly represents that the order will be executed in a manner consistent with the duty of best execution and that a broker-dealer who accepts such an order while intending to breach

Ⅱ

被告提出动议，要求驳回起诉，理由是起诉书未能提出给予救济的主张。在地区法院的指示下，这一动议被改为既决判决动议，法院最终支持该动议。［See In re Merrill Lynch Securities Litigation，911 F. Supp. 754（D.N.J.1995）.］地区法院的决定基于两个主要理由。第一，法院认定，被告并没有作不当陈述。尽管地区法院承认，被告接受了原告的指令，这就是默示表示，他们会按照“最佳执行的责任”来执行这些指令，但地区法院认为这一责任的范围界定不明，从法律上来说，不能认定 NBBO 的执行违背其责任。地区法院的结论是，鉴于被告最佳执行的责任不明，认定被告有法律责任是“非常不审慎的”。（911 F. Supp. at 711.）第二，地区法院认定，即便被告作了重大不当陈述，从法律上来说，他们的行为缺乏所要求的故意。

原告依据《1934 年证券交易法》第 10 条和《规则 10b-5》，提出证券欺诈的主张，必须显示：（1）与证券购买或出售有关的重大事实的不当陈述或遗漏；（2）被告有意图；（3）依赖了该不当陈述；（4）该不当陈述造成了损害。［See Sowell v. Butcher & Singer, Inc., 926 F. 2d 289, 296(3d Cir. 1991).］鉴于原告已经表明，证券欺诈主张的要件方面确有重大事实方面的问题，所以本院撤销地区法院的决定。

Ⅲ

当事人同意，经纪人—交易商对客户负有最佳执行的责任。当事方还同意，经纪人—交易商接受没有价格指示的指令，就是默示表示，执行指令的方式符合最佳执行责任，如果经纪人—交易商接受此类指令时就打算违背其责任，即对购买或出售作出了重大不当陈述。但是当事方意见不同的是，根据有关记录，事实认定者是

that duty makes a misrepresentation that is material to the purchase or sale. The parties differ, however, on whether a trier of fact could conclude from this record that the implied representation [270] made by the defendants included a representation that they would not execute at the NBBO price when prices more favorable to the client were available from sources like SelectNet and Instinet.

As we explain hereafter, this difference can be resolved only by determining whether, during the class period or some portion thereof, it was feasible for the defendants to execute trades through SelectNet and Instinet when prices more favorable than the NBBO were being quoted there. This is a matter concerning which the record reflects a material dispute of fact. If such prices were reasonably available and the defendants, at the time of accepting plaintiffs' orders, intended to execute them solely by reference to the NBBO, they made a material misrepresentation in connection with the purchase or sale of the securities involved. If a finder of fact could infer, in addition, that the defendants' implied representation was knowingly false or made with reckless indifference, it would follow that summary judgment for the defendants was inappropriate.

The duty of best execution, which predates the federal securities laws, has its roots in the common law agency obligations of undivided loyalty and reasonable care that an agent owes to his principal.[1] Since it is understood by all that the client-principal seeks his own economic gain and the purpose of the agency is to help the client-principal achieve that objective, the broker-dealer, absent instructions to the contrary, is expected to use reasonable efforts to maximize the economic benefit to the client in each transaction.

The duty of best execution thus requires that a broker-dealer seek to obtain for its customer orders the most favorable terms reasonably available under the circumstances. See e.g., Sinclair v. SEC, 444 F.2d 399, 400 (2d Cir.1971) (fiduciary duty requires broker-dealer "to obtain the best available price" for customers' orders); Arleen W. Hughes, 27 SEC. 629, 636 (1948) ("A corollary of the fiduciary's duty of loyalty to his principal is his duty to obtain ... the best price discoverable in the exercise of reasonable diligence."), aff'd sub nom. Hughes v. SEC, 174 F.2d 969 (D.C.Cir.1949). Accord Order Execution Obligations, Exchange Act Release No. 37, 619A, 61 Fed.

1 See e.g., Hall v. Paine, 224 Mass. 62, 112 N.E. 153, 158 (1916) ("broker's obligation to his principal requires him to secure the highest price obtainable"); Restatement of Agency (Second) § 424 (1958) (agent must "use reasonable care to obtain terms which best satisfy the manifested purposes of the principal"). See also Opper v. Hancock Securities Corp., 250 F.Supp. 668, 676 (S.D.N.Y.) ("[T]he duties of a securities broker are, if anything, more stringent than those imposed by general agency law."), aff'd, 367 F.2d 157 (2d Cir.1966). Moreover, as the district court correctly recognized, the best execution duty "does not dissolve when the broker/dealer acts in its capacity as a principal." 911 F.Supp. at 760. Accord E.F. Hutton & Co., Exchange Act Rel. No. 25887, 49 SEC. 829, 832 (1988) ("A broker-dealer's determination to execute an order as principal or agent cannot be 'a means by which the broker may elect whether or not the law will impose fiduciary standards upon him in the actual circumstances of any given relationship or transaction.'") (citation omitted).

否可以得出以下结论，被告所作的默示陈述包括：如果 SelectNet 和 Instinet 这样的资源更加有利于客户的价格，则经纪人—交易商不会以 NBBO 价格执行。

如同本院在下文中所解释的，要解决这一不同点，只有确定在集团期间或其间一段时间内，SelectNet 和 Instinet 的报价对 NBBO 更有利时，被告通过 SelectNet 和 Instinet 执行交易是否可行。此事的相关记录反映了一个关于事实的重大争议。如果此类价格合理存在，而被告接受原告指令时，打算仅参考 NBBO 执行指令，被告就证券的购买或出售就作出了重大不当陈述。此外，如果认定事实者可以推断，被告的虚假默示陈述是明知，或被告对其不顾后果是无动于衷的，那么支持被告既决判决的动议是不恰当的。

最佳执行责任的产生早于证券法，源自普通法的代理业务：代理对其主体负有完全忠诚和合理注意的义务。[1] 既然大家的理解都是，客户 / 主体寻求自身获得经济利益，代理的目的就是为其客户 / 主体实现该目标，除非有相反的指示，经纪人—交易商就应当做出合理努力，在每一个交易中为客户谋取最大的经济益处。

因此，最佳执行责任需要经纪人—交易商为其客户指令获得在当时情形下可以合理获得的最有利条件。［See e.g.，Sinclair v. SEC，444 F.2d 399，400（2d Cir. 1971）（受信义务要求，经纪人—交易商为客户指令获取可以得到的最佳价格）；Arleen W. Hughes，27 SEC. 629，636（1948）（受信人对其主体的忠诚责任的一个必然结果是，受信人有义务获得……合理勤勉尽职调查中可以发现的最佳价格）；aff'd sub nom. Hughes v. SEC，174 F.2d 969（D.C.Cir.1949）. Accord Order Execution Obligations，Exchange Act Release No. 37，619A，61 Fed. Reg. 48290，48322（Sept. 12，1996）（最后规则）.］也就是说，最佳执行要求被告以可以合理得到的最佳价

---

1 See e.g.，Hall v. Paine，224 Mass. 62，112 N.E. 153，158（1916）（经纪人对其主体的义务要求其获得可得到的最高价格）；Restatement of Agency（Second）§ 424（1958）（代理必须“使用合理注意，获得最佳条件，满足主体所表示的目的”）；See also Opper v. Hancock Securities Corp.，250 F.Supp. 668，676（S.D.N.Y.）（证券经纪人的责任如果有任何特别之处，那就是这些责任比一般代理法所要求的责任更加严格），aff'd，367 F.2d 157（2d Cir.1966）. 此外，诚如地区法院所正确承认的那样，最佳执行责任“并不因经纪人—交易商作为主体行事而消失”。［911 F.Supp. at 760. Accord E.F. Hutton & Co.，Exchange Act Rel. No. 25887，49 SEC. 829，832（1988）（经纪人—交易商决定是作为主体执行指令，还是作为代理执行指令，不能成为经纪人的“一种手段，借以选择在特定关系或交易的实际情形下，法律是否对经纪人有受信义务标准的要求。”）（引文省略）.］

Reg. 48290, 48322 (Sept. 12, 1996) ("Final Rules"). That is, the duty of best execution requires the defendants to execute the plaintiffs' trades at the best reasonably available price. [1] While ascertaining what prices are reasonably available in any particular situation may require a factual inquiry into all of the surrounding circumstances, the existence of a broker–dealer's duty to execute at the best of those prices that are reasonably available is well–established and is not so vague as to be without ascertainable content in the context of a particular trade or trades.

As the SEC has recognized on a number of occasions, the scope of the duty of best execution has evolved over time with changes in technology and transformation of the structure of financial markets. [2] For example, before the creation of NASDAQ, a broker in an over–the–counter market satisfied her duty of best execution by contacting at least three market makers prior to executing a client's order. See Order Execution Obligations, Exchange Act Release No. 36,310, 60 Fed.Reg. 52792, 52793(Oct. 10, 1995)("Proposed Rules"). With the advent of NASDAQ and the NBBO computer system providing instant access to the best bid and offer available nationwide, the standard for satisfying the duty of best execution necessarily heightened. After the class period, the SEC issued rules that altered the definition of the NBBO to include consideration of many of the alternative sources of liquidity that plaintiffs claim should have been consulted during the class period, such as SelectNet and Instinet. See Final Rules, 61 Fed.Reg. at 48306–16. Prospectively, at least, this heightened the standard still further.

Because the scope of the duty of best execution is constantly evolving and because the "reasonably available" component of the duty is fact dependent, broker–dealers have long been required to conform customer order practices with changes in technology and markets. For example, the NASD's Rules of Fair Practice, adopted in 1968, required brokers in the over–the–counter market to "use reasonable diligence to ascertain the best inter–dealer market for the subject security and buy or sell in such market so that the resultant price to the customer is as favorable as possible under the prevailing market

1 Other terms in addition to price are also relevant to best execution. In determining how to execute a client's order, a broker–dealer must take into account order size, trading characteristics of the security, speed of execution, clearing costs, and the cost and difficulty of executing an order in a particular market. See e.g., Payment for Order Flow, Exchange Act Release No. 33, 026, 58 Fed.Reg. 52934, 52937–38 (Oct. 13, 1993). When the plaintiffs state that better "prices" were reasonably available from sources other than the NBBO, we understand that to mean that, given an evaluation of price as well as all of the other relevant terms, the trade would be better executed through a source of liquidity other than the NBBO (e.g. SelectNet, Instinet, in–house limit orders or market orders held by the defendants, or limit orders placed by the public in the Small Order Execution System). Similarly, for convenience, we use the phrases "best reasonably available price" and "best terms" interchangeably.

2 See e.g., Final Rules, 61 Fed.Reg. at 48322–23 ("The scope of this duty of best execution must evolve as changes occur in the market that give rise to improved executions for customer orders, including opportunities to trade at more advantageous prices. As these changes occur, broker–dealers' procedures for seeking to obtain best execution for customer orders also must be modified to consider price opportunities that become 'reasonably available'.").

格执行原告的交易。[1] 如何确定在具体情形下可以得到的最佳价格，可能需要对所有相关情形做事实方面的调查，但经纪人—交易商应当以可以合理得到的最佳价格执行，这一责任确认已久，并非模糊不清，在具体的一个或若干交易中并非没有可以确定的内容。

如同证交会在若干场合所承认的，随着技术变化和金融市场结构的变革，最佳执行责任的范围也随着时间的推移而发生变化。[2] 例如，纳斯达克创建之前，经纪人—交易商在柜台市场合格履行其最佳执行责任，必须至少与3位做市商联系之后，才能执行客户的指令。［See Order Execution Obligations，Exchange Act Release No. 36，310，60 Fed.Reg. 52792，52793（Oct. 10，1995）（所提规则）.］之后，出现了纳斯达克和NBBO，有计算机系统提供服务，可以得到全国所有的最佳买入和最佳卖出的价格；合格履行最佳执行的标准势必会相应提高。本案的集团阶段之后，证交会发布规则，改变了NBBO的定义，要考虑的内容包括流动性的替代来源，而按照原告的主张，其中的许多替代来源，诸如SelectNet和Instinet，在集团期内应当加以考虑。（See Final Rules，61 Fed.Reg. at 48306–16.）至少是在此之后，相关做法进一步提高了标准。

因为最佳执行的责任范围不断变化，最佳执行的责任中的“可合理得到”的要件取决于事实，所以长期以来，一直要求经纪人—交易商有关其客户的指令的做法必须符合技术和市场的变化。例如，1968年制定的《NASD公平做法规则》就要求，经纪人在柜台市场中“合理勤勉尽职，确定相关证券的最佳交易商市场，在此类市场买入或卖出证券，客户因此而得到的是当时主导市场情形下的最好价格”。［NASD Manual（CCH），art. Ⅲ § 1，¶2151.03（1995）（解释A）.］用以满足“合理勤勉尽职”要求的因素既有“查询过多少一级市场”，也涉及“一级市场和报价来源

---

1 除价格外，其他条件与最佳执行也有关。经纪人—交易商决定如何执行客户指令时，必须考虑指令的规模、证券的交易特点、执行速度、结算成本以及在特定市场执行指令的成本和困难。［See e.g.，Payment for Order Flow，Exchange Act Release No. 33，026，58 Fed.Reg. 52934，52937–38（Oct. 13，1993）.］本院的理解是，原告表示，可以从NBBO之外的来源合理获得更好的“价格”，就是指考虑到价格的评估以及其他相关条件，通过NBBO之外的流通性来源（如SelectNet、Instinet、被告所掌握的做市商内部的有限指令或市场指令或公众在“小额指令执行系统发出的有限指令”）使更好地执行交易。同样，为方便起见，本院使用“可以合理获得的最佳价格”和“最佳条件”时，两词可以互换。

2 See e.g.，Final Rules，61 Fed.Reg. at 48322–23（市场发生变化，改进了客户指令的执行，包括以更有利的价格进行交易，最佳执行责任的范畴也必须作出相应变化。随着这些变化，必须调整经纪人—交易商寻求最佳执行的程序，必须考虑“合理存在的价格机遇”）.

conditions." NASD Manual (CCH), art. Ⅲ § 1, ¶2151.03 (1995) (Interpretation A). Included in the factors used to satisfy the requirement of "reasonable diligence" are both "the number of primary markets checked", and the "location and accessibility to the customer's broker-dealer of primary markets and quotations sources." Id.

Almost a year before the end of the class period, the SEC staff issued a report entitled "Market 2000: An Examination of Current Equity Market Developments." This report notes that the SEC has consistently taken the position that the evolving nature of the markets requires a broker-dealer to "periodically assess the quality of competing markets to ensure that its order flow is directed to markets providing the most advantageous terms for the customer's order." Market 2000 Report, 1994 SEC LEXIS 136, 11-12. As the term "periodically assess" suggests and as the SEC confirms in its amicus briefing before us, this segment of the report was not speaking to the issue of whether, during the class period, the duty of best execution included a requirement that broker-dealers engage in an order-by-order analysis of competing markets. It does, however, expressly recognize a duty on the part of broker-dealers to periodically examine their practices in light of market and technology changes and to modify those practices if necessary to enable their clients to obtain the best reasonably available prices.

The plaintiffs' orders did not specify the price at which they should be executed. It is a reasonable inference that plaintiffs, in placing their orders, sought their own economic advantage and that they would not have placed them without an understanding that the defendants would execute them in a manner that would maximize plaintiffs' economic benefit from the trade. Given the objective of the agency and the regulatory background we have reviewed, we conclude that a trier of fact could infer that the defendants' acceptance of the orders was reasonably understood as a representation that they would not be executed at the NBBO price when better prices were reasonably available elsewhere. Accordingly, we must examine the record evidence relevant to whether prices quoted on private on-line services like SelectNet and Instinet were reasonably available during the class period and whether those prices were more favorable than the NBBO when plaintiffs' orders were executed.

The evidence pointed to by plaintiffs indicates that (1) SelectNet and Instinet were in existence throughout the class period; (2) the quotations reported by these services reflected buyers and sellers ready to trade at the quoted prices; (3) the defendants themselves actively traded on SelectNet and Instinet during the class period; and (4) other respected members of the brokerage community, since before the class period, have regarded these services as providing reasonably available prices and have executed orders through them when the prices reported were more favorable to the client than the NBBO price. In addition, the plaintiffs have tendered expert testimony confirming the reasonable availability of execution sources other than the NBBO during

的地点以及客户的经纪人—交易商能否接触这些地点”。（Id.）

集团阶段结束前的近1年内，证交会工作人员发布了一份报告，题为《2000年市场：对目前股权市场发展的检讨》。这份报告指出，证交会的立场一向是，鉴于市场的不断变化，要求经纪人—交易商“定期评估相互竞争的市场，以确保其指令所流向的市场为客户的指令提供了最有利的条件”。（Market 2000 Report，1994 SEC LEXIS 136，11-12.）如同“定期评估”一词所示，证交会在其给本院的法院之友的律师意见中也证实，报告的这部分内容并没有涉及的问题是，集团期间，最佳执行的责任是否包括以下要求：集团期间，经纪人—交易商必须就每一个指令，逐一分析相互竞争的各个市场。但报告明确认可，经纪人—交易商有责任根据市场和技术的变化，定期审查其做法，如有必要必须作出调整，以便其客户能够获得可以合理得到的最佳价格。

原告指令并没有具体说明，应当以什么价格执行指令。可以合理推断，原告下指令是为了谋取经济利益，原告下指令时不可能没有以下理解：被告执行指令的方式是让原告从交易中获得的经济利益最大化。鉴于本院所审查的代理关系和规制背景，本院的结论是，事实审判者可以推断，被告接受指令，可以合理地将其理解为，如果从NBBO之外的其他场所可以合理得到更好的价格，则不会以NBBO价格执行。因此，本院必须审查记录在案的证据，以确定集团期间是否可以合理得到诸如SelectNet和Instinet这样的私下在线服务上报出的价格，并确定执行原告指令时这些价格是否比NBBO的价格更好。

原告指出的证据显示：（1）集团期间始终存在SelectNet和Instinet；（2）这些服务的报价可以反映，买方和卖方愿意以所报价格进行交易；（3）集团期间，被告自己在SelectNet和Instinet上的交易活跃；（4）从集团期之前开始，经纪人界内受尊重的其他成员就一直认为，SelectNet和Instinet提供了可以合理得到的价格，而且当SelectNet和Instinet的价格对客户比NBBO的价格更加优惠时，通过SelectNet和Instinet执行了指令。此外，原告提供了专家证言，证实在集团期间，除NBBO外，还可能合理存在其他执行来源。

the class period.

With respect to whether SelectNet and Instinet prices were more favorable at the time their orders were executed, plaintiffs point to an SEC study of prices during the three month period from April through June 1994. The SEC found that "approximately 85% of the bids and offers displayed by market makers in Instinet and 90% of the bids and offers displayed on SelectNet were at better prices than those posted publicly on NASDAQ." Final Rules, 61 Fed.Reg. at 48308. Plaintiffs have also tendered evidence of a few trades executed for them by defendants at the NBBO where evidence of contemporaneous offers on Instinet and SelectNet indicate that lower prices were available. Plaintiffs have filed a Rule 56 (f) affidavit indicating that they need discovery in order to provide similar evidence with respect to the remainder of their trades. [1] To be sure, the defendants, with record support, insist that consulting other sources besides the NBBO would have added substantial expense and delay to the execution of plaintiffs' orders, more than offsetting any improvements that might have been available in terms of price. [2] This, however, does nothing more than create a material dispute of fact which we are not permitted to resolve in favor of the defendants at this juncture.

We believe the evidence is sufficient to allow a reasonable trier of fact to conclude that, by the time of the class period, both technology and over-the-counter markets had developed to a point where it was feasible to maximize the economic benefit to the client by taking advantage of better prices than the NBBO. Summary judgment for defendants on this element of plaintiffs' claim was therefore not appropriate.

---

1 Defendants suggest that the lack of evidence of injury in all plaintiffs' transactions supports an affirmance on the basis of lack of standing. We believe the evidence we have reviewed in text supports plaintiffs' claim to standing. Plaintiffs submitted evidence that would warrant a finding that several trades were made on their behalf when better prices were contemporaneously available from other sources. The SEC study of 1994 prices suggests that, more likely than not, there were other trades in this category. In any event, the plaintiffs have filed a Rule 56 (f) affidavit that would preclude a summary judgment for defendants on this issue at this time.

2 In particular, the defendants rely upon the existence during the class period of the Small Order Execution System ("SOES") . SOES is an electronic routing system that was created in 1984 to allow orders from small investors to be automatically executed at the NBBO. Defendants claim that since the NBBO was the exclusive source for trades executed through SOES, the duty of best execution was presumptively met for these trades. The evidence to which the defendants point supports their position that execution at the NBBO was a common practice in handling orders from small investors. It does not alone, however, require a finding that trades at better prices through SelectNet or Instinet were not reasonably available even for small orders or that a broker–dealer's duty of best execution was automatically discharged by executing through SOES. While size is undoubtedly a relevant factor in determining the scope of the duty of best execution, for summary judgment purposes we find the state of the record with respect to small orders no different than the record with respect to other orders. The affidavit of Richard Y. Roberts, who served as the chairman of the SEC throughout the class period, notes that, to his knowledge, the SEC did not take the position that execution through SOES automatically satisfied the duty of best execution, and indicates that, in his opinion, such a position would be contrary to several SEC releases. At any rate, not all of plaintiffs' orders were executed through SOES.

就原告执行指令时 SelectNet 和 Instinet 的价格是否更加优惠这一问题而言，原告提及证交会的一份研究，内容是 1994 年 4~6 月这 3 个月期间价格。证交会认为，"Instinet 做市商所展现的买入价格和卖出价格中，大约 85% 的价格优于纳斯达克的公开报价，SelectNet 做市商所展现的买入价格和卖出价格中，大约 90% 的价格优于纳斯达克的公开报价。"（Final Rules，61 Fed.Reg. at 48308.）原告还提供了被告在 NBBO 为原告执行的一些交易的证据，以证明同一时间内 SelectNet 和 Instinet 的出价存在更低的价格。原告还提交了《规则 56（f）》下的宣誓陈述书，表明他们需要发现才能提供有关他们其他交易的证据。[1] 的确，被告以本案记录作为依据，坚持认为，询问 NBBO 之外的其他来源会增加大量开支，延缓原告指令的执行，即便价格有任何优惠，也是得不偿失的。[2] 但这只不过是产生了关于事实的重大争议，本院在此阶段不能因此而作出有利于被告的争议解决。

本院认为，有充分的证据，遵循常理的事实认定者可以据此得出以下结论：到集团期的时候，鉴于技术和柜台交易市场已经实现的发展程度，有可能利用比 NBBO 更好的价格，为客户实现最大的经济利益。因此，就原告主张的该要素而言，作出既决判决是不恰当的。

---

1 被告示意，缺乏所有原告的交易中受损失的证据，进一步支持了基于没有诉讼资格的立场。本院认为，本院所审查的文本中的证据支持原告关于诉讼资格的主张。根据原告所提交的证据，可以作出的认定是，当时为原告进行若干交易时，可以从其他若干来源得到更好价格。证交会 1994 年的研究显示，该类别较有可能有其他交易。无论如何，原告已经提交了《规则 56（f）》宣誓陈述书，可以排除此时就该问题发出支持被告的既决判决。

2 尤其是，集团期间被告依赖小额执行指令系统（SOES）。SOES 是电子通道系统，1984 年设立，小投资者的指令可以通过该系统自动以 NBBO 执行。被告称，既然 NBBO 是通过 SOES 执行交易的唯一来源，可以假定就这些交易履行了最佳执行责任。被告所指出的证据，是要求表明他们的立场，即以 NBBO 执行是处理小投资者的指令的共同做法。仅凭这点并不要求必须认定，即便小额指令不能通过 SelectNet 或 Instinet 以可以合理获得的更好价格进行交易，也并不要求必须认定，通过 SOES 执行就当然完成了经纪人—自营商的最佳执行责任。要确定最佳执行的责任范围，规模无疑是相关因素，但本院认定，就既决判决而言，关于小额指令的本案记录与关于其他指令的本案记录并无不同之处。整个集团期间，理查德 · Y. 罗伯兹都是证交会主席。罗伯兹主席的宣誓陈述书指出，据他所知，证交会并不认为，通过 SOES 执行就当然完成了最佳执行责任；罗伯兹认为，如果证交会这样认为，那就会有悖于证券会发布的若干新闻稿。无论如何，并非所有原告的指令都是通过 SOES 执行的。

IV

As we have noted, recovery on a federal securities fraud claim requires a showing [273] of scienter: a deliberate or reckless misrepresentation of a material fact. See Ernst & Ernst v. Hochfelder, 425 U.S. 185, 193, 96 S.Ct. 1375, 1380–81, 47 L.Ed.2d 668 (1976); Eisenberg v. Gagnon, 766 F.2d 770, 776 (3d Cir.1985). The alleged misrepresentation here is an implied representation made by the defendants when they agreed to execute the plaintiffs' orders that they intended to maximize the plaintiffs' economic gain in the transaction. Since the defendants knew of the plaintiffs' profit motivation, they must have understood, according to the plaintiffs, that plaintiffs would expect them to obtain a price more advantageous to the plaintiffs than the NBBO when one was readily available. If the defendants intended not to act in a manner consistent with this expectation when they accepted the orders and yet did not so advise plaintiffs, plaintiffs insist that the defendants can be found to have made an implied representation that they knew to be false.

We believe that a reasonable trier of fact could find this chain of inferences persuasive based on a straight forward economic analysis of the plaintiffs' relationship with the defendants. In addition, however, plaintiffs rely upon evidence showing that respected members of the brokerage community recognized, even prior to the class period, that trades were readily available from sources other than the NBBO and that their clients expected them to take advantage of those sources whenever it would benefit the client. See e.g., Declaration of Paul M. Lacy [A 718]; Declaration of Junius W. Peake [A 755]; Declaration of Richard Y. Roberts [A 775]. Moreover, the plaintiffs have shown that an SEC study found clear evidence of a two-tiered market during the class period, in which NASDAQ market makers routinely traded at one price with retail clients like the plaintiffs and at a better price for themselves through quotation services like SelectNet and Instinet. See Final Rules, 61 Fed.Reg. at 48307–08. They have further shown that the possibility that the duty of best execution might require resort to sources other than the NBBO was being actively debated during the class period and that that debate ultimately resulted, shortly after the class period, in a regulation effectively requiring as much. Id.

All of this would allow a reasonable trier of fact to find that the defendants' misrepresentation — namely, that they would execute plaintiffs' trades in a manner maximizing plaintiffs' economic gain — was at least reckless, if not intentional. See Healey v. Catalyst Recovery of Penn., Inc., 616 F.2d 641, 649 (3d Cir.1980) (defining recklessness as an extreme departure from ordinary care).

Defendants have countered with affidavits of other respected members of the brokerage community stating that their practice during the class period was the same as that of the

Ⅳ

正如本院所指出的那样，就联邦证券欺诈获得赔偿，需要证明意图，即故意或不顾后果地就重大事实作出不恰当陈述。［See Ernst & Ernst v. Hochfelder，425 U.S. 185，193，96 S.Ct. 1375，1380–81，47 L.Ed.2d 668（1976）；Eisenberg v. Gagnon，766 F.2d 770，776（3d Cir.1985）.］本案所指称的不当陈述，是被告默示表示，他们允诺在执行原告指令时，意在使交易中原告的经济利益最大化。原告认为，既然被告知道原告的获利动机，被告就应当知道，原告可以期待，如果容易得到比NBBO更加有利的价格，被告会获得这一价格。原告坚持认为，如果被告接受指令时，无意按照其期望的方式去做，却并没有将此告诉原告，便可以认定，被告作出虚假默示陈述，而且被告明知该默示陈述是虚假的。

本院认为，遵循常理的事实认定者有可能认定，这一推理链条是有说服力的，依据的是对原告与被告之间的经济关系的直接明了的分析。但是，除此之外，原告所依赖的证据还显示，经纪业受尊重的成员承认，即便在集团期之前，NBBO之外还有其他来源的交易，只要对客户有利，客户便期待他们利用这些来源。｛See e.g., Declaration of Paul M. Lacy［A 718］；Declaration of Junius W. Peake［A 755］；Declaration of Richard Y. Roberts［A 775］.｝此外，原告还表明，证交会的研究发现，集团期间存在两级市场，纳斯达克做市商的惯常做法是：一方面，与原告这样的客户以一种价格进行交易；另一方面，则通过SelectNet和Instinet这样的报价服务以更好的价格为他们自己进行交易。（See Final Rules，61 Fed.Reg. at 48307–08.）原告还显示，最佳执行责任可能要求使用NBBO之外的来源，集团期间正对这种可能性进行认真讨论，而该讨论的最终结果是，集团期结束不久之后，一项规定实际上也提出了类似要求。（Id.）

鉴于上述所有内容，遵循常理的事实审判者可以认定，被告的不当陈述——被告会以使原告经济利益最大化的方式执行原告的交易——即便不是故意的，至少也是不顾后果的。［See Healey v. Catalyst Recovery of Penn.，Inc.，616 F.2d 641，649（3d Cir.1980）（将不顾后果界定为严重背离一般注意）.］

作为反驳，被告提供了经纪业受尊重的成员的宣誓陈述书，说明集团期间，他们的做法与被告的做法相同。当然，事实审判者可以视该证据对于被告接受原告指

defendants. This evidence could, of course, be regarded by a trier of fact as probative of the defendants' state of mind when they accepted plaintiffs' orders. But these affidavits do no more than raise a material issue of fact as to whether the defendants knew of the expectation plaintiffs claim to have had; they do not settle the matter.

At trial, the defendants would certainly be entitled to argue to the jury that, because of industry practice, they thought their clients would expect them to execute only at the NBBO or that they never thought about their clients' expectations. Moreover, any evidence, derived from knowledge of industry practice or elsewhere, that the plaintiffs were generally aware of the defendants' exclusive reliance on the NBBO would, of course, be quite probative of whether the plaintiffs had the expectations they claim. But the defendants, in elevating the practice of a segment of the industry to be outcome determinative, lose sight of the fact that the basis for the duty of best execution is the mutual understanding that the client is engaging in the trade — and retaining the services of the broker as his agent — solely for the purpose of maximizing his own economic benefit, and that the broker receives her compensation because she assists the client in reaching that goal. Based on this mutual understanding and the absence of any express limitations on the brokers' responsibility, a trier of fact could find that the defendants, although intending to execute with sole reference to the NBBO, understood that they were expected to utilize sources other than the NBBO when a better price was readily available. [1]

V

In concluding as we do, we are not unmindful of the fact, deemed determinative by the district court, that execution of customer orders at the NBBO was a practice "widely, if not almost universally followed" in the securities industry during the class period. 911 F.Supp. at 772. Under the district court's logic, a Section 10 (b) defendant would be entitled to summary judgment even if it were her regular practice to knowingly violate the duty of best execution, so long as she could identify a sufficient number of other broker–dealers engaged in the same wrongful conduct to be able to argue in good faith that the underlying

1 The foregoing analysis is generally applicable to plaintiffs' claim that it was reasonably feasible for defendants [illegible] "[illegible]" customer orders on opposing side of a transaction and match customer orders with in house limit orders. Plaintiffs' record support, including affidavits from respected members of the investment community, raises a disputed issue of material fact as to whether these practices were reasonably feasible during the class period. If the defendants intended to execute plaintiffs' orders at the NBBO despite the reasonable availability of these alternative pricing sources, and if the defendants acted knowingly or with reckless indifference to the falsity of their material representations, then plaintiffs have a securities fraud claim for these practices as well.

令时的心态有证明力。但这些宣誓陈述书只不过是提及一个重大的事实问题，即被告当时是否知道原告所称自己当时的期待；该宣誓陈述书并不提供定论。

审判时，被告当然有权向陪审团提出，鉴于行业的做法，他们以为客户只是期待他们只以 NBBO 执行指令，或是被告从未想过其客户的期待。此外，无论是了解行业做法所产生的证据，还是其他方面所产生的证据，任何证据只要证明原告一般知道，被告完全依赖 NBBO，这些证据对于说明原告当时是否有其自称的期待具有相当大的证明力。但是被告将行业内部分领域的做法提到决定性结果的高度，就忽视了一个事实：最佳执行的责任是基于双方的理解，当事人从事交易并获得经纪人作为代理所提供的服务，其唯一目的就是使当事人自己的经济利益最大化，而经纪人获得报酬，就是因为经纪人协助客户实现这一目标。基于这一相互理解，除非另有关于经纪人责任的任何明确限制，事实审判者可以认定，尽管被告准备只参考 NBBO 执行指令，但被告明白，如果方便得到更好的价格，期待被告使用 NBBO 之外的来源。[1]

V

本院作出结论时，并非没有注意到地区法院视为决定性的事实。该事实是：以 NBBO 执行客户指令，集团期间在证券行业“即便不是普遍做法，也是广泛做法”。（911 F.Supp. at 772.）根据地区法院的逻辑，《1934 年证券交易法》第 10（b）条下的被告有权得到既决判决，即便被告的通常做法是故意违反了最佳执行责任，只要被告可以指明足够多的其他经纪人—交易商也有相同的过错行为，被告就可以理直气壮地表示，有关责任“模糊”。本院拒绝接受产生这一结果的任何分析。

1　上述分析一般也适用原告的主张；原告的这一主张是，被告“交叉”交易双方的客户指令，以做市商内部的限制性指令匹配客户指令，这种做法是合理可行的。支持原告的本案记录包括投资行业受尊重的成员的宣誓陈述书，提出了一个有关重大事实的有争议的问题，即集团期间的这些做法是否合理可行。如果被告意在以 NBBO 执行原告的指令，尽管有其他合理定价来源，如果被告的行为是明知故意的，或是不顾后果的，对其重大陈述的虚假性无动于衷，则原告对这些做法的证券欺诈主张也能成立。

duty was "ambiguous." We cannot accept an analysis that would produce such a result.

Even a universal industry practice may still be fraudulent. See Chasins v. Smith, Barney & Co., 438 F.2d 1167, 1171–72 (2d Cir.1970) (non-disclosure of widespread industry practice may still be non-disclosure of material fact); Opper v. Hancock Securities Corp., 250 F.Supp. 668, 676 (S.D.N.Y.) (industry custom may be found fraudulent, especially on first occasion it is litigated) aff'd, 367 F.2d 157 (2d Cir.1966); see also Vermilye & Co. v. Adams Express Co., 88 U.S. (21 Wall.) 138, 146, 22 L.Ed. 609 (1874). Indeed, the SEC recently completed an investigation in which it found that certain practices by NASDAQ market makers, not at issue here, were fraudulent even though they were widely followed within the industry. See Report of Investigation Pursuant to Section 21 (a) of the Securities Exchange Act of 1934 Regarding the NASD and the NASDAQ Market, 1996 SEC LEXIS 2146 (Aug. 8, 1996).

As defendants emphasize, the practice of exclusive reliance on the NBBO has never been held to be fraudulent by any court or regulator. On the other hand, there is no statute, rule, regulation, or interpretation, by the SEC or by a court, that authoritatively establishes that, for all trades, the NBBO exhausted the category of "reasonably available prices" during the class period. This absence of precedent did not, however, absolve the district court of the duty to resolve the plaintiffs' securities fraud claim once it was presented in this suit.

"In the final analysis, ultimate responsibility for construction and enforcement of the securities laws must rest with the court." Langert v. Q–1 Corp., Fed. Sec. L. Rep. (CCH) ¶ 94, 445, at 95, 540, 1974 WL 377 (S.D.N.Y.1974). The district court was not deprived of this enforcement authority just because no court or regulator had previously chosen to exercise such authority with respect to the practice challenged here. See e.g., Chasins, 438 F.2d at 1171–72 (finding that defendant's failure to disclose its market maker status was material omission under Section 10 (b), despite fact that SEC had never previously held that such disclosure was required).

VI

On the record before us, we believe a reasonable trier of fact could conclude that the defendants misrepresented that they would execute the plaintiffs' orders so as to maximize the plaintiffs' economic benefit, and that this misrepresentation was intentional or reckless because, at the time it was made, the defendants knew that they intended to execute the plaintiffs' orders at the NBBO price even if better prices were reasonably available. A

即便是行业的普遍做法，仍然可以是欺诈性的。［See Chasins v. Smith，Barney & Co.，438 F.2d 1167，1171–72（2d Cir.1970）（不披露是行业的普遍做法，但仍然可以是没有披露重大事实）；Opper v. Hancock Securities Corp.，250 F.Supp. 668，676（S.D.N.Y.）（可以认定行业惯例具有欺诈性，第一次就此进行诉讼更是如此）aff'd，367 F.2d 157（2d Cir.1966）；see also Vermilye & Co. v. Adams Express Co.，88 U.S.（21 Wall.）138，146，22 L.Ed. 609（1874）.］确实，证交会最近完成了一项调查，认定纳斯达克做市商的某些做法——不是本案涉及的问题——是欺诈性的，即便做法是行业内所普遍接受的。［See Report of Investigation Pursuant to Section 21（a）of the Securities Exchange Act of 1934 Regarding the NASD and the NASDAQ Market，1996 SEC LEXIS 2146（Aug. 8，1996）.］

正如被告所强调的那样，没有任何法院或监管机构曾经认定过，只依赖 NBBO 的做法是欺诈行动。但是，从来没有任何制定法、规则、规定或证交会或法院所作出的解释权威地确定，就所有交易而言，NBBO 穷尽了集团期间“可以合理得到的价格”的种类。但原告在本诉讼中提出证券欺诈诉讼主张之后，地区法院有责任提出解决该主张的答案，没有先例并不能够免除地区法院的这一责任。

“归根结底，证券法的解释和执法的最终责任必须由法院担负”。［Langert v. Q-1 Corp.，Fed. Sec. L. Rep.（CCH）¶94，445，at 95，540，1974 WL 377（S.D.N.Y.1974）.］不能仅仅因为之前没有任何法院或监管机构选择就本案中受到挑战的做法行使此类权力，便剥夺了地区法院的执法权力。｛See e.g.，Chasins，438 F.2d at 1171–72［认定被告没有披露其做市商地位，就是《1934 年证券交易法》第 10（b）条所指的重大遗漏，尽管证交会此前从未认定需要此类披露］.｝

Ⅵ

本院认为，根据向本院提供的记录，遵循常理的事实审判者可以得出以下结论：被告作出不当陈述，称其会为原告的最大经济利益而执行原告的指令，而且该不当陈述是故意的或不顾后果的，因为作出这一不当陈述时，被告明知自己要以 NBBO 执行原告的指令，尽管可以合理得到更好的价格。因此，遵循常理的事实审判者可以认定，存在重大不当陈述的意图，而且也存在《1934 年证券交易法》第 10（b） reasonable trier of fact could thus find scienter with respect to a material misrepresentation, as well as the other elements essential to a Section 10 (b) fraud claim. Accordingly, we will reverse the summary judgment entered by the district court and remand for further proceedings.

条下的欺诈主张的其他关键要件。因此，本院撤销地区法院所作的既决判决，此案发回继续审判。

Ross v. Bolton

罗斯诉博尔顿

Ross v. Bolton

904 F.2d 819 (2d Cir. 1990)

Cardamone, Circuit Judge:

1

The principal question on this securities litigation appeal is whether a clearing firm may use the in pari delicto defense to bar an investor's suit to recover losses in connection with stock he purchased from an introducing firm. Because in this case no blame may be laid at the clearing firm's doorstep for the wrongs committed by the introducing firm, we think the defense should be available.

2

Background

3

R.E. Bolton & Company, Inc. (Bolton), a New York brokerage firm, was the principal market-maker in the securities of a company called Resort and Urban Timeshares, Inc. (RUTI securities), which were traded over-the-counter on the NASDAQ exchange. In 1981–1982 the firm and its principal, Richard Bolton, initiated an illegal and complex stock parking scheme that created an appearance that these securities were being actively traded, and caused their price to rise despite the fact that the corporation's earnings had not increased. In December 1982 plaintiff Donald Ross, an employee of St. Lawrence Securities, Ltd. (St. Lawrence), a Canadian brokerage firm, received a telephone

罗斯诉博尔顿

第二巡回上诉法院（1990 年）

卡达蒙巡回法官：

1

本证券诉讼上诉的主要问题是，结算公司是否可以使用同等过错作为抗辩理由，阻止投资者通过诉讼就其向介绍公司购买的股票的亏损索赔。本案介绍的公司有过错，但不能归咎于结算公司，因此本院认为，同等过错抗辩成立。

2

背　　景

3

R.E. 博尔顿有限责任公司（以下简称博尔顿公司）是纽约的一家经纪公司，是度假城区时间股份有限责任公司的证券（以下简称 RUTI 证券）的主要做市商。RUTI 证券在纳斯达克的柜台交易。1981~1982 年博尔顿公司和所有人理查德·博尔顿推出了一个复杂的非法存放股票计划。从表面上来看，这些证券的交易十分活跃，可以使公司的股票价格上升，尽管公司的收入并没有增加。圣·劳伦斯证券有限责任公司（以下简称圣·劳伦斯公司）是加拿大的一家经纪公司，原告康纳尔德·罗斯是这家公司的雇员。1982 年康纳尔德·罗斯接到理查德·博尔顿打来的电话。博尔顿提出，以每股 17.50 美元的价格向罗斯出售 26,900 股 RUTI 证券。双方的理解是，

call from Richard Bolton. Bolton offered to sell Ross 26, 900 units of RUTI securities at $17.50 a share, with the understanding that the units could be quickly resold at a higher price to another purchaser, Forbes, Walsh, Kelly & Co. (Forbes) . Plaintiff purchased the RUTI shares in the account of his daughter Victoria, and the trade was cleared by defendant Bear, Stearns & Co., Inc. (Bear Stearns) clearing agent for Bolton. Ross thereby jumped imprudently onto Bolton's stock parking gravy train but, unfortunately for him, it was already too late.

4

When he attempted to sell the 26, 900 shares he had purchased, Forbes declined to buy them. Bolton had in the meanwhile become insolvent and could no longer keep its illegal parking scheme afloat. With its principal market-maker unable to maintain a market the bottom dropped out of RUTI securities, resulting in a large financial loss for the Rosses, and precipitating the instant litigation. Plaintiffs sued Richard Bolton and his company, and Forbes, and Bear Stearns under Sec. 10 (b) of the Securities Exchange Act of 1934 (1934 Act), 15 U.S.C. Sec. 78j(b)(1988), SEC Rule 10b-5, 17 C.F.R. Sec. 240.10b-5(1989), under the Racketeer Influenced and Corrupt Organizations Act, 18 U.S.C. Sec. 1961(1988), and under state common law fraud and Sec. 352-c of the New York General Business Law.

5

The present appeal is taken by Donald and Victoria Ross from a judgment of the United States District Court for the Southern District of New York (Knapp, J.) , which dismissed the appellants' amended complaint against Bear Stearns in two memorandum opinions and orders entered on April 6 and 11, 1989. Judge Knapp certified that, under Fed.R.Civ.P. 54 (b) , its orders should not be delayed from entry as final judgments. We affirm the district court's dismissal of appellants' complaints, but write in this case to discuss the in pari delicto defense raised by Bear Stearns, but not reached or decided by the district court.

6

Facts

7

It is helpful to an understanding of this appeal to trace the chronology of events from

股票可以更高的价格很快转手卖给另一个买方福布斯、沃尔什、凯利公司（以下简称福布斯公司）。原告用其女儿维多利亚的账户购买了 RUTI 股票，交易由被告贝尔斯登有限责任公司（以下简称贝尔斯登公司）提供结算。贝尔斯登公司是博尔顿公司的结算代理。罗斯因此而不慎跳上博尔顿公司存放股票这列轻松赚钱的列车。但对罗斯来说，不幸的是为时已晚。

4

罗斯试图出售其购入的 26，900 股时，福布斯拒绝购入。与此同时，博尔顿资不抵债，无法再维持其非法存放股票计划。主要做市商无法再维持市场，RUTI 证券跌穿底，罗斯的经济损失巨大，导致了目前的诉讼。原告依据《1934 年证券交易法》（以下简称《1934 年法》）第 10（b）条［15 U.S.C. Sec. 78j（b）（1988），SEC Rule 10b-5，17 C.F.R. Sec. 240.10b-5（1989）］、《反勒索及受贿组织法》［18 U.S.C. Sec. 1961（1988）］、普通法的反欺诈部分以及《纽约州普通商法》第 352-c 条作为法律依据，起诉埋查德·博尔顿和他的公司、福布斯公司以及贝尔斯登公司。

5

1989 年 4 月 6 日和 11 日美国纽约南区（纳普法官）作出两份备忘录意见和命令，驳回了上诉人针对贝尔斯登公司的修改后的起诉书。纳普法官认定，根据《美国联邦民事诉讼程序规则》第 54（h）条的规定，法院的命令应当成为最终判决，不应有任何拖延。康纳尔德·罗斯和维多利亚·罗斯就此判决提出上诉。本院维持地区法院驳回原告起诉的决定，但撰写本判决意见，讨论贝尔斯登公司提出的同等过错抗辩；地区法院并未提及和分析该抗辩。

6

事　实

7

为理解本上诉，可以按时间顺序追述先后发生的事情，始点为股票停放计划

the initiation of the stock parking scheme onward. Bolton initiated its stock parking scheme through a series of purchases and sales in which it was positioned as both seller and buyer of the RUTI securities—i.e., Bolton sold the securities to various investors and within a few days bought the stock back at a higher price than that at which it had been sold. The stock sometimes went through the hands of one or two intervening parties, who purchased the stock at progressively higher prices, notwithstanding that RUTI had no increase in earnings. In order to deceive Bear Stearns and the National Association of Securities Dealers (NASD.) into believing its net capital position was strong, Bolton also had been parking units of RUTI securities in customer accounts at above market prices. At the month-end clearance, when customers refused to acknowledge these spurious trades, Bolton cancelled them, thereby reversing the parked transactions, and causing it to return to its actual undercapitalized position.

8

As the clearing agent for these transactions, Bear Stearns over time had loaned money to Bolton on margin collateralized by securities owned by Bolton — principally RUTI securities. During the period between August 1981 and December 1982 the value of these securities was substantially less than the amount of collateral required to secure the loans. Bolton's account with Bear Stearns therefore was often under margin. In June 1982 the NASD began scrutinizing Bolton's net capital position. Bear Stearns also had concerns about Bolton's solvency, and insisted that Bolton reduce its inventory of RUTI securities, imposed trading restrictions, and limited its margin loans to Bolton.

9

On November 12, 1982 Bear Stearns gave Bolton the 30-day notice required to terminate its clearing agreement. As a follow-up to the termination notice, Bear Stearns further tightened its restrictions on Bolton's trading, permitting only those trades that reduced Bolton's "long" inventory positions or were simultaneously matched to clear. As a result of discussions with Bolton about the firm's trading activities and its plans to reduce its inventory of RUTI securities, Bear Stearns reduced the margin credit it had previously extended.

10

On or about December 8, 1982 Bear Stearns began to wind up Bolton's account. It refused to release Bolton's assets to Securities Settlement Corporation, another clearing agency that had agreed to handle Bolton's trades after its relationship with Bear Stearns came to an end. On December 10, 1982 Bear Stearns "wrote off" $454,995 against

的发起。博尔顿公司通过一系列证券买卖，发起股票停放计划，博尔顿公司既是RUTI证券的买方，又是卖方——博尔顿公司向不同投资者出售证券，几天之内又以高于售价的价格购回这些股票。股票有时由一或两家在中间经手，股票价格逐步推高，尽管RUTI公司的盈利并没有提高。为了欺骗贝尔斯登公司和全国交易商协会（NASD），使其相信博尔顿公司的净资本状况良好，博尔顿公司还以高于市场的价格在其客户的账户上停放RUTI证券。月底结算时，客户拒绝承认这些虚假交易。博尔顿公司便取消了这些交易，逆转股票停放交易，又回到资金不足的实际情况。

8

贝尔斯登公司作为博尔顿公司的结算代理，向贝尔斯登提供了保证金担保贷款，由博尔顿所拥有的证券——主要是RUTI证券——担保。1981年8月至1982年12月，这些证券的价值远低于贷款所需要的担保。因此，博尔顿公司在贝尔斯登的账户上经常是保证金不足。1982年6月NASD开始细查博尔顿公司的净资本状况。贝尔斯登公司也担心博尔顿公司的偿付能力，坚持要求博尔顿公司减少RUTI证券的仓位，对交易作出限制，并限制向博尔顿公司提供的保证金贷款。

9

1982年11月12日贝尔斯登公司提前30天发给博尔顿公司通知，要求终止结算合同。发出终止合同之后，贝尔斯登公司加强了对博尔顿公司交易的限制，只允许减少“长期”持仓的交易或是同时有对应结算的交易。贝尔斯登公司与博尔顿公司讨论了公司的交易活动和减少RUTI证券持仓的计划，随后降低了之前所提供的保证金贷款信贷额度。

10

1982年12月8日或大约该日，贝尔斯登公司开始清算博尔顿公司的账户。博尔顿公司与贝尔斯登公司的关系终止之后，另一家叫作证券结算公司的结算机构同意处理博尔顿公司的交易，但贝尔斯登公司拒绝将博尔顿公司的资产交给这家公司。1982年12月10日贝尔斯登公司对博尔顿公司交易账户上的454,995美元“销账”，

Bolton's trading account, putting Bolton in a near insolvent position. Bear Stearns continued nonetheless to act as Bolton's clearing agent after December 12, 1982 — the date the clearing agreement was to have been terminated.

11

It was at this point that Ross entered the picture. On December 14, 1982 St. Lawrence received a comparison — an invoice reflecting the sale of securities from one brokerage firm to another — dated December 8 from Bear Stearns indicating that St. Lawrence had purchased 26, 900 units of RUTI from Bolton at $17.50 a share. The supposed purchase was a fictitious trade instigated as a part of Bolton's plan. St. Lawrence refused to acknowledge it. Thereafter, Ross received the telephone call from Richard Bolton explaining his need to sell 26, 900 units of RUTI securities immediately, and that Forbes wanted them, but could not then complete the transaction.

12

On December 15, 1982 Ross spoke with John Walsh of Forbes who told Ross that he would purchase the 26, 900 RUTI units for $18 a unit, $0.5 more per unit than Bolton was offering to sell the securities to Ross. Ross also called Alan Greenberg, a Bear Stearns managing partner, to "confirm Ross' understanding concerning Bolton's clearing problems with Bear about which Ross had become aware on or about December 14, 1982 and to discuss with Greenberg a satisfactory way to respond" to the December 8 comparison. Greenberg "demanded" that St. Lawrence honor the trade, not knowing that the comparison reflected a fictitious transaction.

13

After these telephone conversations, Ross as earlier noted purchased the 26, 900 RUTI units from Bolton for the account of his daughter Victoria and Bear Stearns cleared the transaction. Forbes subsequently refused to purchase the RUTI units from Ross. Forbes had offered to purchase the RUTI securities based on an underlying agreement with Bolton that Bolton would purchase the securities for $18 1/8. Thus, when Bolton was unable to honor its agreement, Forbes reneged. Only later did Ross learn of this underlying agreement between Forbes and Bolton. There is no allegation that Bear Stearns knew of this or of any other of Bolton's machinations.

14

At a December 21, 1982 meeting Bear Stearns threatened to redeposit RUTI securities remaining from unclaimed transactions into Bolton's account, which would, in effect, put

博尔顿公司因此而近于资不抵债。1982 年 12 月 12 日之后，结算协议应当终止，但贝尔斯登公司却仍然作为博尔顿公司的结算代理活动。

11

罗斯正是这个时候介入的。1982 年 12 月 14 日圣・劳伦斯收到了一个比对——一份反应一家经纪公司向另一家经纪公司出售证券的发票，日期为 12 月 8 日，由贝尔斯登公司出具。发票显示，圣・劳伦斯以每股 17.50 美元的价格，从博尔顿公司处购买了 26,900 单位的 RUTI 证券。但所谓的购买是子虚乌有的交易，是博尔顿公司推出的计划的一部分。圣・劳伦斯拒绝承认该交易。之后，罗斯接到理查德・博尔顿的电话，博尔顿解释说，他必须立即出售 26,900 单位的 RUTI 证券，福布斯公司要购买这些证券，但当时无法完成这笔交易。

12

1982 年 12 月 15 日罗斯与福布斯公司的约翰・瓦尔什通话。瓦尔什告诉罗斯，他可以以每单位 18 美元的价格购买 26,900 单位的 RUTI 证券，每单位价格比博尔顿公司向罗斯出售的价格高出 0.5 美元。罗斯也打电话给贝尔斯登公司的管理合伙人艾伦・格林伯格，“核实罗斯所理解的博尔顿公司在贝尔斯登公司处的结算问题。罗斯是在 12 月 14 日或大约该日知道这些问题的，与格林伯格商量如何找到满意方法”，以应对 12 月 8 日的比对。格林伯格“要求”圣・劳伦斯遵守交易，格林伯格并不知道，比对反映的是虚假交易。

13

如上文所述，这些电话交谈之后，罗斯用其女儿维多利亚的账户，向博尔顿公司购买了 26,900 单位的 RUTI 证券，贝尔斯登公司为这笔交易提供了结算。之后，福布斯公司拒绝从罗斯处购买 RUTI 证券。福布斯公司曾经愿意根据与博尔顿公司的基础协议购买 RUTI 证券，而根据该协议，博尔顿公司将以每单位 18 又 1/8 美元的价格买入证券。因此，当博尔顿公司无法遵守该协议时，福布斯公司反悔了。过后罗斯才了解到福布斯公司与博尔顿公司之间的该协议。贝尔斯登公司并没有被指称知道这一圈套或博尔顿公司的任何其他圈套。

14

1982 年 12 月 21 日贝尔斯登公司发出威胁，要把没有交易的证券放回到博尔顿公司的账户上。这样做博尔顿公司就会倒闭。于是，博尔顿公司给证交会去电，

Bolton out of business. Bolton therefore sent a wire to the Securities Exchange Commission advising that body of its net capital deficiency and withdrawing from NASDAQ as a RUTI market-maker. The market for RUTI securities collapsed, the price falling from 17 7/8 bid-18 1/4 ask, on December 20, 1982 to 5 1/4 bid-5 3/4 ask on December 23, 1982.

15

Proceedings Below

16

Two prior complaints by Ross were dismissed. The original complaint, filed in 1983, was dismissed in an opinion dated April 20, 1984. The first amended complaint, filed in November 1985, was dismissed under Fed.R.Civ.P. 9 (b) in an opinion dated June 10, 1986 and reported at 639 F.Supp. 323. With the above recited background in mind, we turn attention to the two separate frauds claimed in the Rosses' second amended complaint which was also dismissed under Rule 9 (b).

17

The first fraud alleged that defendant Bolton, the dominant market-maker for RUTI securities, manipulated and artificially inflated their price during 1981 and 1982. Bear Stearns' role in the matter was acting as clearing agent for Bolton in the trade by which appellants purchased their shares. The district court dismissed the Rosses' first fraud claim upon a finding that Bear Stearns had no knowledge that Bolton's trades were manipulative or otherwise illegal. The court also concluded that lack of scienter by Bear Stearns foreclosed any liability against it as a "controlling person" under Sec. 20 (a) of the 1934 Act, 15 U.S.C. Sec. 78t (a) (1988), or as an aider and abettor under Sec. 10 (b) of the 1934 Act and Rule 10b-5. Appellants implicitly concede the correctness of these rulings on the first fraud claim.

18

The second fraud alleged is that on or about December 15, 1982 Bear Stearns had financed a $1.25 million purchase of 70, 000 RUTI units for Bolton's account upon Bolton's representation that there were matched purchases for these units. Included among the purchases were the 26, 900 units ordered by appellants. In light of Bolton's insolvent

说明自己资本不足，不再作为纳斯达克的 RUTI 证券做市商。RUTI 证券市场崩溃，买入价和卖出价由 1982 年 12 月 20 日的 17 又 7/8 美元和 18 又 1/4 美元跌到 1982 年 12 月 23 日的 5 又 1/4 美元和 5 又 3/4 美元。

15

下级法院受理过程

16

罗斯的前两次起诉被驳回。最初的起诉是在 1983 年提起的，日期为 1984 年 4 月 20 日的一份意见将其驳回。1985 年 11 月提起了第一次修改后的起诉书，1986 年 5 月 10 日一份法院意见根据《联邦民事诉讼规则》9（b）规则驳回了该起诉书，该意见载于《联邦补充材料 639》第 332 页。根据上文的背景，本院现在考虑罗斯第二次修改后的起诉书中所指称的两项分开的欺诈，而该起诉根据该规则 9（b）规则也被驳回。

17

按照关于第一项欺诈的指称是，被告博尔顿公司是 RUTI 证券的占有支配地位的做市商，1981~1982 年操纵并虚增 RUTI 证券价格。贝尔斯登公司在其中的作用是博尔顿公司交易的结算代理，而上诉人在这些交易中购买了其股票。地区法院驳回了罗斯有关欺诈的第一个主张，因为地区法院认定，贝尔斯登公司并不知道博尔顿公司的交易是具有操纵性的，也不知道博尔顿公司的交易在其他方面是违法的。地区法院也认定，贝尔斯登公司没有主观意图，因此没有《1934 年法》第 20（a）条［15 U.S.C. Sec. 78t（a）（1988）］下“控制人”的任何违法责任，也没有《1934 年法》第 10（b）条和《规则 10b-5》下的帮助和教唆的任何违法责任。上诉人默示承认，地区法院有关欺诈的第一个主张的裁决正确。

18

关于第二个欺诈的指称是，1982 年 12 月 15 日或大约该日，博尔顿公司的账户上买入了价值 125 万美元的 7 万个单位的 RUTI 证券，贝尔斯登公司为此提供了资金，此前博尔顿公司表示，这些证券单位有对应的购买。所购买的这批证券中，有上诉人指令购买的 26,900 个单位的 RUTI 证券。鉴于博尔顿公司资不抵债的状况，只要

condition, Bear Stearns was at risk were any of the purported purchases to fail. On December 14, 1982 Richard Bolton had offered the 26, 900 units to Ross, representing thereby, according to Ross, that he (Bolton) was solvent and that the offering price was reasonably related to a price prevailing in a free, open and competitive market. In a telephone conversation on December 15 with Mr. Greenberg of Bear Stearns, Ross was told that the December 8 comparison with St. Lawrence was valid and must be honored.

19

Based on these allegations, the Rosses claim that in so speaking Bear Stearns had concealed the fact that Bolton was insolvent. Bear Stearns knew this, the Rosses assert, because it put Bolton in an insolvent position on December 10 by eliminating the firm's net capital position. As a creditor, the Rosses continue, Bear Stearns dominated and controlled Bolton and his company, and knowingly induced Bolton to have Ross purchase the 26, 900 units by threatening to put Bolton out of business if there were not purchases to match the 70, 000 RUTI units Bear Stearns had purchased for Bolton's account. The Rosses conclude that had Donald Ross known of Bolton's situation he would not have purchased the RUTI securities, and that he purchased in reliance on Greenberg's December 15 implied assurances of solvency.

20

Appellants contend that there are three legal theories upon which they have stated viable causes of action against Bear Stearns under the 1934 Act: controlling person, aiding and abetting, and phantom seller/insider trading liability. These theories, appellants assert, do not assume a fiduciary relationship towards them by Bear Stearns, but do assume one between appellants and Bolton based on the broker's ordinary fiduciary duty to its customers. From this appellants contend that Bear Stearns has a secondary or derivative trust liability towards Ross predicated on a "special relationship" that arose in December 1982 between Bear Stearns and Bolton. As such it raises, they believe, a factual question regarding whether Bear Stearns was or was not an innocent clearing agent transacting ordinary business.

所称的任何购买没有实现，贝尔斯登公司就有风险。1982 年 12 月 14 日理查德·博尔顿提出，向罗斯出售 26,900 个单位的 RUTI 证券。按照罗斯的说法，他（博尔顿）表示自己有偿债能力，而与自由、公开和竞争的市场上的主导价格相比，博尔顿公司的出价是合理的。1982 年 12 月 15 日罗斯与贝尔斯登公司的格林伯格电话交谈，罗斯被告知，12 月 8 日与圣·劳伦斯的比对是有效的，一定会得到遵守。

19

根据这些指控，罗斯父女主张，贝尔斯登公司这样说，就是隐瞒了博尔顿公司资不抵债的情况。罗斯父女指称贝尔斯登公司知情，因为 12 月 10 日贝尔斯登公司取消了博尔顿公司的净资本地位，博尔顿公司因此而资不抵债。罗斯父女进而指出，贝尔斯登公司作为债权人，支配和控制了博尔顿及其公司，明知故意地诱使博尔顿公司让罗斯购买了 26,900 个单位的 RUTI 证券，因为贝尔斯登公司威胁让博尔顿公司破产，除非贝尔斯登公司从博尔顿公司账户上购买的 7 万个单位的证券有对应购买。罗斯父女的结论是，倘若康纳尔德·罗斯知道博尔顿公司的处境，他本来不会购买 RUTI 证券，而他购买证券，是依赖了格林伯格 12 月 15 日的所默示的有关资可抵债的保证。

20

上诉人提出，有 3 个法律理论，可以作为其依据《1934 年证券交易法》起诉贝尔斯登公司的有效诉因：控制人、帮助和教唆、鬼影销售 / 内幕信息知情人交易违法责任。上诉人提出，这些理论没有假定，贝尔斯登公司对他们有受信义务关系，但假定罗斯与博尔顿公司之间存在受信关系，因为经纪人对其客户负有一般受信义务。上诉人据此提出，贝尔斯登公司对罗斯负有第二位或衍生信任法律责任，该法律责任基于 1982 年 12 月贝尔斯登公司与博尔顿公司之间的“特殊关系”。上诉人认为，这就提出了一个事实问题，要判断贝尔斯登作为正常交易业务中的结算代理是否没有过错。

21

Discussion

22

Appellants have filed three complaints in this over six-year-old lawsuit, and have completed discovery of Richard Bolton, one of Bolton's partners, a trader employed at Bolton, John F. Walsh, a partner at defendant Forbes, and others, including Bear Stearns personnel. Bear Stearns has not answered the second amended complaint (the third complaint), which is the subject of this appeal; instead it successfully moved to dismiss under Fed.R.Civ.P. 9 (b).

23

Rule 9 (b) states upon a claim of fraud "the circumstances constituting fraud or mistake shall be stated with particularity. Malice, intent, knowledge, and other condition of mind of a person may be averred generally." The time, place, and nature of the misrepresentations must be set forth so that the defendant's intent to defraud, to employ any scheme or artifice to defraud, to make any untrue statement of a material fact, or to engage in any act or course of business that would operate as a fraud under the securities laws is revealed. See e.g., Stern v. Leucadia Nat. Corp., 844 F.2d 997, 1003-04 (2d Cir.), cert. denied, 488 U.S. 852, 109 S.Ct. 137, 102 L.Ed.2d 109 (1988); IIT, an Int'l Inv. Trust v. Cornfeld, 619 F.2d 909, 923 (2d Cir.1980).

24

The specificity required by Rule 9 (b) —as distinct from Rule 8 (a)'s liberal requirement that plaintiff simply set forth a "short and plain statement of the claim showing that the pleader is entitled to relief" —serves several important policies. The primary purpose of Rule 9 (b) is to afford defendant fair notice of the plaintiff's claim and the factual ground upon which it is based. See Denny v. Barber, 576 F.2d 465, 469 (2d Cir.1978). Rule 9 (b) also safeguards defendant's reputation and goodwill from improvident charges of wrongdoing, see Decker v. Massey-Ferguson, Ltd., 681 F.2d 111, 114-15 (2d Cir.1982); Segal v. Gordon, 467 F.2d 602, 607 (2d Cir.1972), and it serves to inhibit the institution of strike suits. See Ross v. A.H. Robins Co., 607 F.2d

21

讨　论

22

这场诉讼长达6年，诉讼人提交了3份起诉书，并就以下被告完成了调查程序：理查德·博尔顿、博尔顿公司的一位合伙人、博尔顿公司所雇用的一位交易员约翰·F.沃什、被告福布斯公司的一位合伙人和包括贝尔斯登公司人员在内的其他一些人。贝尔斯登公司并未回应第二次修改后的起诉书（第三份起诉书），而该起诉书是本案上诉针对的内容。贝尔斯登公司提出动议，要求依据《美国联邦诉讼规则》9（b）规则，驳回起诉，该动议得到了支持。

23

《美国联邦诉讼规则》9（b）规则关于欺诈诉讼请求的规定是，“应当具体说明构成欺诈或错误的具体内容。可以一般性地明确提出恶意、意图、知情和人的其他心态”。必须阐明不当陈述的时间、地点和性质，以揭露被告有意图进行欺诈、有意图采取欺诈计划或欺诈诡计、有意图就重大事实作出任何不实陈述或从事构成证券法所指欺诈的任何行为或业务活动。[See e.g., Stern v. Leucadia Nat. Corp., 844 F. 2d 997, 1003-04（2d Cir.）, cert. denied, 488 U.S. 852, 109 S. Ct. 137, 102 L. Ed. 2d 109（1988）; IIT, an Int'l Inv. Trust v. Cornfeld, 619 F.2d 909, 923（2d Cir. 1980）.]

24

《美国联邦诉讼规则》9（b）规则要求具体内容，不同于《美国联邦诉讼规则》8（a）规则，后者相对宽松，只要求原告提出“有关主张的简明的陈述，显示当事人有权获得救济”。《美国联邦诉讼规则》9（b）规则的具体要求有若干重大政策目的。《美国联邦诉讼规则》9（b）规则的主要目的是向被告提供有关原告主张及其事实根据的公平告知。[See Denny v. Barber, 576 F.2d 465, 469（2d Cir. 1978）.] 9（b）规则也保护被告的声誉和商誉，避免鲁莽指控过错 [see Decker v. Massey-Ferguson, Ltd., 681 F.2d 111, 114-15（2d Cir.1982）; Segal v. Gordon, 467 F.2d 602, 607（2d Cir.1972）（可以阻止恶意诉讼）. See Ross v. A.H. Robins Co., 607 F.2d 545, 557（2d Cir.1979）, cert. denied, 446 U.S. 946, 100 S.Ct. 2175, 64 L.Ed.2d

545, 557 (2d Cir.1979) , cert. denied, 446 U.S. 946, 100 S.Ct. 2175, 64 L.Ed.2d 802 (1980) . We recognize and rigorously enforce these salutary purposes of Rule 9 (b) . See e.g., Denny v. Barber, 576 F.2d 465.

25

The general rule that pleadings are to be construed in the light most favorable to the pleader and accepted as true, Scheuer v. Rhodes, 416 U.S. 232, 236, 94 S.Ct. 1683, 1686, 40 L.Ed.2d 90 (1974) , and not be dismissed, unless it appears that plaintiff can prove no set of facts that would entitle him to relief, Conley v. Gibson, 355 U.S. 41, 45–46, 78 S.Ct. 99, 101–02, 2 L.Ed.2d 80 (1957) , is not thereby abrogated. When fraud is asserted, the general rule is simply applied in light of Rule 9 (b) 's particularity requirements. We agree that the second amended complaint was properly dismissed under Rule 9 (b) .

26

II

27

We also agree with the district court that the second amended complaint fails to state viable claims against Bear Stearns under Sec. 10 (b) and Rule 10b–5. We turn to those provisions.

28

Section 10 (b) of the 1934 Act makes it "unlawful for any person, directly or indirectly ... [t] o use or employ, in connection with the purchase or sale of any security ... any ... deceptive device" in contravention of the SEC's rules. Rule 10b–5 promulgated by the SEC provides that in connection with the purchase or sale of any security it is unlawful(b) To make any untrue statement of a material fact or to omit to state a material fact necessary in order to make the statements made, in the light of the circumstances under which they were made, not misleading, or

29

(c) To engage in any act, practice, or course of business which operates or would operate as a fraud or deceit upon any person...

802（1980）.]9（b）规则的这些目的值得称道，本院予以认可并大力推行。（See e.g., Denny v. Barber，576 F.2d 465.）

25

一般规则是，从最有利起诉的角度解释诉答，视其为真实的［Scheuer v. Rhodes 416 U.S. 232, 236, 94 S. Ct. 1683, 1683, 40 L.Ed. 2d 90（1974）］，应当避免驳回起诉，除非原告似乎无法证明他有权获得救济所需要的那些事实［Conley v. Gibson, 355 U.S. 41, 45-46, 78 S. Ct. 99, 101-02, 2 L. Ed. 2d 80（1957）］，因此没有废除该一般规则。如果指称欺诈，就根据《美国联邦诉讼规则》9（b）规则关于具体内容的要求适用一般规则。本院同意，根据《美国联邦诉讼规则》9（b）规则驳回修改后的第二份起诉书是恰当的。

26

Ⅱ

27

本院同意地区法院的认定，修改后的第二份起诉书未能说明《1934 年证券交易法》第 10（b）条和《规则 10b-5》下针对贝尔斯登公司的可能成立的主张。本院现在来看这些规定。

28

《1934 年证券交易法》第 10（b）条规定，"任何人"违反证交会规则，"直接或间接地……在任何证券公司的购买或出售的方面……使用或用……任何……欺骗方法……均属违法"。证交会发布的《规则 10b-5》规定，在任何证券的购买或出售方面，（b）对任何重大事实作不实陈述或遗漏重大事实，而在当时的情形下，只有包括被遗漏的重大事实，才不至于产生误导，或

29

（c）"从事任何活动、实践或商业行为，其做法是或将会是针对他人的欺诈或欺骗……均属违法。"

30

Unquestionably, appellants' complaint pleads a securities law violation against the Bolton defendants. But to state a claim against Bear Stearns, as an aider and abettor of the Bolton defendants, Ross must allege, in addition to the securities law violation by the primary wrongdoer, that Bear Stearns knew of the wrong and substantially assisted in perpetrating it. See Armstrong v. McAlpin, 699 F.2d 79, 91 (2d Cir.1983). As the district court noted, despite allegations of Bear Stearns' reckless disregard of the facts — and even assuming for present purposes that the requisite standard of recklessness has been adequately pleaded — absent a fiduciary duty owing from Bear Stearns to Ross there is no aiding and abetting liability. As we said in IIT, if there is no fiduciary duty — and appellants concede there is none here — the scienter requirement increases, so that appellants need to show that Bear Stearns acted with actual intent. 619 F.2d at 925. The district court found insufficient allegations of Bear Stearns' scienter and a failure adequately to allege Bear Stearns' actual intent to aid in Bolton's primary fraud sufficient to meet the test of substantial assistance. Hence, the district court dismissed appellants' second amended complaint with prejudice. See 639 F.Supp. at 326, 327. We agree with Judge Knapp's rationale and the conclusion he reached.

31

III

32

We turn to the remaining issue, whether plaintiffs' claims against Bear Stearns should have been dismissed under the doctrine of in pari delicto. The district court did not rule on this defense advanced by Bear Stearns, though it dismissed and denied the Bolton defendants' motion to dismiss made on the same grounds. See 639 F.Supp. at 328–29. Bear Stearns urges that appellants' recovery should be barred by the doctrine; appellants reply that we should disregard this argument because the district court addressed it and found the defense invalid at that stage of the case.

33

The maxim is "in pari delicto potior est conditio defendentis", that is, where parties are equally at fault, the defending party is in the stronger position. Black's Law

30

毫无疑问，上诉人的起诉书指出博尔顿公司等被告违反了证券法。但罗斯主张贝尔斯登公司帮助和教唆了博尔顿公司，所以为说明该主张，除指称主要侵权人违反了证券法外，还必须指称，贝尔斯登公司明知有过错，实质上帮助实施过错。［See Armstrong v. McAlpin，699 F.2d 79，91（2d Cir. 1983）.］正如地区法院所指出的，尽管指称贝尔斯登公司不顾后果、不问事实，但就本案而言，即便假定已经按照不顾后果的标准作了充分陈述，除非贝尔斯登公司对罗斯负有受信义务，就没有帮助和教唆的违法责任。如同本院在Ⅲ部分所陈述的，贝尔斯登公司没有受信义务，上诉人也承认，此处无受信义务可言。如果没有受信义务，有关主观意图的要求更高，上诉人需要证明，贝尔斯登公司的行为有实际意图。(619 F.2d at 925.)地区法院认定，没有充分指称贝尔斯登公司的主观意图，也没有充分指称贝尔斯登公司有实际意图帮助博尔顿公司的主要欺诈行为，符合实质帮助的检验标准。因此，地区法院驳回上诉人第二次修改后的起诉书，否定实体权利。（See 639 F. Supp. at 326，327.）本院同意纳普法官的理由和他所得出的结论。

31

Ⅲ

32

本院再看其余问题：是否应当根据同等过错理论驳回原告针对贝尔斯登公司的主张。地区法院并没有就贝尔斯登公司这一抗辩作出裁决，尽管地区法院以相同的理由驳回、拒绝了被告博尔顿公司以同样理由要求驳回原告主张的动议。(See 639 F. Supp. at 328–29.）贝尔斯登公司敦请法院，应当以此理论拒绝原告的索赔；原告的答复是，本院无须理会这一论点，因为地区法院议及该问题，而且当时便认定该抗辩无效。

33

“In Pari delicto potior est conditio defendentis”的箴言，是指如果当事双方的过错相当，则对被告一方更为有利。［Black’s Law Dictionary 898（4th ed. 1968）.］一

Dictionary 898 (4th ed. 1968). Generally translated, it means the plaintiff should not therefore recover, and the parties should be left where they are. This view is predicated on the principle that to grant plaintiff relief would contravene the public good by aiding one to profit from his own wrong. Where both parties are in delicto, but not in pari delicto, a trial court should make findings regarding the respective amount of blame assigned to each, granting relief to the one whose wrong is less. 17 Am.Jur.2d Contracts Sec. 221 (1964); see also 37 Am.Jur.2d Fraud & Deceit Sec. 304 (1964).

34

Any discussion of the application of the in pari delicto defense must begin with Perma Life Mufflers, Inc. v. International Parts Corp., 392 U.S. 134, 88 S.Ct. 1981, 20 L.Ed.2d 982 (1968), modified by Copperweld Corp. v. Independence Tube Corp., 467 U.S. 752, 104 S.Ct. 2731, 81 L.Ed.2d 628 (1984) (overruling Perma Life to the extent that it acquiesced in intra-enterprise conspiracy doctrine under section 1 of the Sherman Act). There the Supreme Court refused to recognize the defense in an antitrust action, id., 392 U.S. at 140, 88 S.Ct. at 1985, with five justices in agreement that the doctrine should be narrowly defined when asserted in litigation under federal regulatory statutes. See 392 U.S. at 145, 88 S.Ct. at 1988 (White, J., concurring), id., at 147–48, 88 S.Ct. at 1989 (Fortas, J., concurring in result); id., at 148–49, 151, 88 S.Ct. at 1989, 1990 (Marshall, J., concurring in result); id., at 154–55, 88 S.Ct. at 1992 (Harlan, J. joined by Stewart, J., concurring in part and dissenting in part). This holding prompted us to conclude that the High Court had little enthusiasm for the in pari delicto defense. See Mallis v. Bankers Trust Co., 615 F.2d 68, 76 (2d Cir.1980), cert. denied, 449 U.S. 1123, 101 S.Ct. 938, 67 L.Ed.2d 109 (1981).

35

In 1985 the Supreme Court considered the defense's proper scope in securities litigation and determined that it could bar a plaintiff's suit in that field so long as (1) plaintiff truly bears at least substantially equal responsibility for the transactions for which he seeks to recover, and (2) barring the suit will not "significantly interfere with the effective enforcement of the securities laws and protection of the investing public." See Bateman Eichler, Hill Richards, Inc. v. Berner, 472 U.S. 299, 310–11, 105 S.Ct. 2622, 2629, 86 L.Ed.2d 215 (1985). This two-pronged test was applied recently in Pinter v. Dahl, 486 U.S. 622, 108 S.Ct. 2063, 100 L.Ed.2d 658 (1988). In applying the first prong, the Court stated that the "plaintiff must be an active, voluntary participant in the unlawful activity that is the subject of the suit." Id., at 636, 108 S.Ct. at 2073. In analyzing the second prong the Court reviewed the primary purpose of the securities laws to protect

般而言，这就意味着，原告不应当获得赔偿，不应当改变当事方的处境。这种观点所基于的原则是，向原告提供救济，就会助长一方借其过错得利，有悖公共利益。如果当事双方均有过错，但并非同等过错，则审判法院应当认定各方所应当分别承担的过错责任，并向过错较少的一方提供救济。［17 Am. Jur.2d Contracts Sec. 221（1964）；see also 37 Am. Jur.2d Fraud &Deceit Sec. 304（1964）.］

34

但凡讨论同等过错的抗辩，首先要看帕玛生命套有限责任公司诉国际配件有限责任公司案［Perma Life Mufflers，Inc. v. International Parts Corp.，393 U.S. 134，88 S. Ct. 1981，20 L.Ed.2d 982（1968），modified by Copperweld Corp. v. Independence Tube Corp.，467 U.S. 752，104 S.Ct. 2731，81 L.Ed.2d 628（1984）］判例（帕玛生命案判例默认了《谢尔曼法》第 1 条下的企业间同谋理论；就该默认而言，推翻了帕玛生命案判例）。在该案中，美国联邦最高法院拒绝承认反托拉斯诉讼中的该抗辩（id.，392 U.S. at 140，88 S. Ct. at 1985），5 位大法官都同意，依据联邦规制性制定法起诉中主张该理论，应当对该理论作狭义界定。［See 392 U.S. at 145，88 S. Ct. at 1988（怀特大法官持共同意见），id.，at 147–48，88 S. Ct. at 1989（福塔斯大法官对结果持共同意见）；id.，at 148–49，151m 88 S. Ct. at 1989，1990（马歇尔大法官对结果持共同意见）；id.，at 154–55，88 S. Ct. at 1992（哈伦大法官和斯图尔特大法官，对部分结果持共同意见，对部分结果持反对意见）.］这一认定促使本院得出的结论是，上级法院对同等过错的抗辩缺乏热情。［See Mallis v，Bankers Trust Co.，615 F.2d 68，76（2d Cir. 1980），cert. denied，449 U.S. 1123，101 S. Ct. 938，67 L. Ed. 2d 109（1981）.］

35

1985 年，美国联邦最高法院在审查了证券诉讼中同等过错抗辩的适当范围后决定，该抗辩可以阻止原告在该领域的诉讼，只要（1）原告确实就其试图获得赔偿的交易负有至少实质上的同等责任；并且（2）阻止该诉讼并不“显著干预证券法的有效执法和投资者保护”。［See Bateman Eichler，Hill Richards，Inc. v. Berner，472 U.S. 299，310–11，105 S. Ct. 2622，2629，86L.Ed. 2d 215（1985）.］最近，平特诉达尔案［Pinter v. Dahl，486 U.S. 622，108 S. Ct. 2063，100 L. Ed. 2d 658（1988）］判决适用了这一双轮检验标准。分析检验标准的第一轮时，美国联邦最高法院指出，“原告必须是自愿积极参与诉讼所针对的非法活动”。（Id.，at 636，108 S. Ct. at 2073.）分析检验标准的第二轮时，美国联邦最高法院考虑了证券法的主要目的；该主要目标是保护投资者，要求披露重大信息，以便投资者获得信息后就证券的公开发行进行决策。只有禁止诉讼不会触犯这些立法政策时，才可以主张同等过错抗辩。（Id.，at 637–

investors by requiring disclosure of material information so that they might make informed decisions regarding public offerings of securities. Only where prohibiting suit does not offend these legislative policies may the in pari delicto defense be asserted. Id., at 637–38, 108 S.Ct. at 2074.

36

Ross was induced to trade in RUTI securities due to Bolton's and Walsh's assurances that the securities would be sold almost immediately to Forbes. Ross' purchase was not an investment made pursuant to an arms–length transaction, but an attempt to profit from a "sure thing". Appellants have conceded that Bear Stearns had no knowledge of Bolton's illegal scheme. Thus, because Ross intentionally entered into the prearranged trade with Walsh, with its supposed guaranteed profit, he rather than Bear Stearns must bear the responsibility for the risks of this transaction. The first prong of Bateman Eichler is therefore satisfied. Before permitting the in pari delicto defense to be used to prohibit plaintiffs' suit against Bear Stearns, the second prong must also be met: will prohibiting suit offend Congress' policy that requires full disclosure of material information to investors? This prong of the rule is more difficult to analyze because it involves an assessment of policy, not simply of facts.

37

Whether the second prong of Bateman Eichler has been fulfilled hinges on Bear Stearns' actual role in the sale of the 26, 900 shares of RUTI securities to Ross. Its office in this transaction was akin to that of a clearing agent. The function of such an agent is to "act as an intermediary in making payments or deliveries or both in connection with transactions in securities or [to provide] facilities for comparison of data respecting the terms of settlement of securities transactions... or for the allocation of securities settlement responsibilities." 15 U.S.C. Sec. 78c (a) (23) (A) (1988).

38

The clearing agency relationship is one arrived at by contract between the introducing firm (here Bolton) and the clearing or carrying firm (here Bear Stearns). Each agreement, according to Rule 382 of the New York Stock Exchange, "shall specifically identify and allocate the respective functions and responsibilities of the introducing and carrying organizations..." Rule 382, reprinted in NYSE Guide (CCH) p.2382. At a minimum the agreement must address (1) opening of accounts, (2) credit, (3) maintenance of records, (4) receipt and delivery of funds and securities, (5) safeguarding the same, (6) confirmation and statements, and (7) acceptance of orders and execution of transactions. See id. In the instant case it is undisputed that Bolton initiated and executed its

38，108 S. Ct. at 2074.）

36

罗斯被诱导进行 RUTI 证券交易，是因为博尔顿公司和沃尔什表示，证券几乎可以立刻卖给福布斯公司。罗斯买入 RUTI 证券并不是通过正常交易进行的投资，而是试图“稳赚”获利。上诉人承认，贝尔斯登公司并不知道博尔顿公司的非法计划。因此，罗斯是自觉自愿地进行事先安排好的与沃尔什的交易，以为是有得到保证的利润，所以这笔交易的风险应当由罗斯承担责任，而不是由贝尔斯登公司承担责任。所以满足了贝特曼·艾克勒案判例检验标准的第一轮。允许适用同等过错抗辩，阻止原告起诉贝尔斯登公司之前，必须满足检验标准的第二轮：禁止诉讼是否会有损要求向投资者充分披露重大信息的美国国会政策？分析规则的这一轮更困难，因为涉及政策评估，而不只是事实评估。

37

是否能够满足贝特曼·艾克勒案判例的检验标准的第二轮，取决于在向罗斯出售 26,900 股的 RUTI 证券过程中，贝尔斯登公司到底发挥了什么作用。贝尔斯登公司的办公场所类似于结算代理的办公场所。此类代理的功能是“作为中介，就证券交易进行支付或交付或为有关遵守证券交易结算条款所进行的数据比对（提供）设施……或分配证券结算的责任”。［15 U.S.C. Sec. 78c（a）（23）（A）（1988）.］

38

结算代理关系是由介绍公司（本案中是博尔顿公司）与结算公司或为客户开立账户的公司（本案中是贝尔斯登公司）之间的合同所产生的。根据纽交所的 382 规则，每份协议都“应当具体明确和分配介绍公司和为客户开立账户的公司分别具有的功能和承担的责任……”［Rule 382，reprinted in NYSE Guide（CCH） p. 2382.］协议至少应当涉及以下内容：（1）开立账户，（2）信贷，（3）保留记录，（4）收取和交付资金和证券，（5）确保资金和证券的安全，（6）核实和陈述，以及（7）接受指令和执行交易。（See id.）在本案中，没有争议的是，博尔顿公司发起并执行了自己的交易，分配给贝尔斯登公司的作用是保持记录、接收和交付资金、发出比对或核实。因此，贝尔斯登公司的功能只限于观察博尔顿公司的交易，确保准确

own trades. Bear Stearns was allocated the functions of maintaining records, receiving and delivering funds, and sending comparisons or confirmations. Thus, Bear Stearns' functions were limited merely to monitoring Bolton's trades and to ensuring that those records were accurately maintained.

39

Bear Stearns did not open the account with Ross or for that matter have any relationship with investors other than collecting funds for sales of RUTI securities which its records indicated were due on sales that had already occurred. It had no obligation to disclose information regarding these securities to potential investors. Moreover, it is established on this record that Bear Stearns performed its clearing functions without guilty knowledge of Bolton's wrongdoing. We recognize that the remedial purpose of the Exchange Act is to protect innocent investors. Here Bear Stearns did not act to deprive any investor of material information needed to make an informed decision. Its actions in this case were simply those of an innocent clearing agent conducting its ordinary business.

40

Conclusion

41

Consequently, we conclude it would not thwart the strong legislative policy to protect investors and to secure the effective enforcement of the securities laws to permit Bear Stearns to raise the in pari delicto defense in this case, and that because both prongs of Bateman Eichler have been met, that defense stands as a complete bar to appellants' suit.

42

Accordingly, for the reasons stated the judgment appealed from is affirmed.

保留这些记录。

39

贝尔斯登公司并没有为罗斯开立账户，除为记录显示已经发生的 RUTI 证券的出售收取应付资金外，贝尔斯登公司与投资者之间没有任何其他关系。贝尔斯登公司没有义务向潜在投资者披露这些证券的有关信息。此外，根据本案记录已经确定，贝尔斯登公司当时履行其结算职能，并不知道博尔顿公司的违法行为，所以贝尔斯登公司并没有过错。本院认为，《交易法》的救济目的是保护无辜的投资者。在本案中，贝尔斯登公司的行为并没有剥夺任何投资者获得信息后作出决定所需要的重大信息。在本案中，贝尔斯登公司的所作所为，只不过是一个无辜的结算代理进行其正常业务。

40

结　　论

41

因此，本院的结论是，允许贝尔斯登公司适用同等过错抗辩，并不会因此而挫败保护投资者和确保证券法有效执法的坚定立法政策，而且满足了贝特曼·艾克勒案判例的双轮要求，同等过错抗辩完全阻止上诉人的诉讼。

42

所以，出于上述原因，维持受到上诉的原判。

US v. Todd Newman，Anthony Chiasson

美国诉纽曼

US v. Todd Newman, Anthony Chiasson[1]

773 F.3d 438 (2014)

BARRINGTON D. PARKER, Circuit Judge:

Defendants–appellants Todd Newman and Anthony Chiasson appeal from judgments of conviction entered on May 9, 2013, and May 14, 2013, respectively in the United States District Court for the Southern District of New York (Richard J. Sullivan, J.) following a six–week jury trial on charges of securities fraud in violation of sections 10 (b) and 32 of the Securities Exchange Act of 1934 (the "1934 Act"), 48 Stat. 891, 904 (codified as amended at 15 U.S.C. § § 78j(b), 78ff), Securities and Exchange Commission (SEC) Rules 10b-5 and 10b5-2 (codified at 17 C.F.R. § § 240.10b-5, 240.10b5-2), and 18 U.S.C. § 2, and conspiracy to commit securities fraud in violation of 18 U.S.C. § 371.

The Government alleged that a cohort of analysts at various hedge funds and investment firms obtained material, nonpublic information from employees of publicly traded technology companies, shared it amongst each other, and subsequently passed this information to the portfolio managers at their respective companies. The Government charged Newman, a portfolio manager at Diamondback Capital Management, LLC ("Diamondback"), and Chiasson, a portfolio manager at Level Global Investors, L.P. ("Level Global"), with willfully participating in this insider trading scheme by trading in securities based on the inside information illicitly obtained by this group of analysts. On appeal, Newman and Chiasson challenge the sufficiency of the evidence as to several elements of the offense, and further argue that the district court erred in failing to instruct the jury that it must find that a tippee knew that the insider disclosed confidential information in exchange for a personal benefit.

We agree that the jury instruction was erroneous because we conclude that, in order to sustain a conviction for insider trading, the Government must prove beyond a reasonable doubt that the tippee knew that an insider disclosed confidential information and that

1 The Clerk of Court is directed to amend the caption as set forth above.

美国诉纽曼[1]

美国第二巡回上诉法院（2014 年）

巴林顿·D. 帕克巡回法官：

被告——上诉人托德·纽曼和安东尼·恰森就 2013 年 5 月 9 日和 13 日在美国纽约南区地区法院（里查德·索利文法官）分别作出的有罪判决提起上诉。之前，进行了 6 个月的陪审团审判，指控的罪名是违反《1934 年证券交易法》第 10（b）条｛48 Stat. 891，904［codified as amended at 15 U.S.C. § § 78j（b）］，78ff｝和证交会的《规则 10b-5》和《规则 10b5-2》（codified at 17 C.F.R. § § 240. 10b-5，240.10b5-2）的证券欺诈，以及违反《美国法典》第 18 编第 371 节的证券欺诈合谋。

政府指称，不同对冲基金和投资银行的一批分析师从公开交易的技术公司的雇员处获得了非公开的重大信息，相互之间交换信息，之后又将此信息传递给各自公司的投资经理。政府指控钻石归来资本管理有限责任公司（以下简称钻石归来）的投资经理纽曼和水平线全球投资者有限合伙企业（以下简称水平全球）的投资经理恰森蓄意参与内幕交易计划，根据这群分析师非法获得的内幕信息进行证券交易。上诉时，纽曼和恰森挑战犯罪若干要件的证据不够充分，并且进一步指出，地区法院有错，因为地区法院没有指示陪审团，必须认定信息接收人当时知道内幕知情人是为了个人获益而披露保密信息。

本院同意，给陪审团的指示是错误的，因为我们的结论是，要支持内幕交易的定罪，政府必须排除合理怀疑地证明内幕信息接收人当时知道内幕消息知情人透露的是保密信息，而且他这样做是为了换取个人利益。此外，本院认定，基于两个原

1　指示法院书记员将标题修改如上所述。

he did so in exchange for a personal benefit. Moreover, we hold that the evidence was insufficient to sustain a guilty verdict against Newman and Chiasson for two reasons. First, the Government's evidence of any personal benefit received by the alleged insiders was insufficient to establish the tipper liability from which defendants' purported tippee liability would derive. Second, even assuming that the scant evidence offered on the issue of personal benefit was sufficient, which we conclude it was not, the Government presented no evidence that Newman and Chiasson knew that they were trading on information obtained from insiders in violation of those insiders' fiduciary duties.

Accordingly, we reverse the convictions of Newman and Chiasson on all counts and remand with instructions to dismiss the indictment as it pertains to them with prejudice.

Background

This case arises from the Government's ongoing investigation into suspected insider trading activity at hedge funds. On January 18, 2012, the Government unsealed charges against Newman, Chiasson, and several other investment professionals. On February 7, 2012, a grand jury returned an indictment. On August 28, 2012, a twelve-count Superseding Indictment S2 12 Cr. 121 (RJS) (the "Indictment") was filed. Count One of the Indictment charged Newman, Chiasson, and a co-defendant with conspiracy to commit securities fraud, in violation of 18 U.S.C. § 371. Each of Counts Two through Five charged Newman and each of Counts Six through Ten charged Chiasson with securities fraud, in violation of sections 10 (b) and 32 of the 1934 Act, SEC Rules 10b-5 and 105b-2, and 18 U.S.C. § 2. A co-defendant was charged with securities fraud in Counts Eleven and Twelve.

At trial, the Government presented evidence that a group of financial analysts exchanged information they obtained from company insiders, both directly and more often indirectly. Specifically, the Government alleged that these analysts received information from insiders at Dell and NVIDIA disclosing those companies' earnings numbers before they were publicly released in Dell's May 2008 and August 2008 earnings announcements and NVIDIA's May 2008 earnings announcement. These analysts then passed the inside information to their portfolio managers, including Newman and Chiasson, who, in turn, executed trades in Dell and NVIDIA stock, earning approximately $4 million and $68 million, respectively, in profits for their respective funds.

Newman and Chiasson were several steps removed from the corporate insiders and there was no evidence that either was aware of the source of the inside information. With respect

因，证据不够充分，不足以支持有关纽曼和恰森的定罪。首先，政府有关个人被指称的内幕信息知情人个人获益的证据不够充分，不足以确定透露信息人的法律责任，而被告所谓的内幕信息接收人的法律责任来自内幕信息泄露人的法律责任。其次，就个人获益所提供的证据极少，即便假定这些证据充分，尽管我们的结论是这些证据不充分，政府并没有提供任何证据，证明纽曼和恰森当时知道，他们是在利用从内幕信息知情人处获得的信息交易，违反了内幕知情人的受信义务。

因此，本院撤销有关纽曼和恰森所有罪行的定罪，将本案退回，指示一审法院驳回起诉书，因为起诉书对被告有不利的偏见。

背　　景

对冲基金被怀疑有内幕交易活动，本案缘起于政府对此类活动的持续调查。2012 年 1 月 18 日政府公开其对纽曼、恰森和其他若干位投资专业人士的指控。2012 年 2 月 7 日大陪审团认可起诉。2012 年 8 月 28 日提交了最终起诉书［S2 12 Cr. 121（RJS）］（以下简称起诉书），共 12 项罪名。起诉书第 1 项罪名指控纽曼和共犯恰森共谋进行证券欺诈，违反《美国法典》第 18 编第 371 节。第 1 项至第 5 项罪行中的每一项指控以及第 6 项至第 10 项罪行中的每一项指控恰森犯有证券欺诈罪，违反了《1934 年证券交易法》第 10（b）条和第 32 条、证交会《规则 10b–5》和《规则 15b–2》以及《美国法典》第 18 编第 2 节。另一位共同被告在罪行第 11 项和第 12 项中被指控犯有证券欺诈罪。

审判中，政府所提交的证据显示，一批金融分析师分享了他们从内幕信息知情人处所获得的信息，有直接获得的信息，但更多的是间接获得的信息。具体而言，政府指称，这些分析师们从戴尔和 NVIDIA 处获得信息，内容披露了两家公司的收益数额，而相关信息分别在 2008 年 5 月和 8 月戴尔的收益公告和 2008 年 5 月 NVIDIA 的受益公告中才披露。这些分析师们又将信息传递给他们的投资经理们，其中包括纽曼和恰森。这些投资经理们交易了戴尔和 NVIDIA 的股票，两只股票分别获得 400 万美元和 6800 万美元的利润，归其各自的基金所有。

纽曼和恰森与公司内幕信息知情人隔开若干步，并没有证据显示两人知道有关内幕信息的来源。就戴尔的泄露链而言，证据已经确定，戴尔投资者关系部的罗

to the Dell tipping chain, the evidence established that Rob Ray of Dell's investor relations department tipped information regarding Dell's consolidated earnings numbers to Sandy Goyal, an analyst at Neuberger Berman. Goyal in turn gave the information to Diamondback analyst Jesse Tortora. Tortora in turn relayed the information to his manager Newman as well as to other analysts including Level Global analyst Spyridon "Sam" Adondakis. Adondakis then passed along the Dell information to Chiasson, making Newman and Chiasson three and four levels removed from the inside tipper, respectively.

With respect to the NVIDIA tipping chain, the evidence established that Chris Choi of NVIDIA's finance unit tipped inside information to Hyung Lim, a former executive at technology companies Broadcom Corp. and Altera Corp., whom Choi knew from church. Lim passed the information to co-defendant Danny Kuo, an analyst at Whittier Trust. Kuo circulated the information to the group of analyst friends, including Tortora and Adondakis, who in turn gave the information to Newman and Chiasson, making Newman and Chiasson four levels removed from the inside tippers.

Although Ray has yet to be charged administratively, civilly, or criminally, and Choi has yet to be charged criminally, for insider trading or any other wrongdoing, the Government charged that Newman and Chiasson were criminally liable for insider trading because, as sophisticated traders, they must have known that information was disclosed by insiders in breach of a fiduciary duty, and not for any legitimate corporate purpose.

At the close of evidence, Newman and Chiasson moved for a judgment of acquittal pursuant to Federal Rule of Criminal Procedure 29 ("Rule 29"). They argued that there was no evidence that the corporate insiders provided inside information in exchange for a personal benefit which is required to establish tipper liability under Dirks v. SEC., 463 U.S. 646, 103 S.Ct. 3255, 77 L.Ed.2d 911 (1983). Because a tippee's liability derives from the liability of the tipper, Newman and Chiasson argued that they could not be found guilty of insider trading. Newman and Chiasson also argued that, even if the corporate insiders had received a personal benefit in exchange for the inside information, there was no evidence that they knew about any such benefit. Absent such knowledge, appellants argued, they were not aware of, or participants in, the tippers' fraudulent breaches of fiduciary duties to Dell or NVIDIA, and could not be convicted of insider trading under Dirks. In the alternative, appellants requested that the court instruct the jury that it must find that Newman and Chiasson knew that the corporate insiders had disclosed confidential information for personal benefit in order to find them guilty.

The district court reserved decision on the Rule 29 motions. With respect to the appellants' requested jury charge, while the district court acknowledged that their position was "supportable certainly by the language of Dirks", Tr. 3595: 10-12, it ultimately found that it was constrained by this Court's decision in SEC. v. Obus, 693 F.3d 276 (2d

布·雷将有关戴尔综合收益的数字泄露给纽伯格·伯尔曼的一位分析师桑迪·高亚尔。高亚尔又将信息传递给钻石归来的分析师杰西·托托拉。托托拉接过接力棒，又将信息传递给他的经理纽曼和其他分析师，其中包括水平全球的分析师斯比里顿·山姆·阿顿达基斯。阿顿达基斯再将有关戴尔的信息传递给恰森。纽曼和恰森与内幕信息泄露人分别隔开 3 层和 4 层。

就 NVIDIA 和信息泄露链条而言，证据已经确定，NVIDIA 财务部的克里斯·乔伊将内幕信息泄露给曾在 Broadcom 公司和 Altera 公司这两家技术公司担任过高管的亨·利姆。乔伊是在教堂结识利姆的。利姆将信息传递给共同被告丹尼·郭。郭是威蒂尔信托的分析师，他又将信息在分析师朋友圈内散布。朋友圈包括托托拉和阿顿达基斯，这两个人又将信息传递给纽曼和恰森。这样纽曼和恰森离内幕信息泄露人隔了 4 层。

尽管雷尚未受到内幕交易或其他任何过错行为的行政指控、民事指控或刑事指控，乔伊也尚未受到刑事指控，但政府指控纽曼和恰森负有内幕交易的刑事责任，理由是：作为成熟交易员，他们当时一定知道，有关信息是由内幕信息知情人所泄露的，而且内幕信息知情人这样做违反了受信义务，并非出于任何合理的公司目的。

举证完毕后，纽曼和恰森提出动议，要求法官根据《美国联邦司法刑事程序规则 29》（以下简称 29 规则）判其无罪。两人提出，没有证据表明，公司内幕知情人提供内幕信息是为了个人获益，而根据德克斯诉证交会案［Dirks v. SEC.，463 U.S. 646（1983）］判例，证明信息泄露人的法律责任的前提是，内幕知情人必须是为了个人获益而提供了内幕信息。纽曼和恰森提出，不能认定他们两人犯有内幕交易罪，因为信息接收人的法律责任来自信息泄露人的法律责任。纽曼和恰森还提出，即便是为了个人获益而提供了信息，但没有证据显示，纽曼和恰森当时知道有任何这样的利益。上诉方提出，因为他们不知情，所以他们不知道，也没有参与信息泄露人违反其对戴尔或 NVIDIA 所负受信义务的欺诈行为，根据德克斯案判例不能对内幕交易定罪。另一个办法是，上诉人要求地区法院指示陪审团，只有认定纽曼和恰森当时知道公司内幕知情人为了个人获利而披露了保密信息，才能认定两人有罪。

地区法院对 29 规则动议保留决定。就上诉方要求给陪审团的指示而言，地区法院承认，“德克斯案判例无疑支持其立场”（Tr. 3595：10–12），但最终认定，地区法院受本院在证券交会诉奥布斯案［SEC. v. Ous，693 F. 3d 276（2d Cir. 2012）］判决的限制。该案判决列出了信息泄露人违法责任的要件，但没有阐明对于内幕知

Cir. 2012), which listed the elements of tippee liability without enumerating knowledge of a personal benefit received by the insider as a separate element. Tr. 3604: 3–3605: 5. Accordingly, the district court did not give Newman and Chiasson's proposed jury instruction. Instead, the district court gave the following instructions on the tippers' intent and the personal benefit requirement:

Now, if you find that Mr. Ray and/or Mr. Choi had a fiduciary or other relationship of trust and confidence with their employers, then you must next consider whether the [G] overnment has proven beyond a reasonable doubt that they intentionally breached that duty of trust and confidence by disclosing material [,] nonpublic information for their own benefit.Tr. 4030.

On the issue of the appellants' knowledge, the district court instructed the jury:

To meet its burden, the [G] overnment must also prove beyond a reasonable doubt that the defendant you are considering knew that the material, nonpublic information had been disclosed by the insider in breach of a duty of trust and confidence. The mere receipt of material, nonpublic information by a defendant, and even trading on that information, is not sufficient; he must have known that it was originally disclosed by the insider in violation of a duty of confidentiality.Tr. 4033: 14-22.

On December 17, 2012, the jury returned a verdict of guilty on all counts. The district court subsequently denied the appellants' Rule 29 motions.

On May 2, 2013, the district court sentenced Newman to an aggregate term of 54 months' imprisonment, to be followed by one year of supervised release, imposed a $500 mandatory special assessment, and ordered Newman to pay a $1 million fine and to forfeit $737, 724. On May 13, 2013, the district court sentenced Chiasson to an aggregate term of 78 months' imprisonment, to be followed by one year of supervised release, imposed a $600 mandatory [445] special assessment, and ordered him to pay a $5 million fine and forfeiture in an amount not to exceed $2 million.[1] This appeal followed.

Discussion

Newman and Chiasson raise a number of arguments on appeal. Because we conclude that the jury instructions were erroneous and that there was insufficient evidence to support the convictions, we address only the arguments relevant to these issues. We review jury instructions de novo with regard to whether the jury was misled or inadequately informed about the applicable law. See United States v. Moran–Toala, 726 F.3d 334, 344 (2d Cir. 2013).

1 The district court subsequently set the forfeiture amount at $1, 382, 217.

情人个人获益知情是单独要件。（Tr. 3604：3-3605：5.）因此，地区法院并没有作出纽曼和恰森所要求的陪审团指示。相反，地区法院就信息泄露人的意图和个人获益的要求作出如下指示：

现在你们若是要认定雷先生和/或乔伊先生与其各自的雇主有信任和信赖关系，接着就必须考虑政府是否排除合理怀疑地证明，他们故意违反信任和信赖义务，为个人获益而披露了非公开重大信息。（Tr. 4030.）

就上诉人是否知情的问题而言，地区法院给陪审团作了如下指示：

为了完成其举证责任，政府必须排除合理怀疑地证明，你们所审议内容的被告当时知道，非公开重大信息是内幕知情人所披露的，违反了信任和信赖义务。如果被告只是收到非公开重大信息，即便被告就信息进行了交易，不足以定罪；被告当时必须知道，信息最初是由内幕知情人泄露的，而且违反了保密义务。（Tr. 4033：14–22.）

2012 年 12 月 17 日陪审团作出各项罪行成立的有罪裁决。地区法院之后又驳回了上诉人有关 29 规则的动议。

2013 年 5 月 2 日地区法院判处纽曼累计 54 个月有期徒刑和 1 年的监外看管，令其支付累计 500 万美元的强制性特赋，命令纽曼支付 100 万美元的罚款，退还 737,724 万美元。2013 年 5 月 13 日地区法院判处乔伊累计 78 个月有期徒刑和 1 年的监外监管，令其支付累计 600 万美元的强制性特别税，支付 500 万美元的罚款，最高没收 200 万美元。[1] 两位被告提出本上诉。

讨　论

纽曼和恰森上诉，提出了一系列论点。因为本院的结论是，给陪审团的指示是错误的，没有充分的证据支持定罪，所以本院仅讨论与这些问题有关的论点。本院重新审议了给陪审团的指示，考虑陪审团是否被误导或是没有获得关于适用法律的充分信息。［See United States v. Moran–Toala，726 F.3d 334，344（2d Cir. 2013）.］

1　地区法院随后将没收金额确定为 1,382,217 美元。

Ⅰ. The Law of Insider Trading

Section 10 (b) of the 1934 Act, 15 U.S.C. § 78j (b), prohibits the use "in connection with the purchase or sale of any security... [of] any manipulative or deceptive device or contrivance in contravention of such rules and regulations as the Commission may prescribe..." Although Section 10 (b) was designed as a catch-all clause to prevent fraudulent practices, Ernst & Ernst v. Hochfelder, 425 U.S. 185, 202-06, 96 S.Ct. 1375, 47 L.Ed.2d 668 (1976), neither the statute nor the regulations issued pursuant to it, including Rule 10b-5, expressly prohibit insider trading. Rather, the unlawfulness of insider trading is predicated on the notion that insider trading is a type of securities fraud proscribed by Section 10 (b) and Rule 10b-5. See Chiarella v. United States, 445 U.S. 222, 226-30, 100 S.Ct. 1108, 63 L.Ed.2d 348 (1980).

A. The "Classical" and "Misappropriation" Theories of Insider Trading

The classical theory holds that a corporate insider (such as an officer or director) violates Section 10 (b) and Rule 10b-5 by trading in the corporation's securities on the basis of material, nonpublic information about the corporation. Id., at 230, 100 S.Ct. 1108. Under this theory, there is a special "relationship of trust and confidence between the shareholders of a corporation and those insiders who have obtained confidential information by reason of their position within that corporation." Id., at 228, 100 S.Ct. 1108. As a result of this relationship, corporate insiders that possess material, nonpublic information have "a duty to disclose [or to abstain from trading] because of the 'necessity of preventing a corporate insider from ... tak [ing] unfair advantage of ... uninformed ... stockholders.'" Id., at 228-29, 100 S.Ct. 1108 (citation omitted).

In accepting this theory of insider trading, the Supreme Court explicitly rejected the notion of "a general duty between all participants in market transactions to forgo actions based on material, nonpublic information." Id., at 233, 100 S.Ct. 1108. Instead, the Court limited the scope of insider trading liability to situations where the insider had "a duty to disclose arising from a relationship of trust and confidence between parties to a transaction, such as that between corporate officers and shareholders. Id., at 230, 100 S.Ct. 1108.

An alternative, but overlapping, theory of insider trading liability, commonly called the "misappropriation" theory, expands the scope of insider trading liability to certain other

Ⅰ．关于内幕交易的法律

《1934年证券交易法》第10（b）条［15 U.S.C. § 78j（b）］禁止“在任何证券的购买或出售方面……”使用“任何操纵或欺骗方法或伎俩，违反委员会可以制定……的规则或规定”。尽管第10（b）条是旨在防止欺诈做法的一网打尽条款［Ernst & Ernst v. Hochfelder, 425 U.S, 185, 202–06, 96 S. Ct. 1375, 47 L. Ed. 2d 668（1976）］，但无论根据该条发布的制定法，还是根据包括《规则10b–5》在内的法规，都没有明确禁止内幕交易。相反，内幕交易的非法性所基于的理论是，内幕交易是第10（b）条和《规则10b–5》所禁止的一种证券欺诈。［See Chiarella v. United States，445 U.S. 222，226–30，1000 S. Ct. 1108，63 L. Ed. 2d 348（1980）.］

A. 内幕交易的“传统”理论和“窃取”理论

按照传统理论，公司内幕知情人（如高管或董事），利用有关公司的非公开重大信息买卖股票，就违反了《1934年证券交易法》第10（b）条和《规则10b–5》。（Id., at 230，100 S.Ct.1108.）根据该理论，“公司股东与内幕知情人之间有特殊信任和信赖关系，而内幕信息知情人因其在公司的职位而获得保密信息”。（Id.，at 228，100 S.Ct.1108.）因为有此特殊关系，如果公司内幕知情人掌握非公开重大信息，就有“义务披露（或是暂不交易），因为有必要防止公司内幕知情人……利用其对没有获得信息的……股东的不公平优势”。［Id.，at 228–29，100 S.Ct.1108（出处省略）.］

美国联邦最高法院接受了关于内幕交易的这一理论，但明确拒绝了一个相关理念，该理念是“市场交易的所有参与者之间存在普遍义务，不得根据非公开重大信息采取任何行动”。（Id.，at 233，100 S. Ct. 1108.）相反，美国联邦最高法院限制了内幕交易违法责任的范围，仅适用于“交易各方之间存在信任和信赖关系”，如公司高管与股东之间存在关系，内幕知情人因此才“有披露责任”。（Id.，at 230. 100 S. Ct. 1108.）

关于内幕交易的违法责任还有另一个理论，通常称为“窃取理论”，该理论与传统理论重叠。窃取理论扩大了内幕交易违法责任的范围，将其扩大到某些“外部

"outsiders", who do not have any fiduciary or other relationship to a corporation or its shareholders. Liability may attach where an "outsider" possesses material non-public information about a corporation and another person uses that information to trade in breach of a duty owed to the owner. United States v. O'Hagan, 521 U.S. 642, 652-53, 117 S.Ct. 2199, 138 L.Ed.2d 724 (1997); United States v. Libera, 989 F.2d 596, 599-600 (2d Cir. 1993). In other words, such conduct violates Section 10 (b) because the misappropriator engages in deception by pretending "loyalty to the principal while secretly converting the principal's information for personal gain." Obus, 693 F.3d at 285 (citations omitted).

B. Tipping Liability

The insider trading case law, however, is not confined to insiders or misappropriators who trade for their own accounts. Id., at 285. Courts have expanded insider trading liability to reach situations where the insider or misappropriator in possession of material nonpublic information (the "tipper") does not himself trade but discloses the information to an outsider (a "tippee") who then trades on the basis of the information before it is publicly disclosed. See Dirks, 463 U.S. at 659, 103 S.Ct. 3255. The elements of tipping liability are the same, regardless of whether the tipper's duty arises under the "classical" or the "misappropriation" theory. Obus, 693 F.3d at 285-86.

In Dirks, the Supreme Court addressed the liability of a tippee analyst who received material, nonpublic information about possible fraud at an insurance company from one of the insurance company's former officers. Dirks, 463 U.S. at 648-49, 103 S.Ct. 3255. The analyst relayed the information to some of his clients who were investors in the insurance company, and some of them, in turn, sold their shares based on the analyst's tip. Id. The SEC charged the analyst Dirks with aiding and abetting securities fraud by relaying confidential and material inside information to people who traded the stock.

In reviewing the appeal, the Court articulated the general principle of tipping liability: "Not only are insiders forbidden by their fiduciary relationship from personally using undisclosed corporate information to their advantage, but they may not give such information to an outsider for the same improper purpose of exploiting the information for their personal gain." Id., at 659, 103 S.Ct. 3255 (citation omitted). The test for determining whether the corporate insider has breached his fiduciary duty "is whether the insider personally will benefit, directly or indirectly, from his disclosure. Absent some personal gain, there has been no breach of duty..." Id., at 662, 103 S.Ct. 3255.

The Supreme Court rejected the SEC's theory that a recipient of confidential information (i.e. the "tippee") must refrain from trading "whenever he receives inside information from an insider." Id., at 655, 103 S.Ct. 3255. Instead, the Court held that

人，而这些人与公司或公司股东并没有任何受信关系或其他关系”。如果“外部人”掌握公司的非公开重大信息，而另一个人利用该信息进行交易，违反了其对雇主的责任，可以产生违法责任。[United States v. O'Hagan，521 U.S. 642，652–53，117 S. Ct. 2199，138 L. Ed. 2d 724（1997）；United States v. Libera，989 F.2d 596，599–600（2d Cir. 1993）.] 换言之，这类行为违反了《1934 年证券交易法》第 10（b）条，因为窃取人进行了欺诈，假装“对主体忠诚，但却秘密地将主体的信息占为己用”。[Obus，693 F.3d at 285（出处省略）.]

B. 泄露信息的违法责任

但内幕交易的判例法并不仅限于内幕信息知情人或窃取人为自己进行交易。（Id.，at 285.）一些法院扩大了内幕交易的违法责任范围，即使掌握非公开重大信息的内幕知情人或窃取人（信息泄露人）自己并没有进行交易，而是将信息泄露给外部人（信息接收人），该信息公开披露之前，信息接收人利用信息进行交易，也会产生内幕交易违法责任。（See Dirks，463 U.S. at 659，103 S. Ct. 3255.）无论信息泄露人的违法责任是由于“传统”理论而产生的，还是由于“窃取”理论而产生的，泄露信息的违法责任的要件相同。（Obus，693 F.3d at 285–86.）

在德克斯案判决中，美国联邦最高法院讨论了信息接收人的违法责任。该案的信息接收人是一位分析师，从一家保险公司的一位前高管处获得了非公开重大信息，内容涉及这家保险公司可能有欺诈行为。（Dirks，463 U.S. at 648–49.）该分析师将信息传递给他的几位客户，而这些客户是这家保险公司的投资者，其中一些投资者根据分析师泄露的信息售出自己的股票。（Id.）证交会指控分析师迪克斯帮助和教唆证券欺诈，因为他将重大保密信息传递给交易股票的人。

本院审议上诉时，阐述了信息泄露违法责任的一般原则：“内幕信息知情人本人不仅因为受信关系不得利用公司的非公开信息，而且他们不得将此类信息交给外部人用于为其个人获益的同样的不当目的。”[Id.，at 659，103 S. Ct. 3255（出处省略）.] 公司内幕信息知情人是否违反了其受信义务，其检验标准是，“内幕知情个人是否会直接或间接地从披露获益。没有个人获益，就没有违反义务”。[Id.，at 662，103 S. Ct. 3255.]

证交会的理论是，收到保密信息的人（信息接收人），“只要是从内幕信息知情人处收到内幕信息”，就不得进行交易。（Id.，at 655，103 S. Ct. 3255.）美国联邦最高法院否定了证交会的这一理论。相反，美国联邦最高法院认定，“信息接收

"[t]he tippee's duty to disclose or abstain is derivative from that of the insider's duty." Id., at 659, 103 S.Ct. 3255. Because the tipper's breach of fiduciary duty requires that he "personally will benefit, directly or indirectly, from his disclosure", id., at 662, 103 S.Ct. 3255, a tippee may not be held liable in the absence of such benefit. Moreover, the Supreme Court held that a tippee may be found liable "only when the insider has breached his fiduciary duty ... and the tippee knows or should know that there has been a breach." Id., at 660, 103 S.Ct. 3255. In Dirks, the corporate insider provided the confidential information in order to expose a fraud in the company and not for any personal benefit, and thus, the Court found that the insider had not breached his duty to the company's shareholders and that Dirks could not be held liable as tippee.

E. Mens Rea

Liability for securities fraud also requires proof that the defendant acted with scienter, which is defined as "a mental state embracing intent to deceive, manipulate or defraud." Hochfelder, 425 U.S. at 193 n. 12, 96 S.Ct. 1375. In order to establish a criminal violation of the securities laws, the Government must show that the defendant acted "willfully". 15 U.S.C. § 78ff (a). We have defined willfulness in this context "as a realization on the defendant's part that he was doing a wrongful act under the securities laws." United States v. Cassese, 428 F.3d 92, 98 (2d Cir. 2005) (internal quotation marks and citations omitted); see also United States v. Dixon, 536 F.2d 1388, 1395 (2d Cir. 1976) (holding that to establish willfulness, the Government must "establish a realization on the defendant's part that he was doing a wrongful act ... under the securities laws" and that such an act "involve[d] a significant risk of effecting the violation that occurred.") (quotation omitted).

Ⅱ. The Requirements of Tippee Liability

The Government concedes that tippee liability requires proof of a personal benefit to the insider. Gov't Br. 56. However, the Government argues that it was not required to prove that Newman and Chiasson knew that the insiders at Dell and NVIDIA received a personal benefit in order to be found guilty of insider trading. Instead, the Government contends, consistent with the district court's instruction, that it merely needed to prove that the "defendants traded on material, nonpublic information they knew insiders had disclosed in breach of a duty of confidentiality..." Gov't Br. 58.

人不披露或不交易的义务是内幕信息知情人义务的衍生”。（Id.，at 659，103 S. Ct. 3255.)因为信息泄露人违反受信义务的前提是，“他个人直接或间接地从披露中获益”（id.，at 662，103 S. Ct. 3255），所以除非有此获益，不得认定信息接收人有违法责任。此外，美国联邦最高法院认定，“只有内幕信息知情人违反了其受信义务，而且信息接收人知道或者应当知道内幕信息知情人违反了受信义务”，才能认定信息接收人有违法责任。（Id.，at 660，103 S.Ct. 3255.）在德克斯案判例中，公司内幕信息知情人提供内幕信息，是为了揭露公司内的欺诈行为，而不是为了个人获益，所以美国联邦最高法院认定，内幕信息知情人并没有违反其对公司股东的义务，不得认定作为信息接收人的德克斯有违法责任。

E*. 犯罪意图

认定证券欺诈需要证明，被告行动时有主观意图。主观意图被界定为“一种精神状态，有意图要欺骗、操纵或诈骗”。（Hochelder，425 U.S. at 193 n. 12，96 S. Ct. 1375.）要证明在刑法上违反了证券法，政府必须表明，被告的行为是出于“故意”。［15 U.S.C. § 78ff（a）.］就此范畴而言，我们将故意定义为，“被告意识到，根据证券法，他的行为是错误的”。［United States v. Cassese，428 F. 3d 92，98（2d Cir. 2005）（文内引号和出处省略）；see also United Sates v. Dixon，536 F. 2d 1388，1395（2d Cir. 1976）（认定，要确定故意，政府必须“证明，被告意识到，根据证券法，他的行为是有错误，而且此类行为很有可能导致违法行为”）（引号省略）.］

Ⅱ. 关于信息接收人违法责任的要求

政府承认，认定信息接收人的违法责任，必须证明内幕信息知情人个人获益。（Gov't Br. 56.）但是政府提出，政府无须证明纽曼和恰森知道戴尔和 NVIDIA 的内幕信息知情人个人获益，就可以认定纽曼和恰森进行了内幕交易。相反，政府辩称，政府只需证明“被告以非公开重大信息进行交易，而且知道内幕信息知情人泄露信息违反了信任义务”。（Gov't Br. 58.）政府的这一立场与地区法院的指示一致。

* 原文序号如此。——译者注

In support of this position, the Government cites Dirks for the proposition that the Supreme Court only required that the "tippee know that the tipper disclosed information in breach of a duty." Id., at 40 (citing Dirks, 463 U.S. at 660, 103 S.Ct. 3255). In addition, the Government relies on dicta in a number of our decisions post-Dirks, in which we have described the elements of tippee liability without specifically stating that the Government must prove that the tippee knew that the corporate insider who disclosed confidential information did so for his own personal benefit. Id., at 41–44 (citing, inter alia, United States v. Jiau, 734 F.3d 147, 152-53 (2d Cir. 2013); Obus, 693 F.3d at 289; SEC. v. Warde, 151 F.3d 42, 48–49 (2d Cir. 1998)). By selectively parsing this dictum, the Government seeks to revive the absolute bar on tippee trading that the Supreme Court explicitly rejected in Dirks.

Although this Court has been accused of being "somewhat Delphic" in our discussion of what is required to demonstrate tippee liability, United States v. Whitman, 904 F.Supp.2d 363, 371 n. 6 (S.D.N.Y. 2012), the Supreme Court was quite clear in Dirks. First, the tippee's liability derives only from the tipper's breach of a fiduciary duty, not from trading on material, non-public information. See Chiarella, 445 U.S. at 233, 100 S.Ct. 1108 (noting that there is no "general duty between all participants in market transactions to forgo actions based on material, nonpublic information"). Second, the corporate insider has committed no breach of fiduciary duty unless he receives a personal benefit in exchange for the disclosure. Third, even in the presence of a tipper's breach, a tippee is liable only if he knows or should have known of the breach.

While we have not yet been presented with the question of whether the tippee's knowledge of a tipper's breach requires knowledge of the tipper's personal benefit, the answer follows naturally from Dirks. Dirks counsels us that the exchange of confidential information for personal benefit is not separate from an insider's fiduciary breach; it is the fiduciary breach that triggers liability for securities fraud under Rule 10b-5. For purposes of insider trading liability, the insider's disclosure of confidential information, standing alone, is not a breach. Thus, without establishing that the tippee knows of the personal benefit received by the insider in exchange for the disclosure, the Government cannot meet its burden of showing that the tippee knew of a breach.

The Government's overreliance on our prior dicta merely highlights the doctrinal novelty of its recent insider trading prosecutions, which are increasingly targeted at remote tippees many levels removed from corporate insiders. By contrast, our prior cases generally involved tippees who directly participated in the tipper's breach (and therefore had knowledge of the tipper's disclosure for personal benefit) or tippees who were explicitly apprised of the tipper's gain by an intermediary tippee. See e.g., Jiau, 734 F.3d at 150 ("To provide an incentive, Jiau promised the tippers insider information for their own private trading."); United States v. Falcone, 257 F.3d 226, 235 (2d Cir. 2001) (affirming conviction of

为支持这一立场，政府援引德克斯案判例作为其根据：美国联邦最高法院只要求“信息接收人知道信息泄露人披露信息违反了义务”。｛Id.，at 40［（引用德克斯案），463 U.S. at 660，103 S.Ct. 3255］.｝此外，政府依赖本院在德克斯案后所作出一些列入判决中的附带意见。在这些附带意见中，我们叙述了信息接收人违法责任的要件，但并没有具体提到，政府必须证明，信息接收人知道，公司内幕信息知情人披露保密信息，是为了个人获益。｛Id.， at 41–44［citing，inter alia，United States v. Jiau，734 F.3d 147，152–53（2d Cir. 2013）；Obus，693 F.3d at 289；SEC. v. Warde，151 F.3d 42，48–49（2d Cir. 1988）］.｝政府有选择地推敲了这些附带意见，试图恢复对信息接收人交易的绝对禁止。但在德克斯案判决意见中，美国联邦最高法院明确否定了绝对禁止的做法。

本院讨论过表明信息接收人违法责任的条件，被指责“有故弄玄虚”之嫌［United States v. Whitman，904 F. Supp. 2d 363，371 n. 6（S.D.N.Y. 2012）］，但美国联邦最高法院在德克斯案判决中相当明确。第一，信息接收人的违法责任只能是信息泄露人违反受信义务的衍生，并不来自利用非公开重大信息交易。［See Chiarella，445 U.S. at 233，100 S.Ct. 1108 at 233（指出，市场交易的所有参与方之间，并不存在“不以非公开重大信息进行交易的普遍义务”）.］第二，除非公司内幕信息知情人为个人获益泄露信息，否则就没有违反受信义务。第三，即便信息泄露人违反了其义务，只有信息接收人知道或者应当知道信息泄露人已经违反义务，信息接收人才有违法责任。

并未要求本院回答下列问题：是否需要信息接收人知道信息泄露人个人获益，才可以视其为知道信息泄露人违反了义务。但从德克斯案判决中自然可以得出答案。德克斯案判决告诉我们，以保密信息换取个人获益，与内幕信息知情人的受信义务不可分开。违反受信义务，才会触发《规则 10b–5》下的证券欺诈责任。就内幕交易的违法责任而言，如果内幕信息知情人仅仅是泄露了保密信息，并不构成违法责任。因此，如果不能确定信息接收人知道内幕信息知情人为个人获益而泄露，则政府并没有完成其举证责任，没有表明信息接收人知道违反责任的情况。

政府过于依赖本院先前的附带意见，只是突出强调了政府近期内幕交易公诉案件在理论上别出心裁，即政府日益加强打击信息接收人，而这些人与公司内幕信息知情人相隔多层。相反，本院先前的判例通常所涉及的信息接收人或者直接参与了信息泄露人违反责任的行为（所以知道信息泄露人为个人获益泄露），或者由中间环节的信息接收人明确告知，信息泄露人从中个人获益。［See e.g.，Jiau，734 F. 3d at 150（为提供动力，吉奥允诺向泄露人提供内幕信息，用于其个人交易）；United States v. Falcone，257 F. 3d 226，235（2d Cir. 2001）（维持有关遥远信息泄露人的定罪；该案的中间信息接收人付钱给泄露信息的内幕交易知情人，并将“计划的细节”告

remote tipper where intermediary tippee paid the inside tipper and had told remote tippee "the details of the scheme"); Warde, 151 F.3d at 49 (tipper and tippee engaged in parallel trading of the inside information and "discussed not only the inside information, but also the best way to profit from it"); United States v. Mylett, 97 F.3d 663(2d Cir. 1996)(tippee acquired inside information directly from his insider friend) . We note that the Government has not cited, nor have we found, a single case in which tippees as remote as Newman and Chiasson have been held criminally liable for insider trading.

Jiau illustrates the importance of this distinction quite clearly. In Jiau, the panel was presented with the question of whether the evidence at trial was sufficient to prove that the tippers personally benefitted from their disclosure of insider information. In that context, we summarized the elements of criminal liability as follows: (1) the insider-tippers ... were entrusted the duty to protect confidential information, which (2) they breached by disclosing [the information] to their tippee... who (3) knew of [the tippers'] duty and (4) still used the information to trade a security or further tip the information for [the tippee's] benefit, and finally (5) the insider-tippers benefited in some way from their disclosure. Jiau, 734 F.3d at 152-53 (citing Dirks, 463 U.S. at 659-64, 103 S.Ct. 3255; Obus, 693 F.3d at 289) .

The Government relies on this language to argue that Jiau is merely the most recent in a string of cases in which this Court has found that a tippee, in order to be criminally liable for insider trading, need know only that an insider-tipper disclosed information in breach of a duty of confidentiality. Gov't Br. 43. However, we reject the Government's position that our cursory recitation of the elements in Jiau suggests that criminal liability may be imposed on a defendant based only on knowledge of a breach of a duty of confidentiality. In Jiau, the defendant knew about the benefit because she provided it. For that reason, we had no need to reach the question of whether knowledge of a breach requires that a tippee know that a personal benefit was provided to the tipper.

In light of Dirks, we find no support for the Government's contention that knowledge of a breach of the duty of confidentiality without knowledge of the personal benefit is sufficient to impose criminal liability. Although the Government might like the law to be different, nothing in the law requires a symmetry of information in the nation's securities markets. The Supreme Court explicitly repudiated this premise not only in Dirks, but in a predecessor case, Chiarella v. United States. In Chiarella, the Supreme Court rejected this Circuit's conclusion that "the federal securities laws have created a system providing equal access to information necessary for reasoned and intelligent investment decisions... because [material non-public] information gives certain buyers or sellers an unfair advantage over less informed buyers and sellers." 445 U.S. at 232, 100 S.Ct. 1108. The Supreme Court emphasized that "[t] his reasoning suffers from [a] defect... [because] not every instance of financial

诉信息接收人）；Warde，151 F. 3d at 49（信息泄露人和信息接收人同时利用内幕信息平行进行内幕交易，“不仅讨论了内幕信息，而且也讨论了从中获利的最佳途径”）；United States v. Mylett，97 F. 3d 663（2d Cir. 1996）（内幕信息知情人是信息接收人的朋友，信息接收人直接从这位朋友处获得内幕信息）.］本院指出，政府没有引用任何一个判例，其信息接收人与纽曼以及恰森一样遥远，但仍然被认定有内幕交易的刑事责任。本院也没有发现这样的判例。

吉奥案判决相当明确地显示了这一区别的重要性。在吉奥案中，合议庭面对的问题是，审判中出示的证据是否足以证明信息泄露人从泄露内幕信息中个人获益。就此范畴而言，本院将刑事责任的要件概括如下：（1）内幕信息知情人—信息泄露人……有义务保护保密信息；（2）他们违反义务（将该信息）泄露给他们的信息接收人……而（3）信息接收人知道（信息泄露人）的义务；但（4）仍然利用该信息交易证券或为（信息接收人）获益而进一步传递信息；最后（5）内幕信息知情人—信息泄露人以某种方式从泄露中获益。［Jiau，734 F.3d at 152-53（citing Dirks，463 U.S. at 659-64，103 S. Ct. 3255；Obus，693 F.3d 289）.］

政府依据这些措辞提出，在一系列案件中本院认定，要认定信息接收人有内幕交易的刑事责任，信息接收人只需知道，内幕信息知情人—信息泄露人泄露信息违法了保密义务，而吉奥案判例只是其中最新的。（Gov't Br. 43.）政府的立场是，本院只是简略地提到吉奥案判例的要件，示意只要被告知道违反保密义务，就可以被认定有刑事责任。本院否定政府的这一立场。吉奥案中，就是由被告提供了可图之利，所以被告对获益知情。基于这一原因，本院无须考虑以下问题：认定信息接收人知道违反义务，是否需要证明信息接收人知道已经向信息泄露人提供了个人利益。

政府辩称，即便不知道个人获益，但只要知道违反义务，就可以认定有刑事责任。根据德克斯案判例，本院认定政府的这一立场并无根据。政府或许希望法律是另样的，但法律根本没有要求国家的证券市场信息对称。美国联邦最高法院明确否定了政府的立场，不仅在德克斯案判决中予以明确否定，而且在之前的彻雷拉诉美国案判决中也予以明确否定。本巡回法院得出的一个结论是，“联邦证券法创立了一个制度，提供平等机会获得做出合理的明智投资决定所需要的信息……因为（非公开重大）信息让某些购买或出售人得到不公平的优势，对了解情况更少的购买人和出售人不利”。在彻雷拉案判决中，美国联邦最高法院否定了本巡回法院的上述结论。（445 U.S. at 232，100 S. Ct. 1108.）美国联邦最高法院强调，“此推理有一缺陷……（因）为并不是只要存在金融不公，就构成了第10（b）条下的欺诈”。｛Id. See also United States v. Chestman，947 F.2d 551，578（2d Cir 1991）（温特大法官发

unfairness constitutes fraudulent activity under § 10 (b)." Id. See also United States v. Chestman, 947 F.2d 551, 578 (2d Cir. 1991) (Winter, J., concurring) ("The policy rationale [for prohibiting insider trading] stops well short of prohibiting all trading on material nonpublic information. Efficient capital markets depend on the protection of property rights in information. However, they also require that persons who acquire and act on information about companies be able to profit from the information they generate..."). Thus, in both Chiarella and Dirks, the Supreme Court affirmatively established that insider trading liability is based on breaches of fiduciary duty, not on informational asymmetries. This is a critical limitation on insider trading liability that protects a corporation's interests in confidentiality while promoting efficiency in the nation's securities markets.

As noted above, Dirks clearly defines a breach of fiduciary duty as a breach of the duty of confidentiality in exchange for a personal benefit. See Dirks, 463 U.S. at 662, 103 S.Ct. 3255. Accordingly, we conclude that a tippee's knowledge of the insider's breach necessarily requires knowledge that the insider disclosed confidential information in exchange for personal benefit. In reaching this conclusion, we join every other district court to our knowledge—apart from Judge Sullivan [1]—that has confronted this question. Compare United States v. Rengan Rajaratnam, No. 13-211 (S.D.N.Y. July 1, 2014) (Buchwald, J.); United States v. Martoma, No. 12-973 (S.D.N.Y. Feb. 4, 2014) (Gardephe, J.); United States v. Whitman, 904 F.Supp.2d 363, 371 (S.D.N.Y.2012) (Rakoff, J.); United States v. Raj Rajaratnam, 802 F.Supp.2d 491, 499 (S.D.N.Y.2011) (Holwell, J.); State Teachers Retirement Bd. v. Fluor Corp., 592 F.Supp. 592, 594 (S.D.N.Y.1984) (Sweet, J.), [2] with United States v. Steinberg, No. 12-121, 21 F.Supp.3d 309, 316, 2014 WL 2011685 at [450] 5 (S.D.N.Y. May 15, 2014) (Sullivan, J.), and United States v. Newman, No. 12-121 (S.D.N.Y. Dec. 6, 2012) (Sullivan, J.). [3]

1 Although the Government argues that district court decisions in SEC. v. Thrasher, 152 F.Supp.2d 291 (S.D.N.Y.2001) and SEC. v. Musella, 678 F.Supp. 1060 (S.D.N.Y.1988) support their position, these cases merely stand for the unremarkable proposition that a tippee does not need to know the details of the insider's disclosure of information. The district courts determined that the tippee did not have to know for certain how information was disclosed, Thrasher, 152 F.Supp.2d at 304-05, nor the identity of the insiders, Musella, 678 F.Supp. at 1062-63. This is not inconsistent with a requirement that a defendant tippee understands that some benefit is being provided in return for the information.

2 See also United States v. Santoro, 647 F.Supp. 153, 170-71 (E.D.N.Y.1986) ("An allegation that the tippee knew of the tipper's breach necessarily charges that the tippee knew that the tipper was acting for personal gain.") rev'd on other grounds sub nom., United States v. Davidoff, 845 F.2d 1151 (2d Cir. 1988); Hernandez v. United States, 450 F.Supp.2d 1112, 1118 (C.D.Cal.2006) ("[U]nder the standard set forth in Dirks" a tippee can be liable under Section 10 (b) and Rule 10 (b)-5 "if the tippee had knowledge of the insider-tipper's personal gain.").

3 We note that Judge Sullivan had an opportunity to address the issue in *Steinberg* only because the Government chose to charge Matthew Steinberg in the same criminal case as Newman and Chiasson by filing a superseding indictment. Notably, the Government superseded to add Steinberg on March 29, 2013, after the conclusion of the Newman trial, after Judge Sullivan refused to give the defendants' requested charge on scienter now at issue on this appeal, and at a time when there was no possibility of a joint trial with the Newman defendants.

表共同意见）［（禁止内幕交易）的政策理由远不是要禁止所有利用非公开重大信息进行的交易。有效率的资本市场有赖于对信息财产权的保护。但有效率的资本市场同时也要求，获得有关公司信息并据此行事的人，应当可以从他们产生的信息中获得利润］.｝因此，在彻雷拉案判决和德克斯案判决中，最高法院明确肯定，内幕交易的违法责任是基于受信义务，而不是基于信息不对称。这是对内幕交易违法责任的重要限制，既要保护公司的保密权益，同时又要提高全国证券市场的效率。

正如上文所指出的，德克斯案判例明显将违反受信义务定义为，为个人获益而违反保密责任。（See Dirks，463 U.S. at 662，103 S. Ct. 3255.）因此，我们的结论是，要认定信息接收人知道信息泄露人违反了义务，其前提是信息接收人知道，内幕信息知情人为个人获益而泄露了保密信息。据本院所知，本院作出这一结论后，即与所有遇到该问题的地区法院意见一致，唯有索利文法官除外。[1]｛Compare United States v. Rengan Rajaratnam，No. 13–211（S.D.N.Y. July 1，2014）（布赫瓦尔德法官）；United States v. Martonma，No. 12–973（S.D.N.Y. Feb. 4，2014）（加德费法官）；United States v. Raj Rajartnam，802 F. Supp. 2d 491. 499（S.D.N.Y. 2011）（霍尔威尔法官）；State Teachers Retirement Bd. v. Fluor Corp.，592 F. Supp. 592，594（S.D.N.Y. 1984）（斯威特法官），[2]with United States v. Steinberg，No. 12–121，21 F. Supp. 3d 309，316，2014 WL 2011685 at［450］5（S.D.N.Y. May 15，2014）（索利文法官），and United States v. Newman，No. 12–121（S.D.N.Y. Dec. 6，2012）（索利文法官）.｝[3]

---

1 政府提出，在证交会诉思拉什尔案［SEC. v. Thrasher，152 F. Supp. 2d 291（S.D.N.Y.2001）］判决和证交会诉穆塞勒案［SEC. v. Musella，678 F. Supp. 1060（S.D.N.Y.1988）］判决中，地区法院支持政府的立场，但这些判决只是支持以下并不突出的立场：内幕信息接收人无须知道内幕信息知情人所泄露的信息的细节。若干地区法院所认定的是，内幕信息接收人无须确切知道信息是如何泄露的（Thrasher，152 F. Supp. 2d at 304–05），也无须知道内幕信息知情人的身份（Musella，678 F. Supp. at 1062–63）。这一立场与以下要求并不矛盾：被告作为内幕信息接收人知道，提供某些利益以换取信息。

2 See also United States v. Santoro，647 F. Supp. 153，170–71（E.D.N.Y. 1986）（一个指称是，信息接收人当时知道信息泄露人违反义务，就是指控信息接收人当时知道，信息泄露人这样做是为了个人获益）rev'd on other grounds sub nom，United States v. Davidoff，845 F. 2d 1151（2d. Cir. 1988）；Hernanderz v. United States，450 F. Supp. 2d 1112，1118（C.D. Cal. 2006）（“根据德克斯案判例所阐述的标准”，如果“信息接收人当时知道内幕信息知情人—信息泄露人个人获益”，可以认定信息接收人有第 10（b）条和《10（b）–5 规则》所规定的违法责任）.

3 本院指出，索利文法官有机会讨论斯坦伯格案判决中的问题，只是因为政府选择在起诉纽曼和恰森的同一起刑事案件中提交替代起诉书，指控马修斯·斯坦伯格。引人注目的是，2013 年 3 月 29 日政府替代起诉，增加了斯坦伯格作为被告。此前，纽曼审判已经结束，索利文法官拒绝同意被告所要求的有关主观意图的指示，而主观故意是上诉涉及的一个问题，当时没有可能与纽曼等被告共同审判。

Our conclusion also comports with well-settled principles of substantive criminal law. As the Supreme Court explained in Staples v. United States, 511 U.S. 600, 605, 114 S.Ct. 1793, 128 L.Ed.2d 608 (1994), under the common law, *mens rea*, which requires that the defendant know the facts that make his conduct illegal, is a necessary element in every crime. Such a requirement is particularly appropriate in insider trading cases where we have acknowledged "it is easy to imagine a ... trader who receives a tip and is unaware that his conduct was illegal and therefore wrongful." United States v. Kaiser, 609 F.3d 556, 569 (2d Cir. 2010). This is also a statutory requirement, because only "willful" violations are subject to criminal provision. See United States v. Temple, 447 F.3d 130, 137 (2d Cir. 2006) ("'Willful' repeatedly has been defined in the criminal context as intentional, purposeful, and voluntary, as distinguished from accidental or negligent").

In sum, we hold that to sustain an insider trading conviction against a tippee, the Government must prove each of the following elements beyond a reasonable doubt: that (1) the corporate insider was entrusted with a fiduciary duty; (2) the corporate insider breached his fiduciary duty by (a) disclosing confidential information to a tippee (b) in exchange for a personal benefit; (3) the tippee knew of the tipper's breach, that is, he knew the information was confidential and divulged for personal benefit; and (4) the tippee still used that information to trade in a security or tip another individual for personal benefit. See Jiau, 734 F.3d at 152–53; Dirks, 463 U.S. at 659–64, 103 S.Ct. 3255.

In view of this conclusion, we find, reviewing the charge as a whole, United States v. Mitchell, 328 F.3d 77, 82 (2d Cir. 2003), that the district court's instruction failed to accurately advise the jury of the law. The district court charged the jury that the Government had to prove: (1) that the insiders had a "fiduciary or other relationship of trust and confidence" with their corporations; (2) that they "breached that duty of trust and confidence by disclosing material, nonpublic information"; (3) that they "personally benefited in some way" from the disclosure; (4) "that the defendant ... knew the information he obtained had been disclosed in breach of a duty"; and (5) that the defendant used the information to purchase a security. Under these instructions, a reasonable juror might have concluded that a defendant could be criminally liable for insider trading merely if such defendant knew that an insider had divulged information that was required to be kept confidential. But a breach of the duty of confidentiality is not fraudulent unless the tipper acts for personal benefit, that is to say, there is no breach unless the tipper "is in effect selling the information to its recipient for cash, reciprocal information, or other things of value for himself..." Dirks, 463 U.S. at 664, 103 S.Ct. 3255 (quotation omitted). Thus, the district court was required to instruct the jury that the Government [451] had to prove beyond a reasonable doubt that Newman and Chiasson knew that the tippers received a personal benefit for their disclosure.

本院的结论也符合实体刑法明确确立的原则。如同美国联邦最高法院在斯特普尔斯诉美国案［Staples v. United States，511 U.S. 600，605，114 S. Ct. 1793，128 L. Ed. 2d 608（1994）］判决中所解释的，根据普通法，犯罪意图是所有罪中不可缺少的要件，而犯罪意图要求被告知道其行为违法的客观事实。这种要求在内幕交易案中尤为恰当，因为此类案件中本院承认，“不难设想，交易人收到所传递的信息，但并不知道自己的行为属于违法，是有错的”。［United States v. Temple，447 F.3d 130，137（2d Cir. 2006）.］这也是法定要求，因为只有“故意违法，才适用刑法条款”。［See United States v. Temple 447 F. 3d 130，137（2d Cir. 2006）（在刑法范畴中，“故意”一词一再被定义为有意图、有目的和自愿的，有别于意外和疏忽）.］

总而言之，本院认定，要支持对信息接收人的内幕交易定罪，政府必须排除合理怀疑地证明以下每个要件：（1）公司内幕信息知情人被赋予受信义务；（2）公司内幕信息知情人违反了受信义务，（a）将保密信息泄露给信息接收人，（b）以便个人获益；（3）信息接收人知道，信息泄露人违反了义务，即知道信息是保密的，但为了个人获益而被披露；而且（4）信息接收人仍然利用该信息交易证券或为个人获益将其传递给另一个人。（See Jiau，734 F. 3d at 152–53；Dirks，463 U.S. at 659–64，103 S. Ct. 3255.）

鉴于这一结论，本院在审议整个指控时认定［United States v. Mitchell，328 F. 3d 77，82（2d Cir. 2003）］，地区法院的指示没有向陪审团准确介绍法律。地区法院指示陪审团，政府必须证明：（1）各个内幕信息知情人与其公司之间存在“受信关系或其他信任和信赖关系”；（2）“内幕信息知情人泄露非公开重大信息，违反了其义务”；（3）他们借泄露信息，“个人以某种方式获益”；（4）被告……知道，他获得的信息是内幕信息知情人违反义务泄露给他的；而且（5）被告利用信息购买证券。根据这些指示，遵循常理的陪审团成员有可能认定，只要被告知道内幕信息知情人泄露了需要保密的信息，被告进行内幕交易就可以被定有刑事责任。但除非信息泄露人的做法是为了个人获益，违反保密义务并不属于欺诈，即除非信息泄露人“实际上是将信息出售给信息获得者，以其换取现金、互惠信息或其他价值物……则没有违反义务”。［Dirks，463 U.S. at 664，103 S. Ct. 3255（引语省略）.］所以，地区法院应当告诉被告陪审团，政府必须排除合理怀疑地证明，纽曼和恰森知道信息泄露人借由泄露个人信息获益。

The Government argues that any possible instructional error was harmless because the jury could have found that Newman and Chiasson inferred from the circumstances that some benefit was provided to (or anticipated by) the insiders. Gov't Br. 60. We disagree.

An instructional error is harmless only if the Government demonstrates that it is "clear beyond a reasonable doubt that a rational jury would have found the defendant guilty absent the error [.]" Neder v. United States, 527 U.S. 1, 17–18, 119 S.Ct. 1827, 144 L.Ed.2d 35 (1999); accord Moran–Toala, 726 F.3d at 345; United States v. Quattrone, 441 F.3d 153, 180 (2d Cir. 2006). The harmless error inquiry requires us to view whether the evidence introduced was "uncontested and supported by overwhelming evidence" such that it is "clear beyond a reasonable doubt that a rational jury would have found the defendant guilty absent the error." Neder, 527 U.S. at 18, 119 S.Ct. 1827. Here both Chiasson and Newman contested their knowledge of any benefit received by the tippers and, in fact, elicited evidence sufficient to support a contrary finding. Moreover, we conclude that the Government's evidence of any personal benefit received by the insiders was insufficient to establish tipper liability from which Chiasson and Newman's purported tippee liability would derive.

Ⅲ. Insufficiency of the Evidence

As a general matter, a defendant challenging the sufficiency of the evidence bears a heavy burden, as the standard of review is exceedingly deferential. United States v. Coplan, 703 F.3d 46, 62 (2d Cir. 2012). Specifically, we "must view the evidence in the light most favorable to the Government, crediting every inference that could have been drawn in the Government's favor, and deferring to the jury's assessment of witness credibility and its assessment of the weight of the evidence." Id. (citing United States v. Chavez, 549 F.3d 119, 124 (2d Cir. 2008)). Although sufficiency review is *de novo*, we will uphold the judgments of conviction if "any rational trier of fact could have found the essential elements of the crime beyond a reasonable doubt." Id. (citing United States v. Yannotti, 541 F.3d 112, 120 (2d Cir. 2008) (emphasis omitted); Jackson v. Virginia, 443 U.S. 307, 319, 99 S.Ct. 2781, 61 L.Ed.2d 560 (1979)). This standard of review draws no distinction between direct and circumstantial evidence. The Government is entitled to prove its case solely through circumstantial evidence, provided, of course, that the Government still demonstrates each element of the charged offense beyond a reasonable doubt. United States v. Lorenzo, 534 F.3d 153, 159 (2d Cir. 2008).

However, if the evidence "is nonexistent or so meager", United States v.

政府辩称，指示即便有错也无害，因为陪审团根据案情可以推断认定，内幕信息知情人已经获益（或是可以预期得到）获益。（Gov't Br. 60.）本院不同意。

陪审团指示错误无害的前提是，政府表示，“明显排除合理怀疑，如果陪审团指示没有错误，理性的陪审团也会认定被告有罪”。[Neder v. United States，527 U.S. 1，17–18，119 S.Ct. 1827，144 L.Ed.2d 35（1999）；accord Moran–Toala，726 F.3d at 345；United States v. Quattrone，441 F.3d 153，180（2d Cir. 2006）.] 为查明该错误是否有害，本院要判断，所提交的证据“是否毫无争议，是否有绝对优势证据支撑”，可以“排除合理怀疑地显示，如果指示没有错误，一个理性的陪审团会认定被告有罪”。（Neder，527 U.S. at 18，119 S. Ct. 1827.）在本案中，纽曼和恰森都不承认自己知道信息泄露人个人获益，而且实际上还引出了可以证明相反认定的充分证据。此外，本院得出的结论是，政府有关内幕信息知情人个人获益的证据不充分，不足以确定信息泄露人的违法责任，而纽曼和恰森的所谓信息接收人的违法责任是由信息泄露人的违法责任衍生而来的。

Ⅲ. 证据不充分

一般而言，审查标准非常尊重一审结果，所以被告质疑证据是否充分，较大的举证责任。[United States v. Coplan，703 F. 3d 46，62（2d Cir. 2012）.] 具体来说，我们“必须从最有利于政府的角度审查证据，认可有利于政府的每一个推断，尊重陪审团对证人可信度的评估，尊重陪审团对证据证明力的评估”。{Id. [citing United States v. Chavez，549 F. 3d 119，124（2d Cir. 2008）]}。尽管对证据是否充分的审查是二审重新审查事项，但是“如果任何理性的审判者有可能排除合理怀疑地认定，存在犯罪的关键要件”，我们就会维持有罪判决。{Id. [citing United States v. Yannotti，541 F.3d 112，120（2d Cir. 2000）（着重号省略）]；Jackson v. Virginia，443 U.S. 307，319，99 S. Ct. 2781，61 L. Ed. 2d 560（1979）.} 这一审查标准并没有区分直接证据和间接证据。政府可以仅通过间接证据证明其主张，当然条件是政府仍然排除合理怀疑地显示所指控罪行的每一个要件。[United States v. Lorenzo，534 F.3d 153，159（2d Cir. 2008）.]

但是，如果证据“不存在或是甚少”[United States v. Guadagna，183 F.3d

Guadagna, 183 F.3d 122, 130 (2d Cir. 1999), such that it "gives equal or nearly equal circumstantial support to a theory of guilt and a theory of innocence, then a reasonable jury must necessarily entertain a reasonable doubt", Cassese, 428 F.3d at 99. Because few events in the life of an individual are more important than a criminal conviction, we continue to consider the "beyond a reasonable doubt" requirement with utmost seriousness. Cassese, 428 F.3d at 102. Here, we find that the Government's evidence failed to reach that threshold, even when viewed in the light most favorable to it.

The circumstantial evidence in this case was simply too thin to warrant [452] the inference that the corporate insiders received any personal benefit in exchange for their tips. As to the Dell tips, the Government established that Goyal and Ray were not "close" friends, but had known each other for years, having both attended business school and worked at Dell together. Further, Ray, who wanted to become a Wall Street analyst like Goyal, sought career advice and assistance from Goyal. The evidence further showed that Goyal advised Ray on a range of topics, from discussing the qualifying examination in order to become a financial analyst to editing Ray's résumé and sending it to a Wall Street recruiter, and that some of this assistance began before Ray began to provide tips about Dell's earnings. The evidence also established that Lim and Choi were "family friends" that had met through church and occasionally socialized together. The Government argues that these facts were sufficient to prove that the tippers derived some benefit from the tip. We disagree. If this was a "benefit", practically anything would qualify.

We have observed that "[p]ersonal benefit is broadly defined to include not only pecuniary gain, but also, inter alia, any reputational benefit that will translate into future earnings and the benefit one would obtain from simply making a gift of confidential information to a trading relative or friend." Jiau, 734 F.3d at 153 (internal citations, alterations, and quotation marks deleted). This standard, although permissive, does not suggest that the Government may prove the receipt of a personal benefit by the mere fact of a friendship, particularly of a casual or social nature. If that were true, and the Government was allowed to meet its burden by proving that two individuals were alumni of the same school or attended the same church, the personal benefit requirement would be a nullity. To the extent Dirks suggests that a personal benefit may be inferred from a personal relationship between the tipper and tippee, where the tippee's trades "resemble trading by the insider himself followed by a gift of the profits to the recipient," see 463 U.S. at 664, 103 S.Ct. 3255, we hold that such an inference is impermissible in the absence of proof of a meaningfully close personal relationship that generates an exchange that is objective, consequential, and represents at least a potential gain of a pecuniary or similarly valuable nature. In other words, as Judge Walker noted in Jiau, this requires evidence of "a relationship between the insider and the recipient that suggests a *quid pro quo* from the

122，130（2d Cir. 1999）］，有罪论点的间接依据与无罪论点的间接依据相当或不相上下，则遵循常理的陪审团必须存疑。（Cassess，428 F.3d at 99.）一个人的生命中，很少有比刑事定罪影响更大的事件，所以本院仍然最严肃地对待“排除合理怀疑”的要求。（Cassess，428 F.3d at 102.）本院认定，即便从最有利于政府的角度来看，政府的证据也未能达到门槛要求。

本案中的间接证据过弱，无法据此推断公司内幕信息知情人借传递信息获得个人利益。就戴尔所传递的信息而言，政府已经确定，高亚尔和雷并非“挚友”，但相识多年，在商学院是同学，在戴尔是同事。再就是雷想学高亚尔，成为华尔街的分析师，所以请高亚尔提供职业咨询和帮助。证据还显示，高亚尔就许多问题为雷出谋划策，讨论金融分析师资质考试，修改雷的简历，将其寄给华尔街招聘方；高亚尔向雷提供某些信息帮助时，雷还没有开始传递有关戴尔收入的信息。证据还表明，利姆和乔伊“两家是朋友”，在教堂认识的，偶尔在一起活动。政府辩称，这些事实足以证明，信息泄露人传递消息可以获益。本院不同意。如果这也算作“获益”，那么实际上一切都可以算作获益。

本院指出，“个人获益的定义宽泛，不仅包括金钱收益，而且还包括未来可以转换为收益的声誉好处，也包括将保密信息作为礼物送给买卖证券的亲戚或朋友可以获得的好处”。［Jiau，734 F. 3d at 153（文内引文、改动和引号省略）.］这一标准宽松，但不表示只要存在友谊，尤其是应酬性的泛泛之交，就可以证明个人获益。否则，只要政府证明两人是同一学校的校友或是同一教堂的，就完成了举证责任，那么个人获益的要求也就形同虚设。如果德克斯案判决表示，如果信息泄露人与信息接收人之间存在个人关系，而且信息接收人的交易“类似内幕信息知情人本人的交易，之后又给接收人利润，则可以推断个人获益”（see 463 U.S. at 664，103 S. Ct. 3255），本院认定，不允许作此推断，除非有证据显示，个人关系确实密切，因此而产生的交换是客观的，并非无足轻重，而且其中至少有一部分可以转换为金钱或是类似的有价之物。换言之，如同沃克法官在吉奥案判决中指出的，需要有证据表明，“内幕信息知情人与消息接收人之间的关系显示，与后者是在交换，或者有意图让（后者）获益”。（Jiau，734 F. 3d at 153.）

latter, or an intention to benefit the [latter]." Jiau, 734 F.3d at 153.

While our case law at times emphasizes language from Dirks indicating that the tipper's gain need not be immediately pecuniary, it does not erode the fundamental insight that, in order to form the basis for a fraudulent breach, the personal benefit received in exchange for confidential information must be of some consequence. For example, in Jiau, we noted that at least one of the corporate insiders received something more than the ephemeral benefit of the "value [of] [Jiau's] friendship" because he also obtained access to an investment club where stock tips and insight were routinely discussed. Id. Thus, by joining the investment club, the tipper entered into a relationship of quid quo pro with Jiau, and therefore had the opportunity to access information that could yield future pecuniary gain. Id.; see also SEC v. Yun, 327 F.3d 1263, 1280 (11th Cir. 2003) (finding evidence of personal benefit where tipper and tippee worked closely together in real estate deals and commonly split commissions on various real estate transactions); SEC v. Sargent, 229 F.3d 68, 77 (1st Cir. 2000) (finding evidence of personal benefit when the tipper passed information [453] to a friend who referred others to the tipper for dental work).

Here the "career advice" that Goyal gave Ray, the Dell tipper, was little more than the encouragement one would generally expect of a fellow alumnus or casual acquaintance. See e.g., J.A.2080 (offering "minor suggestions" on a resume), J.A. 2082 (offering advice prior to an informational interview). Crucially, Goyal testified that he would have given Ray advice without receiving information because he routinely did so for industry colleagues. Although the Government argues that the jury could have reasonably inferred from the evidence that Ray and Goyal swapped career advice for inside information, Ray himself disavowed that any such quid pro quo existed. Further, the evidence showed Goyal began giving Ray "career advice" over a year before Ray began providing any insider information. Tr. 1514. Thus, it would not be possible under the circumstances for a jury in a criminal trial to find beyond a reasonable doubt that Ray received a personal benefit in exchange for the disclosure of confidential information. See e.g., United States v. D'Amato, 39 F.3d 1249, 1256 (2d Cir. 1994) (evidence must be sufficient to "reasonably infer" guilt).

The evidence of personal benefit was even more scant in the NVIDIA chain. Choi and Lim were merely casual acquaintances. The evidence did not establish a history of loans or personal favors between the two. During cross examination, Lim testified that he did not provide anything of value to Choi in exchange for the information. Tr. 3067–68. Lim further testified that Choi did not know that Lim was trading NVIDIA stock (and in fact for the relevant period Lim did not trade stock), thus undermining any inference that Choi intended to make a "gift" of the profits earned on any transaction based on confidential information.

Even assuming that the scant evidence described above was sufficient to permit the

本院的判例法有时强调，德克斯案判决的措辞显示，尽管信息泄露人获益并不需要是立竿见影的金钱利益，但并不因此而瓦解一条根本的见解，即只有个人获益并不是无足轻重的，才能成为欺诈性违反责任的根据。比如，在吉奥案判决中，本院指出，公司内幕信息知情人中，至少有一位知情人的获益并非不值一提，不只限于“吉奥友谊的价值”，因为信息泄露人得以进入俱乐部，而俱乐部内经常讨论有关股票的内情和见解。因此，信息泄露人加入俱乐部，便与吉奥建立一种交换的关系，可以有机会获得未来可以产生金钱利益的信息。[Id.; see also SEC v. Yun, 327 F.3d 1263, 1280 (11th Cir. 2003)（认定存在个人获益的证据，信息泄露人与信息接收人就房地产交易密切合作，通常分享房地产交易的佣金）; SEC v. Sargent, 229 F.3d 68, 77 (1st Cir. 2000)（认定存在个人获益的证据，信息泄露人将信息传递给一位朋友，而该朋友又将要看医生的人推荐给信息泄露人）.]

本案中，高亚尔向戴尔内幕信息泄露人雷提供了“职业咨询”，但这种“职业咨询”不过是一种鼓励，得到校友和一般熟人的这种鼓励是理所当然的。[See e.g., J.A. 2080（就简历提出了“小建议”），J.A. 2082（就了解情况的面试之前提供了一些建议）.] 至关重要的是，高亚尔作证时表示，即便没有获得任何信息，他也会向雷提供建议的，因为他向业内的同事提供此类建议习以为常。尽管政府提出，陪审团可以从现有证据中合理推断，雷与高亚互通有无，以内幕信息换取职业咨询，但雷本人否认存在这种交换。此外，证据显示，雷开始提供任何内幕信息之前，高亚尔已经开始向雷提供职业咨询，时间长达 1 年多。（Tr. 1514.）在这种情形下，刑事审判的陪审团不能排除合理怀疑地认定，雷为了个人获益而泄露了保密信息。[See e.g., United States v. D'Amato, 39 F.3d 1249, 1256 (2d Cir. 1994)（必须有充分证据，才能“合理推断”有罪）.]

NVIDIA 的链条中，个人获益的证据就更少了。乔伊和林姆只是一般熟人。证据未能确定两人之间有借贷或互通有无的历史。交叉询问中，林姆作证表示，他没有向乔伊提供任何有价值的东西作为获取信息的交换。（Tr. 3067–68.）林姆还作证表示，乔伊并不知道，林姆在交易 NVIDIA 的股票（事实上，相关时期内，林姆并没有交易股票），从而削弱了以下推断：乔伊有意将通过根据保密信息进行的任何交易所获得的利润作为“礼物”。

上述证据很少，即便假定该证据足以推断存在获益，尽管本院的结论是不存在

inference of a personal benefit, which we conclude it was not, the Government presented absolutely no testimony or any other evidence that Newman and Chiasson knew that they were trading on information obtained from insiders, or that those insiders received any benefit in exchange for such disclosures, or even that Newman and Chiasson consciously avoided learning of these facts. As discussed above, the Government is required to prove beyond a reasonable doubt that Newman and Chiasson knew that the insiders received a personal benefit in exchange for disclosing confidential information.

It is largely uncontroverted that Chiasson and Newman, and even their analysts, who testified as cooperating witnesses for the Government, knew next to nothing about the insiders and nothing about what, if any, personal benefit had been provided to them. Adondakis said that he did not know what the relationship between the insider and the first-level tippee was, nor was he aware of any personal benefits exchanged for the information, nor did he communicate any such information to Chiasson. Adondakis testified that he merely told Chiasson that Goyal "was talking to someone within Dell", and that a friend of a friend of Tortora's would be getting NVIDIA information. Tr. 1708, 1878. Adondakis further testified that he did not specifically tell Chiasson that the source of the NVIDIA information worked at NVIDIA. Similarly, Tortora testified that, while he was aware Goyal received information from someone at Dell who had access to "overall" financial numbers, he was not aware of the insider's name, or position, or the circumstances of how Goyal [454] obtained the information. Tortora further testified that he did not know whether Choi received a personal benefit for disclosing inside information regarding NVIDIA.

The Government now invites us to conclude that the jury could have found that the appellants knew the insiders disclosed the information "for some personal reason rather than for no reason at all." Gov't Br. 65. But the Supreme Court affirmatively rejected the premise that a tipper who discloses confidential information necessarily does so to receive a personal benefit. See Dirks, 463 U.S. at 661–62, 103 S.Ct. 3255 ("All disclosures of confidential corporate information are not inconsistent with the duty insiders owe to shareholders"). Moreover, it is inconceivable that a jury could conclude, beyond a reasonable doubt, that Newman and Chiasson were aware of a personal benefit, when Adondakis and Tortora, who were more intimately involved in the insider trading scheme as part of the "corrupt" analyst group, disavowed any such knowledge.

Alternatively, the Government contends that the specificity, timing, and frequency of the updates provided to Newman and Chiasson about Dell and NVIDIA were so "overwhelmingly suspicious" that they warranted various material inferences that could support a guilty verdict. Gov't Br. 65. Newman and Chiasson received four updates on Dell's earnings numbers in the weeks leading up to its August 2008 earnings announcement.

个人获益，政府绝对没有提供任何证言或任何其他证据表明，纽曼和恰森当时知道，他们是在用来自内幕信息知情人的信息进行交易，也没有表明内幕信息知情人为个人获益而披露此信息，甚至没有表明纽曼和恰森是故意避免知道这些事实。政府必须排除合理怀疑地证明，纽曼和恰森当时知道，内幕信息知情人为个人获益而泄露保密信息。

基本上没有争议的是，恰森、纽曼，甚至是他们的分析师们当时对内幕信息知情人几乎一无所知；如果向内幕信息知情人提供了个人益处，他们当时也是一无所知的。分析师作为政府的合作证人作证。阿东达克斯说，他并不知道内幕信息知情人与第一级信息接收人之间是何关系，也不知道是以个人获益换取信息，他也没有向恰森传递任何这类信息。阿东达克斯作证说，他只是告诉恰森，“高亚尔在与戴尔内部的什么人保持接触”，再就是托托拉的一个朋友的朋友会得到有关 NVIDIA 的信息。（Tr. 1708，1878.）阿东达克斯还作证说，他并没有具体告诉恰森，纽曼的信息来源就是 NVIDIA 内部工作的人。托托拉也有类似的证言。他当时知道，高亚尔从戴尔内的某人处得到了信息，此人能够接触“全面”财务数据，但他并不知道，该内幕信息知情人的姓名或职务，也不知道高亚尔获得信息的具体情形。托托拉还作证说，他不知道乔伊泄露有关 NVIDIA 的内幕信息是否个人获益。

政府现在要本院得出以下结论：陪审团可以认定，上诉人当时知道内幕信息知情人泄露信息，“是出于个人原因，而不是没有任何原因”。（Gov't Br. 65.）但美国联邦最高法院明确否定了以下论证前提：信息泄露人泄露保密信息，势必个人获益。［See Dirks，463 U.S. at 661–62，103 S. Ct. 3255（公司保密信息的所有泄露，并没有不符合内幕信息知情人对公司股东所负的义务）.］此外，无法设想，陪审团会排出合理怀疑地认定，纽曼和恰森当时知道有个人获益，因为阿东达克斯和托托拉否认知道这些情况，尽管他们两人卷入内幕交易骗局的程度更深，是“腐败”分析师集团的一部分。

政府提出的另一个理由是，向纽曼和恰森提供有关戴尔和 NVIDIA 最新信息的具体内容、时间和频率“非常值得怀疑”，完全可以作重大推断，得出有罪的裁决。（Gov't Br. 65.）2008 年 8 月戴尔宣布其收入之前的数周内，纽曼和恰森得到了有关戴尔盈利数字的 4 次更新。同样，季度结束之后，公司宣布盈利之前，纽曼和恰森得到了有关 NVIDIA 盈利金额的多次更新。政府辩称，鉴于这些更新内容之详细、

Similarly, Newman and Chiasson received multiple updates on NVIDIA's earnings numbers between the close of the quarter and the company's earnings announcement. The Government argues that given the detailed nature and accuracy of these updates, Newman and Chiasson must have known, or deliberately avoided knowing, that the information originated with corporate insiders, and that those insiders disclosed the information in exchange for a personal benefit. We disagree.

Even viewed in the light most favorable to the Government, the evidence presented at trial undermined the inference of knowledge in several ways. The evidence established that analysts at hedge funds routinely estimate metrics such as revenue, gross margin, operating margin, and earnings per share through legitimate financial modeling using publicly available information and educated assumptions about industry and company trends. For example, on cross-examination, cooperating witness Goyal testified that under his financial model on Dell, when he ran the model in January 2008 without any inside information, he calculated May 2008 quarter results of $16.071 billion revenue, 18.5% gross margin, and $0.38 earnings per share. Tr. 1566. These estimates came very close to Dell's reported earnings of $16.077 billion revenue; 18.4% gross margin, and $0.38 earnings per share. Appellants also elicited testimony from the cooperating witnesses and investor relations associates that analysts routinely solicited information from companies in order to check assumptions in their models in advance of earnings announcements. Goyal testified that he frequently spoke to internal relations departments to run his model by them and ask whether his assumptions were "too high or too low" or in the "ball park", which suggests analysts routinely updated numbers in advance of the earnings announcements. Tr. 1511. Ray's supervisor confirmed that investor relations departments routinely assisted analysts with developing their models.

Moreover, the evidence established that NVIDIA and Dell's investor relations personnel routinely "leaked" earnings data in advance of quarterly earnings. Appellants introduced examples in which Dell insiders, [455] including the head of Investor Relations, Lynn Tyson, selectively disclosed confidential quarterly financial information arguably similar to the inside information disclosed by Ray and Choi to establish relationships with financial firms who might be in a position to buy Dell's stock. For example, appellants introduced an email Tortora sent Newman summarizing a conversation he had with Tyson in which she suggested "low 12% opex [was] reasonable" for Dell's upcoming quarter and that she was "fairly confident on [operating margin] and [gross margin]." Tr. 568: 18–581: 23.

No reasonable jury could have found beyond a reasonable doubt that Newman and Chiasson knew, or deliberately avoided knowing, that the information originated with corporate insiders. In general, information about a firm's finances could certainly be sufficiently detailed and proprietary to permit the inference that the tippee knew that the information came from an inside source. But in this case, where the financial information

数字之准确，纽曼和恰森肯定知道或是故意避免知道，有关信息源自公司内部的内幕信息知情人，而且这些内幕信息知情人为个人获益而泄露信息。本院不同意。

即便从最有利于政府的角度来看，审判期间提交的证据也在若干方面削弱了作出知情的推断。证据确定，对冲基金的分析师估测各类标准内容是一种常态，他们估测收益、毛利润、运营利润和每股收入，估测办法是采用合法的金融模式，利用公开信息，了解情况后对行业和公司趋势作出假设。例如，交叉询问时，与政府合作的证人高亚尔作证说，2008 年 1 月他用其关于戴尔的金融模式运算了一下，没有利用任何内幕信息。根据他的金融模式，测算出 2008 年 5 月的季度结果是收益 160.71 亿美元、毛利润率 18.5%，每股收益 0.38 美元。（Tr. 1566.）这些预测非常接近戴尔所公布的 160.77 亿美元收益、18.4% 的毛利润和每股 0.38 美元的收入。上诉人获得的合作证人和投资者关系助理的证言是，分析师们从公司处获得信息是一种常态，其目的是在收入公布之前核实他们模型中的假定。高亚尔作证时说，他们经常与多家公司内部的关系部联系，由他们用他的模式进行运算，了解他的假定是否“过高或过低”或是“大约接近”。这就表示，收入公布之前，分析师们更新数字是一种常态。（Tr. 1511.）雷的上司证实，投资者关系部经常帮助分析师开发模型。

此外，证据已经确定，NVIDIA 和戴尔的投资者关系工作人员经常性地在季度收益之前“披露”收益数据。上诉人介绍了一些例子，是戴尔的内幕信息知情人，包括投资关系的负责人利恩·泰森有选择地披露保密的季度财务信息。可以说，这些信息类似雷和乔伊泄露的内幕信息，其目的是与那些有可能购买戴尔股票的金融公司建立关系。例如，上诉人提交了托托拉发给纽曼的一份邮件；邮件概述了他与泰森的谈话内容，谈话中泰森表示：“下一个季度戴尔的运营利润较低，是 12%，（是）合理的，她对（营运利润率）和（毛利润率）相当有信心。”（Tr. 568. 18–581：23.）

遵循常理的陪审团不会排除合理怀疑地认定，纽曼和乔伊当时知道或是故意避免知道，相关信息源是指公司内部的内幕信息知情人。一般而言，关于一家公司财务状况的信息如果足够详细或具有财产性，则可以推断信息接受人当时知道信息来自内部。但在本案中，财务信息的属性是，分析师利用模型可以定期准确预测，而且信息接收人离信息源隔开数层，所以就不应当推断，被告当时知道或者应当知道

is of a nature regularly and accurately predicted by analyst modeling, and the tippees are several levels removed from the source, the inference that defendants knew, or should have known, that the information originated with a corporate insider is unwarranted.

Moreover, even if detail and specificity could support an inference as to the nature of the source, it cannot, without more, permit an inference as to that source's improper motive for disclosure. That is especially true here, where the evidence showed that corporate insiders at Dell and NVIDIA regularly engaged with analysts and routinely selectively disclosed the same type of information. Thus, in light of the testimony (much of which was adduced from the Government's own witnesses) about the accuracy of the analysts' estimates and the selective disclosures by the companies themselves, no rational jury would find that the tips were so overwhelmingly suspicious that Newman and Chiasson either knew or consciously avoided knowing that the information came from corporate insiders or that those insiders received any personal benefit in exchange for the disclosure.

In short, the bare facts in support of the Government's theory of the case are as consistent with an inference of innocence as one of guilt. Where the evidence viewed in the light most favorable to the prosecution gives equal or nearly equal circumstantial support to a theory of innocence as a theory of guilt, that evidence necessarily fails to establish guilt beyond a reasonable doubt. See United States v. Glenn, 312 F.3d 58, 70 (2d Cir. 2002). Because the Government failed to demonstrate that Newman and Chiasson had the intent to commit insider trading, it cannot sustain the convictions on either the substantive insider trading counts or the conspiracy count. United States v. Gaviria, 740 F.2d 174, 183 (2d Cir. 1984) ("[W]here the crime charged is conspiracy, a conviction cannot be sustained unless the Government establishes beyond a reasonable doubt that the defendant had the specific intent to violate the substantive statute.") (internal quotation marks omitted). Consequently, we reverse Newman and Chiasson's convictions and remand with instructions to dismiss the indictment as it pertains to them.

Conclusion

For the foregoing reasons, we vacate the convictions and remand for the district court to dismiss the indictment with prejudice as it pertains to Newman and Chiasson.

有关信息源自公司的内幕信息知情人。

此外，即便根据细节和具体内容可以推断信息源的性质，如果没有更多情况，不能推断信息源泄露信息有不当动机。本案尤其如此，因为本案的证据显示，戴尔和 NVIDIA 的公司内幕信息知情人与分析师定期联系，经常有选择性地披露同类信息。因此，根据有关分析师估测的准确性以及公司本身有选择性地披露的证言（其中大部分是由政府的证人所提供的），任何理性的评审团都不可能认定，所披露的信息绝对值得怀疑，纽曼和乔伊知道或是故意避免知道信息来自公司内幕信息知情人或是内幕信息知情人泄露信息个人获益。

简言之，以本案很少的事实支持政府的主张，无异于将无辜者推断为有罪。从最有利于公诉方的角度看待证据，如果证据间接支持无辜主张和有罪主张的可能性相等或近乎相等，那就必然是未能排除合理怀疑地证明有罪。[See United States v. Glenn，312 F. 3d 58，70（2d Cir. 2002）.] 因为政府没有显示，纽曼和恰森有进行内幕交易的任何意图，所以无论是实质性的内幕交易的罪名还是合谋的罪名，都没有定罪的依据。[United States v. Gaviria，740 F. 2d 174，183（2d Cir. 1984）（是否指控合谋罪，除非政府排除合理怀疑地证明，被告有违反实体制定法的具体意图，就不能支持定罪）（文内引号省略）.] 因此，本院撤销有关纽曼和恰森的定罪，本案发回，并指示驳回有关纽曼和恰森的起诉。

结　　论

鉴于上述原因，本院撤销定罪，此案发回地区法院，要求地区法院驳回有关纽曼和恰森的起诉。

CFTC Order

关于答辩人美洲豹能源交易有限公司和米歇尔·J.考斯西作出认定并发出救济性制裁命令

CFTC Order

United States of America Before the Commodity Futures Trading Commission

In the Matter of:

Panther Energy Trading LLC ("Panther") and Michael J. Coscia ("Coscia") (Collectively, "Respondents"), Respondent CFTC Docket No. 13-26.

Order Instituting Proceedings Pursuant to Sections 6 (c) and 6 (d) of the Commodity Exchange Act ("the Act"), as Amended, Making Findings and Imposing Remedial Sanctions.

I

The Commodity Futures Trading Commission ("Commission") has reason to believe that from August 8, 2011 through October 18, 2011, Panther Energy Trading LLC and Michael J. Coscia violated Section 4c (a) (5) (C) of the Act, 7 U.S.C. § 6c (a) (5) (C). Therefore, the Commission deems it appropriate and in the public interest that public administrative proceedings be, and hereby are, instituted to determine whether Respondents engaged in the violations set forth herein and to determine whether any order should be issued imposing remedial sanctions.

II

In anticipation of the institution of an administrative proceeding, Respondents have

关于答辩人美洲豹能源交易有限公司和米歇尔·J. 考斯西作出认定并发出救济性制裁命令

由美国商品期货交易委员审理

关于：

答辩人美洲豹能源交易有限责任公司（以下简称美洲豹）和米歇尔·J. 考斯西（以下简称考斯西）（以下简称答辩人），商期会案件目录号为 13-26。

依据经修订的《商品交易法》（以下简称《交易法》）第 6（c）条和第 6（d）条启动程序，作出认定并发出救济性制裁命令。

I

期交会有理由认为，2011 年 10 月 8~ 18 日，美洲豹和考斯西违反了《交易法》第 4c 条（a）款（5）项（C）目［7 U.S.C. § 6c（a）（5）（C）］。因此，期交会认为，采取公共行政程序是恰当的，符合公共利益，就此启动了该行政程序，以确定被答辩人是否从事了本命令中所阐述的违法活动，并确定是否应当作出救济性处罚。

II

答辩人预料到会有行政程序，提交了一份和解提议（以下简称提议），期交会

submitted an Offer of Settlement ("Offer") , which the Commission has determined to accept. Without admitting or denying any of the findings or conclusions herein, Respondents consent to the entry o f this Order Instituting Proceedings Pursuant to Sections 6 (c) and 6 (d) of the Commodity Exchange Act, as Amended, Making Findings and Imposing Remedial Sanctions ("Order") and acknowledge service of this Order. [1]

Ⅲ. The Commission finds the following

A. Summary

Beginning on August 8, 2011 through and including October 18, 2011 (the "Relevant Period") , Panther and Coscia namely Respondents engaged in the disruptive practice of "spoofing" (bidding or offering with the intent to cancel the bid or offer before execution) through algorithmic trading utilizing a program that was designed to place bids and offers and to quickly cancel those bids and offers before execution.

Because the Respondents engaged in conduct that is, or is of the character of, or is known to the trade as, spoofing, the conduct violated Section 4c (a) (5) (C) of the Act, 7 U.S.C. § 6c (a) (5) (C) , which, inter alia, makes it unlawful for any person to engage in any trading, practice or conduct on or subject to the rules of a registered entity that is, is of the character of, or is commonly known to the trade as, spoofing.

B. Respondents

Panther is a trading company organized under Delaware law with its principal place of business in Red Bank, New Jersey. It is not and has never been registered with the Commission.

Coscia is the manager and sole owner of Panther and has been registered with the Commission as a floor broker since 1988.

C. Facts

During the Relevant Period, Respondents placed on Globex, CME Group's electronic

1 Respondents consent to the entry of this Order and to the use of these findings in this proceeding and in any other proceeding brought by the Commission or to which the Commission is a party, provided, however, that Respondents do not consent to the use of the Offer, or the findings or conclusions in this Order consented to in the Offer, as the sole basis for any other proceeding brought by the Commission, other than in a proceeding in bankruptcy or to enforce the terms of this Order. Nor do Respondents consent to the use of the Offer or this Order, or the findings or conclusions in this Order consented to in the Offer, by any other party in any other proceeding.

决定接受该提议。答辩人既不承认，也不否认本命令中的认定或结论，答辩人同意接受该命令（以下简称命令），该命令依照修订后的《交易法》第6（c）条和第6（d）条，启动程序、作出认定和救济性处罚；答辩人承认该命令的送达。[1]

Ⅲ．期交会认定以下事实

A. 概　　况

从2011年8月8日一直到并且包括2011年10月18日（以下简称相关期间），美洲豹和考斯西即答辩人使用用于发价和开价并在执行前迅速取消这些发价和开价的程序，通过算法交易从事扰乱性做法的"幌骗"（发价或开价时就有意图，在执行之前取消这些发价和开价）。

就交易而言，答辩人所从事的行为是在幌骗，或者有幌骗的特征，抑或是被视为在幌骗，所以违反了《交易法》第4c条（9）款（5）项（C）目［7 U.S.C. § 6c（a）（5）（C）］。该条规定的内容之一是，任何人的任何交易、做法或行为在注册的实体进行或受该注册实体规则的制约，只要是幌骗、或是具有幌骗的特征、或普遍被称作幌骗，就属于违法。

B. 答　辩　人

美洲豹是依据特拉华州法设立的交易公司，业务主营地在新泽西州红岸。美洲豹现在没有，也从来没有在期交会注册。

考斯西是美洲豹的经理和唯一所有人，自1988年起是在期交会注册的场内经纪人。

C. 事　　实

在相关时期内，答辩人在芝加哥商业交易所集团的电子平台Globex上发出算法

1　答辩人同意签署该命令，同意本程序中使用这些认定，由期交会提起的任何程序或期交会为当事方的任何程序中使用本命令的认定，但前提是，被答辩人不同意将本提议或本提议同意的命令中的认定或事实作为期交会提起任何其他程序的唯一根据，除非是破产中的程序或是为执行本命令条款而启动的程序。答辩人也不同意由任何第三方在任何其他程序中使用本提议或本命令或本提议所同意的本命令中的认定和建议。

trading platform, algorithmic bids or offers which they intended to, and did, cancel prior to execution, and therefore engaged in a disruptive trading practice known as spoofing, in 18 futures contracts traded on four exchanges owned by CME Group. The futures contracts in which the Respondents engaged in spoofing involved a wide spectrum of commodities including energy, metals, interest rate, agricultural, stock index, and foreign currency commodities, including for example, the widely-traded Light Sweet Crude Oil futures contract as well as the Natural Gas, Com, Soybeans, Soybean Oil, Soybean Meal, and Wheat futures contracts.

Respondents made money by employing an algorithm that was designed to rapidly place bids and offers in the market and to cancel those bids and offers prior to execution. The following example of Respondents' trading in the Light Sweet Crude Oil futures contract is illustrative of how the algorithm worked. First, the algorithm placed a relatively small order on one side of the market at or near the best price being offered to buy or sell, in this instance a sell order for 17 contracts at a price of $85.29 per barrel, which was a lower price than the contracts then being offered by other market participants. Thus, the Respondents' offer was at the lowest, i.e. best, offered price. Second, within a fraction of a second, the Respondents entered orders to buy a relatively larger number of Light Sweet Crude Oil futures contracts at progressively higher prices: the first bid at $85.26, the second bid at $85.27, and the third bid at $85.28. The prices of Respondents' bids were higher than the contracts then being bid by other market participants. Thus, Respondents' placed their bids at the highest, i.e. best, prices. By placing the large buy orders, Respondents sought to give the market the impression that there was significant buying interest, which suggested that prices would soon rise, raising the likelihood that other market participants would buy the 17 lots the Respondents were then offering to sell. Although Respondents wanted to give the impression of buy-side interest, Respondents entered the large buy orders with the intent that these buy orders be canceled before the orders were actually executed.

In the above example, the program sought to capture an immediate profit from selling the 17 lots. Thus, if the program successfully filled the small 17-lot sell order, the large buy orders were immediately cancelled and the algorithm was designed to promptly operate in reverse. That is, the algorithm would then enter a small buy order in conjunction with relatively large sell orders at progressively lower prices, which sell orders Respondents intended to cancel prior to execution.

All trading using this algorithm was in an account that was owned and controlled exclusively by Coscia. The episodes of bidding, offering, canceling, and, if the program successfully filled the small order, liquidation activity, occurred over a very short time frame. In some instances, the Respondents utilized the spoofing algorithm hundreds o f times

发价和开价；答辩人有意在执行之前取消这些发价和开价，被告也确实这样做了，所以从事了被称作“幌骗”的扰乱性交易做法，涉及在芝加哥商业交易所集团拥有的 4 家交易所的 18 份期货合约。答辩人幌骗触及的期货合约涉及种类很多的大宗商品，其中包括能源、金属、利率、农业、股票指数和外汇大宗商品，例如，包括交易很普遍的低硫轻质原油期货合约以及天然气、玉米、大豆、豆油、粕和小麦期货合约。

答辩人通过算法赚钱。算法的目的是在市场迅速发出出价和开价，然后在执行之前迅速撤销这些发价和开价。下文以答辩人交易的低硫轻质原油期货合约为例，说明算法如何运行。首先，算法在市场一方发出金额相对较小的指令，价格是或接近发出的买入或卖出的最佳价格，本案卖出指令以每桶 85.29 美元的价格卖出 17 份合约，该价格低于市场其他参与者发出的合约。因此，答辩人的发价是最低的，即最佳发价价格。其次，在不到 1 秒钟的很短时间内，答辩人发出指令，以逐步提供的价格买入相对更多量的低硫轻质原油期货合约：第一次出价 85.26 美元，第二次出价 85.27 美元，第三次出价 85.28 美元。答辩人的出价价格高于市场其他参与者当时发价的合约。答辩人发出数额较大的买入指令，目的是给市场造成一种印象，买入的意向强，价格将会上涨，示意市场其他参与者很有可能买入被答辩人先前开价卖出的 17 份合约。答辩人要造成存在买入意向的印象，答辩人发出数额较大的买入指令，但其意图是在指令得到实际执行之前将其撤销。

上述例子中，程序旨在出售 17 份合约后立刻获得利润。因此，如果程序成功完成 17 份合约的小额卖出指令，大额买入指令立即取消，算法的设计旨在立刻进行逆向运行。也就是说，算法发出小额买入指令，同时发出数额较大的卖出指令，价格逐渐降低，答辩人的意图是在执行之前撤销这些售出指令。

使用该算法的所有交易都在一个账户进行，该账户完全由考斯西拥有并控制。发价、开价、撤单以及如果程序成功完成小额指令后平仓，都在瞬间完成。在有些情形下，答辩人 1 天内就 1 份期货合约使用幌骗算法数百次。在相关阶段内，答辩人通过幌骗算法获得净利润大约 140 万美元。

in an individual futures contract in a single day. During the Relevant Period, Respondents accumulated net profits ofapproximately $1.4 million using the spoofing algorithm.

Ⅳ. Legal Discussion

A. Respondents Violated Section 4c (a) (5) (C) of The Act

Section 4c(a)(5)(C) of the Act, 7 U.S.C. § 6c(a)(5)(C), makes it "unlawful for any person to engage in any trading, practice, or conduct on or subject to the rules of a registered entity that...is, is of the character of, or is commonly known to the trade as, 'spoofing' (bidding or offering with the intent to cancel the bid or offer before execution)."

In this case, Respondents intended when placing bids or offers to cancel the bids or offers prior to execution. Respondents designed the algorithmic trading program to place orders on one side of the market to give the impression of market interest on that side of the market and to increase the likelihood that their smaller orders sitting on the opposite side of the market would be filled. Respondents used an algorithm designed to cancel orders prior to execution. Consequently, Respondents, engaged in trading that was spoofing, in violation of Section 4c (a) (5) (C) of the Act, 7 U.S.C. § 6c (a) (5) (C).

Ⅴ. Findings of Violation

Based on the foregoing, the Commission finds that, during the Relevant Period, Respondents violated Section 4c(a)(5)(C) of the Act, 7 U.S.C. § 6c(a)(5)(C).

Ⅵ. Offer of Settlement

Respondents have submitted the Offer in which they, without admitting or denying the findings and conclusions herein:

A. Acknowledge receipt of service of this Order;

B. Admit the jurisdiction of the Commission with respect to all matters set forth in this

Ⅳ.法律讨论

A.答辩人违反《交易法》第4c条（a）款（5）项（C）目

《交易法》第4c条（a）款（5）项（C）目［7 U.S.C. § 6c（a）（5）（C）］规定，“任何人的任何交易、做法或行为在注册的实体进行或受该注册实体规则的制约，只要是幌骗、其特征是幌骗、或交易业普遍视其为‘幌骗’（发价或开价时，意在执行前撤销开价或发价），属于违法。”

在本案中，答辩人发出发价或开价指令时，就意图在执行时取消发价或开价。答辩人设计了算法交易程序，发出市场的一方的指令，给人造成市场的一方有兴趣的印象，增加了其市场相反的数额较小的指令得到执行的可能性。答辩人使用算法，旨在执行之前取消指令。所以，被答辩人从事了构成幌骗的交易，违反《交易法》第4c条（a）款（5）项（C）目［7 U.S.C. § 6c（a）（5）（C）］。

Ⅴ.违法认定

根据上述内容，期交会认定，在相关期内，答辩人违反了《交易法》第4c条（a）款（5）项（C）目［7 U.S.C. § 6c（a）（5）（C）］。

Ⅵ.和解提议

答辩人提交了提议，既没有承认，也没有否认本命令中的认定和结论。

A. 承认本命令送达；

B. 承认期交会对本命令所阐述的所有事项拥有管辖权；承认期交会就违法或执

Order and for any action or proceeding brought or authorized by the Commission based on violation o f or enforcement o f this Order;

C. Waive:

1. the filing and service o f a complaint and notice o f hearing;

2. a hearing;

3. all post-hearing procedures;

4. judicial review by any court;

5. any and all objections to the participation by any member of the Commission's staff in the Commission's consideration of the Offer;

6. any and all claims that they may possess under the Equal Access to Justice Act, 5 U.S.C. § 504 (2006) and 28 U.S.C. § 2412 (2006), and/or the rules promulgated by the Commission in conformity therewith, Part 148 o f the Commission's Regulations, 17 C.F.R. § § 148.1-30 (2012), relating to, or arising from, this proceeding;

7. any and all claims that they may possess under the Small Business Regulatory Enforcement Fairness Act of 1996, Pub. L. No. 104-121, § § 201-253, 110 Stat. 847, 857-868 (1996), as amended by Pub. L. No. 110-28, § 8302, 121 Stat. 112, 204-205 (2007), relating to, or arising from, this proceeding; and

8. any claims o f Double Jeopardy based on the institution o f this proceeding or the entry in this proceeding of any order imposing a civil monetary penalty or any other relief.

D. Stipulate that the record basis on which this Order is entered shall consist solely of the findings contained in this Order to which Respondents have consented in the Offer;

E. Consent, solely on the basis of the Offer, to the Commission's entry of this Order that:

1. makes findings by the Commission that Respondents violated Section 4c (a) (S) (C) o f the Act, 7 U.S.C. § 6c (a) (S) (C);

2. orders Respondents to cease and desist from violating Section 4c (a) (S) (C) of the Act, 7 U.S.C. § 6c (a) (S) (C);

3. orders Respondents to pay a civil monetary penalty in the amount of $1, 400, 000, plus post-judgment interest;

4. orders that, for a period of one year, commencing upon entry of this Order, and after full payment and satisfaction of the disgorgement obligation of $1, 400, 000 (as set forth below) and civil monetary penalty obligation, each Respondent be prohibited from directly or indirectly engaging in trading on or subject to the rules of any registered entity (as that term is defined in Section Ia of the Act, as amended, 7 U.S.C. § Ia (2011)), and all registered entities shall refuse them trading privileges; and

5. orders Respondents to comply with the conditions and undertakings consented to in

行本命令采取或授权的任何行动或程序的管辖权；

C. 放弃：

1. 提交并送达起诉和听证通知；

2. 听证；

3. 听证后的所有程序；

4. 由任何法院进行司法审查；

5. 就期交会的任何工作人员参与期交会对该提议的考虑提出任何及所有反对；

6. 关于答辩人根据《平等获得正义法》［5 U.S.C. § 504（2006）and 28 U.S.C. § 2412（2006）］以及 / 或由期交会根据该法发布的规则［17 C.F.R. § § 148.1–30（2012）］以及期交会的规章 148 部分而与本程序有关的或因本程序而产生的任何主张及所有主张；

7. 根据经《公法第 110–28 号》第 8302 条［121Stat.112，204–205（2007）］修订的《1996 年小企业监管公平执法法》《公法第 104–121 号》第 201 条至第 254 条［110 Stat.847，957–868（1996）］，答辩人可能有与本程序有关的或因本程序而产生的任何主张及所有主张；并且

8. 关于本程序或在本程序作出要求民事罚款或任何其他救济的命令的一事不再诉的任何主张。

D. 承认作出本命令所基于的记录应当只包括本命令中所载的认定，答辩人在提议中已经认可了这些认定；

E. 完全基于提议而认可期交会作出的如下命令：

1. 期交会认定，答辩人违反了《交易法》第 4c 条（a）款（5）项（C）目［7 U.S.C. § 6 c（a）（S）（C）］；

2. 命令被答辩人停止违反《交易法》第 4c 条（a）款（5）项（C）目［7 U.S.C. § 6 c（a）（S）（C）］；

3. 命令被答辩人支付金额为 140 万美元的民事罚款，另加判决后的利息；

4. 命令自本命令开始后 1 年期内，全额支付并完成 140 万美元的退出义务金（如下文所述）和民事罚款义务金之后，禁止各被答辩人直接或间接在任何注册实体｛该词由经修订的《交易法》第 1a 条［7 U.S.C. § I a（2011）］界定｝进行交易或进行必须服从此类注册实体规则的交易，而且所有注册实体应当拒绝答辩人获得交易特权；并且

5. 命令答辩人遵守提议中所同意的以及本命令第七部分所阐述的条件和承诺。

the Offer and as set forth in Part Ⅶ of this Order.

Upon consideration, the Commission has determined to accept the Offer.

Ⅶ.Order

Accordingly, it is hereby ordered that:

1. Respondents shall cease and desist from violating Section 4c (a) (S) (C) of the Act, 7 U.S.C. § 6c (a) (S) (C).

2. Respondents shall pay a civil monetary penalty in the amount of one million, four hundred thousand dollars ($1, 400, 000), plus post-judgment interest ("CMP Obligation"), within ten (10) days of the date of entry of this Order. If the CMP Obligation is notpaid in full within ten (10) days o f the date o f entry of this Order, then post-judgment interest shall accrue on the paying Respondents' CMP Obligation beginning on the date of entry of this Order and shall be determined by using the Treasury Bill rate prevailing on the date of entry of this Order pursuant to 28 U.S.C. § 1961 (2006).

3. Respondents shall pay their CMP Obligation by electronic funds transfer, U.S. postal money order, certified check, bankcashier's check, or bank money order. If payment is to be made other than by electronic funds transfer, then the payment shall be made payable to the Commodity Futures Trading Commission and sent to the address below:

Commodity Futures Trading Commission Division of Enforcement

ATTN: Accounts Receivables — AMZ 340 E-mail Box: 9-AMC-AMZ-AR-CFTC DOTIFAAIMMAC

6500 S. MacArthur Blvd. Oklahoma City, OK 73169 Telephone: (405) 954-5644

If payment is to be made by electronic funds transfer, Respondents shall contact Linda Zurhorst or her successor at the above address to receive payment instructions and shall fully comply with those instructions. Respondents shall accompany payment of the CMP Obligation with a cover letter that identifies the Respondents and the name and docket number of this proceeding. Respondents shall simultaneously transmit copies of the cover letter and the form of payment to (1) the Director, Division of Enforcement, Commodity Futures Trading Commission, Three Lafayette Center, 1155 21st Street, N.W., Washington, D.C. 20581; (2) Regional Counsel, Division of Enforcement, Commodity Futures Trading Commission, 140 Broadway, 19th Floor, New York, NY 10005; and (3) the Chief Financial Officer, Commodity Futures Trading Commission, Three

期交会考虑之后，决定接受该提议。

Ⅶ. 命　　令

因此，就此命令：

1. 被上诉人应当停止违反《交易法》第 4c 条（a）款（S）项（C）目［7 U.S.C. § 6 c（a）（S）（C）］。

2. 答辩人应当在本命令作出后的 10 日之内，缴纳金额为壹佰肆拾万美元（$1, 400, 000）的民事罚款，另加判决后的利息（民事罚款义务金）。作出该命令后 10 日之内，如果没有全额缴纳民事罚款义务金，则答辩人需要缴纳的民事罚款义务金的判决后利息开始起算，起始日为作出本命令之日，根据《美国法典》（2006 年）第 28 编第 1961 条，按照作出本命令之日的短期国库券的通行利息予以确定。

3. 答辩人应当以电子资金转账、美国邮政汇票、保付支票、银行本票或银行汇票缴纳其民事罚款义务金。如果不是以电子资金转账缴纳，则支付对象必须是期交会，寄送地址如下：

期交会　执法局

注意：应收款 -AMZ 340　电子邮箱：9-AMC-AMZ-AR-CFTC　DOTIFAAIMMAC

麦克阿瑟大街第 6500 号。俄克拉哈马市，俄克拉哈马州 73169　电话：（405）954-5644

如果是以电子资金转账支付，答辩人必须通过以上地址联系林达·佐尔豪斯特或其继任者，接受支付指示并且完全按照这些指示处理。答辩人缴纳民事罚款义务金，必须有一份封面函，明确被答辩人以及本程序的名称和案号。答辩人应当同时将封面函和支付单的副本转给（1）华盛顿特区，21 街 1155 号，N.W.，拉法耶特三中心，邮编 20581，商品期货委员会执法部主任；（2）纽约州纽约市，百老汇街 140 号第 19 层，期交会，执法局区域法律顾问；（3）华盛顿特区，21 街 1155 号，N.W.，拉法耶特三中心，邮编 20581，商品期货委员会首席财务官。

Lafayette Centre, 1155 21st Street, N.W., Washington, D.C. 20581.

D. Respondents are prohibited from directly or indirectly engaging in trading on or subject to the rules of any registered entity (as that term is defined in Section 1a of the Act, as amended, 7 U.S.C. § Ia (2011)), and all registered entities shall refuse them trading privileges for a period of one year, commencing upon entry of this Order, and after full payment o f the Disgorgement Obligation (as set forth below) and CMP Obligation.

E. Respondents shall comply with the following conditions and undertakings set forth in the Offer:

1. Disgorgement: Respondents shall pay disgorgement in the amount of one million, four hundred thousand dollars ($1,400,000), plus post-judgment interest ("Disgorgement Obligation"), within ten (10) days of the date of entry of this Order. If the Disgorgement Obligation is not paid in full within ten (10) days of the date of entry of this Order, then post-judgment interest shall accrue on the paying Respondents' Disgorgement Obligation beginning on the date of entry of this Order and shall be determined by using the Treasury Bill rate prevailing on the date of entry of this Order pursuant to 28 U.S.C. § 1961 (2006).

The Disgorgement Obligation will be offset by any amounts paid to the CME Group (or any of its subsidiary exchanges) in satisfaction of any disgorgement order (s) in disciplinary actions against the Respondents captioned CME 11-8581, CBOT 11-8581, NYMEX 11-8581, and COMEX 11-8581. The CME Group has represented the following with respect to disgorgement amounts paid to the CME Group (or any of its subsidiary exchanges): "[a] ll fines and disgorgement...arising out of disciplinary action are calculated each quarter. They are used first to offset the cost of customer protection programs (the Family Farmer and Rancher Protection Fund). To the extent the funds collected exceed the cost of the customer protection program, the excess will be contributed to the CME Trust. Also, CME Group Executive Chairman and President has discretion to instead elect to contribute all of the funds to the CME Trust. Pursuant to the terms of the Trust documents, the funds of the Trust are to be used for the purpose of providing direct or indirect assistance to customers of a member, member firm or member corporation of the Exchange (excluding any customers who have a proprietary or other interest in such member) threatened with loss of their money or securities because such member, member firm or member corporation, in the opinion of the Trustees, is insolvent or is in such financial condition that he or it may be unable without assistance to meet his or its obligations to such customers, but only to the extent that the customers' losses or threatened losses are related to futures transactions on the Exchange and then only to the extent, if any, and in such manner as the Trustees shall determine. The Trust is also prohibited from utilizing any of its funds for the purpose of satisfying any legal obligation of the Exchange."

Respondents shall provide (to the persons and addresses listed below) proof of

D. 自作出本命令并全额支付退出义务金（如下文所述）之后起 1 年之内，禁止各答辩人直接或间接地在任何注册实体｛该词由经修订的《交易法》第 1a 条［7 U.S.C. § I a（2011）］界定｝进行交易或进行接受该注册实体规则的制约的交易，而且所有注册实体应当拒绝答辩人进行交易的特权。

E. 答辩人应当遵守提议中所列以下条件并承诺：

1. 退出：答辩人应当在本命令作出后的 10 日之内，缴纳金额为壹佰肆拾万美元（$1, 400, 000）的民事罚款，另加判决后的利息（以下简称退出义务金）。作出该命令后 10 日之内，如果没有全额缴纳退出义务金，则答辩人需要缴纳的退出义务金的判决后利息开始起算，起始日为作出本命令之日，根据《美国法典》（2006 年）第 28 编第 1961 条，按照作出本命令之日的短期国库券的通行利息确定。

为完成有关答辩人的自律性行动中的任何 / 若干退出令（命令标题为：CME 11-8581，CBOT 11-8581，NYMEX 11-8581 和 COMEX 11-8581），向芝加哥商品交易所集团（或作为其子公司的任何交易所）支付的任何金额，抵消退出义务金。就向芝加哥商品交易所集团（或作为其子公司的任何交易所）支付的退出金额，芝加哥商品交易所集团作以下陈述："由自律行动而产生的……所有罚款和退出每季度计算一次。首先用于抵消消费者保护项目的成本（家庭农户和牧场主保护基金）。所收资金超出消费者保护项目的，超出部分归入芝加哥商品交易所信托。芝加哥商品交易所集团的执行董事长和总裁可以自由裁量，选择将所有资金归入芝加哥商品交易所信托。根据芝加哥商品交易所信托文件的规定，信托的所有资金的用途，是向芝加哥商品交易所的成员以及成员商行或成员公司的客户（排除对此类成员拥有财产权益或其他权益的任何客户）提供直接或间接支助，如果信托的理事们认为，此类成员商行或成员公司资不抵债或是因其财务状况，不获得支助便无法履行其对客户的义务，客户因此而有可能损失其资金或证券，但支助金额只限于在芝加哥商品交易所从事期货交易的损失或可能承受的损失，而且如果理事们作出相关决定，支助金额和支助方式也受到相应限制。此外，禁止信托将其任何资金用于履行芝加哥商品交易所的任何法律义务和目的。"

答辩人支付退出义务金的任何金额的 10 日之内，应当（向下文所列人员和地址）

any payment of disgorgement to the CME Group (or any of its subsidiary exchanges) , including the case name (s) and number (s) in connection with which such payment has been made, and the amount by which the Disgorgement Obligation is to be reduced, within 10 days of making such payment.

Respondents shall pay their Disgorgement Obligation by electronic funds transfer, U.S. postal money order, certified check, bank cashier's check, or bank money order. If payment is to be made other than by electronic funds transfer, then the payment shall be made payable to the Commodity Futures Trading Commission and sent to the address below:

Commodity Futures Trading Commission Division of Enforcement

ATIN: Accounts Receivables — AMZ 340 E-mail Box: 9-AMC-AMZ-AR-CFTC DOTIFAA/MMAC

6500 S. MacArthur Blvd. Oklahoma City, OK 73169 Telephone: (405) 954-5644

If payment is to be made by electronic funds transfer, Respondents shall contact Linda Zurhorst or her successor at the above address to receive payment instructions and shall fully comply with those instructions. Respondents shall accompany payment of the Disgorgement Obligation with a cover letter that identifies the Respondents and the name and docket number of this proceeding. Respondents shall simultaneously transmit copies of the cover letter and the form of payment to (1) the Director, Division of Enforcement, Commodity Futures Trading Commission, Three Lafayette Center, 1155 21st Street, N.W., Washington, D.C. 20581; (2) Regional Counsel, Division of Enforcement, Commodity Futures Trading Commission, 140 Broadway, 191h Floor, New York, NY 10005; and (3) the Chief Financial Officer, Commodity Futures Trading Commission, Three Lafayette Centre, 1155 21st Street, N. W., Washington, D.C. 20581.

2. Public Statements: Respondents agree that neither they nor any of their agents or employees under their authority or control shall take any action or make any public statement denying, directly or indirectly, any findings or conclusions in this Order or creating, or tending to create, the impression that this Order is without a factual basis, provided, however, that nothing in this provision shall affect Respondents': (i) testimonial obligations; or (ii) right to take legal positions in other proceedings to which the Commission is not a party. Respondents shall undertake all steps necessary to ensure that all of their agents and/or employees under their authority or control understand and comply with this agreement.

3. Cooperation with the Commission: Respondents shall cooperate fully and expeditiously with the Commission, including the Commission's Division of Enforcement, and any other governmental agency in this action, and in any investigation, civil litigation, or administrative matter related to the subject matter of this action or any current

提供其向芝加哥商品交易所集团（或是其子公司的任何交易所）已作的任何支付的证明，包括该支付的相关案件的（若干）名称和（若干）案号，以及应当减少的退出义务金的金额。

答辩人应当以电子资金转账、美国邮政汇票、保付支票、银行本票或银行汇票支付退出义务金。如果不是以电子资金转账缴纳，则支付对象必须是期交会，寄送地址如下：

期交会　执法局

注意：应收款——AMZ 340　电子邮箱：9-AMC-AMZ-AR-CFTC　DOTIFAA/MMAC

麦克阿瑟大街第6500号。俄克拉哈马市，俄克拉哈马州73169　电话：（405）954-5644

如果是以电子资金转账支付，答辩人必须通过以上地址联系林达·佐尔豪斯特或其继任者，接受支付指示并且完全按照这些指示处理。答辩人缴纳民事罚款义务金，必须附有一份封面函，明确答辩人以及本程序的名称和案号。答辩人应当同时将封面函和支付表的附件转给（1）华盛顿特区，21街1155号，N. W.，拉法耶特三中心，邮编20581，期交会执法部主任；（2）纽约州纽约市，百老汇街140号第191层，期交会，执法局区域法律顾问；（3）华盛顿特区，21街1155号，N. W.，拉法耶特三中心，邮编20581，商品期货委会首席财务官。

2. 公开陈述：答辩人同意，答辩人自己或在其权力之下的或其控制的任何代理或雇员不会采取任何行动或发表任何陈述，只要该行动或陈述直接或间接否认本命令中的任何认定或结论，或是可能造成一种印象，似乎本命令缺乏事实基础，但前提是本规定中的任何内容不会影响答辩人的（i）作证义务；或（ii）在期交会并非当事方的程序中采取法律立场的权利。答辩人应当采取所有必要的措施，以确保在其权力之下的，或受其控制的任代理和/或雇员懂得并遵守本协议。

3. 与期交会合作：在本行动、任何调查、民事诉讼或与本行动争议事项有关的行政事项或期交会目前或将来进行的相关调查中，答辩人应当与包括期交会执法局在内的委员会以及任何其他政府机构充分迅速地合作。

or future Commission investigation related thereto.

4. Partial Satisfaction: Respondents understand and agree that any acceptance by the Commission of partial payment of Respondents' Disgorgement Obligation and CMP Obligation shall not be deemed a waiver of their obligation to make further payments pursuant to this Order, or a waiver ofthe Commission's right to seek to compel payment of any remaining balance.

5. Change o f Address/Phone: Until such time as Respondents satisfy in full their Disgorgement Obligation and CMP Obligation as set forth in this Order, Respondents shall provide written notice to the Commission by certified mail of any change to their telephone number and mailing address within ten (10) calendar days of the change.

The provisions of this Order shall be effective as of this date.

By the Commission (Chairman GENSLER, Commissioners O'MALIA and WETJEN; Commissioner CHILTON concurring)

Me lissa Jurgens

Secretary of the Commission

Commodity Futures Trading Commission

Dated: July 22, 2013

4. 部分满足：答辩人理解并同意，期交会接受本命令所述答辩人退出义务金和民事处罚义务金的部分支付，不应当被视为放弃答辩人根据本命令再作支付的义务，也不应当被视为放弃期交会寻求强制余额支付的权利。

5. 地址和电话变更：答辩人全额支付本命令所述退出义务金和民事处罚义务金之前，被上诉人的电话号码和邮局地址发生变化，应当在变动后的10个日历日之内，以挂号信的形式书面通知期交会。

本命令的规定自本日起生效。
期交会（主席根斯勒、副主席奥马里和威特廉；副主席彻尔顿持共同意见）

梅利莎·朱金斯
期交会秘书

日期：2013年7月22日

SEC v. Citigroup Global Markets

证交会诉花旗集团
全球市场有限责任公司

SEC v. Citigroup Global Markets

752 F.3d 285 (2014)

POOLER, Circuit Judge:

The United States Securities and Exchange Commission ("SEC.") in conjunction with Citigroup Global Markets, Inc. ("Citigroup") appeals from the November 28, 2011 order of the United States District Court for the Southern District of New York (Rakoff, J.) refusing to approve a consent decree entered into by the parties and instead setting a trial date. Our Court stayed that order and referred the matter to a merits panel for consideration of the underlying questions. SEC. v. Citigroup Global Markets, Inc., 673 F.3d 158 (2d Cir.2012). We now hold that the district court abused its discretion by applying an incorrect legal standard in assessing the consent decree and setting a date for trial.

Background

Ⅰ. Complaint and Proposed Consent Judgment

In October 2011, the SEC. filed a complaint against Citigroup, alleging that Citigroup negligently misrepresented its role and economic interest in structuring and marketing a billion-dollar fund, known as the Class V Funding Ⅲ ("the Fund"), and violated Sections 17 (a) (2) and (3) of the Securities Act of 1933 (the "Act"). The complaint alleges that Citigroup "exercised significant influence" over the selection of

证交会诉花旗集团全球市场有限责任公司

美国第二巡回上诉法院（2014 年）

巡回法院普勒法官：

美国证交会与花旗集团全球市场公司（以下简称花旗集团）就美国纽约南区地区法院（雷克夫法官）2011 年 11 月 28 日的命令提出上诉。该命令拒绝批准当事方商定的同意令，反而确定了一个审判日期。本院中止地区法院的命令，将此事提交审议实质问题的合议庭，由其审议相关问题。[SEC. v. Citigroup Global Markets, Inc., 673 F. 3d 158 (2d Cir. 2012).] 本院认定，地区法院滥用自由裁量权，评判同意令和决定审判日期时，适用了不正确的法律标准。

背 景

Ⅰ. 起诉书和同意令

2011 年 10 月证交会对花旗集团提起诉讼，指称花旗集团有疏忽过错，就其在被称作融资三Ⅴ级的数十亿美元的基金（以下简称基金）的结构设计和营销中的作用和经济利益，花旗集团作了不当陈述，违反了《1933 年证券法》（以下简称《证券法》）第 17（a）条第（2）项和第（3）项。起诉书称，花旗集团对于挑选价值 5 亿美元的资产，“施加了相当大的影响力”，所挑选的资产主要由次贷证券担保，

$500 million worth of the Fund's assets, which were primarily collateralized by subprime securities tied to the already faltering U.S. housing market. Citigroup told Fund investors that the Fund's investment portfolio was chosen by an independent investment advisor, but, the SEC alleged, Citigroup itself selected a substantial amount of negatively projected mortgage-backed assets in which Citigroup had taken a short position. By assuming a short position, Citigroup realized profits of roughly $160 million from the poor performance of its chosen assets, while Fund investors suffered millions of dollars in losses.

Shortly after filing of the complaint, the SEC filed a proposed consent judgment. In the proposed consent judgment, Citigroup agreed to: (1) a permanent injunction barring Citigroup from violating Act Sections 17 (a) (2) and (3); (2) disgorgement of $160 million, which the SEC asserted were Citigroup's net profits gained as a result of the conduct alleged in the complaint; (3) prejudgment interest in the amount of $30 million; and (4) a civil penalty of $95 million. Citigroup also agreed not to seek an offset against any compensatory damages awarded in any related investor action. Citigroup consented to make internal changes, for a period of three years, to prevent similar acts from happening in the future. Absent from the consent decree was any admission of guilt or liability.

The SEC also filed a parallel complaint against Citigroup employee Brian Stoker. See SEC v. Brian H. Stoker, 11 Civ. 7388 (JSR). The Stoker complaint alleged that Stoker negligently violated Sections 17 (a) (2) and (3) of the Act in connection with his role in structuring and marketing the collateralized debt obligations in the Fund.

Ⅱ. Proceedings Before the District Court

The district court scheduled a hearing in the matter, and presented the SEC and Citigroup with a list of questions to answer. The questions included:

· Why should the Court impose a judgment in a case in which the SEC alleges a serious securities fraud but the defendant neither admits nor denies wrongdoing?

· Given the SEC's statutory mandate to ensure transparency in the financial marketplace, is there an overriding public interest in determining whether the SEC's charges are true? Is the interest even stronger when there is no parallel criminal case?

· How was the amount of the proposed judgment determined? In particular, what calculations went into the determination of the $95 million penalty? Why, for example, is the penalty in this case less than one-fifth of the $535 million penalty assessed in SEC v. Goldman Sachs & Co. ...? What reason is there to believe this proposed penalty will have a meaningful deterrent effect?

而次贷证券与美国已经岌岌可危的住房市场联系在一起。花旗集团告诉基金的投资者，基金的投资组合是由一个独立投资顾问所挑选的，但证交会指称，花旗集团自己挑选了大量有负面预测的抵押贷款支持的资产，而且花旗集团做空这些资产。因其选择的资产表现不佳，花旗集团做空获得了大约 1.6 亿美元的利润，但基金投资者的损失以数百万美元计。

证交会提交起诉书后不久，便提交了所提议的同意令判决。在提议的同意令判决中，花旗集团同意：（1）发出永久禁止令，禁止花旗集团违反《证券法》第 17（a）条第（2）项和第（3）项；（2）退还 1.6 亿美元利润，证交会断言这是花旗集团从事起诉书中所指称的行为获得的净利润；（3）判决前利息为 3000 万美元；以及（4）9500 万美元的民事罚款。花旗集团也同意，不试图抵消任何相关的投资者诉讼中的补偿性赔偿。花旗集团同意进行为期 3 年的公司内部调整，以防今后再出现类似行为。同意令并没有承认有过错，也没有承认法律责任。

证交会同时也提交了被告为花旗集团雇员布赖恩·斯托克的起诉书。[See SEC v. Brian H. Stoker，11 Civ. 7388（JSR）.] 该起诉书指称，斯托克在设计基金抵押债务义务的结构和营销方面发挥了作用，有疏忽过错，违反了《证券法》第 17（a）条第（2）项和第（3）项。

Ⅱ. 地区法院的审理

地区法院就此安排了一次听证，并向证交会和花旗集团发出一份需要回答的问题清单。问题包括：

· 证交会指称发生了严重证券欺诈，但被告既不承认也不否认过错，此案中法院为何要作出判决？

· 鉴于证交会的法定权限是确保金融市场的透明度，是否存在首要公众利益，需要确定证交会回答指控是否属实？因为不存在平行的刑事诉讼，所以公共利益更为重要？

· 所提议的判决的金额是如何确定的？尤其是确定 9500 万美元的罚金有何计算方式？比如，证交会诉高盛案（SEC v. Goldman Sachs & Co.）中算出的罚金是 5.35 亿美元，为何本案中的罚金不到高盛案中罚金的 1/5……有什么理由相信，所提议的罚金可以产生有意义的威慑效力？

· The proposed judgment imposes injunctive relief against future violations. What does the SEC do to maintain compliance? How many contempt proceedings against large financial entities has the SEC brought in the past decade as a result of violations of prior consent judgments?

· Why is the penalty in this case to be paid in large part by Citigroup and its shareholders rather than by the "culpable individual offenders acting for the corporation?" If the SEC was for the most part unable to identify such alleged offenders, why was this?

· How can a securities fraud of this nature and magnitude be the result simply of negligence?

Both the SEC and Citigroup submitted written responses to the district court's questions. On November 9, 2011, the district court conducted a hearing to explore the questions presented. A few weeks later, the district court issued a written opinion declining to approve the consent judgment. SEC v. Citigroup Global Markets Inc., 827 F.Supp.2d 328 (S.D.N.Y. 2011) ("Citigroup I") .The district court stated that before a court may employ its injunctive and contempt powers in support of an administrative settlement, it is required, even after giving substantial deference to the views of the administrative agency, to be satisfied that it is not being used as a tool to enforce an agreement that is unfair, unreasonable, inadequate, or in contravention of the public interest. Id., at 332. It found that the proposed consent decree is neither fair, nor reasonable, nor adequate, nor in the public interest ... because it does not provide the Court with a sufficient evidentiary basis to know whether the requested relief is justified under any of these standards. Purely private parties can settle a case without ever agreeing on the facts, for all that is required is that a plaintiff dismiss his complaint. But when a public agency asks a court to become its partner in enforcement by imposing wide-ranging injunctive remedies on a defendant, enforced by the formidable judicial power of contempt, the court, and the public, need some knowledge of what the underlying facts are: for otherwise, the court becomes a mere handmaiden to a settlement privately negotiated on the basis of unknown facts, while the public is deprived of ever knowing the truth in a matter of obvious public importance. Id. (footnotes omitted).

The district court criticized the relief obtained by the SEC in the consent decree, comparing it unfavorably with settlements entered in SEC v. Bank of America Corp., No. 09 Civ. 6829 (JSR), 2010 WL 624581 (S.D.N.Y. Feb. 22, 2010), and in SEC v. Goldman Sachs & Co. et al., No. 10 Civ. 3229 (BSJ), Docket No. 25 (S.D.N.Y. July 20, 2010). See Citigroup I, 827 F.Supp.2d at 330–31, 334 n. 7. In both Bank of America and Goldman Sachs, the district court noted, the parties stipulated to certain findings of facts. Without such an evidentiary basis in this case, the district court reasoned, "the Court is forced to conclude that a proposed Consent Judgment that asks the Court to impose substantial injunctive relief, enforced by the Court's own contempt power, on the basis of allegations unsupported by any proven or acknowledged facts whatsoever, is neither reasonable, nor fair, nor adequate,

·所提议的判决规定了未来的违法禁令救济。证交会有何行动确保判决得到遵守？过去 10 年中，证交会就违反先前的同意令判决，提起了多少次针对大型金融实体的诉讼？

·为何本案中的罚金大部分由花旗集团和其股东支付，而不是由“代表公司作为的有过错的违法个人支付？”如果在多数情形下证交会无法找出此类被指称的违法者，原因何在？

·如此性质和规模的证券欺诈，怎么会只是疏忽过错的结果？

证交会和花旗集团都就地区法院的问题提交了书面答复。2011 年 11 月 9 日地区法院举行听证，探讨所提出的问题。几周后，地区法院发布书面意见，拒绝批准同意令判决。［SEC v. Citigroup Global Markets Inc.，827 F.Supp.2d 328（S.D.N.Y. 2011）（“Citigroup Ⅰ”）.］地区法院表示，法院为支持行政和解而行使其发出禁令和藐视法庭的权力之前，即便是尊重行政机构的观点，仍然必须放心，法院没有被利用，没有被用作工具来执行不公平、不合理、不充分或是违背公共利益的协议。（Id.， at 332.）地区法院认定，所提议的同意令不公平、不合理、不充分，也不符合公共利益……因为所提议的同意令并没有向地区法院提供充分的证据基础，地区法院无法据此知道，按照这些标准中的任何一项，所要求的救济是否合理。如果诉讼方纯粹是私人主体的，即便无法就相关事实达成一致意见，仍然可以就诉讼达成和解，因为只需要原告撤诉即可。但如果是一个公权机构要求法院成为其执法伙伴，就被告实施广泛的禁令性救济，其执行必须借助涉及藐视法庭罪的强大司法权，法院和公众需要对相关事实有所了解：否则法院将沦为私下商定协议的仆人；私下商量所基于的事实不为人知，尽管显然是事关公众、事关重大，但公众却被剥夺了了解真相的机会。［Id.（脚注省略）.］

地区法院批评证交会在同意令中获得的救济，将其与证交会诉美国集团案［SEC v. Bank of America Corp.，No. 09 Civ. 6829（JSR），2010 WL 624581（S.D.N.Y. Feb. 22，2010）］和证交会诉讼高盛案［SEC v. Goldman Sachs & Co. et al.，No. 10 Civ. 3229（BSJ），Docket No. 25（S.D.N.Y. July 20，2010）. See Citigroup I，827 F.Supp.2d at 330–31，334 n. 7. In both Bank of America and Goldman Sachs］中的和解作了负面比较。地区法院指出，在美国银行案和高盛案中，当事双方就事实达成某些共识。地区法院的推论是，本案中没有这样的证据基础，“地区法院被迫得出的结论是，所提议的同意令判决要求地区法院提供重大禁令救济，借助法院自身的藐视法庭权力执行，但所基于的指称并没有任何得到证明或承认的事实依据，所以不合理、不公平、不充分，也不符合公共利益”。（Id.，at 335.）因此，地区法院的结论是：适用司

nor in the public interest." Id., at 335. Thus, the district court concluded:

An application of judicial power that does not rest on facts is worse than mindless, it is inherently dangerous. The injunctive power of the judiciary is not a free–roving remedy to be invoked at the whim of a regulatory agency, even with the consent of the regulated. If its deployment does not rest on facts — cold, hard, solid facts, established either by admissions or by trials — it serves no lawful or moral purpose and is simply an engine of oppression. Id.

The district court refused to approve the consent judgment, and instead consolidated this case with the Stoker action and ordered the parties to be prepared to try both cases on July 16, 2012.

Ⅲ. Prior Proceedings Before This Court

The SEC and Citigroup filed immediate notices of appeal. The SEC also moved in the district court for an emergency stay pending the outcome of the appeal, but before the district court could decide the stay motion before it, the SEC sought an emergency stay in our Court. As an alternative basis for relief, the SEC also filed a petition for a writ of mandamus to set the order aside.

Prior to our Court's ruling on the stay motion and mandamus petition, the district court issued its decision denying the motion for a stay. SEC v. Citigroup Global Markets Inc., 827 F.Supp.2d 336 (S.D.N.Y. 2011) ("Citigroup Ⅱ"). The district court reasoned that our Court lacked jurisdiction to hear an interlocutory appeal from the denial of approval of a consent judgment. Id., at 338–39. As to the SEC's proposal to file a writ of mandamus as an alternative to a statutory appeal, the district court similarly found that such action would not divest it of jurisdiction, and, consequently, declined to consider the SEC's request for a stay. Id., at 339–40.

Our Court disagreed, granting the motion for a stay pending before us. SEC v. Citigroup Global Markets Inc., 673 F.3d 158 (2d Cir.2012) ("Citigroup Ⅲ"). We concluded that the SEC demonstrated a strong likelihood of success on the merits, because the district court did not accord the SEC's judgment adequate deference. Id., at 163–65. As both parties before us advocated for approving the consent order, we ordered counsel appointed to advocate for the district court's order. Id., at 169. Before us now is the merits appeal.

法权力如果没有事实作为依据，不仅是盲目的，而且本质上是危险的。司法部门的禁令权力不是自取的救济，也不是监管机构心血来潮就可以得到的，即便被监管对象同意，也不能这样做。适用禁令如果不以事实——而且是由承认或审判确定的绝对事实——为依据，那么禁令无助于任何法律或道德目的，只能是用于压迫的引擎。（Id.）

地区法院拒绝批准同意令判决，将此案与斯托克诉讼合并，命令当事方为 2012 年 7 月 16 日审理两案做准备。

Ⅲ．本院之前的法律程序

证交会和花旗集团立即提交上诉申请。证交会还在地区法院提出动议，要求上诉结果出来之前，紧急中止地区法院的决定。但地区法院就要求中止的动议作出决定之前，证交会又在本院要求紧急中止。作为救济的一个依据，证交会又提出请求，要求本院发出执行职务令，撤销地区法院的命令。

本院在中止动议和执行职务令的请求作出裁决之前，地区法院发布决定，拒绝批准要求中止的动议。［SEC v. Citigroup Global Markets Inc.，827 F. Supp. 2d 336（S.D.N.Y. 2011）（“Citigroup Ⅱ”）.］地区法院的理由是，当事方就拒绝批准同意令判决提出诉讼程序中的上诉，本院没有受理该上诉的司法管辖权。（Id.，at 338-39.）证交会建议提起执行职务令请求，替代法定上诉，地区法院就此作出类似认定：此类诉讼不能剥夺地区法院的司法管辖权，所以拒绝考虑证交会的中止请求。（Id.，at 339-40.）

本院不同意。本院支持证交会向本院提出的中止动议。［SEC v. Citigroup Global Markets Inc.，673 F. 3d 158（2d Cir. 2012）（“Citigroup Ⅲ”）.］本院的结论是，证交会显示了其在实体问题上很可能获胜，因为地区法院没有充分尊重证交会的判断。（Id.，at 163-65.）既然上诉双方都要求批准同意令，本院要求指定律师为地区法院命令提出理由。（Id.， at 169.）本院现在考虑关于实体问题的上诉。

Analysis

We review the district court's denial of a settlement agreement under an abuse of discretion standard. See SEC v. Wang, 944 F.2d 80, 85 (2d Cir.1991). A district court abuses its discretion if it "(1) based its ruling on an erroneous view of the law," (2) made a "clearly erroneous assessment of the evidence," or (3) "rendered a decision that cannot be located within the range of permissible decisions." Lynch v. City of New York, 589 F.3d 94, 99 (2d Cir.2009) (internal quotation marks omitted).

I. Appellate Jurisdiction

The SEC argues that we have jurisdiction to consider this interlocutory appeal pursuant to 28 U.S.C. § 1292 (a) (1). We agree. Section 1292 (a) (1) states in relevant part:

(a) [T] he courts of appeals shall have jurisdiction of appeals from: (1) Interlocutory orders of the district courts of the United States... or of the judges thereof, granting, continuing, modifying, refusing or dissolving injunctions, or refusing to dissolve or modify injunctions...

"Because § 1292 (a) (1) was intended to carve out only a limited exception to the final-judgment rule, we have construed the statute narrowly to ensure that appeal as of right under § 1292 (a) (1) will be available only in circumstances where an appeal will further the statutory purpose of permitting litigants to effectually challenge interlocutory orders of serious, perhaps irreparable, consequence." Carson v. Am. Brands Inc., 450 U.S. 79, 84, 101 S.Ct. 993, 67 L.Ed.2d 59 (1981) (internal quotation marks omitted). Thus, "[u] nless a litigant can show that an interlocutory order of the district court might have a serious, perhaps irreparable, consequence, and that the order can be effectually challenged only by immediate appeal, the general congressional policy against piecemeal review will preclude interlocutory appeal." Id. (internal quotation marks omitted).

In Carson, the consent decree at issue permanently enjoined an employer and a union from discriminating against African-American employees, required changes to the way seniority and benefits were awarded, established hiring goals, and granted job bidding

分　　析

地区法院拒绝批准和解协议，本院根据滥用自由裁量权的标准对其进行审查。［See SEC v. Wang.944 F. 2d 80，85（2d Cir. 1991）.］地区法院如有以下行为，则滥用了自由裁量权：“（1）其裁决基于对法律的错误观点。”（2）对“证据的评判明显错误”或是（3）“所作判决不在允许判决的范围内”。［Lynch v. City of New York，589 F.3d 94，99（2d Cir.2009）（文内引号省略）.］

Ⅰ. 上诉管辖权

证交会提出，依据《美国法典》第 28 编第 1292 条第（a）款第（1）项，本院有管辖权审议该诉讼程序中的上诉。本院同意。第 1292 条第（a）款第（1）项的相关部分规定：

（a）对以下问题提出的上诉，上诉法院有管辖权：（1）美国地区法院的诉讼程序中的命令……或美国地区法院法官的诉讼程序中的命令，发出、继续、修改、拒绝或撤销禁令，或拒绝撤销或修改禁令……

“因为第 1292 条第（a）款第（1）项旨在对最终判决规则规定有限的例外，本院对该法作狭义解释，以确保行使第 1292 条第（a）款第（1）项下的权利上诉，必须限于以下情形：上诉有助于促进法定目标，即允许诉讼方有效挑战后果严重的诉讼程序中的命令，这种后果可能是不可挽回的。”［Carson v. Am. Brands Inc.，450 U.S. 79，84，101 S.Ct. 993，67 L. Ed. 2d 59（1981）（文内引号省略）.］因此，“除非诉讼方可以显示，地区法院的诉讼程序中的命令可能有严重后果或后果是不可挽回的，而且只有立即上诉才能有效挑战该命令，则根据美国国会反对零碎审查的一般政策，排除诉讼程序中的上诉”。［Id.（文内引号省略）.］

在卡森案判决中，所涉及的同意令永久禁止雇主和工会歧视非洲裔雇员，要求改变决定资历和福利的方式，确定雇人目标，允许工作竞标优先考虑。（450 U.S. at 84，101 S. Ct. 993.）在卡森案中，美国联邦最高法院认定，地区法院拒绝批准同意

preferences. 450 U.S. at 84, 101 S.Ct. 993. The Carson court found the district court's refusal to approve the consent decree constituted irreparable harm because:

the District Court made clear that it would not enter any decree containing remedial relief provisions that did not rest solidly on evidence of discrimination and that were not expressly limited to actual victims of discrimination. In ruling so broadly, the court did more than postpone consideration of the merits of petitioners' injunctive claim. It effectively foreclosed such consideration. Having stated that it could perceive no vestiges of racial discrimination on the facts presented, and that even if it could, no relief could be granted to future employees and others who were not actual victims of discrimination, the court made clear that nothing short of an admission of discrimination by respondents plus a complete restructuring of the class relief would induce it to approve remedial injunctive provisions. Id., at 87 n. 12, 101 S.Ct. 993 (internal quotation marks omitted).

Moreover, the Carson court found that "[b]ecause a party to a pending settlement might be legally justified in withdrawing its consent to the agreement once trial is held and final judgment entered, the District Court's order might thus have the 'serious, perhaps irreparable, consequence' of denying the parties their right to compromise their dispute on mutually agreeable terms." Id., at 87–88, 101 S.Ct. 993 (footnote omitted). Finally, by delaying approval of the consent decree, the plaintiffs were losing access to the "specific job opportunities and the training and competitive advantages that would come with those opportunities." Id., at 89 n. 16, 101 S.Ct. 993.

In New York v. Dairylea Cooperative, Inc., the parties entered into a settlement to resolve a civil antitrust action. 698 F.2d 567, 568–69 (2d Cir.1983). The settlement included a provision labeled "Injunction" that: would enjoin Dairylea from participating in any agreement to fix the price of milk or allocate customers during the next six years... Dairylea [also] agreed to allow New York access to its books, records and personnel and to publicize, among its employees, the terms of the arrangement for the purpose of ensuring Dairylea's compliance with the decree's provisions. Id., at 569. We found that the proposed injunction did not meet the requirements of Carson because the settlement agreement proposed minimal injunctive relief: defendants were enjoined from violating the law. Id., at 570. The parties argued that "because the proposed settlement would enjoin Dairylea from participating in any conspiracy to fix prices or allocate customers," the "order disapproving the settlement is in effect the denial of an injunction." Id. We disagreed:

Taken to its extreme this argument would render the disapproval of every proposed settlement appealable. It would be a simple matter for the settling parties to include in the agreement an injunctive provision forbidding one party from violating the law. The mere existence of an injunctive clause, therefore, cannot be sufficient to render the disapproval of a proposed settlement agreement appealable. Id.

令构成不可挽回的伤害，因为在于：地区法院明确，如果任何包括救济规定的同意令不是以有关歧视的证据为坚实基础，而且并非明确限于歧视的实际受害者，地区法院就不会发出该同意令。地区法院的裁决面过宽，不仅推迟了对上诉人救济主张的实体审查，而且实际上排除了这种审查。地区法院指出，从所提出的事实中，看不出种族歧视的任何痕迹，即便可以看出，也无法向未来的雇员或并非歧视实际受害者的其他人提供救济；法院然后指出，除非被上诉人承认有歧视，而且全面改变类别救济，是不可能说服法院批准救济性禁令规定的。[Id.，at 87 n. 12，101 S.Ct. 933（文内引号省略）.]

此外，美国联邦最高法院在卡森案中还认定，“一旦进行审判期并作出最终判决后，撤回其对和解的同意的一方可能有法律上的正当理由，可以撤回对该协议的同意，所以地区法院的命令可能否定当事方有权按照双方同意的条件就其争议达成妥协，因而可能有严重后果，或许是不可挽回的后果”。[Id.，at 87–88，101 S. Ct. 993（脚注省略）.] 最后，由于推迟批准同意令，原告无法得到“具体的工作机遇以及这些机遇体提供的培训和竞争的有利条件”。（Id.，at 89 n. 16，101 S.Ct. 993.）

在纽约州诉讼戴里利合作公司案（New York v. Dairylea Cooperative，Inc.）中，当事方就解决反托拉斯的民事诉讼达成和解。[698 F. 2d 567，568–69（2d Cir. 1983）.] 和解包括一项被贴上“禁令”标签的规定：禁止戴里利参与任何固定牛奶价格或之后 6 年内分配客户的协议……戴里利（也）同意，纽约州可以接触其账簿记录和人员，并向其员工中公布有关安排的内容，以确保遵守同意令的规定。（Id.，at 569.）本院认为，所提议的禁令并不符合卡森案判例的要求，因为和解协议只提出了最低限度的禁令救济：禁止被告违法。（Id.，at 570.）当事方提出，“因为所提议的和解禁止戴里利参与任何固定价格或分配客户的合谋”，“命令不批准和解，实际上是不否定禁令”。（Id.）本院不同意：如果将此论点推到极端，只要不同意所有提议的和解，就可以上诉。当事方很容易在协议中包括一项禁止一方违法的禁令规定。因此，如果仅有禁止性条款，则并不能够因此就不批准所提议的和解协议的决定而提起上诉。（Id.）

Thus, to bring an interlocutory appeal from a district court's denial of settlement approval, a party must demonstrate "that (1) the district court, by refusing to approve a settlement, effectively denied a party injunctive relief and (2) in the absence of an interlocutory appeal, a party will suffer irreparable harm." Grant v. Local 638, 373 F.3d 104, 108 (2d Cir.2004). That standard is satisfied here. The rejected consent decree provided for two types of injunctive relief: (1) enjoining Citigroup from violating provisions of the Act in the future, and (2) requiring Citigroup to undertake steps aimed at preventing future occurrences of securities fraud, and periodically demonstrate compliance to the SEC. The SEC. also demonstrated irreparable harm: unlike the court in Dairylea, here the district court expressed no willingness to revisit the settlement agreement with the parties, instead setting a trial date. See e.g., Grant, 373 F.3d at 111 ("It bears repeating that the Carson court relied heavily on the district court's warning that it would never approve a settlement similar to the one the parties made." (citing Carson, 450 U.S. at 87 n. 12, 101 S.Ct. 993)). We are satisfied that our Court may exercise jurisdiction over this interlocutory appeal.

Ⅱ. The Scope of the Consent Decree

We quickly dispense with the argument that the district court abused its discretion by requiring Citigroup to admit liability as a condition for approving the consent decree. In both the briefing and at oral argument, the district court's *pro Bono* counsel stated that the district court did not seek an admission of liability before approving the consent decree. With good reason — there is no basis in the law for the district court to require an admission of liability as a condition for approving a settlement between the parties. The decision to require an admission of liability before entering into a consent decree rests squarely with the SEC. As the district court did not condition its approval of the consent decree on an admission of liability, we need not address the issue further.

Ⅲ. The Scope of Deference

We turn, then, to the far thornier question of what deference the district court owes an agency seeking a consent decree. Our Court recognizes a "strong federal policy favoring

因此，如果地区法院拒绝批准和解，当事方要提起诉讼程序中的上诉，必须显示“（1）地区法院拒绝和解，实际上就使当事方无法获得禁令救济，而且（2）如果没有诉讼程序中的上诉，当事方就会受到不可挽回的伤害”。[Grant v. Local 638，373 F.3d 104，108（2d Cir. 2004）.] 本案满足了该标准。被拒绝的同意令规定了两种类型的救济：（1）禁止花旗集团今后违反《证券法》，并且（2）要求花旗集团采取措施，防止今后再发生欺诈，并定期向证交会汇报合规情况。证交会也显示了不可挽回的伤害：与戴里利案中的法院不同，本案地区法院在本案中并没有表示愿意同当事方一起重新考虑和解协议，而是另行决定了审判日期。[See e.g.，Grant，373 F.3d at 111（有必要重申，地区法院警告，地区法院绝不会批准当事方所达成的这种和解，而卡森案中的终审法院在很大程度上依据了地区法院的这一警告）（citing Carson，450 U.S. at 87 n. 12，101 S.Ct.993）.] 本院认为，已经符合条件，本院可以就本诉讼的中间上诉行使管辖权。

Ⅱ. 同意令的范围

一种观点是，地区法院要求花旗集团承认法律责任，以此作为同意令的条件，这是地区法院在滥用自由裁量权。本院就此观点简要表明了意见。在律师意见书和口头陈述中，地区法院的公益律师表示，地区法院并非在批准同意令之前要求有承认法律责任的供述。很有道理——地区法院要求承认法律责任，将其作为批准当事方和解的条件，这在法律上没有任何依据。是否要求以承认法律责任作为发布同意令的条件，完全应当由证交会决定。地区法院并没有将承认法律责任作为批准同意令的条件，所以本院无须再讨论该问题。

Ⅲ. 尊重范围

本院现在来看地区法院对要求同意令的行政机构应有尊重的范围。这个问题要困难得多。本院认识到，“联邦政策坚决支持批准和执行同意令”。（Wang，944 the approval and enforcement of consent decrees." Wang, 944 F.2d at 85. "To be sure, when the district judge is presented with a proposed consent judgment, he is not merely a 'rubber stamp.' " SEC v. Levine, 881 F.2d 1165, 1181 (2d Cir.1989). The district court here found it was "required, even after giving substantial deference to the views of the administrative agency, to be satisfied that it is not being used as a tool to enforce an agreement that is unfair, unreasonable, inadequate, or in contravention of the public interest." Citigroup I, 827 F.Supp.2d at 332. Other district courts in our Circuit view "[t]he role of the Court in reviewing and approving proposed consent judgments in SEC enforcement actions [as] 'restricted to assessing whether the settlement is fair, reasonable and adequate within the limitations Congress has imposed on the SEC to recover investor losses.' " SEC v. CR Intrinsic Investors, LLC, 939 F.Supp.2d 431, 434 (S.D.N.Y.2013) (quoting SEC v. Cioffi, 868 F.Supp.2d 65, 74 (E.D.N.Y. 2012)); see also United States v. Peterson, 859 F.Supp.2d 477, 478 (E.D.N.Y.2012) ("A district court has the duty to determine whether a consent decree based on a proposed settlement is 'fair and reasonable' ").

The "fair, reasonable, adequate and in the public interest" standard invoked by the district court finds its origins in a variety of cases. Our Court previously held, in the context of assessing a plan for distributing the proceeds of a proposed disgorgement order, that "once the district court satisfies itself that the distribution of proceeds in a proposed SEC disgorgement plan is fair and reasonable, its review is at an end." Wang, 944 F.2d at 85. The Ninth Circuit — in circumstances similar to those presented here, a proposed consent decree aimed at settling an SEC enforcement action — noted that "[u]nless a consent decree is unfair, inadequate, or unreasonable, it ought to be approved." SEC v. Randolph, 736 F.2d 525, 529 (9th Cir. 1984).

Today we clarify that the proper standard for reviewing a proposed consent judgment involving an enforcement agency requires that the district court determine whether the proposed consent decree is fair and reasonable, with the additional requirement that the "public interest would not be disserved," eBay, Inc. v. MercExchange, 547 U.S. 388, 391, 126 S.Ct. 1837, 164 L.Ed.2d 641 (2006), in the event that the consent decree includes injunctive relief. Absent a substantial basis in the record for concluding that the proposed consent decree does not meet these requirements, the district court is required to enter the order.

We omit "adequacy" from the standard. Scrutinizing a proposed consent decree for "adequacy" appears borrowed from the review applied to class action settlements, and strikes us as particularly inapt in the context of a proposed SEC consent decree. See Fed.R.Civ.P. 23 (e) (2) ("If the proposal would bind the class members, the court may approve it only after a hearing and on a finding that it is fair, reasonable, and adequate"). The adequacy requirement makes perfect sense in the context of a class action settlement — a class action settlement typically precludes future claims, and a

F.2d at 85.）“当然，地区法官收到所提议的同意判决令时，他并不只是一枚‘橡皮图章’。”［SEC v. Levine，881 F.2d 1165，1181（2d Cir. 1989）.］本案中地区法院认定，即便“应当十分尊重行政机构的观点，地区法院仍然需要确定，并没有被用作工具，执行一项不公平、不合理、不充分或是违反公共利益的协议”。（Citigroup I，827 F.Supp.2d at 332.）本法院巡回区的其他地区法院认为，“法院审查和批准证交会执法诉讼中所建议的同意令时，其作用限于‘评判和解是否公平、合理和充分，没有超出美国国会规定的证交会追回投资者损失的权限’”。｛SEC v. CR Intrinsic Investors，LLC，939 F. Supp. 2d 431，434（S.D.N.Y.2013）［quoting SEC v. Cioffi. 868 F. Supp. 2d 65，74（E.D.N.Y. 2012）］；see also United States v. Peterson，850 F. Supp. 2d 477，478（E.D.N.Y. 2012）（地区法院有责任确定，基于所提议的和解的同意令是否“公平合理”）.｝

地区法院引用的“公平、合理、充分和符合公众利益”标准源自不同判例。本院此前已经认定，就所提议的退出令可产生的收入的分配计划而言，“一旦地区法院确定，所提议的证交会退出计划中的分配计划是公平、合理的，其审议便到此为止”。（Wang，944 F. 2d at 85.）在类似于本案的情形中——所提议的同意令旨在就证交会的执法诉讼进行和解——第九巡回法院指出，“除非同意令不公平、不充分或不合理，否则就应当批准”。［SEC v. Randolph，736 F. 2d 525，529（9th Cir. 1984）.］

今天本院澄清的是，如果所提议的同意令涉及执法机构，而且同意令包括禁令性救济，适当的审查标准由地区法院确定，所提议的同意令是否公平、合理，另外还要求“公共利益不会受到损害”。［eBay，Inc. v. MercExchange，547 U.S. 388，391，126 S.Ct. 1837，164 L.Ed. 2d 641（2006）.］如果记录中没有很有力的依据，无法作出所建议的同意令并不符合上述要求的结论，地区法院就必须作出命令。

本院从标准中去除“充分”一词。严格审查所提议的同意令是否“充分”，这一做法似乎是借自适用于集团诉讼和解的审查，在本院看来，特别不适合所提议的证交会同意令的范畴。［See Fed. R.Civ. P.23（e）（2）（如果提议会约束集团成员，法院批准之前必须举行听证，并且认定该提议是公平、合理和充分的）.］就集团诉讼和解的范畴而言，充分要求是完全有道理的——集团诉讼和解的典型做法是排除之后的主张，所以法院关注所达成的和解是否充分是正确的。出于同样的理由，同意令并不产生关于充分与否的相同担心——如果潜在原告有私人诉权，他们可以自

court is rightly concerned that the settlement achieved be adequate. By the same token, a consent decree does not pose the same concerns regarding adequacy — if there are potential plaintiffs with a private right of action, those plaintiffs are free to bring their own actions. If there is no private right of action, then the SEC is the entity charged with representing the victims, and is politically liable if it fails to adequately perform its duties.

A court evaluating a proposed SEC consent decree for fairness and reasonableness should, at a minimum, assess (1) the basic legality of the decree, see Benjamin v. Jacobson, 172 F.3d 144, 155–59 (2d Cir.1999) (terminating existing consent decrees as required by the Prison Litigation Reform Act); (2) whether the terms of the decree, including its enforcement mechanism, are clear, see e.g., Angela R. ex rel. Hesselbein v. Clinton, 999 F.2d 320, 325 (8th Cir.1993) (district court abused its discretion by approving consent decree that did not properly define the enforcement mechanisms); (3) whether the consent decree reflects a resolution of the actual claims in the complaint; and (4) whether the consent decree is tainted by improper collusion or corruption of some kind. Cf. Kozlowski v. Coughlin, 871 F.2d 241, 244 (2d Cir.1989) ("Before entering a consent judgment, the district court must be certain that the decree 1) springs from and serves to resolve a dispute within the court's subject–matter jurisdiction, 2) comes within the general scope of the case made by the pleadings, and 3) furthers the objectives of the law upon which the complaint was based." (internal quotation marks and alternations omitted)). Consent decrees vary, and depending on the decree a district court may need to make additional inquiry to ensure that the consent decree is fair and reasonable. The primary focus of the inquiry, however, should be on ensuring the consent decree is procedurally proper, using objective measures similar to the factors set out above, taking care not to infringe on the SEC's discretionary authority to settle on a particular set of terms.

It is an abuse of discretion to require, as the district court did here, that the SEC establish the "truth" of the allegations against a settling party as a condition for approving the consent decrees. Citigroup Ⅰ, 827 F.Supp.2d at 332–33. Trials are primarily about the truth. Consent decrees are primarily about pragmatism. "[C]onsent decrees are normally compromises in which the parties give up something they might have won in litigation and waive their rights to litigation." United States v. ITT Continental Baking Co., 420 U.S. 223, 235, 95 S.Ct. 926, 43 L.Ed.2d 148 (1975). Thus, a consent decree "must be construed as ... written, and not as it might have been written had the plaintiff established his factual claims and legal theories in litigation." United States v. Armour & Co., 402 U.S. 673, 682, 91 S.Ct. 1752, 29 L.Ed.2d 256 (1971). Consent decrees provide parties with a means to manage risk. "The numerous factors that affect a litigant's decision whether to compromise a case or litigate it to the end include the value of the particular proposed compromise, the perceived likelihood of obtaining a still better settlement, the prospects

行提出起诉。如果没有私人诉权，那么证交会是负责代表受害人的实体，若是证交会没有充分履行其职责，则证交会在政治上有责任。

法院评判证交会的同意令是否公平、合理，至少应当考虑以下问题：（1）同意令的基本合法性[see Benjamin v. Jacobson, 172 F.3d 144, 155-59(2d Cir. 1999)(按照《监狱诉讼改革法》的要求，终止现有的同意令）]；（2）同意令的条款是否清楚，包括涉及其执法机制是否清楚［see e.g., Angela R. ex rel. Hesselbein v. Clinton, 999 F.2d 320, 325（8th Cir. 1993）（地区法院滥用其自由裁量权，批准了并未恰当界定执法机制的同意令）］；（3）同意令是否体现了解决起诉书的实际主张的办法；（4）同意令是否有某种不当勾结或腐败污点。｛Cf. Kozlowski v. Coughlin, 871 F.2d 241, 244（2d Cir. 1989）［地区法院发出同意令之前，地区法院必须确定，同意令①源自并有助于解决在法院争议事项管辖权范围之内的争议；②在诉因解释的总范围之内；而且③促进起诉所依据的法律的目标（文内引号和变动省略）］.｝同意令形式多样，取决于不同的同意令，地区法院或许需要进一步调查，以便确定同意令是公平、合理的。但调查重点应当是确保同意令在程序上是正当的，为此使用的客观标准应当类似于上文所阐述的因素，注意不要干涉证交会就具体条款达成和解的自由裁量权。

本案中，地区法院要求证交会确定对和解方所做指称的“真相”，作为批准同意令的条件，这就属于滥用自由裁量权。（Citigroup Ⅰ， 827 F. Supp. 2d at 332-33.）审判主要是为了查明真相。同意令主要是务实。“同意令通常是妥协，当事方放弃他们通过诉讼中有可能得到的一些好处，放弃其诉讼权利。”［United States v. ITT Continental Banking Co., 420 U.S. 223, 235, 95 S.Ct. 926, 43 L. Ed.2d 148(1975).］因此，地区法院应当按照“已经成文的……同意令来诠释，不是按照有可能写成的同意令来诠释，因为那样的话，原告必须首先确立其诉讼中的事实主张和法律原则”。［United States v. Armour & Co., 402 U.S.673, 682, 91 S.Ct.1752, 29L.Ed.2d 256(1971).］同意令为当事方提供了风险管理的手段。“诉讼方决定是就案件妥协，还是诉讼到底，取决于诸多因素，包括所提议的具体妥协的价值、所看到的获得更好和解的可能性、完成全部诉讼后的结果可能更好，还是可能更坏，以及这种尝试所需要耗费的资源。”｛Citigroup Ⅲ， 673 F.3d at 164；see also Randolph， 736 F.2d at 529［妥协是和解的核心。即使证交会起诉（被告）的证据很充分，但要经过审判则成本过高。证交

of coming out better, or worse, after a full trial, and the resources that would need to be expended in the attempt." Citigroup Ⅲ, 673 F.3d at 164; see also Randolph, 736 F.2d at 529 ("Compromise is the essence of settlement. Even if the Commission's case against [defendants] is strong, proceeding to trial would still be costly. The SEC's resources are limited, and that is why it often uses consent decrees as a means of enforcement." (citation omitted)). These assessments are uniquely for the litigants to make. It is not within the district court's purview to demand "cold, hard, solid facts, established either by admissions or by trials," Citigroup Ⅰ, 827 F.Supp.2d at 335, as to the truth of the allegations in the complaint as a condition for approving a consent decree.

As part of its review, the district court will necessarily establish that a factual basis exists for the proposed decree. In many cases, setting out the colorable claims, supported by factual averments by the SEC, neither admitted nor denied by the wrongdoer, will suffice to allow the district court to conduct its review. Other cases may require more of a showing, for example, if the district court's initial review of the record raises a suspicion that the consent decree was entered into as a result of improper collusion between the SEC and the settling party. We need not, and do not, delineate the precise contours of the factual basis required to obtain approval for each consent decree that may pass before the court. It is enough to state that the district court here, with the benefit of copious submissions by the parties, likely had a sufficient record before it on which to determine if the proposed decree was fair and reasonable. On remand, if the district court finds it necessary, it may ask the SEC and Citigroup to provide additional information sufficient to allay any concerns the district court may have regarding improper collusion between the parties.

As noted earlier, when a proposed consent decree contains injunctive relief, a district court must also consider the public interest in deciding whether to grant the injunction. See eBay, 547 U.S. at 391, 126 S.Ct. 1837; Salinger v. Colting, 607 F.3d 68, 80 (2d Cir.2010). eBay makes clear that a plaintiff seeking a permanent injunction must satisfy a four-factor test before a court may grant such relief. A plaintiff must demonstrate: (1) that it has suffered an irreparable injury; (2) that remedies available at law, such as monetary damages, are inadequate to compensate for that injury; (3) that, considering the balance of hardships between the plaintiff and defendant, a remedy in equity is warranted; and (4) that the public interest would not be disserved by a permanent injunction. 547 U.S. at 391, 126 S.Ct. 1837. "eBay strongly indicates that the traditional principles of equity it employed are the presumptive standard for injunctions in any context", be they preliminary or permanent. Salinger, 607 F.3d at 78; see also World Wide Polymers, Inc. v. Shinkong Synthetic Fibers Corp., 694 F.3d 155, 160-61 (2d Cir.2012) (applying the eBay test to a permanent injunction sought to remedy a breach of an exclusive distributorship agreement).

会的资源有限，所以证交会经常以同意令作为执法手段］（引文省略）.｝这些因素完全由诉讼方来权衡。地区法院没有权力要求，起诉书中的指称是否属实，必须有“供认或审判才能确立的固定事实”（Citigroup Ⅰ，827 F. Supp. 2d at 335），法院没有权力将此作为批准同意令的条件。

作为地区法院进行审查的必要部分，就是确定提议的同意令是否有事实基础。许多案件中提出了似乎有道理的主张，以证交会断言存在的事实作为依据，有过错方既不承认，也不否认过错，地区法院就有充分的依据进行审查。按照其他判例，则有可能需要进一步加以表明，比如，如果地区法院初步审查记录后，怀疑同意令是证交会与和解方联手的不当结果。法院批准同意令需要基于事实，但本院不需要，也没有描述每项同意令所需要的事实基础的范畴。只需要指出，本案中地区法院借助当事方提交的很多材料，很可能有足够的记录，用以确定所提议的同意令是否公平、合理。发回重审后，如果地区法院认为有必要，可以要求证交会和花旗集团提供更多的信息，以便消除地区法院可能对当事方之间存在不当串通的任何担心。

正如上文所指出的，如果提议的同意令包括禁令救济，地区法院决定是否发出禁令，也必须考虑公共利益。［See eBay，547 U.S. at 391，126 S. Ct. 1837，Salinger v. Colting，607 F. 3d 68 F. 3d 68，80（2d Cir. 2010）.］eBay 案判例表明，原告要求发出永久禁令，必须符合四要件经验标准，法院才会发出禁令救济。原告必须显示：（1）受到了不可挽回的伤害；（2）诸如金钱赔偿这样的法律救济不足以补偿所受到的伤害；（3）考虑到原告困难与被告困难之间的平衡，应当提供衡平救济；并且（4）永久禁令不会不利于公共利益。（547 U.S. at 391，126 S.Ct. 1837.）eBay 案判例强烈显示，无论是临时禁令，还是永久禁令，所适用的传统衡平原则是在任何范畴下禁令的假定标准。［Salinger，607 F.3d at 78；see also World Wide Polymers，Inc. v. Shinkong Synthetic Fibers Corp.，694 F. 3d 155，160–61（2d Cir. 2012）（将 eBay 案判例的检验标准适用于一项永久禁令，该禁令旨在就违反一项独家分销协议提供救济）.］

Our analysis focuses on the issue reached by the district court: that the district court must assure itself the "public interest would not be disserved" by the issuance of a permanent injunction. eBay, 547 U.S. at 391, 126 S.Ct. 1837; Cf. WPIX, Inc. v. ivi, Inc., 691 F.3d 275, 278 (2d Cir.2012) (describing the test as "non-disservice of the public interest by issuance of a preliminary injunction.") [1]

The job of determining whether the proposed SEC consent decree best serves the public interest, however, rests squarely with the SEC, and its decision merits significant deference: [F] ederal judges — who have no constituency — have a duty to respect legitimate policy choices made by those who do. The responsibilities for assessing the wisdom of such policy choices and resolving the struggle between competing views of the public interest are not judicial ones: "Our Constitution vests such responsibilities in the public branches." Chevron, U.S.A., Inc. v. Natural Res. Def. Council, Inc., 467 U.S. 837, 866, 104 S.Ct. 2778, 81 L.Ed.2d 694 (1984) (quoting TVA v. Hill, 437 U.S. 153, 195, 98 S.Ct. 2279, 57 L.Ed.2d 117 (1978)); see also In re Cuyahoga Equip. Corp., 980 F.2d 110, 118 (2d Cir.1992) ("Appellate courts ordinarily defer to the agency's expertise and the voluntary agreement of the parties in proposing the settlement.").

The district court correctly recognized that it was required to consider the public interest in deciding whether to grant the injunctive relief in the proposed injunction. Citigroup I, 827 F.Supp.2d at 331. However, the district court made no findings that the injunctive relief proposed in the consent decree would disserve the public interest, in part because it defined the public interest as "an overriding interest in knowing the truth." Id., at 335. The district court's failure to make the proper inquiry constitutes legal error. On remand, the district court should consider whether the public interest would be disserved by entry of the consent decree. For example, a consent decree may disserve the public interest if it barred private litigants from pursuing their own claims independent of the relief obtained under the consent decree. What the district court may not do is find the public interest disserved based on its disagreement with the SEC's decisions on discretionary matters of policy, such as deciding to settle without requiring an admission of liability.

To the extent the district court withheld approval of the consent decree on the ground that it believed the SEC failed to bring the proper charges against Citigroup, that constituted an abuse of discretion. See Citigroup I, 827 F.Supp.2d at 330. In comparing the complaint filed by the SEC against Citigroup with the complaint filed by the SEC against Stoker, the district court noted that "[a] lthough this would appear to be tantamount

---

1 The district court did not address, and the parties do not brief, whether the remaining eBay factors were satisfied here. We therefore do not address this issue, except to note that the proposed consent decree waived Citigroup's right to challenge any enforcement action on the ground that the consent decree fails to conform to the requirements of Rule 65 of the Federal Rules of Civil Procedure.

本院重点分析地区法院涉及的问题：地区法院必须确定，发出永久禁令“不会损害公共利益”。［eBay，547 U.S. at 391，126 S. Ct. 1837；Cf. WPIX，Inc. v. ivi，Inc.，591 F. 3d 275，278（2d Cir. 2012）（将此检验标准描述为“发出永久禁令不会损害公共利益”）.］[1]

但是，所提议的证交会同意令能否最好地服务于公共利益，完全应当由证交会来决定，由其作出的决定应当受到很大尊重：联邦法官没有自己的选民，有责任尊重那些有自己选民者所作的合理政策选择。评判此类政策是否明智以及如何解决关于公共利益不同观点之争，都不是司法部门的职责：“我们的宪法将这些职责赋予公共部门。”｛Chevron，U.S.A.，Inc. v. Natural Res. Def. Council，Inc.，467 U.S. 837，866，104 S.Ct. 2778，81 L.Ed.2d 694（1984）［quoting TVA v. Hill，437 U.S. 153，195，98 S.Ct. 2279，57 L.Ed.2d 117（1978）］；see also In re Cuyahoga Equip. Corp.，980 F.2d 110，118（2d Cir.1992）（上诉法院通常尊重机构专业知识和当事方提议和解的自愿协议）.｝

地区法院明确地承认，决定是否同意所提议的禁令中的禁令救济，必须考虑公共利益。（Citigroup Ⅰ， 827 F. Supp. 2d at 331.）但是地区法院并没有认定，同意令中所提议的禁令救济有损公共利益，原因之一就是地区法院将公共利益完全界定为“了解真相的首要利益”。（Id.，at 335.）地区法院未能进行适当调查，构成了法律错误。发回重审后，地区法院必须考虑，发布同意令是否有损公共利益。例如，如果同意令禁止私人诉讼方提出自己的主张，而这些主张独立于同意令下获得的救济，则同意令有可能损害公共利益。但是。地区法院不能因为不同意证交会就属于其自由裁量范围的政策事项所作出的决定（如决定和解，但并不要求承认法律责任），便据此认定损害公共利益。

地区法院拒绝批准同意令，只要其理由是认为证交会未能对花旗集团提出恰当指控，就构成滥用自由裁量权。（See Citigroup Ⅰ， 827 F. Supp.2d at 330.）证交会分别对花旗集团和斯图克尔起诉，地区法院比较了两个起诉后指出，“尽管证交会相当于是在指称明知故意和欺诈意图（用证券法的语言是‘故意’），但证交会出于自身原因，选择只就花旗集团的过错法律责任起诉，违反《证券法》第 17 条第

1 地区法院没有讨论 eBay 案判例中的其他因素在本案中是否得到满足，当事方的法律意见书也没有提及这点。因此，本院不讨论这一问题，只是指出，所提议的同意令放弃花旗集团以同意令不符合《美国联邦民事诉讼规则》第 65 条的要求为理由挑战任何执法行为的权利。

to an allegation of knowing and fraudulent intent ('scienter' in the lingo of securities law) , the SEC, for reasons of its own, chose to charge Citigroup only with negligence, in violation of Sections 17 (a) (2) and (3) of the Securities Act, 15 U.S.C. § 77q (a) (2) and (3) ." Id. The exclusive right to choose which charges to levy against a defendant rests with the SEC. See e.g., United States v. Microsoft Corp., 56 F.3d 1448, 1459 (D.C.Cir.1995) (" [T] he district court is not empowered to review the actions or behavior of the Department of Justice; the court is only authorized to review the decree itself.") ; see also Heckler v. Chaney, 470 U.S. 821, 831, 105 S.Ct. 1649, 84 L.Ed.2d 714 (1985) (" [A] n agency's decision not to prosecute or enforce, whether through civil or criminal process, is a decision generally committed to an agency's absolute discretion.") . Nor can the district court reject a consent decree on the ground that it fails to provide collateral estoppel assistance to private litigants — that simply is not the job of the courts.

Finally, we note that to the extent that the SEC does not wish to engage with the courts, it is free to eschew the involvement of the courts and employ its own arsenal of remedies instead. See e.g., Exchange Act § 21C (a) , 15 U.S.C. § 78u-3 (a) ; Securities Act § 8A (a) , 15 U.S.C. § 77h-1 (a) . The SEC can also order the disgorgement of profits. Exchange Act § 21B (e) , 15 U.S.C. § 78u-2 (e) ; Securities Act § 8A (e) , 15 U.S.C. § 77h-1 (e) . Admittedly, these remedies may not be on par with the relief afforded by a so-ordered consent decree and federal court injunctions. But if the SEC prefers to call upon the power of the courts in ordering a consent decree and issuing an injunction, then the SEC must be willing to assure the court that the settlement proposed is fair and reasonable. "Consent decrees are a hybrid in the sense that they are at once both contracts and orders; they are construed largely as contracts, but are enforced as orders." Berger v. Heckler, 771 F.2d 1556, 1568-69 (2d Cir.1985) (citation omitted) . For the courts to simply accept a proposed SEC consent decree without any review would be a dereliction of the court's duty to ensure the orders it enters are proper.

Conclusion

For the reasons given above, we vacate the November 28, 2011 order of the district court and remand this case for further proceedings in accordance with this opinion. As we exercise jurisdiction pursuant to Section 1292 (a) (1) , the petition for a writ of mandamus is denied as moot.

LOHIER, Circuit Judge, concurring:

I thank my panel colleagues for addressing many of my concerns in this case. In （a）款第（2）项和第（3）项［15 U.S.C. § 77q（a）（2） and（3）］”。（Id.）对被告提出何种起诉，完全是证交会的权利。［See e.g.，United States v. Microsoft Corp.，56 F. 3d 1448，1499（D.C. Cir. 1995）（地区法院无权审查司法部的诉讼和做法；法院只授权审查同意令本身）；see also Heckler v. Chaney，470 U.S. 821，831，105 S.Ct. 1649，84 L. Ed. 2d 714（1985）（无论是通过民事程序，还是通过刑事程序，该机构不决定起诉或执法，通常完全取决于该机构的自由裁量权）.］即便同意令没有为私人方提供不得反悔的附带帮助，地区法院也不得以此为理由拒绝发出同意令，因为这根本就不是法院的职责。

最后，本院指出，如果证交会愿意，可以避免法院的卷入，使用证交会自己“武器库”内的各种救济。［See e.g.，Exchange Act § 21C（a），15 U.S.C. § 78u-3（a）；Securities Act § 8A（a），15 U.S.C. § 77h-1（a）.］证交会还可以要求退还得利。［Exchange Act § 21B（e），15 U.S.C. § 78u-2（e）；Securities Act § 8A（e），15 U.S.C. § 77h-1（e）.］当然，证交会提供的各种救济与所谓的同意令和联邦法院禁令所提供的救济不能相提并论。但是如果证交会愿意借用法院的权力发布同意令并发布禁令，则证交会必须愿意向法院保证，所提议的和解是公平合理的。“同意令是混合物，既是合同，又是命令；主要是将其作为合同理解，但作为命令执行。”［Berger v. Heckler，771 F.2d 1556，1568-69（2d Cir. 1958）（引文省略）.］如果法院未做任何审查，便接受所提议的证交会的同意令，则法院失责，没有确保法院所发布的同意令是恰当的。

结　论

鉴于上述原因，本院撤销 2011 年 11 月 28 日地区法院所发出的命令，此案发回，依据本意见继续进行。本院依据第 1292 条第（a）款第（1）项行使管辖权，拒绝执行职务令的请求，因为请求已无实际意义。

洛希尔巡回法官发表共同意见：

我的合议庭同事们讨论了我所关心的本案的许多问题，对此我表示感谢。尤其是今天

particular, today's majority opinion makes clear that district courts assessing a proposed consent decree should consider principally four factors: "(1) the basic legality of the decree; (2) whether the terms of the decree, including its enforcement mechanism, are clear; (3) whether the consent decree reflects a resolution of the actual claims in the complaint; and (4) whether the consent decree is tainted by improper collusion or corruption of some kind." Majority Op., ante, at 294-95 (citations omitted). I write separately to make two more observations.

First, in my view, the "fair and reasonable" standard for assessing the appropriateness of monetary relief (as opposed to injunctive relief) involves a straightforward analysis of only the four factors identified by the majority and described above. If all four factors are satisfied, the perceived modesty of monetary penalties proposed in a consent decree is not a reason to reject the decree.

Second, I would be inclined to reverse on the factual record before us and direct the District Court to enter the consent decree. It does not appear that any additional facts are needed to determine that the proposed decree is "fair and reasonable" and does not disserve the public interest. Nor, to use the words of the majority opinion's holding, is there a "substantial basis ... for concluding" that further development of the record will show that the proposed terms of this decree are not fair, reasonable, and in the public interest. Under the circumstances, though, it does no harm to vacate and remand to permit the very able and distinguished District Judge to make that determination in the first instance.

的多数意见已经明确，地区法院评判同意令主要应当考虑的4个要素："（1）同意令的根本合法性；（2）同意令的条款——包括涉及执法机制的内容在内——是否清楚；（3）同意令是否反映了解决起诉书的实际主张的办法；以及（4）同意令是否因为某种不当的串通或腐败而有污点。" [Majority Op. , ante, at 294-95（引文省略）.] 我单独撰写意见，再表达两点看法。

第一，我认为，金钱救济（与禁令救济不同）是否恰当，适用"公平、合理"的评判标准，只需要直截了当地分析多数意见在上文中所指明和介绍的4个因素。只要4个因素都得到满足，即便同意令中所提出的金钱处罚看上去不高，但并不成为拒绝发出同意令的理由。

第二，根据本院现有的事实记录，我倾向撤销地区法院的决定，指示地区法院发出同意令。似乎无须更多的事实，就可以确定所提议的同意令是公平、合理的，不会损害公共利益。用多数意见的话说，就是"不存在大量根据……可以得出结论"：进一步获得记录就可以显示，同意令所提议的条款不是公平、合理的，不符合公共利益。从本案的情况来看，可以撤销地区法院的命令，将其发回地区法院，由这位法官在一审中就加以确定并无害处。

The Business Roundtable v. SEC

商业圆桌会议诉证交会

The Business Roundtable v. SEC

United States Court of Appeals,

District of Columbia Circuit. 905 F.2d 406

STEPHEN F. WILLIAMS, Circuit Judge:

In 1984 General Motors announced a plan to issue a second class of common stock with one-half vote per share. The proposal collided with a longstanding rule of the New York Stock Exchange ("NYSE") that required listed companies to provide one vote per share of common stock. The NYSE balked at enforcement, and after two years filed a proposal with the Securities and Exchange Commission to relax its own rule. The SEC did not approve the rule change but responded with one of its own. On July 7, 1988, it adopted Rule 19c-4, barring national securities exchanges and national securities associations, together known as self-regulatory organizations (SROs), from listing stock of a corporation that takes any corporate action "with the effect of nullifying, restricting or disparately reducing the per share voting rights of [existing common stockholders]." Voting Rights Listing Standards; Disenfranchisement Rule, 53 Fed.Reg. 26, 376, 26, 394 (1988) ("Final Rule"), codified at 17 CFR Sec. 240.19c-4 (1990). The rule prohibits such "disenfranchisement" even where approved by a shareholder vote conducted on one share/one vote principles. Because the rule directly controls the substantive allocation of powers among classes of shareholders, we find it in excess of the Commission's authority under Sec. 19 of the Securities Exchange Act of 1934, as amended (the "Exchange Act"), 15 U.S.C. Sec. 78s (1988). Neither the wisdom of the requirement, nor of its

商业圆桌会议诉证交会

美国华盛顿哥伦比亚特区巡回上诉法院（1990 年）

巡回法官斯蒂芬·F. 威廉姆斯：

1984 年通用汽车公司宣布发行普通股第二种类别股票，每股 1/2 票表决权。这一提议与纽交所存在已久的规则有冲突：该规则要求上市公司的普通股一股一票。纽交所犹豫不决，没有就此执法。两年后，纽交所向证交会提出建议，要求放宽纽交所的该规则。证交会没有批准纽交所的规则变动，而是提出了证交会的规则。1988 年 7 月 7 日证交会制定了《19c-4 规则》，禁止各全国性证券交易所和各全国性证券协会（两者都被称作自我监管组织，以下简称自我监管组织）为以下公司的股票挂牌：公司采取任何公司行为，“其效果是使（现有的普通股股东的）每股表决权无效、受到限制或本质上受到削减”。[Voting Rights Listing Standards；Disenfranchisement Rule，53 Fed.Reg.26，376，25，394（1988）（“Final Rule”），codified at 17 CFR Sec. 240.19c-4（1990）.] 该规则禁止此类“剥夺权利的做法”，即使股东就一股一票原则投票，批准了上述做法。因为该规则直接控制了不同类别股东之间权利的实质性分配，本院认定超越了修正后的《1934 年证券交易法》（以下简称《交易法》）第 19 条［15 U.S.C. Sec. 78s（1988）］下的授权。该规则的要求是否明智以及在联邦层面强加这一要求是否明智，都不是此处涉及的

being imposed at the federal level, is here in question.[1]

In conducting our review, we assume that we owe the Commission deference under Chevron U.S.A. Inc. v. NRDC, 467 U.S. 837, 104 S.Ct. 2778, 81 L.Ed.2d 694 (1984), even though the case might be characterized as involving a limit on the SEC's jurisdiction. Cf. Mississippi Power & Light Co. v. Mississippi ex rel. Moore, 487 U.S. 354, 108 S.Ct. 2428, 2444, 101 L.Ed.2d 322 (1988) (Scalia, J., concurring in the judgment) (questioning intelligibility of distinction between "an agency's exceeding its authority and an agency's exceeding authorized application of its authority"). This circuit has suggested that deference to an agency may be "inappropriate" in interpreting statutory provisions "delimiting its jurisdiction." New York Shipping Ass'n v. Federal Maritime Comm'n, 854 F.2d 1338, 1363 (D.C.Cir.1988) (alternative holding); see also National Wildlife Fed'n v. ICC, 850 F.2d 694, 699 n. 6 (D.C.Cir.1988). The Supreme Court cannot be said to have resolved the issue definitively. Compare Mississippi Power & Light Co., 108 S.Ct. at 2444 ("it is plain that giving deference to an administrative interpretation of its statutory jurisdiction or authority is both necessary and appropriate") (Scalia, J., concurring in the judgment), and Commodity Futures Trading Comm'n v. Schor, 478 U.S. 833, 845, 106 S.Ct. 3245, 3253–54, 92 L.Ed.2d 675 (1986) (agency's expertise is due substantial deference even when deciding issues that impinge on its jurisdiction), with Mississippi Power & Light Co., 108 S.Ct. at 2446–47 (Brennan, J., dissenting) (deference is not appropriate for jurisdictional issues). See also Cass R. Sunstein, Constitutionalism After the

1 See Final Rule, 53 Fed.Reg. at 26, 377–79; for academic commentary on the wisdom of the rule and of its federal adoption, see e.g., Ronald J. Gilson, Evaluating Dual Class Common Stock: The Relevance of Substitutes, 73 Va.L.Rev. 807 (1987); Joel Seligman, Equal Protection in Shareholder Voting Rights: The One Common Share, One Vote Controversy, 54 Geo.Wash.L.Rev. 687 (1987) (arguing for a broad prohibition on all dual class capitalizations); George W. Dent, Jr., Dual Class Capitalization: A Reply to Professor Seligman, 54 Geo.Wash.L.Rev. 725, 754–55 (1986) (arguing the creation or sale of stock with disproportionate voting rights should be prohibited unless approved by a majority of disinterested shareholders); Louis Lowenstein, Shareholder Voting Rights: A Response to SEC Rule 19c-4 and to Professor Gilson, 89 Col.L.Rev. 979 (1989) (agreeing on the need to regulate dual class capitalizations but disagreeing with the methodology of the SEC's approach). For an exception to the general approval, see Daniel R. Fischel, Organized Exchanges and the Regulation of Dual Class Common Stock, 54 U.Chi.L.Rev. 119 (1987) (arguing that competition among securities markets will produce the most efficient rules).

On the matter before us, the SEC's authority, the academic commentary has been far more mixed, perhaps leaning to the negative. See Dent, 54 Geo.Wash.L.Rev. at 726–37 (1986) (Commission lacks authority); Comment, Rule 19c-4: The SEC Goes Too Far in Adopting a One Share, One Vote Rule, 83 Nw. U.L.Rev. 1057 (1989) (same); Richard A. Booth, The Problem With Federal Tender Offer Law, 77 Cal.L.Rev. 707, 760 n. 154 (1989) (Commission's authority is "questionable" because the rule does not further a purpose of the Exchange Act). Even proponents of the merits of the Rule generally concede that Commission's authority is uncertain. See Seligman, 54 Geo.Wash.L.Rev. at 714–19 (arguing the Exchange Act "probably empowers the SEC" to adopt such a rule, but conceding that the interpretation of the relevant statutory sections "is not free from doubt" and that a narrow reading of the key Sec. 14 is "arguable"). At the very least, proponents concede the Commission's exercise of this authority is "unprecedented regulation of corporate governance." Roberta S. Karmel, Qualitative Standards For "Qualified Securities": SEC Regulation of Voting Rights, 36 Cath.U.L.Rev. 809, 831 (1987).

问题。[1]

本院审查时假定，根据雪铁龙美国有限责任公司诉案［Chevron U.S.A. Inc. v. NRDC，467 U.S. 837，104 S.Ct. 2778，81 L.Ed.2d 694（1984）］的判例，本院应当尊重证交会，即便本案的特点有可能涉及对证交会的限制。［Cf. Mississippi Power & Light Co. v. Mississippi ex rel. Moore，487 U.S. 354，108 S.Ct. 2428，2444，101 L.Ed. 2d 322（1988）（斯卡利亚大法官就判决持共同意见）（质疑“机构越权与机构超越其授权的权力适用”两者之间的区别是否可以被理解）.］本巡回法院已经表示，解释“限制机构的管辖权”的制定法规定时，尊重机构或许是“不恰当的”。［New York Shipping Ass’n v. Federal Maritime Comm’n，854 F.2d 1338，1363（D.C.Cir. 1988）（其他认定）；see also National Wildlife Fed’n v. ICC，850 F.2d 694，699 n.6（D.C.Cir 1988）.］不能说美国联邦最高法院已经明确解决了该问题。｛Compare Mississippi Power & Light Co.，108 S.Ct. at 2444（显而易见，尊重行政机构对其法定管辖权或授权的行政解释既是必要的，也是恰当的）（斯卡利亚大法官在判决中持共同意见），and Commodity Futures Trading Comm’n v. Schor，478 U.S. 833，845，106 S.Ct. 3245，3253–54，92 L.Ed.2d 675（1986）（机构的专门知识应当受到很高的尊重，即便是在决定限制机构管辖权时也是如此），with Mississippi Power & Light Co.，108 S. Ct. at 2446–47（布伦南大法官持不同意见）（涉及管辖权时，尊重不恰当）. See also Cass R. Suntein, Constitutionalism After the New Deal, 101 Harv. L.Rev.421, 467（1987）［尊重行政部门关于其授权范围的决定违反了三权鼎立原则，该原则追溯到马伯里诉麦迪逊案（Marbury v. Madison，5 U.S. 137，2 L.Ed. 60（1803）判例］；

1　参见《最终规则》（53 Fed. Reg. at 26，377–79）；关于该规则以及联邦法采纳该规则的学术评论，请参见以下学术评论：罗纳尔德·J. 吉尔森所著《评介双重类别普通股：替代做法的相关性》［73 Va.L.Rev. 807（1987）］；乔尔·塞利格曼所著《股东投票权利的平等保护：一股一票的争议》［54 Geo. Wash. L.Rev. 687（1987）（提出广泛禁止所有双重类别的资本化）］；乔治·W．登特所著《双重类别资本化：回应塞利格曼教授》［54 Geo. Wash. L.Rev. 725，754–55（1986）（提出应当禁止设立或出售投票权不成比例的股票，除非由多数无利益冲突的股东批准）］；路易斯·洛温斯坦所著《股东投票权：对证交会〈第 19c–4 规则〉和吉利尔森教授的回应》［89 Col. L. Rev. 979（1989）（同意有必要规制双重类别资本化，但不赞同证交会的方法）］。关于一般批准的例外，参见丹尼尔·R. 菲谢尔所著《双重类别普通股的有组织交易和规制》［54 U.Chi. L. Rev. 119（1987）（提出各类证券之间的竞争会产生最有效的规制）］。

本院所审理的事项是证交会的权限，学界对此的评论观点相差很大，或许更倾向否定。［See Dent 54 Geo. Wash. L.Rev. 726–37（1986）（证交会缺乏权力）］《对〈第 19c–4 规则〉的评论：证交会制定一股一票走得太远》［83 Nw. U.Lev. 1057（1989）（相同意思）］里查德·A. 布斯所著《联邦收购要约法的问题》［77 Cal.L.Rev. 707，760n.154（1989）（证交会的权力“存疑”，因为该规则并无有助于促进《交易法》的目的）］。即便是称道该规则优点的人，一般也承认，证交会的权力并非定数。［See Seligma，54 Geo. Wash.L.Rev. at 714–19（提出，《交易法》“很可能授权证交会”采纳此规则，但承认对该法相关各条的解释“并非确定无疑”，对关键的第 14 条的狭义解读是“有争议的”）.］赞同者至少承认，证交会行使该权力“是对公司治理史无前例的规制”。［Roberta S. Karmel，Qalitative Standards For “Qualified Securities”：SEC Regulation of Voting Rights，36 Cath. U.L.Rev. 809，831（1987）.］

New Deal, 101 Harv.L.Rev. 421, 467 (1987) (deference to administrators' decisions on scope of their own authority violates separation of powers principles dating back to Marbury v. Madison, 5 U.S. 137, 2 L.Ed. 60 (1803)); Note, Coring the Seedless Grape: A Reinterpretation of Chevron U.S.A. Inc. v. NRDC, 87 Col.L.Rev. 986, 1005–06 (1987) (courts should not defer to agency where potential for "agency aggrandizement" exists); Schwabacher v. United States, 334 U.S. 182, 204, 68 S.Ct. 958, 969–70, 92 L.Ed. 1305 (1948) (Frankfurter, J., dissenting). Here we need not reach the issue as Chevron deference does not allow an agency "to alter the clearly expressed intent of Congress." Board of Governors of the Federal Reserve System v. Dimension Financial Corp., 474 U.S. 361, 368, 106 S.Ct. 681, 685–86, 88 L.Ed.2d 691 (1986). See also Ernst & Ernst v. Hochfelder, 425 U.S. 185, 214, 96 S.Ct. 1375, 1391, 47 L.Ed.2d 668 (1976). As we shall develop below, we find that the Exchange Act cannot be understood to include regulation of an issue that is so far beyond matters of disclosure (such as are regulated under Sec. 14 of the Exchange Act), and of the management and practices of self-regulatory organizations, and that is concededly a part of corporate governance traditionally left to the states.

Two components of Sec. 19 give the Commission authority over the rules of self-regulatory organizations. First, Sec. 19 (b) requires them to file with the Commission any proposed change in their rules. The Commission is to approve the change if it finds it "consistent with the requirements of [the Exchange Act] and the rules and regulations thereunder applicable" to the self-regulatory organization. Sec. 19 (b) (2), 15 U.S.C. Sec. 78s (b) (2). This provision is not directly at issue here, but, as we shall see, both the procedure and the terms guiding Commission approval are important in understanding the scope of the authority the Commission has sought to exercise. That is found in Sec. 19 (c), which allows the Commission on its own initiative to amend the rules of a self-regulatory organization as it Deems necessary or appropriate to insure the fair administration of the self-regulatory organization, to conform its rules to requirements of [the Exchange Act] and the rules and regulations thereunder applicable to such organization, or otherwise in furtherance of the purposes of [the Exchange Act].

Sec. 19 (c), 15 U.S.C. Sec. 78s (c) (emphasis and enumeration added). As no one suggests that either of the first two purposes justifies Rule 19c-4, the issue before us is the scope of the third, catch-all provision.

First it seems indisputable that the NYSE's proposed rule modifying its one share/one vote listing standard is a "rule" covered by Sec. 19 (b) and, correspondingly, that Rule 19c-4 does not fall outside of Sec. 19 (c)'s ambit for any want of being a "rule of a self-regulatory organization." As enacted in 1934, Sec. 19 of the Exchange Act gave the Commission power to amend the rules of an exchange "in respect of" 12 explicitly enumerated "matters," including "the listing or striking from listing of any

Note，Coring the Seedless Grape：A Reinterpretation of Chevron U.S.A. Inc. v. NRCD，87 Col. L.Rev. 986，1005-06（1987）（如果存在“机构自大”的可能，法院不应当尊重机构）；Schwabacher v. United States，334 U.S. 182，204，68 S.Ct. 958，969-70，92L.Ed.1305（1948）（法兰克福特大法官持反对意见）.｝本院在此无须涉及这一问题，因为尽管雪铁龙案判例对机构表示尊重，但并没有允许机构“改变美国国会所明确表示的意图”。［Board of Governors of the Federal Reserve System v. Dimension Financial Corp.，474 U.S. 361，368，106 S.Ct. 681，685-86，88 L.Ed. 2d 691（1986）. See also Ernst & Ernst v. Hochfelder, 425 U.S. 185，214, 96 S. Ct. 1375, 1391, 47 L.Ed.2d 668（1976）.］如同本院在下文中所指出的，本院认定，《交易法》所规制的内容不能被理解为包括远不属于披露的问题（如《交易法》第 14 条所规制的问题），不能被理解为包括规制自我监管组织的管理和做法——可以说，这些事项是公司治理的一部分，在传统上由各州规制。

第 19 条有两部分内容赋予证交会对自我监管组织的规则的管辖权。第一，第 19（b）条规定，如果自我监管组织提议对其规则作任何变动，必须在证交会登记。如果证交会认定，变动“符合（《交易法》）以及《交易法》下的规则和规定中适用于”自我监管组织的“要求”，则证交会应当批准该变动。［Sec. 19（b）（2），15 U.S.C. Sec. 78s（b）（2）.］该规定并不是此处直接有争议的问题，但正如本院所见，引导证交会批准的程序和规定至关重要，有助于理解证交会试图行使的授权的范围。相关内容载于第 19（c）条，允许证交会发起修正自我监管组织的规则，只要证交会认为有必要或是适当的，可以确保自我监管组织的公平管理，使其规则符合（《交易法》）以及《交易法》下的规则和规定中适用于自我监管组织的要求或以其他方式可以促进《交易法》目的的实现。

［Sec. 19（c），15 U.S.C. Sec. 78s（c）（着重号和阐述后加）.］前两个目的中的任何一个，都不成为《19c-4 规则》合理的原因，所以本院要考虑的是第三个目的，即针对一切情形的规定。

似无争议的是，纽交所提议规则变动，修改其一股一票的挂牌标准，这条“规则”由第 19（b）条所涵盖，而且相对来说，《19c-4 规则》完全没有因为不属于“自我监管组织规则”而在第 19（c）条的范围之外。《交易法》第 19 条是 1934 年制定的，授权证交会就 12 个清楚阐明的“事项”修正交易所的规则，这些事项包括“任何证券的上市或退市以及其他类似事项”。［Securities Exchange Act of 1934，ch. 404，Sec. 19（b），48 Stat. 881，898-99.］1975 年修正了《交易法》，但远没

security," and "similar matters." Securities Exchange Act of 1934, ch. 404, Sec. 19(b), 48 Stat. 881, 898–99. The 1975 amendments to the Exchange Act, far from narrowing that authority, removed the enumeration and replaced it with a general power under new Secs. 19 (b) & (c) both to review and to amend all self-regulatory organization rules. [1] See Senate Subcommittee on Securities, Committee on Banking, Housing and Urban Affairs, Securities Industry Study, 93 Cong., 1st Sess. 163 (Comm. Print 1973) ("Securities Industry Study") (object of amendments was to "giv [e] the Commission clear and effective jurisdiction over all self-regulatory rules"). [2] See also S.Rep. No. 75, 94th Cong., 1st Sess. 131 (1975) ("1975 Senate Report"), U.S.Code Cong. & Admin. News 1975, 179 (similar).

The practice of the securities industry confirms the broad sweep of Sec. 19 (b)'s review mechanism. For the past fifteen years, the exchanges have routinely submitted changes in listing standards for approval and the Commission has reviewed them without any commenting party expressing doubt of its jurisdiction. [3] Indeed, exchanges followed this practice with the proposals that led directly to the regulations challenged here. See Proposed Rule Change by New York Stock Exchange, 51 Fed.Reg. 37, 529 (1986) (proposal to eliminate one share/one vote policy); Proposed Rule Change by American Stock Exchange, 52 Fed.Reg. 1, 574 (1987) (similar); Proposed Rule Change by the Pacific Stock Exchange, 52 Fed.Reg. 1, 686 (1987) (similar). Many of the past

---

1 The term "rules of a self-regulatory organization" is defined broadly to include not just "the constitution, articles of incorporation, bylaws, and rules" of the organization, but even "such of the stated policies, practices, and interpretations" of the organization as the Commission "deem [s]" to be rules of the organization. Securities Acts Amendments of 1975, Pub.L. No. 94–29, Sec. 3, 89 Stat. 97, 100, amending Secs. 3 (a) (27) and (a) (28), 15 U.S.C. Secs. 78c (a) (27) and (a) (28). See also Final Rules, 53 Fed.Reg. at 26, 390–91.

2 This study was the "genesis" of the 1975 legislation in the Senate, S.Rep. No. 75, 94th Cong., 1st Sess. 1 (1975), U.S.Code Cong. & Admin.News 1975, 179.

3 See New York Stock Exchange, Inc., 42 Fed.Reg. 14, 793 (1977) (requiring independent auditor committee for listed companies); Pacific Stock Exchange, Inc., 44 Fed.Reg. 50, 123 (1979) (one share/one vote rule and other voting rights requirements as detailed in proposal at 44 Fed.Reg. 38, 037 (1979)); American Stock Exchange, Inc., 45 Fed.Reg. 24, 740 (1980) (requiring at least two independent directors on corporate board); American Stock Exchange, Inc., 47 Fed.Reg. 53, 541 (1982) (requiring shareholder approval for certain corporate transactions); New York Stock Exchange, 48 Fed.Reg. 57, 393 (1983) (removing restriction on listing non-voting common stock of "quasi-governmental corporations"); Order Approving Proposed Rule Changes by the American Stock Exchange, Inc. and New York Stock Exchange, Inc., 52 Fed.Reg. 24, 230 (1987) (amending listing standards for foreign companies); Order Approving Amendments to the Transaction Reporting Plan With Respect to NASDAQ/NMS Securities, 52 Fed.Reg. 24, 234 (1987) (requirements as to independent directors, independent audit committee, shareholder quorum, and solicitation of proxies); Midwest Stock Exchange, Inc., 52 Fed.Reg. 36, 657 (1987) (requiring two independent directors and independent audit committee); National Association of Securities Dealers, Inc., 54 Fed.Reg. 1, 463 (1989) (removing requirement that interim reports be distributed to shareholders, and adding requirement of shareholder approval of certain corporate transactions); New York Stock Exchange, Inc., 54 Fed.Reg. 30, 490 (1989) (shareholder approval requirements for certain transactions involving issuances of common stock).

有缩小该权力，而是取消了明示部分，代之以第 19（b）条和第 19（c）条下的普遍权力，证交会有权审查和修正自我监管组织的所有规则。[1]［See Senate Subcommittee on Securities，Committee on Banking，Housing and Urban Affairs，Securities Industry Study，93 Cong.，1st Sess. 163（Comm. Print 1973）（《证券行业报告》）（修正的目的是"赋予证交会对自我监管组织所有规则的明确、有效的管辖权"）.[2] See also S.Rep. No. 75，94th Cong.，1st Sess. 131（1975）（"1975 Senate Report"），U.S.Code Cong. & Admin. News 1975，179（similar）.］

证券行业的做法证实了第 19（b）条所规定的审查机制范围的广泛性。过去 15 年中，各交易所提交上市标准的变更，由证交会审批；这种做法已经习以为常，任何评论方都没有质疑过证交会的管辖权。[3] 确实，各交易所一直沿用这种做法提出建议，直接导致相关规定在本案中受到挑战。［See Proposed Rule Change by New York Stock Exchange，51 Fed. Reg. 37，529（1986）（建议取消一股一票的政策）；Proposed Rule Change by American Stock Exchange，52 Fed. Reg. 1，574（1987）（类似）；Proposed Rule Change by the Pacific Stock Exchange，52 Fed. Reg. 1，686（1987）（类似）.］以往的许多提议涉及公司内部治理事项，但在此类情形下，证交会从未

1 "自我监管组织规则"一词的定义宽泛，不仅包括组织的"宪章、章程、内部规则和规则"，甚至也包括证交会"视为"该组织规则的"已陈述的政策、做法和解释"。［Securities Acts Amendments of 1975，Pub.L. No. 94-29，Sec. 3，89 Stat. 97，100，amending Secs. 3（a）（27）and（a）（28），15 U.S.C. Secs. 78c（a）（27）and（a）（28）. See also Final Rules，53 Fed.Reg. at 26，390-91.］

2 该研究是参议院 1975 年立法的"起源"［S.Rep. No. 75，94th Cong.，1st Sess. 1（1975），U.S.Code Cong. & Admin.News 1975，179］。

3 See New York Stock Exchange，Inc.，42 Fed. Reg. 14，793（1977）（要求上市公司必须有独立审计委员会）；Pacific Stock Exchange，Inc.，44 Fed. Reg. 50，123（1979）［一股一票规则和其他投票权的要求建议详细载于《联邦登记》第 44 编 38，037（1979 年）］；American Stock Exchange，Inc.，45 Fed. Reg. 24，740（1980）（要求公司董事会至少有两位独立董事）；American Stock Exchange，Inc.，47 Fed. Reg. 53，541（1982）（某些公司交易需要股东批准）；New York Stock Exchange，48 Fed. Reg. 57，393（1983）（取消对于"准政府公司"无投票权普通股挂牌的限制）；Order Approving Proposed Rule Changes by the American Stock Exchange，Inc. and New York Stock Exchange，Inc.，52 Fed. Reg. 24，230（1987）（修正外国公司的上市标准）；Order Approving Amendments to the Transaction Reporting Plan With Respect to NASDAQ/NMS Securities，52 Fed. Reg. 24，234（1987）（关于独立董事、独立审计委员会、股东投票法定人数和征集授权委托书的要求）；Midwest Stock Exchange，Inc.，52 Fed. Reg. 36，657（1987）（要求有两位独立董事和独立审计委员会）；National Association of Securities Dealers，Inc.，54 Fed. Reg. 1，463（1989）（取消向股东分发临时报告的要求，增加某些公司交易必须由股东批准的要求）；New York Stock Exchange，Inc.，54 Fed. Reg. 30，490（1989）（涉及发行普通股的某些交易需要股东批准的要求）.

proposals dealt with matters of internal corporate governance, but in no such case did the SEC seek to exercise its veto.[1] Accordingly, while the practice confirms that the "rules of a self-regulatory organization" required to be vetted by the Commission under Sec. 19 (b) are all-encompassing, it tells us nothing about the criteria of judgment the Commission may apply under subsection (b) or (c).

As mentioned above, the Commission does not suggest that it might support Rule 19c-4 by reference to the first two of the possible heads of jurisdiction in Sec. 19 (c) — assurance of fair administration of the self-regulatory organization itself and conformity to the requirements of the Exchange Act or rules thereunder applicable to the organization. Thus it is driven to the third— "otherwise in furtherance of the purposes" of the Exchange Act.

What then are the "purposes" of the Exchange Act? The Commission supports Rule 19c-4 as advancing the purposes of a variety of sections, see Final Rule, 53 Fed.Reg. at 26, 390/1, but we first take its strongest — Sec. 14's grant of power to regulate the proxy process. The Commission finds a purpose "to ensure fair shareholder suffrage." See Final Rule, 53 Fed.Reg. at 26, 391/2. Indeed, it points to the House Report's declarations that "[f]air corporate suffrage is an important right," H.R.Rep. No. 1383, 73d Cong., 2d Sess. 13 (1934) ("1934 House Report"), and that "use of the exchanges should involve a corresponding duty of according to shareholders fair suffrage", id., at 14. The formulation is true in the sense that Congress's decision can be located under that broad umbrella.

But unless the legislative purpose is defined by reference to the means Congress selected, it can be framed at any level of generality — to improve the operation of capital markets, for instance. In fact, although Sec. 14 (a) broadly bars use of the mails (and other means) "to solicit ... any proxy" in contravention of Commission rules and regulations, it is not seriously disputed that Congress's central concern was with disclosure. See J.I. Case Co. v. Borak, 377 U.S. 426, 431, 84 S.Ct. 1555, 1559, 12 L.Ed.2d 423 (1964) ("The purpose of Sec. 14 (a) is to prevent management or others from obtaining authorization for corporate action by means of deceptive or inadequate disclosure in proxy solicitation."); see also Santa Fe Industries, Inc. v. Green, 430 U.S. 462, 477-78, 97 S.Ct. 1292, 1302-04, 51 L.Ed.2d 480 (1977) (emphasizing Exchange Act's philosophy of full disclosure and dismissing the fairness of the terms of the transaction as "at most a tangential concern of the statute" once full and fair disclosure has occurred).

While the House Report indeed speaks of fair corporate suffrage, it also plainly identifies Congress's target — the solicitation of proxies by well informed insiders "without fairly informing the stockholders of the purposes for which the proxies are to be used."

---

1 The Commission has on occasion, however, given hints that eventuated in the exchanges' proposing a change, a practice viewed by one observer as "regulation by raised eyebrow." See Donald E. Schwartz, Federalism and Corporate Governance, 45 Ohio St.L.J. 545, 571 (1984).

试图行使否决权。[1]因此，尽管这种做法证实，按照第 19（b）条的规定，“自我监管组织规则”需要证交会审查，而且是所有内容都需要审查，但根本没有向本院显示，证交会在第 19（b）条或第 19（c）条下适用的判断标准。

如前所述，证交会并没有表示，如果提及第 19（c）条中的前两个可能有的标题，就可以作为《19c-4 规则》的依据。前两个可能出现的标题是，确保自我监管组织本身的管理公平，符合《交易法》或该法下的规则适用于该组织的要求。因此，就不得不看第三个目标——“以其他方式促进”实现《交易法》的“目的”。

那么交易法的目的是什么？证交会支持《19c-4 规则》的理由是，该规则有助于促进《交易法》许多条款的目的（see Final Rule，53 Fed. Reg. at 26，390/1），但本院先看其中理由最强的部分——《交易法》第 14 条授权规制委托书过程。证交会认定存在的一个目的是，“确保公平的股东投票权”。（See Final Rule，53 Fed. Reg. at 26，391/2.）确实，证交会指出，众议院的报告宣称，“公司的公平投票权是重要权利”［H.R. Rep. No. 1383，73d Cong.，2d Sess. 13（1934）（《1934 年众议院报告》）］，而且“使用交易所，就应当涉及相应的责任，赋予股东公平投票权”（id.，at 14）。定式的确如此，因为这一广泛的伞性范围可以反映美国国会的决定。

但是，除非参照美国国会所选定的方式界定了立法目的，可以从不同程度宽泛地界定立法目的——例如，立法目的是改进资本市场的运作。事实上，尽管第 14（a）条从广义上禁止使用邮件（以及其他方式）违反证交会的规则和规定“征集……任何授权委托书”，美国国会所关注的主要是披露——这一点并无太多的争议。｛See J.I. Case Co. v. Borak，377 U.S. 426，431，84 S.Ct. 1555，1559，12 L.Ed.2d 423（1964）［第 14（a）条的目的是预防管理层或其他人通过委托授权书征集中的欺骗性披露或不当披露获得公司行动的授权］；see also Santa Fe Industries，Inc. v. Green，430 U.S. 462，477-78，97 S.Ct.1292，1302-04，51 L.Ed.2d 480（1977）（强调《交易法》充分披露的思想，淡化交易条件的公平性，称为“至多是《交易法》的附带关注点”，只要有充分公平的披露）.｝

众议院报告确实谈到了公平的公司投票权，但也清楚地明确了国会所针对的问题：掌握很多信息的内幕知情人征集授权委托书，“但并没有公平地向股东提供授权委托书使用目的的相关信息”。（1934 House Report at 14.）参议院报告中关于“公

1　有时候委员会作出示意，结果交易所建议变动；一位观察者认为，这是“横眉冷对规制”的做法。［See Donald E. Schwartz，Federalism and Corporate Governance，45 Ohio St. L.J. 545，571（1984）.］

1934 House Report at 14. The Senate Report contains no vague language about "corporate suffrage," but rather explains the purpose of the proxy protections as ensuring that stockholders have "adequate knowledge" about the "financial condition of the corporation ... [and] the major questions of policy, which are decided at stockholders' meetings." S.Rep. No. 792, 73d Cong., 2d Sess. 12 (1934) ("1934 Senate Report"). Finally, both reports agree on the power that the proxy sections gave the Commission — "power to control the conditions under which proxies may be solicited." 1934 House Report at 14. See also 1934 Senate Report at 12 (similar language).

That proxy regulation bears almost exclusively on disclosure stems as a matter of necessity from the nature of proxies. Proxy solicitations are, after all, only communications with potential absentee voters. The goal of federal proxy regulation was to improve those communications and thereby to enable proxy voters to control the corporation as effectively as they might have by attending a shareholder meeting. Id. See also S.Rep. No. 1455, 73d Cong., 2d Sess. 74 (1934); Sheldon E. Bernstein and Henry G. Fischer, The Regulation of the Solicitation of Proxies: Some Reflections on Corporate Democracy, 7 U.Chi.L.Rev. 226, 227–28 (1940).

We do not mean to be taken as saying that disclosure is necessarily the sole subject of Sec. 14. See Louis Loss, Fundamentals of Securities Regulation 452–53 (1988) (asserting that Sec. 14 is not limited to ensuring disclosure), quoted in Final Rule, 53 Fed.Reg. at 26, 391 n. 163; Karmel, 36 Cath. U.L.Rev. at 824 (similar). But see also Dent, 54 Geo.Wash.L.Rev. at 733–34 (Sec. 14 is primarily if not exclusively directed at disclosure); Comment, 83 Nw.U.L.Rev. at 1071 (similar). For example, the Commission's Rule 14a–4(b)(2) requires a proxy to provide some mechanism for a security holder to withhold authority to vote for each nominee individually. See 17 CFR Sec. 240.14a–4 (b) (2). It thus bars a kind of electoral tying arrangement, and may be supportable as a control over management's power to set the voting agenda, or, slightly more broadly, voting procedures. See generally, Dennis C. Mueller, Public Choice 38–58 (1979) (noting that difficulties inherent to majority voting, such as logrolling and cycling (in which different outcomes can be produced as coalitions reshape on successive votes), can increase the power of the agenda setter and lead to results that decrease the welfare of the voting community). But while Rule 14a–4 (b) (2) may lie in a murky area between substance and procedure, Rule 19c–4 much more directly interferes with the substance of what the shareholders may enact. It prohibits certain reallocations of voting power and certain capital structures, even if approved by a shareholder vote subject to full disclosure and the most exacting procedural rules. See Voting Rights Listing Standards; Disenfranchisement Rule, 52 Fed.Reg. 23, 665, 23, 672/1 (1987) ("Proposed Rule"); Final Rule, 53 Fed.Reg. at 26, 385/1–2.

The Commission noted in the preamble to the Proposed Rule its conviction that collective action problems could cause even a properly conducted shareholder vote (with

司投票权”的语言并无含糊之处，而是将授权委托书的相关保护目的解释为：确保股东“充分了解”“公司的财务状况……（和）在股东会议上决定的重大决策问题”。[S. Rep. No. 792，73d Cong.，2d Sess. 12（1934）（《1934 年参议院报告》）.] 最后，就授权委托书相关各条赋予证交会的权力而言，两份报告意见一致——“是控制征集授权委托书条件的权力”。[1934 House at 14. See also 1934 Senate Report at 12（类似语言）.]

授权委托书的相关规制几乎只涉及披露，这是由授权委托书的性质所决定的，是必要性使然。委托授权书征集毕竟只是与潜在的缺席投票者沟通。联邦授权委托书的相关规制旨在改善沟通，从而使通过委托书投票的股东可以有效控制公司，如同他们参加了股东会议。[Id. See also S.Rep. No. 1455，73d Cong.，2d Sess. 74（1934）；Sheldon E. Bernstein and Henry G. Fischer，The Regulation of the Solicitation of Proxies：Some Reflections on Corporate Democracy，7 U.Chi.L.Rev. 226，227–28（1940）.]

本院无意被理解为是在说，披露必然是《交易法》第 14 条的唯一目的。[See Louis Loss，Fundamentals of Securities Regulation 452–53（1988）（指出，《交易法》第 14 条并不仅限于确保披露），quoted in Final Rule，53 Fed. Reg. at 26，391 n. 163；Karmel，36 Cath U.L. Rev. at 824（类似）. But see also Dent，54 Geo. Wash. L.Rev. at 733–34（《交易法》第 14 条即便不是完全针对披露，也是以针对披露为主的）；Comment，83 Nw. U.L. Rev. at 107（类似）.] 例如，证交会的《14a–4（b）(2）规则》要求授权委托书为证券持有人提供某种机制，以便证券持有人可以保留就各提名人单独投票的授权。[See 17 CFR Sec. 240.14a–4（b）（2）.] 这就禁止了选举搭配安排，其依据或许是可以借此控制管理层以决定投票议程——略宽泛一点而言，是投票程序——的权力。{See generally，Dennis C. Mueller，Public Choice 38–58（1979）[指出，多数投票存在各种固有困难，如互投赞成票以通过对彼此有利的决定和循环投票（两者是通过结盟重新影响连续投票，以产生不同结果），议程决定人的权力会因此而得到加强，结果是削弱了投票群体的福祉.]}《14a–4（b）（2）规则》有可能陷入实体与程序之间的模糊地带，但《19c–4 规则》更直接地干预了股东可以规定的实质内容。该规则禁止投票权的某种再分配，禁止某种资本结构，即便股东已经批准，而且披露充分，且有最严格的程序规则。[See Voting Rights Listing Standards；Disenfranchisement Rule，52 Fed.Reg. 23，665，23，672/1（1987）（所提议的规则）；Final Rule，53 Fed.Reg. at 26，385/1–2.]

证交会在所提议的规则的前言中指出，证交会深信，由于集体行动的问题，即便是股票投票的方式恰当（披露充分、程序健全），也可能造成伤害股东的结果。

ample disclosure and sound procedures) to bring about results injurious to the shareholders. See Proposed Rule, 52 Fed.Reg. at 23, 672/1 (detailing collective action problem in the shareholder voting process and expressing "concern" over the "effect of that vote") . We do not question these findings. But we think the Commission's reliance on them is a clue to its stretch of the congressional purposes. As the Commission itself observed, "[s]ection 14(a) contains an implicit assumption that shareholders will be able to make use of the information provided in proxy solicitations in order to vote in corporate elections." Final Rule, 53 Fed.Reg. at 26, 391/3. In 1934 Congress acted on the premise that shareholder voting could work, so long as investors secured enough information and, perhaps, the benefit of other procedural protections. It did not seek to regulate the stockholders' choices. If the Commission believes that premise misguided, it must turn to Congress.

With its step beyond control of voting procedure and into the distribution of voting power, the Commission would assume an authority that the Exchange Act's proponents disclaimed any intent to grant. Noting that opponents expressed alarm that the bill would give the Commission "power to interfere in the management of corporations," the Senate Committee on Banking and Currency said it had "no such intention" and that the bill "furnish [ed] no justification for such an interpretation." 1934 Senate Report at 10. See also H.R.Conf.Rep. No. 1838, 73d Cong., 2d Sess. 35 (1934) (deleting as unnecessary section 13 (d) of the bill, which made explicit that the Commission could not "interfere with the management of the affairs of an issuer") .

There are, of course, shadings within the notion of "management." With the present rule the Commission does not tell any corporation where to locate its next plant. [1] But neither does state corporate law; it regulates the distribution of powers among the various players in the process of corporate governance, and the Commission's present leap beyond disclosure is just that sort of regulation. The potpourri of listing standards previously submitted to the Commission under Sec. 19 (b) , see note 4 above, suggests the sweep of its current claim. These govern requirements for independent directors, independent audit committees, shareholder quorums, shareholder approval for certain major corporate transactions, and other major issues traditionally governed by state law. If Rule 19c-4 is closely enough related to the proxy regulation purpose of Sec. 14, then all these issues appear equally subject to the Commission's discretionary control.

Surprisingly, the Commission does not concede a lack of jurisdiction over such issues. When questioned at oral argument as to what state corporation rules are not related to

1 The rule does, however, define presumptively valid transactions to include issuances of low-vote securities designed to effect a "bona fide" merger or acquisition. Final Rule, 53 Fed.Reg. at 26, 394/2 (19c-4 (d) (3)) . If this part of the rule could allow the Commission to pass on the merits of a corporate merger, then the Commission was asserting a quite radical power.

［See Proposed Rule，52 Fed.Reg. at23，672/1（详细描述了股东投票程序中的一致行动问题，并对“投票效果”表达了“关注”）.］本院并不质疑这些认定。但本院认为，既然证交会以这些认定为认定，从中就可以看出证交会对美国国会目的的扩展。证交会自己便指出，“第 14（a）条的一个默示假定是，股东可以获得委托授权书征集材料中所提供的信息，用于公司选举的投票”。（Final Rule，53 Fed. Reg. at 26，391/3.）1934 年美国国会立法的前提是，股东投票是可行的，只要投资者可以获得充分信息，或许还需要得益于其他程序保护。国会并不是要规制股东的选择。如果证交会认为该前提有误，必须找美国国会才对。

证交会的措施超出投票程序的控制，涉足投票权力的分配，所行使的权力是《交易法》支持者表明该法无意授予的。参议院银行和货币委员会指出，反对者表示震惊，因为该法案会赋予证交会“干预公司管理的权力”；参议院银行和货币委员会声明“并无此意”，法案“没有为此类解释提供任何理由”。［1934 Senate Report at 10. See also H.R. Conf. Rep. No. 1838，73d Cong.，2d Sess. 35（1934）（删去法案中不必要的《交易法》第 13（d）条，从而清楚地表明证交会不得“干预发行人的管理事务”）.］

当然，“管理”之意有不同层次的意思。从目前的规则来看，证交会并未告诉任何公司在何处建设下一家工厂。[1] 但州公司法也没有此类内容；州公司法规制公司治理过程中各类主体之间的权利分配，证交会现在超越披露的范围，就是进行州公司法所做的规制。之前根据第 19（b）条向证交会提交的上市标准的杂录（see note 4）显示，证交会目前主张的管辖权非常之广。这些上市标准规制以下方面的要求：独立董事、独立审计委员会、股东有效投票所需最低人数、公司某些重大交易所需要的股东批准，以及传统上由州法规制的其他重大问题。如果《19c-4 规则》与第 14 条的授权委托书的规制目的密切相关，那么所有这些问题也就同样属于证交会自由裁量控制的范围。

令人奇怪的是，证交会并不承认缺乏对此类问题的管辖权。口头辩论期间，证交会的律师被问及，哪些州公司规则与“公司公平投票权”无关，证交会律师只是

1 但该规则确实界定了假定有效的交易，其中包括为实施“善意”并购或收购而设计的投票权较低的证券。｛Final Rule，53 Fed. Reg. at 26，394/2［19c-4（d）（3）］.｝如果根据该规则的这部分内容，证交会有权决定公司并购是否合理，则证交会主张的权力过大。

"fair corporate suffrage," SEC counsel conceded only that further intrusions into state corporate governance "would present more difficult situations." Tr. of Oral Argument at 29 (Nov. 21, 1989). In fact the Commission's apparent perception of its Sec. 19 powers has been immensely broad, unbounded even by any pretense of a connection to Sec. 14. In reviewing the previous SRO rule changes on issues of independent directors and independent audit committees, it grounded its review in a supposed mandate to "protect investors and the public interest." Midwest Stock Exchange, Inc., 52 Fed.Reg. 36, 657, 36, 658/2 (1987). See also Order Approving Amendments to the Transaction Reporting Plan With Respect to NASDAQ/NMS Securities, 52 Fed.Reg. 24, 234, 24, 235/2 (1987). The Commission made no attempt to limit the concept by reference to the concrete purposes of any section. Rather, it reasoned that the rule changes protected investors by "creat [ing] uniformity that helps to assure investors that all the companies traded in those markets have the fundamental safeguards they have come to expect of major companies." Midwest Stock Exchange, Inc., 52 Fed.Reg. at 36, 658/1. If Rule 19c-4 were validated on such broad grounds, the Commission would be able to establish a federal corporate law by using access to national capital markets as its enforcement mechanism. This would resolve a longstanding controversy over the wisdom of such a move [1] in the face of disclaimers from Congress and with no substantive restraints on the power. It would, moreover, overturn or at least impinge severely on the tradition of state regulation of corporate law. As the Supreme Court has said, "[c] orporations are creatures of state law, and investors commit their funds to corporate directors on the understanding that, except where federal law expressly requires certain responsibilities of directors with respect to stockholders, state law will govern the internal affairs of the corporation." Sante Fe Industries, 430 U.S. at 479, 97 S.Ct. at 1304 (emphasis in original, quoting Cort v. Ash, 422 U.S. 66, 84, 95 S.Ct. 2080, 2090-91, 45 L.Ed.2d 26 (1975)). At least one Commissioner shared this view, stating "[s] ection 19 (c) does not provide the Commission carte blanche to adopt federal corporate governance standards through the back door by mandating uniform listing standards." Final Rule, 53 Fed.Reg. at 26, 395/1 (Grundfest, Comm'r, concurring). See also Seligman, 54 Geo.Wash.L.Rev. at 715 (Sec. 19 (c) "does not appear to authorize the SEC to amend SRO rules for the purpose of establishing a comprehensive federal corporation act (covering such matters as the number of directors or how many shall

---

1 For an overview of this debate see Allen D. Boyer, Federalism and Corporation Law: Drawing the Line in State Takeover Regulation, 47 Ohio St.L.J. 1037, 1041-56 (1986). In 1934, ironically, the President of the New York Stock Exchange actually favored federalization of corporate law in an attempt to derail the momentum for federal regulation of the securities markets. See id., at 1051 n. 69; Stock Exchange Practices: Hearings before the Senate Committee on Banking and Currency, 73d Cong., 1st Sess., Pt. 15, 6715-16 (1934) (testimony of Richard Whitney, President of the New York Stock Exchange). Rule 19c-4 presents the worst of all possible worlds from that perspective, turning regulation of securities markets into the vehicle for federalizing corporate law.

承认，再进一步介入州公司治理，“则会产生困难的局面”。[Tr. of Oral Argument at 29（Nov. 21，1989）.] 事实上，按照证交会对其第 19 条项下权力的明显认知，该权力的范围似乎很宽，甚至不受第 14 条的约束，两者之间甚至连表面联系也不存在。证交会以往审查自我监管组织有关独立董事和独立审计委员会问题的规则的变动时，将其审查基于所谓的“投资者保护和公共利益”的权限上。[Midwest Stock Exchange，Inc.，52 Fed. Reg. 36，657，36，658/2（1987）.See also Order Approving Amendments to the Transaction Reporting Plan With Respect to NASDAQ/NMS Securities，52 Fed. Reg. 24，234，24，235/2（1987）.] 证交会根本没有试图限制这一概念的范围，没有提到任何一条的具体目的。相反，证交会的理由是，相关规则的变动保护了投资者，因为相关规则变动“创立了统一性，有助于让投资者放心，相信这些市场上交易的所有公司都有基本保障，而投资者认为，这些保障是主要公司理应具有的”。(Midwest Stock Exchange, Inc., 52 Fed. Reg. at 36, 658/1.) 如果《19c-4 规则》的有效性所基于的理由如此宽泛，证交会就可以借助接触全国资本市场，创立联邦公司法，并将其作为执法机制。这样就可以解决长期存在的一个争议：鉴于美国国会多次否认，而且缺乏对该权力实质性的限制，创立联邦公司是否明智。[1] 此外，另一个结果是推翻——至少损害了——公司法由各州规制的传统。正如美国联邦最高法院所述，“公司是州法的产物，投资者将其资金交给董事，所基于的理解是，除非联邦法明确要求董事对股东负有某些责任，公司的内部事务由州法规制”。{Sante Fe Industries，430 U.S. at 479，97 S.Ct. at 1304 [emphasis in original，quting Cort v. Ash，422 U.S. 66，84，95 S.Ct. 2080，2090-91，45 L.Ed. 2d 26（1975）].} 证交会至少有一位副主席持相同观点，该副主席就此指出：“第 19（c）条并没有向证交会提供空白支票，证交会无权规定统一的上市标准，借此从后门推出联邦公司治理标准。”{Final Rule，53 Fed. Reg. at 26，395/1（格伦德费斯特副主席持共同意见）.See also Sligman，54 Geo. Wash. L. Rev. at 715 [第 19（c）条“似乎并不授权证交会为设立全面的联邦公司法而修正自我监管组织的规则（涉及董事人数或外部董事有多少等事项）”].} 本院对《交易法》的解读是，该法反映了美国国会的明确态度，坚决不给予证交会如此宽泛的授权。

1 有关该辩论的全面介绍，参见艾伦·D. 博伊尔所著《联邦主义与公司法：各州兼并规则中的划线》[47 Ohio St. L.J. 1037，1041-56（1986）]。具有讽刺意义的是，纽交所总裁于 1934 年实际上赞成公司法的联邦化，以便挫败证券市场联邦规制的势头。[See id.，at 1051 n. 69；Stock Exchange Practices：Hearing before the Senate Committee on Banking and Currency，73d Cong.，1st Sess.，Pt. 15，6715-16（1934）（纽交所总裁里查德·惠特尼的证言）.] 从这个角度来看，《19c-4 规则》带来的是各种可能的格局中最差的一个，将证券市场的规制变为公司法联邦化的工具。

be outsiders)"). We read the Act as reflecting a clear congressional determination not to make any such broad delegation of power to the Commission.

If the Commission's one share/one vote rule is to survive, then, some kind of firebreak is needed to separate it from corporate governance as a whole. But the Commission's sole suggestion of such a firebreak is a reference to "the unique historical background of the NYSE's one share, one vote rule." Brief for Respondent at 21 n. 24. It is true that in the Senate hearings leading to enactment of the Exchange Act there were a few favorable references to that rule. See Stock Exchange Practices: Hearings before the Senate Committee on Banking and Currency, 73d Cong., 1st Sess., Pt. 15, 6677 (1934) (testimony of Frank Altschul, Chairman of the NYSE Committee on Stock List); id., at 6779–80 (questioning of Frank Altschul by Ferdinand Pecora, Senate counsel). See also id. Pt. 2 at 661–62 (questioning of O.P. Van Sweringen, president of the Alleghany Corporation, by Ferdinand Pecora) (discussing a decision of the ICC denying a petition to merge several railroads on grounds that stockholders in one of the companies would be denied their vote). But these few references are culled from 9500 pages of testimony in the Senate hearings. No legislator directly discussed the NYSE's rule and no references were made to it in any of the Committee Reports. The most these references show is that legislators were aware of the rule and that it was an important part of the background. Even if we imputed the statements to a member of Congress, none comes near to saying, "The purposes of this act, although they generally will not involve the Commission in corporate governance, do include preservation of the one share/one vote principle." And even then we doubt that such a statement in the legislative history could support a special and anomalous exception to the Act's otherwise intelligible conceptual line excluding the Commission from corporate governance.

The Commission also rests on Secs. 6(b)(5) and 15A(b)(6) for its broad vision of the Act's purposes. These sections, which contain identical language, allow the Commission in registering an exchange (Sec. 6(b)(5)) or an association of brokers and dealers (Sec. 15A(b)(6)) to consider whether its rules "in general... protect investors and the public interest." See 15 U.S.C. Secs. 78f(b)(5), 78o–3(b)(6). This open–ended standard, however, is part of a larger list of more specific standards concerning the administration and operation of the self–regulatory organizations themselves, not the fairness of the issuers' corporate structures. Under one maxim of interpretation (eiusdem generis), the general standard at the end of this list should be construed to embrace only issues similar to the specific ones. But even if this canon is not applied, "public interest" is never an unbounded term. As the Supreme Court said in NAACP v. FPC, 425 U.S. 662, 96 S.Ct. 1806, 48 L.Ed.2d 284 (1976), rejecting a claim that the Federal Power Commission was authorized to oversee its licensees' compliance with civil rights legislation, broad "public interest" mandates must be limited to "the

如果证交会的一股一票规则可以存在，该规则与公司治理的整体之间需要有防火线将两者隔开。但证交会仅有一次示意需要有些防火线，是提到“纽交所的一股一票的独特历史背景”。（Brief for Respondent at 21 n. 24.）确实，在为制定《交易法》而进行的参议院听证中，提及该规则时，也有赞同该规则的。［See Stock Exchange Practices：Hearings before the Senate Committee on Banking and Currency，73d Cong.，1st Sess.，Pt. 15，6677（1934）（纽交所上市委员会主席法兰克·阿特休尔的证言）；id.，at 6779–80（参议院法律顾问费迪南德·佩科拉对法兰克·阿特休尔的提问）.See also id. Pt. 2 at 661–62（费迪南德·佩科拉对法兰阿利盖尼公司的总裁 O.P. 凡·斯韦尔宁根的提问）（讨论州际商务委员会的一个决定；该决定拒绝同意合并若干铁路的申请，理由是其中一家公司的股东将无法投票）.］然而，参议院听证的证言长达 9500 页，仅有几处言及该规则时有赞同之意。没有任何立法者直接讨论了纽交所的该规则，没有任何委员会的报告中提及该规则。这些赞同之意最多表明，立法者知道有该规则存在，知道该规则是有关背景的重要部分。即便能够将这些陈述说成是美国国会某一成员的意思，但没有任何国会成员有如下意思：“本法的各项目的通常不涉及证交会介入公司治理，但确实包括维护一股一票的原则。”即便美国国会个别议员有此言论，本院也怀疑，从立法史的角度来看，此类言论可以支持《交易法》的特殊反常例外，而《交易法》正常明白的思想路线是，将证交会排除在公司治理之外。

证交会认为《交易法》的目的广泛，这一看法基于该法第 6（b）（5）条和第 15A（b）（6）条。这几条的语言相同，允许证交会在交易所注册时［Sec.6（b）（5）］或经纪人或交易商协会注册时［See. 15A（b）（6）］，考虑其规则是否“总体上是……保护投资者和公共利益的”。［See 15 U.S.C. Secs. 78f（b）（5），78o–3（b）（6）.］这是开放性的标准，但只是一长列清单中的一部分，清单上其他许多更加具体的标准涉及自我监管组织本身的管理和营运，并不涉及发行人公司结构的公平性。根据关于解释的一句箴言（相同类别），对于该清单结尾处的一般性标准的解释，应当只包括类似于具体标准的问题。但是即便这一规则不适用，“公共利益”绝非无边无际的名词。在 NAACP 诉 FPC 案［NAACP v. FPC，425 U.S. 662，98 S.Ct. 1806，48 L.Ed.2d 284（1976）］判决中，美国联邦最高法院否定了联邦电力委员会授权监督被许可人遵守民权立法的主张。正如美国联邦最高法院在该案判决中所指出的，“公共利益”的广泛权限必须限于“国会制定（相关）立法时所考虑的目的”。［Id.，at 670，96 S. Ct. at 1812. Cf. NLRB v. Financial Institution Employees，475 U.S. 192，106 S.Ct. 1007，89 L.Ed.2d 151（1986）；Aaron v. SEC，446 U.S. 680，695，100 S.Ct.

purposes Congress had in mind when it enacted [the] legislation." Id., at 670, 96 S.Ct. at 1812. Cf. NLRB v. Financial Institution Employees, 475 U.S. 192, 106 S.Ct. 1007, 89 L.Ed.2d 151 (1986) ; Aaron v. SEC, 446 U.S. 680, 695, 100 S.Ct. 1945, 1954–55, 64 L.Ed.2d 611 (1980) ("generalized references to the remedial purposes of the securities laws" will not justify reading a provision "more broadly than its language and statutory scheme reasonably permit") . The current case follows a fortiori from NAACP. While there the Court declined to read the public interest mandate as allowing the agency to act as a co-enforcer of federal law, here the SEC's assertion of authority directly invades the "firmly established" state jurisdiction over corporate governance and shareholder voting rights. See CTS Corp. v. Dynamics Corp. of America, 481 U.S. 69, 89, 107 S.Ct. 1637, 1649–50, 95 L.Ed.2d 67 (1987) . Upholding the Commission's advance into an area not contemplated by Congress would circumvent the legislative process that is virtually the sole protection for state interests. Cf. Garcia v. San Antonio Metropolitan Transit Authority, 469 U.S. 528, 554, 105 S.Ct. 1005, 1019, 83 L.Ed.2d 1016(1985) (limitation of federalism "is one of process rather than one of result") . The Supreme Court's point in a slightly different context is relevant here: "Absent a clear indication of congressional intent, we are reluctant to federalize the substantial portion of the law of corporations that deals with transactions in securities, particularly where established state policies of corporate regulation would be overridden." Santa Fe Industries, Inc. v. Green, 430 U.S. 462, 479, 97 S.Ct. 1292, 1304, 51 L.Ed.2d 480 (1977) .

Perhaps realizing that a vague "public interest" standard cannot be interpreted without some confining principle, the Commission attempted to relate Secs. 6 (b) (5) and 15A (b) (6) to "the policies implicit in the Act, " specifically those in Sec. 14. See Final Rule, 53 Fed.Reg. at 26, 392/2; Proposed Rule, 52 Fed.Reg. at 23, 676 n. 115. As this approach simply piggybacks on the Commission's flawed view of Sec. 14, it must also fail.

We pause here to address a puzzle in the relation between Sec. 19 and Sec. 6(b) (5). Under the latter the Commission is not to register an exchange unless it determines that the exchange's rules "are not designed ... to regulate by virtue of any authority conferred by [the Exchange Act] matters not related to the purposes of [the Exchange Act] or the administration of the exchange." (Section 15A (b) (6) contains an identical standard for rules of an association of brokers and dealers.) If an exchange may adopt listing rules on one share/one vote or other corporate governance matters, must it not(under Sec. 6(b)(5)) rest those rules on some relation to the purposes of the Exchange Act; and, if so, must not the Commission's authority under Sec. 19 (c) encompass every aspect of those rules?

We think the key here is the phrase "regulate by virtue of any authority conferred by [the Exchange Act] ." The government regulatory authority conferred by the Act is an exchange's

1945，1954–55，64 L.Ed.2d 611（1980）（“宽泛提及证券法的救济目的”，“并不能够提供对规定作宽泛解读的理由，解读不能超出该法语言和该法格局所合理允许的”）.］与 NAACP 案相比，本案的情况尤甚。在 NAACP 案判决中，美国联邦最高法院拒绝将公共利益权限解读为允许机构作为联邦法律联合执法单位，而本案中证交会主张其有权直接入侵“已得到确立的”对公司治理和股东投票权的州管辖。［See CTS Corp. v. Dynamics Corp. of America，481 U.S. 69，89，107 S. Ct. 1637，1649–50，95 L.Ed.2d 67（1987）.］证交会要进入并非美国国会为其考虑的领域，如果维持证交会的做法，就会绕开立法过程，而立法过程实际上是对州权益的唯一保护。［Cf. Garcia v. San Antonio Metropolitan Transit Authority，469 U.S. 528，554，105 S.Ct. 1005，1019，83 L.Ed 2d 1016（1985）（联邦制的限制“与其说是结果，不如说是过程”）.］美国联邦最高法院在略有不同的背景下所表达的观点，对本案也有相关性：“除非美国国会的意图得到明确显示，本院不愿将公司法涉及证券交易的实质部分联邦化，尤其是如果联邦化的部分会凌驾于公司规制的既定州政策之上。”［Santa Fe Industries，Inc. v. Green，430，U.S. 462，479，97 S. Ct. 1292，1304，51 L. Ed. 2d 480（1977）.］

证交会或许会意识到，解释模糊的“公共利益”标准，原则上不能不有所限制，所以证交会试图将《交易法》第 6（b）（5）条和第 15A（b）（6）条与“《交易法》中的默示政策”挂钩，尤其是与第 14 条中的默示政策挂钩。（Sec. 14. See Final Rule，53 Fed. Reg. at 26，392/2；Proposed Rule，52 Fed. Reg. at 23，676 n. 115.）证券交会只不过是将一种做法建立在自己关于第 14 条的一种错误观点之上，因而也绝无成立之理。

此处本院要停下来讨论《交易法》第 19 条与第 6（b）（5）条之间关系的一个困惑点。根据该法第 6（b）（5）条，证交会不得为交易所注册，除非证交会能够确信，这家交易所的规则“并非旨在……借助（《交易法》）的授权来规制与（《交易法》）目的或交易所管理无关的事项”［第 15A（b）（6）条中载有关于经纪人和交易商协会规则的相同标准］。如果一家交易所可以就一股一票或公司治理的其他事项采纳上市规则［按照第 6（b）（5）条］，难道不是这些规则一定要基于其与《交易法》目的之间的某种关系上吗；如果是这样，难道在第 19（c）条下证交会的授权不是必须包含这些规则的所有方面吗？

本院认为，此处的关键是“借助（《交易法》）的授权来规制”一语。《交易法》就政府规制权所进行的授权是，交易所有权开除“交易所的成员以及与其成员有联

power to expel, fine, bar from associating with members, and otherwise sanction "its members and persons associated with its members." [1] Sec. 6 (b) (6), 15 U.S.C. Sec. 78f (b) (6); Sec. 15A (b) (7), 15 U.S.C. Sec. 78o-3 (b) (7). See also Sec. 19 (g) (1), 15 U.S.C. Sec. 78s(g)(1)(imposing duty on self-regulatory organizations to "enforce compliance" with the Act and with their own rules by "its members and persons associated with its members"). Indeed this power is central to the concept of self-regulation, whereby the members of an association regulate themselves, subject to government oversight. See Securities Industry Study at 159 (quoting comments from the Department of Justice) ("Self-regulation can be a useful supplement to government regulation in disciplining members for fraud and dishonest commercial activities."); id., at 162 ("the authority by which the self-regulatory agencies limit and regulate the business activities of their members is delegated governmental authority"). Of course an exchange may delist an issuer and thus in some sense "enforce" its listing standards, but it still does not exercise any governmental authority to "regulate" the issuer. Thus Congress appears to have contemplated exchanges' taking (1) some measures that regulate members with delegated governmental authority and that are required to be, at a minimum, related to the purposes of the Act, and (2) others, that do not regulate members and do not rely on government regulatory authority, for which there is no such requirement. As we read the Act, both categories are subject to Commission review under Sec. 19 (b) and to amendment under Sec. 19 (c), but for some rules in the second category — those which do not regulate members and are not related to the purposes of the Act — the Commission's Sec. 19 powers will be quite limited.

The legislative history of Sec. 6 (b) (5) confirms this reading. Section 6 (c) of the original Exchange Act gave exchanges the power to "adopt and enforc [e] any rule not inconsistent with" the Act. Securities Exchange Act of 1934, ch. 404, Sec. 6 (c), 48 Stat. 881, 886. The section permitted a class of exchange rules that regulated members in ways unrelated to the purposes of the Act — including matters such as the members' involvement in nonsecurities-related activities such as insurance. 1975 Senate Report at 28, 96, U.S.Code Cong. & Admin.News 1975, 206, 273-74; Securities Industry Study at 157-64. Such rules did not exercise federal regulatory power, and thus could not preempt state law. See Merrill Lynch, Pierce, Fenner & Smith v. Ware, 414 U.S. 117, 131, 94 S.Ct. 383, 391-92, 38 L.Ed.2d 348 (1973) (holding an NYSE rule requiring arbitration of disputes between member firms and their employees did not "fall under the shadow of the federal umbrella" and could not preempt California law). The House proposal for the 1975 amendments sought to maintain the status quo of old Sec. 6 (c). See H.R.Rep. No. 123, 94th Cong., 1st Sess. 62 (1975) U.S.Code Cong. & Admin.

1 The term "person associated with a member" does not include issuers. Sec. 3(a)(21), 15 U.S.C. Sec. 78c(a)(21).

系的人”，对其进行罚款，禁止其与交易所的成员有联系，“并以其他方式对其进行处罚”。[1][Sec. 6（b）（6），15 U.S.C. Sec. 78f（b）（6）；Sec. 15A（b）（7），15 U.S.C. Sec. 78o–3（b）（7）. See also Sec. 19（g）（1），15 U.S.C. Sec. 78s（g）（1）（规定自我监管组织有责任针对其成员和与其成员有联系的人，就《交易法》和交易所自己的规则进行“合规执法”）.] 确实，这一权力对自我监管的概念至关重要，在服从政府监管的前提下，协会的成员凭借该权力规制自己。[See Securities Industry Study at 159（援引司法部的评论）（自我监管可以就欺诈和不诚实的商业行为对其成员采取纪律措施，是对政府监管的有效补充）；id.，at 162（自我监管机构授权限制和规制其成员的业务活动；该授权来自政府的权力）.] 当然，交易所可以让发行人退市，在某种意义上是就其“上市标准”进行“执法”，但仍然不是行使“规制”发行人的任何政府权力。因此，国会似乎是考虑过，由交易所采取（1）某些措施，以政府的授权规制其成员，但规制至少必须与《交易法》的目的有关，而（2）采取的其他措施并不依赖政府的授权，而且也并没有要求必须依赖政府的授权。按照本院对《交易法》的解读，两类规则都必须接受证交会依据第 19（b）条所进行的审查，并且符合对《交易法》第 19（c）条的修正，但就第二类的某些规则而言——这些规则并不规制成员，而且与《交易法》的目的无关——证交会第 19 条下的权力十分有限。

《交易法》第 6（b）（5）条的立法史证实了这一解读。原《证券交易法》第 6（c）条授权交易所“制定并执行并不与”该法不一致的任何规则。[Securities Exchange Act of 1934，ch. 404，Sec. 6（c），48 Stat. 881，886.] 该条允许交易所的一类规则以与该法目的毫无关系的方式规制成员，包括规制成员的诸如保险这样与证券无关的活动。（1975 Senate Report at 28，96，U.S. Code Cong. & Admin. News 1975，206，273–74：Securities Industry Study at 157–64.）这类规则并不行使联邦规制权，因而并不排除州法。[See Merrill Lynch，Pierce，Fenner & Smith v. Ware，414 U.S. 117，131，94 S. Ct. 383，391–92，38 L.E.d. 2d 348（1973）（纽交所的规则要求，成员公司与其雇员之间的争议必须通过仲裁解决。认定该规则并不“在联邦法的阴影之下”，也不会排除加利福尼亚的州法）.] 众议院 1975 年的修正案建议旨在维持原第 6（c）条的现状。[See H.R. Rep. No. 123，94th Cong.，1st Sess. 62（1975）U.S.Code Cong. & Admin. News 1975，179.] 但参议院对第 6（c）条怀有敌意，试图终止自我监管组织对成员公司分业的干预。（See 1975 Senate Report at 28，U.S. Code Cong. & Admin. News 1975，207；Securities Industry Study at 157–64.）参议院的限制性规定成

1 “与成员联系的人”一词并不包括发行人。[Sec.3（a）（21），15U.S.C.Sec.78c（a）（21）.]

News 1975, 179. The Senate, however, was hostile to Sec. 6 (c) and sought to cut off SRO interference with member firms' diversifying into other areas. See 1975 Senate Report at 28, U.S.Code Cong. & Admin.News 1975, 207; Securities Industry Study at 157–64. The Senate's limiting provision became law, but it is clear from both the Senate Report and Senate Subcommittee's Securities Industry Study that the limit was directed only at the exchanges' delegated regulatory power over their members. See 1975 Senate Report at 28, U.S.Code Cong. & Admin.News 1975, 207(Sec. 6(b)(5) limits an exchange's "authority over their members") ; Securities Industry Study at 163 ("the Exchange Act should be amended to limit the scope of a self–regulatory agency's authority over its members") .

Finally the Commission invokes Sec. 11A, which Congress added as part of the 1975 amendments to give the Commission authority to "facilitate the establishment of a national market system for securities." Sec. 11A (a) (2) , 15 U.S.C. Sec. 78k–1 (a) (2) . In a preambular phrase, Congress found that it was "in the public interest ... to assure ... fair competition among brokers and dealers, among exchange markets, and between exchange markets and markets other than exchange markets." Sec. 11A (a) (1) (C) (ii) , 15 U.S.C. Sec. 78k–1 (a) (1) (C) (ii) . The Commission here asserts that it is not "fair" for any self–regulatory organization "to compete for listings by lowering listing standards concerning shareholder voting rights" below a certain "minimum." Final Rule, 53 Fed. Reg. at 26, 392/3–26, 393/1. This reasoning — essentially that exchanges might engage in a "race to the bottom" in their competition to secure corporate listings — is again one that potentially engulfs all state corporate law. Indeed, if coupled with Sec. 11A's express interest in fostering a national market system, the theory can easily federalize corporate law for all companies wishing access to the national capital markets. Yet nothing in the statute and legislative history suggests so broad a purpose.

The Commission points to a statement in the Conference Report supporting the view that Sec. 11A gives authority "to remove unjustified disparities in regulation as may result in unfair competitive advantages." H.R.Conf.Rep. No. 229, 94th Cong., 1st Sess. 94 (1975) ("1975 Conference Report") , U.S.Code Cong. & Admin.News 1975, 179, 321, 325. The Committee was here discussing Sec. 11A (c) (1) (F) , which gives the Commission authority to "assure equal regulation of all markets for qualified securities and all exchange members, brokers, and dealers effecting transactions in such securities." In a vacuum, this section and its description in the legislative history could be seen as allowing SEC imposition of uniform rules as needed to forestall a race to the bottom. But the subtitle to the section of the Committee Report quoted is "Communication among and dissemination of information about securities markets" , id., at 93, U.S.Code Cong. & Admin.News 1975, 324, and the section of which subsection 11A (c) (1) (F) is a part, Sec. 11A (c) (1) , concerns only the dissemination of "information with respect to quotations for or

为法律，但参议院的报告和参议院小组委员会证券行业的报告都表明，限制只针对下放给交易所的规制其成员的权力。{See 1975 Senate Report at 28，U.S. Code Cong. & Admin. News 1975，207［第6（b）条第（5）款限制交易所“对其成员的权力”］；Securities Industry Study at 163（应当修正《交易法》，以限制自我监管机构对其成员的权力）.}

最后，证交会引用《交易法》第11A条，该条是美国国会1975年所作修正中增加的部分，授权证交会“促进建立全国证券市场系统的建立”。[Sec. 11 A(a)(2)，15 U.S.C. Sec. 78k-1(a)(2).]美国国会在前言的一句话中认定，“出于公共利益……需要确保……经纪人之间和交易商之间的公平竞争，确保各证券市场之间的竞争，确保交易所市场与非交易所市场之间的竞争”。［Sec. 11 A（a）（1）（C）（ii），15 U.S.C. Sec. 78k-1(a)(1)(C)(ii).]证交会在此还明确表示，自我监管组织“就上市业务竞争，为此而降低股东投票权的有关上市标准”，低于某些“最低限度”，不是公平的做法。（Final Rule，53 Fed. Reg. at 26，392/3-26，393/1.）这一论证实际上是说，交易所为证券公司上市，有可能“竞相比差”，州公司法有可能被这一论证所淹没。确实，这一理论再加上第11A条关于促进全国市场系统的明确意向，两者结合在一起，对所有要想进入全国资本市场的公司来说，州公司法轻而易举地被联邦化。但《交易法》和立法史中没有任何内容表示如此广泛的目的。

证交会指出，会议报告中有一段陈述，支持以下观点：第11A条“授权取消可能造成不公平竞争优势的不合理的规制差异”。［H.R.Conf. Rep. No. 229，94th Cong.，1st Sess. 94（1975）（《1975年会议报告》），U.S. Code Cong. & Admin. News 1975，179，321，325.］证交会此处讨论的是第11A条（c）款（1）项（F）目；该项授权证交会“确保合格证券的所有市场以及就此类证券进行交易的交易所的所有成员、经纪人和交易商都得到平等规制”。如果孤立地看，该条以及立法史对其的介绍可以被理解为，授权证交会实施统一的规则，只要有必要阻止竞相比差。但是，证交会报告该节的小标题是《各证券市场之间的交流以及信息传播》(id.，at 93，U.S. Code Cong. & Admin. News 1975，324），该条中包括第11A条（c）款（1）项（F）目，［Sec. 11 A（c）（1）］，仅涉及“关于证券的报价或证券交易的有关信息的”

transactions in any security." The Conference Report made clear that this section dealt with "communications systems ... [that] will form the heart of the national market system." [1] Id. The Senate Report gave a number of examples confirming its limited reach:

Examples of the types of subjects as to which the SEC would have the authority to promulgate rules under these provisions include: the hours of operation of any type or quotation system, trading halts, what and how information is displayed and qualifications for the securities to be included on any tape or within any quotation system. 1975 Senate Report at 11, U.S.Code Cong. & Admin.News 1975, 189.

Even the final element in this list, which may sound similar to listing standards, seems to refer only to the qualifications relevant to inclusion within any particular information database (e.g., amount of trading activity, type of security, etc.) . See 1975 Conference Report at 92–93, U.S.Code Cong. & Admin.News 1975, 323–24 (both Houses intended that "all securities ... be eligible to be qualified for trading in the national market system, " although the SEC may have to establish subsystems "tailored to the characteristics of the particular types of securities.") . Indeed Congress made clear that the power to regulate central information processing was not intended to give the SEC "either the responsibility or the power to operate as an 'economic czar.' " 1975 Senate Report at 12, U.S.Code Cong. & Admin.News 1975, 190. To argue that Congress's "equal regulation" mandate supports SEC control over corporate governance through national listing standards is to gamble that the court will accept a Commission spin on a statutory fragment without even a glance at its context. Wrong court, bad gamble.

The Commission's theory is, moreover, a rather odd reading of what was a cornerstone in Congress's 1975 desire to establish a national market system and "to break down the unnecessary regulatory restrictions ... which restrain competition among markets and market makers." 1975 Senate Report at 12–13, U.S.Code Cong. & Admin.News 1975, 191. See also Jonathan R. Macey and David D. Haddock, Shirking at the SEC: The Failure of the National Market System, 1985 U. Ⅲ .L.Rev. 315, 315 (1975 amendments were essentially "deregulatory legislation") ; 1975 Conference Report at 94, U.S.Code Cong. & Admin.News 1975, 325 ("The Commission was directed to remove existing burdens on competition and to refrain from imposing, or permitting to be imposed, any new regulatory burden 'not necessary or appropriate in furtherance of the purposes' of the Exchange Act.") . To the extent these congressional views recognize a continuing need for

1 For example, elements of the national market system that have been realized include the Composite Quotation System (which reports bid and offer prices from several exchanges and the over–the–counter market) , the Intermarket Trading System (a computer system linking terminals on trading floors in major exchanges) , and the Consolidated Tape (which reports transactions on the New York, American and some regional exchanges) . See generally Donald L. Calvin, The National Market System: A Successful Adventure in Industry Self–Improvement, 70 Va.L.Rev. 785, 800–01 (1984) .

传播。会议报告明确，这条涉及“通信系统……形成全国市场系统的核心”。[1]（Id.）参议院报告举出若干例子，以证实其范围有限。

根据这些规定，证交会有权发布的规则所涉及的事项类型的例子有：任何类型营运或报价系统的小时、交易暂停、自动交易报价系统或任何报价系统内所包括的信息所展示的内容和方式。［1975 Senate Report at 11，U.S. Code Cong. & Admin. News 1975，189.］

该清单似乎与挂牌标准相似，但即便该清单上的最后一个要素似乎仅提到某一信息数据库必须包括的内容的相关条件（如交易活动量、证券类型等）［See 1975 Conference Report at 92–93，U.S.Code Cong. & Admin.News 1975，323–24］（参众两院的意思都是，“所有证券……符合条件后都可以在全国市场系统交易”，尽管证交会有可能必须设立次系统，“其定制内容符合特定类型证券的特点”）。确实，美国国会明确表示，规制中央信息处理的权力并不是为了赋予证交会“充当‘经济沙皇’的责任或权力”。［1975 Senate Report at 12，U.S. Code Cong. & Admin. News 1975，190.］有一种论点是，美国国会的“平等规制”权限支持证券通过全国上市标准控制上市公司治理。持这种观点赌的是，法院会接受证交会关于《交易法》枝节之处的花言巧语，法院甚至不会看一眼上下文。这就错看了法院，下错了赌注。

此外，美国国会1975年希望设立一个全国性市场系统，“打破妨碍市场之间以及做市商之间竞争的……不必要的规制限制……”而证交会的理论是对美国国会愿望中的一个基石的颇为奇怪的解读。［1975 Senate Report at 12–13，U.S. Code Cong. & Admin. News 1975，191. See also Jonathan R. Macey and David D. Haddock，Shirking at the SEC：The Failure of the National Market System，1985 U. Ⅲ . L. Rev. 315，315（1975年修正案在实质上是“去监管化立法”）；1975 Conference Report at 94，U.S. Code Cong. & Admin. News 1975，325（指示证交会去除对现有竞争的负担，不得强加或允许强加新的规制负担，只要相关负担并不是促进《交易法》的目的所必需的，或是不宜于促进《交易法》的目的）.］美国国会承认仍然需要规制，但需要是基于《交易法》其他部分中所载的内容，所以并没有独立目的，没有为《19c-4规则》提供支持。

1　例如，全国市场系统已经实现的要件包括综合报价系统（该系统报告几个交易所和柜台交易市场的出价和开价）、市场间交易系统（连接主要交易所的交易大厅终端的计算机系统）和综合自动交易报价系统（报告纽约、美国和其他区域交易所的交易）。一般内容参见唐纳德·L.卡尔文所著《全国市场系统：银行业自我改进的成功历程》［70 Va.L.Rev. 785，800–01（1984）］。

regulation, the need is predicated upon purposes found elsewhere in the Exchange Act, and thus provides no independent purpose to sustain Rule 19c–4.

The Commission also invokes its power under Sec. 11A (a) (2) to "designate the securities or classes of securities qualified for trading in the national market system." 15 U.S.C. Sec. 78k–1 (a) (2). See Final Rule, 53 Fed.Reg. at 26, 392/2–3. Even if we aggregated the individual exchanges into the "national market system" (which is doubtful, as they are only "components of the fragmented trading network that Congress wanted to reform," Dent, 54 Geo.Wash.L.Rev. at 732), the Commission's Sec. 11A authority does not sustain its broad notion of the Exchange Act's purposes. The power to designate securities as "qualified" for trading on the national market system is necessarily constrained by Congress's purposes in authorizing the Commission to foster that system. See Sec. 11A (a) (2), 15 U.S.C. Sec. 78k–1 (a) (2) (requiring Commission to use its authority "in accordance with the findings and to carry out the objectives set forth in paragraph (1) of this subsection"); 1975 Conference Report at 92–95, U.S.Code Cong. & Admin.News 1975, 323–26. Cf. Karmel, 36 Cath. U.L.Rev. at 829. Again, the Commission has failed to identify in Sec. 11A or its history a purpose justifying regulation of corporate governance.

We do not decide whether the Commission could invoke other statutory provisions to provide the legal authority for promulgating these or similar regulations. The sections relied on here are insufficient. Even if other statutory provisions could support the Commission's asserted authority,[1] we cannot supply grounds to sustain the regulations that were not invoked by the Commission below. SEC v. Chenery, 318 U.S. 80, 92–95, 63 S.Ct. 454, 461–63, 87 L.Ed. 626 (1943); Environmental Defense Fund, Inc. v. EPA, 898 F.2d 183, 189 (D.C.Cir.1990) (applying Chenery principle to Chevron statutory analysis); cf. Stephen Breyer, Judicial Review of Questions of Law and Policy, 38 Admin.L.Rev. 363, 377–79 (1986) (criticizing increased procedural steps generated by Chevron). In any case, a change in the jurisdictional basis would almost certainly alter the substantive content of the final regulations.

The petition for review is granted and Rule 19c–4 is vacated.

So ordered.

---

1 Some commentators argued that the Commission could ground its authority in the Williams Act, Sec. 14 (d) – (f), 15 U.S.C. Sec. 78n (d) – (f), see Karmel, 36 Cath.U.L.Rev. at 830, Seligman, 54 Geo.Wash.L.Rev. at 717, Proposed Rule, 52 Fed.Reg. at 23, 670/1–2 (noting commentators' suggestion of the Williams Act as a basis for authority), but the Commission did not rely on these provisions.

证交会也引用了其在《交易法》第 11A 条（a）款（2）项下的权力，即有权“指定符合条件，可以在全国市场系统交易的证券或证券的类别”。[15 U.S.C. Sec. 78k-1(a)(2). See Final Rule, 53 Fed.Reg. at 26, 392/2-3.]即便将各交易所整合为“全国交易系统”[此事值得怀疑，因为这些交易所只不过是“美国国会要改革的破碎交易网络的组成部分”，（Dent. 54 Geo. Wash. L. Rev. at 732）]，证交会第 11A 条下的权力并不支持其对《交易法》目的所提出的广泛概念。指定“符合条件”可以在全国市场系统交易的证券的权力势必受到美国国会授权委员会促进该系统的目的的限制。[See Sec. 11A（a）（2），15 U.S.C. Sec.78k-1（a）（2）（要求证交会“根据认定”行使其权力，“执行该款第（1）项中确定的目标”）；1975 Conference Report at 92-95, U.S. Code Cong. & Admin. News 1975, 323-26. Cf. Karmel, 36 Cath. U.L. Rev. at 839.] 证交会未能在第 11A 条或其历史中找出用作规制公司治理的理由的目的。

本院并不决定，证交会能否引用《交易法》的其他规定，作为公布这些规定或类似规定的法律权力。此处所依据的有关各条不充分。即便《交易法》的其他规定可以支持证交会所主张的权力，[1]本院无法提供证交会在下级法院并没有引用的支持规制的理由。[SEC v. Chenery，318 U.S. 80，92-95，63 S.Ct. 454，461-63，87L. Ed. 626(1943)；Environmental Defense Fund, Inc. v. EPA，898 F.2d 183，189(D.C.Cir. 1990)（将切纳利案判例原则适用于雪铁龙案判例的法规分析）；cf. Stephen Breyer，Judicial Review of Questions of Law and Policy，38 Admin. L. Rev. 363，377-79（1986）（批评雪铁龙案判决所产生的更多的程序步骤）.] 管辖权发生变化，几乎肯定改变了最终规定的实体内容。

同意上诉请求，宣布《19c-4 规则》无效。

此令。

1　有些评论者提出，证交会可以将《威廉法》第 14(d)-(f)条作为其权力的依据[15 U.S.C. Sec. 78n(d)-(f)，see Karmel，36 Cath.U.L.Rev. at 830，Siglman，54 Geo. Wash. L.Rev. at 717，Proposed Rule，52 Fed. Reg. at 23，670/1-2（指出，评论者建议将《威廉法》作为权力基础）]，但证交会并没有依据这些规定。

SEC Order

关于被告致富市场公司作出认定并禁止的命令

SEC Order

Order Instituting Cease-and-Desist Proceedings Pursuant to Section 8A of the Securities Act of 1933, Making Findings, and Imposing a Cease-and-Desist Order (2008)

Securities Act of 1933 Release No. 8984 / November 24

2008 Administrative Proceeding File No. 3-13296

in the Matter of Prosper Marketplace, Inc., Respondent

I

The Securities and Exchange Commission ("Commission") deems it appropriate that cease-and-desist proceedings be, and hereby are, instituted pursuant to Section 8A of the Securities Act of 1933 ("Securities Act"), against Prosper Marketplace, Inc. ("Prosper" or "Respondent").

II

In anticipation of the institution of these proceedings, Respondent has submitted an Offer of Settlement (the "Offer") which the Commission has determined to accept. Solely for the purpose of these proceedings and any other proceedings brought by or on behalf of the Commission, or to which the Commission is a party, and without admitting or denying the findings herein, except as to the Commission's jurisdiction over it and the

关于被告致富市场公司作出认定并禁止的命令

关于被告致富市场公司：根据美国《1933 年证券法》第 8A 条启动禁止程序，作出认定并禁止的命令（2008 年）

《1933 年证券法》第 8984 号 /2008 年 11 月 24 日发布

关于被告致富市场公司事宜的第 3-13296 号行政诉讼文件

I

证交会认为，依据《1933 年证券法》（以下简称《证券法》）第 8A 条就此针对致富市场公司（以下简称致富或答辩人）启动禁止令程序是恰当的。

II

答辩人预见到这些程序，提出和解建议（以下简称提议），证交会决定接受该提议。仅就这些程序以及由证交会或为证交会提出的程序或证交会为当事方的程序而言，答辩人同意作出本命令，依据《证券法》第 8A 条发出本命令，启动禁止程序，作出下文所载的认定、作出禁止命令（以下简称命令），但除证交会关于本命令以及这些程序管辖权的争议事项外，答辩人既不承认，也不否认本决定的认定。

subject matter of these proceedings, which are admitted, Respondent consents to the entry of this Order Instituting Cease-and-Desist Proceedings Pursuant to Section 8A of the Securities Act, Making Findings, and Imposing a Cease-and-Desist Order ("Order") , as set forth below.

III

On the basis of this Order and Respondent's Offer, the Commission finds that:

Respondent

Prosper is a Delaware corporation based in San Francisco, California, that owns and operates an online lending platform on its website, www.Prosper.com. Prosper was previously incorporated as JC Capital Solutions, Inc. ("JC Capital") . Prosper is a private corporation and is not registered with the Commission.

Summary

Prosper operates an online lending platform connecting borrowers with lenders. The loan notes issued by Prosper pursuant to this platform are securities and Prosper, from approximately January 2006 through October 14, 2008, violated Sections 5 (a) and (c) of the Securities Act, which prohibit the offer or sale of securities without an effective registration statement or a valid exemption from registration.

Prosper's Platform

Prosper's lending platform functions like a double-blind auction, connecting individuals who wish to borrow money, or "borrowers," with individuals or institutions who wish to commit to purchase loans extended to borrowers, referred to on the platform as "lenders." Lenders and borrowers register on the website and create Prosper identities. They are prohibited from disclosing their actual identities anywhere on the Prosper website. Borrowers request three-year, fixed rate, unsecured loans in amounts between $1, 000 and $25, 000 by posting "listings" on the platform indicating the amount they want to borrow and the maximum interest rate they are willing to pay. Prosper assigns borrowers a credit grade based on a commercial credit score obtained from a credit bureau, but Prosper does not verify personal information, such as employment and income. Potential lenders bid on funding all or portions of loans for specified interest rates, which are typically higher than rates available from depository accounts at financial institutions. Each loan is usually

Ⅲ

基于该命令和答辩人的提议，证交会认定：

答 辩 人

致富是一家特拉维尔州公司，所在地是加利福尼亚州的旧金山。致富拥有并经营一家在线贷款平台，其网站是“www.Prosper.com”。致富先前设立时名为JC资本方案公司（以下简称JC资本）。致富是一家非公众公司，并没有在证交会注册。

概 要

致富公司经营一家在线贷款平台，连接借款人和贷款人。致富凭借该平台发行的贷款票据是证券。大约从2006年1月起，一直到2008年致富违反了《证券法》第5（a）条和第5（c）条。该条禁止未经有效注册陈述或没有有效注册豁免发行或出售证券。

致 富 平 台

致富公司的贷款平台运作有如两边盲闭的拍卖，连接需要借钱的个人或称“借款人”与平台上称作“贷款人”的个人或机构；贷款人愿意保证购买贷给借款人的贷款。贷款人和借款人在平台上注册，设置致富公司身份。不允许他们在致富公司网站的任何一处披露其真实身份。借款人要求3年期固定利率无担保贷款，金额在1000美元至25，000美元，在平台上贴出“清单”，表明他们要借的金额以及他们愿意支付的最高利率。答辩人基于从信贷局得到的商业信贷分数，给借款人信用级别，但致富并不核对诸如就业和收入这样的个人信息。潜在贷款人就为各类有具体利率的贷款提供部分或全部金额竞标，而这些利率在通常情形下高于金融机构储蓄账户的利率。每笔贷款通常都有多位贷款人竞标后提供资金。经过充分竞标后，贷款拍卖结束，借款人得到所要求的贷款，利率由致富公司确定，是所有胜出的竞标人可以接受的最低利率。各贷款人并不直接向借款人提供资金；相反，借款人从与致富公司签订合同的银行处获得贷款。然后通过致富将该贷款的权益出售并转给贷

funded with bids by multiple lenders. After an auction closes and a loan is fully bid upon, the borrower receives the requested loan with the interest rate fixed by Prosper at the lowest rate acceptable to all winning bidders. Individual lenders do not actually lend money directly to the borrower; rather, the borrower receives a loan from a bank with which Prosper has contracted. The interests in that loan are then sold and assigned through Prosper to the lenders, with each lender receiving an individual non-recourse promissory note.

Since the inception of its platform in January 2006, Prosper has initiated approximately $174 million in loans. Prosper collects an origination fee from each borrower of one to three percent of loan proceeds and collects servicing fees from each lender from loan payments at an annual rate of one percent of the outstanding principal balance of the notes. Prosper administers the collection of loan payments from the borrower and the distribution of such payments to the lenders. Prosper also initiates collection of past due loans from borrowers and assigns delinquent loan accounts to collection agencies. Lenders and borrowers are prohibited from transacting directly and are unable to learn each others' true identities.

Discussion

The notes offered by Prosper are investments. Lenders expect a profit on their investments in the form of interest, which is at a rate generally higher than that available from depository accounts at financial institutions. Prosper's website has included statements that the Prosper notes provide returns superior to those offered by alternative investments such as equity stocks, CDs and money markets. The Prosper website has also stated that it offers lenders ways to "spread your risk out and ensure a more reliable return" and describes how lenders are allowed to use payments from an outstanding loan to purchase a new loan "in order to maximize returns." In addition, marketing to institutional lenders on the Prosper website characterizes the platform as an alternative to "stock or bond returns" that is "crucial for prudent portfolio management" in "turbulent markets." Testimonials published on the Prosper website show that customers have used Prosper notes as investment vehicles. Prosper also offers Portfolio Plans that allow lenders to automatically bid on loans based on estimates of risk and return characterized by Prosper.

Lenders rely on the efforts of Prosper because Prosper's efforts are instrumental to realizing a return on the lenders' investments. Prosper lenders are effectively passive with respect to elements important to realizing profit on their investments and Prosper is instrumental in each of these elements. Prosper established and maintains the website platform, without which none of the loan transactions could be effected. Prosper provides mechanisms for attracting lenders and borrowers, facilitating the exchange of information between borrowers and lenders, coordinating bids, and effecting the loans. It provides borrower information to potential lenders via the loan listings, including

款人，每位贷款人都得到一张无追索权的本票。

其平台自2006年问世以来，致富公司发起了大约1.74亿美元的贷款。致富公司向每位借款人收取发起费，金额是贷款资金的1%~3%；致富公司向每位贷款人收取支付服务费，年费率是票据未还本金的1%。致富公司管理向借款人收款，并将还款支付给贷款人。致富公司也启动向借款人收缴到期的欠款，并将坏账账户转让给收债机构。禁止贷款人与借款人直接交易，借款人和贷款人无法知道对方的真实身份。

讨　论

致富公司发行的票据是投资。贷款人期待从其投资中获得利息形式的利润，而该利率通常高于金融机构储蓄账户的利率。致富公司的网站上有些陈述表示，致富公司的票据所提供的回报优于股权股票、存款证和货币市场等其他投资所提供的回报。致富公司的网站还表示，致富公司可以让贷款人有办法“分散风险，确保更加可靠的回报”。致富公司网站还介绍了贷款人如何用未偿付贷款的部分还款购买新的贷款，“以确保回报最大化”。此外，在致富公司网站上向机构贷款人促销，将平台说成是“股票或债券回报”的替代方式，在“动荡的市场”对“谨慎的组合管理至关重要”。致富公司网站上公布的言辞表明，客户将致富公司票据作为投资载体。致富公司还提供组合计划，以便贷款人根据致富公司定性的风险和回报估计贷款而自动竞价。

贷款人依赖致富公司所做的努力，因为致富公司的努力对贷款人的回报有工具作用。就实现其投资利润的重要因素而言，致富公司贷款人实际上是被动的，致富公司对每一项因素都发挥工具作用。致富公司设立并维护平台；如果没有该平台，就无法进行任何贷款交易。致富公司提供吸引贷款人和借款人的机制，为借款人与贷款人交换信息提供便利，协调竞标、办理贷款。致富公司通过贷款清单，向潜在贷款人提供包括信用评级在内的关于借款人的信息。致富公司提供用于评估贷款履约和潜在回报的模板，其形式包括以往的贷款履约情形、致富公司市场和借款个人履约情形和拖欠行为。致富公司管理每笔贷款的竞标和认购的程序，只有致富公司

credit ratings. Prosper provides a matrix for evaluating performance and potential returns in the form of historical loan performance, Prosper Marketplace and individual borrower performance, and delinquency activity, among other things. Prosper manages the bidding and subscription process for every loan and has the sole contractual right to service the loans, including administering the borrower and lender accounts, and providing monthly statements that reflect payments made and received on the loan notes, as well as amounts available for bidding on new notes.

Furthermore, under the terms of the notes, Prosper has the sole right to act as loan servicer of the notes. In this capacity, Prosper collects repayments of loans and interest, contacts delinquent borrowers for repayment, and reports loan payments and delinquencies to credit reporting agencies. Prosper also exclusively manages the process of referring delinquent loans to collection agencies for payment, and selling defaulted loans to debt purchasers. Since the lender does not know the borrower's identity, the lender would be unable in any event to pursue his or her rights as a noteholder in the event of default. Further, if a lender chooses to participate in Prosper's Portfolio Plan, whereby lenders are permitted to choose portfolios that automatically allocate the lender's funds among various loans based on risk and return characteristics categorized by Prosper, Prosper chooses the loans on which a bid is made. Lastly, the continued existence and operation of the Prosper platform is essential to the loan transactions taking place. Prosper lenders are too geographically diverse and diffuse to come together without Prosper.

They lack the requisite experience to run a loan auction or to create and service a loan package. Rather, the Prosper lenders rely on Prosper's continued operation of the platform in order to transact and to recoup any gain on their investments.

Legal Discussion

The notes offered by Prosper are securities pursuant to Section 2 (a) (1) of the Securities Act and under the Supreme Court's decisions in both SEC v. W. J. Howey Co., 328 U.S. 293 (1946), and Reves v. Ernst & Young, Inc., 494 U.S. 56 (1990).

A. Application of the Howey Investment Contract Analysis

Pursuant to SEC v. W. J. Howey Co., 328 U.S. 293 (1946), an investment contract exists if there is present "an investment of money in a common enterprise with profits to come solely from the efforts of others." Id., at 301. An investment contract is a security under Section 2 (a) (1) of the Securities Act, the offer or sale of which must be registered pursuant to Section 5 of the Securities Act.

The financial instrument offered by Prosper meets the definition of an investment contract as set forth in Howey. As discussed above, there is an investment of money when

有合同权利提供贷款服务。服务包括管理借款人账户和客户账户，提供每月结单，反映贷款票据的支付和收款情形，以及可以提供新票据竞标的金额。

此外，根据票据约定的条件，只有致富公司有权作为这些票据的服务商。致富公司以此身份就贷款还款和支付利息收款，联系拖欠的借贷人催款，向信用报告机构报告贷款还款和欠款情形。只有致富公司可以管理将拖欠贷款交给收债机构催款的程序，只有致富公司可以将违约贷款出售给债务购买人。贷款人不知道借款人的身份，所以当出现违约时，贷款人不能作为票据持有人主张他或她的权利。此外，如果贷款人选择参加致富公司的组合计划，通过致富公司的组合计划贷款人可以选择各类组合，由其组合根据致富公司分类的风险和回报特点，自动在各个贷款中配置贷款人的资金，由致富公司选择用于竞标的贷款。最后，致富公司平台的持续存在和运营对进行贷款交易至关重要。致富公司的贷款人分布于各地，没有致富公司就无法集合到一起。

致富公司的贷款人缺乏管理贷款拍卖或创设打包放款和为其服务所需要的经验。相反，致富公司的贷款人依赖致富持续运营平台，才能进行交易并就其投资获得任何回报。

法 律 讨 论

根据《证券法》第2(a)(1)条以及美国联邦最高法院的证交会诉豪伊公司案[SEC v.W.J.Howey Co.，328 U.S. 293（1946）]判例和里夫斯诉厄恩斯特杨案[Reves v. Ernst & Young，Inc.，494 U.S. 56（1990）]判例，致富公司发行的票据是证券。

A. 适用豪伊投资合同分析

根据证交会诉豪伊公司案[SEC v.W.J.Howey Co.，328 U.S. 293（1946）]判例，如果“将资金投资于共同业务中，利润完全依赖他人的努力”，就存在投资合同。（Id., at 301.）根据《证券法》第2（a）（1）条的规定，投资合同是证券，其发行和销售必须根据《证券法》第5节进行注册。

致富公司发行的金融凭证符合豪伊公司案判例中所阐述的投资合同定义。正如上文所讨论的，贷款人投资购买贷款，就构成证券。贷款人每次为致富公司的贷款

lenders invest money to purchase a loan. The lenders bear one-hundred percent of the risk of loss each time they fund a Prosper loan because the Prosper loans are non-recourse.

There is a common enterprise for several reasons. For example, a common enterprise exists because lenders and borrowers are dependent on Prosper in order to engage in new loans or to complete the timely repayment of loans already funded. A common enterprise also exists because the vast majority of Prosper loans are funded by more than one lender and because the majority of lenders fund more than one loan. All lenders would be negatively affected if Prosper were unable to operate the platform. In addition, there is a common enterprise between Prosper and its members because borrowers pay Prosper an origination fee of one to three percent of the loan, and each lender pays annual servicing fees to Prosper of one percent of the outstanding principal balance of the notes.

Further, lenders are dependent upon the efforts of Prosper to realize any return on their investment. As discussed above, borrowers and lenders are prohibited from transacting directly and must rely on Prosper to execute each element of the loan creation and repayment process.

B. Application of the Reves Note Analysis

A note is presumed to be a security under the Supreme Court's opinion in Reves v. Ernst & Young, 494 U.S. 56 (1990), unless it is of a type specifically identified as a non-security. The types of non-security notes identified in Reves include notes delivered in a consumer financing; notes secured by a mortgage on a home; short-term notes secured by a lien on a small business or its assets; short-term notes evidenced by accounts receivable; notes evidencing "character" loans to bank customers; notes formalizing open account debts incurred in the ordinary course of business; and notes evidencing loans from commercial banks for ordinary operations. Id., at 65. A note that is not among the list identified in Reves is a security unless it bears a "strong family resemblance" to the non-security notes identified in the opinion. Id., at 64-65. Reves established a four-part family resemblance test to determine whether a note is a security, which is comprised of the following factors: (i) the motivations of the buyer and seller; (ii) the plan of distribution; (iii) the reasonable expectations of the investing public; and (iv) the existence of an alternate regulatory regime. Id., at 66-67. If a note fails the family resemblance test, it is deemed a security and the offer or sale of such security must be registered pursuant to Section 5 of the Securities Act. The Prosper loan notes are securities under Reves because they do not fall into any of the enumerated categories of non-security notes, and they fail the family resemblance test.

With regard to the motivations of the buyer and seller, as discussed above, Prosper lenders are motivated by the desire to obtain a better return on their money than they

提供资金，都百分之百地承担亏损风险，因为致富公司贷款是不可追索的。

基于若干原因，存在共同业务。例如，贷款人与借款人之间存在共同业务，因为双方都必须依赖致富公司，才能发放新的贷款或是按期偿还已经提供的贷款。存在共同业务的另一个原因是，大多数贷款仅有一位贷款人提供资金。如果致富公司不能运营平台，所有贷款人都会受到不利影响。此外，之所以存在共同业务，也是因为贷款人向致富公司支付发起费，其金额为贷款额的 1%~3%，而且每位贷款人向致富公司支付年服务费，其金额为未偿票据本金的 1%。

此外，贷款人必须依赖致富公司的努力，才能实现其投资的任何回报。如上文所讨论的，借款人与贷款人不得直接交易，必须依赖致富公司，才能执行其创立贷款和还款过程的每一个要件。

B. 适用里夫斯案判例的票据分析

按照美国联邦最高法院在里夫斯诉厄恩斯特杨案［Reves v. Ernst & Young, Inc., 494 U.S. 56（1990）］的判决意见，假定票据为证券，除非已被具体确定为非证券票据。里夫斯案判决意见中确定的非证券票据包括：消费者融资所交付的票据、住房抵押担保的票据、对小企业或其资产留置作为担保的短期票据、由应收账款体现的短期票据、体现“典型”银行客户贷款的票据、正常业务中未清账户债务的票据、体现商业银行为正常业务提供的贷款的票据。（Id., at 65.）里夫斯案判决意见所列清单上没有的票据是证券，除非该票据与里夫斯案判决意见中明确的非证券票据有“很强的家族相似”。（Id., at 64-65.）里夫斯案判决意见确立了由四部分组成的“家族相似”检验标准，用以确定票据是否是证券。“家族相似”检验标准由以下 4 个要素组成：（i）买卖双方的动机；（ii）分销计划；（iii）投资公众的合理期待；以及（iv）是否存在另外一个规制制度。（Id., at 66-67.）如果票据无法通过“家族相似”检验标准，则被视为证券，发行或出售此类证券必须根据《证券法》第 5 条注册。根据里夫斯案判例，致富公司的贷款票据是证券，因为这些票据并不属于已阐明的非证券票据的任何种类，而且经不起“家族相似”标准的检验。

就买方和卖方的动机而言，如同上文所述，致富公司的贷款方希望其资金的回报比其他地方要高。或许致富公司的某些贷款方的部分动机是无私的，但无私的动

otherwise could in another venue. While some Prosper lenders may be motivated, in part, by altruism, altruistic and profit motives are not mutually exclusive. See In the Matter of Robin Bruce McNabb, Rel. No. 3443411 (Oct. 4, 2000), aff'd, 298 F.3d 1126 (9th Cir. 2002).

With respect to the plan of distribution, the Prosper notes are offered and sold on the internet to the public at large. There is no special level of financial sophistication or expertise that Prosper lenders must have. This wide dissemination and solicitation to the public with no attempt to limit investors is indicative of a security. See Reves, 494 U.S. at 68 (the notes "were...offered and sold to a broad segment of the public, and that is all we have held to be necessary to establish the requisite 'common trading' in an instrument"); Pollack v. Laidlaw Holdings, Inc., 27 F.3d 808, 814 (2d Cir. 1994) (concluding that the broad-based, unrestricted sales to the general investing public supported a finding that mortgage participations were securities under federal securities laws).

In analyzing the expectations of the investing public, the lenders in this instance, the relevant issue is what a reasonable investor would believe about the character of the transaction, "even where an economic analysis of the circumstances of the particular transaction might suggest that the instruments are not 'securities' as used in that transaction." Reves, 494 U.S. at 66. The manner in which a transaction is characterized in advertisements is illustrative, and whether there is a "valuable return on an investment, which undoubtedly includes interest." Id., at 69. As discussed above, Prosper lenders reasonably expect a valuable return on loaned funds and would reasonably believe that the Prosper loans are investments.

Finally, with regard to whether an alternate regulatory scheme exists to reduce risk to potential investors, there are currently no appropriate regulatory safeguards for Prosper lenders, such as those against misleading statements by a borrower about the purpose of a loan, the borrower's employment and income, or even the borrower's identity, or against misleading statements by Prosper.

Thus, the Prosper notes are securities under Reves because: (i) Prosper lenders are motivated by an expected return on their funds; (ii) the Prosper loans are offered to the general public; (iii) a reasonable investor would likely expect that the Prosper loans are investments; and (iv) there is no alternate regulatory scheme that reduces the risks to investors presented by the platform.

As a result of the conduct described above, Prosper violated Section 5 (a) of the Securities Act, which states that unless a registration statement is in effect as to a security, it shall be unlawful for any person, directly or indirectly, to make use of any means or instruments of transportation or communication in interstate commerce or of the mails to sell such security through the use or medium of any prospectus or otherwise; or to

机和图利的动机并非相互排斥。［See In the Matter of Robin Bruce McNabb，Rel. No. 3443411（Oct. 4，2000），aff'd，298 F. 3d 1126（9th Cir. 2002）.］

就分销计划而言，致富公司的票据在网上向公众发行和出售。致富公司的贷款方并没有一定要具备金融成熟经验或专业知识积累。向公众广泛传播和招揽，又没有试图限制投资者，便显示了证券的特征。［See Reves，494 U.S. at 68（票据“是向广大公众发行和出售的，本院只需要认定这点，即可确定凭证的‘公共交易’的必要条件”）；Pollack v. Laidlaw Holdings，Inc.，27 F. 3d 808，814（2d Cir. 1994）（结论是，向一般投资公众进行了广泛出售，没有任何限制，据此可以认定，根据《证券法》，房地产抵押参与是证券）.］

要分析投资公众——本案中是贷款人——的期望，相关问题是，遵循常理的投资者相信交易的性质是什么，即使对“特定交易的情形的经济分析有可能表示，交易中所使用的凭证并不是‘证券’”。（Reves，494 U.S. at 66.）广告中表明交易特点的方式有说明作用，投资是否可以产生“有价值的回报也有说明作用，而有价值的回报无疑包括利息”。（Id.，at 69.）如同上述讨论所示，致富的贷款人合理期待贷出的资金产生有价值的回报，合理相信致富贷款是投资。

最后，就是否存在可以减少投资者的潜在风险的其他规制制度而言，致富公司贷款人目前没有适当的规制保障措施，没有保障措施可以防范以下问题：借款人就贷款目的、借款人的就业和收入，甚至是借款人的身份作误导陈述，或是致富公司作误导陈述。

因此，根据里夫斯案判例，致富公司票据是证券，因为（i）致富公司贷款人的动机是期待其资金获得回报；（ii）向广大公众发行了致富公司贷款；（iii）遵循常理的投资者可能认为致富公司贷款为投资；而且（iv）没有其他规制安排可以减少平台给投资者带来的风险。

由于上述行为，致富公司违反了《证券法》第5（a）条的规定。该法第5（a）条规定，除非证券的有关注册陈述有效，任何人直接或间接实施以下行为均属违法：利用州际商业中的任何交通、通信手段或工具或利用邮递，通过使用或借助招股说明书或以其他方式出售该证券；或为销售或售后交付证券的目的，利用州际商业中的任何交通、通信手段或工具或利用邮递来携带或致使携带该证券。

carry or cause to be carried through the mails or in interstate commerce, by any means or instruments of transportation, any such security for the purpose of sale or for delivery after sale.

Also as a result of the conduct described above, Prosper violated Section 5 (c) of the Securities Act, which states that it shall be unlawful for any person, directly or indirectly, to make use of any means or instruments of transportation or communication in interstate commerce or of the mails to offer to sell or offer to buy through the use or medium of any prospectus or otherwise any security, unless a registration statement has been filed as to such security.

IV

In view of the foregoing, the Commission deems it appropriate to impose the sanctions agreed to in Respondent Prosper's Offer.

Accordingly, it is hereby ORDERED that:

Pursuant to Section 8A of the Securities Act, Respondent Prosper cease and desist from committing or causing any violations and any future violations of Sections 5(a) and(c) of the Securities Act.

By the Commission

Florence E. Harmon Acting Secretary

同样，由于上述行为，致富公司违反了《证券法》第5（c）条的规定。该法第5（c）条规定，任何人直接或间接利用州际商业中的任何交通、通信手段或工具或利用邮递，通过使用或借助招股说明书或以其他方式来发售或要约购买任何证券，除非该证券已经申报注册登记，否则均属违法。

Ⅳ

鉴于上述原因，证交会认为，实施答辩人致富公司的提议中商定的处罚是恰当的。

因此，就此命令：

根据《证券法》第8A条的规定，答辩人致富公司停止违反或致使违反或将来不违反或不致使违反《证券法》第5（a）条和第5（c）条。

证交会发布

代理秘书弗洛伦斯·E.哈蒙

Basic Inc. v. Levinson

Basic 有限责任公司诉莱文森

Basic Inc. v. Levinson

485 U.S. 224 (1988)

JUSTICE BLACKMUN delivered the opinion of the Court.

This case requires us to apply the materiality requirement of § 10 (b) of the Securities Exchange Act of 1934 (1934 Act) , 48 Stat. 881, as amended, 15 U.S.C. § 78a et seq., and the Securities and Exchange Commission's Rule 10b–5, 17 CFR § 240. 10b–5 (1987) , promulgated thereunder, in the context of preliminary corporate merger discussions. We must also determine whether a person who traded a corporation's shares on a securities exchange after the issuance of a materially misleading statement by the corporation may invoke a rebuttable presumption that, in trading, he relied on the integrity of the price set by the market.

I

Prior to December 20, 1978, Basic Incorporated was a publicly traded company primarily engaged in the business of manufacturing chemical refractories for the steel industry. As early as 1965 or 1966, Combustion Engineering, Inc., a company producing mostly alumina-based refractories, expressed some interest in acquiring Basic, but was deterred from pursuing this inclination seriously because of antitrust concerns it then entertained. See App. 81–83. In 1976, however, regulatory action opened the way to a renewal Combustion's interest. [1] The "Strategic Plan, " dated October 25, 1976,

1 In what was known as the Kaiser-Lavino proceedings, the Federal Trade Commission took the position in 1976 that basic or chemical refractories were in a market separate from nonbasic or acidic or alumina refractories; this would remove the antitrust barrier to a merger between Basic and Combustion's refractories subsidiary. On October 12, 1978, the Initial Decision of the Administrative Law Judge confirmed that position. See In re Kaiser Aluminum & Chemical Corp., 93 F.T.C. 764, 771, 809–810 (1979) . See also the opinion of the Court of Appeals in this case, 786 F.2d 741, 745 (CA6 1986) .

Basic 有限责任公司诉莱文森

布莱克门大法官代表本院发表判决意见。

本案要求本院适用修正后（15 U.S.C. 78a et seq.）的《1934年证券交易法》（《1934年法》）（48 Stat. 881，as amended，15 U.S.C. § 78 a et seq.）第10（b）条以及根据该条发布的证交会《规则10b-5》［17 CFR § 240.10b-5（1987）］的有关重大性的要求，所涉及的情形是公司并购的初步讨论。本院必须认定，公司公布重大误导性陈述之后，在证券交易所交易公司股票的人是否可以引用可反驳假定，该假定是：他交易时依赖了市场所决定的价格的完整性。

I

1978年12月20日之前，Basic有限责任公司（以下简称Basic公司）的股票公开交易上，公司主要从事炼钢业的化学耐溶物的生产业务。内燃工程有限责任公司（以下简称内燃公司）主要生产铝制耐溶物。早在1956年或1966年，内燃公司就表示有兴趣收购Basic公司，但因为反托拉斯法方面的顾虑，没有认真去做。（See App. 81-83.）但1976年的规制行动为内燃公司计划的复生铺平了道路。[1] 燃烧工业产品集团的日期为1976年10月25日的《战略计划》包括的目标有：“3000万美元收购Basic公司。”（App. 337.）

1 在所谓的凯泽—拉文诺程序中，美国联邦贸易委员会在1976年所采取的立场是，市场上的基本耐火材料或化学耐火材料与非基本耐火材料或酸性铝制耐火材料相分开，这就排除了Basic公司与内燃公司的耐火材料子公司合并的反托拉斯法障碍。1978年10月12日行政法官的最初决定肯定了这一立场。［See In re Kaiser Aluminum & Chemical Corp.，93 F. T. C. 764，771，809-810（1979）. See also the opinion of the Court of Appeals in this case，786 F.2d 741，745（CA6 1986）.］

for Combustion's Industrial Products Group included the objective: "Acquire Basic Inc. $30 million." App. 337.

Beginning in September, 1976, Combustion representatives had meetings and telephone conversations with Basic officers and directors, including petitioners here, [1]concerning the possibility of a merger. [2] During 1977 and 1978, Basic made three public statements denying that it was engaged in merger negotiations. [3] On December 18, 1978, Basic asked the New York Stock Exchange to suspend trading in its shares and issued a release stating that it had been "approached" by another company concerning a merger. Id., at 413. On December 19, Basic's board endorsed Combustion's offer of $46 per share for its common stock, id., at 335, 414–416, and on the following day publicly announced its approval of Combustion's tender offer for all outstanding shares.

Respondents are former Basic shareholders who sold their stock after Basic's first public statement of October 21, 1977, and before the suspension of trading in December, 1978. Respondents brought a class action against Basic and its directors, asserting that the defendants issued three false or misleading public statements, and thereby were in violation of § 10 (b) of the 1934 Act and of Rule 10b–5. Respondents alleged that they were injured by selling Basic shares at artificially depressed prices in a market affected by petitioners' misleading statements and in reliance thereon.

The District Court adopted a presumption of reliance by members of the plaintiff class upon petitioners' public statements that enabled the court to conclude that common questions of fact or law predominated over particular questions pertaining to individual plaintiffs. See Fed.Rule Civ.Proc. 23 (b) (3). The District Court therefore certified respondents'

---

1 In addition to Basic itself, petitioners are individuals who had been members of its board of directors prior to 1979: Anthony M. Caito, Samuel Eels, Jr., John A. Gelbach, Harley C. Lee, Max Muller, H. Chapman Rose, Edmund G. Sylyester, and John C. Wilson, Jr. Another former director, Mathew J. Ludwig, was a party to the proceedings below, but died on July 17, 1986, and is not a petitioner here. See Brief for Petitioners ii.

2 In light of our disposition of this case, any further characterization of these discussions must await application, on remand, of the materiality standard adopted today.

3 On October 21, 1977, after heavy trading and a new high in Basic stock, the following news item appeared in the Cleveland Plain Dealer:

"[Basic] President Max Muller said the company knew no reason for the stock's activity and that no negotiations were under way with any company for a merger. He said Flintkote recently denied Wall Street rumors that it would make a tender offer of $26 a share for control of the Cleveland–based maker of refractories for the steel industry." App. 363.

On September 25, 1978, in reply to an inquiry from the New York Stock Exchange, Basic issued a release concerning increased activity in its stock and stated that

"management is unaware of any present or pending company development that would result in the abnormally heavy trading activity and price fluctuation in company shares that have been experienced in the past few days." Id., at 401. On November 6, 1978, Basic issued to its shareholders a "Nine Months Report 1978." This Report stated:

"With regard to the stock market activity in the Company's shares, we remain unaware of any present or pending developments which would account for the high volume of trading and price fluctuations in recent months." Id., at 403.

从 1976 年 9 月开始，内燃公司的代表与包括本案上诉人在内的 Basic 公司的高管和董事开会并通过电话交谈，[1] 相关内容是并购的可能性。[2]1977~1978 年 Basic 公司发布了 3 份公开陈述，否认正在进行并购谈判。[3]1978 年 12 月 18 日 Basic 公司要求纽交所暂停其股票交易，并发布了一条新闻消息，称另一家公司就并购与其“接触”。（Id.，at 413.）12 月 19 日 Basic 公司董事会同意内燃公司所发出的普通股每股 46 美元的要约（id.，at 335，414–416），第二天又公开宣布，批准了内燃公司就所有发行在外股票所发出的兼并收购要约。

被上诉人是 Basic 公司的前股东，他们卖出了自己的 Basic 公司股票，卖出时间是 1997 年 10 月 21 日，即 Basic 公司作出第一次公开陈述之后，但在 1978 年暂停股票交易之前。被上诉人对 Basic 公司及其董事提起集团诉讼，指称被告发布了 3 份虚假或误导公开陈述，因而违反了《1934 年法》第 10（b）条和《规则 10b–5》。被上诉人指称，他们以市场上人为压低的价格出售 Basic 公司的股票，因此而受到了损害，上诉人的误导陈述影响了当时的价格，被上诉人又依赖了该价格。

地区法院采纳原告集团成员依赖上诉人公开陈述的假定，并因此而得出以下结论：事实或法律的共性问题压倒有关各个原告的具体问题。［See Fed. Rule Civ.

1　除 Basic 公司本身外，上诉人还包括 Basic 公司董事会 1979 年之前的成员：安东尼·M. 凯托、小塞缪尔·伊尔斯、约翰·A. 盖尔博、哈里·C. 李、马克斯·马勒、H. 查普曼·罗斯、埃德蒙·G. 西尔维斯特和小约翰·C. 威尔逊等人。马修·J. 路得维希是前董事，下级法院审理本案时他也是当事方，但其于 1986 年 7 月 17 日去世，本上诉中他并不是上诉人。（See Brief for Petitioners ii.）

2　鉴于本院对本案的处理，这些讨论的定性有待于本案发回重审，适用今天所采纳的重大性标准。

3　1977 年 10 月 21 日 Basic 公司股票大量交易达到新高之后，《克利夫兰坦诚自营商》登载了以下新闻：

（Basic 公司）总裁马克斯·马勒表示，公司并不知道公司股票活跃的原因，也不知道公司正在就并购与任何公司进行谈判。他说，华尔街最近传言，弗林特科特将发出兼并收购要约，以每股 25 美元的价格收购位于克利夫兰的钢铁行业耐火材料制造商的控制权，但弗林特科特否认了华尔街的这一传言。（App. 363.）

1978 年 9 月 25 日 Basic 公司答复纽交所就此进行询问，作了有关股票交易增多的新闻发布，称公司股票过去数日内交易和价格波动异常频繁，但管理层并不知道任何现有或即将发生的公司事件会是其原因。（Id.，at 401.）

1978 年 11 月 6 日 Basic 公司向其股东发布了一份《1978 年 9 个月报告》。该报告称：

就公司股票在股票市场的活动而言，我们仍然不知道，任何现有或即将发生的事件造成近几个月交易增多和价格波动。（Id.，at 403.）

class.[1] On the merits, however, the District Court granted summary judgment for the defendants. It held that, as a matter of law, any misstatements were immaterial: there were no negotiations ongoing at the time of the first statement, and although negotiations were taking place when the second and third statements were issued, those negotiations were not "destined, with reasonable certainty, to become a merger agreement in principle." App. to Pet. for Cert. 103a.

The United States Court of Appeals for the Sixth Circuit affirmed the class certification, but reversed the District Court's summary judgment, and remanded the case. 786 F.2d 741 (1986). The court reasoned that, while petitioners were under no general duty to disclose their discussions with Combustion, any statement the company voluntarily released could not be "so incomplete as to mislead.'" Id., at 746, quoting SEC v. Texas Gulf Sulphur Co., 401 F.2d 833, 862 (CA2 1968) (en banc), cert. denied sub nom. Coates v. SEC, 394 U.S. 976 (1969). In the Court of Appeals' view, Basic's statements that no negotiations were taking place, and that it knew of no corporate developments to account for the heavy trading activity, were misleading. With respect to materiality, the court rejected the argument that preliminary merger discussions are immaterial as a matter of law, and held that, "once a statement is made denying the existence of any discussions, even discussions that might not have been material in absence of the denial, are material because they make the statement made untrue." 786 F.2d at 749.

The Court of Appeals joined a number of other Circuits in accepting the "fraud-on-the-market theory" to create a rebuttable presumption that respondents relied on petitioners' material misrepresentations, noting that, without the presumption, it would be impractical to certify a class under Federal Rule of Civil Procedure 23 (b) (3). See 786 F.2d at 750–751.

We granted certiorari, 479 U.S. 1083 (1987), to resolve the split, see Part Ⅲ, infra, among the Courts of Appeals as to the standard of materiality applicable to preliminary merger discussions, and to determine whether the courts below properly applied a presumption of reliance in certifying the class, rather than requiring each class member to show direct reliance on Basic's statements.

---

1 Respondents initially sought to represent all those who sold Basic shares between October 1, 1976, and December 20, 1978. See Amended Complaint in No. C79-1220 (ND Ohio), § 5. The District Court, however, recognized a class period extending only from October 21, 1977, the date of the first public statement, rather than from the date negotiations allegedly commenced. In its certification decision, as subsequently amended, the District Court also excluded from the class those who had purchased Basic shares after the October, 1977, statement but sold them before the September, 1978, statement, App. to Pet. for Cert. 123a–124a, and those who sold their shares after the close of the market on Friday, December 15, 1978. Id., at 137a.

Proc. 23（b）（3）.］因此，地区法院认可了被上诉人的集团。[1]按照是非曲直，地区法院作出支持被告的既决判决。地区法院认定，从法律上来说，所有陈述都不是重大性的：发布第一份陈述时，并没有进行谈判；尽管发布第二份和第三份陈述时正在进行谈判，但不能合理确信这些谈判“原则上会成为并购协议”。（App. to Pet. for Cert. 103a.）

美国第六巡回上诉法院维持集团认可，但撤销了地区法院的既决判决，发回重审。［786 F. 2d 741（1986）.］法院的理由是，尽管上诉人并没有披露其与内燃公司谈判的一般义务，但公司主动发布的任何陈述不能“因过于不完整而产生误导”。［Id.，at 746，quoting SEC v. Texas Gulf Sulphur Co.，401 F. 2d 833，862（CA2 1968）(法院全体法官审判)，cert. denied sub nom. Coates v. SEC，394 U.S. 976(1969).］Basic 公司的陈述是，没有进行谈判，公司不知道有什么公司事件造成了大量交易活动，而在上诉法院看来，这便产生了误导。就重大性而言，上诉法院否定了并购初步谈判在法律上并非重大性的论点；上诉法院认定，“一旦作出陈述，否认存在任何谈判，那么即便在没有相关陈述时有可能并不属于重大性的讨论，也成为重大性的了，因为这些讨论使相关陈述不实”。（786 F.2d at 749.）

第六巡回上诉法院与其他一些上诉法院一样，接受了“市场欺诈理论”，创立了一个可反驳假定：被上诉人依赖了上诉人的重大不当陈述。第六巡回法院指出，倘若没有这一假定，根据《联邦民事诉讼规则》《23（b）（3）规则》给予集团认可是不切实际的。（See 786 F. 2d at 750–751.）

本院发出调卷令［479 U.S. 1083（1987）］，以解决相关各上诉法院适用于并购初步讨论的重大性标准的分歧（see Part Ⅲ，infra），并确定下级法院认可集团是否恰当地适用依赖假定，而不是要求集团各成员显示其直接依赖了Basic公司的陈述。

1 被上诉人起初试图代理1976年10月1日至1978年12月20日卖出股票的人。［See Amended Complaint in No. C70–1220（ND Ohio），§5.］但地区法院认可的集团阶段并不是从被指称的谈判日开始的，只能从1977年10月21日开始，这天发布了第一份公开陈述。在之后经过修改的集团认可决定中，地区法院将下列人排除在集团之外：任何人在1977年10月之后买入Basic公司股票，但在1978年9月陈述之前卖出这些股票（App. to Pet. for Cert. 123a–124a），任何人在1978年12月15日周五闭市之后卖出其股票。（Id.，at 137a.）

II

The 1934 Act was designed to protect investors against manipulation of stock prices. See S.Rep. No. 792, 73d Cong., 2d Sess., 1–5 (1934) . Underlying the adoption of extensive disclosure requirements was a legislative philosophy: "There cannot be honest markets without honest publicity. Manipulation and dishonest practices of the market place thrive upon mystery and secrecy." H.R.Rep. No. 1383, 73d Cong., 2d Sess., 11 (1934) . This Court "repeatedly has described the 'fundamental purpose' of the Act as implementing a 'philosophy of full disclosure.' " Santa Fe Industries, Inc. v. Green, 430 U. S. 462, 430 U. S. 477–478 (1977) , quoting SEC v. Capital Gains Research Bureau, Inc., 375 U. S. 180, 375 U. S. 186 (1963) . Pursuant to its authority under § 10 (b) of the 1934 Act, 15 U.S.C. § 78j, the Securities and Exchange Commission promulgated Rule 10b–5. [1] Judicial interpretation and application, legislative acquiescence, and the passage of time have removed any doubt that a private cause of action exists for a violation of § 10 (b) and Rule 10b–5, and constitutes an essential tool for enforcement of the 1934 Act's requirements. See e.g., Ernst & Ernst v. Hochfelder, 425 U. S. 185, 425 U. S. 196 (1976) ; Blue Chip Stamps v. Manor Drug Stores, 421 U. S. 723, 421 U. S. 730 (1975) .

The Court previously has addressed various positive and common law requirements for a violation of § 10 (b) or of Rule 10b–5. See e.g., Santa Fe Industries, Inc. v. Green, supra, ("manipulative or deceptive" requirement of the statute) ; Blue Chip Stamps v. Manor Drug Stores, supra, ("in connection with the purchase or sale" requirement of the Rule) ; Dirks v. SEC, 463 U. S. 646 (1983) (duty to disclose) ; Chiarella v. United States, 445 U. S. 222 (1980) (same) ; Ernst & Ernst v. Hochfelder, supra, (scienter) . See also Carpenter v. United States, 484 U. S. 19 (1987) (confidentiality) . The Court also explicitly has defined a standard of materiality under the securities laws, see TSC Industries, Inc. v. Northway, Inc., 426 U. S. 438 (1976) , concluding in the proxy-solicitation context that " [a] n omitted fact is material if there

---

1 In relevant part, Rule 10b–5 provides:

"It shall be unlawful for any person, directly or indirectly, by the use of any means or instrumentality of interstate commerce, or of the mails or of any facility of any national securities exchange"

"...

" (b) To make any untrue statement of a material fact or to omit to state a material fact necessary in order to make the statements made, in the light of the circumstances under which they were made, not misleading..."

"...

"in connection with the purchase or sale of any security."

II

《1934 年法》旨在保护投资者免受操纵股票价格的影响。［See S. Rep. No. 792，73d Cong.，2d Sess.，1–5（1934）.］采纳广泛披露要求的立法哲学基础是："没有诚实的公开性，就没有诚实的市场。市场操纵和市场的种种不实行为会借神秘和秘密而大行其道。"［H.R.Rep. No，1383，73d Cong.，2d Sess.，11（1934）.］本院"一再强调，该法的'根本目的'是贯彻'充分披露的哲学'"。｛［Santa Fe Industries，Inc. v. Green，430 U.S. 462，430 U.S. 477–478（1977）］，引用证交会诉资本收益研究局有限责任公司［SEC v. Capital Gains Research Bureau，Inc.，375 U.S. 180，375 U.S. 186（1963）］判决。｝根据《1934 年法》第 10（b）条（15 U.S.C. § 78j）的授权，证交会发布了《规则 10b–5》。[1] 鉴于司法解释及其适用、立法机构的默许以及时间的流逝，《1934 年法》第 10（b）条和《规则 10b–5》的私人诉因已经不再存疑。私人诉因成为执行《1934 年法》要求的关键工具。［See e.g.，Ernst & Ernst v. Hochfelder，425 U.S. 185，196（1976）；Blue Chip Stamps v. Manor Drug Stores，421 U.S. 723，730（1975）.］

本院已经讨论了关于违反《1934 年法》第 10（b）条和《规则 10b–5》的实在法和普通法的各种要求。［See e.g.，Santa Fe Industries，Inc. v. Green，supra（制定法关于"操纵或欺骗"行为的要求）；Blue Chip Stamps v. Manor Drug Stores，supra（该规则的"与购买或出售有关的"要求）；Dirks v. SEC，463 U.S. 646（1983）（披露义务）；Chiarella v. United States，445 U.S. 222（1980）（相同）；Ernst & Ernst v. Hochfelder，supra（意图）. See also Carpenter v. United States，484 U.S. 19（1987）（保密性）.］本院已经明确界定了证券法下重大性的标准［see TSC Industries，Inc. v. Northway，Inc.，426 U.S. 438（1976）］，本院的相关结论是，就征集投票授权委托书而言，"如果存在相当大的可能，遵循常理的投资者会认为，所遗漏的事实对投

1　《规则 10b–5》的相关部分规定：

"任何人直接或间接地利用州际商务工具、邮件或任何全国证券交易所的任何设施从事以下行为均属于违法……

"（b）就任何重大事实作不当陈述或遗漏必要的重大事实，而在当时的情形下，只有包括被遗漏的重大事实，才不至于产生误导……

"在任何证券的买入或卖出方面。"

is a substantial likelihood that a reasonable shareholder would consider it important in deciding how to vote." Id., at 426 U. S. 449. [1] Acknowledging that certain information concerning corporate developments could well be of "dubious significance," id., at 426 U. S. 448, the Court was careful not to set too low a standard of materiality; it was concerned that a minimal standard might bring an overabundance of information within its reach, and lead management "simply to bury the shareholders in an avalanche of trivial information — a result that is hardly conducive to informed decisionmaking." Id., at 426 U. S. 448–449. It further explained that, to fulfill the materiality requirement, "there must be a substantial likelihood that the disclosure of the omitted fact would have been viewed by the reasonable investor as having significantly altered the 'total mix' of information made available." Id., at 426 U. S. 449. We now expressly adopt the TSC Industries standard of materiality for the § 10 (b) and Rule 10b–5 context. [2]

III

The application of this materiality standard to preliminary merger discussions is not self–evident. Where the impact of the corporate development on the target's fortune is certain and clear, the TSC Industries materiality definition admits straightforward application. Where, on the other hand, the event is contingent or speculative in nature, it is difficult to ascertain whether the "reasonable investor" would have considered the omitted information significant at the time. Merger negotiations, because of the ever–present possibility that the contemplated transaction will not be effectuated, fall into the latter category. [3]

1 TSC Industries arose under § 14 (a), as amended, of the 1934 Act, 15 U.S.C. § 78n (a), and Rule 14a–9, 17 CFR § 240.14a–9 (1975).

2 This application of the § 14 (a) definition of materiality to § 10 (b) and Rule 10b–5 is not disputed. See Brief for Petitioners 17, n. 12; Brief for Respondents 30, n. 10; Brief for SEC as Amicus Curiae 8, n. 1. See also McGrath v. Zenith Radio Corp., 651 F.2d 458, 466, n. 4 (CA7), cert. denied, 454 U.S. 835 (1981), and Goldberg v. Meridor, 567 F.2d 209, 218–219 (CA2 1977), cert. denied, 434 U.S. 1069 (1978).

3 We do not address here any other kinds of contingent or speculative information, such as earnings forecasts or projections. See generally Hiler, The SEC and the Courts' Approach to Disclosure of Earnings Projections, Asset Appraisals, and Other Soft Information: Old Problems, Changing Views, 46 Md.L.Rev. 1114 (1987).

票决定是重要的，则所遗漏的事实是重大的”。（Id.，at 426 U.S. 449.）[1] 本院承认，关于公司事件的某些信息很可能具有“似是而非的意义”（id.，at 426 U.S. 448），所以本院注意不把重大性标准定得过低；本院担心，如果制定最低标准，可能会将过多的信息包括在内，所导致的结果是，管理层“以大量无足轻重的信息，雪崩似的将股东埋葬于其中——这种结果很难有助于获得信息后作出决策”。（Id.，at 426 U.S. 448–449.）本院又解释，为了满足重大性的要求，“必须存在相当大的可能，如果披露了被遗漏的事实，遵循常理的投资者本来会认为，所提供的 信息‘综合总和’会因此而发生重要变化”。（Id.，at 426 U.S. 449.）本院就此明确采纳 TSC 行业案判例所规定的适用于《1934 年法》第 10（b）条和《规则 10b–5》情形的重大性标准。[2]

Ⅲ

将此重大性标准适用并购的初步讨论，其结论并非不言自明。如果公司的事情会影响对目标公司的境况，则适用 TSC 行业案判例重大性的定义直截了当。但若是相关事件取决于其他先决条件或是属于揣测性的，则难以确定“遵循常理的投资者”当时是否会认为被遗漏的信息是举足轻重的。并购谈判属于第二种情况，因为所考虑的交易总是存在不能实现的可能性。[3]

---

1 TSC 行业案因修正后的《1934 年法》［15 U.S.C. § 78n（a）］的《规则 14a–9》［17 CFR § 240，14a–9（1975）］而产生。

2 第 14（a）条有关重大性的定义适用于第 10（b）条和《规则 10b–5》，这点并无争议。［See Brief for Petitioners 17，n. 12；Brief for Respondents 30，n. 10；Brief for SEC as Amicus Curiae 8，n. 4. See also McGrath v. Zenith Radio Corp.，651 F. 2d 458，466，n. 4（CA7），cert. denied，454 U.S. 835（1981），and Goldberg v. Meridor，567 F. 2d 209，218–219（CA2 1977），cert. denied，434 U.S. 1069（1978）.］

3 本院在此处并不讨论任何性质的有条件的信息或揣测信息，如收益预测或估算。［See generally Hiler，The SEC and the Courts' Approach to Disclosure of Earnings Projections，Asset Appraisals，and Other Soft Information：Old Problems，Changing Views，46 Md. L. Rev. 1114（1987）.］

A

Petitioners urge upon us a Third Circuit test for resolving this difficulty. [1] See Brief for Petitioners 20–22. Under this approach, preliminary merger discussions do not become material until "agreement-in-principle" as to the price and structure of the transaction has been reached between the would-be merger partners. See Greenfield v. Heublein, Inc., 742 F.2d 751, 757 (CA3 1984), cert. denied, 469 U.S. 1215 (1985). By definition, then, information concerning any negotiations not yet at the agreement-in-principle stage could be withheld or even misrepresented without a violation of Rule 10b–5.

Three rationales have been offered in support of the "agreement-in-principle" test. The first derives from the concern expressed in TSC Industries that an investor not be overwhelmed by excessively detailed and trivial information, and focuses on the substantial risk that preliminary merger discussions may collapse: because such discussions are inherently tentative, disclosure of their existence itself could mislead investors and foster false optimism. See Greenfield v. Heublein, Inc., 742 F.2d at 756; Reiss v. Pan American World Airways, Inc., 711 F.2d 11, 14 (CA2 1983). The other two justifications for the agreement-in-principle standard are based on management concerns: because the requirement of "agreement-in-principle" limits the scope of disclosure obligations, it helps preserve the confidentiality of merger discussions where earlier disclosure might prejudice the negotiations; and the test also provides a usable, bright-line rule for determining when disclosure must be made. See Greenfield v. Heublein, Inc., 742 F.2d at 757; Flamm v. Eberstadt, 814 F.2d 1169, 1176–1178 (CA7), cert. denied, 484 U.S. 853 (1987).

None of these policy-based rationales, however, purports to explain why drawing the line at agreement-in-principle reflects the significance of the information upon the investor's decision. The first rationale, and the only one connected to the concerns expressed in TSC Industries, stands soundly rejected, even by a Court of Appeals that otherwise has accepted the wisdom of the agreement-in-principle test. "It assumes that investors are nitwits, unable to appreciate — even when told — that mergers are risky

1 See Staffin v. Greenberg, 672 F.2d 1196, 1207 (CA3 1982) (defining duty to disclose existence of ongoing merger negotiations as triggered when agreement-in-principle is reached); Greenfield v. Heublein, Inc., 742 F.2d 751 (CA3 1984) (applying agreement-in-principle test to materiality inquiry), cert., denied, 469 U.S. 1215 (1985). Citing Staffin, the United States Court of Appeals for the Second Circuit has rejected a claim that defendant was under an obligation to disclose various events related to merger negotiations. Reiss v. Pan American World Airways, Inc., 711 F.2d 11, 13–14 (1983). The Seventh Circuit recently endorsed the agreement-in-principle test of materiality. See Flamm v. Eberstadt, 814 F.2d 1169, 1174–1179 (describing agreement-in-principle as an agreement on price and structure), cert. denied, 484 U.S. 853 (1987). In some of these cases, it is unclear whether the court based its decision on a finding that no duty arose to reveal the existence of negotiations or whether it concluded that the negotiations were immaterial under an interpretation of the opinion in TSC Industries, Inc. v. North way, Inc., 426 U. S. 438 (1976).

A

上诉人促请本院适用第三巡回法院解决这一难题的检验方法。[1]（See Brief for Petitioners 20–22.）按照这种办法，潜在并购伙伴之间就交易的价格和结构达成“原则协议”之前，并购初步讨论并不是重大性的。［Greenfield v. Heublein，Inc.，742 F. 2d 751，757（CA3 1984），cert. denied，469 U.S. 1215（1985）.］所以按照定义，任何谈判尚未到原则性协议阶段，相关信息可以不披露，甚至可以有不当陈述，并不违反《规则 10b–5》。

有 3 个理由支持“原则性协议”的检验标准。第一个理由来自 TSC 行业案判例中所表示的考虑：避免投资者受困于无足轻重的众多信息。第一个理由侧重初步并购谈判失败的重大风险，因为此类谈判本质上是试探性的，披露存在此类谈判本身就可能误导投资者，造成没有根据的乐观。［Greenfield v. Heublein，Inc.，742 F. 2d，at 756；Reiss v. Pan American World Airways，Inc.，711 F.2d 11，14（CA2 1983）.］原则性协议的另外两个理由是基于管理层的担心：“原则性协议”限制了披露义务的范围，有助于确保谈判的保密性，因为有时过早进行披露有可能危及谈判；该检验标准还可以提供一个有用的明确界限，以确定何时不许披露。［See Greenfield v. Heublein，Inc.，742 F. 2d，at 757；Flamm v. Eberstadt，814 F.2d 1169，1176–1178（CA7），cert. denied， 484 U.S. 853（1987）.］

但这些是基于政策的理由，不是为了解释为什么以原则性协议划线，反映出信息对投资者决策的重要性。3 个理由中，只有第一个理由与 TSC 行业案判例所表达的担心有关，但这个理由被完全否定了，即便在其他方面接受有原则性协议检验标准智慧的一家巡回法院也否定了这一理由。“这个理由假定，投资者愚不可及，即便对其开诚布公也无法理解，直到成交之前，并购充满风险。”（Flamm v. Eberstadt，814 F.2d，at 1175.）美国国会所选择和表达的政策是披露，而不是父爱似

---

1 See Staffin v. Greenberg，672 F.2d 1196，1207（CA3 1982）（界定了达成原则性协议时所引发的披露正在进行的并购谈判的责任）；Greenfield v. Heublein，Inc.，742 F.2d 751（CA3 1984）（将原则性协议标准适用于关于重大性的询问），cert. denied，469 U.S. 1215（1985）. 第二巡回法院上诉法院引用斯塔芬案判例，驳回关于被告有义务披露并购谈判相关事件的主张。（Reiss v. Pan American World Airways，Inc.，711 F. 2d 11，13–14（1983）.）第七巡回法院近来肯定了重大性的原则性协议的检验标准。See Flamm v. Eberstadt，814 F. 2d 1169，1174–1179（将原则性协议描述为关于价格和结构的协议），cert. denied，484 U.S. 853（1978）. 在某些案件中并不清楚，法院的判决是因为法院认定没有产生应当披露正在进行的谈判的责任，还是因为法院的结论是，根据对 TSC 行业案［TSC Industries，Inc. v. Northway，Inc.，426 U.S. 438（1976）］判例的解释，谈判并不是重大性的。

propositions up until the closing." Flamm v. Eberstadt, 814 F.2d at 1175. Disclosure, and not paternalistic withholding of accurate information, is the policy chosen and expressed by Congress. We have recognized time and again, a "fundamental purpose" of the various Securities Acts, "was to substitute a philosophy of full disclosure for the philosophy of caveat emptor, and thus to achieve a high standard of business ethics in the securities industry." SEC v. Capital Gains Research Bureau, Inc., 375 U.S., at 375 U. S. 186. Accord, Affiliated Ute Citizens v. United States, 406 U. S. 128, 406 U. S. 151(1972); Santa Fe Industries, Inc. v. Green, 430 U.S., at 406 U. S. 477. The role of the materiality requirement is not to "attribute to investors a child-like simplicity, an inability to grasp the probabilistic significance of negotiations," Flamm v. Eberstadt, 814 F.2d, at 1175, but to filter out essentially useless information that a reasonable investor would not consider significant, even as part of a larger "mix" of factors to consider in making his investment decision. TSC Industries, Inc. v. Northway, Inc., 426 U.S., at 426 U. S. 448-449.

The second rationale, the importance of secrecy during the early stages of merger discussions, also seems irrelevant to an assessment whether their existence is significant to the trading decision of a reasonable investor. To avoid a "bidding war" over its target, an acquiring firm often will insist that negotiations remain confidential, see e.g., In re Carnation Co., Exchange Act Release No. 22214, 33 SEC Docket 1025 (1985) , and at least one Court of Appeals has stated that "silence pending settlement of the price and structure of a deal is beneficial to most investors, most of the time." Flamm v. Eberstadt, 814 F.2d, at 1177.[1]

We need not ascertain, however, whether secrecy necessarily maximizes shareholder wealth — although we note that the proposition is at least disputed as a matter of theory and empirical research[2] — for this case does not concern the timing of a disclosure; it concerns only its accuracy and completeness.[3] We face here the narrow question whether information concerning the existence and status of preliminary merger discussions is significant to the

---

1 Reasoning backwards from a goal of economic efficiency, that Court of Appeals stated: "Rule 10b-5 is about fraud, after all, and it is not fraudulent to conduct business in a way that makes investors better off..." 814 F.2d at 1177.

2 See e.g., Brown, Corporate Secrecy, the Federal Securities Laws, and the Disclosure of Ongoing Negotiations, 36 Cath.U.L.Rev. 93 145-155 (1986) ; Bebchuk, The Case for Facilitating Competing Tender Offers, 95 Harv.L.Rev. 1028 (1982) ; Elamm v. Eberstadt, 814 F.2d, at 1177, n. 2 (citing scholarly debate) . See also In re Carnation Co., Exchange Act Release No. 22214, 33 SEC Docket 1025, 1030 (1985) ("The importance of accurate and complete issuer disclosure to the integrity of the securities markets cannot be overemphasized. To the extent that investors cannot rely upon the accuracy and completeness of issuer statements, they will be less likely to invest, thereby reducing the liquidity of the securities markets to the detriment of investors and issuers alike") .

3 See SEC *v. Texas Gulf Sulphur Co.*, 401 F.2d 833, 862 (CA2 1968) (en banc) ("Rule 10b-5 is violated whenever assertions are made, as here, in a manner reasonably calculated to influence the investing public ... if such assertions are false or misleading or are so incomplete as to mislead ...") cert. denied sub nom. Coates v. SEC, 394 U.S. 976 (1969) .

的拒不披露准确信息。本院反复强调，各证券法的“根本目的是以充分披露的理念取代买者自负的理念，从而在证券行业实现业务道德的高标准”。［SEC v. Capital Gains Research Bureau，Inc.，375 U.S.，at 375 U.S. 186. Accord，Affiliated Ute Citizens v. United States，406 U.S. 128，406 U.S. 151（1972）；Santa Fe Industries，Inc. v. Green，430 U.S.，at 406 U.S. 477.］重要性要求的作用不是“认定投资者有儿童的单纯，无法了解谈判概率性的重要意义”（Flamm v. Eberstadt，814 F.2d，at 1175），而是通过过滤排除无用信息，遵循常理的投资者并不会将此类信息视为举足轻重的，甚至不将其视为投资者决策有更多因素的“综合”中的一部分。（TSC Industries，Inc. v. Northway，Inc.，426 U.S.，at 426 U.S. 448-449.）

第二个理由是在并购讨论早期阶段保密的重要性，但如果是评价是否存在这些讨论对遵循常理的投资者交易决策是否重要，第二个理由似乎并无相关性。为避免目标公司展开“竞价战”，收购公司经常会坚持要求谈判保密［see e.g.，In re Carnation Co.，Exchange Act Release No. 22214，33 SEC. Docket 1025（1985）］，至少有一家上诉法院已经表示，“在交易的价格和结构未决之前，保持沉默大多数时候有益于大多数投资者”。（Flamm v. Eberstadt，814 F.2d，at 1177.）[1]

但本院无须确定，保密是否能够最大限度地增加股东的财富——尽管本院指出，从理论和实证研究角度来说，这一主张至少是有争议的[2]——因为本案并不涉及披露的时间，仅涉及披露的准确性和完整性。[3]本院在此案中面对的是狭义问题：并购初步谈判存在与否以及并购初步谈判的地位的相关信息，是否会对遵循常理的投资者的交易决定举足轻重。如果立论的前提是，某些披露上是“不成熟的”，则从某种

1 从经济效率目标反向推理，上诉法院指出：“毕竟《规则 10b-5》针对的是欺诈，以有益于投资者的方式开展业务，就不是欺诈性……”（814 F.2d，at 1177.）

2 See e.g.，Brown，Corporate Secrecy，the Federal Securities Law，and the Disclosure of Ongoing Negotiations，36 Cath. U.L. Rev. 93 145-155（1986）；Bebchuk，The Case for Facilitating Competing Tender Offers，95 Harv. L. Rev. 1028（1982）；Elamm v. Eberstadt，814 F.2d，at 1177，n. 2（引用学者的辩论）.See also In re Carnation Co.，Exchange Act Release No. 22214，33 SEC. Docket 1025，1030（1985）（发行人的披露准确完整对证券市场的完整性至关重要。投资者在多大程度上不能依赖发行人陈述的准确性和完整性，投资者就在多大程度上不愿意投资，从而减少了证券市场的流通性，既有害于投资者，也有害于发行人）.

3 See SEC v. Texas Gulf Sulphur Co.，401 F.2d 833，862（CA2 1968）（全体法官审判）（如同本案一样，只要作出表示，其方式旨在影响投资公众……如果这类表示是虚假或误导性的，或者因为如此不完整而产生误导……就违反了《规则 10b-5》）cert. denied sub nom，Coates v. SEC，394 U.S. 976（1969）.

reasonable investor's trading decision. Arguments based on the premise that some disclosure would be "premature" in a sense are more properly considered under the rubric of an issuer's duty to disclose. The "secrecy" rationale is simply inapposite to the definition of materiality.

The final justification offered in support of the agreement-in-principle test seems to be directed solely at the comfort of corporate managers. A bright-line rule indeed is easier to follow than a standard that requires the exercise of judgment in the light of all the circumstances. But ease of application alone is not an excuse for ignoring the purposes of the Securities Acts and Congress' policy decisions. Any approach that designates a single fact or occurrence as always determinative of an inherently fact-specific finding such as materiality must necessarily be overinclusive or under-inclusive. In TSC Industries, this Court explained:

"The determination [of materiality] requires delicate assessments of the inferences a 'reasonable shareholder' would draw from a given set of facts and the significance of those inferences to him..." 426 U.S., at 426 U. S. 450.

After much study, the Advisory Committee on Corporate Disclosure cautioned the SEC against administratively confining materiality to a rigid formula. [1] Courts also would do well to heed this advice.

We therefore find no valid justification for artificially excluding from the definition of materiality information concerning merger discussions, which would otherwise be considered significant to the trading decision of a reasonable investor, merely because agreement-in-principle as to price and structure has not yet been reached by the parties or their representatives.

B

The Sixth Circuit explicitly rejected the agreement-in-principle test, as we do today, but in its place adopted a rule that, if taken literally, would be equally insensitive, in our view, to the distinction between materiality and the other elements of an action under Rule 10b-5:

"When a company whose stock is publicly traded makes a statement, as Basic did, that 'no negotiations' are underway, and that the corporation knows of 'no reason for the stock's

---

1 "Although the Committee believes that ideally it would be desirable to have absolute certainty in the application of the materiality concept, it is its view that such a goal is illusory and unrealistic. The materiality concept is judgmental in nature, and it is not possible to translate this into a numerical formula. The Committee's advice to the [SEC] is to avoid this quest for certainty and to continue consideration of materiality on a case-by-case basis as disclosure problems are identified."

House Committee on Interstate and Foreign Commerce, Report of the Advisory Committee on Corporate Disclosure to the Securities and Exchange Commission, 95th Cong., 1st Sess., 327 (Comm. Print 1977).

意义上来说，从发行人的披露责任角度考虑相关问题更恰当。“守密理由”与重大性的定义正好截然相反。

支持性原则协议检验标准的最后一个理由，似乎仅顾及公司管理层是否自在。相较需要根据所有情形进行判断的标准，界限分明的规则确实更加容易遵守。如果规则仅仅是适用方便，则不能成为无视证券法和美国国会政策决定的借口。关于重大性的认定，本质上取决于具体情形，若以单一事实或发生的事件总是做出针对事实的认定，如关于重大性的认定，决定因素，则势必范围过宽或过窄。在 TSC 行业案判决中，本院的解释是，

确定（重大性），需要小心评价一个遵循常理的股东从特定的一组事实中可以得出的推断以及这些推断对该股东的意义……（426 U.S.，at 426 U.S. 450.）

经过许多研究之后，公司披露咨询委员会给证交会的忠告是，不能以行政方式将重大性限于一个生搬硬套的定式中。法院若能听从这一忠告，也是一件好事。[1]

本院因此认定，如果并购讨论本来会被视为对遵循常理的投资者的交易决策有举足轻重的影响，没有任何成立的理由以自欺欺人，仅仅因为当事方或其代表尚未就价格和结构达成原则协议，就将有关并购讨论的信息生硬地排除在重大性的定义之外。

B

本院今天明确否定原则性协议的检验标准，第六巡回法院也明确否定该标准，代之以另一条规则。但本院认为，如果完全按字面理解，该规则也同样缺乏敏感性，无法区分重大性与《规则 10b-5》下诉讼的其他要件：

其股票公开交易的公司若是如同 Basic 公司一样作陈述，表示不再进行“谈判”，而且公司不知道公司股票波动有何原因，“公司管理层不知道有何正在发生或将要发生

---

1 “尽管委员会认为，理想的情况是，适用重大性概念最好有绝对的确定性，但委员会认为，这种目标异想天开、不切实际。重大性概念具有主观判断性，无法转化为数据公式。委员会给（证交会）的意见是，避免寻求确定性，继续根据个案情况，审议所发现的披露方面的问题的重大性。”

House Committee on Interstate and Foreign Commerce，Report of the Advisory Committee on Corporate Disclosure to the Securities and Exchange Commission，95th Cong.，1st Sess.，327（Comm. Print 1977）.

activity', and that 'management is unaware of any present or pending corporate development that would result in the abnormally heavy trading activity, ' information concerning ongoing acquisition discussions becomes material by virtue of the statement denying their existence..."

"..."

"... In analyzing whether information regarding merger discussions is material such that it must be affirmatively disclosed to avoid a violation of Rule 10b-5, the discussions and their progress are the primary considerations. However, once a statement is made denying the existence of any discussions, even discussions that might not have been material in absence of the denial are material because they make the statement made untrue." 786 F.2d, at 748-749. [1]

This approach, however, fails to recognize that, in order to prevail on a Rule 10b-5 claim, a plaintiff must show that the statements were misleading as to a material fact. It is not enough that a statement is false or incomplete, if the misrepresented fact is otherwise insignificant.

C

Even before this Court's decision in TSC Industries, the Second Circuit had explained the role of the materiality requirement of Rule 10b-5, with respect to contingent or speculative information or events, in a manner that gave that term meaning that is independent of the other provisions of the Rule. Under such circumstances, materiality "will depend at any given time upon a balancing of both the indicated probability that the event will occur and the anticipated magnitude of the event in light of the totality of the company activity." SEC v. Texas Gulf Sulphur Co., 401 F.2d, at 849. Interestingly, neither the Third Circuit decision adopting the agreement-in-principle test nor petitioners here take issue with this general standard. Rather, they suggest that, with respect to preliminary merger discussions, there are good reasons to draw a line at agreement on price and structure.

In a subsequent decision, the late Judge Friendly, writing for a Second Circuit panel, applied the Texas Gulf Sulphur probability/magnitude approach in the specific context of preliminary merger negotiations. After acknowledging that materiality is something to be determined on the basis of the particular facts of each case, he stated:

"Since a merger in which it is bought out is the most important event that can occur in

---

1 Subsequently, the Sixth Circuit denied a petition for rehearing en banc in this case. App. to Pet. for Cert. 144a. Concurring separately, Judge Wellford, one of the original panel members, then explained that he did not read the panel's opinion to create a "conclusive presumption of materiality for any undisclosed information claimed to render inaccurate statements denying the existence of alleged preliminary merger discussions." Id., at 145a. In his view, the decision merely reversed the District Court's judgment, which had been based on the agreement-in-principle standard. Ibid.

的公司事件会导致异常多的证券交易活动”，那么有关正在进行的收购谈判的信息就成为重大性的，因为该陈述否认存在这些情况……

……

……分析并购讨论的有关信息是否是重大性的，所以必须正面披露，才能避免违反《规则 10b-5》，讨论和讨论的进展是要考虑的主要问题。然后，一旦作出陈述，否认存在任何讨论，即便没有否认原来有可能并非重大性的讨论就成为重大性的了，因为这些讨论使陈述失实［786 F.2d，at 748–749］。[1]

但是这一做法并没有肯定，为了就其《规则 10b-5》的主张获胜，原告必须表明有关陈述在重大事实方面有误导。如果陈述虚假或不完整，但不当陈述的相关事实在其他方面无足轻重，则是不够的。

C

即便本院作出 TSC 行业案的决定之前，第二巡回法院已经就有先决条件或猜测性的信息或事件解释了《规则 10b-5》的重大性要求的作用，而解释方式使“重大性”一词有了独立于《规则 10b-5》的其他规定的含义。在这种情况下，重大性“取决于两个因素的平衡：一个是已指出事件将发生的概率，另一个是从公司活动的总和来看所预测的事件规模”。（SEC v. Texas Gulf Sulphur Co.，401 F.2d，at 849.）有意思的是，第三巡回法院的判决并没有采纳原则性协议的检验标准，上诉人在本案中也没有质疑该一般标准。相反，他们就并购初步讨论提出的建议是，有充分理由将价格协议和结构画线。

在之后的一个判决中，已故弗兰德利法官代表第二巡回法院合议庭撰写意见，在并购谈判涉及初步谈判的具体范畴中，适用得克萨斯海湾硫黄案（Texas Gulf Sulphur）判例关于概率和影响规模的做法。弗兰德利法官同意，重大性必须根据个案的具体情况而定。他同时指出：

并购带出了小公司生命中最重要的事件，即消亡。既然如此，本院认为，就此并购

1　之后，第六巡回法院拒绝就本案要求全院法官进行听证的请求。（App. To Pet. For Cert. 144a.）威尔福特法官是原合议庭最早的成员之一。他单独作出共同意见后的解释是，按照他的解读，原合议庭的意见并没有创造“这样一个重大性的结论性假定：只要主张任何未披露的信息使否认存在所称的初步并购讨论的有关陈述不准确，就是重大性的”。（Id.，at 145a.）在威尔福特法官看来，有关判决仅仅是推翻了地区法院的判决，其依据是原则性的协议标准。（Ibid.）

a small corporation's life, to-wit, its death, we think that inside information, as regards a merger of this sort, can become material at an earlier stage than would be the case as regards lesser transactions — and this even though the mortality rate of mergers in such formative stages is doubtless high." SEC v. Geon Industries, Inc., 531 F.2d 39, 47–48 (1976).

We agree with that analysis. [1]

Whether merger discussions in any particular case are material therefore depends on the facts. Generally, in order to assess the probability that the event will occur, a factfinder will need to look to indicia of interest in the transaction at the highest corporate levels. Without attempting to catalog all such possible factors, we note by way of example that board resolutions, instructions to investment bankers, and actual negotiations between principals or their intermediaries may serve as indicia of interest. To assess the magnitude of the transaction to the issuer of the securities allegedly manipulated, a factfinder will need to consider such facts as the size of the two corporate entities and of the potential premiums over market value. No particular event or factor short of closing the transaction need be either necessary or sufficient by itself to render merger discussions material. [2]

As we clarify today, materiality depends on the significance the reasonable investor

---

1 The SEC in the present case endorses the highly fact-dependent probability/magnitude balancing approach of Texas Gulf Sulphur. It explains: "The possibility of a merger may have an immediate importance to investors in the company's securities, even if no merger ultimately takes place." Brief for SEC as Amicus Curiae 10. The SEC's insights are helpful, and we accord them due deference. See TSC Industries, Inc. v. Northway, Inc., 426 U.S., at 449, n. 10.

2 To be actionable, of course, a statement must also be misleading. Silence, absent a duty to disclose, is not misleading under Rule 10b-5. "No comment" statements are generally the functional equivalent of silence. See In re Carnation Co., Exchange Act Release No. 22214, 33 SEC. Docket 1025 (1985). See also New York Stock Exchange Listed Company Manual § 202.01, reprinted in 3 CCH Fed.Sec.L.Rep. § 23, 515 (1987) (premature public announcement may properly be delayed for valid business purpose and where adequate security can be maintained); American Stock Exchange Company Guide § § 401–405, reprinted *in* 3 CCH Fed.Sec.L.Rep. § § 23, 124A–23, 124E (1985) (similar provisions).

It has been suggested that, given current market practices, a "no comment" statement is tantamount to an admission that merger discussions are underway. See Flamm v. Eberstadt, 814 F.2d, at 1178. That may well hold true to the extent that issuers adopt a policy of truthfully denying merger rumors when no discussions are underway, and of issuing "no comment" statements when they are in the midst of negotiations. There are, of course, other statement policies firms could adopt; we need not now advise issuers as to what kind of practice to follow, within the range permitted by law. Perhaps more importantly, we think that creating an exception to a regulatory scheme founded on a pro-disclosure legislative philosophy, because complying with the regulation might be "bad for business," is a role for Congress, not this Court. See also id., at 1182 (opinion concurring in judgment and concurring in part).

而言，与重要性较小的交易相比，内幕信息在更早阶段具有重大性，即便在此形成阶段的并购无果而终的概率无疑很高。[SEC v. Geon Industries, Inc., 531 F.2d 39, 47–48(1976).]

本院同意这一分析。[1]

因此，具体各案中的并购讨论是否属于重大性取决于事实。一般而言，为了评估事情发生的概率，事实认定者需要考虑公司最高层对交易的意向表现。本院无意编纂所有可能的相关因素的目录，但本院通过具体例子注意到，董事会决议、给投资银行家的指示以及主体之间或其中介之间的谈判可以是其意向的表现。为评估交易对被指称为受操纵的证券的发行人的影响规模，事实认定者需要考虑的因素，包括两家公司实体的大小以及市场价值的潜在溢价之类的因素。任何事实或要素，除非会终止交易，其本身不一定，也不足以使并购讨论具有重大性。[2]

正如本院今天所澄清的一样，重大性取决于遵循常理的投资者在多大程度上重

1 得克萨斯州硫黄案判决的概率 / 影响规模的平衡做法在很大程度上取决于事实，在本案中证交会赞同得克萨斯州硫黄案判决的做法。证交会的解释是，“并购的可能性或许会对公司证券的投资者立即具有重要性，即便并购最终并没有发生”。（ Brief for SEC as Amicus Curiae 10. ）证交会的洞见是有帮助的，本院予以尊重。（ See TSC Industries， Inc. v. Northway， Inc.， 426 U.S.， at 449， n. 10. ）

2 当然，陈述必须同时是误导的，才具有可诉性。按照《规则 10b–5》，如果没有披露义务，沉默并不是误导。“这种沉默在功能上一般等同于无可奉告。” [See In re Carnation Co.， Exchange Act Release No. 22214， 33 SEC. Docket 1025 （ 1985 ）. See also New York Stock Exchange Listed Company Manual § 202.01， reprinted in 3 CCH Fed. See. L. Rep. § 23， 515 （ 1987 ）（ 出于可以成立的业务目的，如果可以确保充分的安全，就可以适当推迟不成熟的公告 ）； American Stock Exchange Company Guide § § 401–405， reprinted in 3 CCH Fed. Sec. L. Rep. § § 23， 124A–23， 124E （ 1985 ）（ 类似规定 ）.]

也有人表示，鉴于目前市场的做法，“无可奉告”的陈述相当于承认并购讨论正在进行。（ See Flamm v. Eberstadt, 814 F. 2d, at 1178. ）这种表示很可能符合事实，但其前提是，没有进行并购讨论时，如实否认并购谣言，而谈判正在进行时，发出“无可奉告”的陈述。当然，公司还可以采纳其他陈述政策；本院无须在此建议，发行人应当在法律所允许的范围内采取哪些做法。或许更重要的是，本院认定，如果因为遵守规定有可能“不利于业务”，所以，如果就基于促进披露的立法哲学的规制安排而规定例外，发挥作用的应当是美国国会而不是本院。[See also id.， at 1182（ 判决的共同意见，部分同意 ）.]

would place on the withheld or misrepresented information. [1] The fact-specific inquiry we endorse here is consistent with the approach a number of courts have taken in assessing the materiality of merger negotiations. [2] Because the standard of materiality we have adopted differs from that used by both courts below, we remand the case for reconsideration of the question whether a grant of summary judgment is appropriate on this record. [3]

---

1 We find no authority in the statute, the legislative history, or our previous decisions for varying the standard of materiality depending on who brings the action or whether insiders are alleged to have profited. See e.g., Pavlidis v. New England Patriots Football Club, Inc., 737 F.2d 1227, 1231 (CA1 1984) ("A fact does not become more material to the shareholder's decision because it is withheld by an insider, or because the insider might profit by withholding it"); cf. Aaron v. SEC, 446 U. S. 680, 446 U. S. 691 (1980) ("[S]cienter is an element of a violation of § 10(b) and Rule 10b-5, regardless of the identity of the plaintiff or the nature of the relief sought").

We recognize that trading (and profit making) by insiders can serve as an indication of materiality, see SEC v. Texas Gulf Sulphur Co., 401 F.2d, at 851; General Portland, Inc. v. LaFarge Coppee S.A., [1982-1983] CCH Fed.Sec.L.Rep. 1199, 148, p. 95, 544 (ND Tex.1981). We are not prepared to agree, however, that, "[i]n cases of the disclosure of inside information to a favored few, determination of materiality has a different aspect than when the issue is, for example, an inaccuracy in a publicly disseminated press release." SEC v. Geon Industries, Inc., 531 F.2d 39, 48 (CA2 1976). Devising two different standards of materiality, one for situations where insiders have traded in abrogation of their duty to disclose or abstain (or for that matter when any disclosure duty has been breached) and another covering affirmative misrepresentations by those under no duty to disclose (but under the ever-present duty not to mislead), would effectively collapse the materiality requirement into the analysis of defendant's disclosure duties.

2 See e.g., SEC v. Shapiro, 494 F.2d 1301, 1306-1307 (CA2 1974) (in light of projected very substantial increase in earnings per share, negotiations material, although merger still less than probable); Holmes v. Bateson, 583 F.2d 542, 558 (CA1 1978) (merger negotiations material although they had not yet reached point of discussing terms); SEC v. Gaspar, [1984-1985] CCH Fed.Sec.L.Rep. § 92, 004, pp. 90, 977-90, 978(SDNY 1985)(merger negotiations material although they did not proceed to actual tender offer); Dungan v. Colt Industries, Inc., 532 F.Supp. 832, 837 (ND Ill.1982) (fact that defendants were seriously exploring the sale of their company was material); American General Ins. Co. v. Equitable General Corp., 493 F.Supp. 721, 744-745 (ED Va.1980) (merger negotiations material four months before agreement-in-principle reached). Cf. Susquehanna Corp. v. Pan American Sulphur Co., 423 F.2d 1075, 1084-1085 (CA5 1970) (holding immaterial "unilateral offer to negotiate" never acknowledged by target and repudiated two days later); Berman v. Gerber Products Co., 454 F.Supp. 1310, 1316, 1318 (WD Mich.1978) (mere "overtures" immaterial).

3 The Sixth Circuit rejected the District Court's narrow reading of Basic's "no developments" statement, see n 4, supra, which focused on whether petitioners knew of any reason for the activity in Basic stock, that is, whether petitioners were aware of leaks concerning ongoing discussions. 786 F.2d, at 747. See also Comment, Disclosure of Preliminary Merger Negotiations Under Rule 10b-5, 62 Wash.L.Rev. 81, 82-84 (1987) (noting prevalence of leaks and studies demonstrating that substantial trading activity immediately preceding merger announcements is the "rule, not the exception"). We accept the Court of Appeals' reading of the statement as the more natural one, emphasizing management's knowledge of developments (as opposed to leaks) that would explain unusual trading activity. See id., at 92-93; see also SEC v. Texas Gulf Sulphur Co., 401 F.2d, at 862-863.

视不披露或不当披露的信息。[1]本院在本案中支持视具体事实而定的调查，这种调查与若干法院在评估并购谈判重大性的做法是一致的。[2]本院所采用的重大性标准与两个下级法院所采用的标准都不同，所以本院将此案退回，重新审议根据本记录作出既决判决是否适当的问题。[3]

---

1 在制定法、立法史或本院此前的判决意见中，本院没有找到任何权威作为依据，因为提出起诉的当事方是谁或所称的内幕交易人是否获利而改变重大性标准。｛See e.g.，Pavlidis v. New England Patriots Football Club，Inc.，737 F. 2d 1227，1231（CA1 1984）（任何事实并不因为内幕信息知情人不披露或有可能借不披露获益而对股东的决策具有更大的重大性）；cf. Aaron v. SEC，446 U.S. 680，691（1980）［意图是违反第 10（b）条和《规则 10b-5》的要件，与原告的身份或所寻求的救济的性质无关］.｝

本院同意，内幕信息知情人交易（并牟利）可以作为重大性的标志｛see SEC v. Texas Gulf Sulphur Co.，401 F.2d，at 851；General Portland，Inc. v. LaFarge Coppee S. A.［1982-1983］CCH Fed. Sec. L. Rep. 1199，148，p. 95，544（ND Tex. 1981）｝。但本院并不准备承认，"在内幕信息披露给了少数受到照顾的人，重大性的认定就不同于其他情形；比如，问题是公开传播的新闻发布有不准确内容"。［SEC v. Geon Industries，Inc.，531 F. 2d 39，48（CA2 1976）.］如果设计了重大性的两种不同情形，一种情形是内幕信息知情人克减其披露或不披露的责任（或就此违反任何披露责任）；另一种情形涉及无披露责任（但一直负有不误导的责任）的人的肯定性误导不当陈述，那么重大性就会彻底瓦解，变成对被告的各种披露责任的分析。

2 See e.g.，SEC v. Shapiro，494 F. 2d 1301，1306-1307（CA2 1974）（预测每股收入将会大幅增加，尽管并购的可能性不是很大，谈判是重大性）；Holmes v. Bateson，583 F.2d 542，558（CA1 1978）（尽管还没有到讨论条款的阶段，并购谈判仍然是重大性的）；SEC v. Gaspar，［1984-1985］CCH Fed. Sec. L. Rep. § 92，004. pp. 90，997-90，978（SDNY 1985）（尽管后来没有发展到发出兼并收购要约，但并购谈判是重大性的）；Dungan v. Colt Industries，Inc.，532 F. Supp. 832，837（ND Ill. 1982）（被告认真探讨出售其公司的可能性，该事实是重大性的）；American General Ins. Co. v. Equitable General Corp.，493 F. Supp. 721，744-745（ED Va. 1980）（达成原则性协议 4 个月前的并购谈判是重大性的）. Cf. Susquehanna Corp. v. Pan American Sulphur Co.，423 F.2d 1075，1084-1085（CA5 1970）（认定"单方面提出谈判"，目标公司从来没有认可，两天后撤销该谈判建议，不具有重大性）；Berman v. Gerber Products Co.，454 F. Supp. 1310，1316，1318（WD Mich. 1978）（仅仅是"序曲"，并不是重大性的）.

3 第六巡回法院否定了地区法院对 Basic 公司"没有事件"陈述的狭义解读，重点是上诉人是否知道，Basic 公司股票的波动有任何原因，即上诉人是否知道关于正在进行的谈判的消息被泄露了。［786 F.2d，at 747. See also Comment，Disclosure of Preliminary Merger Negotiations Under Rule 10b-5，62 Wash. L. Rev. 81，82-84（1987）（指出，泄露消息很普遍，各种研究显示，在宣布并购之前有大量交易活动，这是普遍现象，而不是例外）.］上诉法院的解读是，该陈述更合乎情理，强调管理层知道相关事件（而不是泄露），这些事件可以解释异常交易活动。本院接受上诉法院的这一解读。（See id.，at 92-93；see also SEC v. Texas Gulf Sulphur Co.，401 F.2d，at 862-863.）

IV

A

We turn to the question of reliance and the fraud-on-the-market theory. Succinctly put:

"The fraud on the market theory is based on the hypothesis that, in an open and developed securities market, the price of a company's stock is determined by the available material information regarding the company and its business... Misleading statements will therefore defraud purchasers of stock even if the purchasers do not directly rely on the misstatements... The causal connection between the defendants' fraud and the plaintiffs' purchase of stock in such a case is no less significant than in a case of direct reliance on misrepresentations." Peil v. Speiser, 806 F.2d 1154, 1160-1161 (CA3 1986).

Our task, of course, is not to assess the general validity of the theory, but to consider whether it was proper for the courts below to apply a rebuttable presumption of reliance, supported in part by the fraud-on-the-market theory. Cf. the comments of the dissent, post at 485 U. S. 252-255.

This case required resolution of several common questions of law and fact concerning the falsity or misleading nature of the three public statements made by Basic, the presence or absence of scienter, and the materiality of the misrepresentations, if any. In their amended complaint, the named plaintiffs alleged that, in reliance on Basic's statements, they sold their shares of Basic stock in the depressed market created by petitioners. See Amended Complaint in No. C79-1220 (ND Ohio), §§ 27, 29, 35, 40; see also id., § 33 (alleging effect on market price of Basic's statements). Requiring proof of individualized reliance from each member of the proposed plaintiff class effectively would have prevented respondents from proceeding with a class action, since individual issues then would have overwhelmed the common ones. The District Court found that the presumption of reliance created by the fraud-on-the-market theory provided "a practical resolution to the problem of balancing the substantive requirement of proof of reliance in securities cases against the procedural requisites of [Federal Rule of Civil Procedure] 23."

The District Court thus concluded that with reference to each public statement and its impact upon the open market for Basic shares, common questions predominated over individual questions, as required by Federal Rule of Civil Procedure 23(a)(2) and (b)(3). Petitioners and their *amici* complain that the fraud-on-the-market theory effectively

Ⅳ

A

本院下面考虑依赖和市场欺诈的问题。简单来说：

> 市场欺诈理论基于的假设是：在公开发达的证券市场，公司股票价格是关于公司及其业务的可获取的重大信息所决定的……因此，误导性陈述欺骗了股票的买入者，即便买入者没有直接依赖有关不当陈述……此类案件中，被告的欺诈行为与原告买入股票之间的因果联系不亚于其他案件中对不当陈诉的直接依赖。［Peil v. Speiser，806 F. 2d 1154，1160–1161（CA3 1986）.］

当然，本院的任务并不是评估这一理论的普遍有效性，而是要考虑下级法院适用可反驳假定是否恰当，而可反驳依赖假定部分基于市场欺诈理论之上。（Cf. the comments of the dissent，post，at 252–255.）

本案需要解决法律和事实方面的若干共同问题：就 Basic 公司所作的 3 份公开陈述的虚假性或误导性而言，是否存在主观故意以及不当陈述的重大性。在修改后的起诉书中，实名原告指称，他们依赖 Basic 公司的陈述，在由上诉人压低价格的市场上卖出了其股票。［See Amended Complaint in No. C79–1220（ND Ohio），§ § 27，29，35，40；see also id.，§ 33（指称 Basic 公司的陈述对市场造成影响）.］要求原告类别中的每位成员证明各自的依赖，实际上就会阻止被上诉人进行集团诉讼，因为那样的话，个性问题会压倒共同问题。地区法院认定，市场欺诈理论所创设的依赖假定提供了“一个切实可行的办法，以解决证券案中平衡证明依赖的实质要求与（《联邦民事诉讼规则》）第 23 条的先决条件的问题”。

因此，地区法院的结论是，就每份公开陈述及其在公开市场对 Basic 公司股东的影响而言，共同问题压倒个性问题，符合《联邦民事诉讼规则》第 23（a）条第（2）款和第 23（b）条第（3）款的要求。诉讼人及其法院之友抱怨说，市场欺诈理论实际上解除了原告依据《规则 10b–5》提出主张应当证明依赖的要求。他们指

eliminates the requirement that a plaintiff asserting a claim under Rule 10b–5 prove reliance. They note that reliance is and long has been an element of common law fraud, see e.g., Restatement (Second) of Torts § 525 (1977); W. Keeton, D. Dobbs, R. Keeton, & D. Owen, Prosser and Keeton on Law of Torts § 108 (5th ed.1984), and argue that because the analogous express right of action includes a reliance requirement, see e.g., § 18 (a) of the 1934 Act, *as amended*, 15 U.S.C. § 78r (a), so too must an action implied under § 10 (b).

We agree that reliance is an element of a Rule 10b–5 cause of action. See Ernst & Ernst v. Hochfelder, 425 U.S., at 425 U. S. 206 (quoting Senate Report). Reliance provides the requisite causal connection between a defendant's misrepresentation and a plaintiff's injury. See e.g., Wilson v. Comtech Telecommunications Corp., 648 F.2d 88, 92 (CA2 1981); List v. Fashion Park, Inc., 340 F.2d 457, 462 (CA2), cert. denied sub nom. List v. Lerner, 382 U.S. 811 (1965). There is, however, more than one way to demonstrate the causal connection. Indeed, we previously have dispensed with a requirement of positive proof of reliance, where a duty to disclose material information had been breached, concluding that the necessary nexus between the plaintiffs' injury and the defendant's wrongful conduct had been established. See Affiliated Ute Citizens v. United States, 406 U.S. at 406 U. S. 153–154. Similarly, we did not require proof that material omissions or misstatements in a proxy statement decisively affected voting, because the proxy solicitation itself, rather than the defect in the solicitation materials, served as an essential link in the transaction. See Mills v. Electric AutoLite Co., 396 U. S. 375, 396 U. S. 384–385 (1970).

The modern securities markets, literally involving millions of shares changing hands daily, differ from the face–to–face transactions contemplated by early fraud cases, [1] and our understanding of Rule 10b–5's reliance requirement must encompass these differences. [2]

"In face-to-face transactions, the inquiry into an investor's reliance upon information is into the subjective pricing of that information by that investor. With the presence of a market, the market is interposed between seller and buyer and, ideally, transmits information to the investor in the processed form of a market price. Thus, the market is performing a substantial

1 W, Keeton, D. Dobbs, R. Keeton, & D. Owen, Prosser and Keeton on Law of Torts 726 (5th ed.1984) ("The reasons for the separate development of [the tort action for misrepresentation and nondisclosure], and for its peculiar limitations, are in part historical, and in part connected with the fact that in the great majority of the cases which have come before the courts the misrepresentations have been made in the course of a bargaining transaction between the parties. Consequently the action has been colored to a considerable extent by the ethics of bargaining between distrustful adversaries") (footnote omitted).

2 Actions under Rule 10b–5 are distinct from common law deceit and misrepresentation claims, see Blue Chip Stamps v. Manor *Drug Stores*, 421 U. S. 723, 421 U. S. 744–745 (1975), and are in part designed to add to the protections provided investors by the common law, see Herman & MacLean v. Huddleston, 459 U. S. 375, 459 U. S. 388–389 (1983).

出，依赖现在是而且一向是普通法欺诈的一个要件［see e.g.，Restatement（Second）of Torts §525（1977）；W. Keeton，D. Dobbs，R. Keeton，& D. Owen，Prosser and Keeton on Law of Torts §108（5th ed. 1984）］，他们提出，因为类似的明示诉权包括依赖要求［see e.g.，§18（a）of the 1934 Act，as amended，15 U.S.C. §78r（a）］，所以第10（b）条下的默示诉讼也一定如此。

本院同意，依赖是《规则10b-5》诉讼的一个要件。［See Ernst & Ernst v.Hochfelder，425 U.S.，at 425 U.S. 206（引自参议院报告）.］依赖提供了被告不当陈述与原告所受损害之间所需要的因果联系。［See e.g.，Wilson v. Comtech Telecommunications Corp. 548 F.2d 88，92（CA2 1981）；List v. Fashion Park，Inc.，340 F.2d 467，462（CA2），cert. denied sub nom. List v. Lerner，382 U.S. 811（1965）.］但是，显示因果联系的方式不止一种。确实，本院先前已经免去了一个正面证明依赖的要求，因为违反了披露重大信息的责任，所以认定原告所受损害与被告过错行为之间的必要联系已经确立。（See Affiliated Ute Citizens v. United States，406 U.S.，at 153-154.），同样，本院没有要求证明授权委托书征集陈述中的重大遗漏或不当陈述对投票产生了决定性影响，因为征集委托授权书本身是交易中的关键连接点，而征集材料中瑕疵不是真的关键连接点。［See Mills v. Electric Auto-Lite Co.，396 U.S. 375，396 U.S. 384-385（1970）.］

现代证券市场真的是每天数百万股票换手，不同于早期欺诈案中所考虑的面对面交易。[1]本院对《规则10b-5》的理解，必须包括这些不同之处。[2]

在面对面交易中，调查投资者对信息的依赖，就是调查投资者对这些信息的主观定价。如果有市场，那么市场便介于卖方与买方之间，在理想情况下以市场价格的处理形式将信息传递给投资者。因此，面对面交易中由投资者所进行的估值过程，很大一部分由市场进行了。市场作为投资者的无偿代理发挥了作用，告诉投资者，鉴于市场可以

1　W. Keeton，D. Dobbs，R. Keeton，& D. Owen，Prosser and Keeton on Law of Torts，726（5th ed. 1984）［（不当陈述和不披露的侵权诉讼）的演变不同，相关侵权诉讼也受到特别限制，部分原因是历史，部分原因与以下事实有关：各个法院受理的很多案件中，是在当事方就交易讨价还价期间作出不当陈述的。因此，该诉讼在很大程度上受互不信任的交易对手之间的讨价还价的道德制约］（注释省略）.

2　《规则10b-5》下的诉讼有别于依据普通法提出的有关欺骗和不当陈述的主张［see Blue Chip Stamps v. Manor Drugstores，421 U.S. 723，744（1975）］，部分原因是要加强普通法为投资者提供的保护［see Herman & MacLean v. Huddleston，459 U.S. 375，388-389（1983）］。

part of the valuation process performed by the investor in a face-to-face transaction. The market is acting as the unpaid agent of the investor, informing him that given all the information available to it, the value of the stock is worth the market price."

In re LTV Securities Litigation, 88 F.R.D. 134, 143 (ND Tex.1980). Accord, e.g., Peil v. Speiser, 806 F.2d at 1161 ("In an open and developed market, the dissemination of material misrepresentations or withholding of material information typically affects the price of the stock, and purchasers generally rely on the price of the stock as a reflection of its value"); Blackie v. Barrack, 524 F.2d 891, 908 (CA9 1975) ("[T]he same causal nexus can be adequately established indirectly, by proof of materiality coupled with the common sense that a stock purchaser does not ordinarily seek to purchase a loss in the form of artificially inflated stock"), cert. denied, 429 U.S. 816 (1976).

B

Presumptions typically serve to assist courts in managing circumstances in which direct proof, for one reason or another, is rendered difficult. See e.g., 1 D. Louisell & C. Mueller, Federal Evidence 541–542 (1977). The courts below accepted a presumption, created by the fraud-on-the-market theory and subject to rebuttal by petitioners, that persons who had traded Basic shares had done so in reliance on the integrity of the price set by the market, but because of petitioners' material misrepresentations that price had been fraudulently depressed. Requiring a plaintiff to show a speculative state of facts, i.e., how he would have acted if omitted material information had been disclosed, see Affiliated Ute Citizens v. United States, 406 U.S., at 406 U. S., 153–154, or if the misrepresentation had not been made, see Sharp v. Coopers & Lybrand, 649 F.2d 175, 188 (CA3 1981), cert. denied, 455 U.S. 938 (1982), would place an unnecessarily unrealistic evidentiary burden on the Rule 10b–5 plaintiff who has traded on an impersonal market. Cf. Mills v. Electric Auto-Lite Co., 396 U.S., at 396 U. S. 385.

Arising out of considerations of fairness, public policy, and probability, as well as judicial economy, presumptions are also useful devices for allocating the burdens of proof between parties. See E. Cleary, McCormick on Evidence 968–969 (3d ed.1984); see also Fed.Rule Evid. 301 and Advisory Committee Notes, 28 U.S.C.App. p. 685. The presumption of reliance employed in this case is consistent with, and, by facilitating Rule 10b–5 litigation, supports, the congressional policy embodied in the 1934 Act. In drafting that Act, Congress expressly relied on the premise that securities markets are affected by information, and enacted legislation to facilitate an investor's reliance on the integrity of those markets:

"No investor, no speculator, can safely buy and sell securities upon the exchanges without having an intelligent basis for forming his judgment as to the value of the securities he

得到的所有信息，股票的价值符合市场价格。［In re LTV Securities Litigation. 88 F. R D. 134，143（ND Tex. 1980）. Accord，e.g.，Peil v. Speiser，806 F.2d，at 1161（在公开发达的市场，重大不当陈述的散布或不披露的重大信息是影响股票价格的典型情形，买入者通常依赖股票价格，视其为股票价值的反映）；Blackis v. Barrack，524 F. 2d 891，908（CA0 1975）（只要重大性得到了证明，再加上人们的常识是，股票买入者通常不会买入亏损，亏损形式是人为虚增价格的股票，就间接、充分地建立了同样的因果关系），cert. denied 429 U.S. 816（1976）.］

B

假定通常有助于法院处理以下情形：由于这样或那样的原因，难以直接证明。［See e.g.，1 D. Louisell & C. Mueller，Federal Evidence 541–542（1977）.］某些下级法院接受了由市场欺诈理论创立的可由上诉人反驳的假定：交易股票的人依赖市场确定的价格的完整性，但是由于上诉人的不当陈述，股票价格因欺诈而被压低。要求原告显示猜测性的事实状态，即若是披露了所遗漏的重大信息（see Affiliated Ute Citizens v. United States，406 U.S.，at 406 U.S. 153–154），或是没有作出不当陈述［see Sharp v. Coopers & Lybrand，649 F. 2d 175，188（CA3 1981），cert. denied，455 U.S.938（1982）］，原告会如何做，就会没有必要地在证据方面给《规则 10b–5》下的原告造成不现实的负担；原告是在非人对人的市场交易股票。（Cf. Mills v. Electric Auto–Lite Co.，396 U.S.，at 396 U.S. 385.）

出于公平、公共政策、概率以及司法效率的考虑，假定是在当事方之间分配举证责任的有用设置。［See E. Cleary，McCormick on Evidence 968–969（3d ed.1984）；see also Fed.Rule Evid. 301 and Advisory Committee Notes，28 U.S.C.App. p. 685.］本案中所使用的依赖协助《规则 10b–5》诉讼，符合并促进了《1934 年法》所载的美国国会政策。美国国会起草《1934 年法》时，所明确依赖的前提是，证券市场受信息影响，所以制定法律，便于投资者依赖市场的完整性：

任何投资者或投机者，如果没有合理的依据就其买入或卖出的证券价值形成自己的判断，就不能在交易所安全地买卖证券。自由公开的公众市场的理论基础是，买方和卖

buys or sells. The idea of a free and open public market is built upon the theory that competing judgments of buyers and sellers as to the fair price of a security brings [sic] about a situation where the market price reflects as nearly as possible a just price. Just as artificial manipulation tends to upset the true function of an open market, so the hiding and secreting of important information obstructs the operation of the markets as indices of real value. H.R.Rep. No. 1383, at 11. See Lipton v. Documation, Inc., 734 F.2d 740, 748 (CA11 1984) , cert. denied, 469 U.S. 1132 (1985) ." [1]

The presumption is also supported by common sense and probability. Recent empirical studies have tended to confirm Congress' premise that the market price of shares traded on well developed markets reflects all publicly available information, and, hence, any material misrepresentations. [2] It has been noted that "it is hard to imagine that there ever is a buyer or seller who does not rely on market integrity. Who would knowingly roll the dice in a crooked crap game?" Schlanger v. Four-Phase Systems Inc., 555 F.Supp. 535, 538 (SDNY 1982) . Indeed, nearly every court that has considered the proposition has concluded that, where materially misleading statements have been disseminated into an impersonal, well-developed market for securities, the reliance of individual plaintiffs on the integrity of the market price may be presumed. [3] Commentators generally have applauded the adoption of one variation or another of the fraud-on-the-market theory. [4] An investor who buys or sells stock at the price set by the market does so in reliance on the integrity of that price. Because most publicly available

---

1 Contrary to the dissent's suggestion, the incentive for investors to "pay attention" to issuers' disclosures comes from their motivation to make a profit, not their attempt to preserve a cause of action under Rule 10b-5. Facilitating an investor's reliance on the market, consistently with Congress' expectations, hardly calls for "dismantling the federal scheme which mandates disclosure." See post at 485 U. S. 259.

2 See In re LTV Securities Litigation, 88 F.R.D. 134, 144 (ND Tex.1980) (citing studies) ; Fischel, Use of Modern Finance Theory in Securities Fraud Cases Involving Actively Traded Securities, 38 Bus.Law. 1, 4, n. 9 (1982) (citing literature on efficient capital market theory) ; Dennis, Materiality and the Efficient Capital Market Model: A Recipe for the Total Mix, 25 Wm. & Mary L.Rev. 373, 374-381, and n. 1 (1984) . We need not determine by adjudication what economists and social scientists have debated through the use of sophisticated statistical analysis and the application of economic theory. For purposes of accepting the presumption of reliance in this case, we need only believe that market professionals generally consider most publicly announced material statements about companies, thereby affecting stock market prices.

3 See e.g., Peil v. Speiser, 806 F.2d 1154, 1161 (CA3 1986) ; Harris v. Union Electric Co., 787 F.2d 355, 367, and n. 9 (CA8) , cert. denied, 479 U.S. 823 (1986) ; Lipton v. Documation, Inc., 734 F.2d 740 (CA11 1984) , cert. denied, 469 U.S. 1132 (1985) ; T. J. Raney & Sons, Inc. v. Fort Cobb, Oklahoma Irrigation Fuel Authority, 717 F.2d 1330, 1332-1333 (CA10 1983) , cert. denied sub nom. Linde, Thomson, Fairchild, Langworthy, Kohn & Van Dyke v. T. J. Raney & Sons, Inc., 465 U.S. 1026 (1984) ; Panzirer v. Wolf, 663 F.2d 365, 367-368 (CA2 1981) , vacated and remanded sub nom. Price Waterhouse v. Panzirer, 459 U.S. 1027 (1982) ; Ross v. A. H. Robins Co., 607 F.2d 545, 553 (CA2 1979) , cert. denied, 446 U.S. 946 (1980) ; Blackie v. Barrack, 524 F.2d 891, 905-908 (CA9 1975) , cert. denied, 429 U.S. 816 (1976) .

4 See e.g., Black, Fraud on the Market: A Criticism of Dispensing with Reliance Requirements in Certain Open Market Transactions, 62 N. C.L.Rev. 435 (1984) ; Note, The Fraud-on-the-Market Theory, 95 Harv.L.Rev. 1143 (1982) ; Note, Fraud on the Market: An Emerging Theory of Recovery Under SEC Rule 10b-5, 50 Geo. Wash.L.Rev. 627 (1982) .

方对证据的公平价格有不同的判断，因此而出现的情形是，市场价格最接近地反映了公平价格。正如人为操纵通常会扰乱公开市场的真实功能，隐瞒重大信息会阻挠市场作为真实价值指数运行。[H.R.Rep. No. 1383, at 11. See Lipton v. Documation, Inc., 734 F.2d 740，748（CA11 1984），cert. denied，469 U.S. 1132（1985）.] [1]

这一假定也符合常识和概率。美国国会立场的前提是，发达市场交易的股票价格反映了所有的公开信息，因而也反映了所有的重大不实陈述。近来的各种实证研究证实了这一前提。[2] 业已指出的是，“难以设想会有买方或卖方不依赖市场完整性。如果有人设局，知情者中有谁还会掷骰子”？ [Schlanger v. Four-Phase Systems Inc.，555 F. Supp. 535，538（SDNY 1982）.] 确实，审议过这一立场的法院，几乎都得出以下结论：在非人对人的发达证券市场散布重大误导陈述，就可以假定原告各自分别依赖了市场价格的完整性。[3] 评论者通常欢迎采纳一种或另一种形式的市场欺诈理论。[4] 投资者以市场决定的价格买卖股票，就是依赖了价格的客观性。大多数公开信息反映在市场价格中，因此就《规则 10b-5》诉讼而言，可以假定投资者依赖了所有公开的重大不实陈述。

1 与持反对意见大法官的建议相反，投资者“注意”发行人披露的动力来自其获取利润的动机，而不是因为投资者要保留其《规则 10b-5》下的诉因。方便投资者依赖市场符合美国国会的期待，很难将此说成是要求“拆除强制披露的联邦层面的制度性安排”。（See post at 485 U.S. 259.）

2 [See In re LTV Securities Litigation，88 F. R.D. 134 144（ND Tex. 1980）（引用研究）；Fischel，Use of Modern Finance Theory in Securities Fraud Cases Involving Actively Traded Securities，38 Bus. Law. 1，4，n. 9（1982）（引用关于有效率的资本市场理论的文献）；Dennis，Materiality and the Efficient Capital Market Model：A Recipe for the Total Mix， 25 Wm. & Mary L. Rev. 373，374-38，and n. 1（1984）.] 本院无须通过审判确定经济学家和社会学家通过复杂统计分析和适用经济理论进行辩论的内容。就本案中接受依赖假定的目的而言，本院只需要相信，市场专业人士通常会考虑大多数公开宣布的有关公司的重大陈述，从而影响股票市场价格。

3 See e.g.，Pèil v. Speiser，806 F. 2d 1154，1161（CA3 1986）；Harris v. Union Electric Co.，787 F.2d 355，367，and n. 9（CA8），cert. denied，479 U.S. 823（1986）；Lipton v. Documentation ，Inc.，734 F. 2d 740（CA11 1984），cert. denied，469 U.S. 1132（1985）；T. J. Raney & Sons，Inc. v. Fort Cobb，Oklahoma Irrigation Fuel Authority，717 F. 2d 1330，1332-1333（CA10 1983），cert. denied sub nom. Linde，Thomson，Fairchild，Langworthy，Kohn & Van Dyke v. T.J. Raney & Sons，Inc.，465 U.S. 1026（1984）；Panzirer v. Wolf，663 F.2d 365，367-368（CA2 1981），vacated and remaned sub nom. Price Waterhouse v. Panzirer，459 U.S. 1027（1982）；Ross v. A. H. Robins Co.，607 F.2d 545，553（CA2 1979），cert. denied，446 U.S. 946（1980）；Blackie v. Barrack，524 F.2d 891，905-908（CA9 1975），cert. denied，429 U.S. 816（1976）.

4 See e.g.，Black，Fraud on the Market：A Criticism of Dispensing with Reliance Requirements in Certain Open Market Transactions，62 N.C.L. Rev. 435（1984）；Note，The Fraud-on-the Market Theory，95 Harv. L. Rev. 1143（1982）；Note，Fraud n the Market：An Emerging Theory of Recovery Under SEC Rule 10b-5，50 Geo. Wash. L. Rev. 627（1982）.

information is reflected in market price, an investor's reliance on any public material misrepresentations, therefore, may be presumed for purposes of a Rule 10b-5 action.

C

The Court of Appeals found that petitioners "made public, material misrepresentations and [respondents] sold Basic stock in an impersonal, efficient market. Thus the class, as defined by the district court, has established the threshold facts for proving their loss." 786 F.2d, at 751.[1] The court acknowledged that petitioners may rebut proof of the elements giving rise to the presumption, or show that the misrepresentation in fact did not lead to a distortion of price or that an individual plaintiff traded or would have traded despite his knowing the statement was false. Id., at 750, n. 6.

Any showing that severs the link between the alleged misrepresentation and either the price received (or paid) by the plaintiff or his decision to trade at a fair market price will be sufficient to rebut the presumption of reliance. For example, if petitioners could show that the "market makers" were privy to the truth about the merger discussions here with Combustion, and thus that the market price would not have been affected by their misrepresentations, the causal connection could be broken; the basis for finding that the fraud had been transmitted through market price would be gone.[2] Similarly, if, despite petitioners' allegedly fraudulent attempt to manipulate market price, news of the merger discussions credibly entered the market and dissipated the effects of the misstatements, those who traded Basic shares after the corrective statements would have no direct or indirect connection with the fraud.[3] Petitioners also could rebut the presumption of reliance as to plaintiffs who would have divested themselves of their Basic shares without relying on the integrity of the market. For example, a plaintiff who believed that Basic's statements

---

1 The Court of Appeals held that, in order to invoke the presumption, a plaintiff must allege and prove: (1) that the defendant made public misrepresentations; (2) that the misrepresentations were material; (3) that the shares were traded on an efficient market; (4) that the misrepresentations would induce a reasonable, relying investor to misjudge the value of the shares; and (5) that the plaintiff traded the shares between the time the misrepresentations were made and the time the truth was revealed. See 786 F.2d at 750.

Given today's decision regarding the definition of materiality as to preliminary merger discussions, elements (2) and (4) may collapse into one.

2 By accepting this rebuttable presumption, we do not intend conclusively to adopt any particular theory of how quickly and completely publicly available information is reflected in market price. Furthermore, our decision today is not to be interpreted as addressing the proper measure of damages in litigation of this kind.

3 We note there may be a certain incongruity between the assumption that Basic shares are traded on a well developed, efficient, and information-hungry market and the allegation that such a market could remain misinformed, and its valuation of Basic shares depressed, for 14 months on the basis of the three public statements. Proof of that sort is a matter for trial, throughout which the District Court retains the authority to amend the certification order as may be appropriate. See Fed.Rules Civ.Proc. 23 (c) (1) and (c) (4). See 7B C. Wright, A. Miller & M. Kane, Federal Practice and Procedure 128-132 (1986). Thus, we see no need to engage in the kind of factual analysis the dissent suggests that manifests the "oddities" of applying a rebuttable presumption of reliance in this case. See post, at 485 U. S. 259-263.

C

上诉法院认定，“上诉人作出公开重大不实陈述，（被上诉人）在非人对人的有效率市场卖出 Basic 公司的股票。因此，地区法院所界定的集团证明了其亏损的门槛事实”。（786 F. 2d，at 751.）[1]法院同意，上诉人可以反驳产生假定的要件的有关证据，或者显示有关不当陈述事实上并没有导致价格扭曲，或者即便一位原告知道有关陈述是虚假的，他仍然进行了交易或者会进行交易。（Id.， at 750，n. 6.）

无论如何显示，只要能够断开被指称的不当陈述与原告获得（或支付）的价格或者他决定以公平市场价格进行交易之间的联系，就足以反驳依赖假定。比如，如果上诉人可以显示，“做市商”当时了解与内燃公司的并购讨论的真实情形，因而市场价格不可能受到其不当陈述的影响，就可以断开因果关系：就不存在认定欺诈通过市场价格传播的基础。[2]同样，尽管指称上诉人通过欺诈企图操纵市场价格，并购讨论的消息已经令人信服地进入了市场，排除了不当陈述的影响，那么在纠正性陈述出现之后交易 Basic 公司的股票，就不会与欺诈有直接或间接的关系。[3]如果原告不依赖市场完整性也会卖出自己所持的 Basic 公司股票，上诉人也可以就此反驳原告的依赖假定。例如，原告认为 Basic 公司的陈述是虚假的，而 Basic 公司确实进行了并购谈判，所以他认为 Basic 公司的股票被人为压低，但他还是卖出了自己的股票，是出于其他不相关的考虑，如潜在的反垄断问题或迫于政治压力而出售某些行业的股票，那就不能说是依赖了价格的完整性，因为他知道价格受到了操纵。

---

1 上诉法院认定，原告要引用假定，必须指称并证明：（1）被告作出了公开的不当陈述；（2）不当陈述是重大性的；（3）股票在有效率的市场交易；（4）不当陈述会诱使遵循常理的投资者因依赖而错误判断股票价值；而且（5）原告交易股票的时间是在不当陈述作出之后，但在真相被披露之前。（See 786 F.2d，at 750.）

今天的决定涉及并购初步讨论的重大性的定义，要件（2）和要件（4）有可能合二为一。

2 本院接受这一可反驳的假定，但无意结论性地采纳有关市场价格如何迅速、完整地反映公开信息的任何理论。此外，不能将本院今天的决定解释为是关于此类诉讼中赔偿的恰当方式的讨论。

3 本院指出，一方面假定 Basic 公司股票在发达有效率和渴望信息的市场交易；另一方面又指称市场可以因 3 份公开陈述而受信息误导，Basic 公司股票低迷，时间长达 14 个月，两者之间是相互矛盾的。此类证明必须由审判决定，而在整个过程中，地区法院始终具有在恰当的情形下修改认可命令的权力。［See Fed. Rules Civ. Proc. 23（c）（1） and（c）（4）. See 7B C. Wright，A. Miller & M. Kane，Federal Practice and Procedure 128-132（1986）.］因此，本院认为，没有必要进行持反对意见大法官所提议的那种事实分析。持反对意见的大法官表示，这种事实分析显示，在本案中适用可反驳假定存在各种“怪相”。（See post，at 259-263.）

were false and that Basic was indeed engaged in merger discussions, and who consequently believed that Basic stock was artificially underpriced, but sold his shares nevertheless because of other unrelated concerns, e.g., potential antitrust problems, or political pressures to divest from shares of certain businesses could not be said to have relied on the integrity of a price he knew had been manipulated.

V

In summary:

1. We specifically adopt, for the § 10 (b) and Rule 10b-5 context, the standard of materiality set forth in TSC Industries, Inc. v. Northway, Inc., 426 U.S., at 426 U. S. 449.

2. We reject "agreement-in-principle as to price and structure" as the bright-line rule for materiality.

3. We also reject the proposition that "information becomes material by virtue of a public statement denying it."

4. Materiality in the merger context depends on the probability that the transaction will be consummated, and its significance to the issuer of the securities. Materiality depends on the facts, and thus is to be determined on a case-by-case basis.

5. It is not inappropriate to apply a presumption of reliance supported by the fraud-on-the-market theory.

6. That presumption, however, is rebuttable.

7. The District Court's certification of the class here was appropriate when made, but is subject on remand to such adjustment, if any, as developing circumstances demand. The judgment of the Court of Appeals is vacated, and the case is remanded to that court for further proceedings consistent with this opinion.

It is so ordered.

THE CHIEF JUSTICE, JUSTICE SCALIA, and JUSTICE KENNEDY took no part in the consideration or decision of this case.

JUSTICE WHITE, with whom JUSTICE O'CONNOR joins, concurring in part and dissenting in part.

I join Parts Ⅰ – Ⅲ of the Court's opinion, as I agree that the standard of materiality we set forth in TSC Industries, Inc. v. Northway, Inc., 426 U. S. 438, 426 U. S. 449 (1976), should be applied to actions under § 10 (b) and Rule 10b-5. But I dissent from the remainder of the Court's holding, because I do not agree that the "fraud-on-the-market" theory should be applied in this case.

V

总而言之：

1. 就《交易法》第 10（b）条和《规则 10b-5》而言，本院具体采取了在 TSC 行业公司诉北方公司案（TSC Industries，Inc. v. Northway，Inc.，426 U.S.，at 426 U.S. 449）判例中所阐述的重大性标准。

2. 本院否定以“价格和结构的原则性协议”作为重大性的明确区分规则。

3. 本院也否定以下主张：“公开陈述否认的信息就成为重大性的。”

4. 在并购情形中，重大性取决于交易能够完成的概率，也取决于该交易对发行人的重要性。重大性取决于事实。因此，必须按个案具体情形具体分析。

5. 适用基于市场欺诈理论的依赖假定并非不恰当。

6. 但依赖是可反驳的。

7. 在本案中，地区法院当时认可集团是恰当的，但情况变化后如有需要，发回地区法院重审时应当作相应调整。撤销上诉法院的判决，本案发回重审，按本意见审理。

裁判如上。

怀特大法官和奥康诺大法官部分同意、部分反对。

我同意本院意见的第一、第三部分，因为我同意本院在 TSC 行业公司诉北方公司案［TSC Industries，Inc. v. Northway，Inc.，426 U.S. 438，426 U.S. 449（1976）］判决意见中所阐述的重大性标准应当适用于第 10（b）条和《规则 10b-5》下的诉讼。但我不同意本院判决意见的其他部分，因为我不同意在本案中适用“市场欺诈理论”。

I

Even when compared to the relatively youthful private cause of action under § 10 (b), see Kardon v. National Gypsum Co., 69 F.Supp. 512 (ED Pa.1946), the fraud–on–the–market theory is a mere babe.[1] Yet today, the Court embraces this theory with the sweeping confidence usually reserved for more mature legal doctrines. In so doing, I fear that the Court's decision may have many adverse, unintended effects as it is applied and interpreted in the years to come.

A

At the outset, I note that there are portions of the Court's fraud–on–the–market holding with which I am in agreement. Most importantly, the Court rejects the version of that theory, heretofore adopted by some courts,[2] which equates "causation" with "reliance", and permits recovery by a plaintiff who claims merely to have been harmed by a material misrepresentation which altered a market price, notwithstanding proof that the plaintiff did not in any way rely on that price. Ante, at 485 U. S. 248. I agree with the Court that, if Rule 10b–5's reliance requirement is to be left with any content at all, the fraud–on–the–market presumption must be capable of being rebutted by a showing that a plaintiff did not "rely" on the market price. For example, a plaintiff who decides, months in advance of an alleged misrepresentation, to purchase a stock; one who buys or sells a stock for reasons unrelated to its price; one who actually sells a stock "short" days before the misrepresentation is made — surely none of these people can state a valid claim under Rule 10b–5. Yet, some federal courts have allowed such claims to stand under one variety

1 The earliest Court of Appeals case adopting this theory cited by the Court is Blackie v. Barrack, 524 F.2d 891 (CA9 1975), cert. denied, 429 U.S. 816 (1976). Moreover, widespread acceptance of the fraud–on–the–market theory in the Courts of Appeals cannot be placed any earlier than five or six years ago. See ante at 485 U. S. 246–247, n. 24; Brief for Securities and Exchange Commission as Amicus Curiae 21, n. 24.

2 See e.g., Zweig v. Hearst Corp., 594 F.2d 1261, 1268–1271 (CA9 1979); Arthur Young & Co. v. United States District Court, 549 F.2d 686, 694–695 (CA9), cert. denied, 434 U.S. 829 (1977); Pellman v. Cinerama, Inc., 89 F.R.D. 386, 388 (SDNY 1981).

I

第 10（b）条下的私人诉因相对年轻［see Kardon v. National Gypsum Co.，69 F. Supp. 512（ED Pa. 1946）］，但相比之下，市场欺诈理论只是一个婴儿。[1] 本院今天却全盘接受该理论，而通常对更成熟的法律理论才会深信不疑。我担心，如此一来，本院的决定在未来几年内适用和解释时，会产生诸多始料不及的不利效果。

A

首先我要指出的是，本院有关市场欺诈判决的若干部分我是同意的。最重要的是，本院否定了迄今为止某些法院所提供的该理论的版本。[2] 该版本将“因果”等同于“依赖”，允许原告获得赔偿，只要原告主张重大不当陈述改变了市场价格，给其造成了损害，尽管有证据证明，原告对该价格没有任何依赖。（Ante，at 485 U.S. 248.）我同意本院如下观点：如果要保留《规则 10b-5》的依赖所要求的任何内容，就必须可以反驳市场欺诈理论的假定，只需要表明原告并没有“依赖”相关市场价格。例如，所称不当陈述发生的前几个月，一位原告便决定买入股票；另一位原告买卖股票的原因与股票价格无关；不当陈述作出的几天前，一位原告便卖“空”股票——毫无疑问，上述情形中没有任何一位可以根据《规则 10b-5》提出任何有效主张。然而，

1 本院所引用的最早采纳该理论的判例是布莱基诉巴拉克案［Blackie v. Barrack，524 F. 2d 891（CA9 1975），cert. denied，429 U.S. 816（1976）］。此外，上诉法院接受市场欺诈理论的时间不会早于五六年前。［See ante，at 246-247，n. 24；Brief for Securities and Exchange Commission as Amicus Curiae 21，n. 24.］

2 See e.g.，Zweig v. Hearst Corp.，594 F. 2d 1261，1268-1271（CA9 1979）；Arthur Young & Co. v. United States District Court，549 F. 2d 686，694-695（CA9），cert. denied，434 U.S. 829（1977）；Pellman v. Cinerama，Inc.，89 F. R. D. 386，388（SDNY 1981）.

or another of the fraud-on-the-market theory. [1]

Happily, the majority puts to rest the prospect of recovery under such circumstances. A nonrebuttable presumption of reliance — or even worse, allowing recovery in the face of "affirmative evidence of nonreliance," Zweig v. Hearst Corp., 594 F.2d 1261, 1272 (CA9 1979) (Ely, J., dissenting) — would effectively convert Rule 10b-5 into "a scheme of investor's insurance." Shores v. Sklar, 647 F.2d 462, 469, n. 5 (CA5 1981) (en banc), cert. denied, 459 U.S. 1102 (1983). There is no support in the Securities Exchange Act, the Rule, or our cases for such a result.

B

But even as the Court attempts to limit the fraud-on-the-market theory it endorses today, the pitfalls in its approach are revealed by previous uses by the lower courts of the broader versions of the theory. Confusion and contradiction in court rulings are inevitable when traditional legal analysis is replaced with economic theorization by the federal courts.

In general, the case law developed in this Court with respect to § 10 (b) and Rule 10b-5 has been based on doctrines with which we, as judges, are familiar: common law doctrines of fraud and deceit. See e.g., Santa Fe Industries, Inc. v. Green, 430 U. S. 462, 430 U. S. 471-477 (1977). Even when we have extended civil liability under Rule 10b-5 to a broader reach than the common law had previously permitted, see ante at 485 U. S. 244, n. 22, we have retained familiar legal principles as our guideposts. See e.g., Herman & MacLean v. Huddleston, 459 U. S. 375, 459 U. S. 389-390 (1983). The federal courts have proved adept at developing an evolving jurisprudence of Rule 10b-5 in such a manner. But with no staff economists, no experts schooled in the "efficient-capital-market hypothesis," no ability to test the validity of empirical market studies, we are not well equipped to embrace

---

1 Cases illustrating these factual situations are, respectively, Zweig v. Hearst Corp., supra, at 1271 (Ely, J., dissenting); Abrams v. Johns-Manville Corp., [1981-1982] CCH Fed.Sec.L.Rep. § 98, 348, p. 92, 157 (SDNY 1981); Fausett v. American Resources Management Corp., 542 F.Supp. 1234, 1238-1239 (Utah 1982).

The Abrams decision illustrates the particular pliability of the fraud-on-the-market presumption. In Abrams, the plaintiff represented a class of purchasers of defendant's stock who were allegedly misled by defendant's misrepresentations in annual reports. But in a deposition taken shortly after the plaintiff filed suit, she testified that she had bought defendant's stock primarily because she thought that favorable changes in the Federal Tax Code would boost sales of its product (insulation).

Two years later, after the defendant moved for summary judgment based on the plaintiff's failure to prove reliance on the alleged misrepresentations, the plaintiff resuscitated her case by executing an affidavit which stated that she "certainly [had] assumed that the market price of Johns-Manville stock was an accurate reflection of the worth of the company" and would not have paid the then-going price if she had known otherwise. Abrams, supra, at 92, 157. Based on this affidavit, the District Court permitted the plaintiff to proceed on her fraud-on-the-market theory.

Thus, Abrams demonstrates how easily a post hoc statement will enable a plaintiff to bring a fraud-on-the-market action — even in the rare case where a plaintiff is frank or foolhardy enough to admit initially that a factor other than price led her to the decision to purchase a particular stock.

某些联邦法院允许此类主张借助一种或另一种形式的市场欺诈理论成立。[1]

值得庆幸的是，多数意见结束了在这些情形下获得赔偿的可能。不可反驳的依赖假定——甚至更糟的是，面对“不依赖肯定证据”仍然允许获得赔偿［Zweig v. Hearst Corp.，594 F. 2d 1261，1272（CA9 1979）（埃利大法官持反对意见）］——实际上将《规则 10b-5》变为“投资者的保险安排”。［Shores v. Sklar，647 F. 2d 462，469，n. 5（CA5 1981）（法院全体法官审判），cert. denied，459 U.S. 1102（1983）.］对于这种结果，《证券交易法》《规则 10b-5》和本院判例中没有任何相关依据。

B

本院试图限制自己今天赞同的市场欺诈理论。但即便如此，其做法仍有各种陷阱，若干下级法院之前使用了该理论范围更宽的各种版本，也显示了这些陷阱。联邦法院以经济理论阐述代替传统法律分析，法院各种裁决出现混乱和矛盾，也就在所难免。

总体来说，本院就第 10（b）条和《规则 10b-5》所制定的判例法一直是基于我们法官所熟悉的各种理论：关于欺诈和欺骗的普通法的各种理论。［See e.g.，Santa Fe Industries，Inc. v. Green，430 U.S. 462，430 U.S. 471-477（1977）.］即便本院已经扩大了《规则 10b-5》下的民事责任，超出了普通法以往所允许的范围（see ante at 485 U. S. 244，n. 22），本院仍然将熟悉的法律原则作为本院的指示牌。［See e.g.，Herman & MacLean v. Huddleston，459 U.S. 375，459 U.S. 389-390（1983）.］事实已经证明，联邦法院善于以这种方式制定有关《规则 10b-5》的变化不断的判例法。但本院没有自己的经济学家，没有“有效率资本市场假设”学说方面的专家，也没有检验实证市场研究有效性的动力，所以本院并不十分适合于全盘接受当代微观经

1 显示实际情况的判例分别是：兹维格诉赫斯特公司案（Zweig v. Hearst Corp.，supra，at 1271）（埃利大法官持反对意见）、艾布拉姆斯诉琼斯—曼维尔公司案｛Abrams v. Johns-Manville Corp.，［1981-1982］CCH Fed. Sec. L. Rep. § 98，348，p. 92，157（SLNY 1981）｝、福塞特诉美国资源管理公司案［Fausett v. American Resources Management Corp.，542 F. Supp. 1234，1238-1239（Utah 1982）］。

艾布拉姆斯案判例显示了市场欺诈假定特有的随意性。在艾布拉姆斯案中，原告代表买入被告股票的同一类别的投资者。这类投资者称，他们受了被告年度报告中不当陈述的误导。但在原告提起诉讼后不久所作的庭前取证中，原告的证言是，她之所以买入被告的股票，主要是她认为，联邦税法出现了有利变化，会促进被告产品的销售（断开）。

两年之前，被告提出既决判决动议，理由是原告未能证明依赖了被指称的不当陈述。两年后，原告又让这个案子“死灰复燃”，她签了一份书面宣誓证词，称她“肯定以为琼斯—曼维尔公司股票的市场价格准确反映了公司的价值”，若是她知道情况并非如此，是不会支付当时的价格的。（Abrams，supra，at 92，157.）基于这份书面宣誓证词，地区法院允许原告依据市场欺诈理论继续进行诉讼。

因此，艾布拉姆斯案表明，凭事后作出的特殊陈述，原告很容易提出市场欺诈诉讼，即使在很少的情形下，坦诚的原告或是愚蠢的原告起初已经承认，其买入某一股票是出于价格之外的因素。

novel constructions of a statute based on contemporary microeconomic theory. [1]The "wrong turns" in those Court of Appeals and District Court fraud-on-the-market decisions which the Court implicitly rejects as going too far should be ample illustration of the dangers when economic theories replace legal rules as the basis for recovery. Yet the Court today ventures into this area beyond its expertise, beyond — by its own admission — the confines of our previous fraud cases. See ante at 485 U. S. 243-244. Even if I agreed with the Court that "modern securities markets ... involving millions of shares changing hands daily" require that the "understanding of Rule 10b-5's reliance requirement" be changed, ibid., I prefer that such changes come from Congress in amending § 10 (b). The Congress, with its superior resources and expertise, is far better equipped than the federal courts for the task of determining how modern economic theory and global financial markets require that established legal notions of fraud be modified. In choosing to make these decisions itself, the Court, I fear, embarks on a course that it does not genuinely understand, giving rise to consequences it cannot foresee. [2]

For while the economists' theories which underpin the fraud-on-the-market presumption may have the appeal of mathematical exactitude and scientific certainty, they are — in the end — nothing more than theories which may or may not prove accurate upon further consideration. Even the most earnest advocates of economic analysis of the law recognize this. See e.g., Easterbrook, Afterword: Knowledge and Answers, 85 Colum.L.Rev. 1117, 1118 (1985). Thus, while the majority states that, for purposes of reaching its result it need only make modest assumptions about the way in which "market professionals generally" do their jobs, and how the conduct of market professionals affects stock prices, ante, at 485 U. S. 246, n. 23, I doubt that we are in much of a position to assess which theories aptly describe the functioning of the securities industry.

Consequently, I cannot join the Court in its effort to reconfigure the securities laws,

---

1 This view was put well by two commentators who wrote a few years ago:

"Of all recent developments in financial economics, the efficient capital market hypothesis ('ECMH') has achieved the widest acceptance by the legal culture..."

"Yet the legal culture's remarkably rapid and broad acceptance of an economic concept that did not exist twenty years ago is not matched by an equivalent degree of understanding." Gilson & Kraakman, The Mechanisms of Market Efficiency, 70 Va.L.Rev. 549, 549-550 (1984) (footnotes omitted). While the fraud-on-the-market theory has gained even broader acceptance since 1984, I doubt that it has achieved any greater understanding.

2 For example, Judge Posner in his Economic Analysis of Law § 15.8, pp. 423-424 (3d ed.1986), submits that the fraud-on-the-market theory produces the "economically correct result" in Rule 10b-5 cases, but observes that the question of damages under the theory is quite problematic. Notwithstanding the fact that "[a]t first blush, it might seem obvious," the proper calculation of damages when the fraud-on-the-market theory is applied must rest on several "assumptions" about "social costs" which are "difficult to quantify." Ibid. Of course, answers to the question of the proper measure of damages in a fraud-on-the-market case are essential for proper implementation of the fraud-on-the-market presumption. Not surprisingly, the difficult damages question is one the Court expressly declines to address today. Ante, at 485 U. S. 248, n. 27.

济理论对制定法的新解释。[1]那些上诉法院和地区法院在市场欺诈判决中“错误转向”，以经济理论代替法律规则，作为获得赔偿的基础，尽显由此产生的危险。本院默示性地否定了这一错误转向，视其走得太远。然而，本院今日又涉足并非其专长的领域，本院自己也承认，该领域超出了本院以往的欺诈案的范围。（See ante at 485 U.S. 243-244.）本院认为，“现代证券市场……每日有成千上万的股票换手”，需要改变“对《规则 10b-5》依赖要求的理解”（ibid.）。即便我同意本院的上诉意见，我更愿意此类变化来自美国国会，由其修正第 10（b）条。美国国会有更多的资源和专长，远比联邦法院更能胜任以下任务：确定现代经济理论和全球金融市场如何要求调整业已确立的欺诈概念。我担心，本院选择自己作出这些决定，从而走上一条本院并不真正了解的道路，产生无法预见的结果。[2]

市场欺诈理论假定所基于的经济学家的各种理论曾经一度具有吸引力，这些理论有数学的精准和科学的确定性。但这些理论最终只是理论，经过进一步推敲之后，可能发现这些理论准确，也可能发现这些理论不准确。法律经济分析理论的倡导者中，即便最激烈的倡导者也承认这点。［See e.g., Easterbrook, Afterword: Knowledge and Answers, 85 Colum. L. Rev. 1117, 1118（1985）.］因此，尽管多数意见指出，就实现其所要的结果而言，只要就“市场专业人士一般”从事工作的方式以及市场专人士行为如何影响股票价格略作假定即可（ante, at 485 U.S. 246, n. 23），但我怀疑本院正当其位，可以评判哪些理论恰当介绍了证券行业的功能。

因此，本院以新近的经济理论为基础，重整证券法，使其更适合本院眼中的金

1　两位评论者几年前很好地阐述了这一观点：

金融经济学近期的所有发展中，有效率资本市场假设（ECMH）在法律文化方面得到了最广泛的接受……法律文化迅速、广泛接受了 20 年前并不存在的经济概念，但是对其理解并没有跟上。［Gilson & Kraakman, The Mechanisms of Market Efficiency, 70 Va. L. Rev. 549, 549-550（1984）（注解省略）.］

市场欺诈理论自 1984 年以来得到了更加广泛的接受，但我怀疑人们对该理论有更多的理解。

2　波茨纳法官在其《法律经济学分析》一书中提道［§ 15.8, pp. 423-424（3d ed. 1986）］，市场欺诈理论在《规则 10b-5》案件中取得了“经济上正确的结果”，可他又指出，在该理论下赔偿存在问题。“乍看上去似乎显而易见”，但适用市场欺诈理论时，恰当计算赔偿取决于若干相关“社会成本”的假定，但社会成本“难以量化”。（Ibid.）当然，市场欺诈理论案件中适当衡量赔偿的问题的答案对适当使用市场欺诈假定至关重要。本院今天明确拒绝讨论赔偿的困难问题，并非出人意料。（Ante, at 485 U.S. 248, n. 27.）

based on recent economic theories, to better fit what it perceives to be the new realities of financial markets. I would leave this task to others more equipped for the job than we.

C

At the bottom of the Court's conclusion that the fraud-on-the-market theory sustains a presumption of reliance is the assumption that individuals rely "on the integrity of the market price" when buying or selling stock in "impersonal, well developed market [s] for securities." Ante, at 485 U. S. 247. Even if I was prepared to accept (as a matter of common sense or general understanding) the assumption that most persons buying or selling stock do so in response to the market price, the fraud-on-the-market theory goes further. For, in adopting a "presumption of reliance," the Court also assumes that buyers and sellers rely — not just on the market price — but on the "integrity" of that price. It is this aspect of the fraud-on-the-market hypothesis which most mystifies me.

To define the term "integrity of the market price," the majority quotes approvingly from cases which suggest that investors are entitled to "rely on the price of a stock as a reflection of its value." Ante, at 485 U. S. 244 (quoting Peil v. Speiser, 806 F.2d 1154, 1161 (CA3 1986)). But the meaning of this phrase eludes me, for it implicitly suggests that stocks have some "true value" that is measurable by a standard other than their market price. While the scholastics of medieval times professed a means to make such a valuation of a commodity's "worth,"[1] I doubt that the federal courts of our day are similarly equipped.

Even if securities had some "value" — knowable and distinct from the market price of a stock — investors do not always share the Court's presumption that a stock's price is a "reflection of [this] value." Indeed, "many investors purchase or sell stock because they believe the price inaccurately reflects the corporation's worth." See Black, Fraud on the Market: A Criticism of Dispensing with Reliance Requirements in Certain Open Market Transactions, 62 N. C.L.Rev. 435, 455 (1984). If investors really believed that stock prices reflected a stock's "value," many sellers would never sell, and many buyers never buy (given the time and cost associated with executing a stock transaction). As we recognized just a few years ago: "[I] nvestors act on inevitably incomplete or inaccurate information, [consequently] there are always winners and losers; but those who have 'lost' have not necessarily been defrauded." Dirks v. SEC, 463 U. S. 646, 463 U. S. 667, n. 27 (1983). Yet today, the Court allows investors to recover who can show little more than

1 See E. Salin, Just Price, 8 Encyclopaedia of Social Sciences 504-506 (1932); see also R. de Roover, Economic Thought: Ancient and Medieval Thought, 4 International Encyclopedia of Social Sciences 433-435 (1968).

融市场新现实，本人恕不参与。这项工作应当交由比本院更胜任者来完成。

C

本院的结论是，市场欺诈理论支持依赖假定，而该结论的根本观点是，个人在“非人对人的发达证券市场”买入或卖出股票时，依赖了“市场价格的完整性”。（Ante, at 485 U. S. 247.）即便我准备接受大多数人买入或卖出股票是对市场价格作出反应的假定（按照常识或一般理解），市场欺诈理论远不止于此。本院采纳“依赖假定”时，也假定买卖双方不仅依赖了市场价格，而且也依赖了价格“完整性”。正是市场欺诈假设的这一内容，最让我不得其解。

一些判例表示，投资者有权“依赖反应股票价值的股票价格”，多数意见同意并引用了这些判例，以界定“市场价格完整性”一词。[Ante, at 485 U.S. 244 (quoting Peil v. Speiser, 806 F. 2d 1154, 1161) (CA3 1986).] 但我对于该名词的意思百思不得其解，因为该词默示，股票具有某种“真实”的价值，可以借用非市场价格的标准衡量。中世纪的学者自称有办法评估商品“价值多少”，[1] 但我怀疑今天的联邦法院是否有类似的能力。

即便证券有某种不同于股票市场价格的可知“价值”，投资者并非总是像本院一样假定股票价格“反映这一价值”。确实，“很多投资者买入或卖出股票，是因为他们相信股票价格并没有准确反映出股票的价值”。[See Black, Fraud on the Market: A Criticism of Dispensing with Reliance Requirement in Certain Open Market Transactions, 62 N.C.L. Rev. 435, 455 (1984).] 如果投资者确实相信，股票价格反映了股票的“价值”，那么（鉴于执行股票交易所需要的时间和成本）很多卖方根本不会卖出，很多买方根本就不会买入。正如本院几年前所承认的：“投资者势必根据不完整、不准确的信息行事，（所以）总有赢家和输家，但那些‘输家’并不一定是受骗者。”[Dirks v. SEC, 463 U.S. 646, 463 U.S. 667, n. 27 (1983).] 然而，投资者只要能够表明，他们以低于莫须有的价格卖出股票，本院今天也允许这些投

---

1 See E. Salin, Just Price, 8 Encyclopedia of Social Sciences 504-506 (1932); see also R. de Roover, Economic Thought: Ancient and Medieval Thought, 4 International Encyclopedia of Social Sciences 433-435 (1968).

that they sold stock at a lower price than what might have been. [1]

I do not propose that the law retreat from the many protections that § 10 (b) and Rule 10b-5, as interpreted in our prior cases, provide to investors. But any extension of these laws, to approach something closer to an investor insurance scheme, should come from Congress, and not from the courts.

II

Congress has not passed on the fraud-on-the-market theory the Court embraces today. That is reason enough for us to abstain from doing so. But it is even more troubling that, to the extent that any view of Congress on this question can be inferred indirectly, it is contrary to the result the majority reaches.

A

In the past, the scant legislative history of § 10 (b) has led us to look at Congress' intent in adopting other portions of the Securities Exchange Act when we endeavor to discern the limits of private causes of action under Rule 10b-5. See e.g., Ernst & Ernst v. Hochfelder, 425 U. S. 185, 425 U. S. 204-206 (1976). A similar undertaking here reveals that Congress flatly rejected a proposition analogous to the fraud-on-the market theory in adopting a civil liability provision of the 1934 Act.

Section 18 of the 1934 Act expressly provides for civil liability for certain misleading statements concerning securities. See 15 U.S.C. § 78r (a). When the predecessor of this section was first being considered by Congress, the initial draft of the provision allowed recovery by any plaintiff "who shall have purchased or sold a security the price of which may have been affected by such [misleading] statement." See S. 2693, 73d Cong., 2d Sess., § 17 (a) (1934). Thus, as initially drafted, the precursor to the express civil liability provision of the 1934 Act would have permitted suits by plaintiffs based

1 This is what the Court's rule boils down to in practical terms. For while, in theory, the Court allows for rebuttal of its "presumption of reliance" — a proviso with which I agree, see supra, at 485 U. S. 251 — in practice, the Court must realize, as other courts applying the fraud-on-the-market theory have, that such rebuttal is virtually impossible in all but the most extraordinary case. See Blackie v. Barrack, 524 F.2d, at 906-907, n. 22; In re LTV Securities Litigation, 88 F.R.D. 134, 143, n. 4 (ND Tex.1980).

Consequently, while the Court considers it significant that the fraud-on-the-market presumption it endorses is a rebuttable one, ante at 485 U. S. 242, 485 U. S. 248, the majority's implicit rejection of the "pure causation" fraud-on-the-market theory rings hollow. In most cases, the Court's theory will operate just as the causation theory would, creating a nonrebuttable presumption of "reliance" in future Rule 10b-5 actions.

资者获得赔偿。[1]

按照本院先前判例中的解释，《证券交易法》第 10（b）条和《规则 10b-5》为投资者提供了诸多保护。我并不是要提议，法律应当从这些保护中倒退。但若是这些法律的范围扩大到近似投资者的保险安排，则应当由美国国会规定，而不是由各法院规定。

II

美国国会并没有同意本院今天全盘接受的市场欺诈理论。这就有足够的理由，要求本院不要这样做。但更加令人不安的是，就此问题而言，可以间接推断出的，美国国会的任何观点都与多数意见所达成的结果相反。

A

《证券交易法》第 10（b）条的立法史内容很少，本院以往试图明确《规则 10b-5》下的诉因的各种限制时，要看美国国会制定的《证券交易法》其他部分的意图。[See e.g., Ernst & Ernst v. Hochfelder, 425 U.S. 185, 425 U.S. 204-206（1976）.] 此案中，本院也采取了类似做法，其结果显示，美国国会在通过《1934 年法》的民事法律责任的规定时，断然否定了类似市场欺诈理论的立场。

《1934 年法》第 18 条明确规定了关于证券的某些误导陈述的民事法律责任。[See 15 U.S.C. § 78r（a）.] 美国国会最初审议该法第 18 条的前身时，有关规定的最初草案允许任何原告获得赔偿，只要“原告所买入或卖出的证券的价格有可能受到这类（误导）陈述的影响”。[See S. 2693, 73d Cong., 2d Sess., § 17（a）（1934）.] 因此，按照《1934 年法》中明示民事法律责任规定的前身的最初草案，只要原告买入或卖出的证券价格受到不当陈述的影响，就可以仅凭这一事实进行起诉：该理论与本院今天的认定非常相似。

---

1 本院的规则实际上被浓缩为这些内容。一段时间内，本院理论上允许反驳其“依赖假定”的但书——我同意该但书（see supra, at 485 U.S. 251）——但在实践中与适用市场欺诈理论的其他法院一样，本院肯定意识到，除非是在非同寻常的案件中，此类反驳实际上是不可能的。[See Blackie v. Barrack, 524 F. 2d, at 906-907, n. 22; In re LTV Securities Litigation, 88 F. R. D. 134, 143, n. 4（ND Tex. 1980）.]

因此，尽管本院认为，相当重要的是，本院所肯定的市场假定是可以被反驳的（ante at 485 U.S.242, 485 U.S. 248），但多数意见对“纯粹因果关系”市场欺诈理论的默示否定是空洞的。在大多数案件中，本院的理论与因果关系理论同样运作，创立了今后适用于《规则 10b-5》诉讼的不可反驳的“依赖”假定。

solely on the fact that the price of the securities they bought or sold was affected by a misrepresentation: a theory closely akin to the Court's holding today.

Yet this provision was roundly criticized in congressional hearings on the proposed Securities Exchange Act, because it failed to include a more substantial "reliance" requirement.[1]

Subsequent drafts modified the original proposal and included an express reliance requirement in the final version of the Act. In congressional debates over the redrafted version of this bill, the then-Chairman of the House Committee, Representative Sam Rayburn, explained that the "bill as originally written was very much challenged on the ground that reliance should be required. This objection has been met." 78 Cong.Rec. 7701 (1934). Moreover, in a previous case concerning the scope of § 10 (b) and Rule 10b-5, we quoted approvingly from the legislative history of this revised provision, which emphasized the presence of a strict reliance requirement as a prerequisite for recovery. See Ernst & Ernst v. Hochfelder, supra, at 425 U. S. 206 (citing S.Rep. No. 792, 73d Cong., 2d Sess., 12-13 (1934)).

Congress thus anticipated meaningful proof of "reliance" before civil recovery can be had under the Securities Exchange Act. The majority's adoption of the fraud-on-the-market theory effectively eviscerates the reliance rule in actions brought under Rule 10b-5, and negates congressional intent to the contrary expressed during adoption of the 1934 Act.

B

A second congressional policy that the majority's opinion ignores is the strong preference the securities laws display for widespread public disclosure and distribution to investors of material information concerning securities. This congressionally adopted policy is expressed in the numerous and varied disclosure requirements found in the federal securities law scheme. See e.g., 15 U.S.C. § § 78m, 78o (d) (1982 ed. and Supp. IV).

Yet observers in this field have acknowledged that the fraud-on-the-market theory is at odds with the federal policy favoring disclosure. See e.g., Black, 62 N.C.L.Rev., at 457-459. The conflict between Congress' preference for disclosure and the fraud-on-the-market theory was well expressed by a jurist who rejected the latter in order to give force to the former:

"[D]isclosure ... is crucial to the way in which the federal securities laws function... [T]he federal securities laws are intended to put investors into a position from which they can help themselves by relying upon disclosures that others are obligated to make. This system is not furthered by allowing monetary recovery to those who refuse to look out for themselves. If we

---

1 See Stock Exchange Practices, Hearings on S. Res. 84, 56, and 97 before the Senate Committee on Banking and Currency, 73d Cong., 2d Sess., pt. 15, p. 6638 (1934) (statement of Richard Whitney, President of the New York Stock Exchange); Stock Exchange Regulation, Hearing on H.R. 7852 and 8720, before the House Committee on Interstate and Foreign Commerce, 73d Cong., 2d Sess., 226 (1934) (statement of Richard Whitney).

但这一规定在美国国会就所提议的《证券交易法》举行听证时备受非议，因为该规定未能包括更具有实质内容的“依赖”要求。[1]

此后的草案修正了原有的建议，《证券交易法》的最终文本中包括了明示依赖的要求。美国国会就该法案重新起草的文本进行讨论时，众议院委员会当时的主席山姆·雷伯恩的解释是，“最初起草的法案受到很大质疑，原因是应当要求依赖。这个反对意见被接受了”。[78 Cong. Rec. 7701 (1934).] 此外，在先前涉及第10(b)条和《规则10b-5》范围的一个判例中，本院引用并同意了这一修订后的规定的立法史。相关内容强调，严格的依赖要求是获得赔偿的先决条件。[See Ernst & Ernst v. Hocfelder, supra, at 206 (citing S. Rep. No. 792, 73d Cong., 2d Sess., 12-13) (1934).]

所以，美国国会的预期是，根据《证券交易法》，必须切实证明“依赖”，才能获得民事赔偿。多数意见采纳市场欺诈理论，实际上瓦解了《规则10b-5》下诉讼的依赖规则，否定了美国国会的意图，违背了制定《1934年法》时所表达的内容。

B

多数意见所忽视的美国国会的第二项政策是：证券法显示出强烈倾向，主张向投资者公开披露并传播有关证券的重大信息。美国国会制定的这项政策已在联邦法的许多不同要求中得到体现。[See e.g., 15 U.S.C. §§78m, 78O (d) (1982 ed. and Supp. Ⅳ.]

但是正如该领域的观察者所承认的，市场欺诈理论不符合主张披露的联邦政策。[See e.g., Black, 62 N.C.L. Rev., at 457-459.] 美国国会主张披露，与市场欺诈理论之间有矛盾。有位法学家主张否定市场欺诈理论，以加强美国国会所主张的披露。这位法学家对两者之间的矛盾有很好的表述：

披露……对联邦证券法发挥功能的方式至关重要……联邦证券法旨在帮助投资者帮助自己，办法是让投资者可以依赖他人有义务作出的披露。该体系不会因为允许自己不小心者获得金钱赔偿而得到加强。如果本院表示，即便投资者没有看过和依赖被告的公开披露，在某些情形下投资者仍然可以获得赔偿，那么就没人会注意这些披露，美国国

1 See Stock Exchange Practices, Hearings on S. Res. 84, 56, and 97 before the Senate Committee on Banking and Currency, 73d Cong., 2d Sess., pt. 15, p. 6638 (1934)（纽交所总裁理查德·惠特尼的陈述）; Stock Exchange Regulation, Hearing on H. R. 7852 and 8720, before the House Committee on Interstate and Foreign Commerce, 73d Cong., 2d Sess., 226 (1934)（理查德·惠特尼的陈述）.

say that a plaintiff may recover in some circumstances even though he did not read and rely on the defendants' public disclosures, then no one need pay attention to those disclosures and the method employed by Congress to achieve the objective of the 1934 Act is defeated." Shores v. Sklar, 647 F.2d, at 483 (Randall, J., dissenting).

It is no surprise, then, that some of the same voices calling for acceptance of the fraud–on–the–market theory also favor dismantling the federal scheme which mandates disclosure. But to the extent that the federal courts must make a choice between preserving effective disclosure and trumpeting the new fraud–on–the–market hypothesis, I think Congress has spoken clearly — favoring the current prodisclosure policy. We should limit our role in interpreting § 10 (b) and Rule 10b–5 to one of giving effect to such policy decisions by Congress.

III

Finally, the particular facts of this case make it an exceedingly poor candidate for the Court's fraud–on–the–market theory, and illustrate the illogic achieved by that theory's application in many cases.

Respondents here are a class of sellers who sold Basic stock between October, 1977, and December, 1978, a 14–month period. At the time the class period began, Basic's stock was trading at $20 a share (at the time, an all–time high); the last members of the class to sell their Basic stock got a price of just over $30 a share. App. 363, 423. It is indisputable that virtually every member of the class made money from his or her sale of Basic stock.

The oddities of applying the fraud–on–the–market theory in this case are manifest.

First, there are the facts that the plaintiffs are sellers and the class period is so lengthy — both are virtually without precedent in prior fraud–on–the–market cases.[1] For reasons I discuss in the margin, I think these two facts render this case less apt to application of the fraud–on–the–market hypothesis.

---

1 None of the Court of Appeals cases the Court cites as endorsing the fraud–on–the–market theory, ante at 485 U. S. 246–247, n. 24, involved seller–plaintiffs. Rather, all of these cases were brought by purchasers who bought securities in a short period following some material misstatement (or similar act) by an issuer, which was alleged to have falsely inflated a stock's price.

Even if the fraud–on–the–market theory provides a permissible link between such a misstatement and a decision to purchase a security shortly thereafter, surely that link is far more attenuated between misstatements made in October, 1977, and a decision to sell a stock the following September, 11 months later. The facts that the plaintiff class is one of sellers, and that the class period so long, distinguish this case from any other cited in the Court's opinion, and make it an even poorer candidate for the fraud–on–the–market presumption. Cf., e.g., Schlanger v. Four–Phase Systems Inc., 555 F.Supp. 535 (SDNY 1982) (permitting class of sellers to use fraud–on–the–market theory where the class period was eight days long).

会为实现《1934年法》的目标而采纳的方式便会失败。[Shores v. Sklar，647 F. 2d，at 483（兰德尔法官表示反对意见）.]

因此，呼吁接受市场欺诈理论者中，有些人也主张拆除要求披露的联邦安排，也就并不奇怪了。但是，如果联邦法院必须在维护有效披露和宣扬市场欺诈这一新假设之间作出选择，我认为美国国会已经明确表示：赞同支持披露的现行政策。本院应当限制本院在解释第10（b）条和《规则10b-5》方面的作用，该作用只限于落实美国国会的政策决定。

III

最后，本案的具体事实显示，本院的市场欺诈理论尤其不宜适用于本案，本案的具体事实显示了许多案件中适用该理论所暴露的逻辑矛盾。

本案的被上诉人是Basic公司股票卖出方的集团，卖出股票的时间在1977年10月与1978年12月，为期14个月。集团期开始时，Basic公司股票的交易价格是每股20美元（当时是所有时段中的最高价）；该集团中最后卖出Basic公司股票的成员所得到的卖出价略高于30美元。（App. 363，423.）该集团几乎所有成员从卖出Basic公司股票中获益。这点并无争议。

显而易见，本案中适用市场欺诈理论不乏怪异之处。

第一，原告是股票的卖出方，而且集团期很长——这两点在先前的市场欺诈理论案件中几乎都没有。[1]基于我在反对意见中讨论的原因，我认为，由于这两个事实，该案不宜适用市场假定理论。

---

1 本院所引用的肯定市场欺诈理论的判例中（ante at 485 U.S.246–247，n.24），没有一个判例涉及原告是卖出方的。相反，在所有这些案件中，都是由证券买入方提起诉讼的；他们都是在发行人作出某种重大不当陈述（或是类似行为）后的短期内买入证券的，据称股票价格因此被虚假抬高。

即便市场欺诈理论提供了此类不当陈述与此后不久买入证券的决策之间的可接受的联系，该联系远弱于1977年10月的不当陈述与11个月后在9月卖出股票的决定之间的联系。原告集团都是股票卖出方，而且集团期如此之长，所以本案就有别于本院判决意见中所引用的任何判例，更不宜适用市场欺诈假定。[Cf.，e.g.，Schlanger v. Four-Phase Systems Inc.，555F. Supp. 535（SDNY 1982）（允许卖出方集团适用市场欺诈理论，集团期为8天）.]

Second, there is the fact that, in this case, there is no evidence that petitioner Basic's officials made the troublesome misstatements for the purpose of manipulating stock prices, or with any intent to engage in underhanded trading of Basic stock. Indeed, during the class period, petitioners do not appear to have purchased or sold any Basic stock whatsoever. App. to Pet. for Cert. 27a. I agree with amicus, who argues that "[i]mposition of damages liability under Rule 10b-5 makes little sense ... where a defendant is neither a purchaser nor a seller of securities." See Brief for American Corporate Counsel Association as Amicus Curiae 13. In fact, in previous cases, we had recognized that Rule 10b-5 is concerned primarily with cases where the fraud is committed by one trading the security at issue. See e.g., Blue Chip Stamps v. Manor Drug Stores, 421 U. S. 723, 421 U. S. 736, n. 8 (1975). And it is difficult to square liability in this case with § 10(b)'s express provision that it prohibits fraud "in connection with the purchase or sale of any security." See 15 U.S.C. § 78j(b).

Third, there are the peculiarities of what kinds of investors will be able to recover in this case. As I read the District Court's class certification order, App. to Pet. for Cert. 123a-126a; ante at 485 U. S. 228-229, n. 5, there are potentially many persons who did not purchase Basic stock until after the first false statement (October 1977), but who nonetheless will be able to recover under the Court's fraud-on-the-market theory. Thus, it is possible that a person who heard the first corporate misstatement and disbelieved it — i.e., someone who purchased Basic stock thinking that petitioners' statement was false — may still be included in the plaintiff class on remand. How a person who undertook such a speculative stock investing strategy — and made $10 a share doing so (if he bought on October 22, 1977, and sold on December 15, 1978) — can say that he was "defrauded" by virtue of his reliance on the "integrity" of the market price is beyond me. [1] And such speculators may not be uncommon, at least in this case. See App. to Pet. for Cert. 125a.

Indeed, the facts of this case lead a casual observer to the almost inescapable conclusion that many of those who bought or sold Basic stock during the period in question flatly disbelieved the statements which are alleged to have been "materially misleading." Despite three statements denying that merger negotiations were underway, Basic stock hit record-high after record-high during the 14-month class period. It seems quite possible that, like Casca's knowing disbelief of Caesar's "thrice refusal" of the Crown, [2] clever investors were skeptical of petitioners' three denials that merger talks were going on. Yet such investors, the savviest of the savvy, will be able to recover under the Court's opinion

1 The Court recognizes that a person who sold his Basic shares believing petitioners' statements to be false may not be entitled to recovery. Ante at 485 U. S. 249. Yet it seems just as clear to me that one who bought Basic stock under this same belief — hoping to profit from the uncertainty over Basic's merger plans — should not be permitted to recover either.

2 See W. Shakespeare, Julius Caesar, Act I, Scene II.

第二，就本案的事实而言，没有证据显示，上诉人 Basic 公司的高管就“操纵股票价格作了令人不安的不当陈述，或者有进行 Basic 公司股票隐秘交易的任何意图”。事实上，在集团期内，上诉人似乎并没有买入或卖出 Basic 公司的任何股票。(App. to Pet. for Cert. 27a.）一位法院之友提出，“如果被告既不是证券买入方，也不是证券卖出方，强加《规则 10b–5》下的赔偿法律责任没有什么道理……”（See Brief for American Corporate Counsel Association as Amicus Curiae 13.）我同意这一意见。事实上，在先前的判例中，本院已经承认，《规则 10b–5》主要涉及的案件是，实施欺诈的是交易有关证券的一方。［See e.g., Blue Chip Stamps v. Manor Drug Stores, 421 U.S. 723，421 U.S. 736，n. 8（1975）.］本案中的法律责任难以符合第 10（b）条的明确规定；该规定禁止“与任何证券买入或卖出有关”的欺诈。［See 15 U.S.C. § 78j（b）.］

第三，本案中可以获得赔偿的投资者的种类也较奇特。按照我对地区法院集团认可命令的理解（App. to Pet. for Cert. 123a–126a；ante at 485 U.S.228–229，n. 5），很多人有可能是在第一项虚假陈述（1977 年 10 月）之后才买入 Basic 公司股票，但根据本院的市场欺诈理论，他们仍然可以获得赔偿。因此，可能出现的情况是，有人听说了第一份公司陈述，但并不相信该陈述——即有人觉得上诉人的陈述是虚假的，可还是买入了 Basic 公司股票，而这些人在本案发回重审时，仍然有可能被包括在原告的集团之中。这种人采取投机性股票投资策略，每股赚了 10 美元（如果他是 1977 年 10 月 22 日买入，1978 年 12 月 15 日卖出），怎么能说他因依赖市场价格的“完整性”而受到了诈骗——我不得其解。[1] 此类投资者并不少见，至少本案的情况如此。（See App. to Pet. for Cert. 125a.）

确实，就本案的情况而言，一位事不关己的旁观者不可避免地会得出以下结论：那些在相关时期内买入或卖出 Basic 公司股票者完全不相信有被称为“重大误导”的陈述。尽管 3 份陈述均否认正在进行谈判，在与集团相关的 14 个月内，Basic 公司的股票不断攀高。恺撒“三拒”皇冠，但卡斯卡深知其人，并不相信他真的作出谦让。[2] 聪明的投资者似乎有可能与卡斯卡一样；上诉人 3 次否认正在商谈并购，但投资者有怀疑。这些投资者聪明过人，但依照本院的判决意见，他们仍然可以获得赔偿，只要他们现在声称，（1978 年 9~12 月）卖出其股票时，自己相信“市场价

1 本院承认，如果 Basic 公司股票卖出人相信上诉人的陈诉是虚假的，则无权获得赔偿。(Ante，at 485 U.S. 249.）但我认为，同样清楚的是，Basic 公司股票的买入人也是同样的想法——希望从 Basic 公司并购方案的不确定性中获利，所以也不应当允许他们获得赔偿。

2 See W. Shakespeare，Julius Caesar，Act Ⅰ，Scene Ⅱ.

as long as they now claim that they believed in the "integrity of the market price" when they sold their stock (between September and December, 1978).[1] Thus, persons who bought after hearing and relying on the falsity of petitioners' statements may be able to prevail and recover money damages on remand.

And who will pay the judgments won in such actions? I suspect that, all too often, the majority's rule will "lead to large judgments, payable in the last analysis by innocent investors, for the benefit of speculators and their lawyers." Cf. SEC v. Texas Gulf Sulphur Co., 401 F.2d 833, 867 (CA2 1968) (en banc) (Friendly, J., concurring), cert. denied, 394 U.S. 976 (1969). This Court and others have previously recognized that "inexorably broadening ... the class of plaintiff [s] who may sue in this area of the law will ultimately result in more harm than good." Blue Chip Stamps v. Manor Drug Stores, supra, at 421 U. S. 747–748. See also Ernst & Ernst v. Hochfelder, 425 U.S., at 425 U. S. 214; Ultramares Corp. v. Touche, 255 N.Y. 170, 179–180, 174 N.E. 441, 444–445 (1931) (Cardozo, C.J.). Yet such a bitter harvest is likely to be the reaped from the seeds sewn by the Court's decision today.

IV

In sum, I think the Court's embracement of the fraud-on-the-market theory represents a departure in securities law that we are ill-suited to commence — and even less equipped to control as it proceeds. As a result, I must respectfully dissent.

1 The ease with which such a post hoc claim of "reliance on the integrity of the market price" can be made, and gain acceptance by a trial court, is illustrated by Abrams v. Johns-Manville Corp., discussed in n. 3, supra.

格的完整性”。[1] 因此，那些听说并依赖上诉人陈述的虚假内容后买入的人，在本案发回重审后，仍然有可能胜诉并获得金钱赔偿。

那么，此类诉讼中由谁就判决结果付钱？我认为，在大多的情况下，多数意见的规则会“导致大额判决，最终由无辜的投资者付钱，受益的是投机者和他们的律师”。［Cf. SEC v. Texas Gulf Sulphur Co.，401 F. 2d 833，867（CA2 1968）（全院法官审理）（弗兰德利法官持共同意见），cert. denied，394 U.S. 976（1969）.］本院和其他法院先前已经看到，“不断扩大……该法律领域内可以起诉的原告集团，最终是弊大于利的”。［Blue Chip Stamps v. Manor Drug Stores，supra，at 747–748. See also Ernst & Ernst v. Hochfelder，425 U.S.，at 214；Ultramares，Corp. v. Touche，255 N.Y. 170，179–180，174 N.E. 441，444–445（1931）（卡多索首席大法官）.］但今天本院的判决有可能播下收获苦涩的种子。

Ⅳ

简言之，本院全盘接受市场欺诈理论，与证券法背道而驰，本院不适于在这方面充当始作俑者，也难以把握其演进过程。因此，我谨表示反对。

1　提出“依赖市场价格完整性”的荒诞主张如此容易，审判法院受理该主张也很容易，艾布拉姆斯诉曼尔公司案（Abrams v. Johns–Manville Corp.，discussed in n.3，supra.）判例便是一个例子。

Halliburton Co. v. Erica P. John Fund，Inc.

哈里伯顿公司诉埃丽卡·P. 约翰
基金有限责任公司

Halliburton Co. v. Erica P. John Fund, Inc.

718 F. 3d 423

Chief Justice Roberts delivered the opinion of the Court.

Investors can recover damages in a private securities fraud action only if they prove that they relied on the defendant's misrepresentation in deciding to buy or sell a company's stock. In Basic Inc. v. Levinson, 485 U. S. 224 (1988), we held that investors could satisfy this reliance requirement by invoking a presumption that the price of stock traded in an efficient market reflects all public, material information — including material misstatements. In such a case, we concluded, anyone who buys or sells the stock at the market price may be considered to have relied on those misstatements.

We also held, however, that a defendant could rebut this presumption in a number of ways, including by showing that the alleged misrepresentation did not actually affect the stock's price — that is, that the misrepresentation had no "price impact." The questions presented are whether we should overrule or modify Basic's presumption of reliance and, if not, whether defendants should nonetheless be afforded an opportunity in securities class action cases to rebut the presumption at the class certification stage, by showing a lack of price impact.

I

Respondent Erica P. John Fund, Inc. ("EPJ Fund"), is the lead plaintiff in a putative class action against Halliburton and one of its executives (collectively Halliburton) alleging violations of section 10 (b) of the Securities Exchange Act of 1934, 48 Stat. 891, 15 U. S. C. § 78j (b), and Securities and Exchange Commission Rule 10b-5,

哈里伯顿公司诉埃丽卡·P.约翰基金有限责任公司

美国联邦最高法院（2014年）

罗伯兹首席大法官发表本院意见。

投资者只有证明其在买卖一家公司股票时依赖了被告的不当陈述，才能够在私人证券欺诈诉讼中获得赔偿。在Basic有限责任公司诉莱文森案［Basic Inc. v. Levinson，485 U.S. 224（1988）］中，本院认定，投资者可以借助假定满足依赖要求，该假定为：在有效率的市场交易的证券价格反映了所有公开的重大信息——包括重大不当陈述。本院的结论是，在此类案件中，任何人以市场价格买入或卖出股票，就可以被视为依赖了这些不当陈述。

本院还认定，被告可以通过若干方式驳斥不当陈述，包括显示所谓的不当陈述并没有真正影响股票价格，即不当陈述并没有“价格影响”。本案中所提出的问题是，是否应当推翻或修改Basic有限责任公司案判例的依赖规定，如果不应当，在证券集团诉讼中，被告是否有机会在集团认可阶段，通过显示没有价格影响反驳这种假定。

I

被上诉人埃丽卡·P.约翰基金有限责任公司（以下简称EPJ基金）是该集团诉讼中的主诉原告，起诉哈里伯顿公司及其一位高管（以下简称哈里伯顿），指称他们违反了《1934年证券交易法》第10（b）条［48 Stat. 891，15 U.S.C. § 78j（b）］和《规则10b-5》（17 CFR §240.10b-5）。EPJ基金称，1999年6月3日至2001

17 CFR § 240.10b-5 (2013). According to EPJ Fund, between June 3, 1999, and December 7, 2001, Halliburton made a series of misrepresentations regarding its potential liability in asbestos litigation, its expected revenue from certain construction contracts, and the anticipated benefits of its merger with another company—all in an attempt to inflate the price of its stock. Halliburton subsequently made a number of corrective disclosures, which, EPJ Fund contends, caused the company's stock price to drop and investors to lose money.

EPJ Fund moved to certify a class comprising all investors who purchased Halliburton common stock during the class period. The District Court found that the proposed class satisfied all the threshold requirements of Federal Rule of Civil Procedure 23 (a): It was sufficiently numerous, there were common questions of law or fact, the representative parties' claims were typical of the class claims, and the representatives could fairly and adequately protect the interests of the class. App. to Pet. for Cert. 54a. And except for one difficulty, the court would have also concluded that the class satisfied the requirement of Rule 23 (b) (3) that "the questions of law or fact common to class members predominate over any questions affecting only individual members." See id., at 55a, 98a. The difficulty was that Circuit precedent required securities fraud plaintiffs to prove "loss causation" — a causal connection between the defendants' alleged misrepresentations and the plaintiffs' economic losses — in order to invoke Basic's presumption of reliance and obtain class certification. App. to Pet. for Cert. 55a, and n. 2. Because EPJ Fund had not demonstrated such a connection for any of Halliburton's alleged misrepresentations, the District Court refused to certify the proposed class. Id., at 55a, 98a. The United States Court of Appeals for the Fifth Circuit affirmed the denial of class certification on the same ground. Archdiocese of Milwaukee Supporting Fund, Inc. v. Halliburton Co., 597 F. 3d 330 (2010).

We granted certiorari and vacated the judgment, finding nothing in "Basic or its logic" to justify the Fifth Circuit's requirement that securities fraud plaintiffs prove loss causation at the class certification stage in order to invoke Basic's presumption of reliance. Erica P. John Fund, Inc. v. Halliburton Co., 563 U. S.____, ____ (2011) (Halliburton I) (slip op., at 6). "Loss causation," we explained, "addresses a matter different from whether an investor relied on a misrepresentation, presumptively or otherwise, when buying or selling a stock." Ibid. We remanded the case for the lower courts to consider "any further arguments against class certification" that Halliburton had preserved. Id., at ____ (slip op., at 9).

On remand, Halliburton argued that class certification was inappropriate because the evidence it had earlier introduced to disprove loss causation also showed that none of its alleged misrepresentations had actually af-fected its stock price. By demonstrating the absence of any "price impact," Halliburton contended, it had rebutted Basic's presumption that the members of the proposed class had relied on its alleged misrepresentations simply by buying or selling its stock at the market price. And without the

年 12 月 7 日，哈里伯顿作出了一系列的不当陈述，内容涉及其石棉诉讼中的潜在法律责任、某些建筑合同的预期收入以及与另一家公司合并的预期效益，其目的都是虚增其股票价格。之后，哈里伯顿作了一系列的纠正性披露；EPJ 基金提出，这导致哈里伯顿公司的股票价格下跌、投资者亏损。

EPJ 基金提出动议，要求认可投资者集团，其成员包括该集团阶段购买哈里伯顿普通股的所有投资者。地区法院认定，所提议的集团诉讼符合《联邦民事诉讼规则》第 23（a）条的所有门槛要求：股东人数已足够，有共同的法律问题和事实问题，作为代表的当事人的主张是其集团的典型主张，代表可以公平、充分地保护集团的权益。（App. to Pet. for Cert. 54a.）倘若不是存在一个难题，地区法院本来也会认定该集团满足了《联邦民事诉讼规则》《23（b）（3）规则》的要求，“集团成员有共性的法律问题或事实问题占主导地位，而仅影响成员个体的问题占非主导地位”。（See id.，at 55a，98a.）难题在于巡回法院有先例，要求证券欺诈诉讼的原告证明“损失因果关系”——被告被指称的不当陈述与原告经济损失之间的因果联系——才能引用 Basic 有限责任公司案判例所规定的假定，并获得集团认可。（App. to Pet. for Cert. 55a，and n. 2.）EPJ 基金并没有就哈里伯顿被指称的任何不当陈述显示任何此类联系，所以地区法院拒绝认可所提议的集团。（Id.，at 55a，98a.）美国第五巡回上诉法院以同样的理由维持拒绝认可集团的决定。[Archdiocese of Milwaukee Supporting Fund，Inc. v. Halliburton Co.，597 F. 3d 330（2010）.]

本院准许调卷令，推翻原判决。本院认定，Basic 有限责任公司案判决意见或其逻辑中，没有任何内容为第五巡回法院的要求提供理由；第五巡回法院要求证券欺诈诉讼的原告在集团诉讼认可阶段便证明亏损因果关系，才能适用 Basic 有限责任公司案判决意见所规定的依赖假定。[（Erica P. John Fund，Inc. v. Halliburton Co.，563 U.S. ____，____（2011）（Halliburton Ⅰ）（slip op.，at 6）.] 本院的解释是，损失因果关系所涉及的事项不同于投资者购买或出售股票时是否依赖了不当陈述，无论这种依赖是假定还是其他形式。（Ibid.）本院将该案发回重审，要求下级法院“审议哈里伯顿所保留的反对认可集团的其他任何理由”。[Id.，at _（slip op.，at 9）.]

本案退回重审后，哈里伯顿提出，认为集团认可不当，因为哈里伯顿先前为证明不存在损失因果关系而出示的证据也显示，哈里伯顿被指称有不当陈述，但其中没有任何内容对其股票价格产生了实际影响。哈里伯顿提出，既然已经显示，不存在价格影响，就已经反驳了 Basic 有限责任公司案判例的假定；该假定是：所提议的集团只要以市场价格买卖哈里伯顿的股票，就依赖了哈里伯顿被指称作出的不当陈述。而如果没有 Basic 有限责任公司案判例的假定的帮助，投资者就必须分别证

benefit of the Basic presumption, investors would have to prove reliance on an individual basis, meaning that individual issues would predominate over common ones. The District Court declined to consider Halliburton's argument, holding that the Basic presumption applied and certifying the class under Rule 23 (b) (3). App. to Pet. for Cert. 30a.

The Fifth Circuit affirmed. 718 F. 3d 423 (2013). The court found that Halliburton had preserved its price impact argument, but to no avail. Id., at 435-436. While acknowledging that "Halliburton's price impact evidence could be used at the trial on the merits to refute the presumption of reliance," id., at 433, the court held that Halliburton could not use such evidence for that purpose at the class certification stage, id., at 435. "[P] rice impact evidence," the court explained, "does not bear on the question of common question predominance [under Rule 23 (b) (3)], and is thus appropriately considered only on the merits after the class has been certified." Ibid.

We once again granted certiorari, 571 U. S. ____ (2013), this time to resolve a conflict among the Circuits over whether securities fraud defendants may attempt to rebut the Basic presumption at the class certification stage with evidence of a lack of price impact. We also accepted Halliburton's invitation to reconsider the presumption of reliance for securities fraud claims that we adopted in Basic.

II

Halliburton urges us to overrule Basic's presumption of reliance and to instead require every securities fraud plaintiff to prove that he actually relied on the defendant's misrepresentation in deciding to buy or sell a company's stock. Before overturning a long-settled precedent, however, we require "special justification," not just an argument that the precedent was wrongly decided. Dickerson v. United States, 530 U. S. 428, 443 (2000) (internal quotation marks omitted). Halliburton has failed to make that showing.

A

Section 10 (b) of the Securities Exchange Act of 1934 and the Securities and Exchange Commission's Rule 10b-5 prohibit making any material misstatement or omission in connection with the purchase or sale of any security. Although section 10 (b) does not create an express private cause of action, we have long recognized an implied private cause of action to enforce the provision and its implementing regulation. See Blue Chip Stamps v. Manor Drug Stores, 421 U. S. 723, 730 (1975). To recover damages for violations of section 10 (b) and Rule 10b-5, a plaintiff must prove "(1) a material

明依赖，也就意味着个性问题将高于共性问题。地区法院拒绝考虑哈里伯顿的意见，而是认定 Basic 有限责任公司案判例的假定适用，并且认可了《联邦民事诉讼规则》《23（b）（3）规则》下的集团。（App. to Pet. for Cert. 30a.）

第五巡回法院维持了地区法院的判决。[718 F. 3d 423（2013）.] 第五巡回法院认定，哈里伯顿保留了其关于价格影响的论点，但第五巡回法院不予支持。（Id., at 435-436.）尽管第五巡回法院同意，“哈里伯顿有关价格的证据可以在审判时使用，用于证明是非曲直，反驳依赖的假定”（id., at 433），但第五巡回法院认定，哈里伯顿不能在集团认可阶段为此目的而使用这类证据（id., at 435）。第五巡回法院的解释是，“有关价格影响的证据并不涉及《联邦民事诉讼规则》《23（b）（3）规则》下占主导地位的共性问题，只有集团得到认可之后，就是非曲直考虑该证据才是恰当的”。（Ibid.）

本院再次准许调卷令 [571 U.S.____（2013）]，这次是要解决各巡回法院之间的冲突，事关证券欺诈被告是否可以在集团认可阶段，以缺乏价格影响的证据为理由，反驳 Basic 有限责任公司案判例的假定。本院也接受哈里伯顿的请求，重新审议本院在 Basic 有限责任公司案中就证券欺诈诉讼主张所规定的依赖假定。

Ⅱ

哈里伯顿敦促本院推翻Basic有限责任公司案判例的依赖假定，代之以新的要求：证券欺诈的每位原告都必须证明，决定买入或卖出证券时，依赖了被告的不当陈述。但本院要求，推翻存在已久先例的前提是，必须有“特殊理由”，不能只说先例的决定有错误。[Dickerson v. United States，530 U.S. 428，443（2000）（文内引号省略）.] 哈里伯顿未能表明这点。

A

《1934 年证券交易法》第 10（b）条和证交会《规则 10b-5》禁止就任何证券的购买或出售作出任何重大不当陈述或有任何重大遗漏。尽管《1934 年证券交易法》第 10（b）条没有创立明示私人诉因，本院一向承认默示私人诉因，用以执行该条及其实施规定。[See Blue Chip Stamps v. Manor Drug Stores，421 U.S. 723，730（1975）.] 就违反《1934 年证券交易法》第 10（b）条和《规则 10b-5》的索赔，原告必须证明“（1）被告有重大不当陈述或重大遗漏；（2）有意图；（3）不当陈述或遗漏与证券购买或出售之间有联系；（4）依赖了不当陈述或遗漏；（5）经济损失；

misrepresentation or omission by the defendant; (2) scienter; (3) a connection between the misrepresentation or omission and the purchase or sale of a security; (4) reliance upon the misrepresentation or omission; (5) economic loss; and (6) loss causation." Amgen Inc. v. Connecticut Retirement Plans and Trust Funds, 568 U. S.____, ____(2013) (slip op., at 3–4)(quoting Matrixx Initiatives, Inc. v. Siracusano, 563 U. S.____,____(2011) (slip op., at 9)).

The reliance element "ensures that there is a proper connection between a defendant's misrepresentation and a plaintiff's injury." 568 U. S., at ____ (slip op., at 4) (quoting Halliburton I, 563 U. S., at ____ (slip op., at 4)). "The traditional (and most direct) way a plaintiff can demonstrate reliance is by showing that he was aware of a company's statement and engaged in a relevant transaction—e.g., purchasing common stock—based on that specific misrepresentation." Id., at ____ (slip op., at 4).

In Basic, however, we recognized that requiring such direct proof of reliance "would place an unnecessarily unrealistic evidentiary burden on the Rule 10b–5 plaintiff who has traded on an impersonal market." 485 U. S., at 245. That is because, even assuming an investor could prove that he was aware of the misrepresentation, he would still have to "show a speculative state of facts, i.e., how he would have acted ... if the misrepresentation had not been made." Ibid.

We also noted that "[r] equiring proof of individualized reliance" from every securities fraud plaintiff "effectively would ... prevent [ ] [plaintiffs] from proceeding with a class action" in Rule 10b–5 suits. Id., at 242. If every plaintiff had to prove direct reliance on the defendant's misrepresentation, "individual issues then would ... overwhelm [ ] the common ones," making certification under Rule 23 (b) (3) inappropriate. Ibid.

To address these concerns, Basic held that securities fraud plaintiffs can in certain circumstances satisfy the reliance element of a Rule 10b–5 action by invoking a rebuttable presumption of reliance, rather than proving direct reliance on a misrepresentation. The Court based that presumption on what is known as the "fraud-on-the-market" theory, which holds that "the market price of shares traded on well-developed markets reflects all publicly available information, and, hence, any material misrepresentations." Id., at 246. The Court also noted that, rather than scrutinize every piece of public information about a company for himself, the typical "investor who buys or sells stock at the price set by the market does so in reliance on the integrity of that price" —the belief that it reflects all public, material information. Id., at 247. As a result, whenever the investor buys or sells stock at the market price, his "reliance on any public material misrepresentations ... may be presumed for purposes of a Rule 10b–5 action." Ibid.

Based on this theory, a plaintiff must make the following showings to demonstrate that the presumption of reliance applies in a given case: (1) that the alleged

以及（6）损失因果关系”。［Amgen Inc. v. Connecticut Retirement Plans and Trust Funds，568 U.S. ____，____（2013）（slip op.，at 3–4）quoting Matrixx Initiatives, Inc. v. Siracusano，563 U.S. ____，____（2011）（slip op.，at 9）.］

依赖因素“可以确保被告的不当陈述与原告所受损害之间存在适当的联系”。｛568 U.S.，at ____（slip op.，at 4）［quoting Halliburton Ⅰ，563 U.S.，at ____（slip op.，at 4）］.｝“原告显示依赖的传统方式（也是最直接的方式），是显示他知道公司的陈述,并进行了相关交易——比如,根据具体的不当陈述购买了普通股。”［Id.，at____（slip op.，at 4）.］

但在 Basic 有限责任公司案中，本院指出，如果要求提供有关依赖的这类直接证据，“会给《规则 10b–5》原告造成没有必要的不现实的证据负担，而这些原告是在并非人对人的市场进行交易的”。（485 U.S.，at 245.）这是因为即便投资者能够证明自己知道有关不当陈述，仍然必须“显示猜测性的事实状况，即如果没有不当陈述……他会如何行事”。（Ibid.）

本院也指出，如果要求每项证券欺诈的原告“提供各自依赖的证据”，那“实际上会……阻止原告进行集团诉讼”。（Id.，at 242.）如果每位原告都必须证明直接依赖了被告的不当陈述，“个性问题会……压倒共性问题”，《23（b）（3）规则》下的认可便欠妥。（Ibid.）

针对这些问题，Basic 有限责任公司案判例认定，在某些情形下，证券欺诈案件的原告可以借助可反驳依赖假定，满足《规则 10b–5》诉讼的依赖要件，无须证明直接依赖了不当陈述。本院将市场欺诈理论作为该假定的根据；按照该理论，“在发达市场交易的股票的市场价格反映所有信息，因而也反映出任何重大不当陈述”。（Id.，at 246.）本院也指出，典型投资者并不会仔细推敲关于公司的每一点公开信息，“而是以市场决定的价格买入或卖出证券，依赖这一价格的完整性，相信价格反映了所有公开的重大信息”。（Id.，at 247.）因此，只要投资者以市场价格买入或卖出股票，“就《规则 10b–5》诉讼而言，可以假定……投资者依赖了所有公开的重大不当信息”。（Ibid.）

根据该理论，原告必须表明以下几点，才能显示个案中适用依赖假定：（1）所称不当陈述是公开的，（2）不当陈述是重大的，（3）股票是在有效率的市场交易，

misrepresentations were publicly known, (2) that they were material, (3) that the stock traded in an efficient market, and (4) that the plaintiff traded the stock between the time the misrepresentations were made and when the truth was revealed. See id., at 248, n. 27; Halliburton I, supra, at ____ (slip op., at 5–6).

At the same time, Basic emphasized that the presumption of reliance was rebuttable rather than conclusive. Specifically, "[a]ny showing that severs the link between the alleged misrepresentation and either the price received (or paid) by the plaintiff, or his decision to trade at a fair market price, will be sufficient to rebut the presumption of reliance." 485 U. S., at 248. So for example, if a defendant could show that the alleged misrepresentation did not, for whatever reason, actually affect the market price, or that a plaintiff would have bought or sold the stock even had he been aware that the stock's price was tainted by fraud, then the presumption of reliance would not apply. Id., at 248–249. In either of those cases, a plaintiff would have to prove that he directly relied on the defendant's misrepresentation in buying or selling the stock.

B

Halliburton contends that securities fraud plaintiffs should always have to prove direct reliance and that the Basic Court erred in allowing them to invoke a presumption of reliance instead. According to Halliburton, the Basic presumption contravenes congressional intent and has been undermined by subsequent developments in economic theory. Neither argument, however, so discredits Basic as to constitute "special justification" for overruling the decision.

1

Halliburton first argues that the Basic presumption is inconsistent with Congress's intent in passing the 1934 Exchange Act. Because "[t]he Section 10(b) action is a 'judicial construct that Congress did not enact,'" this Court, Halliburton insists, "must identify—and borrow from—the express provision that is 'most analogous to the private 10b–5 right of action.'" Brief for Petitioners 12 (quoting Stoneridge Investment Partners, LLC v. Scientific-Atlanta, Inc., 552 U. S. 148, 164 (2008); Musick, Peeler& Garrett v. Employers Ins. of Wausau, 508 U. S. 286, 294 (1993)). According to Halliburton, the closest analogueto section 10(b) is section 18(a) of the Act, which creates an express private cause of action allowing investors to recover damages based on misrepresentations made in certain regulatory filings. 15 U. S. C. § 78r(a). That provision requires an investor to prove that he bought or sold stock "in reliance upon" the defendant's misrepresentation. Ibid. In ignoring this direct reliance requirement, the argument goes, the Basic Court relieved Rule 10b–5 plaintiffs of a burden that Congress

而且（4）投资者交易股票是在不当陈述作出之后，但在真相公开之前。［See id., at 248，n. 27；Halliburton Ⅰ，supra，at ____（slip op.，at 5–6）.］

与此同时，Basic 有限责任公司案判例强调，依赖假定是可反驳的，并非终结性的。具体而言，“只要能够显示，所称不当陈述与原告所得到（或支付）的价格之间的联系可以断开，或是所称不当陈述与原告决定按公平市场价进行交易的决定的联系可以断开，就足以反驳了依赖假定”。（485 U.S.，at 248.）例如，若是被告能够显示，无论出于何种原因，不当陈述并没有实际影响市场价格，或者即便原告知道股票价格受欺诈影响，原告仍然会买入或卖出该股票，则依赖假定并不适用。（Id., at 248–249.）只要出现其中任何一种情形，原告都必须证明，其直接依赖了被告的不当陈述买入或卖出了该股票。

B

哈里伯顿提出，在证券欺诈诉讼中，所有原告都必须证明直接依赖，本院在 Basic 有限责任公司案判例中允许原告引用依赖假定是错误的。哈里伯顿认为，Basic 有限责任公司案判例的假定不仅违背了国会的意图，而且经济理论后来的发展也削弱了该假定。尽管上述两点大大削弱了 Basic 有限责任公司案判例的权威性，但并不构成推翻该判例的特别理由。

1

哈里伯顿首先提出，Basic 有限责任公司案判例不符合美国国会通过的《1934 年证券交易法》的意图。哈里伯顿坚持认为，“第 10（b）条诉讼是司法解读，并不是美国国会定立的”，所以本院“必须明确并借鉴‘与第 10b–5 条私人诉讼权利’最相似的明示规定”。｛Brief for Petitioners 12［quoting Stoneridge Investment Partners，LLC v. Scientific–Atlanta，Inc.，552 U.S. 148，164（2008）；Musick，Peeler & Garrett v. Employers Ins. of Wausau，508 U.S. 286，294（1993）］.｝按照哈里伯顿的观点，《1934 年证券交易法》第 18（a）条与第 10（b）条最相似，该条设立了私人诉讼的明示诉因，允许投资者就提交的某些规制材料中的不当陈述获得赔偿。［15 U.S.C. § 78r（a）.］这条规定要求，投资者必须证明，他买入或卖出股票时“依赖了”被告的不当陈述。（Ibid.）哈里伯顿的观点是，本院无视关于直接依赖的这一要求，在 Basic 有限责任公司案中免除了《规则 10b–5》下原告的责任，但若是由美国国会设立该诉因，美国国会会要求原告承担这一责任。

would have imposed had it created the cause of action.

EPJ Fund contests both premises of Halliburton's argument, arguing that Congress has affirmed Basic's construction of section 10 (b) and that, in any event, the closest analogue to section 10 (b) is not section 18 (a) but section 9, 15 U. S. C. § 78i—a provision that does not require actual reliance.

We need not settle this dispute. In Basic, the dissenting Justices made the same argument based on section 18 (a) that Halliburton presses here. See 485 U. S., at 257–258 (White J., concurring in part and dissenting in part). The Basic majority did not find that argument persuasive then, and Halliburton has given us no new reason to endorse it now.

2

Halliburton's primary argument for overruling Basic is that the decision rested on two premises that can no longer withstand scrutiny. The first premise concerns what is known as the "efficient capital markets hypothesis." Basic stated that "the market price of shares traded on well-developed markets reflects all publicly available information, and, hence, any material misrepresentations." Id., at 246. From that statement, Halliburton concludes that the Basic Court espoused "a robust view of market efficiency" that is no longer tenable, for " 'overwhelming empirical evidence' now 'suggests that capital markets are not fundamentally efficient.' " Brief for Petitioners 14–16 (quoting Lev & de Villiers, Stock Price Crashes and 10b–5 Damages: A Legal, Economic, and Policy Analysis, 47 Stan. L. Rev 7, 20 (1994). To support this contention, Halliburton cites studies purporting to show that "public information is often not incorporated immediately (much less rationally) into market prices." Brief for Petitioners 17; see id., at 16–20. See also Brief for Law Professors as Amici Curiae 15–18.

Halliburton does not, of course, maintain that capital markets are always inefficient. Rather, in its view, Basic's fundamental error was to ignore the fact that "efficiency is not a binary, yes or no question." Brief for Petitioners 20 (quoting Langevoort, Basic at Twenty: Rethinking Fraud on the Market, 2009 Wis. L. Rev. 151, 167). The markets for some securities are more efficient than the markets for others, and even a single market can process different kinds of information more or less efficiently, depending on how widely the information is disseminated and how easily it is understood. Brief for Petitioners at 20–21. Yet Basic, Halliburton asserts, glossed over these nuances, assuming a false dichotomy that renders the presumption of reliance both underinclusive and overinclusive: A misrepresentation can distort a stock's market price even in a generally inefficient market, and a misrepresentation can leave a stock's market price unaffected even in a generally efficient one. Brief for Petitioners at 21.

对于哈里伯顿观点的两个前提，EPJ 基金都提出了质疑，理由是美国国会已经肯定了 Basic 有限责任公司案判例对第 10（b）条的解释，而且无论如何，与第 10（b）条最相似的不是第 18（a）条，而是第 9 条（15 U.S.C. § 78i）——这条规定并不要求实际依赖。

本院无须解决这一争议。在 Basic 有限责任公司案中，持反对意见的大法官的论述与本案中哈里伯顿的论述相似，其依据也是第 18（a）条。［See 485 U.S.，at 257-258（怀特大法官部分同意，部分反对）.］Basic 有限责任公司案判例中的多数大法官认为，持反对意见的大法官的观点说服力不够，这次哈里伯顿并没有向本院提供新理由，以便本院支持 Basic 有限责任公司案中持反对意见的大法官的观点。

2

哈里伯顿要求推翻 Basic 有限责任公司案判例，其主要理由是，该案决定所基于的两个前提不再经得起推敲。第一个前提涉及所谓的“有效率的资本市场的假设”。Basic 有限责任公司案判例指出，“发达市场交易的股票的市场价格反映所有公开的信息，因此也反映任何重大不当陈述”。（Id.，at 246.）根据这一论断，哈里伯顿得出的结论是，本院在 Basic 有限责任公司案判例中全盘接受“市场有效率的论断”，但该观点已经站不住脚，因为现在“有‘压倒性的实证证据’‘显示，从根本上来说，资本市场并没有效率’”。｛Brief for Petitioners 14-16［quoting Lev & de Villiers，Stock Price Crashes and 10b-5 Damages：A Legal，Economic，and Policy Analysis，45 Stan.L Rev 7，20（1994）］.｝为了支持该观点，哈里伯顿引用了一些研究，其内容是要显示“公开信息常常并不能立即（更不用说合理）地体现在市场价格中”。（Brief for Petitioners 17；see id.，at 16-20. See also Brief Law Professors as Amici Curiae 15-18.）

当然，哈里伯顿并不认为资本市场总是缺乏效率的。相反，哈里伯顿的观点是，Basic 有限责任公司案判例的根本错误在于忽视了这样一个事实：“效率并非是与否的二选一问题。”［Brief for Petitioners 20（quoting Langevoort，Basic at Twenty：Rethinking Fraud on the Market，2009 Wis. L. Rev. 151，167）.］某些证券的市场比另一些证券的市场更有效率，即便是单一市场，处理各类不同信息的效率也有高低之分，取决于有关信息传播的广泛程度以及理解的难易程度。（Brief for Petitioners at 20-21.）哈里伯顿提出，Basic 有限责任公司案判例掩盖了这些微妙之处，而是假定并不存在的非此即彼，结果是依赖假定要么过宽，要么过窄：一方面，即便在总体没有效率的市场，不当陈述也会扭曲股票市场价格；另一方面，即便在总体有效率的市场，不当陈述也可能不会影响股票市场的价格。（Brief for Petitioners at 21.）

Halliburton's criticisms fail to take Basic on its own terms. Halliburton focuses on the debate among economists about the degree to which the market price of a company's stock reflects public information about the company—and thus the degree to which an investor can earn an abnormal, above-market return by trading on such information. See Brief for Financial Economists as Amici Curiae 4–10 (describing the debate). That debate is not new. Indeed, the Basic Court acknowledged it and declined to enter the fray, declaring that "[w]e need not determine by adjudication what economists and social scientists have debated through the use of sophisticated statistical analysis and the application of economic theory." 485 U. S., at 246–247, n. 24. To recognize the presumption of reliance, the Court explained, was not "conclusively to adopt any particular theory of how quickly and completely publicly available information is reflected in market price." Id., at 248, n. 28. The Court instead based the presumption on the fairly modest premise that "market professionals generally consider most publicly announced material statements about companies, thereby affecting stock market prices." Id., at 247, n. 24. Basic's presumption of reliance thus does not rest on a "binary" view of market efficiency. Indeed, in making the presumption rebuttable, Basic recognized that market efficiency is a matter of degree and accordingly made it a matter of proof.

The academic debates discussed by Halliburton have not refuted the modest premise underlying the presumption of reliance. Even the foremost critics of the efficient-capital-markets hypothesis acknowledge that public information generally affects stock prices. See e.g., Shiller, We'll Share the Honors, and Agree to Disagree, N. Y. Times, Oct. 27, 2013, p. BU6 ("Of course, prices reflect available information"). Halliburton also conceded as much in its reply brief and at oral argument. See Reply Brief 13 ("market prices generally respond to new, material information"); Tr. of Oral Arg. 7. Debates about the precise degree to which stock prices accurately reflect public information are thus largely beside the point. "That the ... price [of a stock] may be inaccurate does not detract from the fact that false statements affect it, and cause loss," which is "all that Basic requires." Schleicher v. Wendt, 618 F. 3d 679, 685 (CA7 2010) (Easterbrook, C. J.). Even though the efficient capital markets hypothesis may have "garnered substantial criticism since Basic," post, at 6 (Thomas, J., concurring in judgment), Halliburton has not identified the kind of fundamental shift in economic theory that could justify overruling a precedent on the ground that it misunderstood, or has since been overtaken by, economic realities. Contrast State Oil Co. v. Khan, 522 U. S. 3 (1997), unanimously overruling Albrecht v. Herald Co., 390 U. S. 145 (1968).

Halliburton also contests a second premise underlying the Basic presumption: the notion that investors "invest 'in reliance on the integrity of [the market] price.'" Reply Brief 14 (quoting 485 U. S., at 247; alteration in original). Halliburton identifies

哈里伯顿的批评并没有正面回应 Basic 有限责任公司案判例的内容。哈里伯顿侧重经济学家们的争论；他们所争论的内容是，公司股票的市场价格在多大程度上反映了有关公司的公开信息，因而投资者在多大程度上可以借此信息交易，获得高于市场的超常回报。［See Brief for Financial Economists as Amici Curiae 4–10（描述这一争论）.］这一争论并不是新话题。确实，本院在 Basic 有限责任公司案判例中便提到了这点，但拒绝卷入论战，并郑重地指出，“本院无须以司法裁判来决定经济学家和社会学家所争论的内容，他们是借助复杂的统计学分析并运用经济理论来进行争论的”。（485 U.S.，at 246–247，n. 24.）本院解释说，承认依赖假定“并非终结性地采纳关于公开信息如何迅速、完整地体现在市场价格之中的任何特定理论”。（Id.，at 248，n.28.）相反，本院只是将假定基于有限前提，即“市场专业人士通常会考虑大多数公开宣布的公司信息，从而影响股票市场的价格”。（Id.，at 247，n. 24.）因此，Basic 有限责任公司案判例的依赖假定并不基于市场有效性的“二元论”观点。确实，Basic 有限责任公司案判例规定，假定是可以被反驳的，这就承认市场效率是程度之争，因此也是证据之争。

哈里伯顿所讨论的学术争论并没有否定依赖假定所基于的有限前提。即便是批评资本市场有效率这一假定的领军人物也承认，公开信息通常会影响股票价格。［See e.g.，Shiller，We'll Share the Honors，and Agree to Disagree，N.Y. Times，Oct. 27，2013，p. BU6）（价格当然反映可以得到的信息）.］哈里伯顿在其律师答辩书和口头辩论中至少也承认了这点。［See Reply Brief 13（市场价格一般回应新的重大信息）；Tr. of Oral Arg. 7.］因此，关于股票价格到底在多大程度上准确反映了公开信息的争论基本上并非问题所在。“（股票）价格可能并不准确……但并不能转移对以下事实的注意：虚假陈述会影响价格并造成损失”，“Basic 有限责任公司案判例的要求不过如此”。［Schleicher v. Wendt，618 F. 3d 679，685（CA7 2010）（Easterbrook，C. J.）.］自 Basic 有限责任公司案判例以来，有效率的市场的假设“或许招致了很多批评”，但即便如此［post，at 6（托马斯大法官在判决中的共同意见）］，哈里伯顿并没有指出经济理论所发生的根本性变化，Basic 有限责任公司案判例错误理解或落后于经济现实，所以有充分理由推翻 Basic 有限责任公司案判例。｛不同于州石油公司诉卡恩案［Contrast State Oil Co. v. Khan，522 U.S. 3（1977）］，该案中大法官们一致推翻阿尔布雷彻特诉赫勒尔德案［Albrecht v. Herald Co.，390 U.S. 145（1968）］判例。｝

哈里伯顿也质疑 Basic 有限责任公司案判例假定的第二个前提，为如下概念：投资者的“‘依赖（市场）价格的完整性’而投资”。［Reply Brief（quoting 485 U.S.，at 247；改动原文就有）.］哈里伯顿指出了若干类别的投资者，“价格的完整性”

a number of classes of investors for whom "price integrity" is supposedly "marginal or irrelevant." Reply Brief 14. The primary example is the value investor, who believes that certain stocks are undervalued or overvalued and attempts to "beat the market" by buying the undervalued stocks and selling the overvalued ones. Brief for Petitioners 15–16 (internal quotation marks omitted). See also Brief for Vivendi S. A. as Amicus Curiae 3–10 (describing the investment strategies of day traders, volatility arbitragers, and value investors). If many investors "are indifferent to prices," Halliburton contends, then courts should not presume that investors rely on the integrity of those prices and any misrepresentations incorporated into them. Reply Brief 14.

But Basic never denied the existence of such investors. As we recently explained, Basic concluded only that "it is reasonable to presume that most investors—knowing that they have little hope of outperforming the market in the long run based solely on their analysis of publicly available information—will rely on the security's market price as an unbiased assessment of the security's value in light of all public information." Amgen, 568 U. S., at ____ (slip op., at 5).

In any event, there is no reason to suppose that even Halliburton's main counterexample—the value investor—is as indifferent to the integrity of market prices as Halliburton suggests. Such an investor implicitly relies on the fact that a stock's market price will eventually reflect material information—how else could the market correction on which his profit depends occur? To be sure, the value investor "does not believe that the market price accurately reflects public information at the time he transacts." Post, at 11. But to indirectly rely on a misstatement in the sense relevant for the Basic presumption, he need only trade stock based on the belief that the market price will incorporate public information within a reasonable period. The value investor also presumably tries to estimate how undervalued or overvalued a particular stock is, and such estimates can be skewed by a market price tainted by fraud.

C

The principle of stare decisis has "special force" "in respect to statutory interpretation" because "Congress remains free to alter what we have done." John R. Sand & Gravel Co. v. United States, 552 U. S. 130, 139 (2008) (quoting Patterson v. McLean Credit Union, 491 U. S. 164–173 (1989)). So too with Basic's presumption of reliance. Although the presumption is a judicially created doctrine designed to implement a judicially created cause of action, we have described the presumption as "a substantive doctrine of federal securities-fraud law." Amgen, supra, at ____ (slip op., at 5). That is because it provides a way of satisfying the reliance element of the Rule 10b-5 cause of action. See e.g., Dura Pharmaceuticals, Inc. v. Broudo, 544 U. S. 336–342 (2005). As with any other element of that cause of action,

对这些投资者理应“无关紧要或并不相关”。（Reply Brief 14.）主要例证是价值投资者，其认为某些股票价值被低估或者高估，于是他们买入被低估的股票或者卖出被高估的股票，试图“跑赢市场”。［Brief for the Petitioners 15–16（文内引号省略）.See also Brief for Vivendi S. A. as Amicus Curiae 3–10（描述当日交易员、波动性套利者和价值投资者的投资策略）.］哈里伯顿提出，如果众多投资者对“价格无动于衷”，那么法院就不应当假定投资者依赖了这些价格的完整性，不应当假定这些价格纳入了任何的不当陈述。（Reply Brief 14.）

但 Basic 有限责任公司案判例从未否认此类投资者的存在。正如本院近期所指出的，Basic 有限责任公司案判例得出的结论只不过是：“可以合理假定，大多数投资者知道，从长远角度来看，仅凭对公开信息的分析，很难有望获得高于市场的回报，所以会依赖证券的市场价格，将其视为根据所有公开信息对证券的价值作出中立评估。”［Amgen，568 U.S.，at ____（slip op.，at 5）.］

无论如何，没有理由认为，即便是哈里伯顿的主要反面例证——价值投资者——对市场价格的完整性会无动于衷，尽管哈里伯顿示意有可能如此。价值投资者实际上依赖这样一个事实：股票市场的价格最终会反映重大信息——否则如何会有市场纠正？而投资者的利润取决于市场纠正。当然，价值投资者“并不相信，在其交易时，市场价格准确反映了公开信息”。（Post，at 11.）但只要他交易股票时相信，在合理的时间段内，市场价格会体现公开信息，就是间接依赖了不当陈述，与 Basic 有限责任公司案判例的假定有关。也可以假定，价值投资者试图估计一只股票被低估或高估的程度，而这样的估计会因为市场价格被欺诈影响而被扭曲。

C

“就制定法的解释而言”，遵循先例的原则具有“特别效力”，因为“美国国会可以改变本院的决定”。｛John R. Sand & Gravel Co. v. United States，552 U.S. 130，139（2008）［quoting Patterson v. McLean Credit Union，491 U.S. 164–173（1989.）］｝对于 Basic 有限责任公司案判例的依赖假定也是如此。尽管这一假定是法院创立的原则，旨在实施法院创立的诉因，但本院将该假定称为“联邦证券——欺诈法的实质性原则”。［Amgen，supra，at ____（slip op.，at 5）.］这是因为该原则提供了满足《规则 10b–5》诉因的依赖要件。［See e.g.，Dura Pharmaceuticals，Inc. v. Broudo，544 U.S. 336–342（2005）.］如同对待该诉因的任何其他要件的做法一样，美国国会可以推翻或修改本院对依赖要求所作解释的任何内容，包括 Basic 有限责

Congress may overturnor modify any aspect of our interpretations of the reli-ance requirement, including the Basic presumption itself. Given that possibility, we see no reason to exempt the Basic presumption from ordinary principles of stare decisis. To buttress its case for overruling Basic, Halliburton contends that, in addition to being wrongly decided, the decision is inconsistent with our more recent decisions construing the Rule 10b-5 cause of action. As Halliburton notes, we have held that "we must give 'narrow dimensions ... to a right of action Congress did not authorize when it first enacted the statute and did not expand when it revisited the law.' " Janus Capital Group, Inc. v. First Derivative Traders, 564 U. S. ____, ____ (2011) (slip op., at 6) (quoting Stoneridge, 552 U. S., at 167); see e.g., Central Bank of Denver, N. A. v. First Interstate Bank of Denver, N. A., 511 U. S. 164 (1994) (refusing to recognize aiding-and-abetting liability under the Rule 10b-5 cause of action); Stoneridge, supra (refusing to extend Rule 10b-5 liability to certain secondary actors who did not themselves make material misstatements). Yet the Basic presumption, Halliburton asserts, does just the opposite, expanding the Rule 10b-5 cause of action. Brief for Petitioners 27-29.

Not so. In Central Bank and Stoneridge, we declined to extend Rule 10b-5 liability to entirely new categories of defendants who themselves had not made any material, public misrepresentation. Such an extension, we explained, would have eviscerated the requirement that a plaintiff prove that he relied on a misrepresentation made by the defendant. See Central Bank, supra, at 180; Stone-ridge, supra, at 157, 159. The Basic presumption does not eliminate that requirement but rather provides an alternative means of satisfying it. While the presumption makes it easier for plaintiffs to prove reliance, it does not alter the elements of the Rule 10b-5 cause of action and thus maintains the action's original legal scope.

Halliburton also argues that the Basic presumption cannot be reconciled with our recent decisions governing class action certification under Federal Rule of Civil Procedure 23. Those decisions have made clear that plaintiffs wishing to proceed through a class action must actually prove—not simply plead—that their proposed class satisfies each requirement of Rule 23, including (if applicable) the predominance requirement of Rule 23 (b) (3). See Wal-Mart Stores, Inc. v. Dukes, 564 U. S. ____, ____ (2011) (slip op., at 10); Comcast Corp. v. Behrend, 569 U. S. ____, ____ (2013) (slip op., at 5-6). According to Halliburton, Basic relieves Rule 10b-5 plaintiffs of that burden, allowing courts to presume that common issues of reliance predominate over individual ones.

That is not the effect of the Basic presumption. In securities class action cases, the crucial requirement for class certification will usually be the predominance requirement of Rule 23 (b) (3). The Basic presumption does not relieve plaintiffs of the burden of proving—before class certification—that this requirement is met. Basic instead establishes that a plaintiff satisfies that burden by proving the prerequisites for invoking the

任公司案判例的假定本身。鉴于存在上述可能，本院认为没有理由决定，Basic 有限责任公司案判例的假定免于适用遵循先例这一通常原则。为了支持其推翻 Basic 有限责任公司案判例的主张，哈里伯顿提出，Basic 有限责任公司案判例不仅是一个错误的决定，而且不符合本院近期解释《规则 10b–5》诉因的决定。如同哈里伯顿所指出的，本院认定，“‘美国国会通过制定法时，如果没有给予诉讼权利，而且国会重访该法时并没有扩展该权利……’则法院必须‘狭义界定其范围’”。［Janus Capital Group，Inc. v. First Derivative Traders，564 U.S.____，____（2011）（slip op.，at 6）（quoting Stoneridge，552 U.S.，at 167）；see e.g.，Central Bank of Denver，N. A. v. First Interstate Bank of Denver，N. A.，511 U. S. 164（1994）（拒绝认可《规则 10b–5》诉因下的帮助和教唆法律责任）；Stoneridge，supra（拒绝将《规则 10b–5》的法律责任扩大到某些自己并没有作出重大不当陈述的次要行为人）.］哈里伯顿提出，Basic 有限责任公司案判例的假定却反其道而行之，扩大了《规则 10b–5》的诉因。（Brief for Petitioners 27–29.）

并非如此。在中央银行案和斯通利奇案中，本院拒绝扩大《规则 10b–5》的法律责任，将其适用于完全是新类型的被告；这些被告并没有作过任何重大的公开不当陈述。本院的解释是，如果作此扩展，对原告的要求就会名存实亡；原告应当证明自己依赖了被告所作的不当陈述。（See Central Bank，supra，at 180；Stoneridge，supra，at 157，159.）Basic 有限责任公司案判例的假定并没有消除这一要求，而是提供了满足该要求的另一种方式。Basic 有限责任公司案判例的假定方便原告证明依赖，但并没有改变《规则 10b–5》的诉因要件，所以维持了诉讼原有的法律范围。

哈里伯顿还提出，Basic 有限责任公司案判例的假定与本院近期就《联邦民事诉讼规则》第 23 条下的集团诉讼认可所作的判决不可调和。这些判决已经明确，原告若要将集团诉讼坚持到底，不能简单提出，而必须实际证明——而不是简单提出诉因说明——他们所提出的集团满足了第 23 条的每项要求，包括（如果适用）《23（b）（3）规则》关于共性高于个性的要求。［See Wal–Mart Stores，Inc. v. Dukes，564 U.S.____，____（2011）（slip op.，at 10）；Comcast Corp v. Behrend，569 U.S.____，____（2013）（slip op.，at 5–6）.］哈里伯顿认为，Basic 有限责任公司案判例免除了《规则 10b–5》下原告的上述责任，法院可以假定依赖的共性问题占主导性，且高于个性问题。

Basic 有限责任公司案判例的假定效果并非如此。在证券集团诉讼案件中，集团认可的关键要求通常是《23（b）（3）规则》关于主导性的要求。Basic 有限责任公司案判例并没有免除对于原告的这一举证要求，在集团认可之前，原告必须证明自己满足该要求。Basic 有限责任公司案判例确立的是，原告通过证明适用假定的先决条件，完成其举证责任。这些先决条件为公开性、重大性、市场效率和市场的时间。

presumption—namely, publicity, materiality, market efficiency, and market timing. The burden of proving those prerequisites still rests with plaintiffs and (with the exception of materiality) must be satisfied before class certification. Basic does not, in other words, allow plaintiffs simply to plead that common questions of reliance predominate over individual ones, but rather sets forth what they must prove to demonstrate such predominance.

Basic does afford defendants an opportunity to rebut the presumption of reliance with respect to an individual plaintiff by showing that he did not rely on the integrity of the market price in trading stock. While this has the effect of "leav [ing] individualized questions of reliance in the case," post, at 12, there is no reason to think that these questions will overwhelm common ones and render class certification inappropriate under Rule 23 (b) (3). That the defendant might attempt to pick off the occasional class member here or there through individualized rebuttal does not cause individual questions to predominate.

Finally, Halliburton and its amici contend that, by facilitating securities class actions, the Basic presumption produces a number of serious and harmful consequences. Such class actions, they say, allow plaintiffs to extort large settlements from defendants for meritless claims; punish innocent shareholders, who end up having to pay settlements and judgments; impose excessive costs on businesses; and consume a disproportionately large share of judicial resources. Brief for Petitioners 39–45.

These concerns are more appropriately addressed to Congress, which has in fact responded, to some extent, to many of the issues raised by Halliburton and its amici. Congress has, for example, enacted the Private Securities Litigation Reform Act of 1995 (PSLRA), 109 Stat. 737, which sought to combat perceived abuses in securities litigation with heightened pleading requirements, limits on damages and attorney's fees, a "safe harbor" for certain kinds of statements, restrictions on the selection of lead plaintiffs in securities class actions, sanctions for frivolous litigation, and stays of discovery pending motions to dismiss. See Amgen, 568 U. S., at ____ (slip op., at 19–20). And to prevent plaintiffs from circumventing these restrictions by bringing securities class actions under state law in state court, Congress also enacted the Securities Litigation Uniform Standards Act of 1998, 112 Stat. 3227, which precludes many state law class actions alleging securities fraud. See Amgen, supra, at ____ (slip op., at 20). Such legislation demonstrates Congress's willingness to consider policy concerns of the sort that Halliburton says should lead us to overrule Basic.

III

Halliburton proposes two alternatives to overruling Basic that would alleviate what it

这些先决条件的举证责任仍然在原告，（除重大性外）必须在集团认可之前完成举证责任。换言之，根据 Basic 有限责任公司案判例，原告不能只就依赖的共性问题大于个性问题提出诉因说明，Basic 有限责任公司案判例其实是阐明原告必须证明哪些内容，才能显示共性大于个性。

Basic 有限责任公司案判例确实允许被告有机会反驳具体原告的依赖假定，被告可以显示，原告并没有依赖所交易股票的市场价格的完整性。尽管这样做的结果是“依赖的具体问题留给个案解决”（post，at 12），但没有理由认为，这些问题会压倒共性问题，使《23（b）（3）规则》下的集团认可不妥。被告有可能偶尔通过针对具体原告的反驳，以排除集团中的此成员或彼成员，但不会使个性问题占主导地位。

最后，哈里伯顿和他的法院之友提出，Basic 有限责任公司案判例方便了证券集团诉讼，造成了若干严重的有害后果。他们称，由于此类集团诉讼，原告借助没有根据的主张，从被告处勒索了大量的和解资金；无辜股东受到惩罚，必须支付和解资金和判决赔偿；造成过高的商业成本；不成比例地消耗了大量司法资源。（Brief for Petitioners 39–45.）

向美国国会提出上述问题更恰当。对于哈里伯顿和其法院之友所提出的问题，国会事实上已就其中的许多问题有过回应。比如，美国国会制定了《1995 年私人证券诉讼改革法》（109 Stat. 737），该法旨在打击证券诉讼中被视为滥用的行为，并为此而提高了诉因说明的要求，限制了赔偿金额和律师费，就某些陈述提供了“安全港”，对证券集团诉讼中挑选主诉原告加以选择，惩罚没有根据的诉讼以及在决定是否驳回动议之前暂停证据发现。［See Amgen，568 U.S.，at ____（slip op.，at 19–20）.］为了阻止原告借州法在法院进行证券集团诉讼以绕开上述限制，美国国会还制定了《1998 年证券诉讼统一标准法》（Securities Litigation Uniform Standards Act of 1998，112 Stat. 3227），排除了州法之下许多指称欺诈的集团诉讼。［See Amgen，supra，at ____（slip op.，at 20）.］此类立法显示，美国国会愿意考虑哈里伯顿提出的那些政策考虑，而哈里伯顿认为，鉴于他提到的政策性考虑，本院应当推翻 Basic 有限责任公司案判例。

Ⅲ

哈里伯顿提出，除推翻 Basic 有限责任公司案判例外，还有两个办法可以减轻

regards as the decision's most serious flaws. The first alternative would require plaintiffs to prove that a defendant's misrepresentation actually affected the stock price—so-called "price impact" —in order to invoke the Basic presumption. It should not be enough, Halliburton contends, for plaintiffs to demonstrate the general efficiency of the market in which the stock traded. Halliburton's second proposed alternative would allow defendants to rebut the presumption of reliance with evidence of a lack of price impact, not only at the merits stage—which all agree defendants may already do—but also before class certification.

A

As noted, to invoke the Basic presumption, a plaintiff must prove that: (1) the alleged misrepresentations were publicly known, (2) they were material, (3) the stock traded in an efficient market, and (4) the plaintiff traded the stock between when the misrepresentations were made and when the truth was revealed. See Basic, 485 U. S., at 248, n. 27; Amgen, supra, at ____ (slip op., at 15). Each of these requirements follows from the fraud-on-the-market theory underlying the presumption. If the misrepresentation was not publicly known, then it could not have distorted the stock's market price. So too if the misrepresentation was immaterial—that is, if it would not have "been viewed by the reasonable investor as having significantly altered the 'total mix' of information made available," Basic, supra, at 231-232 (quoting TSC Industries, Inc. v. Northway, Inc., 426 U. S. 438, 449 (1976)) —or if the market in which the stock traded was inefficient. And if the plaintiff did not buy or sell the stock after the misrepresentation was made but before the truth was revealed, then he could not be said to have acted in reliance on a fraud-tainted price.

The first three prerequisites are directed at price impact— "whether the alleged misrepresentations affected the market price in the first place." Halliburton I, 563 U. S., at ____ (slip op., at 8). In the absence of price impact, Basic's fraud-on-the-market theory and presumption of reliance collapse. The "fundamental premise" underlying the presumption is "that an investor presumptively relies on a misrepresentation so long as it was reflected in the market price at the time of his transaction." 563 U. S., at ____ (slip op., at 7). If it was not, then there is "no grounding for any contention that [the] investor indirectly relied on th[at] misrepresentation through [his] reliance on the integrity of the market price." Amgen, supra, at ____ (slip op., at 17).

Halliburton argues that since the Basic presumption hinges on price impact, plaintiffs should be required to prove it directly in order to invoke the presumption. Proving the presumption's prerequisites, which are at best an imperfect proxy for price impact, should not suffice.

Far from a modest refinement of the Basic presumption, this proposal would radically

其认为 Basic 有限责任公司案判例存在的最严重的缺陷。第一个办法是，原告要适用 Basic 有限责任公司案判例假定，必须先证明被告的不当陈述实际影响了股价——存在所谓的“价格影响”。哈里伯顿认为，原告仅显示股票交易所在的市场有一般效率是不够的。哈里伯顿第二个办法是，允许被告以缺乏价格影响的证据反驳依赖假定，不仅是在确定是非曲直的阶段可以这样做——各方同意，被告本来就可以这样做——而且在集团认可之前就可以这样做。

A

正如已指出的那样，原告要适用 Basic 有限责任公司案判例的假定，必须证明（1）所称的不实陈述公开知道，（2）是重大的，（3）股票是在有效率的市场交易，而且（4）原告交易相关股票的时间，是在作出不当陈述之后，但在真相公布之前。[See Basic，485 U.S.，at 248，n. 27；Amgen，supra，at ____（slip op.，at 15）.] 每一项要求都是根据假定所基于的市场欺诈理论所得出的。如果不当陈述并非公开知道的，那就不可能扭曲股票的市场价格。同样，如果不当陈述并非重大的——如果“理性投资者不会认为该信息会明显改变所存在的信息的‘综合总和’”｛Basic，supra，at 231-232 [quoting TSC Industries，Inc. v. Norway，Inc.，426 U.S. 438，449(1976)]｝——或者股票交易所在的市场缺乏效率，那也不可能扭曲股票的市场价格。此外，如果原告买入或卖出相关股票不是在不当陈述作出之后，真相公布之前，那就不能说他依赖了被欺诈影响了的价格。

前 3 个先决条件针对的是价格影响——“无论被指称的不当陈述是否一开始就影响了市场价格”。[Halliburton Ⅰ，563 U.S.，at ____（slip op.，at 8）.] 如果没有价格影响，Basic 有限责任公司案判例的市场欺诈理论以及依赖假定便不攻自破。依赖假定所基于的“根本前提”是，只要投资者交易时，市场价格反映了不当陈述，就假定投资者依赖了不当陈述。[563 U.S.，at ____（slip op.，at 7）.] 如果没有反映，那就“没有理由主张（该）投资者通过依赖市场价格的完整性而间接依赖了（有关）不当陈述”。[Amgen，supra，at ____（slip op.，at 17）.]

哈里伯顿争辩的是，既然 Basic 有限责任公司案判例的假定完全基于价格影响，应当要求原告直接证明这点后，才能适用假定。假定的先决条件充其量是价格影响的替代，而且差强人意，所以证明先决条件是不够的。

哈里伯顿的提议绝不是对 Basic 有限责任公司案判例的微调，而是对如何显示《规

alter the required showing for the reliance element of the Rule 10b–5 cause of action. What is called the Basic presumption actually incorporates two constituent presumptions: First, if a plaintiff shows that the defendant's misrepresentation was public and material and that the stock traded in a generally efficient market, he is entitled to a presumption that the misrepresentation affected the stock price. Second, if the plaintiff also shows that he purchased the stock at the market price during the relevant period, he is entitled to a further presumption that he purchased the stock in reliance on the defendant's misrepresentation.

By requiring plaintiffs to prove price impact directly, Halliburton's proposal would take away the first constituent presumption. Halliburton's argument for doing so is the same as its primary argument for overruling the Basic presumption altogether: Because market efficiency is not a yes–or–no proposition, a public, material misrepresentation might not affect a stock's price even in a generally efficient market. But as explained, Basic never suggested otherwise; that is why it affords defendants an opportunity to rebut the presumption by showing, among other things, that the particular misrepresentation at issue did not affect the stock's market price. For the same reasons we declined to completely jettison the Basic presumption, we decline to effectively jettison half of it by revising the prerequisites for invoking it.

B

Even if plaintiffs need not directly prove price impact to invoke the Basic presumption, Halliburton contends that defendants should at least be allowed to defeat the presumption at the class certification stage through evidence that the misrepresentation did not in fact affect the stock price. We agree.

1

There is no dispute that defendants may introduce such evidence at the merits stage to rebut the Basic presumption. Basic itself "made clear that the presumption was just that, and could be rebutted by appropriate evidence," including evidence that the asserted misrepresentation (or its correction) did not affect the market price of the defendant's stock. Halliburton I, supra, at ____ (slip op., at 5); see Basic, supra, at 248.

Nor is there any dispute that defendants may introduce price impact evidence at the class certification stage, so long as it is for the purpose of countering a plaintiff's showing of market efficiency, rather than directly rebutting the presumption. As EPJ Fund acknowledges, "[o] f course ... defendants can introduce evidence at class certification of lack of price impact as some evidence that the market is not efficient." Brief for Respondent 53. See also Brief for United States as Amicus Curiae 26.

After all, plaintiffs themselves can and do introduce evidence of the existence of price

则 10b–5》诉因的依赖要件的要求作了巨大变动。所谓的 Basic 有限责任公司案判例假定实际上包含两个构成假定：第一，如果原告表明，被告的不当陈述是公开的和重大的，股票是在通常有效率的市场交易的，原告就有权假定，有关不当陈述影响了股票价格。第二，如果原告还能够显示，他是在相关时期以市场价格购买该股票的，原告就有权进一步假定，他是依赖被告不当陈述购买该股票的。

但哈里伯顿的提议要求原告直接证明价格影响，就推翻了第一个构成假定。哈里伯顿要求这样做的理由，与其要求完全推翻 Basic 有限责任公司案判例假定的主要理由相同：因为市场效率并非是与否的理念，所以即便是在一个基本有效率的市场，公开的重大不当陈述也可能不会影响市场价格。正如已解释的那样，Basic 有限责任公司案判例从未表示过其他意思；这也是为什么 Basic 有限责任公司案判例允许被告有机会反驳有关假定，反驳方式可以是，有关不当陈述并没有影响股票的市场价格。出于同样原因，本院拒绝完全抛弃 Basic 有限责任公司案判例的假定，本院也拒绝实际上抛弃该假定的一半内容，所以拒绝重访引用该假定的先决条件。

B

哈里伯顿提出，即便原告无须直接证明价格影响，既然可引用 Basic 有限责任公司案判例的假定，至少应当允许被告在集团认可阶段反驳假定，只要被告可以用证据表明，不当陈述事实上并没有影响股票价格。本院同意。

1

在确定是非曲直阶段，被告可以引用此类证据反驳 Basic 有限责任公司案判例的假定，这点并无争议。Basic 有限责任公司案判例本身“已经明确，该假定只不过是假定，可以借助恰当证据进行反驳”，包括关于所表示的不当陈述（或其纠正）并没有影响被告股票市场价格的证据。［Halliburton I，563 U.S.，at ____（slip op.，at 5）；see Basic，supra，at 248.］

在集团认可阶段，被告可以引用有关价格影响的证据，只要其目的是反驳原告显示的市场效率，而不是直接反驳假定。这点也本无争议。正如 EPJ 基金所承认的那样，“当然……被告可以在集团认定阶段引用有关缺乏价格影响的证据，将其作为市场缺乏效率的某种证据”。（Brief for Respondent 53. See also Brief for United States as Amicus Curiae 26.）

毕竟，一些原告自己可以而且也引用了存在价格影响的证据，与之有关的是“事

impact in connection with "event studies" —regression analyses that seek to show that the market price of the defendant's stock tends to respond to pertinent publicly reported events. See Brief for Law Professors as Amici Curiae 25–28. In this case, for example, EPJ Fund submitted an event study of various episodes that might have been expected to affect the price of Halliburton's stock, in order to demonstrate that the market for that stock takes account of material, public information about the company. See App. 217–230 (describing the results of the study). The episodes examined by EPJ Fund's event study included one of the alleged misrepresentations that form the basis of the Fund's suit. See id., at 230, 343–344. See also In re Xcelera.com Securities Litigation, 430 F. 3d 503, 513 (CA1 2005) (event study included effect of misrepresentation challenged in the case).

Defendants—like plaintiffs—may accordingly submit price impact evidence prior to class certification. What defendants may not do, EPJ Fund insists and the Court of Appeals held, is rely on that same evidence prior to class certification for the particular purpose of rebutting the presumption altogether.

This restriction makes no sense, and can readily lead to bizarre results. Suppose a defendant at the certification stage submits an event study looking at the impact on the price of its stock from six discrete events, in an effort to refute the plaintiffs' claim of general market efficiency. All agree the defendant may do this. Suppose one of the six events is the specific misrepresentation asserted by the plaintiffs. All agree that this too is perfectly acceptable. Now suppose the district court determines that, despite the defendant's study, the plaintiff has carried its burden to prove market efficiency, but that the evidence shows no price impact with respect to the specific misrepresentation challenged in the suit. The evidence at the certification stage thus shows an efficient market, on which the alleged misrepresentation had no price impact. And yet under EPJ Fund's view, the plaintiffs' action should be certified and proceed as a class action (with all that entails), even though the fraud-on-the-market theory does not apply and common reliance thus cannot be presumed.

Such a result is inconsistent with Basic's own logic. Under Basic's fraud-on-the-market theory, market efficiency and the other prerequisites for invoking the presumption constitute an indirect way of showing price impact. As explained, it is appropriate to allow plaintiffs to rely on this indirect proxy for price impact, rather than requiring them to prove price impact directly, given Basic's rationales for recognizing a presumption of reliance in the first place. See supra, at 6–7, 16–17.

But an indirect proxy should not preclude direct evidence when such evidence is available. As we explained in Basic, "[a]ny showing that severs the link between the alleged misrepresentation and ... the price received (or paid) by the plaintiff ... will be sufficient to rebut the presumption of reliance" because "the basis for finding that the

件研究”——该研究是回归分析，其目的是显示，被告股票的市场价格很可能对公开报道的有关事件有所反应。（See Brief for Law Professors as Amici Curiae 25–28.）例如，在本案中，EPJ 基金提交了一份事件报告，内容是可能被认为会影响哈里伯顿股票价格的各类情形，以显示该股票的市场反映了有关公司的重大公开信息。[See App. 217–230（描述了该研究的结果）.] EPJ 基金所提供的事件研究审查了各类情景，其中包括 EPJ 基金提起诉讼所基于的被指称的不当陈述中的一个。[See id.，at 230，343–344. See also In re Xcelera.com Securities Litigation，430 F. 3d 503，513（CA1 2005）（事件研究包括该案中受到挑战的不当陈述的效果）.]

因此，被告与原告一样，也可以在集团认可之前提交有关价格影响的证据。但 EPJ 基金坚持认为，被告不得在集团认可之前，用同一证据全面反驳假定。上诉法院作出了相同的认定。

这种限制没有道理，而且容易导致荒谬的结果。假设被告在认可阶段提交了一份事件报告，讨论了 6 种不同事件对其股票价格的影响，以反驳原告关于市场通常有效率的主张。各方都同意，被告可以这样做。假设 6 种事件中有一种事件正是原告指称的具体不当陈述。各方都同意，这也是完全可以接受的。现在假设地区法院确定，尽管有被告的研究报告，原告还是完成了其举证责任，证明了市场的效率，但有关证据并没有显示诉讼中受到挑战的具体不当陈述的价格影响。因此，在认可阶段的有关证据显示了有效率的市场，但所称的不当陈述对其没有价格影响。但按照 EPJ 基金的观点，应当认可原告的诉讼，允许集团诉讼（以及相应的其他所有内容）继续进行，即便市场欺诈理论并不适用，所以也不能假定存在共同的依赖。

这种结果不符合 Basic 有限责任公司案判例自身的逻辑。按照 Basic 有限责任公司案判例的市场欺诈理论，市场效率以及引用假定的其他先决条件是以间接方式显示价格影响。正如所解释的那样，鉴于 Basic 有限责任公司案判例首先承认依赖假定的理由，允许原告依赖价格影响的这一间接替代是恰当的，并不要求原告直接证明价格的影响。（See supra，at 6–7，16–17.）

但是如果存在直接证据，间接替代方式不能排除直接证据。正如本院在 Basic 有限责任公司案判例中所解释的那样，“（以任何方式显示），断开了所指称的不当陈述与……原告所受到的（或支付）的价格之间的联系……就足以反驳依赖假定”，因为“已不存在认定通过市场价格传递欺诈的基础”。（485 U.S.，at 248.）而依赖

fraud had been transmitted through market price would be gone." 485 U. S., at 248. And without the presumption of reliance, a Rule 10b–5 suit cannot proceed as a class action: Each plaintiff would have to prove reliance individually, so common issues would not "predominate" over individual ones, as required by Rule 23 (b) (3). Id., at 242. Price impact is thus an essential precondition for any Rule 10b–5 class action. While Basic allows plaintiffs to establish that precondition indirectly, it does not require courts to ignore a defendant's direct, more salient evidence showing that the alleged misrepresentation did not actually affect the stock's market price and, consequently, that the Basic presumption does not apply.

2

The Court of Appeals relied on our decision in Amgen in holding that Halliburton could not introduce evidence of lack of price impact at the class certification stage. The question in Amgen was whether plaintiffs could be required to prove (or defendants be permitted to disprove) materiality before class certification. Even though materiality is a prerequisite for invoking the Basic presumption, we held that it should be left to the merits stage, because it does not bear on the predominance requirement of Rule 23 (b) (3). We reasoned that materiality is an objective issue susceptible to common, classwide proof. 568 U. S., at ____ (slip op., at 11). We also noted that a failure to prove materiality would necessarily defeat every plaintiff's claim on the merits; it would not simply preclude invocation of the presumption and thereby cause individual questions of reliance to predominate over common ones. Ibid. See also id., at ____ (slip op., at 17–18). In this latter respect, we explained, materiality differs from the publicity and market efficiency prerequisites, neither of which is necessary to prove a Rule 10b–5 claim on the merits. Id., at ____–____ (slip op., at 16–18).

EPJ Fund argues that much of the foregoing could be said of price impact as well. Fair enough. But price impact differs from materiality in a crucial respect. Given that the other Basic prerequisites must still be proved at the class certification stage, the common issue of materiality can be left to the merits stage without risking the certification of classes in which individual issues will end up overwhelming common ones. And because materiality is a discrete issue that can be resolved in isolation from the other prerequisites, it can be wholly confined to the merits stage.

Price impact is different. The fact that a misrepresentation "was reflected in the market price at the time of [the] transaction"—that it had price impact—is "Basic's fundamental premise." Halliburton I, 563 U. S., at ____ (slip op., at 7). It thus has everything to do with the issue of predominance at the class certification stage. That is why, if reliance is to be shown through the Basic presumption, the publicity and market efficiency prerequisites must be proved before class certification. Without proof of those prerequisites, the fraud-on-the-market theory underlying the presumption completely collapses, rendering class certification inappropriate.

假定不成立，《规则 10b-5》诉讼就不能再作为集团诉讼继续进行：按照《23（b）（3）规则》的要求，各个原告必须证明各自的依赖，共性问题不再“高于”个性问题。（Id.，at 242.）因此，价格影响是任何《规则 10b-5》集团诉讼的一个关键先决条件。Basic 有限责任公司案判例允许原告间接确立先决条件，但并不要求法院无视被告更明显的直接证据，而这些证据显示，所称不当陈述并没有实际影响股票市场的价格，所以 Basic 有限责任公司案判例假定并不适用。

2

上诉法院依据本院在安根案中的判决认定，哈里伯顿不能在集团认可阶段提出有关缺乏价格影响的证据。安根案中的问题是，是否可以要求原告在集团认可之前就证明存在（或是允许被告证明不存在）重大性。尽管重大性是引用 Basic 有限责任公司案判例假定的一个先决条件，本院仍然认定，重大性应当留到是非曲直阶段，因为重大性并不影响《23（b）（3）规则》的主导性要求。本院的理由是，重大性是一个客观问题，可以由整个集团共同证明。［568 U.S.，at ____（slip op.，at 11）.］本院也指出，如果不能证明重大性，原告有关是非曲直的主张必然无法成立；这就不会排除假定的适用，从而使依赖的个性问题高于共性问题。［Ibid. See also id.，at ____（slip op.，at 17-18）.］本院针对后者的解释是，在先决条件中，重大性不同于公开性和市场效率，就是非曲直而言，公开性和市场效率并不是证明《规则 10b-5》主张的必要条件。［Id.，at ____-____（slip op.，at 16-18）.］

EPJ 基金争辩的是，上述论点大多也可以适用于价格影响。可以这样说。但价格影响在关键方面不同于重大性。Basic 有限责任公司案判例的其他先决条件仍然只能在集团认可阶段加以证明，所以重大性这一共同问题可以留到证明是非曲直的阶段，以免危及集团的认可，以免认可阶段各集团的个性问题压倒共性问题。重大性是个性问题，解决该问题可以独立于其他先决条件，完全可以限于在是非曲直阶段解决。

价格影响不同。“Basic 有限责任公司案判例的根本性先决条件”是，“（有关）交易发生时，市场价格反映了”不当陈述，不当陈述具有市场影响。［Halliburton Ⅰ，563 U.S.，at ____（slip op.，at 7）.］因此，价格影响完全涉及集团认可阶段的主导性问题。正是由于这一原因，如果通过 Basic 有限责任公司案判例假定显示依赖，必须在集团认定之前证明公开性和市场效率的先决条件。如果不能证明这些先决条件，Basic 有限责任公司案判例假定所基于的市场欺诈理论完全不攻自破，集团得到认可就不恰当。

But as explained, publicity and market efficiency are nothing more than prerequisites for an indirect showing of price impact. There is no dispute that at least such indirect proof of price impact "is needed to ensure that the questions of law or fact common to the class will 'predominate.'" Amgen, 568 U. S., at ____ (slip op., at 10); see id., at ____ (slip op., at 16–17). That is so even though such proof is also highly relevant at the merits stage.

Our choice in this case, then, is not between allowing price impact evidence at the class certification stage or relegating it to the merits. Evidence of price impact will be before the court at the certification stage in any event. The choice, rather, is between limiting the price impact inquiry before class certification to indirect evidence, or allowing consideration of direct evidence as well. As explained, we see no reason to artificially limit the inquiry at the certification stage to indirect evidence of price impact. Defendants may seek to defeat the Basic presumption at that stage through direct as well as indirect price impact evidence.

More than 25 years ago, we held that plaintiffs could satisfy the reliance element of the Rule 10b–5 cause of action by invoking a presumption that a public, material misrepresentation will distort the price of stock traded in an efficient market, and that anyone who purchases the stock at the market price may be considered to have done so in reliance on the misrepresentation. We adhere to that decision and decline to modify the prerequisites for invoking the presumption of reliance. But to maintain the consistency of the presumption with the class certification requirements of Federal Rule of Civil Procedure 23, defendants must be afforded an opportunity before class certification to defeat the presumption through evidence that an alleged misrepresentation did not actually affect the market price of the stock.

Because the courts below denied Halliburton that opportunity, we vacate the judgment of the Court of Appeals for the Fifth Circuit and remand the case for further proceedings consistent with this opinion.

It is so ordered.

Top Concurrence

Justice Ginsburg, with whom Justice Breyer and Justice Sotomayor join, concurring.

Advancing price impact consideration from the merits stage to the certification stage may broaden the scope of discovery available at certification. See Tr. of Oral Arg. 36–37. But the Court recognizes that it is incumbent upon the defendant to show the absence of price impact. See ante, at 17–18. The Court's judgment, therefore, should impose no heavy toll on securities-fraud plaintiffs with tenable claims. On that understanding, I join the Court's opinion.

Justice Thomas, with whom Justice Scalia and Justice Alito join, concurring in the

但正如所解释的那样，公开性和市场效率只不过是间接显示价格影响的先决条件。至少间接证明价格影响“是需要的，以确保集团所面临的共同法律或事实问题将是‘主导性’的”。这点并没有争议。［Amgen，568 U.S.，at ____（slip op.，at 10）；see id.，at ____（slip op.，at 16–17）.］要求就是这样，即便此类证据在是非曲直阶段也有很大的相关性。

所以在本案中，本院不是要选择在集团认可阶段允许提出价格影响证据，而是将其推迟到是非曲直阶段。无论如何，在认可阶段会向法院提交有关价格影响的证据。其实，要选择的是：在集团认可之前，应当将价格调查限于间接证据，还是也允许考虑直接证据。本院认为，如同所解释的那样，没有理由人为地将认可阶段的调查限于价格影响的间接证据。在认可阶段，被告可以借助关于价格影响的直接证据或间接证据推翻 Basic 有限责任公司案判例的假定。

25 年之前，本院认定，原告引用公开重大不当陈述会扭曲有效率的市场上交易的股票的价格这一假定，就可以满足《规则 10b–5》的诉因依赖要件，任何人以市场价格买入相关股票，就可以被视为依赖了相关不当陈述。我们遵循该决定，拒绝修改引用依赖假定的先决条件。为使《联邦民事诉讼规则》第 23 条关于集团认可的要求保持一致，被告必须在集团认可阶段之前有机会提供证据，证明所称不当陈述实际上并没有影响相关股票的市场价格，以便推翻相关假定。

下级法院没有给予哈里伯顿这样的机会，所以本院推翻第五巡回上诉法院的判决，将此案发回进一步审理，必须遵循本院这一判决进行审理。

判决如上。

共 同 阶 段

金斯伯格大法官持共同意见，布雷耶大法官和索托马约尔大法官附议。

将价格影响的审议由是非曲直阶段提前到认可阶段，有可能在认可阶段扩大发现范围。（See Tr. of Oral Arg. 36–37.）但本院同意，应当由被告显示缺乏价格影响。（See ante，at 17–18.）因此，如果证券欺诈诉讼中有可成立主张的原告，本院的判决不会对其造成严重损害。基于这个理解，我同意本院的意见。

托马斯大法官与斯卡利亚大法官、阿利托大官在判决中持共同意见。

judgment.

The implied Rule 10b–5 private cause of action is "a relic of the heady days in which this Court assumedcommon–law powers to create causes of action" . Correctional Services Corp. v. Malesko, 534 U. S. 61, 75 (2001) (Scalia, J., concurring) ; see e.g., J. I. Case Co. v. Borak, 377 U. S. 426, 433 (1964) . We have since ended that practice because the authority to fashion private remedies to enforce federal law belongs to Congress alone. Stone–ridge Investment Partners, LLC v. Scientific–Atlanta, Inc., 552 U. S. 148, 164 (2008) . Absent statutory authorization for a cause of action, "courts may not create one, no matter how desirable that might be as a policy matter." Alexander v. Sandoval, 532 U. S. 275–287 (2001) .

Basic Inc. v. Levinson, 485 U. S. 224 (1988) , demonstrates the wisdom of this rule. Basic presented the question how investors must prove the reliance element of the implied Rule 10b–5 cause of action—the requirement that the plaintiff buy or sell stock in reliance on the defendant's misstatement—when they transact on modern, impersonal securities exchanges. Were the Rule 10b–5 action statu–tory, the Court could have resolved this question by interpreting the statutory language. Without a statute to interpret for guidance, however, the Court began instead with a particular policy "problem" : for investors in impersonal markets, the traditional reliance requirement was hard to prove and impossible to prove as common among plaintiffs bringing 10b–5 class–action suits. Id., at 242, 245. With the task thus framed as "resol [ving] " that "problem" rather than interpreting statutory text, id., at 242, the Court turned to nascent economic theory and naked intuitions about investment behavior in its efforts to fashion a new, easier way to meet the reliance requirement. The result was an evidentiary presumption, based on a "fraud on the market" theory, that paved the way for class actions under Rule 10b–5.

Today we are asked to determine whether Basic was correctly decided. The Court suggests that it was, and that stare decisis demands that we preserve it. I disagree Logic, economic realities, and our subsequent jurisprudence have undermined the foundations of the Basic presumption, and stare decisis cannot prop up the façade that remains. Basic should be overruled.

I

Understanding where Basic went wrong requires an explanation of the "reliance" requirement as traditionally understood.

《规则 10b–5》默示诉因“是头脑发热时代的残迹，当时本院行使普通法权力，设立了各种诉因”。[Correctional Services Corp. v. Malesko, 534 U.S. 61, 75(2001)(斯卡利亚大法官持共同意见)；see e.g., J.I.Case Co. v. Borak, 377 U.S. 426, 433 (1964).] 现在本院已经停止了这种做法，因为规定联邦法执法如何借助私人诉讼救济的权力只属于美国国会。[Stone–ridge Investment Partners，LLC v. Scientific–Atlanta，Inc., 552 U.S. 148，164 (2008) .] 如果没有诉因的法定授权，“法院不能设立该权利，无论这样做在政策上多么可取”。[Alexander v. Sandoval, 532 U.S. 275–287 (2001).]

Basic 有限责任公司诉利文森案 [Basic Inc. v. Levinson，485 U.S. 224（1988）] 判例显示了该规则的智慧。Basic 有限责任公司案判例所提出的问题是：投资者如何必须证明《规则 10b–5》的默示诉因，就是要求原告在现代非人对人的证券交易所买卖证券时，依赖被告的不当陈述买入或卖出股票。如果《规则 10b–5》的诉讼是法定的，本院可以对制定法的语言进行解释，以解决这一问题。但如果没有制定法可加以解释以用作指引，本院首先就面临特定的政策“问题”：对于非人对人市场的投资者来说，传统的依赖要求难以证明，作为提起《规则 10b–5》集团诉讼的各个原告的共性问题就无法证明。（Id.，at 242，245. ）于是本院的任务被界定为解决该“问题”，而不是解释制定法的文本（id.，at 242），于是本院求助于处在雏形的经济理论和有关投资行为的赤裸直觉，试图创立新办法，更容易地满足依赖要求。结果就是证据假定，其基础是“市场欺诈理论”，为《规则 10b–5》下的集团诉讼铺平道路。

今天要求本院决定，Basic 有限责任公司案判例的决定是否正确。本院的意思是，该决定是正确的，而且遵循先例原则要求我们维持这一判例。我不同意。逻辑、经济现实以及我们之后的判例已经动摇了 Basic 有限责任公司案判例的基础，遵循先例的原则不能支撑残留的门面。应当推翻 Basic 有限责任公司案判例。

I

要理解 Basic 有限责任公司案判例错在哪里，就需要解释传统上所理解的“依赖”要求。

"Reliance by the plaintiff upon the defendant's deceptive acts is an essential element" of the implied 10b–5 private cause of action.[1] Stoneridge, supra, at 159. To prove reliance, the plaintiff must show "transaction causation" i.e., that the specific misstatement induced "the investor's decision to engage in the transaction" . Erica P. John Fund, Inc. v. Halliburton Co., 563 U. S. ____, ____–____ (2011) (slip op., at 6–7). Such proof "ensures that there is a proper 'connection between a defendant's misrepresentation and a plaintiff's injury' " —namely, that the plaintiff has not just lost money as a result of the misstatement, but that he was actually defrauded by it. Id., at ____ (slip op., at 4); see also Dirks v. SEC, 463 U. S. 646–667, n. 27 (1983) (" [T] o constitute a violation of Rule 10b–5, there must be fraud.... [T] here always are winners and losers; but those who have 'lost' have not necessarily been defrauded"). Without that connection, Rule 10b–5 is reduced to a "scheme of investor's insurance, " because a plaintiff could recover whenever the defendant's misstatement distorted the stock price—regardless of whether the misstatement had actually tricked the plaintiff into buying (or selling) the stock in the first place. Dura Pharmaceuticals, Inc. v. Broudo, 544 U. S. 336, 345 (2005) (quoting Basic, supra, at 252 (White, J., concurring in part and dissenting in part)).

The "traditional" reliance element requires a plaintiff to "sho [w] that he was aware of a company's statement and engaged in a relevant transaction ... based on that spe–cific misrepresentation." Erica P. John Fund, supra, at ____ (slip op., at 4). But investors who purchase stock from third parties on impersonal exchanges (e.g., the New York Stock Exchange) often will not be aware of any particular statement made by the issuer of the security, and therefore cannot establish that they transacted based on a specific misrepresentation. Nor is the traditional reliance requirement amenable to class treatment; the inherently individualized nature of the reliance inquiry renders it impossible for a 10b–5 plaintiff to prove that common questions predominate over individual ones, making class certification improper. See Basic, supra, at 242; Fed. Rule Civ. Proc. 23 (b) (3).

Citing these difficulties of proof and class certification, 485 U. S., at 242, 245, the Basic Court dispensed with the traditional reliance requirement in favor of a new one based

1 As the private Rule 10b–5 action has evolved, the Court has drawn on the common–law action of deceit to identify six elements a private plaintiff must prove: " (1) a material misrepresentation or omission by the defendant; (2) scienter; (3) a connection between the misrepresentation or omission and the purchase or sale of a security; (4) reliance upon the misrepresentation or omission; (5) economic loss; and (6) loss causation." Amgen Inc. v. Connecticut Retirement Plans and Trust Funds, 568 U. S. ____, ____–____ (2013) (slip op., at 3–4).

“原告依赖的欺骗行为”是《规则 10b-5》默示私人诉因的关键要件。[1]（Stoneridge，supra，at 159.）为了证明依赖，原告必须表明“交易因果关系”，具体的不当陈述诱使“投资者决定从事交易”。[Erica P. John Fund，Inc. v. Halliburton Co.，563 U.S.____，____-____（2011）（slip op.，at 6-7）.] 证明这一点，“就可以确保‘被告’不当陈述与原告所受损害之间有恰当的‘联系’”——即原告并非只因不当陈述而损失了金钱，而且是真被欺骗了。[Id.，at____（slip op. at 4）；see also Dirks v. SEC，463 U.S. 646-667，n. 27（1983）（违反《规则 10b-5》的前提是，必须存在欺诈……总有赢家和输家；“损失”方并不一定受骗）.]。没有这种联系，《规则 10b-5》便沦为“投资者的保险安排”，因为只要被告的不当陈述扭曲了股票价格，原告就可以获得赔偿，无论不当陈述是否真实地诱骗原告购入（或卖出）股票。{Dura Pharmaceuticals，Inc. v. Broudo，544 U.S. 336，345（2005）[quoting Basic，supra，at 252（怀特大法官部分同意，部分反对）].}

“传统”依赖要件要求原告“表明，原告当时知道公司的陈述，并且进行了基于具体不当陈述的……有关交易”。[Erica P. John Fund，supra，at ___（slip op.，at 4）.] 但如果投资者是在非人对人的交易所（如纽交所）从第三方处购买的股票，则并不知道证券发行人所作的任何具体陈述，也就无法证明，他们当时是基于具体的不当陈述进行交易。传统依赖要求也不因如何对待集团而改变；依赖要求具有固有的个体化特性，《规则 10b-5》诉讼的原告无法证明，共性问题重于个性问题，所以认可集团诉讼是不恰当的。[See Basic，supra，at 242；Fed. Rule Civ. Proc.，23（b）（3）.]

本院在 Basic 有限责任公司案判例中指出了证明和认可方面的上述困难（485 U.S.，at 242，245），并因此而放弃了传统依赖要求，代之以基于市场欺诈理论的

---

1 随着《规则 10b-5》诉讼的演变，本院借助针对欺骗的普通法诉讼，指出了私人诉讼中原告必须注明的 6 个要件：“（1）被告作出了重大不当陈述或有重大遗漏；（2）主观故意；（3）不当陈述或遗漏与证券购买或出售有关；（4）依赖了不当陈述或遗漏；（5）经济损失；（6）损失因果关系。”[Amgen Inc. v. Connecticut Retirement Plans and Trusty Funds，568 U.S.____，____-____（2013）（slip op.，at 3-4）.]

on the fraud-on-the-market theory.[1] The new version of reliance had two related parts.

First, Basic suggested that plaintiffs could meet the reliance requirement "indirectly", id., at 245. The Court reasoned that "ideally, [the market] transmits information to the investor in the processed form of a market price." Id., at 244. An investor could thus be said to have "relied" on a specific misstatement if (1) the market had incorporated that statement into the market price of the security, and (2) the investor then bought or sold that security "in reliance on the integrity of the [market] price," id., at 247, i.e., based on his belief that the market price "reflect[ed]" the stock's underlying "value", id., at 244.

Second, Basic created a presumption that this "indirect" form of "reliance" had been proved. Based primarily on certain assumptions about economic theory and investor behavior, Basic afforded plaintiffs who traded in efficient markets an evidentiary presumption that both steps of the novel reliance requirement had been satisfied—that (1) the market had incorporated the specific misstatement into the market price of the security, and (2) the plaintiff did transact in reliance on the integrity of that price.[2] Id., at 247. A defendant was ostensibly entitled to rebut the presumption by putting forth evidence that either of those steps was absent. Id., at 248.

II

Basic's reimagined reliance requirement was a mistake, and the passage of time has compounded its failings. First, the Court based both parts of the presumption of reliance on a questionable understanding of disputed economic theory and flawed intuitions about investor behavior. Second, Basic's rebuttable presumption is at odds with our subsequent Rule 23 cases, which require plaintiffs seeking class certification to "affirmatively demonstrate" certification requirements like the predominance of common questions. Comcast Corp. v. Behrend, 569 U. S. ____, ____ (2013) (slip op., at 5) (quoting Wal-Mart Stores,

---

1 In the years preceding Basic, lower courts and commentators experimented with various ways to facilitate 10b-5 class actions by relaxing or eliminating the reliance element of the implied 10b-5 action. See e.g., Blackie v. Barrack, 524 F. 2d 891 (CA9 1975); Note, The Fraud-on-the-Market Theory, 95 Harv. L. Rev. 1143 (1982); Note, The Reliance Requirement in Private Actions under SEC Rule 10b-5, 88 Harv. L. Rev. 584, 592–606 (1975). The "fraud-on-the-market theory" is an umbrella term for those varied efforts. Black, Fraud on the Market: A Criticism of Dispensing with Reliance Requirements in Certain Open Market Transactions, 62 N. C. L. Rev. 435, 439–457 (1984).

2 An investor could invoke this presumption by demonstrating certain predicates: (1) a public statement; (2) an efficient market; (3) that the shares were traded after the statement was made but before the truth was revealed; and (4) that the statement was material. Basic, 485 U. S., at 248, n. 27.

新要求。[1] 依赖要求的新版本有两个相关部分。

首先，Basic 有限责任公司案判例示意，原告可以“间接”满足依赖要求（id., at 245）。本院的理由是，“理想状况下，（市场）通过市场价格的处理形式将信息传递给投资者”。（Id., at 244.）因此，可以说投资者“依赖”了具体的不当陈述，如果（1）市场在证券价格中反映了该陈述，而且（2）投资者随之买入或卖出该证券，“依赖了（市场）价格的完整性”（id., at 247），即前提是他相信市场价格“反映”了股票的基础“价值”（id., at 244）。

其次，Basic 有限责任公司案判例设立一种假定，假定这种“间接”形式的依赖已经得到证明。Basic 有限责任公司案判例主要是依据关于经济理论以及投资者行为的某些假定，就为在有效率的市场交易股票的原告提供了证明方面的假定，假定依赖新要求的两个步骤都已经完成；两个新步骤为：（1）市场在证券的市场价格中体现了具体的不当陈述，而且（2）原告确实依据该价格的完整性进行了交易。[2]（Id., at 247.）被告表面上有权反驳这一假定，可以通过举证显示，两个步骤都不存在。（Id., at 248.）

Ⅱ

Basic 有限责任公司案判例重新想象出来的依赖要求是一个错误，而且随着时间的流逝，Basic 有限责任公司案判例的败笔之处愈加复杂。首先，本院将依赖假定的两个组成部分都基于对有争议的经济理论以及关于投资者行为错误的直觉的理解，但这种理解值得怀疑。其次，Basic 有限责任公司案判例的可反驳假定不符合本院此后有关《联邦民事诉讼规则》第 23 条的判例，按照这些判例，那些要求获得集团认可的原告“必须肯定地显示”诸如共性问题占主导这样的认可要求。｛Comcast Corp. v. Behrend, 569 U.S. ____, ____（2013）（slip op., at 5）［quoting

---

1 在 Basic 有限责任公司案判例之前的几年内，下级法院和评论者放松或取消了默示《规则 10b-5》诉讼的依赖要件，尝试以多种途径为《规则 10b-5》诉讼提供便利。［See e.g., Blackie v. Barrack, 524 F. 2d 891（CA9 1975）; Note, The Fraud-on-the Market Theory, 95 Harv. L. Rev. 1143（1982）; Note, The Reliance Requirement in Private Actions under SEC Rule 10b-5, 88 Harv. L. Rev. 584, 592-606（1975）.］市场欺诈理论是涵盖上述各种尝试的形容词。［Black, Fraud on the Market: A Criticism of Dispensing with Reliance Requirement in Certain Open Market Transactions, 62 N.C. L. Rev. 435, 439-457（1984）.］

2 投资者只要显示了以下先决条件之后，即可引用该假定：（1）有公开陈述；（2）市场有效率；（3）股票交易发生在陈述作出之后与真相公布之前；而且（4）有关陈述是重大性的。［Basic, 485 U.S., at 248, n. 27.］

Inc. v. Dukes, 564 U. S. ____, ____ (2011) (slip op., at 10). Finally, Basic's presumption that investors rely on the integrity of the market price is virtually irrebuttable in practice, which means that the "essential" reliance element effectively exists in name only.

A

Basic based the presumption of reliance on two factual assumptions. The first assumption was that, in a "well-developed market," public statements are generally "reflected" in the market price of securities. 485 U. S., at 247. The second was that investors in such markets transact "in reliance on the integrity of that price." Ibid. In other words, the Court created a presumption that a plaintiff had met the two-part, fraud-on-the-market version of the reliance requirement because, in the Court's view, "common sense and probability" suggested that each of those parts would be met. Id., at 246.

In reality, both of the Court's key assumptions are highly contestable and do not provide the necessary support for Basic's presumption of reliance. The first assumption—that public statements are "reflected" in the market price—was grounded in an economic theory that hasgarnered substantial criticism since Basic. The second as-sumption—that investors categorically rely on the integrity of the market price—is simply wrong.

1

The Court's first assumption was that "most publicly available information" —including public misstatements— "is reflected in [the] market price" of a security. Id., at 247. The Court grounded that assumption in "empirical studies" testing a then-nascent economic theory known as the efficient capital markets hypothesis. Id., at 246-247. Specifically, the Court relied upon the "semi-strong" version of that theory, which posits that the average investor cannot earn above-market returns (i.e., "beat the market") in an efficient market by trading on the basis of publicly available information. See e.g., Stout, The Mechanisms of Market Inefficiency: An Introduction to the New Finance, 28 J. Corp. L. 635, 640, and n. 24 (2003) (citing Fama, Efficient Capital Markets: A Review of Theory and Empirical Work, 25 J. Finance 383, 388 (1970)).[1] The upshot of the hypothesis is that "the market price of shares traded on well-developed markets [will] reflec[t] all publicly available information, and, hence, any material misrepresentations." Basic, supra, at 246. At the time of Basic, this version of the efficient

1 The "weak form" of the hypothesis provides that an investor cannot earn an above-market return by trading on historical price data. See Dunbar & Heller, Fraud on the Market Meets Behavioral Finance, 31 Del. J. Corporate L. 455, 463-464 (2006) (hereinafter Dunbar & Heller). The "strong form" provides that investors cannot achieve above-market returns even by trading on nonpublic information. See ibid. The weak form is generally accepted; the strong form is not. See ibid.

Wal-Mart Stores，Inc. v. Dukes，564 U. S. ____，____（2011）（slip op.，at 10）］.｝最后，Basic 有限责任公司案判例关于投资者依赖市场价的完整性的假定实际上无法反驳；也就是说，“关键”的依赖要件实际上只是徒有其名。

A

Basic 有限责任公司案判例的假定基于两个事实方面的假定。第一个假定是，在“成熟市场”，公开陈述一般都“反映”在证券的市场价格中。（485 U.S. at 247.）第二个假定是，这类市场的投资者交易时“依赖该价格的完整性”。（Ibid.）换言之，本院创立了一种假设，假定原告满足了由两部分组成的欺诈理论形式的依赖要求，因为本院认为，“常识和概率”显示，要求的两部分都会得到满足。（Id.，at 246.）

但实际上本院的两个关键假设都极具争议性，并不能够为 Basic 有限责任公司案判例的依赖假定提供必要支持。第一个假设是公开陈述“反映”在市场价格中，但Basic有限责任公司案判例问世以来，该假设所基于的经济理论已经受到很多批评。第二个假设是投资者投资完全依赖市场价格的完整性，这个假设完全是错误的。

1

本院的一个假设是，“大多数公开信息”——包括公开的不当陈述——在证券的“市场价格中得到反映”。（Id.，at 247.）本院的这一概念基于“实证研究”，这些实证研究被用来检测被称为有效率的资本市场假设这一当时还处于雏形的经济理论。（Id.，at 246-247）。具体来说，本院依赖了该理论的“准强势”版本，其假设是平常投资者在有效率的市场根据公开信息交易股票，不可能获得超过市场的回报（跑赢市场）。｛See e.g.，Stout，The Mechanisms of Market Inefficiency：An Introduction to the New Finance，28 J. Corp. L. 635，640，and n. 24（2003）［citing Fama，Efficient Capital Markets：A Review of Theory and Empirical Work，25 J. Finance 383，388（1970）］.｝[1]这个假设的要旨是，“在发达市场交易的股票的市场价格（会）反映所有可以公开得到的信息，因此也就反映了任何不当陈述”。（Basic，supra，at 246.）Basic 有限责任公司案判例问世的时候，这一版本的资本市场有效率的假设被“广为接受”。（See Dunbar & Heller 463-464.）

---

1 按照“弱势形式”的假设，投资者依赖价格的历史数据交易，就不可能获得高于市场回报的利润。［See Dunbar & Heller，Fraud on the Market Meets Behavioral Finance，31 Del. J. Corporate L. 455，463-464（2006）（hereinafter Dunbar & Heller）.］按照“强势形式”的假设，即便投资者根据非公开信息交易，也无法获得高于市场的回报。（See ibid.）弱势假设通常被接受，而强势假设并不被接受。（See ibid.）

capital markets hypothesis was "widely accepted." See Dunbar & Heller 463-464.

This view of market efficiency has since lost its luster. See e.g., Langevoort, Basic at Twenty: Rethinking Fraud on the Market, 2009 Wis. L. Rev. 151, 175 ("Doubts about the strength and pervasiveness of market efficiency are much greater today than they were in the mid-1980s") . As it turns out, even "well-developed" markets (like the New York Stock Exchange) do not uniformly incorporate information into market prices with high speed. " [F] riction in accessing public information" and the presence of "processing costs" means that "not all public information will be impounded in a security's price with the same alacrity, or perhaps with any quickness at all." Cox, Understanding Causation in Private Securities Lawsuits: Building on Amgen, 66 Vand. L. Rev. 1719, 1732 (2013) (hereinafter Cox) . For example, information that is easily digestible (merger announcements or stock splits) or especially prominent (Wall Street Journal articles) may be incorporated quickly, while information that is broadly applicable or technical (Securities and Exchange Commission filings) may be incorporated slowly or even ignored. See Stout, supra, at 653-656; see e.g., In re Merck & Co. Securities Litigation, 432 F. 3d 261, 263-265 (CA3 2005) (a Wall Street Journal article caused a steep decline in the company's stock price even though the same information was contained in an earlier SEC disclosure) .

Further, and more importantly, "overwhelming empirical evidence" now suggests that even when markets do incorporate public information, they often fail to do so accurately. Lev and de Villiers, Stock Price Crashes and 10b-5 Damages: A Legal, Economic and Policy Analysis, 47 Stan. L. Rev. 7, 20-21 (1994); see also id., at 21 ("That many share price movements seem unrelated to specific information strongly suggests that capital markets are not fundamentally efficient, and that wide deviations from fundamentals ... can occur" (footnote omitted)) . "Scores" of "efficiency-defying anomalies" —such as market swings in the absence of new information and prolonged deviations from underlying asset values—make market efficiency "more contestable than ever." Langevoort, Taming the Animal Spirits of the Stock Markets: A Behavioral Approach to Securities Regulation, 97 Nw. U. L. Rev. 135, 141 (2002) ; Dunbar & Heller 476-483. Such anomalies make it difficult to tell whether, at any given moment, a stock's price accurately reflects its value as indicated by all publicly available information. In sum, economists now understand that the price impact Basic assumed would happen reflexively is actually far from certain even in "well-developed" markets. Thus, Basic's claim that "common sense and probability" support a presumption of reliance rests on shaky footing.

2

The Basic Court also grounded the presumption of reliance in a second assumption: that " [a] n investor who buys or sells stock at the price set by the market does so in

但此后市场效率的观点已经失去了光环。[See e.g., Langevoort, Basic at Twenty: Rethinking Fraud on the Market, 2009 Wis. L. Rev. 151, 175（今天对市场效率的力量和普遍性的怀疑远多于20世纪80年代）.] 如同结果所示，即便是那些“发达”市场（如纽交所）也并非都是高速地将信息纳入价格。“获取公开信息时的摩擦”以及“处理成本”意味着，“并非所有公开信息都会同样快速地被纳入证券价格，甚至有可能并无快速可言”。[Cox, Understanding Causation in Private Securities Lawsuits: Building on Amgen, 66 Vand. L. Rev. 1719, 1732(2013)(hereinafter Cox).] 例如，容易被消化的信息（宣布并购或股票分拆）或是特别引人注目的（《华尔街日报》的文章）会被迅速纳入，但广为适用或技术性的信息（证交会申报材料）的纳入便更缓慢，甚至可能被忽视。[See Stout, supra, at 653-656, see e.g., In re Merck & Co. Securities Litigation, 432 F. 3d 261, 263-265（CA3 2005）（《华尔街日报》的一篇文章导致公司股票迅速下跌，尽管早先向证交会披露的材料中也有相同的信息）.]

此外，更重要的是，现在“压倒性的实证数据”显示，即便是市场确实纳入了公开信息，也经常失准。[Lev and de Villiers, Stock Price Crashes and 10b-5 Damages: A Legal, Economic and Policy Analysis, 47 Stan. L. Rev. 7, 20-21（1994）; see also id., at 21（许多股票价格的波动似乎与具体信息并不相关，这就强烈显示，从根本上来说，资本市场并无效率，有可能……在许多方面背离基本面）（省略号后加）.] 市场波动时并没有新信息，长期背离基础资产价值，此类现象“不胜枚举”，已经成为与效率无关的异常情形，所以市场效率“比以往任何时候都更具有争议”。[Langevoort, Taming the Animal Spirits of the Stock Markets: A Behavioral Approach to Securities Regulation, 97 Nw. U. L. Rev. 135, 141（2002）; Dunbar & Heller 476-483.] 由于存在这种异常情形，很难确定特定时刻的股票价格是否准确反映了所有公开信息所显示的价值。简言之，经济学家现在知道，即便在“发达市场”，Basic 有限责任公司案判例所假定的那种条件反射地发生的价格影响实际上远非定数。因此，Basic 有限责任公司案判例所称支撑假定的“常识和概念”是建立在很不稳固的基础之上的。

2

在 Basic 有限责任公司案判例中，本院也将依赖假定基于第二个假设：“投资者以市场确定的价格买入或卖出股票，依赖了该价格的完整性。”（485 U.S., at reliance on the integrity of that price." 485 U. S., at 247. In other words, the Court assumed that investors transact based on the belief that the market price accurately reflects the underlying "value" of the security. See id., at 244 (" ' [P] urchasers generally rely on the price of the stock as a reflection of its value' ") . The Basic Court appears to have adopted this assumption about investment behavior based only on what it believed to be "common sense." Id., at 246. The Court found it " 'hard to imagine that there ever is a buyer or seller who does not rely on market integrity. Who would knowingly roll the dice in a crooked crap game?' " Id., at 246–247.

The Court's rather superficial analysis does not withstand scrutiny. It cannot be seriously disputed that a great many investors do not buy or sell stock based on a belief that the stock's price accurately reflects its value. Many investors in fact trade for the opposite reason—that is, because they think the market has under– or overvalued the stock, and they believe they can profit from that mispricing. Id., at 256 (opinion of White, J.) ; see e.g., Macey, The Fraud on the Market Theory: Some Preliminary Issues, 74 Cornell L. Rev. 923, 925 (1989) (The "opposite" of Basic's assumption appears to be true; some investors "attempt to locate undervalued stocks in an effort to 'beat the market' ... in essence betting that the market ... is in fact inefficient") . Indeed, securities transactions often take place because the transacting parties disagree on the security's value. See e.g., Stout, Are Stock Markets Costly Casinos? Disagreement, Market Failure, and Securities Regulation, 81 Va. L. Rev.611, 619 (1995) (" [A] vailable evidence suggests that ... in–vestor disagreement inspires the lion's share of equities transactions") .

Other investors trade for reasons entirely unrelated to price—for instance, to address changing liquidity needs, tax concerns, or portfolio balancing requirements. See id., at 657–658; see also Cox 1739 (investors may purchase "due to portfolio rebalancing arising from its obeisance to an indexing strategy") . These investment decisions—made with indifference to price and thus without regard for price "integrity" —are at odds with Basic's understanding of what motivates investment decisions. In short, Basic's assumption that all investors rely in common on "price integrity" is simply wrong. [1]

The majority tries (but fails) to reconcile Basic's assumption about investor behavior with the reality that many investors do not behave in the way Basic assumed. It

1 The Basic Court's mistaken intuition about investor behavior appears to involve a category mistake: the Court invoked a hypothesis meant to describe markets, but then used it "in the one way it is not meant to be used: as a predictor of the behavior of individual investors." Langevoort, Theories, Assumptions, and Securities Regulation: Market Efficiency Revisited, 140 U. Pa. L. Rev. 851, 895 (1992) . The efficient capital markets hypothesis does not describe "how investors behave; [it] only suggests the consequences of their collective behavior." Cox 1736. "Nothing in the hypothesis denies what most popular accounts assume: that much information searching and trading by investors, from institutions on down, is done in the (perhaps erroneous) belief that undervalued or overvalued stocks exist and can systematically be discovered." Langevoort, Theories, supra, at 895.

247.）换言之，本院假设，投资者进行交易，是基于他们相信市场价格准确反映了证券的基础“价值”。［See id.，at 244（买入者通常依赖股票价格，视其反映了股票价值）.］在 Basic 有限责任公司案判例中，本院似乎采纳了关于投资行为的假设，但只是基于本院所相信的“常识”。（Id.，at 246.）本院认为，“很难想象，任何买方或卖方会不依赖市场的完整性。如果知道掷骰的游戏是骗局，有谁还会掷骰”？（Id.，at 246-247.）

本院的分析轻描淡写，经不起推敲。大批投资者买入或卖出股票并非因为他们相信股票价格准确反映了股票的价值。很难真的质疑这点。事实上，很多投资者进行交易正好是出于相反的原因，即因为他们认为市场低估或高估了股票，相信自己可以从定价失准中获益。［Id.，at 256（怀特大法官意见）；see e.g.，Macey，The Fraud on the Market Theory; Some Preliminary Issues，74 Cornell L. Rev. 923，925（1989）（Basic 有限责任公司案判例假定的“相反情况”似乎才是真的；某些投资者“试图找出被低估的股票，力求‘跑赢市场’……实际上是在赌，赌市场……其实没有效率”）.］确实，之所以发生交易，很多时候是因为交易方对证券的价值看法不一。［See e.g.，Stout，Are Stock Markets Costly Casinos? Disagreement，Market Failure，and Securities Regulation，81 Va. L. Rev. 611，619（1995）（现有证据显示……绝大部分股权交易是因为投资者观点不同所激发的）.］

另一些投资者进行交易的原因与价格完全无关——比如，是出于流动性变化的需要、税务考虑或是投资组合的平衡要求。［See id.，at 657-658；see also Cox 1739（投资者买入可能是“因为投资组合再平衡，需要遵守指数策略”）.］制定这些投资决策时不受价格影响，所以并不在乎价格的“完整性”，这就与 Basic 有限责任公司案判例对于影响投资决策的因素的理解有出入。简言之，Basic 有限责任公司案判例假定所有投资者都依赖了“价格完整性”；这个假定完全是错误的。[1]

现实中的许多投资者并没有按照Basic有限责任公司案判例所假定的方式行事，Basic 有限责任公司案判例有关投资者的假定与现实之间存在矛盾，多数大法官试图

---

1 Basic 有限责任公司案判例中本院对投资行为的直觉是错误的，似乎涉及分类错误：本院引用了一个假设，意在描述若干市场，但随后使用该假设的“方式并非出于初衷，该假设被用作各个投资者行为的预测器”。［Langevoort Theories，Assumptions，and Securities Regulation：Market Efficiency Revisited，140 U. Pa. L. Rev. 851，895（1992）.］有效率的市场的假设并不描述“投资者的行为方式”；（该假设）只不过示意投资者集体行为的后果。（Cox 1736.）“假设中的任何内容都不否认最常见的说法的假定：从机构投资者到下面的投资者，查找信息和交易信息时，都（或许是错误地）相信，存在被低估或高估的股票，而且可以系统性地加以发现。”（Langevoort Theories，supra，at 895.）

first asserts that Basic rested only on the more modest view that "most investors" rely on the integrity of a security's market price. Ante, at 12 (quoting not Basic, but Amgen Inc. v. Connecticut Retirement Plans & Trust Funds, 568 U. S.____, ____ (2013) (slip op., at 5)). That gloss is difficult to square with Basic's plain language: "An investor who buys or sells stock at the price set by the market does so in reliance on the integrity of that price." Basic, 458 U. S., at 247; see also id., at 246–247 ("[I]t is hard to imagine that there ever is a buyer or seller who does not rely on market integrity"). In any event, neither Basic nor the majority offers anything more than a judicial hunch as evidence that even "most" investors rely on price integrity.

The majority also suggests that "there is no reason to suppose" that investors who buy stock they believe to be undervalued are "indifferent to the integrity of market prices." Ante, at 12. Such "value investor[s]," according to the majority, "implicitly rel[y] on the fact that a stock's market price will eventually reflect material information" and "presumably tr[y] to estimate how undervalued or overvalued a particular stock is" by reference to the market price. Ibid. Whether the majority's unsupported claims about the thought processes of hypothetical investors are accurate or not, they are surely beside the point. Whatever else an investor believes about the market, he simply does not "rely on the integrity of the market price" if he does not believe that the market price accurately reflects public information at the time he transacts. That is, an investor cannot claim that a public misstatement induced his transaction by distorting the market price if he did not buy at that price while believing that it accurately incorporated that public information. For that sort of investor, Basic's critical fiction falls apart.

B

Basic's presumption of reliance also conflicts with our more recent cases clarifying Rule 23's class-certification requirements. Those cases instruct that "a party seeking to maintain a class action 'must affirmatively demonstrate his compliance' with Rule 23." Comcast, 569 U. S., at ____ (slip op., at 5) (quoting Wal-Mart, 564 U. S., at ____ (slip op., at 10). To prevail on a motion for class certification, a party must demonstrate through "evidentiary proof" that "questions of law or fact common to class members predominate over any questions affecting only individual members." 569 U. S., at ____(slip op., at 5–6) (quoting Fed. Rule Civ. Proc. 23 (b) (3)).

Basic permits plaintiffs to bypass that requirement of evidentiary proof. Under Basic, plaintiffs who invoke the presumption of reliance (by proving its predicates) are deemed to have met the predominance requirement of Rule 23 (b) (3). See ante, at 14; Amgen, supra, at ____ (slip op., at 6) (Basic "facilitates class certification by

（但并没有能成功）做到自圆其说。多数大法官首先提出，Basic 有限责任公司案判例是基于更克制的观点，即“大多数投资者”依赖证券市场价格的完整性。{（Ante, at 12）并非引用 Basic 有限责任公司案判例，而是引用阿姆根有限责任公司诉康奈狄克退休计划和信托基金［Amgen Inc. v. Connecticut Retirement Plans & Trust Funds, 568 U.S. ____，____（2013）（slip op., at 5）］。} 这种粉饰与 Basic 有限责任公司案判例的直白语言难以一致；Basic 有限责任公司案判例的直白语言是：“投资者依赖市场决定的价格买入或卖出股票，就依赖了该价格的完整性。”［Basic, 458 U.S., at 247; see also id., at 246–247（难以想象，会有买方或卖方不依赖市场完整性）.］无论如何，Basic 有限责任公司案判例或本案多数大法官称“大多数”投资者依赖价格完整性，但所提出的证据只不过是司法直觉而已。

多数大法官还示意，“没有理由以为”投资者买入其认为价值被低估的股票，会对“市场价格的完整性无动于衷”。（Ante, at 12.）在多数大法官看来，此类“价值投资者其实依赖的是，股票市场价格最终会反映重大信息”，而且“可以假定投资者参考市场价格，试图估计相关股票在多大程度上估价过低或过高”。（Ibid.）多数大法官对投资者的思索过程的说法缺乏根据，无论这种说法准确与否，所涉及的内容都不是问题所在。无论投资者对市场有何其他信念，如果投资者不相信其买卖证券时市场价格准确反映了公开信息，那其就没有“依赖市场价格的完整性”。也就是说，如果投资者买入证券时，并不相信相关价格准确纳入了公开信息，投资者不能主张公开的不当陈述扭曲了市场价格，并诱发了交易。就这种投资者而言，Basic 有限责任公司案判例的关键虚构便土崩瓦解。

B

Basic 有限责任公司案判例的依赖假定也与本院近期澄清《联邦民事诉讼规则》第 23 条下集团认可要求的判例相矛盾。这些判例的要求是，“一方若要继续进行集团诉讼，‘必须肯定性地显示，自己符合’23 规则”。Comcast, 569 U.S., at ____（slip op., at 5）{引用沃尔玛案判例［Wal-Mart, 564 U.S., at ____（slip op., at 10）］.}当事方提出要求认可集团的动议，获得支持的前提是，该当事方必须通过“证据证明”来显示，“集团成员有共性的法律问题或事实问题，高于仅仅是分别影响成员的任何问题”。［569 U.S., at ____（slip op., at 5–6）（引用《美国联邦民事诉讼规则》之《23（b）（3）规则》）.］

Basic 有限责任公司案判例允许原告规避以证据证明的要求。根据 Basic 有限责任公司案判例，原告（通过证明有关先决条件）引用依赖假定，就被视为满足了《23（b）（3）规则》关于主导问题的要求。［See ante, at 14; Amgen, supra, at ____（slip op., at 6）（Basic 有限责任公司案判例“承认关于整个集团的依赖的可反驳性假定，

recognizing a rebuttable presumption of classwide reliance"); Basic, 485 U. S., at 242, 250 (holding that the District Court appropriately certified the class based on the presumption of reliance). But, invoking the Basic presumption does not actually prove that individual questions of reliance will not overwhelm the common questions in the case. Basic still requires a showing that the individual investor bought or sold in reliance on the integrity of the market price and, crucially, permits defendants to rebut the presumption by producing evidence that individual plaintiffs do not meet that description. See id., at 249 ("Petitioners ... could rebut the presumption of reliance as to plaintiffs who would have divested themselves of their Basic shares without relying on the integrity of the market"). Thus, by its own terms, Basic entitles defendants to ask each class member whether he traded in reliance on the integrity of the market price. That inquiry, like the traditional reliance inquiry, is inherently individualized; questions about the trading strategies of individual investors will not generate "common answers apt to drive the resolution of the litigation," Wal-Mart Stores, supra, at ____ (slip op., at 10). See supra, at 8-9; see also Cox 1736, n. 55 (Basic's recognition that defendants could rebut the presumption "by proof the investor would have traded anyway appears to require individual inquiries into reliance").

Basic thus exempts Rule 10b-5 plaintiffs from Rule 23's proof requirement. Plaintiffs who invoke the presumption of reliance are deemed to have shown predominance as a matter of law, even though the resulting rebuttable presumption leaves individualized questions of reliance in the case and predominance still unproved. Needless to say, that exemption was beyond the Basic Court's power to grant.[1]

C

It would be bad enough if Basic merely provided an end-run around Rule 23. But in practice, the so-called "rebuttable presumption" is largely irrebuttable.

The Basic Court ostensibly afforded defendants an opportunity to rebut the presumption by providing evidence that either aspect of a plaintiff's fraud-on-the-market reliance—price impact, or reliance on the integrity of the market price—is missing. 485 U. S., at 248-249. As it turns out, however, the realities of class-action procedure make rebuttal based on an individual plaintiff's lack of reliance virtually impossible. At the class-certification stage, rebuttal is only directed at the class representatives, which means that counsel only needs to find one class member who can withstand the challenge. See Grundfest, Damages and

1 The majority suggests that Basic squares with Comcast Corp. v. Behrend, 569 U. S. ____ (2013), and Wal-Mart Stores, Inc. v. Dukes, 564 U. S. ____ (2011), because it does not "relieve plaintiffs of the burden of proving ... predominance" but "rather sets forth what they must prove to demonstrate such predominance." Ante, at 14-15. This argument misses the point. Because Basic offers defendants a chance to rebut the presumption on individualized grounds, the predicates that Basic sets forth as sufficient to invoke the presumption do not necessarily prove predominance.

从而方便了集团诉讼”）；Basic，485 U.S.，at 242，250（认定，地区法院恰当地根据依赖假定认可了集团）.］但是引用 Basic 有限责任公司案判例假定，并不能实际证明，依赖的个性问题不会压倒案件中的共性问题。按照 Basic 有限责任公司案判例的要求，仍然需要分别显示，各个投资者买入或卖出时仍然依赖市场价格的完整性，而且关键是允许被告反驳该假定，只要出示证据显示，具体投资者并不符合相关描述。［See id.，at 249（上诉人……可以反驳依赖假定，因为原告出售其所持有的 Basic 有限责任公司股票时，并没有依赖市场的完整性）.］因此，按照 Basic 有限责任公司案判例本身的规定，被告有权质问集团的各个成员，他交易时是否依赖了市场价格的完整性。这种调查与有关依赖的传统调查一样，有其固有的特性；各个投资者的交易策略的相关问题不会产生“宜于推动诉讼的解决的共性问题”［Wal-Mart Stores，supra，at ____（slip op.，at 10）. See supra，at 8-9，see also Cox 1736，n. 55（Basic 有限责任公司案判例承认，被告可以反驳假定，“办法是证明投资者反正是要交易的，似乎是要求就各个投资者分别进行关于依赖的调查”）］。

因此，Basic 有限责任公司案判例豁免了《规则 10b-5》下原告根据《联邦民事诉讼规则》第 23 条应当完成的证明责任。原告引用依赖假定，就被视为从法律上显示了主导性，即便随之产生了可反驳假定仍然没有证明该案中依赖和主导性的个性化问题。毋庸说，本院审理 Basic 有限责任公司案，无权作出这一豁免。[1]

C

如果 Basic 有限责任公司案判例只是提供了绕过《联邦民事诉讼规则》第 23 条的伎俩，已经是够糟的了。但实际上，所谓的“可反驳假定”基本上无法反驳。

Basic 有限责任公司案判例表面上允许被告有机会反驳假定，只要被告提供证据证明，原告的市场欺诈依赖的两个要素缺少一个，或者缺少价格影响，抑或是缺少对市场价格完整性的依赖。（485 U.S.，at 248-249.）但结果是，鉴于集团诉讼的程序的现实情况，几乎无法进行基于具体原告没有依赖的反驳。在集团认可阶段，反驳只是针对集团代表，这就意味着律师只需要找到一位能够经得起挑战的集团成员即可。［See Grundfest，Damages and Reliance Under Section 10（b） of the Exchange Act，69 Bus. Lawyer 307，362（2014）.］集团认可之后，各法院便拒绝允许被告在

1　多数大法官示意，Basic 有限责任公司案判例符合 Comcast 公司诉贝伦德案［Comcast Corp. v. Behrend，569 U.S. ____（2013）］判例和沃尔玛商店有限责任公司诉杜克案［Wal-Mart Stores，Inc. v. Dukes，564 U.S. ____（2011）］判例，因为 Basic 有限责任公司案判例并没有“免除原告证明……主导性的责任”，而是“阐明了原告显示这一主导性所需要证明的内容”。（Ante，at 14-15.）这一争论并非问题之所在。因为 Basic 有限责任公司案判例为被告提供了机会，他们可以按各自的具体情况反驳假定，Basic 有限责任公司案判例阐明的先决条件足以引用假定，但并不一定证明主导性。

Reliance Under Section 10 (b) of the Exchange Act, 69 Bus. Lawyer 307, 362 (2014). After class certification, courts have refused to allow defendants to challenge any plaintiff's reliance on the integrity of the market price prior to a determination on classwide liability. See Brief for Chamber of Commerce of the United States of America et al. as Amici Curiae 13–14 (collecting cases rejecting postcertification attempts to rebut individual class members' reliance on price integrity as not pertinent to classwide liability). One search for rebuttals on individual–reliance grounds turned up only six cases out of the thousands of Rule 10b–5 actions brought since Basic. Grundfest, supra, at 360.[1]

The apparent unavailability of this form of rebuttal has troubling implications. Because the presumption is conclusive in practice with respect to investors' reliance on price integrity, even Basic's watered–down reliance requirement has been effectively eliminated. Once the presumption attaches, the reliance element is no longer an obstacle to prevailing on the claim, even though many class members will not have transacted in reliance on price integrity, see supra, at 8–9. And without a func–tional reliance requirement, the "essential element" that ensures the plaintiff has actually been defrauded, see Stoneridge, 552 U. S., at 159, Rule 10b–5 becomes the very "scheme of investor's insurance" the rebuttable presumption was supposed to prevent. See Basic, supra, at 252 (opinion of White, J.).[2]

For these reasons, Basic should be overruled in favor of the straightforward rule that "[r] eliance by the plaintiff upon the defendant's deceptive acts" —actual reliance, not the fictional "fraud–on–the–market" version— "is an essential element of the § 10(b) private cause of action." Stone–ridge, 552 U. S., at 159.

III

Principles of stare decisis do not compel us to save Basic's muddled logic and armchair

1 The absence of postcertification rebuttal is likely attributable in part to the substantial in terrorem settlement pressures brought to bear by certification. See e.g., Nagareda, Class Certification in the Age of Aggregate Proof, 84 N. Y. U. L. Rev. 97, 99 (2009) ("With vanishingly rare exception, class certification sets the litigation on a path toward res–olution by way of settlement, not full–fledged testing of the plaintiffs' case by trial"); see also Stoneridge Investment Partners, LLC v. Scientific–Atlanta, Inc., 552 U. S. 148, 163 (2008) ("[E] xtensive discovery andthe potential for uncertainty and disruption in a lawsuit allow plaintiffs with weak claims to extort settlements from innocent companies").

2 Of course, today's decision makes clear that a defendant may rebut the presumption by producing evidence that the misstatement at issue failed to affect the market price of the security, see ante, at 17–22. But both parts of Basic's version of reliance are key to its fiction that an investor has "indirectly" relied on the misstatement; the unavailability of rebuttal with respect to one of those parts still functionally removes reliance as an element of proof.

确定整个集团的有关法律责任之前质疑任何原告对市场价格完整性的依赖。［See Brief for Chamber of Commerce of the United States of America et al. as Amici Curiae 13–14（收集判例，其内容是当事方在集团认可之后试图反驳集团具体成员对价格完整性的依赖，但法院不同意，理由是这与整个集团的法律责任无关）.］有一项研究是查找基于具体原告的依赖的反驳；Basic 有限责任公司案判例之后，《规则 10b–5》诉讼成千上万，但只有 6 个案件的反驳基于原告的依赖的反驳。（Grundfest，supra，at 360.）[1]

显然，此类反驳很少，其含义令人不安。因为有关投资价格完整性的假定实际上是结论性的，Basic 有限责任公司案判例稀释了的依赖要求，但即便是稀释后的实际上也被取消了。只要适用假定，依赖要件就不能有效阻止诉讼主张，即便集团的许多成员交易时并不会依赖价格的完整性（see supra，at 8–9）。要确信原告确实受到欺诈，可以操作的依赖要求是"关键要件"（see Stoneridge，552 U.S.，at 159）如果缺少这项要求，《规则 10b–5》就成了"投资者的保险安排"，而这正是可反驳假定本来应当阻止的。［See Basic，supra，at 252（怀特大法官的意见）.］[2]

鉴于这些理由，应当推翻Basic有限责任公司案判例，代之以更直接的规则，即"第10（b）条私人诉因的一个关键要件是，原告依赖了被告的欺骗行为"，是真实依赖，而不是虚拟的"市场欺诈"。（Stone–ridge，552 U.S.，at 159.）

Ⅲ

Basic 有限责任公司案判决的逻辑混乱，相关的经济学是坐而论道，遵循

1 集团认可之后没有反驳，部分原因很可能是认可产生了达成和解的很大的威慑压力。［See e.g.，Nagareda，Class Certification in the Age of Aggregate Proof，84 N.Y. U. L. Rev. 97，99（2009）（集团认可使诉讼走上通过和解解决争端的道路，不再通过诉讼充分检验原告是否有道理，不和解只是例外，而且这种越来越少）；see also Stoneridge Investment Partners，LLC v. Scientific–Atlanta，Inc.，552 U.S. 148，163（2008）（诉讼中的证据发现程序范围很大，充满不确定性，还有干扰性，所以即便原告的主张较弱，原告也可以迫使无辜的公司进行妥协）.］

2 当然，今天的判决意见明确的一点是，被告可以反驳这一假定，可以提供证据显示，不当陈述并没有影响相关证券的市场价格（see ante，at 17–22）。但是，Basic 有限责任公司案判例的依赖版本的两部分对该判例的虚构都至关重要，该虚构是投资者"间接"依赖相关不当陈述；仍然无法反驳其中的一部分，功能上仍然将依赖排除在证明要件之外。

economics. We have not hesitated to overrule decisions when they are "unworkable or are badly reasoned," Payne v. Tennessee, 501 U. S. 808, 827 (1991); when "the theoretical underpinnings of those decisions are called into serious question," State Oil Co. v. Khan, 522 U. S. 3, 21 (1997); when the decisions have become "irreconcilable" with intervening developments in "competing legal doctrines or policies," Patterson v. McLean Credit Union, 491 U. S. 164, 173 (1989); or when they are otherwise "a positive detriment to coherence and consistency in the law," ibid. Just one of these circumstances can justify our correction of bad precedent; Basic checks all the boxes.

In support of its decision to preserve Basic, the majority contends that stare decisis "has 'special force' 'in respect to statutory interpretation' because 'Congress remains free to alter what we have done.'" Ante, at 12 (quoting John R. Sand & Gravel Co. v. United States, 552 U. S. 130, 139 (2008); some internal quotation marks omitted). But Basic, of course, has nothing to do with statutory interpretation. The case concerned a judge-made evidentiary presumption for a judge-made element of the implied 10b-5 private cause of action, itself "a judicial construct that Congress did not enact in the text of the relevant statutes." Stoneridge, supra, at 164. We have not afforded stare decisis "special force" outside the context of statu-tory interpretation, see Michigan v. Bay Mills Indian Community, 572 U. S. ____, ____, n. 6 (2014) (Thomas J. dissenting), slip op., at 15, n. 6 and for good reason. In statutory cases, it is perhaps plausible that Congress watches over its enactments and will step in to fix our mistakes, so we may leave to Congress the judgment whether the interpretive question is better left "settled" or "settled right," Square D Co. v. Niagara Frontier Tariff Bureau, Inc., 476 U. S. 409, 424 (1986). But this rationale is untenable when it comes to judge-made law like "implied" private causes of action, which we retain a duty to superintend. See e.g., Exxon Shipping Co. v. Baker, 554 U. S. 471, 507 (2008) ("[T]he judiciary [cannot] wash its hands of a problem it created ... simply by calling [the judicial doctrine] legislative"). Thus, when we err in areas of judge-made law, we ought to presume that Congress expects us to correct our own mistakes—not the other way around. That duty is especially clear in the Rule 10b-5 context, where we have said that "[t]he federal courts have accepted and exercised the principal responsibility for the continuing elaboration of the scope of the 10b-5 right and the definition of the duties it imposes." Musick, Peeler & Garrett v. Employers Ins. of Wausau, 508 U. S. 286, 292 (1993).

Basic's presumption of reliance remains our mistake to correct. Since Basic, Congress has enacted two major securities laws: the Private Securities Litigation Reform Act of 1995 (PSLRA), 109 Stat. 737, and the Securities Litigation Uniform Standards Act of 1998 (SLUSA), 112 Stat. 3227. The PSLRA "sought to combat perceived abuses in securities litigation," ante, at 15, and SLUSA prevented plaintiffs from avoiding the

先例原则并不强求本院对其保留。如果判决“不可行或者论证很差”［Payne v. Tennessee，501 U.S. 808，827（1991）］，或者是判决的理论依据受到严重质疑［State Oil Co. v. Khan 522 U.S. 3，21（1997）］，或者是情况有变，判决与后来出现的相反法律理论或政策“不可调和”［Patterson v. McLean Credit Union，491 U.S. 164，173（1989）］，或者是这些判决“确实有损于法律的连贯性和一致性”（ibid.），本院一向毫不犹豫地推翻这些判决。上述情形只要一种情形存在，纠正不良判决就是正确的。而以上几种情形在 Basic 有限责任公司案判例中都存在。

为了支持其维持 Basic 有限责任公司案判例的决定，多数大法官辩称，“‘就制定法的解释而言，遵循先例具有特别效力’，因为‘国会仍然可以更改本院所为’”。引用约翰·R. 桑德和格拉维尔公司诉讼美国案判例。｛Ante，at 12［quoting John R. Sand & Gravel Co. v. United States，552 U.S. 130，139（2008），省略某些文内引号］.｝然而，Basic 有限责任公司案判例显然与制定法解释的毫无关系。Basic 有限责任公司案判例所涉及的是由法官制定的证明假定，适用于《规则 10b–5》默示私人诉因的一个由法官制定的要件，而《规则 10b–5》默示私人诉因本身就是“司法诠释，美国国会在相关的制定法文本中并没有规定有关内容”。（Stoneridge，supra，at 164.）在制定法解释的范畴之外，本院未曾赋予遵循先例原则“特殊效力”［see Michigan v. Bay Mills Indian Community，572 U.S. ____，____，n.6（2014）（托马斯大法官持反对意见），slip op.，at 15，n. 6］，而这样做是很有道理的。如果判例涉及制定法，或许美国国会有可能关注相关的立法，会进行干预，以纠正本院的错误，所以本院可以留待美国国会判断，解释性的问题是“既定不变”为好，还是“拨乱反正”为好。Square D Co. v. Niagara Frontier Tariff Bureau，Inc.，476 U. S. 409，424（1986）. 但是这个理由对法官所造之法就无法成立，“默示”私人诉因就是法官造的这种法，本院对此保留了相关的监督责任。｛See e.g.，Exxon Shipping Co. v. Baker，554 U.S. 471，507（2008）［司法部门对自己造成的问题（不能）甩手不管……非说（司法原则）是立法性的］.｝因此，如果本院在法官造法的领域犯了错误，理应相信美国国会期待本院纠正自己的错误，而不是颠倒过来。就《规则 10b–5》而言，这种责任尤为清楚，本院就此指出，“联邦法院已经接受并行使了继续阐述《规则 10b–5》诉权范围以及相关责任的定义的主要责任”。［Musick，Peeler & Garrett v. Employers Ins. of Wausau，508 U.S. 286，292（1993）.］

Basic 有限责任公司案判例的依赖假定依然是本院有待纠正的错误。Basic 有限责任公司案判例之后，美国国会制定了两部重要的证券法：《1995 年私人证券诉讼改革法》（以下简称《诉讼改革法》）（109 Stat. 737）和《1998 年证券诉讼统一标准法》（以下简称《诉讼标准法》）（112 Stat. 3227）。《诉讼改革法》“旨在打击证券诉讼中所见的滥诉”（ante，at 15），而《诉讼标准法》则是防止原告通

PSLRA's restrictions by bringing class actions in state court, ibid. Neither of these Acts touched the reliance element of the implied Rule 10b–5 private cause of action or the Basic presumption.

Contrary to respondent's argument (the majority wisely skips this next line of defense), we cannot draw from Congress' silence on this matter an inference that Congress approved of Basic. To begin with, it is inappropriate to give weight to "Congress' unenacted opinion" when construing judge–made doctrines, because doing so allows the Court to create law and then "effectively codif [y]" it "based only on Congress' failure to address it." Bay Mills, supra, at ____ (Thomas, J., dissenting) (slip op., at 14). Our Constitution, however, demands that laws be passed by Congress and signed by the President. U. S. Const., Art. I, § 7. Adherence to Basic based on congressional inaction would invert that requirement by insulating error from correction merely because Congress failed to pass a law on the subject. Cf. Patterson, supra, at 175, n. 1("Congressional inaction cannot amend a duly enacted statute").

At any rate, arguments from legislative inaction are speculative at best. "[I] t is impossible to assert with any degree of assurance that congressional failure to act represents" affirmative congressional approval of "one of this Court's decisions." Bay Mills, supra, at ____ (Thomas, J., dissenting) (slip op., at 13) (quoting Patterson, supra, at 175, n. 1). "Congressional inaction lacks persuasive significance" because it is indeterminate; "several equally tenable inferences may be drawn from such inaction." Central Bank of Denver, N. A. v. First Interstate Bank of Denver, N. A., 511 U. S. 164, 187 (1994) (quoting Pension Benefit Guaranty Corporation v. LTV Corp., 496 U. S. 633, 650 (1990)). Therefore, "[i] t does not follow ... that Congress' failure to overturn a ... precedent is reason for this Court to adhere to it." Patterson, supra, at 175, n. 1.

That is especially true here, because Congress passed a law to tell us not to draw any inference from its inaction. The PSLRA expressly states that "[n] othing in this Act ... shall be deemed to create or ratify any implied private right of action". Notes following 15 U. S. C. § 78j–1, p. 430. If the Act did not ratify even the Rule 10b–5 private cause of action, it cannot be read to ratify sub silentio the presumption of reliance this Court affixed to that action. Further, the PSLRA and SLUSA operate to curtail abuses of various private causes of action under our securities laws—hardly an indication that Congress approved of Basic's expansion of the 10b–5 private cause of action. Congress' failure to overturn Basic does not permit us to "place on the shoulders of Congress the burden of the Court's own error". Girouard v. United States, 328 U. S. 61, 70 (1946).

Basic took an implied cause of action and grafted on a policy–driven presumption of reliance based on nascent economic theory and personal intuitions about investment behavior.

过在州法院提出集团诉讼，绕过《诉讼改革法》的限制（ibid.）。但这两部法既没有提到默示《规则 10b-5》下私人诉因的依赖要件，也没有提到 Basic 有限责任公司案判例的假定。

与被申请人的论点不同（持多数意见的大法官明智地跳过了下一个辩护思路），本院不能从美国国会的沉默中推论，国会已经批准了 Basic 有限责任公司案判例。首先，诠释法官创设的原则时，不宜强调“国会未经立法表达的观点”，因为倘若如此，就会允许本院造法。其次，又“仅以国会没有就其表达意见”，将其“实际上法典化”。［Bay Mills，supra，at ____（托马斯大法官持反对意见）（slip op.，at 14）.］然而，按照我们《宪法》的要求，法律必须由美国国会通过，并由总统签署。（U.S. Const.，Art. I，§ 7.）以美国国会没有采取行动为由而继续遵循 Basic 有限责任公司案判例，就会颠覆《宪法》的这一要求，因为只要国会没有就相关问题制定法律，就可以有错不纠。［Cf. Patterson，supra，at 175，n. 1（国会没有采取行动，但不能据此修正经过正常程序制定的制定法）.］

但无论如何，立法机构无所行动的论点不过是一种揣测，“无法在任何程度确定，国会无所行动就代表”国会明确批准了“本院的一个判决”。［Bay Mills，supra，at ____（托马斯大法官持反对意见）（slip op.，at 13）（quoting Patterson，supra，at 175，n. 1）.］“国会无所行动不具有说服力”，因为没有确定性；“国会无所行动，可以得出若干同样可以成立的推断”。［Central Bank of Denver，N. A. v. First Interstate Bank of Denver，N. A.，511 U.S. 164，187（1994）（quoting Pension Benefit Guaranty Corporation v. LTV Corp.，496 U.S. 633，650）（1990）.］“因此，美国国会没有推翻一个先例，并不成为本院遵循该先例的理由”。（Patterson，supra，at 175，n. 1.）

本案中尤其如此，因为美国国会已经制定了一部法律，告诉本院不得因其无所行动而作出任何推断。《诉讼改革法》明确指出，“本法中的任何内容……不得视为创立或批准了任何默示私人诉因”。（Notes following 15 U.S.C. § 78j-1，p. 430.）如果该法甚至没有批准《规则 10b-5》的私人诉因，更不能将其解读为默示批准了本院给该诉讼添加的依赖假定。不仅如此，《诉讼改革法》和《诉讼标准法》的适用就是为了限制我们的证券法下各类诉因被滥用——很难说这是显示，美国国会批准了 Basic 有限责任公司案判例对《规则 10b-5》私人诉因范围的扩大。美国国会没有推翻 Basic 有限责任公司案判例，但这并不允许本院将“本院自己错误的重负置于国会的肩上”。［Girouard v. United States，328 U.S. 61，70（1946）.］

Basic 有限责任公司案判例支持默示私人诉因，而且加上了政策驱动的依赖假定，该假定基于只具雏形的经济理论以及关于投资行动的个人直觉。结果是出现了为集

The result was an unrecognizably broad cause of action ready made for class certification. Time and experience have pointed up the error of that decision, making it all too clear that the Court's attempt to revise securities law to fit the alleged "new realities of financial markets" should have been left to Congress. 485 U. S., at 255 (opinion of White, J.).

团认可而定制的诉因，范围之宽，无法辨认。时间和经验都表明了该判决的错误，以下观点也再清楚不过：本院试图修正证券法，以适应所谓的“金融市场新现实”，但应当由美国国会定夺。［485 U.S.，at 255（怀特大法官的意见）.］

Lentell v. Merrill Lynch & Co. Inc. MPC

伦特尔诉美林公司

Lentell v. Merrill Lynch & Co. Inc. MPC

396 F.3d 161

Before: Jacobs, Sotomayor and B.D. Parker, Circuit Judges.
Jacobs, Circuit Judge.

1

John Kilgour Lentell and Brett and Juliet Raynes, as lead plaintiffs for purchasers of the publicly traded stock of two internet companies, appeal from the dismissal by the United States District Court for the Southern District of New York (Pollack, J.) of their securities-fraud actions against Merrill Lynch & Co. and its former star analyst, Henry M. Blodget (collectively, "Merrill Lynch" "Merrill" or "the Firm"). In a nutshell, plaintiffs allege that Merrill, through Blodget and other research analysts, issued false and misleading reports recommending that investors purchase shares of 24/7 Real Media, Inc. ("24/7 Media") and Interliant, Inc. ("Interliant"), even though the analysts did not then believe that those companies were a good investment. It is alleged that analysts were touted to investors as independent assessors of business prospects, but that they issued the falsely optimistic recommendations to cultivate the Firm's investment-banking clients.

2

In a thorough opinion, Judge Pollack concluded: [i] that the suits were time-barred and (in any event) that they fail [ii] to plead loss causation, [iii] to plead fraud with the particularity required by Federal Rule of Civil Procedure 9 (b) and the Private Securities Litigation Reform Act of 1995 ("PSLRA"), and [iv] to overcome the "bespeaks caution" doctrine. We conclude that the underlying complaints were timely filed, but we affirm the dismissal on the ground that the complaints fail to plead that the alleged misrepresentations and omissions caused the claimed losses.

伦特尔诉美林公司

美国第二巡回法院（2005 年）

由雅各布斯、索托梅雅尔和 B.D. 帕克法官巡回法官审理。

雅各布斯巡回法官发表意见。

1

约翰·基尔戈·伦特尔以及布雷特·雷恩斯和朱丽叶·雷恩斯是主诉原告，代表两家互联网公司公开交易的股票的购买者，对美林公司以及美林公司前雇员、明星分析师亨利·M. 布洛奇特（以下统称美林、美里尔或公司）提起证券欺诈诉讼。美国纽约南区地方法院（波拉克法官）驳回起诉，原告提出上诉。简言之，原告指称，美里尔通过布洛奇特和其他研究分析师发表虚假误导报告，推荐投资者买入 24/7 真实媒体有限责任公司（以下简称 24/7 媒体）和 Interliant 有限责任公司（以下简称 Interliant 公司）的股票，尽管这些分析师当时并不相信两家公司是好的投资。据指称，向投资者推荐时，分析师被吹嘘为商业前景的独立评估者，但他们为了与公司的投资银行业务客户搞好关系，发布了不实的乐观推荐。

2

波拉克法官给出了充分意见，其结论是：[i]（无论如何）该诉讼已过时效，[ii] 未能说明损失因果关系，[iii] 未能说明《美国联邦民事诉讼规则》第 9（b）条和《1995 年私人证券诉讼改革法》（以下简称《私人诉讼改革法》）所要求的关于欺诈的具体内容，而且 [iv] 未能克服“提示谨慎”的理论。本院的结论是，上诉涉及的诉讼是及时提起的，但本院维持驳回决定，因为起诉书没有说明，所以指称的不当陈述和遗漏造成了所称的损失。

Background

3

These securities-fraud suits arise from an investigation by the New York Attorney General ("NYAG") into investment recommendations and research issued by prominent financial institutions, including Merrill Lynch. The NYAG sought a state court order in April 2002 compelling the production of documents, testimony, and other evidence by Merrill Lynch and several of its current and former employees. The supporting affidavit outlined a scheme by Merrill Lynch's research arm to publish bogus analysis in an effort to generate investment banking business. The NYAG's papers cited dozens of internal communications that expressed bluntly negative views on internet stocks that the Firm's analysts were then recommending to the investing public.

4

Within weeks, some 140 class-action complaints were filed, relying on the NYAG's application to allege securities fraud in connection with Merrill Lynch's analyses and investment recommendations concerning 27 publicly traded internet companies — including 24/7 Media and Interliant. See In re Merrill Lynch & Co. Research Reports Sec. Litig., 273 F.Supp.2d 351, 357-59 (S.D.N.Y.2003). The Judicial Panel on Multi-District Litigation ("MDL") transferred these cases to Judge Pollack, see id., who consolidated the cases, appointed lead plaintiffs (by issuer), and ruled that the 24/7 Media and Interliant actions would proceed first and together. Id., at 359 n. 14. Amended, consolidated class-action complaints were filed in February 2003; the dispositive issue on appeal is the sufficiency of those complaints.

5

Because we assume plaintiff's factual allegations to be true on review of a motion to dismiss pursuant to Rule 12 (b) (6), DeMuria v. Hawkes, 328 F.3d 704, 706 (2d Cir.2003), the facts of Merrill Lynch's fraud are taken from the amended complaints and any documents upon which they rely. See Rothman v. Gregor, 220 F.3d 81, 88-89 (2d Cir.2000).

背　景

3

这些证券欺诈诉讼源于纽约州检察长（以下简称检察长）对包括美林公司在内的重要的金融机构发布的投资推荐和研究所进行的调查。2002 年 4 月检察长要求州法院发出命令，强制美林公司以及美林的几位现有雇员和前雇员提供文件、证言和其他证据。作为依据的宣誓证言概述了美林公司研究部门设局发布虚假信息，以求获得投资银行业务。检察长的文件引用了数十份内部交流资料，这些资料直言不讳，对互联网公司股票持负面看法，但公司的分析师之后又将这些股票推荐给了投资公众。

4

数周之内，提起了 140 个集团诉讼，依据检察长的申请指称证券欺诈，涉及美林公司关于 27 家公开交易的互联网公司的分析和投资推荐，27 家公司中包括 24/7 媒体和 Interliant 公司。[See In re Merrill Lynch & Co. Research Reports Sec. Litig., 273 F. Supp. 2d 351, 357–59（S.D.N.Y. 2003）.]多区诉讼司法小组（以下简称多区诉讼小组）将这些案件交给波拉克法官（see id.）。波拉克法官合并了这些诉讼，（按照发行人）指定了主诉原告，并且裁定 24/7 媒体和 Interliant 公司两案诉讼先行审理，两案合并。（Id., at 359 n. 14.）2003 年 2 月提交了修改后合并的集团诉讼起诉书；上诉的决定性问题是，这些起诉书的内容是否充分。

5

本院审议依据《美国联邦民事诉讼规则》第 12（b）(6）条提出要求驳回的动议时，假定原告关于事实的指称属实［DeMuria v. Hawkes, 328 F. 3d 704, 706（2d Cir. 2003）］，所以关于美林欺诈的事实来自修改后的起诉书以及起诉书所依赖的任何文件。［See Rothman v. Gregor, 220 F. 3d 81, 88–89（2d Cir. 2003）.］

6

Merrill Lynch employs analysts to study and publish research and investment recommendations on a wide range of publicly traded companies. The Firm's Internet Group covers so-called new economy companies that emerged in the 1990s as investment was ignited by electronic commerce and other internet-based business models. Merrill Lynch is also an investment bank; among the services it provides in that capacity, Merrill assists companies seeking access to the capital markets by underwriting public offerings of securities. In theory, a "Chinese Wall" isolated Merrill's Internet Group analysts from the investment bankers soliciting business from companies in the new economy. Plaintiffs claim that the Chinese Wall was breached.

A. The Alleged Fraud

7

Identical frauds are alleged as to 24/7 Media and Interliant: the publication by Merrill Lynch's Internet Group of false and misleading research and investment recommendations "aimed at fraudulently driving up the market prices of [those] companies... and motivated by the desire to obtain and maintain investment banking business for Merrill Lynch." "The result of the scheme was to manipulate, inflate and maintain the market prices of the securities of the Internet companies at artificially high levels ... [and w] hen the market prices of the Internet companies fell, public investors lost hundreds of millions of dollars". The complaints challenge approximately 80 reports issued during a combined class period of May 12, 1999 through February 20, 2001. Merrill Lynch, 273 F.Supp.2d at 360. Henry Blodget — then a star analyst — headed the Internet Group throughout the putative class periods, and he figures prominently in plaintiffs' allegations.

8

The scheme had five elements common to research published on 24/7 Media and Interliant:

9

(i) the public issuance and maintenance of knowingly or recklessly false, bullish research reports;

10

(ii) the publication of false "buy or accumulate recommendations" on 24/7 Media

6

美林公司雇有分析师，就很多公开交易的公司进行研究并发布研究和投资推荐。美林公司的互联网组覆盖所谓的新经济公司，此类公司 20 世纪 90 年代出现，电子商务和其他基于互联网的商业模式引发了相关投资。美林公司也是一家投资银行；作为投资银行，美林提供的服务，包括承销证券的公开发行、协助公司利用资本市场。从理论上来说，有一道“中国墙”，将美里尔互联网组与向新经济公司招揽业务的投资银行家们隔开。原告主张，“中国墙”被穿透。

A. 被指称的欺诈

7

所指称的有关 24/7 媒体和 Interliant 公司的欺诈相同：美林公司互联网组发布虚假研究和虚假投资推荐，“旨在虚假地推高（这些）公司的市场价格……动机是为美林获得并维持投资银行业务”。“设局的结果是操纵、抬高和维持互联网公司的证券的市场价格，人为地将其维持在高位，互联网公司市场价格下跌时，公众投资者的损失数以亿美元计”。起诉书对 1999 年 5 月 12 日至 2001 年 2 月 20 日的合并集团诉讼期间所发布的大约 80 份报告提出质疑。（Merrill Lynch，273 F. Supp. 2d at 360.）亨利·布洛奇特当时是一位明星分析师，在所称的集团期间，始终由其负责互联网组，是原告的指称中的重要成员。

8

这种设局中有 5 个因素，是所发布的有关 24/7 媒体和 Interliant 公司的研究中所常见的：

9

（i）明知或不顾后果地发布和坚持虚假、乐观的报告；

10

（ii）发布有关 24/7 媒体和 Interliant 公司的虚假“购买或建仓推荐”；

and Interliant;

11

(iii) the setting of "profoundly unrealistic price targets for [those] stocks";

12

(iv) the existence of undisclosed agreements between Merrill Lynch and 24/7 Media and Interliant to "'trade' favorable, bullish Analyst Reports for investment banking business directed to Merrill Lynch"; and (v) the undisclosed "sharing of investment banking fees among Merrill Lynch and its internet analysts."

13

The false "buy" and "accumulate" recommendations appear in each of the challenged reports. Analyses issued on 24/7 Media and Interliant during the combined class periods were of three types: "Comments"; briefer, but largely similar "Bulletins"; and the terse "Morning Call Notes" (for 24/7 Media) and "Intra-Day Special Notes" (for Interliant). Page one of every challenged Comment and Bulletin includes a four-barreled "Investment Opinion" expressed in the form "X-a-b-c" where (according to the margin notes) "X" is an "Investment Risk Rating" that ranged from "A" to "D"; "a" is a number keyed to intermediate "Appreciation Potential Rating," i.e., a prediction of the investment's growth potential over the ensuing twelve months; "b" is a number keyed to long-term "Appreciation Potential Rating," i.e., a prediction of growth potential on a time-line greater than one year; and "c" is a number keyed to "Income Rating," i.e., a prediction of likely dividend payout.

14

Only the Appreciation Potential Ratings are alleged to have been false and misleading. Those ratings appeared in the full "Investment Opinion" offered in every challenged report, as well as in prominent, free-standing recommendations heading each Comment and Bulletin issued during the combined class period.[1] According to the reports, appreciation potential was rated on a six-point scale: 1 — Buy; 2 — Accumulate; 3 — Neutral; 4 — Reduce; 5 — Sell; 6 — No Rating. During the combined class period,

1 For example, Merrill published a 24/7 Media "Bulletin" on September 15, 1999, offering the Investment Opinion "D-1-1-9", i.e., "High" investment risk, "Buy" for medium-term appreciation potential, "Buy" for long-term appreciation potential, and "No Cash Dividend" likely. The Appreciation Potential Ratings also appear as recommendations at the top right-hand corner on the front page, i.e., BUY and, immediately below, in smaller typeface, Long Term BUY.

11

（iii）确定“这些股票严重不切实际的价格目标”；

12

（iv）美林公司与24/7媒体和Interliant公司之间有未披露的协议，“以乐观有利的分析报告‘换取’给美林公司的银行业务”；以及（v）未披露的“美林公司与互联网分析师分享投资银行收费”。

13

每份受到质疑的报告中都有虚假“买入”和“建仓”的推荐。合并集团诉讼阶段所发布的关于24/7媒体和Interliant公司的分析分为3类：“评论”；更加简短但大致类似的“要闻”；以及简短的（有关24/7媒体的）“早晨电话纪要”和（有关Interliant公司的）的“日间特别纪要”。每份受到质疑的“评论和要闻”的第一页都包括4个词构成的“投资观点”，表达形式是“X-a-b-c”，（根据纸上空白处的笔记）“X”是一种“投资风险等级”，从“A”到“D”；“a”是与中期“增值潜力等级”挂钩的数字，即对未来12个月内投资增长潜力的预测；“b”是与长期“增值潜力等级”挂钩的数字，即对1年以上时段的投资增长潜力的预测；“c”是与“收入等级”挂钩的数字，即是对未来可能支付的股息的预测。

14

只有增值潜力等级被指称为虚假和误导的。这些等级载于每份受到质疑的报告所提供的完整“投资观点”中，也载于合并类别期内每期评论和要闻之首单独列出的显著的推荐中。[1]根据这些报告，增值潜力是6分等级：1——买入；2——增持；3——中立；4——减持；5——卖出；6——无等级。在合并集团阶段，24/7媒体和Interliant公司的长期和中期增值评级从来没有低于“中立”，很少低于“买入”或“增持”。原告指称，这实际上是三分等级制，一贯的乐观推荐是诱饵，也是给投资银

1　例如，美林公司1999年9月15日发布了24/27媒体“要闻”，提供了投资观点“D-1-1-9”，即“高”风险，因中期增值潜力可“买入”，因长期增值潜力可“买入”，但“不会有现金派息”的可能。增值潜力等级作为推荐，也出现在首页右上角，即买入，下方紧接着是更小的字体：长期买入。

the long-term and intermediate appreciation potentials for 24/7 Media and Interliant were never rated below "neutral," and only rarely below "buy" or "accumulate." Plaintiffs allege that this was *de facto* a 3-point ratings system, and that the ever-optimistic recommendations were bait and reward for investment-banking business.

15

B. The 24/7 Media and Interliant Allegations

16

24/7 Media "provides marketing solutions to the digital advertising industry". Merrill Lynch acted as lead underwriter for two public offerings made by 24/7 Media in August 1998 and April 1999. Plaintiffs challenge as materially false and misleading each of the approximately 45 reports issued by Merrill's Internet Group from May 12, 1999 through November 9, 2000. The stock-appreciation potential of 24/7 Media was rated at "accumulate" or "buy" throughout that period, until it was downgraded to "neutral" on November 9, 2000. The stock price gyrated from $45.125 on May 12, 1999, to a high of $64.625, and to a low of $2.9375 at the close of the putative class period.

17

According to plaintiffs, the 24/7 Media research reports — "particularly [the] 'accumulate' and 'buy' recommendations" — were false and misleading, and failed to disclose that Merrill Lynch and Blodget "had a policy and practice throughout the Class Period of never issuing ... [a] rating or recommendation ... other than 'buy' or 'accumulate' " because to do so "would jeopardize Merrill Lynch's ... ability to obtain underwriting or investment advisory engagements". It is further alleged that the reports were issued primarily as a means to artificially inflate the price of 24/7 Media stock, and that the appreciation ratings were "nothing more than undisclosed 'momentum' plays — i.e. the stock should be bought because its price will rise, even though there are no rational economic reasons why the stock should trade at its current price ... [or] why the stock price should continue to rise".

18

Similar allegations are made with respect to the Internet Group's coverage of Interliant, a provider of "enhanced Internet services that enable [d its] customers to deploy and manage their Web sites and network-based applications". Merrill Lynch acted as co-lead underwriter of Interliant's initial public offering in July 1999. Plaintiffs challenge as false and misleading each of the approximately 35 reports issued by the Internet

行业务的回报。

15

B. 关于 24/7 媒体和 Interliant 公司的指称

16

24/7 媒体“为数字广告行业提供营销方案”。24/7 媒体 1998 年 8 月和 1999 年 4 月两次公开发行，美林公司都是主承销商。原告提出，1999 年 5 月 12 日至 2000 年 11 月 9 日，美里尔公司互联网组发布了约 45 份报告，每份报告都是重大虚假性的，也是误导性的。这段时期，24/7 媒体股票的增值潜力一直被评为“增持”或“买入”的等级，2000 年 11 月 9 日才被降为“中性”等级。股票价格从 1999 年 5 月 12 日的 45.125 美元升至 64.625 美元，在所称集团期结束时，又跌到 2.9375 美元。

17

原告认为，24/7 媒体的研究报告——“尤其是‘增持’和‘买入’推荐”——是虚假和误导性的，没有披露美林公司和布洛奇特的“政策和做法是，在整个类别期间……除‘买入’或‘增持’外，从不发布……其他等级”或推荐，因为那样做“会危及美林……获得承销或投资咨询业务的能力”。所指称的内容还有，发布报告主要是一种手段，旨在虚增 24/7 媒体的股票价格，增值等级“只不过是未披露的‘造势’游戏，即之所以应当买入股票，是因为股票价格会上涨，即便股票应当以目前价格交易没有合理的经济理由……（或）股票价格应当继续上涨也没有合理的经济理由”。

18

针对互联网组对 Interliant 公司的覆盖，也有类似指称。Interliant 公司是“互联网增强服务”的供应商，“帮助客户使用和管理其网站和基于互联网的应用”。美林公司是 Interliant 1999 年 7 月的首次公开发行的共同主承销商。1999 年 8 月 4 日（该阶段以“增持”和“买入”的中长期增值评等级开始）至 2001 年 2 月 20 日（此后股票由“买入 / 买入”降低到“增持 / 增持”），互联网组发布了大约 35 份报告，

Group between August 4, 1999 (when coverage initiated with intermediate and long-term appreciation ratings of "Accumulate" and "Buy") and February 20, 2001 (after which the stock was downgraded from "Buy/Buy" to "Accumulate/Accumulate") . Interliant was trading at $16.375 when Merrill initiated coverage, rose to a high of $55.50, and had plummeted to $4.00 as of February 21, 2001, the day after the putative class period closed. Throughout this period, Merrill's investment-banking arm assisted Interliant in its acquisition of 27 companies, and underwrote a $150 million convertible-bond offering in February 2000.

19

Plaintiffs challenge the veracity and completeness of the Interliant research reports in allegations virtually identical to those made regarding the 24/7 Media reports: the intermediate and long-term appreciation ratings were false and misleading; they were intended to artificially inflate Interliant's share price and to encourage Interliant and other internet-sector companies to use Merrill Lynch for investment-banking services; and the ratings had no rational economic basis.

20

Plaintiffs filed amended, consolidated class-action complaints in February 2003 and Merrill promptly moved to dismiss for failure to state a claim. Judge Pollack granted defendants' motion, citing numerous pleading deficiencies. This appeal followed.

Discussion

21

We review de novo a district court's dismissal of a complaint for failure to state a claim. Emergent Capital Inv. Mgmt., LLC v. Stonepath Group, Inc., 343 F.3d 189, 194 (2d Cir.2003) . The district court catalogued numerous deficiencies in the consolidated complaints, *Merrill Lynch*, 273 F.Supp.2d at 361–82; because we affirm their dismissal on the ground that plaintiffs failed to plead loss causation, we address only that issue and, antecedently, the statute of limitations.

22

"Section 10 (b) of the Securities Exchange Act of 1934 provides that ' [n] o action shall be maintained to enforce any liability created under this section, unless brought

原告质疑其中每一份报告，称其为虚假和误导的。美林公司开始评价时，Interliant公司的交易价格是16.375美元，随后涨到55.50美元，2001年2月21日，即有关类别日终止日后的次日，下跌到4美元。该阶段期间，美里尔投资银行部门一直协助Interliant公司收购了27家公司，2000年2月承销了1.5亿美元的可转换债的发行。

19

原告质疑Interliant公司研究报告的真实性和完整性，该指称与关于24/7媒体报告的指称实际上完全相同：中期和长期增值等级是虚假和误导性的。这些报告意在虚增Interliant公司的股票价格，鼓励Interliant公司和互联网行业的其他公司使用美林公司提供的投资银行服务；等级没有合理的经济基础。

20

2013年2月原告提起修改后的合并集团诉讼起诉书，美里尔公司立即提出动议，要求驳回起诉，理由是起诉书没有说明主张。波拉克法官支持被告的动议，指出了起诉书的多处说明不足。随后是上诉。

讨　论

21

地区法院因起诉书没有说明主张而驳回起诉。[Emergent Capital Inv. Mgmt., LLC v. Stonepath Group, Inc., 343 F. 3d 189, 194（2d Cir. 2003）.]本院审议驳回决定，重新考虑该起诉。地区法院列出合并起诉书中的诸多不足之处（Merrill Lynch, 273 F. Supp. 2d at 361–82）。本院以原告没有说明损失因果关系为由维持驳回，所以本院只讨论该问题以及之前的时效问题。

22

“《1934年证券交易法》第10（b）条规定，‘除非在构成违法的事实被发现1年之内或此类违法发生3年之内提起诉讼，不得进行强制执行本条下的法律责任

within one year after the discovery of the facts constituting the violation and within three years after such violation.' " LC Capital Partners, LP v. Frontier Ins. Group, Inc., 318 F.3d 148, 154 (2d Cir.2003) (quoting 15 U.S.C. § 78i (e) (2000)). The limitations period begins to run "after the plaintiff 'obtains actual knowledge of the facts giving rise to the action or notice of the facts, which in the exercise of reasonable diligence, would have led to actual knowledge' ". Id. (quoting Kahn v. Kohlberg, Kravis, Roberts & Co., 970 F.2d 1030, 1042 (2d Cir.1992)).

23

Inquiry notice — often called "storm warnings" in the securities context — gives rise to a duty of inquiry "when the circumstances would suggest to an investor of ordinary intelligence the probability that she has been defrauded." Levitt v. Bear Stearns & Co., Inc., 340 F.3d 94, 101 (2d Cir.2003) (quoting *Dodds v. Cigna Sec.*, 12 F.3d 346, 350 (2d Cir.1993)); see also Newman v. Warnaco Group, Inc., 335 F.3d 187, 193 (2d Cir.2003) (" [T] he existence of fraud must be a probability, not a possibility."). In such circumstances, the imputation of knowledge will be timed in one of two ways: (i) " [i] f the investor makes no inquiry once the duty arises, knowledge will be imputed as of the date the duty arose"; and (ii) if some inquiry is made, "we will impute knowledge of what an investor in the exercise of reasonable diligence should have discovered concerning the fraud, and in such cases the limitations period begins to run from the date such inquiry should have revealed the fraud." *LC Capital* 318 F.3d at 154 (citation and internal quotation marks omitted).

24

Where inquiry notice is clearly established, see Newman, 335 F.3d at 193, dismissal of a securities-fraud complaint as untimely may be readily affirmed; but "the applicable statute of limitations should not precipitate groundless or premature suits by requiring plaintiffs to file suit before they can discover with the exercise of reasonable diligence the necessary facts to support their claims", Rothman, 220 F.3d at 97 (quoting Sterlin v. Biomune *Sys.*, 154 F.3d 1191, 1202 (10th Cir.1998)). " [W] hether a plaintiff had sufficient facts to place it on inquiry notice is 'often inappropriate for resolution on a motion to dismiss' ". LC Capital, 318 F.3d at 156 (quoting Marks v. CDW Computer Ctr., Inc., 122 F.3d 363, 367 (7th Cir.1997)). In contrast, where "the facts needed for determination of when a reasonable investor of ordinary intelligence would have been aware of the existence of fraud can be gleaned from the complaint and papers ... integral to the complaint", we can readily resolve the issue on a motion to dismiss, and have done so in "a vast number of cases." LC Capital, 318 F.3d at 156 (quoting Dodds, 12 F.3d at 352 n. 3). The district court concluded that plaintiffs were on inquiry notice of Merrill's

的诉讼’”。［LC Capital Partners，LP v. Frontier Ins. Group，Inc.，318 F. 3d 148，154（2d Cir. 2003）（quoting 15 U.S.C. § 78i（e）（2000）.］“自原告实际知道产生诉讼的有关事实或原告被告示到此类事实后通过合理勤勉尽职可以实际知道有关事实时，时效阶段便开始计算”。［Id. quoting Kahn v. Kohlberg，Kravis，Roberts & Co.，970 F. 2d 1030，1042（2d Cir. 1992）.］

23

调查告示——在证券范畴内常被称作“暴风雨警告”——产生调查责任，如果对于有常见智力的投资者来说，当时的情况显示，他很有可能已经被骗。｛Levitt v. Bear Stearns & Co.，Inc.，340 F.3d 94，101（2d Cir. 2003）［quoting Dodds v. Cigna Sec.，12 F.3d 346，350（2d Cir. 1993）］；see also Newman v. Warnaco Group，Inc.，335 F.3d 187，193（2d Cir. 2003）（存在欺诈必须是很可能发生，而不是有可能发生）.｝在这种情形下，推断知情的时间借助以下两种方式中的一种：（i）“如果产生责任时，投资者没有进行调查，那么责任产生之日，就是所推断的知情之日”；以及（ii）如果进行了某种调查，“则本院推断投资者知道通过合理勤勉尽职调查应当发现的欺诈相关问题，在这种情形下，时效从这类调查应当揭露欺诈之日开始计算”。［LC Capital 318 F. 3d at 154（引文和文内引号省略）.］

24

只要明确确定了调查告示（see Newman，335 F. 3d at 193），如果因为已过时效而驳回证券欺诈起诉，维持原判并不困难；但是“所适用的时效规则，不应当要求原告通过合理勤勉调查发现支持其主张的必要事实之前就提起诉讼，不应当推波助澜，造成没有根据或不成熟的诉讼”。｛Rothman，220 F. 3d at 97［quoting Sterlin v. Biomune Sys.，154 F.3d 1191，1202（10th Cir. 1998）］.｝“原告是否掌握足够的事实，所以有告示，‘由驳回动议来解决通常是不恰当的’”。［（LC Capital，318 F. 3d at 156）（quoting Marks v. CDW Computer Ctr.，Inc.，122 F.3d 363，367）（7th Cir. 1997）.］相反，如果“从起诉书和起诉书……附带的文件中可以理出所需要的事实，以便确定普通智力的合理投资者是何时知道存在欺诈的”，本院解决关于要求驳回起诉的问题并不困难，本院在“很多案件”中这样做了。［LC Capital，318 F. 3d at 156（quoting Dodds，12 F.3d at 352 n.3）.］地区法院的结论是，对于所称的美里尔欺诈，“本案提起诉讼的几年之前”，原告就有调查告示。（Merrill Lynch，273 F. Supp. 2d at 382），所以因没有及时提起诉讼而将其驳回。本院不同意。

alleged fraud "years prior to the filing of the [se] cases" . Merrill Lynch, 273 F.Supp.2d at 382, and dismissed the complaints as untimely filed. We disagree.

25

Any fraud must be pled with particularity, Fed.R.Civ.P. 9 (b) ; but the rule is applied assiduously to securities fraud. This Circuit's strict pleading requirements in securities-fraud cases, see *Novak v. Kasaks*, 216 F.3d 300, 307-10 (2d Cir.2000) , were (essentially) codified in the Private Securities Litigation Reform Act of 1995, id., at 309-11. So no claim should be filed unless and until it can be supported by specific factual allegations. See e.g., *Levitt*, 340 F.3d at 104 ("[C] omplaints in federal securities fraud cases [must] allege 'those events which they assert give rise to a strong inference that [the] defendants had knowledge of th [e] facts ... or recklessly disregarded their existence, ' including 'when the particular events occurred.' ") (quoting Ross v. A.H. Robins Co., 607 F.2d 545, 558 (2d Cir.1979)) . A ripe claim will keep only for one year, but "[t] he triggering ... data must be such that it relates *directly* to the misrepresentations and omissions the Plaintiffs allege in their action against the defendants." *Newman*, 335 F.3d at 193 (citation and quotation marks omitted) .

26

We have had frequent occasion to apply these rules. See e.g., Levitt v. Bear Stearns, Co. , 340 F.3d 94 (2d Cir.2003) ; Newman v. Warnaco Group, Inc., 335 F.3d 187 (2d Cir.2003) ; LC Capital Partners, LP v. Frontier Ins. Group, Inc., 318 F.3d 148 (2d Cir.2003) . Our recent decisions reinforce the fact-specific nature of the limitations defense, particularly where the claim is foreclosed by inquiry notice. Storm warnings in the form of company-specific information probative of fraud will trigger a duty to investigate. For example, in *LC Capital* we concluded that three substantial charges taken against reserves by an issuer between 1994 and 1998 put plaintiffs on notice of probable wrongdoing more than a year before their untimely complaint was filed. *LC Capital*, 318 F.3d at 154-157. Pleading with sufficient particularity may be especially difficult with claims against a "secondary" or "tertiary" wrongdoer(as opposed to an issuer or its officers or directors). See e.g., *Levitt*, 340 F.3d at 102-04 (vacating the dismissal of a complaint against an issuer's clearing agent where the district court failed to ascertain whether plaintiffs had access to facts sufficient to make out a claim of primary liability under § 10 (b)) . We have been decidedly reluctant to foreclose such claims as untimely absent a manifest indication that plaintiffs "could have learned" the facts underpinning their allegations more than a year prior to filing. See id.

27

No such clear indication appears in this record. The fraud is alleged against a third

25

凡涉及欺诈都必须说明具体内容［Fed. R. Civ. P. 9（b）］；涉及证券欺诈时，适用该规则尤其严格。本巡回法院在证券欺诈案中，对诉因说明有严格要求［see Novak v. Kasaks，216 F. ed 300，307–10（2d Cir. 2000）］，相关内容已经（基本）写入《私人诉讼改革法》（id.，at 309–11）。因此，除非能有并且已经有几个得到具体事实指称的支持，不得提出主张。｛See e.g.，Levitt，340 F. 3d at 104［“若干联邦欺诈案的起诉书（必须）指称‘所称产生有力推断的那些事件，所推断的是，被告知道相关事实……或是不顾后果地无视这些事实的存在’，包括‘特定事件何时发生’”］［quoting Ross v. A. H. Robins Co.，607 F. 2d 545，558（2d Cir. 1979）］.｝成熟主张只能存在一年，但是“（有关）起到引发作用……数据的内容必须与原告在其诉讼中指称被告的不当陈述和遗漏直接有关”。［Newman，335 F.3d at 193（引文和引号省略）.］

26

本院常有机会适用这些规则。［See e.g.，Levitt v. Bear Stearns，Co.，340 F.3d 94（2d Cir.2003）；Newman v. Warnaco Group，Inc.，335 F.3d 187（2d Cir.2003）；LC Capital Partners，LP v. Frontier Ins. Group，Inc.，318 F.3d 148（2d Cir.2003）.］本院近来的判决强调了诉讼失效辩护需要具体事实的性质，尤其是如果因为调查告示而不再存在主张。风暴警告的形式如果是与公司有关的具体信息，显示存在欺诈，就引发调查责任。例如，在 LC Capital 案判决中，本院的结论是，1994~1998 年，发行人就公积金 3 次收取大量费用，原告就应当注意，很可能存在不当行为，而原告 1 年多后才提起诉讼，时效已过。（LC Capital，318 F. 3d at 154–157.）如果是对“第二”过错人或“第三”过错人（而不是对发行人或其管理人员或董事）提出主张，则提出有充分具体内容的诉因说明尤为困难。｛See e.g.，Levitt，340 F.3d at 102–04［撤销驳回针对发行人结算代理的起诉的决定，因为地区法院未能确定原告当时是否可以接触足够的事实，无法明确第 10（b）条下的主要责任主张］.｝本院决非常不愿意因为超过时效而排除此类主张，除非有明显迹象，提起诉讼的一年之前，原告“可以了解到”其指称所基于的事实。（See id.）

27

本案记录中没有此类明显迹象。本案所指称的欺诈是针对第三方的，不是针对

party rather than against 24/7 Media or Interliant. True, the Internet Group's misleading statements and omissions were allegedly motivated by Merrill's desire to win banking business from (*inter alia*) 24/7 Media and Interliant, but plaintiffs do not challenge any specific securities offering (or other investment-banking transactions) undertaken on behalf of either company. This is not a fraud that can be apprehended "simply by examining ... financial statements and media coverage" of the issuers. See Levitt, 340 F.3d at 103–04; *cf. LC Capital*, 318 F.3d at 155 (probability of fraud could be gleaned from substantial reserves charges disclosed in issuer's financial and other public statements).

28

The 140 securities-fraud complaints consolidated before Judge Pollack were filed shortly after the NYAG sought to compel the production of documents and other evidence in its investigation of Merrill's research practices. That investigation was undertaken pursuant to the Martin Act, N.Y. Gen Bus. L. § 352 et seq., which "proscribes a wide array of business practices in connection with the sale of securities", such as publication of fraudulent issuer-related research. The NYAG's supporting affidavit catalogued many specific examples of such research issued by Merrill Lynch, not to prove a violation of federal securities law, but simply to compel additional discovery. Thus it was arguably sufficient for the NYAG to allege specific facts concerning Merrill's coverage of one issuer to make a case for discovery pertaining to a wholly different issuer or issuers. But such pleading does not suffice to plead federal securities fraud. The district court correctly consolidated the complaints issuer-by-issuer and required plaintiffs to allege facts "*specific to the security in question*", including "who said what to whom concerning that particular security." In re Merrill Lynch & Co., No. 02 MDL 1484, 2003 WL 253187, Case Management Order No. 3 (S.D.N.Y. Feb. 5, 2003).

29

By the same token, however, the one-year limitation period of § 10 (b) is triggered only by data that "relates *directly* to the misrepresentations and omissions" that plaintiffs allege against Merrill Lynch. *Newman*, 335 F.3d at 193 (citation and quotation marks omitted). The dispositive question is whether the data held sufficient by the district court meets this standard.

30

Plaintiffs filed amended, consolidated class-action complaints in February 2003, which were dismissed as untimely four months later. *Merrill Lynch*, 273 F.Supp.2d at 382. According to the district court, a duty to investigate the conflicts of interest among Merrill's

24/7 媒体和 Interliant 公司的。的确，互联网组的误导陈述和遗漏的动机据称是，美里尔公司要从 24/7 媒体和 Interliant 公司处得到投资银行业务，但原告并没有质疑为 24/7 媒体或 Interliant 公司进行的任何证券发行（或其他投资银行业务交易）。要了解此类欺诈，不能“仅靠审查……发行人的财务报表和媒体报道”。[See Levitt，340 F. 3d at 103-04；cf. L.C Capital，318 F. 3d at 155（从发行人的财务报表和其他公开陈述中所披露的收取大量公积金，就可以知道欺诈的概率很高）.]

28

检察长调查美里尔的研究做法时，试图强迫其出示文件和其他证据，此后不久提起了 140 个证券欺诈诉讼，波拉克法官合并了这些证券欺诈诉讼。检察长是根据《马丁法》（N.Y. Gen Bus.L. § 352 et seq.）进行调查的，该法“禁止与出售证券相关的很多商业做法”，诸如发布与发行人有关的虚假研究。检察长作为依据的宣誓证言列出了美林发布的此类研究的许多具体例子，其目的不是要证明违反了联邦证券法，只是为了强制实现更多的发现。因此，可以认为，检察长指称了美里尔介绍一个发行人的有关具体事实，就足以有理由要求涉及完全不同的一个发行人或数个人发行人的发现。但此类说明作为有关联邦证券欺诈的诉因说明不充分。地区法院正确地按不同发行人合并了不同的起诉书，并要求原告指称“与涉案证券具体相关的”事实，内容包括“谁对谁就具体证券说了什么”。[In re Merrill Lynch & Co.，No. 02MDL 1484，2003 WL 253197，Case Management Order No. 3（S.D.N.Y. Feb. 5，2003）.]

29

但是，出于同样的原因，第 10（b）条的一年时效期只能由以下数据引发：数据直接与原告针对美林指称的“不当陈述和遗漏直接有关”。[Newman，335 F.3d at 193（引文和引号省略）.] 决定性的问题是，地区法院认定充分的数据是否符合这一标准。

30

原告 2003 年 2 月提起修改后合并的集团诉讼起诉书；4 个月后因超过时效而被驳回。（Merrill Lynch，273 F. Supp.2d at 382.）地区法院认为，“在提起这些诉讼的几年之前”，金融报刊就有许多有关结构性冲突这类话题的文章，所以产生了

research analysts and investment bankers arose "years prior to the filing of the [se] cases" when numerous generic articles on the subject of structural conflicts appeared in the financial press. Id. The eleven articles cited by the court, published between May 2, 1996 and June 12, 2000, were insufficient as a matter of law to put plaintiffs on inquiry notice of the frauds alleged with respect to the Internet Group's coverage of 24/7 Media and Interliant. See id., at 382–89. Many of the articles cited by the district court were published before 24/7 Media or Interliant went public. [1] Pre–IPO articles could not prompt an investigation of the Internet Group's coverage of 24/7 Media and Interliant because when the pieces appeared, plaintiffs could not have been holding the securities of either company, nor could Merrill Lynch have recommended them.

31

The post–IPO articles are a closer question, as each describes (in a style echoed in the complaints) the conflicts of interest faced by a research analyst employed at a Wall Street investment bank. For example, in October 1998 (two months after 24/7 Media's IPO) , Business Week reported that "the 'Chinese Wall' that on paper still separates a firm's analysts from its investment bankers continues to crumble as analysts are encouraged to scout deals" , Merrill Lynch, 273 F.Supp.2d at 385 (quoting Jeffrey M. Ladderman, Who Can You Trust? Wall Street' s Spin Game, Bus. Week, Oct. 5, 1998, at 148) ; that an observed consequence of this breakdown was the virtual elimination of "sell" ratings from the Wall Street analyst's lexicon, see id., at 386–88; and that many banks (including Merrill) tied analysts' compensation to the firm's investment–banking income, id., In the district court's view, this "plethora of public information would have required even a blind, deaf, or indifferent investor to take notice of the purported alleged 'fraud' " , so that " [e] very investor of reasonable intelligence would have been absolutely on inquiry notice" . Id., at 389 (emphasis in original) .

32

Conflicts of interest present opportunities for fraud, but they do not, standing alone, evidence fraud — let alone furnish a basis sufficiently particular to support a fraud complaint. Nor does the existence of temptation trigger a duty of inquiry — at least, not by a reasonable investor. Something more than conflicted interest is required, no matter how well publicized the conflict may be. Plaintiffs do allege something more: that Merrill's analysts were actually corrupted as evidenced by investment opinions that were not just "systematically overly optimistic" , Merrill Lynch, 273 F.Supp.2d at 383 (quoting

1 Four articles appeared before 24/7 Media went public on August 13, 1998; seven went to press before Interliant's public float on July 7, 1999.

调查责任，需要调查美里尔研究分析师与投资银行之间的利益冲突。（Id.）法院引用了 1996 年 5 月 2 日至 2000 年 6 月 12 日刊载的 11 篇文章，但从法律上来说，不足以对原告产生调查告示，因而必须调查原告所指称的互联网组介绍 24/7 媒体和 Interlian 公司时所进行的欺诈。（See id.，at 382–89.）地区法院所引用的许多文章是在 24/7 媒体或 Interlian 公司上市之前刊登的。[1] 首次公开发行之前有文章发表，不能引发就互联网组介绍 24/7 媒体和 Interlian 公司所产生的调查告示，因为这些文章刊出的时候，原告不可能持有两家公司中任何一家公司的股票，美林也不可能够推荐这些股票。

31

首次公开发行之后发表的文章是更切题的问题，因为每篇文章（以起诉书中所反映的风格）介绍了受雇于一家华尔街投资银行的一位研究分析师所面临的利益冲突问题。例如，1998 年 10 月（24/7 媒体首次公开发行两个月之后），《商业周刊》报道说，“‘中国墙’纸面上仍然将分析师与投资银行家分开，但鼓励分析师寻找交易，‘中国墙’就进行在倒塌”［Merrill Lynch，273 F. Supp. 2d at 385（quoting Jeffrey M. Ladderman，Who Can You Trust? Wall Street's Spin Game，Bus. Week，Oct. 5，1998，at 148）］；可以看出，“中国墙”倒塌的结果是，“售出”等级几乎从华尔街分析师的词汇中消失了（see id.，at 386–88）；而且许多银行（包括美里尔公司在内）将分析师的报酬与公司投资银行的收入直接挂钩（id.）。按照地区法院的观点，“公共信息如此之多，即便投资者又盲又聋，即便投资者无动于衷，也会注意到所指称的‘欺诈’”，所以“但凡有合理智力的投资者，绝对会有调查告知”。（Id.，at 389.）

32

利益冲突产生欺诈的机会，但利益冲突本身并不证明欺诈——更不足以提供充分的具体内容，支持关于欺诈的起诉书。存在诱惑也并不引发调查责任——至少对遵循常理的投资者来说并不引发调查责任。无论利益冲突多么被公开，除利益冲突外，还需要其他内容。原告确实指称了其他内容：美里尔的分析师实际上是腐败的，投资意见就是证明；投资意见不仅仅是“系统性地过于乐观”［Merrill Lynch，273 F. Supp.2d at 383（quoting Steve Bailey & Steven Syre，Taking Analysts' Tempting Forecasts with a Grain of Salt，Boston Globe，Oct.23，1996，at C1）］，而且已被显示为是虚

1　24/7 媒体 1998 年 8 月 13 日上市之前有 4 篇文章刊出；Interliant 公司 1999 年 7 月 7 日上市之前有 7 篇文章刊出。

Steve Bailey & Steven Syre, Taking Analysts' *Tempting Forecasts* with a Grain of Salt, Boston Globe, Oct. 23, 1996, at C1), but demonstrably false. In support, plaintiffs point to emails collected during the NYAG's 2002 Martin Act investigation; the district court, however, found sufficient evidence of corruption in the public domain well before that investigation picked up steam. The articles relied upon to support that finding fall well short of the specificity required to prompt further inquiry by a reasonable investor.

33

The articles cited by the district court strongly suggest grounds to believe that certain investment recommendations were less than candid. Well before the underlying complaints were filed, it was reported that "[a] nalysts routinely play up good news and sugarcoat the bad," id., at 385 (citation omitted); that "[t] he analyst today is an investment banker in sheep's clothing", id., at 386 (citation omitted); that "[i] n public, Wall Street brokers say that their research is objective", but "[p] rivately, they concede that 'sell' ratings are bad for investment-banking business", id. (citation omitted); and that "too many analysts [are] keen to report that 'what looks like a frog is really a prince'", id., at 386-87 (citation omitted). One anecdote goes beyond innuendo and metaphor: following Blodget's decision to upgrade the investment recommendation on a particular stock, Blodget commented cheerily that "it's dead money for a while, but I want to differentiate it from all the pieces of [expletive] we have buys on". Id., at 388 (quoting David Streitfeld, Analyst with a Knack for Shaking up Net Stocks; Henry Blodget is Wall Street's Link Between Online Firms, Investors, Wash. Post, Apr. 2, 2000, at H1). However, that comment says nothing about 24/7 Media or Interliant; neither company is mentioned in any article relied upon by the district court.

34

If Blodget's lone remark is sufficient to put a reasonable investor on inquiry notice of the frauds alleged in the 24/7 Media and Interliant complaints, then plaintiffs had a viable fraud claim with respect to every issuer covered by Merrill's Internet Group no later than April 2, 2000.[1] And if the conflicts of interest catalogued by the financial press were sufficient to trigger § 10 (b)'s one-year limitation period, then the publication of a single investment recommendation by an underwriting bank would sustain a claim for securities fraud. Such a result is incompatible with the congressional intent of the PSLRA "to deter strike suits wherein opportunistic private plaintiffs file securities fraud claims of

1 Defense counsel expressed skepticism at a similar line of argument; indeed, counsel was unwilling to concede any scenario in which complaints based on allegations of a type made by plaintiffs would be timely. We make no such categorical determination here.

假的。作为根据，原告提到检察长 2002 年举行《马丁法》调查期间所收集的邮件。但地区法院认定，相关调查紧锣密鼓开展之前，有关腐败的充分证据已经充分公开。上述认定所基于的这些文章远不构成具体情形，不足以促使遵循常理的投资者进一步调查。

33

地区法院所引用的那些文章强烈显示，有理由认为，某些投资推荐是不够诚实的。早在有关诉讼提起之前，就有报道称，“分析师一贯宣扬好消息，粉饰坏消息”[id. at 385（引文省略）；（今天的分析师是披着羊皮的投资银行家）id.，at 386（引文省略）；（公开场合下，华尔街经纪人称他们的研究是客观的，但“他们私下承认，‘卖出’等级不利于投资银行业务”），id.（引号省略）]；“太多的分析师（是）热衷于报告说”，“看上去像青蛙的东西真的是王子”（id.，at 386–87）（引文省略）。有一则轶事已经不只是暗示和比喻了：布洛奇特决定将某一只股票的投资推荐升级后，兴高采烈地说，“曾经是死钱，但我要将其区别于我们建议（买入）的其他（赌咒语）”。[Id.，at 388（quoting David Streitfeld，Analyst with a Knack for Shaking up Net Stocks；Henry Blodget is Wall Street's Link Between Online Firms，Investors，Wash. Post，Apr. 2，2000，at H1）.] 但是该评论只字未提 24/7 媒体和 Interliant 公司；地区法院所依赖的文章也都没有提及其中的任何一家公司。

34

如果只凭布洛奇特的评论，投资者就可以得到 24/7 媒体和 Interliant 公司起诉书中所指称的欺诈的调查告示，那么针对美林的互联网组所介绍的每一个发行人，原告提出的欺诈主张都有可能成立，只要涉及的时间不迟于 2000 年 4 月 2 日。[1] 如果金融报刊所记录的利益冲突足以引发《交易法》第 10（b）条的一年时效期，那么只要作为承销商的银行公布一个投资推荐，就足以支持证券欺诈主张。这一结果不符合美国国会制定《诉讼改革法》的目的；国会制定该法的目的是“威慑缠讼，此类诉讼中，投机取巧的私人原告提起莫须有的诉讼主张，其目的是索取大笔和解赔偿”。[Novak v. Kasaks，216 F.3d 300，306（2d Cir. 2000）（引文和引号省略）.]

---

1 被告律师对类似论点表示怀疑；确实，律师不愿承认存在某种情形：基于原告所作的指称起诉符合时效。本院在此并没有作出如此绝对的论断。

dubious merit in order to exact large settlement recoveries". Novak v. Kasaks, 216 F.3d 300, 306 (2d Cir.2000) (citation and quotation marks omitted). We do not mean to suggest that inquiry notice could never be established on the basis of non-specific public-pronouncements, but the level of particularity in pleading required by the PSLRA is such that inquiry notice can be established only where the triggering data "relates directly to the misrepresentations and omissions" alleged. *Newman*, 335 F.3d at 193 (citation and quotation marks omitted); see also La Grasta v. First Union Sec., Inc., 358 F.3d 840, 846 (11th Cir.2004) (finding earliest inquiry notice of stock analyst's conflict of interest to be a published interview in which she referenced the conflict with respect to the specific security). The articles cited by the district court describe the conflicted situation of Wall Street's research analysts; but evidence of the outright falsity of Merrill Lynch's investment recommendations is stray and indiscriminate at best, and is insufficient to put plaintiffs on inquiry notice of the specific frauds alleged. Furthermore, where (as here) plaintiffs' allegations rely on internal communications that (arguably) could not be discovered absent a government-initiated investigation, we will not "punish [a] pleader for waiting until the appropriate factual information [has been] gathered by dismissing the complaint as time-barred." *Levitt*, 340 F.3d at 104.

35

For these reasons we reverse the district court's ruling on the statute of limitations. We turn now to the sufficiency of plaintiffs' timely allegations.

36

It is alleged (i) that Merrill's analysts did not actually believe 24/7 Media or Interliant securities were a good investment when they encouraged the public to buy them; (ii) that the analysts' reports failed to disclose that the Firm's true motivation for publishing the fraudulent recommendations was to attract investment banking business; and (iii) that as a result of Merrill's misstatements and omissions, plaintiffs bought the stocks and, when their value plummeted, lost millions of dollars.

37

To state a claim for relief under § 10 (b) and Rule 10b-5, plaintiffs must allege that Merrill Lynch "(1) made misstatements or omissions of material fact; (2) with scienter; (3) in connection with the purchase or sale of securities; (4) upon which plaintiffs relied; and (5) that plaintiffs' reliance was the proximate cause of their injury." *In re IBM Securities Litigation*, 163 F.3d 102, 106 (2d Cir.1998). The district court found the complaints deficient in numerous respects, including that plaintiffs failed

本院并非失意，只要公告报道不具体，就不可能成为确定调查告示的依据，但《诉讼改革法》对诉因说明中的具体内容的要求很高，只有触发数据“直接涉及”所指称的“不当陈述和遗漏时”，才能确立调查告示。[Newman，335 F.3d at 193（引文和引号省略）；see also La Grasta v. First Union Sec.，Inc.，358 F.3d 840，846（11th Cir. 2004）（认定，关于股票分析师的利益冲突的最早调查告示，是一次发表了的采访，其就具体的证券提到利益冲突）.] 地区法院所引用的文章描述了华尔街研究分析师的利益冲突情形，但关于美林公司的投资推荐完全虚假不实的证据，充其量只是东拉西扯，就所指称的具体欺诈而言，不足以成为投资者的调查告示。此外，如果原告的指称取决于内部交流（如同本案的情况一样），（至少有理由提出）除非是政府发起调查，就无法发现这些内部交流，本院不会“以超过时限为由驳回起诉，不会惩罚等待收集（到）恰当的事实信息后再起诉”。（Levitt，340 F. 3d at 104.）

35

基于这些原因，本院撤销地区法院有关时效的裁决。本院现在考虑原告及时提出的指称是否充分。

36

据指称，（i）美林公司的分析师鼓励公众买入24/7媒体或Interliant公司的证券时，他们并不真地认为，这些股票是好的投资；（ii）分析师的报告并没有披露，公司公布这些欺诈性的推荐的真实动机是为了吸引投资银行业务；而且（iii）由于美林的不当陈述和遗漏，原告买入了这些股票，而股票价值暴跌时，投资者损失了数千万美元。

37

依据第10（b）条和《规则10b-5》主张救济，原告必须指称美林公司“（1）就重大事实有不当陈述或遗漏；（2）有主观意图；（3）与证券的购买或出售有关；（4）原告对此有依赖；（5）原告的依赖是其受到损害的近因”。[In re IBM Securities Litigation，163 F.3d 102，106（2d Cir. 1998）.]地区法院认定，起诉书不充分之处甚多，包括原告没有满足《私人诉讼改革法》第9（b）条的具体内容要求或是克服“提示谨慎”理论。（Merrill Lynch，273 F. Supp. 2d at 368–78.）本院并不讨论驳回的

to satisfy the particularity requirements of Rule 9 (b) and the PSLRA, or to overcome the "bespeaks caution" doctrine. Merrill Lynch, 273 F.Supp.2d at 368–78. We do not address these alternative bases for dismissal because, assuming away any other pleading defects, the district court correctly found that plaintiffs failed to plead that Merrill Lynch's misstatements and omissions caused their investment losses. Id., at 362–368.

38

It is long settled that a securities–fraud plaintiff "must prove both transaction and loss causation." First Nationwide Bank v. Gelt Funding Corp., 27 F.3d 763, 769 (2d Cir.1994) (citing Citibank N.A. v. K–H Corp., 968 F.2d 1489, 1495 (2d Cir.1992)); see also Mfrs. Hanover Trust Co. v. Drysdale Sec. Corp., 801 F.2d 13, 20–21 (2d Cir.1986); Schlick v. Penn–Dixie Cement Corp., 507 F.2d 374, 380 (2d Cir.1974).

39

Transaction causation is akin to reliance, and requires only an allegation that "but for the claimed misrepresentations or omissions, the plaintiff would not have entered into the detrimental securities transaction". Emergent Capital Inv. Mgmt., LLC v. Stonepath Group, Inc., 343 F.3d 189, 197 (2d Cir.2003). Plaintiffs do not claim to have read Merrill's reports, or to have bought 24/7 Media or Interliant securities through the Firm; instead, they rely on the fraud–on–the–market presumption blessed in *Basic v. Levinson*, 485 U.S. 224, 247, 108 S.Ct. 978, 99 L.Ed.2d 194 (1988). We assume for present purposes that the allegations could amount to a fraud on the market. Moreover, Merrill Lynch does not contest transaction causation at this stage, so the appellate issue is whether the complaints adequately plead loss causation.

40

Loss causation "is the causal link between the alleged misconduct and the economic harm ultimately suffered by the plaintiff". *Emergent Capital*, 343 F.3d at 197. The PSLRA codified this judge–made requirement: "In any private action arising under this chapter, the plaintiff shall have the burden of proving that the act or omission of the defendant alleged to violate this chapter caused the loss for which the plaintiff seeks to recover damages." 15 U.S.C. § 78u–4 (b) (4). We have described loss causation in terms of the tort–law concept of proximate cause, i.e., "that the damages suffered by plaintiff must be a foreseeable consequence of any misrepresentation or material omission", Emergent Capital, 343 F.3d at 197 (quoting *Castellano v. Young & Rubicam*, 257 F.3d 171, 186 (2d Cir.2001)); but the tort analogy is imperfect. A foreseeable injury at common law is one proximately caused by the defendant's fault, but it cannot ordinarily be said that a

其他原因，因为即使诉因说明没有任何其他瑕疵，地区法院正确地认定，原告未能就诉因说明，美林公司的不当陈述和遗漏造成了其投资亏损。（Id.， at 362–368.）

38

证券欺诈诉讼的原告“必须证明交易因果关系，也必须证明损失的关系”，这点已有定论。{First Nationwide Bank v. Gelt Funding Corp.，27 F.3d 763，769（2d Cir.1994）[citing Citibank N.A. v. K–H Corp.，968 F.2d 1489，1495（2d Cir.1992）]；see also Mfrs. Hanover Trust Co. v. Drysdale Sec. Corp.，801 F.2d 13，20–21（2d Cir.1986）；Schlick v. Penn–Dixie Cement Corp.，507 F.2d 374，380（2d Cir.1974）.}

39

交易因果关系类似依赖，只需要指称，“倘若不存在所主张的不当陈述或遗漏，原告本来不会进行该有害的证券交易”。[Emergent Capital Inv. Mgmt.，LLC v. Stonepath Group，Inc.，343 F.3d 189，197（2d Cir.2003）.] 原告并不主张自己看过美林公司的报告，也没有主张自己是通过美林公司买入 24/7 媒体的和 Interliant 公司股票的；原告依赖的是 Basic 有限责任公司诉案 [Basic v. Levinson，485 U.S. 224，247，108 S.Ct. 978，99 L.Ed.2d 194（1988）] 判例所赞同的市场欺诈理论假定。本院就本案认定，这些指称可以构成市场欺诈。此外，美林公司并不质疑这一阶段的交易因果关系，所以上诉时的问题是起诉书是否充分说明了损失的因果关系。

40

损失因果关系是“所称不当行为与原告最终受到的经济损失之间的因果关系联系”。（Emergent Capital，343 F. 3d at 197.）《私人诉讼改革法》将法官制定的要求法典化：“本章下所产生的任何私人诉讼中，原告有举证责任，证明所指称的被告违反本章的行为或不作为造成了原告寻求赔偿的损失。”[15 U.S.C. § 78u–4（b）（4）.] 本院是从侵权近因概念的角度讲述因果关系的，即原告所受的损失必须是任何不当陈述或重大遗漏的可预见性的后果。{Emergent Capital，343 F. 3d at 197 [quoting Castellano v. Young & Rubicam，257 F. 3d 171，186（2d Cir. 2001）]} 但侵权的类比并非无懈可击。普通法的可预见损害是被告的过错直接造成，但通常不能说证券价值下跌是有关该证券的不当陈述或遗漏所“造成”的，不同于被掩盖或不当陈述的具体情形。换言之，如果投资者失望后指称存在不当陈述和遗漏，而造成损失的风险是存在于不当陈述和遗漏所掩盖的风险区内，则不当陈述和遗漏是投

drop in the value of a security is "caused" by the misstatements or omissions made about it, as opposed to the underlying circumstance that is concealed or misstated. Put another way, a misstatement or omission is the "proximate cause" of an investment loss if the risk that caused the loss was within the zone of risk concealed by the misrepresentations and omissions alleged by a disappointed investor. See AUSA Life Ins. Co. v. Ernst & Young, 206 F.3d 202, 238 (2d Cir.2000) (Winter J. dissenting).

41

Thus to establish loss causation, "a plaintiff must allege... that the subject of the fraudulent statement or omission was the cause of the actual loss suffered", Suez Equity Investors, L.P. v. Toronto-Dominion Bank, 250 F.3d 87, 95 (2d Cir.2001), i.e., that the misstatement or omission concealed something from the market that, when disclosed, negatively affected the value of the security. Otherwise, the loss in question was not foreseeable.

42

We acknowledge that the pleading principles set out in the foregoing passage require both that the loss be foreseeable and that the loss be caused by the materialization of the concealed risk; and we further acknowledge that our opinion in Suez Equity can be (mis-) read to say that this Circuit has rejected the "materialization of risk" approach. Suez Equity does not purport to express this Circuit's authoritative position, because that wording: (i) is dicta consigned to a footnote; (ii) is framed in terms that are tentative and speculative, see id., at 98 n. 1 ("The standard that we have employed in this opinion attempts to reconcile what we view as our somewhat inconsistent precedents on loss causation."); and (iii) is expressly limited to what was (in 2001) "our precedents to date", id.

43

This Court's cases — post-Suez and pre-Suez — require both that the loss be foreseeable and that the loss be caused by the materialization of the concealed risk. See Emergent Capital, 343 F.3d at 197 ("Similar to loss causation, the proximate cause element of common law fraud requires that plaintiff adequately allege a causal connection between defendants' non-disclosures and the subsequent decline in ... value..."); id., at 198 (loss causation satisfied where the plaintiffs "specifically asserted a causal connection between the concealed information ... and the ultimate failure of the venture"); Castellano, 257 F.3d at 190 ("[a] jury could find that by failing to disclose material information ... [defendant] disguised the very risk to which [plaintiff] fell victim"); id., at 188 ("a jury could find that foreseeability links the omitted information and the ultimate injury in

资损失的“近因”。［See AUSA Life Ins. Co. v. Ernst & Young. 206 F.3d 202，238（2d Cir. 2000）（温特法官持反对意见）.］

41

因此，要确立损失因果关系，“原告必须指称……欺诈性陈述或遗漏的内容造成了实际损失”［Suez Equity Investors，L.P. v. Toronto–Dominion Bank，250 F.3d 87，95（2d Cir. 2001）］，即这些欺诈性陈述或遗漏对市场有所隐瞒，倘若披露这些欺诈性陈述或遗漏，会对证券价值产生负面影响。否则，相关损失是不可预见的。

42

本院表示，按照前段中所阐述的诉因说明原则，损失不仅是可以预见的，而且是风险成真后所造成的；本院还承认，本院在苏兹股权案判决中的意见可以被解读（误读）为，本院否定了“风险实现”的做法。苏兹股权案判决并不是要表达本院的权威立场，因为有关表述是：（i）置于脚注中的附带意见；（ii）用词是试探性和猜测性的［see id.，at 98 n.1（本院在此意见中所采用该标准，力图理顺本院此前本院有关因果关系的先例，而本院认为这些先例有某些不一致之处）］；而且（iii）明确限于（在 2001 年）是“本院迄今为止的先例”［id.］。

43

本院的判例——苏兹股权案判例之前和之后的判例——均要求损失是可以预见的，而且是被掩盖的风险成真后所造成的。{See Emergent Capital，343 F.3d at 197（普通法欺诈的近因要件类似于损失因果关系，要求原告充分指称，被告不披露与随后的价值……下跌之间有因果联系）；id.，at 198（原告“具体提到，所隐瞒的信息与……业务最终失败之间存在因果关系，就满足了因果关系”）；Castellano，257F.3d at 190［陪审团成员可以认定，（被告）未能披露重大信息……掩盖了造成（原告）受损害的那个风险］；id.，at 188（陪审团成员可以认定，可预见性将遗漏的信息与本案的最终损害联系起来）；First Nationwide Bank，27 F.3d at 769（损失因果关系要求显示，“不当陈述是交易最终亏损的原因”）；Citibank，968 F.2d at 1495（为确立因果关系，原告必须显示，其所蒙受的经济损害之所以发生，是所指称的不当

this case") ; First Nationwide Bank, 27 F.3d at 769 (loss causation requires a showing "that the misstatements were the reason the transaction turned out to be a losing one") ; *Citibank*, 968 F.2d at 1495 ("To establish loss causation a plaintiff must show, that the economic harm that it suffered occurred as a result of the alleged misrepresentations") .

As this Court stated in Castellano:

44

If the significance of the truth is such as to cause a reasonable investor to consider seriously a zone of risk that would be perceived as remote or highly unlikely by one believing the fraud, and the loss ultimately suffered is within that zone, then a misrepresentation or omission as to that information may be deemed a foreseeable or proximate cause of the loss.

45

257 F.3d at 188 (quoting *AUSA Life Ins.* , 206 F.3d at 235 (Winter J., dissenting)) ; see also Suez Equity, 250 F.3d at 97 ("it would have been foreseeable to defendants that facts concealed ... would have indicated [the executive's] inability to run the Group, and would have forecast its (eventually fatal) liquidity problems") ; id., at 98 ("Since defendants reasonably could have foreseen that [the executive's] concealed lack of skill would cause the company's eventual liquidity problems, defendants' misrepresentations may be the causal precursor to the Group's final failure") . But see e.g., Marbury Management, Inc. v. Kohn, 629 F.2d 705, 708–10 (2d Cir.1980) (allegation that fraud induced investor to make an investment and to persevere with that investment sufficient to establish loss causation) . We follow the holdings of *Emergent Capital*, *Castellano*, and Suez Equity.

46

Members of this Court have disagreed as to whether certain losses were attributable to a concealed risk, see AUSA Life Ins., 206 F.3d at 224–28 (Jacobs J., concurring in the mandate) ; but our precedents make clear that loss causation has to do with the relationship between the plaintiff's investment loss and the information misstated or concealed by the defendant. See *Emergent Capital*, 343 F.3d at 198–99; *Castellano*, 257 F.3d at 186–90; Suez Equity, 250 F.3d at 96–98. If that relationship is sufficiently direct, loss causation is established, see e. g., Suez Equity, 250 F.3d at 98 (finding that a CEO's "concealed lack of managerial ability" induced the company's failure) ; but if the connection is attenuated, or if the plaintiff fails to "demonstrate a causal connection between the content of the alleged misstatements or omissions and 'the harm actually suffered' " , Emergent Capital, 343 F.3d at 199 (quoting *Suez Equity*, 250 F.3d at 96) , a fraud claim will not lie. See e.g., Citibank, 968 F.2d at 1494–96 (finding defendant's nondisclosure of a

陈述所造成的）.｝

正如本院在卡斯特利亚诺案判例中所述。

44

如果真相举足轻重，遵循常理的投资者会因此而认真考虑风险区，但相信欺诈的人认为，该风险区过于遥远或可能性不高，而且最终所受损失是在该风险区内，则关于该信息的不当陈述或遗漏可被视为损失的可预见原因或近因。

45

｛257 F. 3d at 188（quoting AUSA Life Ins.，206 F.3d at 235）（温特大法官持反对意见）；see also Suez Equity，250 F.3d at 97［对被告来说，可以预测到，所隐瞒的事实……本来会表明（执行官是）没有能力管理集团，本来可以预测到其（最终是致命的）流动性问题］；id.，at 98［既然被告有可以合理预见（执行官）隐瞒缺乏技能的情况会造成公司最终的流动性问题，被告的不当陈述又可能是集团最终失败的前奏］.［But see e.g., Marbury Management, Inc. v Kohn, 629 F.2d 705, 708–10（2d Cir.1980）］（指称欺诈诱使投资者投资并保持该投资，就足以确立因果关系）.｝本院遵循新兴资本案判例、卡斯特利亚诺案判例和苏兹股权案判例中的决定。

46

本院成员就哪些损失是由所隐瞒的风险造成的持有不同意见［see AUSA Life Ins.，206 F.3d at 224–28（雅各布斯法官在裁决中持共同意见）］；但本院的先例表明，损失因果关系所涉及的是，原告投资损失与被告不当陈述或被告隐瞒的信息之间的关系。（See Emergent Capital，343 F.3d at 198–99；Castellano，257 F.3d at 186–90；Suez Equity，250 F.3d at 96–98.）如果这一关系足够直接，就确立了损失因果关系［see e.g.，Suez Equity，250 F.3d at 98（认定首席执行官“隐瞒缺乏管理技能”，引发了公司的失败）］；但是如果这些关系被削弱，或是如果原告未能“显示所称不当陈述或遗漏的内容与‘实际所受损害’之间有因果关系”［Emergent Capital，343 F.3d at 199（quoting Suez Equity，250 F.3d at 96）］，则欺诈主张不能成立。［See e.g.，Citibank，968 F.2d at 1494–96（认定，尽管被告没有披露为期 7 周的过桥贷款，但与原告的损失之间关系不足以确立因果关系）.］这是因为因果关系——同侵权中的可预见性限制一样——“旨在‘对当事人责任的范围在法律上有所限制，即便

seven–week bridge loan insufficiently connected to plaintiff's loss to establish causation). That is because the loss–causation requirement — as with the foreseeability limitation in tort — "is intended 'to fix a legal limit on a person's responsibility, even for wrongful acts.' " Castellano, 257 F.3d at 186 (quoting First Nationwide Bank, 27 F.3d at 769–70).

47

Loss causation is a fact–based inquiry and the degree of difficulty in pleading will be affected by circumstances, but our precedents establish certain parameters. It is not enough to allege that a defendant's misrepresentations and omissions induced a "purchase–time value disparity" between the price paid for a security and its "true 'investment quality.' " Emergent Capital, 343 F.3d at 198 (clarifying Suez Equity, 250 F.3d at 97–99). Such an allegation — which is "nothing more than a paraphrased allegation of transaction causation" — explains why a particular investment was made, but does not speak to the relationship between the fraud and the loss of the investment. *Emergent* Capital, 343 F.3d at 198; see also Robbins v. Koger Props. Inc., 116 F.3d 1441 (11th Cir.1997). " [I] f the loss was caused by an intervening event, like a general fall in the price of Internet stocks, the chain of causation ... is a matter of proof at trial and not to be decided on a Rule 12 (b) (6) motion to dismiss." Emergent Capital, 343 F.3d at 197. However, "when the plaintiff's loss coincides with a marketwide phenomenon causing comparable losses to other investors, the prospect that the plaintiff's loss was caused by the fraud decreases", and a plaintiff's claim fails when "it has not adequately ple [ ] d facts which, if proven, would show that its loss was caused by the alleged misstatements as opposed to intervening events". First Nationwide Bank, 27 F.3d at 772. Though all reasonable inferences are drawn in the plaintiff's favor on a motion to dismiss on the pleadings, "conclusions of law or unwarranted deductions of fact are not admitted". Id., at 771 (citation omitted).

48

Plaintiffs allege that when they invested, they were relying on the integrity of the market (including the fraudulent recommendations and omissions made by Merrill Lynch during the putative class periods), that the shares plummeted, and that their investments became virtually worthless. To plead loss causation, the complaints must allege facts that support an inference that Merrill's misstatements and omissions concealed the circumstances that bear upon the loss suffered such that plaintiffs would have been spared all or an ascertainable portion of that loss absent the fraud. As the district court found, no such allegations are made. Merrill Lynch, 273 F.Supp.2d at 367–68. There is no allegation

涉及过错行为也是如此’”。［Castellano 257 F.3d at 186（quoting First Nationwide Bank，27 F.3d at 769–70）.］

47

损失因果关系是基于事实的调查。诉因说明的困难程度受具体情形的影响，但本院的先例设立了某些参照因素。仅指称被告有以下行为是不够的：不当陈述和遗漏诱发就证券支付的价格与证券的“真实投资质量”之间的“购买时的价值差异”。｛Emergent Capital，343 F.3d at 198［澄清了苏兹股权案（Suez Equity，250 F.3d at 97–99）判例］.｝此类指称“只不过是交易因果关系指称的另一种表述”，说明了某一个投资的原因，但是并不涉及欺诈与投资损失之间的关系。［Emergent Capital，343 F.3d at 198；see also Robbins v. Koger Props. Inc.，116 F.3d 1441（11th Cir. 1997）.］“如果损失是由介入事件造成的，像是互联网股票价格普遍下跌，那么因果关系链……必须通过审判证明，而不是就要求驳回起诉的《美国联邦民事诉讼规则》第12(b)(6)条动议来决定。”(Emergent Capital，343 F.3d at 197.)但是，“如果原告的损失正好与给其他投资者造成类似损失的市场范围的现象一同发生，原告损失由欺诈造成的可能性便随之减少”，而且如果“原告诉因说明的事实部分不充分，而这些事实若是证实后，本来可以显示其损失不是由介入事实造成的，而是由所称的不当陈述所造成的”，则原告的主张便不能成立。（First Nationwide Bank，27 F.3d at 772.）如果因为诉因说明而提出要求驳回起诉的动议，就此动议必须作出所有有利于原告的合理推断，“但是不接受关于法律的结论，不接受关于事实的不合理演绎”。［Id.，at 771（引号省略）.］

48

原告指称，他们投资时，依赖了市场的完整性（所称的类别期间还依赖了美林公司的欺诈性的推荐和遗漏），相关股票暴跌，投资者的投资几乎分文不值。起诉书就诉因说明损失因果关系，必须指称支持以下推断的事实：美林公司所隐瞒的情况对损失造成了影响，其影响程度是，假如没有发生欺诈，原告可以避免全部损失或是避免可确定的一部分损失。如同地区法院所认定的那样，没有作出这样的指称。（Merrill Lynch，273 F. Supp. 2d at 367–68.）没有指称说，就美里尔的“买入”和“增

that the market reacted negatively to a corrective disclosure regarding the falsity of Merrill's "buy" and "accumulate" recommendations [1] and no allegation that Merrill misstated or omitted risks that did lead to the loss. This is fatal under Second Circuit precedent.

49

As noted, to establish loss causation, "a plaintiff must allege... that the *subject* of the fraudulent statement or omission was the cause of the actual loss suffered". Suez Equity, 250 F.3d at 95. It is alleged that Merrill's "buy" and "accumulate" recommendations were false and misleading with respect to 24/7 Media and Interliant, and that those recommendations artificially inflated the value of 24/7 Media and Interliant stock. However, plaintiffs do not allege that the subject of those false recommendations (that investors should buy or accumulate 24/7 Media and Interliant stock), or any corrective disclosure regarding the falsity of those recommendations, is the cause of the *decline* in stock value that plaintiffs claim as their loss. Nor do plaintiffs allege that Merrill Lynch concealed or misstated any risks associated with an investment in 24/7 Media or Interliant, some of which presumably caused plaintiffs' loss. Plaintiffs therefore failed to allege loss causation, as that requirement is set out in *Emergent Capital*, *Castellano*, and Suez Equity.

50

Plaintiffs do allege that Merrill's "material misrepresentations and omissions induced a disparity between the transaction price and the true 'investment quality'" of 24/7 Media and Interliant securities; "that the market price of [the] securities was artificially inflated"; and that the securities were acquired "at artificially inflated prices and [the plaintiffs] were damaged thereby". Assuming (as we must) the truth of these allegations, they may establish transaction causation; but they do not provide the necessary causal link between Merrill's fraud and plaintiffs' losses. *Emergent Capital*, 343 F.3d at 198.

---

1 Plaintiffs contend that they have alleged a corrective disclosure to the market, in alleging that Merrill's eventual downgrades of 24/7 Media and Interliant stock (from "accumulate" to "neutral" and from "buy" to "accumulate," respectively) negatively impacted the price of those securities. These allegations do not amount to a corrective disclosure, however, because they do not reveal to the market the falsity of the prior recommendations. To the contrary, plaintiffs have argued (affirmatively) on this appeal that the falsity of Merrill's recommendations was made public no earlier than April 2002, when the NYAG's affidavit "describ[ed] the inner workings of Merrill's Internet Group", and that until then plaintiffs (and presumably the market at large) therefore lacked knowledge of the fraud. The complaints withstand the statute of limitations on the strength of that argument. By the same token, however, Merrill's concealed opinions regarding 24/7 Media and Interliant stock could not have caused a decrease in the value of those companies before the concealment was made public.

持”的推荐的虚假性作出更正性披露之后，市场有负面反应，[1]没有指称说，美里尔公司对风险有不当陈述或遗漏了该风险，并因此而确实导致了损失。根据第二巡回法院的先例，上述情况是致命的。

49

正如所指出的那样，为证明损失的因果关系，“原告必须指称……虚假陈述或遗漏的内容造成了所受实际损失”。［Suez Equity，250 F.3d at 95.］据指称，就24/7 媒体和 Interliant 公司而言，美里尔的“买入”和“增持”推荐有虚假性和误导性，这些推荐人为地虚增了 24/7 媒体和 Interliant 公司股票的价值。但是原告并没有指称，这些虚假推荐的内容（投资者应当买入或增持24/7 媒体和Interliant公司股票），或是就这些推荐的虚假性所作的任何纠正性披露造成股票价值下跌，但原告主张股票价值下跌是他们的损失。原告也没有指称，美林公司隐瞒或不当陈述了 24/7 媒体和 Interliant 公司投资的任何风险，而其中某些风险据称造成了原告的损失。因此，原告未能按照新兴资本案判例、卡斯特利亚诺案判例或 Suez 股权案判例中所阐述的要求，指称损失因果关系。

50

原告确实指称：美林公司的“重大不当陈述和遗漏诱发了”24/7 媒体和 Interliant 公司证券的“交易价格与真实‘投资质量’之间的差别”；“证券的市场价格被人为虚增；以虚增的价格买入证券，（原告）因此而受到伤害”。假定（本院必须假定）这些指称属实，可以确立交易的因果关系；但这些指称并没有提供美林的欺诈与原告的损失之间的必然因果关系。（Emergent Capital，343 F.3d at 198.）

---

1 原告提出，他们已经指称了就市场作出的一个纠正性披露，指称美里尔公司最后降低了 24/7 媒体和 Interliant 公司股票的等级（分别由“持仓”降低到“中性”，由“买入”降低到“持仓”），对这些证券的价格产生了负面影响。但这些指称并不构成纠正性披露，因为这些披露并未向市场披露先前推荐的虚假性。相反，原告上诉时（肯定地）指出，美里尔公司建议的虚假性的公开不会早于 2002 年 4 月，当时检察长的宣誓陈述书“介绍了美里尔互联网组的内部工作”，所以在此之前原告并不知道欺诈（假定整个市场也是如此）。这一论点具有说服力，起诉书因此而符合诉讼时效的要求。但出于同样原因，美里尔公司所隐瞒的关于 24/7 媒体和 Interliant 公司股票的观点在隐瞒被公开之前，不可能导致这些公司价值的下降。

51

It is further alleged that plaintiffs were injured "because the risks that materialized were risks of which they were unaware as a result of Defendants' scheme to defraud", and that they would not have been injured absent the scheme. But that is a legal conclusion; missing are the necessary allegations of fact to support the conclusion. The only misrepresentation that can inhere to the "buy" and "accumulate" recommendations is that they were not Merrill's true and sincere opinion. Yet plaintiffs allege no loss resulting from the market's realization that the opinions were false, or that Merrill concealed any risk that could plausibly (let alone foreseeably) have caused plaintiffs' loss. In fact, as the district court recognized, plaintiffs fail to grapple in any meaningful way with the complexity of the reports that form the basis of their claims or, for that matter, to account for the price-volatility risk inherent in the stocks they chose to buy. See e.g., *Merrill Lynch*, 273 F.Supp.2d at 367–68.

52

The essence of plaintiffs' claim is that the Internet Group's ratings for medium — and long-term Appreciation Potential (*i.e.*, the "buy" and "accumulate" recommendations) issued during the putative class periods were false and misleading. Issue is taken with certain other aspects of the reports,[1] but plaintiffs do not challenge the detailed financial information and investment analysis published alongside Merrill's fraudulent recommendations. It is thus incontestible that the risk of price volatility — and hence, the risk of implosion — is apparent on the face of every report challenged in the underlying complaints. Merrill's fraudulent "buy" and "accumulate" ratings appear as part of an "Investment Opinion" that includes an "Investment Risk Rating". As described earlier, Merrill rates investment risk on a four-point scale, from "A" ("Low"), to "D"[2] ("High"). 24/7 Media and Interliant were rated as D-grade investments throughout the putative class periods. *Merrill Lynch*, 273 F.Supp.2d at 361. Since the Investment Opinions are decoded in the margin of every "Bulletin" and "Comment" cited in the underlying complaints, the high-risk nature of the investment in 24/7 Media and Interliant was available to the marketplace just as readily as Merrill's Appreciation Potential Ratings, along with all the other information

1 Plaintiffs challenge the reports' "bullish" price targets and the "Reason for Report" indicated on each, but do not challenge the substantive analysis offered with respect to 24/7 Media and Interliant.

2 According to the Policy and Procedures Manual of Merrill Lynch's Global Securities Research and Economics Group, a "D" Risk Rating indicates that a stock has "high potential for price volatility", and that the issuer "may be unseasoned, [that it may] have a small [public] float, [that] management may be untested, [that] the industry may be new, [that] the company may depend heavily on one product or service, and/or [that the company] may not have a proven track record of earnings".

51

进一步的指称是，原告受到伤害，“因为风险成真，但由于被告的欺诈骗局，原告并不知道这些风险”；如果没有这些骗局，原告本来不会受到伤害。但这是法律结论，这一结论需要事实支撑，缺少关于这些事实的必要指称。“买入”和“增持”推荐的内在不当陈述仅限于以下内容：这些推荐并不是美里尔的真实、真诚的看法。但原告并没有指称，市场意识到美里尔的观点是虚假之后造成了损失，原告也没有指称，美里尔掩盖任何风险有可能（更不必说是可预见地）导致了原告的损失。事实上，正如地区法院所认识到的那样，原告的主张基于相关报告，但原告并没有真地弄清这些报告的复杂性，没有解释其选择买入的股票的固有价格波动风险。（See e.g.， Merrill Lynch，273 F. Supp. 2d at 367–68.）

52

原告主张的核心是，在所称的类别期间，互联网组发布的关于中长期增值潜力的评价（如“买入”和“增持”推荐）是虚假和误导性的。报告的其他方面也有争议，[1]但原告并不质疑与美里尔欺诈性推荐一同公布的详细的金融信息和投资分析。所以，毋庸置疑，起诉书所质疑的每一份报告从字面上来看，价格波动的风险就显而易见，内爆的风险也就显而易见。美里尔欺诈性的“买入”和“增持”等级是“投资意见”的一部分，而“投资意见”也包括“投资风险等级”。如同先前介绍的那样，美林对投资风险的等级是四分评分制，从“A”（低）到“D”[2]（高）。在所称的类别期间，24/7 媒体和 Interliant 公司始终被评为 D 级投资。（Merrill Lynch，273 F. Sup. 2d at 361.）从本案起诉书所引用的每一个“新闻消息”和“评论”的字里行间，都可以解读《投资意见》；既然如此，如同市场上容易了解到美里尔公司的增值评论的等级，容易了解受到质疑的报告中载有的其他信息；同样，市场上也容易了解到，投资 24/7 媒体和 Interliant 公司具有高风险。［See Basic，485 U.S. at 247，108 S. Ct. 978（指出，“市场价格反映出大多数公开的信息”）.］

---

1 原告质疑报告的“牛市”价格目标以及每项目标的“报告理由”，但并不质疑所提出的有关 24/7 媒体和 Interliant 公司的实质性分析。

2 根据《美林全球证券研究和经济组的政策和程序手册》，“D”风险等级显示股票存在“价格波动的很大潜在性”，发行人“可能没有经历过风雨，（可能）是（公开）发行量过小，管理层可能没有经过考验，可能是新行业，公司可能过于依赖一个产品或服务，以及 / 或者（公司）没有经过证明的收入记录”。

contained in the challenged reports. See *Basic*, 485 U.S. at 247, 108 S.Ct. 978 (noting that "most publicly available information is reflected in market price").

53

In addition to this systematic and consistent risk indicator, the research reports are full of (unchallenged) analysis, see *Merrill Lynch*, 273 F.Supp.2d at 367–68, suggesting that 24/7 Media and Interliant were volatile investments, and therefore subject to sudden and substantial devaluation risk. [1] To plead successfully that Merrill's fraud caused their losses, plaintiffs were required to allege facts to establish that the Firm's misstatements and omissions concealed the price–volatility risk (or some other risk) that materialized and played some part in diminishing the market value of 24/7 Media and Interliant.

54

We are told that Merrill's "buy" and "accumulate" recommendations were false and misleading, and that the Firm failed to disclose conflicts of interest, salary arrangements, and collusive agreements among analysts, bankers, and 24/7 Media and Interliant. But plaintiffs nowhere explain how or to what extent those misrepresentations and omissions *concealed* the risk of a significant devaluation of 24/7 Media and Interliant securities. The reports indicate that 24/7 Media and Interliant were high–risk investments, a designation that specifies, *inter alia*, a "high potential for price volatility", and "no proven track record of earnings". And the unchallenged financial analyses presented (e.g., negative EPS ratios and consistent quarterly losses) certainly indicate weakness.

55

Plaintiffs do not allege that Merrill "doctored" or hid, or omitted this information, all of which suggests that 24/7 Media and Interliant were volatile, devaluation–prone investments and that Merrill revealed as much in its reports. This case is therefore sharply distinguishable from cases in which some or all of the risk that materialized was clearly concealed by a defendant's misstatements or omissions. See e.g., *Suez Equity*, 250 F.3d at 97–98; *Emergent Capital*, 343 F.3d at 196–98.

---

1 Report–specific indications of devaluation risk are abundant; for example, in the 24/7 Media "Comment" and "Bulletin" issued August 12, 1999 (when the Intermediate Appreciation Potential Rating was raised from "Accumulate" to "Buy") the final "Investment Highlight" featured on the opening page states "As always with this sector, the stock is likely to be extremely volatile". The 24/7 Media reports consistently couch share–price targets in terms of the stock's valuation relative to competitors (a method plaintiffs do not challenge); and anticipated weaknesses (through, *e.g.*, acquisitions) are reported throughout the putative class period. The Interliant reports are peppered with similar analysis. Plaintiffs do not challenge or attempt to explain how this (and much additional) information bears upon their alleged losses.

53

研究报告始终显示了系统性风险，此外还有很多（未受质疑的）的分析（see Merrill Lynch，273 F. Sup. 2d at 367–68），示意 24/7 媒体和 Interliant 公司是波动不定的投资，所以会有不期而至的重大贬值的风险。[1] 原告要想就诉因成功地说明，美里尔造成了其投资损失，原告所指称的事实必须能够确立，美里尔公司的不当陈述和遗漏隐瞒了价格波动的风险（或其他风险），而这些风险成真，对 24/7 媒体和 Interliant 公司的市场价格产生了某种的作用。

54

本院被告知，美里尔公司的“买入”和“增持”建议是虚假和误导性的，美林公司未能披露利益冲突、薪酬安排以与分析师们与银行家们以及 24/7 媒体和 Interliant 公司之间的共谋协议。但是，原告根本没有解释这些不当陈述和依赖是如何或是在何种程度上隐瞒了 24/7 媒体和 Interliant 公司证券大幅贬值的风险。这些报告显示，24/7 媒体和 Interliant 公司是高风险投资，所标明的具体内容包括：“价格波动的可能性高”“没有已经得到证明的收入的可查记录”。没有受到质疑的所示金融分析（如每股收益的负比例和连续的季度亏损）确实显示了弱点。

55

原告并没有指称美里尔“伪造”、隐瞒或遗漏了这一信息，而该信息完全表示，24/7 媒体和 Interliant 公司是具有波动性和易于贬值的投资，美里尔公司在其报告中也公布了同样的内容。因此，本案明显不同于另一类案例：在另一类案例中，被告的不当陈述或遗漏显然全部或部分掩盖了最后出现的风险。（See e.g.，Suez Equity，250 F.3d at 97–98； Emergent Capital，343 F.3d at 196–98.）

---

1 各报告中关于贬值风险的提示不胜枚举。例如，在 1999 年 8 月 12 日发布的有关 24/7 媒体的“评论”和“业务通信”中（当时短期增值潜能等级由“持仓”提高到“买入”），第一页上的最后“投资重点”表示，“有关股票的波动性很大，该领域一贯如此”。关于 24/7 媒体的报告一向以相对竞争者的股票价值表示股票价格目标（原告并没有质疑该方式）；在所称集团期间始终报告了预期的弱点（如通过收购）。关于 Interliant 公司的各项报告中充满类似分析。原告并没有质疑或试图解释该信息（以及其他许多信息）如何对原告所称损失产生了影响。

56

We do not suggest that plaintiffs were required to allege the precise loss attributable to Merrill's fraud, or that "systematically overly optimistic" ratings of the type published by the Internet Group are categorically beyond the reach of the securities laws. But where (as here) substantial indicia of the risk that materialized are unambiguously apparent on the face of the disclosures alleged to conceal the very same risk, a plaintiff must allege (i) facts sufficient to support an inference that it was defendant's fraud — rather than other salient factors — that proximately caused plaintiff's loss; or (ii) facts sufficient to apportion the losses between the disclosed and concealed portions of the risk that ultimately destroyed an investment. Plaintiffs have done neither, and thus offer no factual basis to support the allegation that Merrill's misrepresentations and omissions caused the losses flowing from the well-disclosed volatility of securities issued by 24/7 Media and Interliant.

57

Finally, plaintiffs cast their claims in terms of market manipulation, pursuant to Rule 10b-5 (a) and (c). We hold that where the sole basis for such claims is alleged misrepresentations or omissions, plaintiffs have not made out a market manipulation claim under Rule 10b-5 (a) and (c), and remain subject to the heightened pleading requirements of the PSLRA. See Schnell v. Conseco, Inc., 43 F.Supp.2d 438, 447-48 (S.D.N.Y.1999) (B.D. Parker, J.) (refusing to characterize allegations as market manipulation claims where alleged "schemes to defraud" consisted largely of an aggregation of material misrepresentations to inflate stock, such as research reports containing misrepresentations of the underlying facts and use of false names to solicit investors).

Conclusion

58

For the foregoing reasons, the judgment is affirmed.

56

本院无意表示，原告必须指称归咎于美里尔欺诈的精准损失，本院也无意表示，互联网组所公布的那类“系统性过于乐观的等级”绝对在证券规制范围之外。但如果风险成真前有大量迹象，被称隐瞒了同样风险的披露又显示了该风险，而且从面上就可以看出，这些风险显而易见、明白无误（本案正是如此），那么原告必须指称（i）有足够的事实支持以下判断：造成原告损失的近因是被告的欺诈，而不是其他突出的因素；或是（ii）有足够的事实，可以区分由披露的风险内容所造成的部分损失和被隐瞒的风险所造成的部分，而这些风险最终毁掉了投资。两者原告都没有做到，原告并没有提供事实根据，支持其关于美里尔的不当陈述或遗漏造成损失的指称，这些损失来自 24/7 媒体和 Interliant 公司所发行证券的波动性，但该波动性得到了充分披露。

57

最后，原告根据《规则 15b-5（a）》和《（c）规则》，从市场操纵角度提出了其主张。本院认定，只要主张只能基于所称不当陈述或遗漏，原告就没有根据《规则 15b-5（a）》和《（c）规则》说明操纵市场的主张，仍然适用《证券诉讼改革法》所规定的更高的诉因说明要求。[See Schnell v. Conseco，Inc.，43 F. Supp. 2d 438，447-48（S.D.N.Y.1999）（B.D. 帕克大法官）（拒绝将指称定性为操纵市场的主张；所指称的“欺诈骗局”的主要内容是推高股票价格的隔离的重大不当陈述，诸如载有旨在延揽投资者的关于事实的不当陈述和使用假名的研究报告）.]

结　论

58

基于上述原因，维持原判。